OEUVRES DE BERQUIN

SANDFORD

ET

MERTON

LES ŒUVRES COMPLÈTES DE BERQUIN

Forment 4 volumes petit in-8° *ornés de 200 vignettes.*

Chaque partie se vend séparément.

L'AMI DES ENFANTS ET DES ADOLESCENTS

2 vol. petit in-8, format anglais, ornés de 100 vignettes.

LE LIVRE DE FAMILLE

Suivi d'un Choix de Lectures, 1 volume petit in-8, format anglais, orné de 50 vignettes.

SANDFORD ET MERTON

Suivi du *Petit Grandisson*, de *Lydie de Gersin*, et précédé de l'*Introduction familière* à la connaissance de la nature. 1 vol. petit in-8, format anglais, orné de 50 vignettes.

Paris.—Imprimerie Bonaventure et Ducessois, 55, quai des Grands-Augustins.

SANDFORD
ET
MERTON

SUIVI

DU PETIT GRANDISSON, DE LYDIE DE GERSIN

ET PRÉCÉDÉ

de l'Introduction familière à la connaissance de la Nature

PAR

BERQUIN

Nouvelle Édition

PARIS

DIDIER, LIBRAIRE-ÉDITEUR

35, QUAI DES AUGUSTINS

1852

INTRODUCTION

A LA

CONNAISSANCE DE LA NATURE.

PRÉFACE ADRESSÉE AUX PARENS.

Tous les livres élémentaires que l'on a composés jusqu'à ce jour, pour faciliter aux enfans l'étude de la nature, supposent en eux les premières connaissances de ses lois et de ses productions. Mais ces premières connaissances, comment pourraient-ils les avoir acquises, s'il n'existe aucun ouvrage où l'on ait cherché a leur en offrir les objets dans un tableau qui, sans fatiguer leur vue encore mal assurée, eût un intérêt propre à captiver leurs regards inconstans? Toutes leurs idées à ce sujet ne peuvent donc porter que sur des instructions rapides, qui, données sans suite, et de vive voix, n'ont dû laisser que de faibles traces dans leur souvenir.

Un livre où ces instructions leur seraient présentées avec ordre, dans une gradation adaptée à celle de leur curiosité et au progrès du développement naturel de leur intelligence, dont le langage serait assez familier, et le ton assez agréable, pour leur inspirer souvent le désir d'en reprendre la lecture, et pour graver ainsi dans leur mémoire les traits dont ils sont frappés; un tel livre serait assurément l'un des plus utiles pour le premier âge. Tel est le caractère que j'ai cru remarquer dans l'ouvrage de mistriss Trimmer, persuadé, comme elle, que les enfans qui auront pris plaisir à marcher jusqu'au point où elle s'est proposé de les conduire, seront animés de la plus vive ardeur pour s'avancer à grands pas vers de plus hautes connaissances.

Comme ce point est précisément celui d'où j'ai dessein de partir, j'ai cru devoir préparer mes petits compagnons par un premier exercice de leurs forces, qui leur en fasse acquérir de nouvelles, et par la perspective du paysage riant que nous allons parcourir. Avant de les engager dans une terre étrangère, je suis bien aise qu'ils connaissent de mieux en mieux celle où ils ont vécu jusqu'à ce jour, et qu'ils soient bien pénétrés des merveilles placées à la portée de leur vue, mais dont quelques-unes avaient sans doute échappé à leurs regards.

Ce livre, qui est uniquement destiné à l'enfance, aurait trompé l'attente des personnes, dont quelques-unes m'ont gracieusement témoigné qu'elles avaient jusqu'ici partagé le plaisir que je cherchais à procurer à leur jeune famille. Cette considération m'engage à l'offrir séparément en cadeau à mes petits amis. De cette manière, ils pourront profiter d'un ouvrage utile; et leurs parens n'auront point de reproches à me faire d'avoir négligé leur propre amusement dans un livre où ils n'avaient pas droit d'attendre que je m'en fusse occupé, comme dans les autres volumes. J'ose me flatter que les mères surtout pourront prendre quelque intérêt à l'*Ami de l'Enfance,* par l'idée qui m'est venue d'y introduire, parmi les personnages, une jeune femme dont l'éducation a été négligée; mais qui, douée d'un esprit solide et pénétrant, profite des instructions adressées à sa fille, pour en orner elle-même son esprit, et acquérir des connaissances qu'on avait crues trop long-temps étrangères à son sexe.

INTRODUCTION FAMILIERE
A LA CONNAISSANCE DE LA NATURE.

PREMIER ENTRETIEN.

Nous voici donc enfin arrivées à la campagne, ma chère Charlotte; et puisque nous sommes si bien disposées à faire ensemble de petites promenades, pour fortifier notre santé par un exercice agréable, j'ai pensé qu'il serait facile de les faire servir également à étendre nos connaissances. Il n'est pas un seul objet sur la terre qui ne puisse offrir autant d'instruction que d'agrément, lorsqu'on sait l'examiner avec soin; et je suis persuadée que nous sentirons bientôt, par nos observations, que rien n'a été fait en vain dans la nature.

Henri, votre frère, n'est encore qu'un bien petit garçon, il est vrai; mais il est plein d'intelligence, et doué d'une heureuse mémoire. J'espère qu'il sera en état de comprendre beaucoup de choses dont nous aurons occasion de parler; c'est pourquoi j'ai le projet de le mettre de la partie. Oh! je meurs d'envie de le voir aujourd'hui. Il vient de quitter les premiers habillemens de l'enfance; et j'ose croire qu'il est déjà tout fier de cette métamorphose. Mais, qui vient donc à nous? Votre servante, monsieur. Comment! c'est vous, Henri? Comme vous voilà leste et pimpant! Je ne pouvais deviner quel était ce petit-maître que je voyais s'avancer d'un air si délibéré. Maintenant que vous êtes habillé comme un homme, je me flatte que vous commencez à imaginer que vous en êtes un en effet. Mais quoique vous sachiez déjà lire assez joliment, fouetter une toupie et pousser une balle, je vous assure qu'il vous reste encore beaucoup de choses à apprendre. Je serai charmée de vous faire part de tout ce que je sais. Nous allons, votre sœur et moi, faire un petit tour de promenade dans les champs. Seriez-vous fâché de venir avec nous? Bon! Je vois à votre mine que vous ne demandez pas mieux, n'est-ce pas?

Vous vous souvenez, mes chers enfans, que dans notre petite course d'hier au soir je vous fis observer une grande variété de plantes et de fleurs. Je vous montrai les troupeaux qui couvraient les pâturages, et les oiseaux qui voltigeaient de branche en branche sur les buissons. Je vous dis le nom de tout ce qui frappait nos regards. Mais il y a un plus grand nombre de choses agréables à connaître à leur sujet. Mon dessein est de commencer à vous instruire aujourd'hui, tout en nous promenant. Charlotte va se disposer à cette expédition; ainsi, prenez votre chapeau, mon petit Henri. Nous irons d'abord dans la prairie, où je suis sûre qu'il se présentera bientôt quelque chose digne de notre curiosité.

LA PRAIRIE.

Eh bien! mes petits amis, qu'en dites-vous? n'est-ce pas un endroit charmant? Quel air de fraîcheur on y respire! Comme l'herbe en est épaisse et verdoyante! et de combien de jolies fleurs elle est émaillée!

Je n'ai pas besoin de vous dire quel est l'usage de cette herbe, qu'on appelle ordinairement gazon : vous avez vu si souvent les vaches, les chevaux et les brebis s'en repaître! mais ils ne la mangent pas toute sur la prairie; on leur réserve certains quartiers pour le pâturage, et on les éloigne des autres aussitôt que l'herbe commence à grandir. Elle n'atteint sa parfaite maturité qu'au mois de juin; ce que l'on reconnaît par la couleur jaune qu'elle prend. Alors les faucheurs la coupent avec un instrument de fer recourbé, qu'on nomme une faux; ensuite viennent des faneurs qui la tournent et la retournent avec des fourches de bois, en l'étalant sur la terre pour la faire sécher au soleil. Elle prend alors le nom de foin. Dès que le foin a perdu toute son humidité, et qu'il n'y a plus de danger qu'il s'échauffe, on le ramasse avec des râteaux, et on l'emporte sur des chariots dans la cour de la ferme, où il est entassé en grands monceaux, qu'on appelle meules.

C'est de ces meules énormes que l'on tire le foin pour le lier en milliers de bottes, et le donner aux chevaux que l'on tient à l'écurie. Il sert aussi dans l'hiver à nourrir les troupeaux; car alors il y a bien peu de gazon pour eux sur la terre, et encore moins lorsqu'elle est couverte de neige. Tout cela vient de petites graines qui ne sont pas plus grosses que des têtes d'épingles; et les graines sont venues des fleurs que vous pouvez remarquer à présent à l'extrémité de la tige.

Dans une prairie où l'on fauche du foin, il se détache toujours un grand nombre de graines, qui, l'année suivante, produisent le gazon ; mais si l'on veut faire une prairie dans une pièce de terre neuve, il faut recueillir les graines pour les semer.

Ces jolies fleurs dont vous venez de faire un bouquet, Charlotte, viennent également de graines qui se trouvaient mêlées parmi celles du foin. Voilà des boutons d'or, des coquelicots et des marguerites de pré. Ces fleurs sont bonnes pour les troupeaux, et servent à donner un goût agréable au gazon. Il y en a même qui sont médicinales, c'est-à-dire bonnes à composer des remèdes pour une infinité de maladies auxquelles nous sommes sujets.

Ne pensez-vous pas, Henri, que le gazon, dont la douce verdure embellit tant les campagnes, est en même temps une production bien utile? Je suis sûre que les pauvres troupeaux le diraient encore mieux que nous, s'ils étaient en état de parler. Ils n'ont pas de cuisinier pour préparer leurs repas; ils ne peuvent pas même faire comprendre ce qui leur est nécessaire. Mais Dieu a su pourvoir à leurs besoins. Vous voyez que leur nourriture s'étend sous leurs pieds, et qu'ils n'ont qu'à se baisser pour la prendre. S'il en coûte à l'homme des soins légers pour la faire venir, c'est bien le moins qu'il donne quelques-uns de ses momens à ces utiles animaux, dont les uns lui épargnent tant de fatigues, et dont les autres le vêtent de leur laine et le nourrissent de leur chair.

LE CHAMP DE BLÉ.

Maintenant nous allons prendre congé de la prairie, et faire un tour dans le champ de blé. Il y en a de plusieurs espèces. Celui-ci est du froment. Je le reconnais à la hauteur de ces tiges. J'espère que nous en aurons une abondante récolte. Elle sera bonne à ramasser dans le mois d'août, qu'on appelle le mois des moissons. J'ai mis dans ma poche un épi de l'année dernière, pour vous montrer tout ce que ceci produira. Froissez-le dans vos mains, Henri. Bon! soufflez à présent les barbes, et donnez-moi un des grains. Voilà ce qu'on appelle un grain de froment. Vous voyez qu'il y a plusieurs grains dans un épi : eh bien, regardez maintenant le pied, vous verrez qu'il vient quelquefois plusieurs tiges, et par conséquent plusieurs épis d'une seule racine; et cependant toute cette racine provient d'un seul grain qu'on a semé à la fin de l'automne.

Cette semence n'a pas été jetée au hasard, et sans beaucoup de soins particuliers. On avait commencé par ouvrir la terre en sillons, quelques mois auparavant, avec ce fer tranchant que je vous ai fait remarquer au-dessous de la charrue. Elle est restée en repos tout l'été, et s'est bien pénétrée du fumier qu'on avait répandu sur les guérets pour l'engraisser; puis on l'a de nouveau labourée; enfin, vers le milieu de l'automne, un homme est venu dans chaque sillon y répandre des grains, et tout de suite, avec sa herse, il les a recouverts de terre. Ces grains étant enflés et ramollis par l'humidité, il en est sorti par en bas de petites racines, qui se sont accrochées dans le sein de la terre; et, par en haut, de petits tuyaux qui ont percé sa surface en plusieurs branches, de la manière que vous pouvez le remarquer. Ces tuyaux, montés en haute tige, ont produit les épis, dont chacun renferme à peu près vingt grains; en sorte que si vous comptez, d'après ce calcul, tout le produit des grains dont la semence a réussi, vous trouverez qu'il peut en être venu environ vingt fois autant que l'on en a mis dans la terre. Les épis, cachés encore dans ces tiges, se développeront peu à peu, se mûriront au soleil, et ressembleront à celui que vous venez de froisser. Alors on coupera par le pied, avec une faucille, les tiges de paille qui les supportent, et on les liera en paquets, appelés gerbes, pour les emporter dans la grange, les battre avec un fléau, et les vanner, pour séparer les débris de paille du grain. On enverra celui-ci au meunier pour le moudre en farine sous la grosse meule de son moulin à eau, ou à vent ; ensuite la farine sera vendue au boulanger pour en faire du pain, et au pâtissier pour en faire des biscuits et des pâtés.

Imaginez, mes amis, quelle immense quantité de blé on doit semer tous les ans, pour fournir du pain à tant de milliers d'hommes ! Le pain est l'aliment le plus sain et le moins cher qu'on puisse se procurer. Il y a beaucoup de pauvres gens qui n'ont guère d'autre nourriture, et qui n'en ont pas toujours.

Le blé ne viendrait pas, comme le foin, sans être ensemencé, parce que le grain en est plus gros, et doit être enfoncé plus profondément dans la terre. Je vous ai dit tout à l'heure les divers travaux que demandaient les semailles.

Voici une autre espèce de blé qu'on appelle de l'orge. Je vous en ai aussi apporté un épi, pour vous le faire distinguer du froment. Voyez-vous comme il a des barbes longues et fourrées ? Gardez-vous bien, Henri, de le mettre dans la bouche, car il s'arrêterait à votre gosier, et vous étoufferait. L'orge est semée et recueillie de la même manière que le froment ; mais elle ne fait pas de si bon pain. Elle est cependant fort utile. Les fermiers la vendent par boisseaux aux marchands de drèche, qui la font tremper dans l'eau, pour la faire germer. Alors on la sèche sur de la cendre chaude, et elle devient drèche. On y verse une grande quantité d'eau, puis on y mêle du houblon, qui lui donne un goût agréable d'amertume, et l'empêche de s'aigrir.

Enfin, eu brassant ce mélange, on fait de la bière, cette liqueur forte et nourrissante qui fait la boisson ordinaire dans plusieurs pays où il ne croît pas de vin. L'orge est aussi fort bonne pour nourrir les dindes, les poules et d'autres oiseaux de basse-cour.

Je vous ai parlé du houblon. Il croît dans les champs qu'on appelle houblonnières. Sa tige monte le long des perches qu'on lui donne pour le soutenir. Ses fleurs, d'un jaune pâle, font un effet charmant dans la campagne. Quand il est mûr, on le sèche ; on en fait des monceaux, et on le vend aux brasseurs.

Cette troisième espèce de blé est de l'avoine. Vous avez vu souvent le palefrenier en servir aux chevaux pour les régaler et leur donner du feu. C'est une espèce de dessert qu'on leur présente après le foin.

Il y a aussi une autre espèce de blé, qu'on nomme seigle, qui sert à faire le pain bis que mangent les pauvres. On le mêle quelquefois avec du froment, et il donne alors du pain d'un goût assez bon.

Il y a bien des pays qui ne produisent pas de blé pareil à celui qui vient dans nos contrées. Par exemple, le blé qu'on nous a apporté de Turquie est bien différent du nôtre. Sa tige est comme celle d'un roseau avec plusieurs nœuds. Elle monte à la hauteur de quatre ou cinq pieds. Entre les jointures du haut de sa tige sortent des épis de la grosseur de votre bras, qui renferment un grand nombre de grains jaunes ou rougeâtres, à peu près de la figure d'un pois aplati. La volaille en est très-friande. On le cultive avec succès dans quelques provinces de la France, surtout dans les landes de Bordeaux, où il sert à faire du pain pour les misérables habitans.

Vous connaissez aussi bien que moi le millet que l'on donne aux oiseaux. Il vient en forme de grappes, sur des tiges plus courtes et plus menues que celles du froment. La farine en est excellente, cuite avec du lait.

Je vous ferais venir l'eau à la bouche si je vous parlais du riz, que l'on prépare aussi avec du lait. Mais croiriez-vous qu'il a besoin d'être presque couvert d'eau pour croître et pour mûrir?

Dans les pays où la terre n'est pas propre à produire du grain, les pauvres habitans sont réduits à se nourrir de fruits, de racines, de gâteaux de pommes de terre, ou d'une pâte de marrons cuits au four. On est même quelquefois obligé, dans les pays les plus fertiles, d'avoir recours à ces tristes alimens, lorsqu'il survient des années de stérilité. Deux bons citoyens, MM. Parmentier et Cadet de Vaux, ont enseigné la meilleure manière de les préparer.

Quelles graces, mes enfans, nous devons rendre à Dieu, nous qui n'avons jamais éprouvé ces cruels besoins! J'espère que vous serez touchés de cette réflexion, et que vous vous ferez un devoir de ne jamais gaspiller ce qui ferait la joie de tant de malheureux. Les miettes mêmes que vous laissez tomber, si elles étaient ramassées, pourraient fournir un bon repas à un petit oiseau, et le rendre joyeux pour toute la journée. Comme il s'empresserait de les partager entre ses petits, qui ouvrent inutilement leurs becs, tandis que leurs parens volent au loin pour leur chercher quelque nourriture! J'étais bien fâchée hier au soir contre vous, Henri, lorsque vous faisiez des boulettes de pain pour les jeter à votre sœur. J'ose croire que vous ne le ferez plus, maintenant que je vous ai fait connaître le prix de ce présent inestimable du ciel. J'ai vu des personnes qui avaient prodigalement gâté du pain pendant leur enfance, pleurer dans un âge avancé, faute d'en avoir un morceau.

LA VIGNE.

Vous avez bu quelquefois du vin de Champagne et de Bourgogne, sans vous embarrasser de la manière dont il se faisait. Entrons dans ce vignoble. Eh bien! Henri, croiriez-vous jamais que c'est de ces petites souches tortues que nous vient la douce liqueur qui nous fait tant de plaisir dans nos repas? Vous connaissez le raisin: voyez déjà la grappe qui commence à se former. Ces grains, qui ne sont encore que du verjus, s'enfleront peu à peu, et seront mûrs au commencement de l'automne. Vous en verrez faire la récolte qu'on appelle vendange; mais je suis bien aise, en attendant, de vous en donner une idée.

Dès le matin, les vendangeuses se répandent dans la vigne, coupent le raisin, et en remplissent leurs paniers. Un homme vient les prendre à mesure qu'ils sont pleins, et va les jeter dans de larges demi-tonneaux, placés sur une charrette pour les recevoir, et les porter à un endroit où des hommes foulent les grappes sous leurs pieds. On recueille la liqueur qui découle du pressoir, et on la verse dans de grandes cuves ou de petits tonneaux, où elle se purifie d'elle-même en fermentant, jusqu'à ce qu'elle devienne bonne à boire.

Le temps des vendanges est un temps continuel de plaisirs et de fêtes. Il faut entendre, pendant le travail, les chansons rustiques des vendangeuses! Il faut les voir, à la fin de la journée, danser gaiement dans la cour, et les maîtres se mêler souvent à leurs repas et à leurs danses! tout y respire un air de joie et d'innocente liberté.

Le vin, pris avec modération, est très-bon pour l'estomac, et le fortifie; mais lorsqu'on en boit avec excès il produit des vapeurs qui troublent la raison, et rabaissent l'homme au niveau de la brute stupide. Vous avez vu quelquefois des ivrognes, et vous vous souvenez encore de la juste horreur qu'ils vous ont inspirée.

LES LÉGUMES ET LES HERBAGES.

Voudriez-vous me suivre, pour voir ce qui croît dans le champ voisin? Je crois que ce sont des navets. En effet, je ne me suis pas trompée. Cette racine, lorsqu'elle est cuite avec du mouton, fait, comme vous le savez, d'excellens ragoûts. On en sème une grande quantité chaque année pour notre table; on en donne aussi aux vaches, pour ménager le foin, et parce qu'd'ailleurs elle leur fait porter une grande abondance de lait.

Les pommes de terre, les raves, les ognons, les radis, les carottes, les panais, et plusieurs autres légumes, que vous connaissez à merveille, croissent, comme les navets, sous terre. D'autres, tels que les artichauts, les pois, les fèves, les lentilles et les haricots croissent au-dessus. Vous en cultivez vous-mêmes dans votre petit jardin; ainsi ce serait plutôt à moi de recevoir vos instructions sur ce chapitre.

Je crois aussi n'avoir rien à vous apprendre sur les herbages et les plantes qui viennent dans le potager, comme les choux, les choux-fleurs, les asperges, les laitues, la chicorée, les melons, les concombres, les citrouilles, et une infinité d'herbes agréables au goût, et très-bonnes pour la santé. Tout cela se cultive sous vos yeux, et par les questions que je vous ai déjà entendu faire à Mathurin, je vous suppose complétement instruits sur cet article.

LE CHANVRE ET LE LIN.

Voyez-vous là-bas ces deux grandes pièces de terre couvertes d'une si belle verdure? L'une est du chanvre, l'autre est du lin. Les tiges de ces plantes, après qu'elles ont été battues et bien préparées, forment la filasse que vous avez vu filer à la vieille Suson. Le fil de chanvre sert à faire le linge de corps et de ménage. Le fil de lin, qui est d'une plus belle qualité, se réserve pour la toile de batiste. On l'emploie aussi pour faire de la dentelle et du filet. Votre fourreau, Charlotte; votre chemise et vos manchettes, Henri, croissaient autrefois dans les champs.

J'oubliais de vous dire que la filasse de chanvre sert encore pour toute espèce de câbles, de cordes et de ficelles.

On a essayé, en quelques endroits, de tirer parti de ces vilaines orties qui piquent si bien les passans; et l'on en fait un fil grossier, mais très-fort, qui pourrait servir à faire des toiles communes.

LE COTON.

Au défaut de ces plantes, on cultive le coton dans quelques îles de l'Amérique, et surtout dans les grandes Indes. C'est d'abord un duvet léger, qui entoure les graines d'un arbre appelé arbre à coton. Le fruit qui les renferme en plusieurs petites loges, est à peu près de la grosseur d'une noix, et s'ouvre en mûrissant. Alors on le recueille, et le coton, séparé des graines et du fruit, devient, après quelques préparations, cette espèce de filasse douce et blanche dont vous m'avez vu mettre quelquefois de petits tampons dans mes oreilles et dans mon écrin. La partie la plus grossière se file en gros brins pour les mèches de nos lampes et de nos bougies. Le reste, filé en brins presque aussi déliés que nos cheveux, s'emploie pour la fabrique des basins, des mousselines et des toiles de coton.

Vous voyez, mes chers amis, quelle

variété de matériaux nous a fournis la Providence, et comme le génie de l'homme a su les employer à des objets d'agrément ou d'utilité. L'écorce même des arbres, par un travail et une adresse incroyables, se convertit en étoffes précieuses sous les doigts de ces sauvages, qui nous paraissent si ignorans. Je me souviens de vous avoir montré des ouvrages en plumes et en réseau dont ils se parent dans leurs fêtes, et comme nous avons admiré leur patience et la légèreté de leur travail.

LES HAIES.

Ne sentez-vous pas une odeur bien douce? Regardez à travers la haie, Henri, et voyez si vous pourrez découvrir ce qui la produit. Ah, Charlotte! quelles jolies roses sauvages votre frère vient de cueillir! Comment donc? un brin d'aubépine aussi! Ce brin est bien précieux! C'est peut-être le seul qu'on pourrait trouver, car tout le reste a passé fleur. Quel charme, au printemps, de respirer des parfums délicieux jusque sur les buissons et sur les ronces! Ces plaisirs viennent de passer pour nous; mais ceux des petits oiseaux vont commencer. Ils trouveront bientôt dans ces broussailles des fruits pour se nourrir jusqu'au milieu de l'hiver.

Le fermier plante des haies autour de son domaine, pour empêcher les voyageurs et les animaux d'aller au travers de ses champs, où ils pourraient causer beaucoup de dommage. Elles lui servent aussi à distinguer sa terre de celle de son voisin. Les troupeaux y trouvent dans l'été un ombrage contre les ardeurs du midi, et dans l'hiver, un abri contre le souffle glacé du nord.

LES ARBRES DE HAUTE FUTAIE.

Le beau chêne que voilà, mes amis! comme son ombrage s'étend à propos pour nous garantir des traits du soleil! Voyez quel nombre infini de glands attachés a ses branches! Vous savez bien quel est l'animal qui se régale de ce fruit. Mais ne pensez pas que le chêne majestueux ne soit bon à autre chose qu'à lui fournir des provisions. Il est d'un plus grand usage pour nous ainsi que je vous le dirai tout à l'heure. Mais laissez-moi d'abord contempler un moment cet arbre superbe; je ne puis me rassasier de le voir. Avec quelle fierté sa tête s'élève dans les airs! Et sa tige! trois hommes, en se tenant par la main, ne sauraient l'embrasser. Il pousse chaque année des milliers de rameaux et des millions de feuilles. Il a de grandes racines qui s'enfoncent bien avant dans la terre, et qui s'étendent au loin autour de lui. Elles le soutiennent contre les violentes tempêtes que son front est obligé d'essuyer. C'est aussi par ses racines que la terre le nourrit, et entretient la fraîcheur et la vie dans tous ses membres énormes.

Eh bien! Henri, n'est-ce pas une chose bien admirable que ce grand arbre soit sorti d'une petite semence? Regardez, en voici un tout jeune. Il est si petit, Charlotte, que vous aurez la force de l'arracher vous-même. Tenez, voyez-vous? voilà le gland encore attaché à sa racine. C'est pourtant ainsi que sont venus tous les arbres qui peuplent cette belle forêt que nous traversâmes l'autre jour dans notre voyage. Ce chêne seul, si tous ses glands avaient été recueillis chaque année, et plantés avec soin, aurait déjà pu suffire à couvrir de ses enfans et de ses petits enfans la face entière de la terre.

Lorsque le chêne ou les autres arbres qu'on appelle aussi de haute futaie, tels que le frêne, l'orme, le hêtre, le sapin, le châtaignier, le noyer, etc., seront parvenus au terme de leur croissance, un bûcheron viendra les couper par le pied avec sa cognée. On dépouillera le tronc de ses branches, et les scieurs le scieront en différens morceaux, pour en faire des madriers propres à la construction des vaisseaux, des poutres pour les maisons, ou des planches pour les uns et les autres, ainsi que pour différentes sortes de meubles et de machines. Les grosses branches, les plus droites, seront réservées pour les solives; celles qui sont crochues, pour les bûches; les branchages, pour les fagots; enfin, les racines donneront les souches que l'on brûle dans nos foyers. Vous voyez par-là de quelle utilité les arbres sont pour nous dans toutes leurs parties. Le pauvre Henri les trouverait bien à dire; car les toupies, les sabots, les battoirs sont tirés de leur sein. Il n'est pas même jusqu'à leur écorce dont on sait faire un usage utile pour les teintures, et pour tanner le cuir de vos souliers.

Un autre avantage de ces arbres, c'est qu'ils croissent d'eux-mêmes, sans demander aucun soin, et qu'ils nous donnent pour rien l'aspect de leur belle verdure et de la fraîcheur de leur ombrage. Voyez comme les petits oiseaux se reposent en chantant sur leurs branches! combien ils doivent être contens, la nuit, de trouver un abri sous leurs feuilles! Nous-mêmes, si une pluie abondante venait à tomber, ne serions-nous pas bien heureux de nous y mettre à couvert? pourvu cependant qu'il n'y eût pas d'apparence d'orage; car dans les orages, les arbres attirent quelquefois le tonnerre: ce qui rend alors leur approche très-dangereuse.

Lorsqu'il y a plusieurs arbres rassemblés sur une vaste étendue de terrain, cet endroit s'appelle bois, ou forêt. Si cet endroit est fermé de murailles, et dépend d'un château, on l'appelle parc. Les bosquets ou bocages sont de petites forêts.

LES BOIS TAILLIS.

Ces mêmes arbres dont nous venons de parler, lorsqu'on les coupe avant qu'ils soient parvenus à leur hauteur naturelle, forment ce qu'on appelle un bois taillis. Ce sont ordinairement les rejetons qui poussent sur les vieilles racines dans une forêt que l'on vient d'abattre. On les coupe après cinq ou sept ans, les uns pour le chauffage, les autres pour servir d'échalas à la vigne, ou pour faire les cercles des cuves et des tonneaux. Cette récolte, qui peut se faire de cinq en cinq ans, s'appelle coupe réglée.

LE VERGER.

Outre ces arbres, il en est d'autres nommés arbres fruitiers. Je parierais avec confiance que nous aurons plus de plaisir encore à nous en entretenir. Entrons dans le verger. Voilà les fruits qui grossissent. Ce serait vous faire injure que de vouloir vous les faire connaître. Si petits que vous soyez, je pense que personne au monde ne distingue mieux que vous les poires, les pommes, les pêches, les cerises, les prunes, les abricots et les brugnons. Les arbres étendus en éventail contre la muraille s'appellent, comme vous savez, espaliers, et les autres, arbres à plein vent. Les premiers rapportent plus sûrement, et de plus beaux fruits, parce que, dans les gelées, on peut les couvrir avec des nattes de paille, et que la muraille, échauffée par le soleil, avance leur maturité. Les seconds passent pour avoir leur fruit d'un goût plus fin et plus délicat. Nous aurons, j'espère, beaucoup de fruit cette année. Ne souhaiteriez-vous pas, Henri, qu'il fût déjà mûr? Patience; il le sera bientôt, et vous en mangerez tant qu'il vous plaira dans le temps. Mais gardez-vous bien d'y toucher tant qu'il est vert, car il vous rendrait malade peut-être pour toute l'année.

Vous vous rappelez, mes chers amis, combien les arbres à fruits paraissaient beaux, il y a trois semaines, lorsqu'ils étaient en pleine fleur : les fleurs sont maintenant passées, et les fruits croissent à la place. Ils deviendront plus gros de jour en jour, jusqu'à ce que la chaleur du soleil les colore et les mûrisse; et alors ils seront bons à cueillir.

Les pommes et les poires peuvent se garder dans leur état naturel pendant tout l'hiver; mais les autres fruits tournent bientôt en pourriture, et il faudrait renoncer à en manger après leur saison, si l'on n'avait trouvé le moyen de les conserver en les faisant sécher au four, ou en les mettant dans l'eau-de-vie, ou enfin en les faisant bouillir avec un sirop composé d'eau et de sucre. C'est de cette dernière façon que l'on fait les marmelades et les gelées qu'on trouve si bonnes dans l'hiver, et surtout dans les maladies.

Il y a quelques fruits renfermés en de dures coquilles, comme les noix, les amandes, les noisettes, les châtaignes, etc. Vous les connaissez, aussi bien que les arbres qui les portent; mais vous ne connaissez pas un autre arbre de la même espèce, parce qu'il ne vient pas dans ce pays : c'est le cocotier. Il est très-haut et fort droit, sans branches ni feuillages autour de sa tige. Seulement vers le sommet il pousse une douzaine de feuilles très-larges, dont les Indiens se servent pour couvrir leurs maisons, pour faire des nattes et pour d'autres usages. Entre les feuilles et l'extrémité de sa pointe, il sort quelques rameaux de la grosseur de mon bras, auxquels on fait une incision, et qui répandent, par cette blessure, une liqueur très-agréable, dont on fait l'arack. Ces rameaux portent une grosse grappe, ou paquet de cocos, au nombre de dix à douze.

Cet arbre rapporte trois fois l'année, et son fruit, dont vous avez goûté l'autre jour, est aussi gros que la tête d'un homme. Il en est dont le fruit n'est pas plus gros que votre poing, et qui sert, entre autres usages, à faire des cuillers à punch.

Il y a aussi une espèce d'amande, appelée cacao, qui vient dans les Indes occidentales et au midi de l'Amérique. L'arbre qui la produit ressemble un peu à notre cerisier. Chaque cosse renferme une vingtaine de ces amandes, de la grosseur d'une fève, dont on fait le chocolat, avec d'autres ingrédiens. Le meilleur cacao nous vient de Caraque, dont il porte le nom.

LES PÉPINIÈRES ET LA GREFFE.

Les arbres ont généralement trois manières de se reproduire; par les graines, pepins ou noyaux cachés dans l'intérieur de leur fruit, par les petits rejetons pris sur leurs vieilles racines, ou par les boutures coupées de leurs branches et plantées en terre pour s'y enraciner.

L'endroit où l'on rassemble ces élèves, la douce espérance du jardin, s'appelle pépinière. C'est comme un collége pour les enfans des arbres, où l'on veille sur leur croissance, et où l'on s'étudie à les préserver de mauvais penchans.

Les jeunes arbres, qu'on nomme sauvageons, ne porteraient que de mauvais fruits si l'on n'avait soin de les greffer.

Voici comme on s'y prend. On coupe le haut de leur tige, pour les empêcher de s'élever davantage; puis un peu au-dessous, des deux côtés, on fait une petite incision à l'écorce, et dans cette ouverture on glisse un bourgeon pris d'un autre arbre, avec une petite partie de son écorce, pour remplir le vide qu'on a fait dans celle du sauvageon. On les lie étroitement ensemble, et l'on recouvre la blessure de mousse, pour empêcher l'air d'y pénétrer. Le bourgeon, recevant sa nourriture de l'arbre, s'unit avec lui, et il pousse bientôt des branches qui, s'étendant de tous côtés, forment la tête de l'arbre, et portent des fruits exquis.

Cette opération, l'une des plus curieuses du jardinage, se varie de plusieurs manières. J'aurai soin de parler à Mathurin pour le prier, lorsqu'il en sera temps, de la faire en votre présence.

LES FLEURS.

Charlotte, si vous n'êtes pas fatiguée, nous irons voir nos fleurs. Pour Henri, c'est un homme; et il lui siérait mal de se plaindre. Je pense même qu'il serait en état de se tenir sur ses pieds du matin au soir. Venez, monsieur, prenez la clef du jardin, et ouvrez la porte. Voici, je crois, l'endroit le plus agréable que nous ayons jamais vu.

Quel est l'objet qui va d'abord captiver nos regards? Que sais-je? Il se trouve ici une si grande variété de beautés, que l'on hésite à laquelle donner la préférence. Vous admiriez les fleurs des champs; mais celles-ci les surpassent encore.

Regardez ces tulipes, ces giroflées, ces œillets, ces jonquilles, ces jacinthes et ces renoncules. La blancheur de ce lis ou de cette tubéreuse efface celle de la plus belle batiste. Prenez la plus petite fleur : en la regardant de près, vous la trouverez aussi jolie et aussi curieuse que les plus grandes. N'oublions pas, surtout, la modeste violette, la première fille du printemps. Charlotte, cueillez-moi, je vous prie, une de ces roses à cent feuilles. C'est bien avec raison que pour son doux parfum et sa couleur brillante on la nomme la reine des fleurs. Joignez-y quelques brins de lilas, de jasmin, de muguet et de chèvrefeuille. Quel agréable mélange de douces odeurs dans un si petit bouquet! Je ne vous permettrai pas d'en cueillir davantage; ce serait une pitié de les gâter. Le jardinier nous en a apporté ce matin pour parer notre appartement. Elles se conserveront par la fraîcheur de l'eau qui baigne leurs tiges, au lieu que la chaleur de vos mains les aurait bientôt fanées.

Avez-vous pris garde que chaque fleur a des feuilles différentes de celles des autres; que quelques-unes sont bigarrées de toutes les couleurs que vous pouvez nommer, et découpées en festons les plus délicats? En un mot, leurs beautés sont trop multipliées pour qu'on puisse vous les compter. Quand vous serez en état de lire les ouvrages d'histoire naturelle, vous serez étonnés de tout ce qu'elles offrent d'admirable. Mais vous êtes trop jeunes pour pouvoir comprendre ces livres à présent. Cependant je ne dois pas omettre de vous dire que toutes les fleurs viennent ou de graines, ou d'ognons, ou de petites racines détachées des grandes, ce qu'on appelle marcottes.

Aucune de celles qui croissent ici ne viendrait à l'aventure dans les champs, parce que la terre n'y est pas assez riche pour elles. Il faut prendre beaucoup de peine pour les faire venir, même dans un jardin. Le jardinier est obligé de leur donner des soins continuels. Il faut surtout qu'il n'oublie pas de les arroser chaque jour. La terre et l'eau sont pour les fleurs ce que la viande et le vin sont pour les hommes. Mais comme elles sont muettes et attachées à une place, elles ne peuvent aller chercher des rafraîchissemens, ni les demander. Le créateur a pourvu à leurs besoins par les douces ondées du printemps, ou le jardinier qu'il instruit répand sur elles, avec son arrosoir, une pluie bienfaisante.

Quelques plantes tendres et délicates ne viennent que dans une terre extrêmement légère. Elles ne pourraient percer à travers un terrein trop dur, pas plus que vous ne pourriez passer votre tête à travers une épaisse muraille. D'autres plantes sont fermes et vigoureuses; c'est pourquoi une terre légère s'éboulerait autour d'elles, et laisserait leurs racines découvertes; aussi celles-là réussissent mieux sur un sol d'argile. Quelques-unes demandent une grande quantité d'eau : elles viennent même dans les fosses et les puisards. D'autres enfin ne se plaisent que dans un terrain sablonneux.

On élève plusieurs plantes curieuses dans des serres chaudes. Elles ne croîtraient pas en plein air dans ce pays, parce qu'elles sont transplantées de pays étrangers, où il fait beaucoup plus chaud. Quoique vous soyez d'une constitution plus robuste que les fleurs, si vous étiez obligés d'aller dans un pays où le froid est beaucoup plus vif que dans celui-ci, vous ne seriez pas en état de le supporter comme ceux qui sont nés sous ces climats.

LES CARRIÈRES.

De ce que je viens de vous dire, mes chers amis, vous devez conclure qu'il y a une grande variété dans ce qui croît sur la surface de la terre; mais quelle serait votre admiration si vous connaissiez tout ce qu'elle renferme au-dedans! C'est de son sein qu'on a tiré les grès qui pavent nos rues et nos grands chemins, et ce joli gravier d'un jaune rougeâtre répandu sur les allées pour en bannir l'humidité, et faire un contraste agréable avec le vert tendre de la charmille. La porcelaine et la faïence de notre buffet; la poterie commune, d'un si grand usage dans la cuisine; les briques dont nos appartemens sont carrelés; les tuiles qui couvrent nos toits; tout cela n'est que de la terre, d'une pâte plus ou moins fine, pétrie et cuite au four. Nos verres et nos bouteilles, les vitrages de nos fenêtres, sont du sable fondu. Vous avez vu quelquefois, dans vos promenades, bâtir des maisons : eh bien, la chaux, le mortier, le plâtre, le ciment qu'on a mis entre les pierres pour les lier ensemble et les affermir, venaient du sein de la terre : ces pierres elles-mêmes, entassées les unes sur les autres jusqu'à une si grande élévation au-dessus de nos têtes, étaient ensevelies à de grandes profondeurs sous nos pieds. Il en est ainsi du marbre qui pare nos consoles et nos cheminées, et de l'ardoise qui couvre nos pavillons. Les endroits creusés pour en retirer ces divers matériaux s'appellent carrières.

LES MINES DE CHARBON ET DE SEL.

Il est des pays où, en creusant à certaines profondeurs, on trouve dans une espèce de carrière appelée mine, le charbon de terre que vous avez vu souvent décharger à la porte du serrurier notre voisin. Il n'est guère d'usage à Paris que pour les forges; mais il sert dans plusieurs provinces de France, ainsi que dans des royaumes entiers, à faire le feu de la cuisine et celui des appartemens.

Le charbon de bois ne vient point dans la terre; mais il s'y fait dans de grandes fosses, où l'on jette du bois pour le faire brûler. Lorsqu'il est bien enflammé, on le recouvre afin de l'éteindre, avant qu'il soit au point de se réduire en cendres.

Il est aussi des mines de différentes espèces de sel, qu'il est inutile de vous nommer encore. Je ne vous parlerai que du sel commun. En quelques endroits le sel de ces mines est si dur, qu'on peut le tailler comme du marbre, et en faire des statues. Ce qu'il y a de singulier, c'est que le feu le fait fondre encore plus promptement que l'eau. Le sel nous vient plus communément de l'eau de mer qu'on fait entrer dans une espèce de bassin peu profond, et qu'on laisse évaporer au soleil. Quand l'eau est tout évaporée, le sel reste en croûte dans ces bassins qu'on appelle salines.

LES MINES DE MÉTAUX.

Je ne vous ai pas dit la moitié des richesses qui se trouvent dans les entrailles de la terre : on en tire l'or, l'argent, le cuivre, le fer, le plomb et l'étain. C'est ce qu'on appelle métaux.

Regardez ma montre; elle est d'or, ainsi que les louis, les doubles louis, et les demi-louis. On peut battre l'or, et l'étendre en feuilles plus minces que du papier. L'espagnolette de mes croisées, les sculptures de mon salon, les chenets de mon foyer, ne sont pas d'or, quoique vous ayez pu l'imaginer; on n'a fait que les couvrir de ces feuilles d'or légères. L'or est le plus précieux de tous les métaux.

L'argent, quoique inférieur à l'or, est cependant très-estimé. Cet écu et ces petites pièces de monnaie sont d'argent. On l'emploie aussi pour les flambeaux, la vaisselle plate et une infinité d'autres ustensiles, dont les gens riches font usage. L'argent couvert d'une feuille d'or s'appelle vermeil.

Le cuivre sert à faire les sous, les liards et toute la basse monnaie. On l'emploie aussi ordinairement pour faire nos poêlons, nos casseroles et nos chaudières. Mais l'usage en serait très-dangereux si l'on n'avait la précaution de les doubler d'étain en-dedans : c'est ce qu'on appelle étamer.

Le fer est le métal le plus commun, mais le plus utile. La plupart des instrumens dont on se sert pour la culture de la terre et pour les différens métiers, sont de fer. L'acier est une espèce de fer raffiné et purifié dans la trempe, par le mélange de quelques ingrédiens. Les couteaux, les ciseaux, les rasoirs, les aiguilles, sont d'acier.

Le plomb est aussi d'un très-grand usage. Vous savez combien il est pesant. On en fait des réservoirs pour contenir l'eau, des tuyaux pour l'amener des sources, des gouttières pour ramasser la pluie qui dégoutte des toits, et la conduire hors de la maison. On en fait aussi des poids pour les balances, les tournebroches et les horloges.

L'étain est un métal blanchâtre plus mou que l'argent, mais plus dur que le plomb. Il sert à faire des bassins, des écuelles, des assiettes et des cuillers pour les gens qui n'ont point le moyen d'en avoir d'argent.

Tous ces différens métaux se trouvent en mines dans la terre. On y trouve aussi ce qu'on appelle les demi-métaux, tels que le vif-argent dont on couvre le derrière des miroirs, le zinc, l'antimoine, etc., que l'on mêle avec les métaux, pour en faire des métaux composés, comme le laiton, le bronze, etc.

LES MINES DE PIERRES PRÉCIEUSES.

C'est encore dans la terre que l'on trouve les pierres précieuses, telles que le diamant qui est proprement sans couleur, le rubis qui est rouge, l'émeraude qui est verte, le saphir qui est bleu. Je ne vous parle que des principales, parce que le détail en serait trop long. Elles ne paraissent point si brillantes lorsqu'on les tire de la mine. Il faut autant de patience que de travail pour les tailler et les polir. Regardez les diamans de cette bague : vous voyez qu'ils sont taillés à plusieurs facettes : c'est afin que la lumière, se réfléchissant d'un plus grand nombre de points, leur donne plus d'éclat.

Il est une espèce de caillou que l'on taille aussi en forme de diamant, pour en garnir des boucles et des colliers; mais il est bien loin d'avoir le même feu. On le reconnaît à sa transparence plus terne. C'est ce qu'on appelle pierres fausses.

Vous voyez, mes amis, qu'il n'est pas une seule chose qui ne puisse servir à satisfaire agréablement notre curiosité, lorsqu'on sait l'examiner avec attention. Quelle folie de se plaindre de n'avoir rien pour se divertir, lorsqu'on peut trouver de l'amusement dans tous les objets de la nature! Mais si vous n'êtes pas fatigués, je pense que vous devez avoir faim, et je crains que notre dîner ne se refroidisse. Ainsi hâtons-nous de gagner la maison. Je vous en ai dit assez pour occuper votre mémoire jusqu'à demain, où je me propose de faire avec vous une autre promenade.

DEUXIÈME ENTRETIEN.

LES BOEUFS.

Bonjour, Charlotte; je ne vous attendais pas de si bonne heure. Je me flatte, par cet empressement, que mes instructions d'hier vous furent agréables. Avez-vous vu Henri ce matin? Allons voir s'il est levé. — Comment! petit paresseux, n'avez-vous pas de honte d'être encore au lit? La matinée est charmante. Votre sœur et moi, nous voulons en profiter pour faire une petite promenade. Si vous désirez être de la partie, il n'y a pas de temps à perdre. — Fort bien; vous voilà prêt. Faites vos prières, et partons.

Ne vois-je pas là-bas la laitière qui trait les vaches? Comme ces pauvres animaux paraissent joyeux en passant dans la verte prairie! J'imagine que l'herbe leur est aussi agréable que des confitures le seraient pour vous. Voyez de quels bons vêtemens ils sont pourvus! Comme ils ne peuvent pas s'en faire eux-mêmes, la nature leur en a donné qu'ils portent sur le dos, dès leur naissance, et qui grandissent avec eux.

Tous les animaux qui, comme ceux-ci, ont quatre pieds, s'appellent quadrupèdes. Ils ne se tiennent point debout. Cette posture grotesque avec quatre jambes, leur serait en même temps incommode, parce que leur nourriture est attachée à la terre, et qu'ils seraient à tout moment obligés de se baisser pour la prendre; ce qui les fatiguerait terriblement. D'un autre côté, s'ils n'avaient que deux jambes, ils ne pourraient guère mouvoir leur corps, beaucoup plus pesant que les nôtres. Vous voyez de quelle dure corne leurs pieds sont armés. Sans cette chaussure naturelle, ils seraient bientôt déchirés jusqu'au sang. Les grandes cornes pointues qu'ils ont sur la tête leur servent de défense contre ceux qui voudraient les attaquer.

Savez-vous de quelle grande utilité sont pour nous les vaches et les bœufs? Je vais vous le dire. Ne courez pas, Henri; voyez comme votre sœur est attentive!

Les vaches, ainsi que vous le voyez, donnent du lait en grande quantité. Il sert à faire la crême, le beurre et le fromage. On le met, pour cela, reposer dans de grandes jattes. Quelques heures après, la crême épaissie s'élève au-dessus. On retire cette couche avec de grandes cuillers, et il s'en forme bientôt une seconde, que l'on retire de même. Lorsqu'on l'a toute recueillie, on la met dans une espèce de petit tonneau, qu'on appelle baratte, et on la remue fortement avec un battoir passé dans le trou du tonneau, jusqu'à ce qu'à force de s'épaissir, elle devienne du beurre. Le reste est du lait de beurre, qui est très-bon pour les enfans.

Le fromage mou et toutes les autres espèces de fromage se font également avec le lait. Je vous mènerai quelque jour dans la laiterie, pour être témoins de ces différentes préparations.

Remarquez bien ce superbe taureau : c'est le bœuf le plus vigoureux de la troupe, et le père de tous ces petits veaux qui tétaient encore leurs mères il y a quelques jours, et qui commencent à présent à paître auprès d'elles.

Mais d'où vient ce nuage de poussière sur le grand chemin? Ah! c'est un troupeau de bœufs qui passe. N'en soyez point effrayée, Charlotte. Remarquez comme ils souffrent patiemment qu'on les pousse à coups d'aiguillon. Un seul homme suffit à les gouverner, tant ils sont dociles! Il va les conduire au marché, où les bouchers les attendent pour les acheter. Lorsqu'ils seront tués, leur chair sera vendue à nos cuisinières pour notre dîner; et leurs peaux seront vendues aux tanneurs, qui en feront du cuir, nécessaire aux cordonniers pour les selles, les brides et les harnais. Leurs cornes même ne nous seront pas inutiles. On en fera des peignes et des lanternes.

Il est des pays où les bœufs n'ont rien à faire qu'à s'engraisser paisiblement, pour être conduits ensuite à la boucherie. En d'autres endroits, leur vie est aussi laborieuse que celle du cheval. On ne monte pas, il est vrai, sur leur dos; mais on en joint deux ensemble de front, et on leur attache autour des cornes, avec de fortes courroies, le timon d'une charrette ou d'un traîneau, ou le joug d'une charrue; et on les voit tirer avec force les fardeaux les plus lourds, et labourer profondément la terre la plus dure.

LES BREBIS.

Regardez ces innocentes brebis, avec ce fier bélier à leur tête, et ces jolis agneaux à leur côté. Quelle paisible famille! Douces créatures! vous êtes aussi pourvues de bons habits. Ils vous seront d'un grand secours dans l'hiver et dans les nuits fraîches, où vous êtes obligées de coucher à la belle étoile, au milieu des champs. Mais ils vous donneraient trop de chaleur dans l'été. Eh bien! ne craignez pas; on trouvera le moyen de vous débarrasser sans vous faire souffrir. Aussitôt que les chaleurs étouffantes seront venues, le fermier vous réunira toutes ensemble dans la prairie. Alors de jeunes bergères viendront avec de larges ciseaux vous délivrer adroitement du poids incommode de votre toison. Vous sortirez de leurs mains plus légères, et vous courrez sautant et bondissant comme de petits garçons qui ôtent leurs habits pour jouer dans la campagne.

La laine des brebis et des moutons est très-précieuse. On la vend aux cardeurs, qui la dégraissent ; et de pauvres femmes, qui vivent dans des chaumières, la filent. N'avez-vous pas vu l'honnête Gothon, assise devant sa porte, chanter de vieilles romances en tournant son rouet, heureuse de penser qu'on la paierait assez bien pour l'empêcher de demander l'aumône ?

Lorsque la laine est filée, puis tordue, les bonnetiers en font des bonnets ou des bas, et les tisserands en font des étoffes pour nos vêtemens, ou des couvertures pour nos lits dans l'hiver.

Les pauvres moutons ne seraient pas si fringans, s'ils savaient qu'ils doivent être, comme les bœufs, vendus aux bouchers. Ne pensez-vous pas qu'il est cruel de tuer ces innocentes créatures ? En effet, mes enfans, c'est une pitié. Mais si l'on n'en tuait pas quelques-uns, il y en aurait bientôt un si grand nombre, qu'ils ne sauraient trouver assez d'herbages pour subsister, et que plusieurs, par conséquent, seraient réduits à mourir de faim. Du moins, tant qu'ils vivent, ils sont aussi heureux qu'ils peuvent l'être. Ils ont de belles pâtures pour s'y nourrir et pour y jouer. En marchant à la boucherie, ils ne savent pas encore ce qu'on va leur faire. Lorsqu'on leur coupe la gorge, ils ne sont pas long-temps à mourir ; et en expirant, ils n'ont pas le chagrin de laisser après eux des parens qui s'affligent, ou qui souffrent de leur perte.

Nous sommes obligés de les tuer pour soutenir notre vie ; mais nous ne devons jamais être cruels envers eux, tant qu'ils sont vivans.

La peau de mouton s*** ***e le parchemin qui couvre votre tambour, Henri ; et la basane qui couvre votre livre, Charlotte.

LE CHEVAL.

On conduit aussi les chevaux au marché pour les vendre, non pas aux bouchers, mais aux maquignons, qui les dressent. Leur chair n'est bonne à rien ; c'est de la charogne : elle ne sert qu'à rassasier les loups et les corbeaux. Le cheval est une noble créature. En voilà un de selle. Voyez comme il se dresse, et comme il bondit, maintenant qu'il est en liberté ! Mais quoiqu'il soit très-vigoureux, qu'il puisse renverser celui qui le monte, en s'élevant sur ses pieds de derrière, et le tuer d'une ruade, il est si doux, qu'il se laisse monter et guider où l'on veut. Son corps étant moins lourd que celui du bœuf, il a des jambes plus menues, en sorte qu'il se meut plus légèrement ; et, sa croupe étant moins large, un homme peut aisément l'embrasser entre ses genoux. Il a aussi de la corne aux pieds ; mais, comme il est grand voyageur, elle serait bientôt usée, si l'on n'avait le soin de lui donner des souliers de fer, pour empêcher qu'elle ne se brise. C'est le maréchal qui fait sa chaussure, et qui la lui attache avec des clous. Cette opération faite avec adresse ne lui cause aucune douleur.

Ne souhaiteriez-vous pas, Henri, de savoir monter à cheval ? Lorsque vous serez plus grand, on vous apprendra cet utile exercice. Mais gardez-vous bien de l'essayer avant d'en avoir reçu des leçons ! cette épreuve pourrait vous coûter la vie.

Il y avait un petit garçon de ma connaissance, qui brûlait d'envie de monter à cheval, et qui n'eut pas la patience d'attendre que son papa eût acheté un joli petit bidet proportionné à sa taille. Il vit un jour le cheval du domestique attaché à la porte. Le voilà qui détache la bride, grimpe sur la selle, et donne à son coursier un grand coup de baguette. Le cheval part aussitôt au galop, et l'emporte avec tant de vitesse, que le pauvre petit malheureux, incapable de retenir la bride et d'atteindre jusqu'aux étriers, perdit bientôt la selle, et fut renversé contre une pierre qui lui fracassa tout le crâne. Le cheval n'était pourtant pas vicieux lorsqu'il avait un cavalier habile sur son dos. Tout le mal venait de ce que le petit insensé ne savait pas le conduire.

Ces deux grands chevaux rebondis, d'une taille haute et d'une superbe encolure, sont destinés pour le carrosse. Ils sont plus forts, mais moins légers que l'autre. Ceux-ci, avec leurs jambes velues et leur crin négligé, sont des chevaux de charrette. Il y a une autre espèce de chevaux très-fins et très-légers : ils portent leurs maîtres à la chasse, ou sont réservés pour les courses ; mais ils sont très-coûteux à entretenir.

Nous ne saurions faire à pied un long voyage, parce que nos jambes seraient bientôt fatiguées ; au lieu que sur le dos d'un cheval nous pouvons parcourir bien des lieues, et voir nos amis qui vivent à une certaine distance de notre maison. Il est aussi fort agréable d'aller en voiture : vous le savez bien ; mais ces plaisirs, nous ne pourrions pas nous les procurer sans les chevaux. Comment nous passer aussi de leur secours dans une infinité d'autres circonstances ? Il serait excessivement pénible pour les hommes les plus vigoureux de faire ce que les chevaux ordinaires font avec facilité. Le pauvre laboureur, qui suit tout le long du jour sa charrue, est bien fatigué le soir lorsqu'il rentre dans sa chaumière. Que serait-ce donc s'il était obligé de la traîner lui-même à travers son champ, sur une terre dure et raboteuse ? Comment les voituriers seraient-ils en état de tirer ces grands fourgons et ces lourdes charrettes qu'ils conduisent, s'ils n'y employaient la force des chevaux ? Puisqu'ils nous rendent de si grands services, ne devons-nous pas les bien traiter ? Je crois que le moins que nous puissions faire, est de leur donner, dans le jour, une bonne nourriture, et une écurie bien close la nuit. Gardons-nous surtout d'imiter ces personnes barbares qui les poussent trop rudement à la course, qui leur donnent des coups de fouet et d'éperon jusqu'à ce qu'ils soient près de mourir ! Cependant de pareilles cruautés sont exercées chaque jour. Souvenez-vous bien, Henri, qu'il est également cruel et insensé d'agir de cette manière.

L'ANE.

Voilà un pauvre âne. Il fait une figure bien triste auprès d'une aussi belle créature que le cheval. Ne le méprisez pourtant pas à cause de sa mine : il a un grand mérite, je vous assure. Il est aussi patient qu'officieux, et il n'en coûte que bien peu pour le nourrir. Il se contente de quelques chardons qu'il broute le long des chemins, ou même de quelques feuilles sèches et d'un peu de son. Il ne demande ni écurie pour le loger, ni palefrenier pour le panser ; en sorte que les pauvres gens qui ne sont pas en état de nourrir un cheval peuvent avoir un âne. Il tirera fort bien sa petite charrette, ou portera sa paire de paniers. Il ne dédaignera pas même de prêter son dos à un ramoneur. N'avez-vous pas vu de ces petits savoyards aux dents blanches et à la face noircie, grimpés sur un âne avec des sacs de suie, qu'ils portent aux teinturiers ?

Je ne dois pas oublier de vous dire que le lait d'ânesse est un des meilleurs remèdes pour les maladies de poitrine. J'ai vu des personnes si faibles, qu'on les croyait

condamnées à mourir, reprendre à vue d'œil leur santé, pour en avoir bu le matin pendant quelque temps. Ne serait-il pas affreux de traiter avec inhumanité des animaux si utiles ? Je ne pardonnerai, je crois, de ma vie, à un petit polisson que j'ai vu tourmenter une de ces pauvres créatures de la manière la plus cruelle.

LE CHIEN.

Laissez-moi regarder à ma montre. Ho, ho ! huit heures passées. Il est temps de retourner à la maison pour déjeuner. Voilà Champagne qui venait nous avertir. Médor est avec lui. Vous êtes bien content de nous trouver, n'est-ce pas, Médor ? Nous sommes aussi bien aises de vous voir, je vous assure. Vous êtes un brave et fidèle compagnon. Voyez comme il remue sa queue, et comme il frétille ! il nous regarde d'un air si joyeux, que l'on croirait démêler un sourire sur sa physionomie. Dans le temps où nous sommes au lit, et profondément endormis, Médor fait sentinelle, et ne permet pas aux voleurs d'approcher de la maison. Lorsque votre papa est à la

chasse, Médor court d'un côté et d'autre à travers les champs, et fait lever le gibier, pour que votre papa le tire. Quoiqu'il soit très-courageux, et qu'il exposât sa vie pour défendre son maître si on osait l'attaquer, il est d'un si bon naturel, qu'il laisse les petits enfans jouer avec lui sans les mordre, pourvu cependant qu'ils ne lui fassent pas de mal.

Le brave Médor ne demande d'autre récompense de ses services que de petites caresses, une légère nourriture, et la permission de nous accompagner quelquefois dans nos promenades. Il mérite bien notre attachement par celui qu'il nous témoigne : aussi a-t-il été de tous temps le symbole de la fidélité.

LE CERF.

Voulez-vous traverser le petit parc en retournant à la maison? J'en ai heureusement la clef. Voyez, Henri, ce beau cerf, avec ses cornes rameuses! N'admirez-vous pas sa taille légère et son air noble et fier? Voyez là-bas ces petits faons qui bondissent! Si leste que vous soyez, je parie que vous ne pourriez jamais cabrioler comme eux.

Cette espèce d'animaux n'est entretenue que par ceux qui ont des parcs fermés de hautes murailles. Ils aiment trop l'indépendance pour s'arrêter dans les champs, comme les vaches et les brebis.

Les grands seigneurs prennent souvent plaisir à chasser le cerf. Ils le lâchent hors du parc, et détachent à ses trousses une meute nombreuse de chiens. Leurs aboiemens furieux, les cris et le son du cor des piqueurs qui les guident, le saisissent d'une telle épouvante qu'il se sauve devant eux de toute la vitesse de ses jambes agiles. Les chasseurs, montés sur des chevaux dressés à cet exercice, se mêlent aussi à la poursuite; et ils sont si animés dans leur course qu'ils sautent au-dessus des haies et à travers les fossés pour l'atteindre. Il les conduit quelquefois dans un circuit immense; mais enfin ses jambes fatiguées refusent de le porter plus loin. On le voit, haletant de lassitude et de frayeur, s'arrêter tout à coup, et menacer de ses cornes les chiens dont il est assailli. Après un long combat, ceux-ci le saisissent, le déchirent, jusqu'à ce qu'il meure.

Je suppose qu'il y a du plaisir à le suivre et à voir la légèreté de sa course ; mais je pense qu'il faudrait laisser la pauvre créature retourner dans sa demeure, pour la dédommager de la terreur qu'elle doit avoir éprouvée, et la payer de l'amusement qu'elle a procuré.

Ces mêmes personnes s'amusent aussi quelquefois à chasser le lièvre. Elles vont dans les champs avec leurs chiens, qui découvrent bientôt son gîte, quelque adroit qu'il soit à se cacher. Lorsqu'il se voit en danger d'être saisi, il s'élance, et court avec toute la légèreté dont il est pourvu, pratiquant dans sa fuite plusieurs ruses pour se sauver ; mais toutes ces ruses sont inutiles : il succombe enfin d'épuisement, et subit le même sort que le cerf, ou périt sous les traits du chasseur.

Je ne sais quel est le plaisir de la chasse, Henri; mais je souffrirais tant pour la pauvre petite bête effarouchée, que ce sentiment détruirait toute ma jouissance. Il me semble que j'aurais encore plus de joie d'en sauver un de sa détresse.

Maintenant, allons prendre notre déjeuner. Je crois que cette promenade vous le fera trouver bon. Il n'est rien comme l'air et l'exercice pour aiguiser l'appétit.

LE CHAT.

Tandis que nous déjeunons, j'ai quelques nouvelles à vous dire, Charlotte. Votre favorite Minette a fait des petits. Ils sont ici dans un panier. Appelez-la pour laper un peu de lait, et alors nous pourrons les regarder à notre aise. Entendez comme ils miaulent; voyez comme ils tremblotent. Ils ne peuvent pas y voir encore ;

mais dans neuf jours leurs yeux seront ouverts, et alors ils commenceront à faire mille tours de souplesse. Lorsque leur mère leur aura appris à attraper les sou-

ris, elle les laissera pourvoir d'eux-mêmes à leur subsistance; et au lieu de se donner la moindre inquiétude à leur sujet, elle leur allongera un bon coup de patte sur le museau s'ils osaient prendre des libertés avec elle. Mais elle sera une bonne mère pour eux aussi long-temps qu'ils auront besoin de ses secours. Ils n'ont pas droit de prétendre qu'elle leur attrape des souris pendant toute leur vie, lorsqu'ils seront aussi adroits qu'elle à cette chasse.

Les souris sont de jolies petites créatures; mais elles font beaucoup de dommage, aussi bien que les rats. Si nous n'avions pas de chats pour les détruire, nous en serions bientôt désolés.

Je n'aurais jamais fini si je voulais dénombrer toutes les espèces d'animaux qui vivent sur la terre. Mais je ne dois pas oublier de vous dire qu'il y a un grand nombre de bêtes féroces, telles que les lions, les tigres, les léopards, les panthères, les ours et une infinité d'autres. Comme leurs peaux font de bonnes fourrures pour les personnes qui vivent dans les pays froids, les chasseurs, assemblés en grand nombre et pourvus de bonnes armes, se hasardent à les poursuivre avec d'autant plus de confiance que les bêtes sauvages vont rarement par troupes.

Quelquefois on vient à bout de les prendre vivantes, lorsqu'elles sont jeunes, et on les montre dans les foires comme des curiosités. Ceux qui en ont soin ont une manière de les élever qui leur fait perdre, en grande partie, leur férocité naturelle. Il n'y a aucune bête, si féroce qu'elle soit, qui ne puisse être adoucie et domptée par l'homme; témoin cet ours qui dansait hier sous nos fenêtres.

Il est plusieurs autres animaux très-curieux, que j'ai vus à la ménagerie du Jardin des plantes, où je me propose de vous mener un jour. Je ne vous parlerai que de deux seulement, pour vous inspirer la curiosité de connaître les autres, lorsque vous serez un peu plus formés.

L'ÉLÉPHANT.

L'éléphant est le plus grand des animaux qui vivent sur la terre. Sa force est prodigieuse; mais son naturel est très-doux, et il se laisse aisément gouverner par la voix de l'homme.

Il porte sur le museau une grande masse de chair qu'on appelle trompe, parce qu'elle est creuse et allongée comme une trompette. Il l'étend et la recourbe de mille manières, et s'en sert comme d'une espèce de main pour prendre sa nourriture et la porter à sa gueule. Il la manie avec tant d'adresse qu'il parvient à déboucher une bouteille, et à ramasser à terre la moindre pièce de monnaie. Elle est assez forte pour soulever de grosses pierres et déraciner des arbres.

Nous lisons dans l'histoire, que c'était autrefois l'usage d'employer les éléphans dans les batailles. Ils portaient sur leur dos de petites tours de bois remplies de soldats, qui, de cette hauteur, lançaient au loin des traits et des javelots. Quand le combat s'animait, l'éléphant, harcelé par l'ennemi, entrait en fureur, enfonçait les rangs, et écrasait sous ses pieds tous ceux qui osaient lui disputer le passage.

Voudriez-vous monter sur un éléphant, Henri? Certes, vous y feriez une aussi belle figure que la poupée de Charlotte sur un grand cheval.

Les dents de l'éléphant ont quelquefois plus de dix pieds de longueur. Ce sont elles qui nous fournissent tout l'ivoire employé à faire quelques-uns de vos bijoux, vos peignes, le manche de votre couteau, et une infinité d'autres ustensiles.

LE CHAMEAU.

Le chameau est une autre grande créature. Nous n'en avons point dans ce pays, si ce n'est ceux que l'on y amène à dessein de les montrer dans les rues pour de l'argent.

Au milieu des contrées où vivent les chameaux, il y a de vastes déserts sablonneux, où l'on ne trouve ni une hôtellerie pour se reposer, ni même un arbre pour se mettre à l'abri des traits brûlans du soleil. Cependant les marchands sont dans la nécessité de traverser ces sables arides pour porter les marchandises qu'ils veulent vendre d'une contrée à l'autre. Il leur serait impossible de traîner eux-mêmes de si lourdes charges; et les chevaux dont ils pourraient faire usage seraient réduits à périr de soif, parce qu'on ne trouve point d'eau sur la route. Le chameau se charge des fardeaux les plus pesans, les porte avec autant de patience que de légèreté, et ne demande point de rafraîchissemens dans sa marche. Lorsqu'il est parvenu au terme du voyage, il s'agenouille de lui-même, afin que son maître puisse atteindre à la hauteur de son dos pour le décharger.

Je pourrais vous dire des choses étonnantes d'une quantité d'autres animaux; mais j'espère que vous aurez assez de curiosité pour vous instruire un jour, dans des livres d'histoire naturelle, de tout ce qui les concerne.

LA POULE.

Si vous avez fini de déjeuner, et que vous ne sentiez pas de fatigue, nous irons dans la basse-cour. Prenons chacun une poignée de grains : je suis sûre que nous serons bien venus.

Voyez quelle nombreuse couvée de poussins a cette poule blanche! Elle prend autant de soin d'eux que la femme la plus tendre de ses enfans. Henri, ne cherchez point à attraper les petits poulets; elle volerait sur vous. Hier encore, ils étaient dans la coquille. Elle avait posé ses œufs dans un panier au coin de la volière, elle les a couvés pendant trois semaines, et ne les a quittés qu'un moment à la dérobée pour manger, de peur qu'ils ne périssent de froid s'ils étaient privés de la chaleur qu'elle leur communique. Aussitôt qu'ils ont été assez forts, ils ont rompu la coquille, et sont sortis d'eux-mêmes. Elle leur apprend déjà à fouiller du bec dans la terre, pour y chercher du grain et des vermisseaux. Lorsqu'elle craint que quelqu'un n'ait envie de leur faire du mal, elle s'élance sur lui avec la fureur et le courage d'un lion. Pauvre poule, que vas-tu devenir? Voyez-vous cet oiseau de proie qui la guette? Oh, comme cette tendre mère est effrayée! Les petits poussins se couchent sur le dos, attendant à tout moment d'être emportés dans les serres de leur ennemi. Leur mère court autour d'eux dans des angoisses mortelles; car il est trop fort pour qu'elle puisse le combattre. Allez, Henri; appelez Thomas, et dites-lui d'accourir tout de suite avec son fusil. Va, ma pauvre poule, l'épervier n'aura pas tes petits. — Maintenant que nous l'avons chassé, viens chercher le grain que nous t'avons apporté pour ta famille.

Nous avons besoin d'œufs, Charlotte; voyez s'il y en a dans le poulailler. Bon, vous en avez trois. Ils sont pondus d'aujourd'hui. Il n'y a pas encore de poulet vivant dans la coquille; mais, si nous les laissions quelque temps sous la poule, il viendrait un poulet dans chacun. Toute espèce de volaille et d'oiseau vient aussi d'œufs, plus ou moins gros, suivant la grosseur de l'animal qui les produit.

Il est possible de faire éclore les œufs dans les fours; et j'ai lu que c'était l'usage ordinaire en Égypte. Aussitôt que les jeunes poussins sortent de leur coquille, ils sont mis sous la tutelle d'une poule, qui, ayant été dressée à cet emploi, les conduit et les élève, béquetant pour eux avec la même tendresse que si elle était leur véritable mère. Certainement c'est une chose très-curieuse; mais je suis bien loin d'approuver ces procédés contre nature. Nous pouvons bien avoir un nombre suffisant de poulets par la méthode naturelle, si nous leur donnons les soins qu'ils demandent. Je suis ravie de savoir qu'on a voulu essayer, dans ce pays, de faire naître les poulets dans des fours, et qu'on a rejeté ce moyen.

Il y a une autre coutume aussi bizarre, mais qui cependant est très-commune parmi nous; c'est de mettre des œufs de cane couver sous une poule. Vous auriez peine à concevoir la détresse que cela occasione à cette seconde mère. Ignorant l'échange qui a été fait, elle suppose qu'elle a couvé ses propres petits ; car elle n'a pas assez d'intelligence pour réfléchir sur cet sujet. C'est pourquoi, lorsqu'elle voit les canetons se plonger dans l'eau, suivant leur instinct, elle est saisie pour eux des craintes les plus vives, tremblant qu'ils ne se noient. Cependant elle n'ose les suivre, parce qu'elle ne sait pas nager. Vous auriez pitié de la pauvre bête, en la voyant courir autour de la mare, appelant ses nourrissons, et remplissant l'air de ses plaintes.

Il est fâcheux d'être obligé de tuer les pauvres poulets ; mais, comme je vous l'ai dit au sujet des bœufs et des moutons, si nous les laissions tous vivre, ils mourraient de faim, ou nous réduiraient au même danger, en mangeant tout le grain de nos provisions; en sorte que nous n'aurions plus ni pain ni viande pour soutenir notre vie. Mais nous prendrons soin de les bien nourrir, de ne pas les tourmenter, et lorsque nous les tuerons, nous les ferons souffrir le moins possible. Je ne pourrais jamais me résoudre à égorger de mes mains une créature vivante ; je plains, sans les condamner, ceux qui, par état, sont forcés d'exécuter cette cruelle opération.

Les poules ont des pattes armées d'ongles très-pointus, pour pouvoir fouiller dans le fumier et devant la porte des granges, où elles trouvent toujours une provision suffisante de grains. Leurs pieds ont aussi plusieurs jointures ; en sorte qu'en dormant, la nuit, elles se tiennent fortement accrochées aux juchoirs ; ce qui les empêche de tomber pendant leur sommeil.

Les coqs, leurs maris, ont autant de courage que de beauté, de force et d'orgueil. Ils combattent quelquefois entre eux jusqu'à ce que l'un ou l'autre reçoive la mort. Il y a, en Angleterre, des gens assez cruels pour trouver de l'amusement dans ces meurtres.

Ils prennent deux de ces belles créatures, et attachent à leurs jambes des éperons d'acier très-aigus ; ensuite ils les mettent au milieu d'une place ronde, couverte de gazon, et se tiennent tout autour, criant, jurant et faisant des paris insensés, tandis que les deux fiers combattans se déchirent de blessures si cruelles, qu'ils meurent quelquefois sur la place. Oh, Henri ! j'espère que vous ne prendrez jamais part à ces jeux barbares. Je vois que votre cœur se révolte au seul récit que je vous en fais. Je pourrais encore vous dire que ces spectacles ont causé souvent la ruine de ceux qui risquaient leur fortune sur l'événement du combat ; mais je me flatte qu'avant de devenir homme, vous prendrez des sentimens d'humanité qui vous en éloigneront pour toujours, sans avoir besoin de ce motif.

Je veux vous parler d'une autre espèce de barbarie exercée sur les coqs, par de méchants petits garçons. Le jour du mardi-gras, ils s'assemblent par bandes et conviennent de jeter, tour à tour, des bâtons à l'une de ces innocentes créatures. Le premier tire, et lui casse quelquefois une jambe. Cela est réparé, à ce qu'ils disent, par un morceau de bois qu'ils lient tout autour pour la soutenir. Le second lui crève peut-être un œil ; le troisième lui brise peut-être une aile, et rarement un coup manque de lui casser quelqu'un de ses membres délicats. Aussi long-temps qu'il lui reste de forces, l'oiseau tourmenté cherche à s'échapper de ses bourreaux ; mais la violence de la douleur le force bientôt de tomber. S'il montre le moindre signe de vie, il a de nouveaux tourmens à souffrir. Ils mettent sa tête dans la terre pour le ranimer, à ce qu'ils prétendent. La malheureuse volatille se débat, de peur d'étouffer, et la persécution recommence. Quelques coups de plus achèvent ce jeu barbare. Elle tombe tout-à-fait morte, tandis que ses meurtriers triomphent sur son cadavre, et s'appellent eux-mêmes de petits héros. Que pensez-vous de ces enfans, Henri? N'y a-t-il pas bien plus de plaisir à voir ce noble oiseau béquetant à la porte de la grange, ou perché sur son fumier, battant des ailes et poussant des cris de joie, que de le voir déchiré d'une manière si cruelle, de voir ses yeux, jadis si pleins de feu, maintenant éteints sous sa paupière mourante, et son beau plumage souillé de boue et de sang?

LE PAON, LE COQ D'INDE,
LE FAISAN, LE PIGEON.

Éloignons de notre esprit de si tristes images, pour reposer nos regards sur ce

paon majestueux. Avez-vous vu jamais une plus brillante parure? Avec quel orgueil il étale en forme de roue sa queue étoilée! On dirait que le soleil se plaît à la faire étinceler des plus riches couleurs. Une de ses plumes est tombée à terre. Examinez-la bien ; plus vous la regarderez de près, plus elle vous paraîtra admirable. Ses pieds ne sont pas, à beaucoup près, si beaux ; tant il est vrai qu'on ne possède jamais tous les avantages !

La chair du paon est assez bonne à manger. Elle servait même autrefois dans les festins d'appareil de la chevalerie.

Mais qui pourrait se résoudre à **égorger** un si bel oiseau ?

Ne soyez pas effrayé de ce coq-d'Inde, Henri. Il a l'air fanfaron ; mais il ne possède en effet que très-peu de courage. Marchez à lui sans crainte ; il fuira devant vous. Une taille haute, vous le voyez, n'annonce pas toujours un grand cœur.

Cet oiseau nous vient de l'Inde ; mais

il s'est fort bien naturalisé dans ce pays, et sa chair est d'un très-bon goût.

Ne croiriez-vous pas que l'on a peint et doré le plumage de ces faisans de la Chine ? Ils sont moins beaux que le paon, mais ils sont plus variés. Voyez aussi quelle diversité de couleurs dans ces pigeons ! Les plumes de tous ces oiseaux nous servent pour mille embellissemens dans notre parure. Et jusqu'à celles du hibou, il n'en est pas qui ne soient dignes d'occuper nos regards, d'exciter notre admiration et de satisfaire notre curiosité.

LE CYGNE, L'OIE, LE CANARD.

Prenez garde, Henri ; n'approchez pas tant du bord du canal. Venez à mon côté. Bon : donnez-moi la main. Nous sommes assez près pour être à portée de voir ce cygne superbe. Comme il navigue majestueusement sur les eaux, sans en troubler la surface ! Voyez-le déployer de temps en temps ses ailes argentées, et plonger son cou long et recourbé. Voyez sa compagne ; avec quelle fierté elle conduit sa naissante famille ! Ses petits ne sont encore que d'un gris cendré; mais bientôt l'œil sera ébloui de la blancheur de leur plumage.

Cette pauvre oie, qui ressemble tant au cygne pour la forme, est bien loin d'avoir sa grace et sa beauté! Elle ne fait que criailler d'une voix rauque et glapissante, et se dandiner niaisement dans sa lourde allure. Gardons-nous toutefois de la mépriser, pour n'avoir pas les avantages extérieurs de sa rivale. Le cygne n'a rien à nous fournir que son duvet pour nos houpes à poudrer, nos manchons, la garniture de nos robes et de nos pelisses. L'oie, au contraire, nous donne sa chair pour nos repas, et nous lui sommes en quelque sorte redevables de tous les livres de science et d'agrément que nous lisons, puisqu'avant d'être imprimés, ils ont d'abord été écrits avec des plumes tirées de ses ailes.

Regardez à présent cette cane, suivie de sa jeune couvée de canetons. Où courent-ils donc ainsi, d'un air si empressé? Bon : les voilà tous dans l'eau. Voyez avec quelle assurance ils y plongent! Vous auriez, j'imagine, une belle frayeur à leur place.

Le cygne, l'oie et le canard sont des oiseaux aquatiques, et vivent sur l'eau et sur la terre. Remarquez, je vous prie, leurs pattes : vous verrez que toutes les parties en sont liées ensemble par une mince membrane. Il en est de même de tous les oiseaux d'eau. Ils les emploient comme ces rames dont vous avez vu les bateliers se servir pour conduire leur chaloupe.

OISEAUX ÉTRANGERS.

Je ne finirais pas de la journée si j'entreprenais de vous peindre les oiseaux qui vivent dans ce pays. Que serait-ce donc si je voulais vous entretenir de tous ceux que l'on a reconnus sur les différentes parties de l'univers! Il est des livres fort amusans, où l'on a fait leur histoire, et vous pourrez les voir représentés avec leurs couleurs naturelles. En attendant que vous soyez en état de lire ces ouvrages avec fruit, je me borne à vous parler de deux oiseaux seulement, et je choisirai le plus petit et le plus grand de toute l'espèce, le colibri et l'autruche.

LE COLIBRI.

La nature semble avoir pris plaisir à former la taille élégante du colibri, et à rassembler sur son plumage les plus belles couleurs dont elle a peint celui des autres oiseaux. Les nuances en sont si délicates et si bien mélangées, que son coloris semble varier à chaque nouveau coup d'œil. Sa queue est composée de neuf plumes, qui vont s'allongeant en éventail; et les deux dernières sont deux fois plus longues que tout son corps. Le mâle porte sur sa tête une petite huppe, où sont réunies toutes les teintes qui brillent sur ses ailes. Ses yeux sont noirs, et étincellent de vivacité. Son bec, de la grosseur d'une aiguille, est long et un peu courbé. Sa langue, qu'il en fait sortir bien au dehors, lui sert à pomper, jusqu'au fond du calice des fleurs, la rosée qui les baigne, ou à gober les petits insectes qui s'y réfugient. Il se nourrit aussi de la poussière de fleurs d'orange, de citron et de grenade, qu'il recueille en voltigeant comme un papillon, presque toujours sans s'y reposer. Son vol est si rapide, qu'on entend cet oiseau plutôt qu'on ne le voit. Le mouvement de ses ailes produit un bourdonnement pareil à celui des grosses mouches. Il se balance comme elles dans l'air, et paraît quelquefois y rester immobile.

Dans les contrées où les fleurs n'ont qu'une saison, on dit qu'à la fin de leur règne il se tapit sur la branche d'un arbre, et y reste dans un état d'engourdissement jusqu'à leur retour; mais dans les pays où les fleurs se succèdent sans cesse, on a le plaisir de le voir toute l'année.

Il aime à suspendre son nid aux rameaux des orangers, qui ne plient certainement pas sous la charge. Ces nids, dont la forme est celle d'une demi-coque d'œuf, sont construits avec de petits brins d'herbe sèche, et tapissés d'une espèce de coton très-fine et très-douce. La femelle ne pond que deux œufs de la grosseur d'un pois, qu'elle couve avec beaucoup de soin et de tendresse. Quand les petits sont éclos, ils ne paraissent pas plus gros que des mouches. Peu à peu ils se couvrent d'un duvet aussi léger que celui des fleurs, et bientôt après de plumes brillantes.

Lorsque le père et la mère s'éloignent pour aller leur chercher de la nourriture, certains oiseaux qui sont très-friands de la couvée, veulent profiter de cette absence pour saisir leur proie; mais les parents sont toujours au guet; ils reviennent, prompts comme l'éclair, poursuivent intrépidement l'ennemi de leur jeune famille, et lorsqu'ils peuvent l'atteindre, ils ont l'adresse de se cramponner sous son aile, et le percent, avec leur bec affilé, de mille blessures.

La manière de les prendre est de leur jeter une poignée de gros sable lorsqu'ils volent à une petite portée, ce qui les étourdit, ou de leur tendre des baguettes enduites d'une glu luisante. Les petits friands y volent avec avidité; mais leurs langues, leurs pattes et leurs ailes s'y empêtrent, et les chasseurs, qui les épient, les saisissent avant qu'ils aient pu se débarrasser.

Un voyageur raconte à leur sujet une histoire intéressante, que vous ne serez sûrement pas fâchés d'apprendre; je le devine par votre attention à m'écouter.

Un de ses amis ayant pris un nid de ces oiseaux, les mit dans une cage à la fenêtre de sa chambre. Le père et la mère, qui voltigeaient de tous côtés pour les retrouver, ne tardèrent pas à les reconnaître; et ils venaient d'abord leur apporter à manger à travers les barreaux. Bientôt ils se rendirent assez familiers pour entrer librement dans la chambre, puis dans la cage, puis pour manger et dormir avec leurs petits. Ils prirent enfin tant d'amitié pour le maître de la maison, qu'ils allaient quelquefois tous les quatre ensemble se percher sur son doigt, criant *serep, serep, serep*, comme s'ils eussent été sur une branche d'arbre. On leur faisait une bouillie de biscuit, de vin d'Espagne et de sucre. Ils venaient y passer légèrement leur langue, et quand ils étaient rassasiés, ils voltigeaient dans la maison et au dehors, revenant à tire d'aile au moindre son de la voix de leur père nourricier. Il les conserva de cette manière pendant cinq ou six mois, dans la douce espérance d'avoir bientôt de nouveaux rejetons de cette jolie famille; mais ayant oublié un soir d'attacher la cage où ils se retiraient, à un cordon suspendu au plancher, pour les garantir des rats, il eut la douleur de ne plus les retrouver le lendemain à son réveil.

On a trouvé le secret de leur conserver si bien, même après leur mort, le vif éclat de leurs couleurs, que les femmes du pays les portent à leurs oreilles en guise de girandole. On fait aussi de leurs plumes de belles tapisseries et des tableaux charmans.

L'oiseau-mouche, ainsi nommé à cause de sa petitesse, est de l'espèce du colibri.

L'AUTRUCHE.

L'autruche tient, parmi les oiseaux, le même rang que l'éléphant parmi les quadrupèdes. Elle est la plus grande de toute

la gent volatile. Sa hauteur égalerait celle de Henri debout sur un cheval. Son cou est très-allongé, sa tête fort menue, l'un et l'autre couverts de poils au lieu de plumes. Ses yeux sont presque aussi grands que les nôtres, relevés d'une paupière mobile, et garnis de cils. Son corps, dont la grosseur est loin de répondre à la grandeur de sa taille, est monté sur des cuisses sans plumes jusque aux genoux, et sur des jambes très-hautes, qui se terminent en pieds de corne, semblables à ceux des chameaux, mais avec des griffes très-fortes. La nature lui ayant donné des ailes trop courtes et des plumes trop molles pour pouvoir s'élever dans les airs, elle sait en user comme d'une voile pour accélérer sa course, aidée d'un vent favorable. Ces ailes sont armées, chacune à leur extrémité, de deux ergots qui lui servent de défense.

L'autruche est très-vorace, et se nourrit de tout ce qu'elle rencontre ; c'est de là que l'estomac d'autruche est passé en proverbe. Elle pond plusieurs fois l'année, et chaque fois douze à quinze œufs fort gros, qu'elle dépose dans le sable pour que le soleil les échauffe pendant la journée ; le soir, à son tour, elle se charge de ce soin dans les pays où les nuits sont froides. La coque de ces œufs acquiert avec le temps une si grande dureté, qu'on la travaille comme l'ivoire, pour en faire des coupes très-solides.

Ces oiseaux se réunissent dans les déserts en troupes nombreuses, qui, de loin, ressemblent à des escadrons de cavalerie. Leur chasse est un des plus grands plaisirs des seigneurs de la contrée. Ils les poursuivent, montés sur des chevaux barbes de la plus grande vitesse, avec lesquels toutefois ils ne pourraient les atteindre, s'ils n'avaient la précaution de les pousser contre le vent, et de lâcher à leurs trousses des lévriers pour leur couper le chemin et les arrêter un peu. Elles font des crochets dans leur fuite comme les lièvres.

Les chasseurs emploient quelquefois une ruse plaisante pour les attraper. Ils se revêtent d'une peau d'autruche, élèvent et réunissent leurs bras dans le cou, et le font jouer, ainsi que la tête et les autres membres, à la manière des véritables autruches ; celles-ci approchent, ou se laissent approcher sans défiance, et se trouvent prises à l'improviste.

La tête de ces oiseaux n'étant défendue que par un crâne très-mince, c'est cette partie qu'ils cherchent à mettre en sûreté, laissant le reste de leur corps à découvert. Toute leur force est dans leur bec, dans les piquans du bout de leurs ailes, et surtout dans leurs pieds. Ils peuvent renverser un homme d'une ruade. On prétend même qu'en fuyant, ils lancent des pierres avec une extrême raideur.

Les autruches sont d'un naturel très-sauvage. Cependant, à force de soins, on vient à bout de les apprivoiser, et de les monter comme un cheval. On a vu une jeune autruche porter deux nègres à la fois sur son dos, avec plus de rapidité que le plus léger coureur des courses de Vincennes.

Les plumes d'autruche se blanchissent et se teignent en diverses couleurs. On les prépare pour servir de parure à la coiffure des femmes, aux chapeaux des militaires, et aux casques des acteurs sur le théâtre, comme aussi pour orner l'impériale des lits et les dais d'église. Les plumes des mâles sont les plus estimées, parce qu'elles sont plus larges, plus épaisses, et qu'elles prennent mieux la couleur que celles des femelles.

Les plumes grisâtres qu'elles ont sous le ventre fournissent aux fourreurs des garnitures de robes et de manchons.

LES NIDS D'OISEAUX.

Regardez entre ces arbres, Charlotte. N'est-ce pas le petit Jules, que je vois venir à notre rencontre ? Oh ! c'est bien lui : je le reconnais à ses gambades. Il me paraît, à cette allure, qu'il a des nouvelles agréables à nous annoncer. Il porte quelque chose. Qu'avez-vous donc là, mon enfant ? un nid d'oiseaux ? Fi ! comment dérober à ces pauvres créatures ce qui leur a coûté tant de peines et de travail ! Les petits, dites-vous, s'en étaient déjà envolés ? A la bonne heure. Henri, prenez doucement ce nid dans votre main, et regardez-le avec attention. Je vous dirai comment les oiseaux l'ont construit.

Deux d'entre eux sont convenus de vivre ensemble ; car s'ils ne peuvent pas s'exprimer comme nous, ils savent fort bien se faire entendre l'un à l'autre. Ils ont prévu que le printemps leur donnerait des petits, et leur premier soin a été de leur bâtir d'avance une jolie habitation. Après avoir cherché, sur les arbres ou dans les buissons, l'endroit le plus propre à s'établir, ils ont commencé l'édifice par le dehors, entrelaçant avec leurs becs des brins de bois et de paille, et remplissant tous les vides avec de la mousse et du crin ramassés dans la campagne. Ensuite ils ont tapissé l'intérieur de légers flocons de laine, de duvet, de plumes et de coton. La femelle a pondu ses œufs sur ce lit douillet, et pendant quelques jours les a tenus constamment réchauffés de la douce chaleur de ses ailes, tandis que le mâle l'animait par ses caresses dans des soins si tendres, ou que, perché sur une branche voisine, il la réjouissait de ses plus jolies chansons. Enfin les petits sont éclos. Aussitôt leurs parens pleins de joie, se sont empressés de leur aller chercher de la nourriture, et sont revenus en la broyant dans leur bec. Les petits, entendant le bruit de leurs ailes, ont soulevé la tête, se sont mis à crier tous à l'envi : *chirp, chirp*, comme pour dire : à moi, à moi. Aucun, grace à Dieu, n'en a manqué. Afin de les garantir de la fraîcheur des nuits, la mère a continué de les couvrir de ses plumes, et, dès l'aurore, le père a volé leur chercher une nouvelle nourriture. Ainsi se sont comportés ces tendres parens, jusqu'à ce qu'ils aient vu les petits en état de se soutenir sur leurs ailes. Alors ils les ont instruits à voltiger de branche en branche, puis à se hasarder un peu dans les airs. Enfin, ils leur ont fait prendre l'essor, pour leur indiquer les endroits où ils trouveraient leur subsistance. C'est alors que leurs soins ont cessé ; leurs enfans n'en avaient plus besoin : ils sont déjà aussi habiles qu'eux-mêmes. Vous les verrez l'année prochaine construire aussi des nids à leur tour, et faire pour leur jeune famille ce que leurs parens viennent de faire pour eux.

Je sens toujours de l'indignation contre ceux qui vont lâchement dérober des nids d'oiseaux, lorsque je pense combien de voyages ont faits ces pauvres créatures pour rassembler tous les matériaux qui leur étaient nécessaires, et quelle a dû être la difficulté de leur travail, sans autres instrumens, pour bâtir, que leurs becs et leurs pattes.

Nous n'aimerions pas à être chassés d'une bonne maison bien close et bien commode, quoique peu d'entre nous eussent l'adresse d'en construire. Les fermiers, il est vrai, se trouvent dans la nécessité de detruire, autant qu'ils peuvent, quelques espèces d'oiseaux qui dévorent leurs récoltes. D'ailleurs il ne manque point d'oiseaux de proie, tels que les éperviers et les milans, pour leur faire une rude guerre. Ainsi je pense qu'ils ont assez d'ennemis, sans les petits garçons. Pour moi, je ferais volontiers le sacrifice d'une partie de mes fruits, pour les payer de leur musique ; et je ne voudrais pas tuer ce merle joyeux, qui chante si gaiement dans le verger, même quand il devrait manger toutes mes cerises.

Vous avez un serin de Canarie dans votre cage, Charlotte ; j'espère que vous aurez soin de le tenir propre et de le bien nourrir. Il n'a jamais connu le prix de la liberté ; ainsi il n'éprouve point le regret de l'avoir perdue. Au contraire, si vous lui donniez la volée, il mourrait peut-être de faim, faute de la nourriture qu'il aime. De plus, il ne pourrait pas résister aux rigueurs de l'hiver, parce qu'il est d'une espèce qu'on a transportée d'un pays beaucoup plus chaud que le nôtre. Mais si vous preniez un pauvre oiseau accoutumé à voler dans les bois, à sautiller de branche en branche, à gazouiller dans l'épaisseur des buissons, il commencerait d'abord à se tourmenter, à se frapper la tête contre les barreaux de la cage; enfin, lorsqu'il verrait qu'il ne peut sortir, il irait se tapir tristement dans un coin; il refuserait de manger et de boire, jusqu'à ce que la faim et la soif l'y obligeassent à la dernière extrémité, et il mourrait peut-être avant que d'avoir pu s'accoutumer à sa prison.

J'ai connu un petit garçon, très-bon enfant d'ailleurs, mais qui aimait tant les oiseaux, qu'il se servait de tous les moyens pour en avoir. Un jour il venait de leur tendre des lacets et de leur dresser des trappes, lorsqu'on vint le chercher de la ville de la part de sa maman; il partit aussitôt, oubliant, dans l'étourderie de son âge, d'aller défaire ses piéges, ou d'en parler à personne dans la maison. Il ne revint qu'au bout de huit jours; et la première nouvelle qu'il apprit fut qu'un pauvre roitelet avait été malheureusement écrasé sous une trape, et qu'une fauvette s'était cassé la jambe dans les nœuds d'un lacet. Dites-moi, je vous prie, mon cher Henri, si vous n'auriez pas eu bien de la douleur, à sa place, d'avoir fait souffrir une fin cruelle à deux si gentilles créatures, qui, loin de lui avoir fait aucun mal, avaient peut-être cent fois réjoui ses yeux par la légèreté de leur vol, ou charmé ses oreilles par la douceur de leur ramage?

LES OISEAUX DE PASSAGE.

Il est plusieurs espèces d'oiseaux, appelés oiseaux de passage, tels que les grues, les canards sauvages, les pluviers, les bécasses, les hirondelles, etc., qui ne résident pas constamment dans un même endroit, mais qui vont de pays en pays, cherchant un climat favorable, suivant les différentes saisons de l'année. Ils se réunissent tous ensemble à certain jour marqué, et prennent leur vol en même temps Plusieurs traversent les mers, et volent jusqu'à trois cents lieues; ce que l'on aurait de la peine à croire, sans le témoignage répété de plusieurs voyageurs dignes de foi.

LES PAPILLONS, LES CHENILLES
ET LES VERS A SOIE.

Après quoi donc courez-vous si vite, Henri? Oh, c'est un papillon! Vous l'avez attrapé? ne serrez pas dans vos doigts, de peur de la blesser, la délicate et frêle créature. Vous croyez peut-être avoir pris un petit oiseau qui n'a fait que voltiger toute sa vie? non, non, il n'en est pas ainsi. Tel que vous le voyez, si leste et si brillant, il n'y a que peu de jours qu'il rampait à terre sous la forme d'une chenille hideuse. En voici une. Regardez-la de tous vos yeux. Découvrez-vous sur son corps rien qui ressemble à des ailes? Non sans doute. Eh bien, cependant elle viendra papillonner un jour autour de cette fleur sur laquelle vous la voyez se traîner si pesamment aujourd'hui.

On compte plusieurs espèces de chenilles; mais je ne vous parlerai que des vers à soie, parce que c'est l'espèce dont l'histoire est la plus curieuse et la plus intéressante pour nous.

Les vers à soie, avant leur naissance, sont renfermés en de petits œufs, que l'on conserve dans un lieu sec, jusqu'au retour du printemps. Alors on les expose à une chaleur douce, et l'on en voit sortir de petits vers grisâtres, que l'on met soudain sur des feuilles détachées d'un arbre qu'on appelle mûrier, qu'ils aiment de préférence pour leur nourriture. Ils grossissent fort vite; car aussitôt qu'ils sont nés, ils se mettent, d'un grand appétit, à manger de ces feuilles, et ils en mangent tout le long de la journée. Au bout de neuf à dix jours leur peau se détache de leur corps, et ils paraissent beaucoup moins hideux avec leur robe nouvelle. Ils en changent trois fois encore, de sept jours en sept jours, et à la dernière, ce sont de jolis vers très-blancs, à peu près de la longueur et de la grosseur de l'un de vos doigts. Ils commencent bientôt à devenir jaunâtres et transparens; leur corps grossit et se ramasse, et ils cessent absolument de manger: c'est le temps où ils se disposent à se mettre à l'ouvrage. Ils grimpent le long de petits brins de genêt ou de bruyère qu'on plante autour d'eux en forme d'arcade, et attachent d'abord, de tous côtés, des soies qu'ils filent un peu grosses, pour y suspendre leur coque. Ils en forment l'extérieur avec une espèce de bourre qu'on nomme fleuret; puis au-dessous de cette enveloppe grossière, ils commencent leur véritable coque, en appliquant des fils plus déliés à cette bourre, qu'ils foulent continuellement avec leur tête, pour donner à l'intérieur de leur édifice une forme ronde et de la capacité d'un œuf de pigeon. Dès le premier jour, ils se dérobent entièrement à l'œil, sous l'épaisseur de leur travail; mais la besogne n'est pas encore achevée. Il leur faut un ou deux jours de plus pour terminer en dedans leur ouvrage. Le dernier tissu, qui les environne immédiatement, est le plus difficile; car il est plus serré que l'étoffe la mieux fabriquée.

C'est de ces coques, appelées ordinairement cocons, que l'on tire d'abord le fleuret qui sert à faire la filoselle, et ensuite la soie employée dans nos ameublemens et dans nos habits. Si nous venions à perdre ces insectes, il n'y aurait plus ni taffetas, ni satins, ni velours.

Pour retirer la soie, on jette dans l'eau bouillante tous les cocons, excepté ceux que l'on réserve pour avoir des œufs,

comme je vous le dirai tout à l'heure. Les personnes accoutumées à ce travail en ont bientôt trouvé le premier bout. Elles sont obligées de joindre plusieurs brins ensemble, pour en faire un d'une grosseur raisonnable, et elles le dévident sur de petites bobines. Croiriez-vous que chacun de ces fils a près de mille pieds de longueur?

Je vous ai dit que l'on mettait à part les cocons destinés à donner des œufs. Si vous en ouvrez un avec des ciseaux, que pensez-vous que l'on trouve au-dedans? un ver à soie? Oh! non, rien qui lui ressemble du tout. On n'y trouve plus qu'une chrysalide, c'est-à-dire un petit corps sans tête ni pattes qu'on puisse voir. Vous le prendriez pour une fève desséchée. Cependant, si vous touchez une de ses extrémités, vous le voyez se remuer un peu; ce qui annonce qu'il n'est pas mort. En effet, là-dessous est un papillon bien emmailloté, qui déchire ses langes au bout de vingt jours, perce lui-même sa coque, et en sort avec deux yeux noirs, quatre ailes, de longues jambes, et un corps couvert d'une espèce de plumes. Le mâle et la femelle font aussitôt leur petit ménage; et lorsque celle-ci a pondu ses œufs, au nombre de quatre ou cinq cents, ils meurent l'un et l'autre, laissant pour l'année suivante une nombreuse famille propre à leur succéder.

Vous voudriez élever des vers à soie, Charlotte? Je serai bien aise que vous puissiez étudier de vos propres yeux les merveilles opérées par la nature dans les métamorphoses et le travail de ces insectes. Je vous laisserai volontiers la satisfaction d'en élever quelques-uns, et je me charge de vous instruire alors de tous les soins qu'ils demandent. Leur éducation entraîne beaucoup d'embarras, dans les pays où l'inconstance des saisons exige qu'ils soient continuellement renfermés dans de grandes chambres. Il est des pays, au contraire, où ils naissent sur les mûriers, se nourrissent d'eux-mêmes, et filent parmi les feuilles. Ce doit être un joli coup d'œil de voir ces cocons briller comme des prunes d'or et d'argent, au milieu de la douce verdure !

Les différentes espèces de papillons sont très-nombreuses : le nombre des espèces de chenilles est aussi grand, puisqu'il n'est pas un papillon qui n'ait été chenille, puis chrysalide, avant de prendre des ailes, comme je viens de vous le dire du papillon de ver à soie, qui n'est lui-même qu'une chenille.

Une chose bien digne de notre admiration, c'est l'instinct que la nature donne à toutes les chenilles de se former une retraite pour le temps où l'état immobile de chrysalide les exposerait sans défense à leurs ennemis. Les unes, à l'exemple des vers à soie, filent des coques impénétrables, où elles s'enveloppent ; les autres se creusent sous terre de petites cellules bien maçonnées ; celles-ci se suspendent par les pieds de derrière ; celles-là se lient par une espèce de ceinture qui les embrasse et les soutient. C'est ainsi que, sous une apparence de mort extérieure, tout leur corps travaille, pour certaines espèces même, pendant plus d'une année, à prendre la nouvelle forme qui doit renouveler leur existence, en les faisant passer de la condition d'un ver obscur qui rampe sous nos pieds, à celle d'un oiseau brillant qui voltige au-dessus de nos têtes.

Les variétés qu'on remarque entre les papillons les ont fait partager en plusieurs classes : l'histoire de chacune offre des particularités fort curieuses. Ces insectes qui, sous leur première forme, ne nous inspiraient que du dégoût et de l'horreur, deviennent, sous leur forme nouvelle, les objets de notre admiration, et nous inspirent même en leur faveur une sorte d'intérêt. L'éclat des couleurs dont leurs ailes sont peintes ; les sucs délicats dont ils se nourrissent ; le bonheur dont ils semblent jouir dans le court espace de leur vie ; les métamorphoses par lesquelles ils sont parvenus à cet état ; tout en eux réveille des idées gracieuses, et excite la curiosité sur une destinée aussi singulière. J'espère que vous goûterez un jour autant de plaisir que moi-même à vous instruire de tous ces détails intéressans.

Je vous aurais encore parlé de plusieurs autres animaux, dont l'histoire nous offrirait mille particularités admirables, tels que les castors, les fourmis, etc., etc. ; mais où pourrais-je m'arrêter, si je cherchais à vous peindre tous ceux qui doivent vous intéresser par leur instinct, leur forme et leur industrie? Ces détails m'entraîneraient trop loin des limites que je me suis tracées. C'est à regret que je me borne à vous les annoncer pour être un jour l'objet continuel de vos études et de vos plaisirs. Ce que je ne cesserai jamais de vous dire, c'est que, lorsque vous aurez pris du goût pour ces connaissances, rien ne pourra jamais vous paraître indifférent dans la nature.

Malgré la quantité prodigieuse d'animaux que nos yeux peuvent découvrir, il en est sans doute un plus grand nombre encore de ceux que leur petitesse dérobe à notre vue. Toutes les feuilles des arbres, des plantes et des fleurs, sont peuplées d'une infinité d'insectes invisibles ; il n'est peut-être pas un grain de sable qui ne soit un monde pour ses habitans. Qui sait si un ciron n'est pas un éléphant aux yeux d'une foule d'autres créatures d'une espèce inférieure? Voici un microscope, c'est-à-dire un instrument qui grossit les objets, comme le télescope les rapproche. Charlotte, allez-moi, je vous prie, chercher ce vinaigre que je tiens, depuis quelques jours, exposé au soleil. Je vais en mettre ici une goutte. Approchez-vous, et voyez. Doucement, Henri ; ce n'est pas tout d'être philosophe, il faut encore être poli : laissez regarder votre sœur la première. A votre tour, maintenant. Eh bien ! ne découvrez-vous pas une multitude de petits animaux qui s'agitent avec une extrême vivacité? Vous voyez, par cet exemple, qu'une recherche attentive peut nous faire pénétrer chaque jour de nouvelles merveilles. Quand notre vie serait cent fois plus longue, nous ne viendrions jamais à bout de découvrir tout ce qui est digne de notre curiosité.

Que dit votre frère, Charlotte? qu'il souhaiterait que ses yeux fussent des microscopes? Hélas, mon cher enfant! vous ne savez guère ce que vous désirez. Si vos vœux étaient accomplis, vous verriez, il est vrai, des choses très-surprenantes; mais aussi ce que vous regardez maintenant avec plaisir, deviendrait pour vous un objet de dégoût et d'horreur. Un homme vous paraîtrait si grand, que vous ne pourriez voir à la fois qu'une partie de sa taille : un bœuf vous semblerait plus haut qu'une colline; vous prendriez un ruisseau pour une rivière, un chat pour un tigre, une souris pour un ours : vous seriez continuellement exposé à des méprises ridicules ou dangereuses. Croyez-moi, contentez-vous de ce que vos yeux peuvent vous faire aisément connaître ce qui vous est utile ou nuisible; aidez-vous des instrumens inventés pour suppléer à leur faiblesse dans les objets de pure curiosité ; et surtout restez convaincus, à l'exemple de Frédéric et de Maurice, que *l'homme est bien comme il est,* pour jouir de tout le bonheur qu'il peut goûter sur la terre.

LES ABEILLES.

La bonne Geneviève vient de nous apporter un rayon ou gâteau de miel nouveau. Vous allez en goûter, et vous le trouverez exquis. Vous rappelez-vous qu'il y a deux mois environ nous avons vu un essaim d'abeilles sortant d'une ancienne ruche? Nicolas, qui les guettait depuis une demi-heure, ne les aperçut pas plus tôt en l'air, que, se cachant le visage et les mains pour ne pas être piqué, il les fit s'abaisser sur un buisson en leur jetant de la poussière à pleines mains, et les mit ensuite dans une ruche vide qu'il avait préparée exprès. Eh bien ! voici une portion du travail qu'elles ont fait dans leur nouvelle demeure, et des provisions qu'elles y ont amassées.

Elles sont en très-grand nombre dans leur habitation, quelquefois même jusqu'à trente mille et plus; cependant il règne parmi elles le plus grand ordre : dans chaque ruche une principale abeille, que nous nommons la reine, maintient l'ordre et la propreté, ne souffre pas que les abeilles restent oisives, les envoie dans les champs, dans les jardins, dans les prairies et les bois, chercher la cire et le miel dont elle règle l'usage. C'est elle qui veille à la construction des édifices de la ruche, à l'éducation des jeunes abeilles; et quand cette jeunesse est en état de pourvoir à sa subsistance, elle les oblige à sortir de la ruche, sous la conduite d'une jeune reine de leur âge: c'est ce qui forme l'essaim dont je viens de vous parler.

Dès le jour que Nicolas a recueilli les jeunes abeilles dans la ruche, elles ont aussitôt, sans perdre un moment, travaillé à faire ces petites cellules que vous voyez, et qui sont en cire. Cette cire, qui est jaune quand elle sort des ruches, sert à donner au bois des meubles, au plancher, le luisant et la propreté : elle entre dans la composition des onguens que l'on met sur les blessures ; et quand on l'a fait blanchir, on l'emploie à faire la bougie qui nous éclaire, les cierges que vous voyez dans l'église, et mille autres choses très-utiles.

Vous souvenez-vous, Henri, qu'hier soir ayant mis votre petit nez au milieu d'un lis pour en sentir l'odeur, vous l'avez retiré tout couvert d'une poussière jaune? eh bien! c'est avec ces petits grains de poussière que les abeilles font leurs cellules de cire; elles les trouvent en très-grande abondance sur les lis; il y en a moins dans les autres fleurs simples, et point dans les doubles. Pendant que la construction avance, d'autres abeilles vont sur les fleurs recueillir le miel qui se trouve au milieu du calice des fleurs simples, et sur les feuilles de certains arbres : elles l'apportent dans leur petit estomac, et le dégorgent dans les cellules, qu'elles ferment avec de la cire quand elles les ont remplies.

Ces provisions leur servent pour se nourrir pendant les jours qu'elles ne sortent pas, à cause des pluies et des froids; et comme elles travaillent continuellement, elles en amassent plus qu'il ne leur en faut : c'est leur superflu que Nicolas leur a ôté, et dont on vient de nous apporter une partie.

A présent ouvrons ces petites cellules : voyez comme le miel est pur! Vous le trouvez bon, mes enfans; j'en suis charmée. Charlotte, vous voulez voir ces abeilles près de leur ruche; eh bien! mes amis, je vous y mènerai; mais je vous préviens que leur piqûre fait beaucoup de mal. J'ai vu un petit garçon de l'âge de Henri, qui après avoir fouetté sa toupie, s'approcha d'une ruche; et comme les abeilles étaient tranquilles, il y introduisit le manche de son fouet, en le remuant avec vivacité; les abeilles en fureur sortirent et se jetèrent sur lui; il fut bien piqué, et s'enfuit en jetant des cris; il souffrit beaucoup, et personne ne le plaignit, parce qu'il s'était attiré ce malheur. S'il se fût approché des abeilles avec tranquillité, et sans les effaroucher, il eût pu les regarder sans le moindre danger.

Venez, mes amis, nous allons les voir; vous les craignez parce qu'elles font beaucoup de bruit; c'est ce qui a lieu les jours de beau temps, depuis midi jusqu'à trois heures, parce que les abeilles sortent en grand nombre pour se récréer et prendre l'air.

Les petites abeilles que vous voyez sont les ouvrières de la ruche, les travailleuses; ce sont elles qui construisent les édifices en cire, comme celui que vous a apporté la bonne Geneviève; ce sont elles qui vont chercher le miel, qui entretiennent la propreté dans la ruche, qui veillent à la porte pour en défendre l'entrée; elles gardent aussi la reine, qui ne sort point. Ces grosses mouches noires qui font beaucoup de bruit en volant, sont les papas de la ruche. Vous me demandez, Charlotte, pourquoi ces papas font tant de bruit en volant? Vous trouvez que leur chant n'est pas agréable. Mes amis, ce bourdonnement ne sort pas de leur bouche; les abeilles, et toutes les mouches que nous voyons, ont sous les ailes de petits trous par où l'air entre dans leur corps et en ressort; c'est l'agitation de leurs ailes sur ces petits trous qui cause le bourdonnement que nous entendons; c'est comme la toupie d'Allemagne de Henri. Cette toupie creuse est percée d'un petit trou; plus elle tourne vite, plus le bourdonnement est fort : aussi plus les mouches agitent leurs ailes, et plus elles sont grosses, plus le bourdonnement est considérable.

Il y a d'autres espèces d'abeilles qui ne vivent pas en commun comme celles-ci; on les nomme *abeilles solitaires*; telle que l'abeille *perce-bois*, qui fait des trous dans des morceaux de bois et s'y loge; l'abeille *maçonne*, qui fait son nid avec de la terre humectée; la *cardeuse*, la *coupeuse de feuilles*, la *tapissière*, et beaucoup d'autres espèces, les œuvres du créateur étant variées à l'infini. Vous me demandez, Charlotte, pourquoi on appelle une espèce *abeille tapissière?* C'est, mes amis, parce qu'elle tapisse sa petite demeure; et voici comment elle s'y prend.

Elle fait un trou dans la terre, de la profondeur d'un des doigts de Henri; elle va ensuite chercher de la fleur de coquelicot, et commence par tapisser l'entrée avec un petit rebord, de manière que l'on voit un petit trou dans la terre entièrement bordé de rouge; elle retourne chercher de la même fleur, et tapisse tout l'intérieur en descendant; enfin, elle tapisse le fond. Cette opération finie, elle dépose ses œufs dans le trou, avec une pâtée de miel pour la nourriture de ses petits quand ils écloront; enfin, elle détache les bords extérieurs de sa tapisserie, les pousse dans le trou, les recouvre de terre qu'elle bat pour l'affermir : rien n'est plus admirable.

TROISIÈME ENTRETIEN.

LA TERRE.

Entrez, entrez, Henri. Approchez-vous, Charlotte. J'ai de grandes choses à vous expliquer aujourd'hui. Regardez ce globe. Savez-vous quel est son usage? Oh, non, j'imagine. Eh bien! le croiriez-vous? si petit qu'il soit, il représente toute la terre.

Lorsque vous étiez plus jeunes encore, vous pensiez peut-être que le monde ne s'étendait pas au-delà de la ville que vous

habitez, et que vous aviez vu tous les hommes et toutes les femmes qui le peuplent. A présent vous êtes un peu mieux instruits, car je crois vous avoir dit qu'il y a des millions et des millions d'autres créatures semblables à nous. En vous promenant dans la ville, vous avez été surpris de la multitude d'habitans qui se pressent en foule le long des rues, comme des abeilles dans une ruche, aussi nombreux et aussi affairés. Ce n'est pourtant que la moindre partie de ceux qui couvrent la face de la terre.

La terre est un globe énorme : celui que nous avons sous les yeux n'en est qu'une espèce de miniature. Vous y voyez une infinité de lignes droites ou tortueuses, tracées sur toute sa rondeur, et peintes, les unes en rouge, les autres en jaune ou en vert, etc. : c'est pour distinguer les divers états, comme les haies, dans les champs, distinguent les possessions des divers particuliers.

Il n'était pas plus possible de retracer entièrement toutes les parties de la terre sur ce globe, qu'il ne l'était au peintre de faire entrer toute la grandeur du visage de votre maman sur le tableau que je porte à mon bracelet. Vous voyez cependant que le portrait lui ressemble; et on aurait pu le faire encore plus petit.

On pourrait de même, en réduisant ces lignes, les retracer sur une orange ; en les réduisant un peu plus, sur un abricot; et toujours ainsi en diminuant, sur une prune, une cerise, un grain de raisin. Allons plus loin encore. Voici un pois. Vous voyez combien il est plus petit que le globe : cependant nous pourrions, avec autant d'adresse que ce graveur qui grava plusieurs mots sur un grain de millet, figurer en raccourci, sur le pois, ces grandes places jaunes, vertes et rouges; qu'on appelle France, Angleterre, Allemagne, etc., assez bien pour montrer quels sont les contours de ces pays, et leur situation l'un par rapport à l'autre.

De la même manière que ce pois ressemblerait au globe, le globe ressemble à celui de la terre.

La surface de la terre n'est pas unie comme celle de ce globe : elle est hérissée de hauteurs, de collines et de montagnes. Mais quoiqu'elles nous paraissent très-élevées, et qu'elles le soient effectivement pour d'aussi petites créatures que nous le sommes, elles n'altèrent pas plus la rondeur de la terre, que des grains de sable posés sur ce globe n'en pourraient altérer la rondeur. C'est pourquoi nous disons toujours qu'elle est ronde, malgré ces inégalités.

LA MER.

Tout ce que nous appelons le monde n'est pas composé d'une matière solide comme le sol que nous foulons à nos pieds. Entre les différentes parties de la terre, il y a des places creuses et remplies d'eau. Les plus grandes que vous voyez répandues çà et là sur le globe, sont appelées océans ou mers. Il y en a de moins étendues qu'on appelle lacs ou étangs. Elles ont cela de commun, qu'elles sont toujours renfermées entre les mêmes bords. Il y en a d'autres, au contraire, tels que les ruisseaux, les rivières et les fleuves, qui changent sans cesse de rivage; c'est-à-dire qu'ils ont un écoulement qui leur fait successivement parcourir différens pays. Ce ne sont d'abord que des sources, des fontaines ou des filets d'eau qui jaillissent de la terre. Sitôt qu'ils commencent à prendre un certain cours, on les appelle ruisseaux; ces ruisseaux, dans leur route, se réunissent avec d'autres ruisseaux, et forment alors ce qu'on appelle une rivière. Les rivières, en continuant de courir, reçoivent dans leur sein d'autres rivières ou ruisseaux, et vont se décharger dans les fleuves, qui vont à leur tour se décharger dans la mer.

Vous voyez que la plus grande partie du globe est occupée par les eaux. Supposons que Henri aille déterrer une fourmilière et la porte sur ce globe ; elle pourrait servir à représenter les peuplades qui habitent la terre. Comme il n'y a de l'eau qu'en peinture sur le carton, les fourmis seraient libres d'aller par le chemin qu'elles voudraient. Mais si ces endroits étaient creusés à une grande profondeur, et qu'ils formassent des rivières et des mers véritables, comment pourraient-elles aller à travers ces grands espaces d'eau ? Il en est de même à notre égard : nous n'aurions jamais pu atteindre les lieux dont la mer nous sépare, si l'imagination et l'industrie n'étaient venues à notre secours.

Je me plais à imaginer que c'est à des enfans peut-être que nous devons la première idée de la navigation.

Le premier qui, en jouant sur le rivage, vit une écorce d'arbre flotter sur un ruisseau, prit un long bâton pour l'arrêter au passage. En cherchant à l'attraper, il vit que l'écorce ne s'enfonçait dans l'eau que par une certaine pression. Lorsqu'il s'en fut saisi, il y mit des cailloux, de l'herbe, tant que l'écorce put en porter sans couler à fond. Il la suivit un moment des yeux, et courut plein de joie chercher son papa, pour le rendre témoin de cette nouveauté. Celui-ci, en se promenant le lendemain, trouva un arbre énorme, dont le tronc était creusé par les ans. Il le dépouilla de ses branchages et de ses racines, et le jeta dans l'eau, où il le vit se soutenir à merveille. Peu à peu il eut le courage d'y entrer. Après quelques essais le long du rivage, il imagina, avec l'aide de deux perches pour se diriger, de traverser le ruisseau. Cette écorce ne résista pas long-temps aux secousses qu'elle essuyait en abordant sur la plage ; elle se fendit, et le pauvre navigateur courut risque de se noyer. Il comprit alors qu'il lui fallait un bateau plus solide, et il se mit à creuser le tronc d'un arbre dépouillé de son écorce, pour naviguer avec plus de sûreté. Dans le même temps, sans doute à la vue de quelques branchages flottans sur les ondes, on eut l'idée de lier plusieurs pièces de bois ensemble, pour en former ce qu'on appelle un radeau, comme ces trains de bois qu'on amène sur la rivière à Paris. En les comparant l'un avec l'autre, on vit que le tronc d'arbre était trop petit pour un homme et son équipage, et que la moindre vague, en s'élevant sur le radeau, mouillait toute la cargaison. On chercha le moyen de réunir les avantages de l'un et de l'autre, en évitant les inconvéniens auxquels chacun était sujet ; et comme les arts et les instrumens s'étaient perfectionnés dans cet intervalle, on imagina de dégrossir les pièces de bois qui formaient le radeau, de les courber, et de les réunir ensemble par des chevilles, sous la forme du tronc d'arbre creusé. C'est ainsi que fut construit le premier canot, qui fut d'abord bien petit, sans doute. On l'agrandit peu à peu, selon la largeur des rivières qu'on avait à traverser. Mais de ces frêles bâtimens, à peine capables de contenir quatre ou cinq hommes, qu'il y avait loin encore à un vaisseau de guerre qui porte douze à quinze cents hommes avec leurs provisions pour six mois, des munitions immenses, et tout l'attirail des cordages et des voilures ! Comme vous n'avez pas vu de vaisseau de guerre, je ne puis vous donner une idée de cette différence, qu'en vous priant de comparer la guérite de la sentinelle qui est à la porte des Tuileries avec ce superbe château.

Imaginez-vous, mes amis, quelle fut la surprise de l'homme qui, descendant le fleuve dans son petit esquif, parvint à son embouchure, c'est-à-dire à l'endroit où le fleuve se jette dans la mer !

Transportez-vous un instant vous-mêmes sur ses bords, dans votre pensée : voyez ses vagues immenses, roulant l'une sur l'autre à grand bruit, s'avancer avec majesté sur le rivage, et le couvrir de flots blanchissans d'écume ! Vous avez vu cet étang qui est dans le voisinage : il y a assez de profondeur pour qu'un homme qui marcherait sur le fond eût de l'eau par-dessus sa tête. Mais cet étang, en comparaison de la mer, est moins encore qu'une goutte d'eau en comparaison de l'étang. Regardez sur le globe quel espace elle y occupe. Mesurez en même temps des yeux les plus vastes contrées ; vous verrez que la mer est beaucoup plus étendue. En quelques endroits elle est si profonde, que la plus longue ficelle, avec un plomb au bout, n'en peut atteindre le fond. Ainsi, tâchez de vous représenter quelles idées d'admiration et d'effroi durent saisir cet homme au premier coup d'œil. Il imagina sans doute que cette masse d'eau formait les dernières barrières de la terre. Comme le vent soufflait peut-être en ce moment avec violence, il conçut sans peine que sa petite chaloupe serait bientôt abîmée sous les flots. Il résolut, avec ses compagnons, d'en construire une plus grande, pour suivre du moins la mer le long de ses rivages. La navigation fut long-temps bornée à ces courses timides ; mais de jour en jour les vaisseaux acquéraient plus de perfection. Enfin un homme d'un génie plus hardi que les autres se persuada qu'au-delà de ces vastes mers il y avait d'autres terres ; et il forma le dessein de les visiter. Il partit, et il eut la satisfaction de se convaincre par lui-même de la réalité de ses espérances. D'autres après lui entreprirent d'aller plus loin encore. Croiriez-vous que dans leur course ils passèrent par un point du monde qui se trouve exactement sous nos pieds, à la distance de toute l'épaisseur du globe de la terre ? Vous me regardez d'un air ébahi. Rien de plus vrai pourtant, et j'espère, avant la fin de nos entretiens, vous rendre la chose sensible.

Contentez-vous maintenant de croire sur ma parole, que l'on peut faire sur un vaisseau le tour entier du monde. Je vais vous donner une idée de ce qui est nécessaire pour une expédition de long cours.

Avant de venir à la campagne, je vous ai montré en petit, chez un machiniste, le modèle d'un vaisseau avec ses mâts, ses voiles et ses cordages, dont on vous a fait le détail. Vous en avez suivi la description avec trop de curiosité, pour que je puisse croire que vous en ayez déjà perdu le souvenir. D'ailleurs, vous avez fait une fois le voyage d'Auteuil par la galiote de Saint-Cloud, ce qui est à votre âge un fort joli commencement de navigation.

Si le vaisseau n'est pas nouvellement construit, avant de s'embarquer on commence à le réparer à neuf, c'est-à-dire à faire entrer de force, entre les jointures des planches qui le doublent, de grosse filasse qu'on nomme étoupe, et à le bien enduire de poix et de goudron, pour le rendre impénétrable à l'eau, qui pourrait le faire couler à fond si elle y entrait par ces fentes. Il faut que les mâts soient bien solides, et les voiles en bon état, pour résister à la force des vents. Alors on porte dans le vaisseau une grande quantité de biscuit bien sec, au lieu de pain, qui se moisirait bientôt ; plusieurs tonneaux d'eau douce, parce que l'eau de la mer est trop amère pour qu'on puisse la boire ; enfin des barils de viande salée, attendu que de la viande fraîche ne tarderait guère à se corrompre, et qu'on ne trouve point de boucheries sur la route. On emporte aussi des légumes secs, pour faire la soupe des matelots dans toute la traversée.

Un vaisseau marchand, outre ces provisions de bouche, prend encore une cargaison, c'est-à-dire des denrées et des marchandises qu'on se propose de vendre dans les pays étrangers, ou d'y échanger contre les productions de l'endroit. C'est ainsi que nous envoyons en Amérique du vin, de la farine, des toiles, des étoffes, etc., et que nous en rapportons du sucre, du café, du coton, que vous connaissez à merveille, et de l'indigo, qui sert à faire les teintures en bleu.

Les vaisseaux doivent aussi emmener un certain nombre d'hommes, les uns plus, les autres moins, à proportion de leur grandeur. Ces hommes s'appellent matelots, et ils ont toujours beaucoup d'ouvrage à faire sur le bord, surtout dans les temps orageux. Représentez-vous en effet un pauvre navire ballotté par la mer en furie, dont les vagues s'élèvent de la hauteur d'une maison, et semblent le lancer dans les airs, pour le précipiter ensuite dans les abîmes ; représentez-vous ses voiles déchirées, ses mâts brisés, ses cordages rompus : c'est alors que les matelots ont une terrible besogne ! Les uns sont occupés à faire jouer la pompe pour vider l'eau qui est entrée dans le vaisseau ; les autres grimpent sur des échelles de corde jusqu'au bout des mâts, pour baisser les voiles, de peur que la violence de la tempête ne fasse renverser le navire, ou ne le pousse contre les rochers, qui le briseraient comme un verre. Vous mourriez, j'en suis sûre, de frayeur, dans cette occasion. Mais les marins, avec du courage et de la présence d'esprit, se jouent en quelque sorte de ces bourrasques. Ils veillent surtout à conserver leur gouvernail, cette grosse pièce de bois qui descend dans l'eau le long du derrière du navire, comme une espèce de queue, et qui, tournée à droite ou à gauche, lui fait changer de direction, comme vous voyez ces poissons rouges, renfermés dans un bocal sur ma cheminée, se servir de leur queue pour tourner à leur volonté d'un côté ou de l'autre.

Vous auriez de la peine à croire que les matelots craignent presque autant que la tempête l'état opposé de la mer, c'est-à-dire un calme profond. Dans cette situation, les ondes que je vous ai peintes tout à l'heure si enflées et si turbulentes, sont tranquilles et unies comme une glace; les voiles tombent aplaties le long des mâts; la mer semble dormir, et le vaisseau immobile est comme un tombeau qui renfermerait des êtres vivans. On dirait que ces matelots si actifs et si vigoureux sont frappés d'un engourdissement léthargique. Vous auriez pitié de les voir, les bras croisés sur le pont, se livrer au dégoût et à l'ennui. Mais aussi, quelle joie lorsque le vent recommence à s'élever, que les voiles se renflent, que la mer s'agite, et que d'un cours heureux ils s'avancent vers le port, objet de leur désir! Déjà le capitaine, sa lunette en main, cherche le rivage. Les mousses perchés au plus haut du vaisseau, le sollicitent avidemment des yeux. Enfin un cri s'élève : Terre! terre! toutes les fatigues, tous les dangers sont oubliés. On court, on s'embrasse, on presse la manœuvre, on entre dans le port, et l'on en prend possession en y jetant, au bout d'un long câble, une grosse pièce de fer nommée ancre, dont les deux bras recourbés en crochet s'attachent au fond de la mer, et qui, par ce moyen, retiennent le vaisseau dans l'endroit où il vient de s'établir. On se précipite alors dans une chaloupe, et on aborde la terre, que la plupart baisent de joie, comme après une longue absence vous embrasseriez votre maman.

Mais je viens de vous peindre le vaisseau déjà parvenu au terme de son voyage, tandis que nous l'avons laissé dans les préparatifs de son départ. Il est temps de l'aller rejoindre, de peur qu'il ne s'esquive à notre insu. Aussitôt qu'il a reçu toutes ses provisions et toutes ses marchandises, et qu'il est prêt à mettre à la voile, le capitaine et les matelots n'ont plus qu'à attendre un bon vent pour partir. Je pense qu'il faut d'abord vous apprendre ce que c'est qu'un bon vent. Allons un peu dans le jardin. Il est midi. Plaçons-nous en face du soleil. De cette manière votre visage est tourné vers le midi, et vous tournez le dos au nord; à votre main droite est l'ouest, et l'est à votre gauche. Or, vous sentez que lorsque le vent souffle derrière vous, il tend à vous pousser en avant; lorsqu'il vous donne au visage, il tend à vous pousser en arrière. Vous en avez fait mille fois l'observation par votre cerf-volant. Mais il ne souffle pas toujours du même endroit. De quel côté souffle-t-il à présent, Henri? Tirez votre mouchoir, prenez-en deux bouts dans vos mains, écartez vos bras. Voyez-vous? le vent le fait renfler et le pousse contre votre corps et contre vos jambes. Vous êtes tourné vers le midi; le vent vient donc du midi. Rentrons maintenant, et retournons à notre globe. Voici les quatre points que je vous ai fait remarquer : Midi, Nord, Est, Ouest. Lorsque le vaisseau veut aller dans un pays qui est au nord, il faut qu'il ait un vent de midi; qu'on appelle ordinairement de sud, pour le pousser de ce côté; car si le vent lui venait du nord, il lui serait impossible d'aller vers cet endroit; en sorte qu'un voyage devient quelquefois plus long qu'il n'aurait dû l'être, par l'inconstance des vents, qui changent d'un point à l'autre, et qui obligent par conséquent le vaisseau de changer de direction. Ne croyez pas toutefois qu'on soit obligé de retourner sur ses pas pour chaque variation de vent; l'art de la navigation apprend aux marins une méthode de gouverner le vaisseau, qu'on appelle louvoyer, et qui consiste à courir en zig-zag, tantôt à droite, tantôt à gauche, en s'approchant par degrés du point où l'on tend; au lieu qu'un vent favorable y porterait tout droit, sans avoir besoin de cette pénible manœuvre.

C'est une chose bien surprenante, mais qui n'en est pas moins vraie, que dans quelques parties de la mer, le vent souffle constamment chaque année des mois entiers du même côté; ce qui facilite extrêmement aux vaisseaux le moyen d'atteindre leur destination: puis après quelques jours, et souvent même un mois de calme, le vent change, et souffle précisément du point opposé; ce qui ramène les vaisseaux à pleines voiles aux lieux d'où ils sont partis. Vous comprenez bien que les marins s'arrangent en conséquence, et qu'ils savent profiter tour à tour de ces directions contraires. On appelle ces vents moussons, ou vents de commerce. Les flèches peintes sur le globe, marquent les endroits particuliers vers lesquels ils soufflent.

Lorsque le vaisseau est en pleine mer, on est fréquemment des mois entiers sans voir autre chose autour de soi que le ciel et l'eau. Transportez-vous par exemple au milieu de la grande mer du Sud: la terre, de tous côtés, en est très-éloignée, et il n'y a point de traces marquées sur la surface des eaux pour montrer le chemin le plus court vers l'endroit où l'on veut aller; mais ceux qui ont fait ces voyages ont tenu le compte le plus exact qu'il leur a été possible des rochers qu'ils ont évités, des petites îles qu'ils ont rencontrées, et d'autres particularités qui servent à ceux qui viennent après eux, de règle pour se diriger. On a rassemblé toutes les observations faites sur les différentes parties de la mer, et d'après elles, on a formé des tableaux appelés cartes marines, dont tous les vaisseaux ont soin de se pourvoir. En consultant ces cartes, ils trouvent le moyen d'éviter les rochers, les bancs de sable, les gouffres et tous les autres dangers que l'on doit craindre dans cette partie.

Malgré ces secours, on serait encore bien embarrassé si l'on n'avait la précaution d'emporter une boussole. Vous allez me demander ce que c'est: je ne demande pas mieux que de vous le dire. C'est un instrument qui a l'air d'un cadran de pendule, excepté qu'au lieu des heures on a mis les points Est, Ouest, Nord, Sud, et tous ceux qui se trouvent entre ces quatre principaux. Dans le milieu s'élève un petit pivot, sur lequel est légèrement suspendue une aiguille, qui, étant dans un parfait équilibre, a la liberté de se mouvoir tout autour du cadran. On frotte l'aiguille avec une pierre d'aimant, ce qui lui donne la singulière propriété de tourner toujours sa pointe vers le nord. De cette manière, quand on regarde la boussole, on peut toujours voir de quel côté le nord se trouve, et diriger son vaisseau en conséquence, soit qu'on veuille aller vers ce point, ou s'en éloigner.

Puisque je vous ai parlé de l'aimant, il faut bien que je cherche à vous le faire connaître. C'est une espèce de pierre qui ressemble beaucoup au fer, et qu'on trouve ordinairement dans les mines avec ce métal. Il attire à lui le fer et l'acier, et se les attache étroitement. Si vous le frottez contre de l'acier ou du fer, il leur communique sa vertu, quoique dans un moindre degré de force. Vous verrez un jour des expériences très-curieuses à ce sujet. En attendant, en voici une petite pierre. Seriez-vous curieux de voir l'effet qu'elle produit sur mes aiguilles? Fort bien. Je vais renverser mon étui sur la table. Les voilà immobiles : approchez-en l'aimant. Hé ! hé ! voyez-vous comme elles s'agitent ? on dirait qu'elles sont vivantes. N'allez pas le croire, au moins : elles n'ont ce mouvement que parce que l'aimant les attire. Elles seraient parfaitement tranquilles hors de son approche.

Je vous ai dit que l'aimant communiquait au fer et à l'acier la vertu qu'il a de les attirer : donnez-moi votre couteau, Henri ; je vais en faire l'expérience devant vous. Observez comme je frotte d'un bout à l'autre, et toujours dans le même sens. Approchez-le maintenant des aiguilles. Eh bien ! ne font-elles pas à peu près le même exercice que si elles étaient approchées d'une véritable pierre d'aimant? Vous seriez curieux de savoir comment cela s'opère, n'est-ce pas ? De plus habiles que moi se trouveraient embarrassés à vous l'expliquer. Votre ami vous fera connaître un jour les opinions les plus raisonnables des philosophes sur cet objet. Contentons-nous à présent de nous féliciter de cette heureuse découverte, qui a tiré mille et mille fois les marins d'un grand embarras. Représentez-vous en effet un vaisseau au milieu d'une nuit obscure, ou de sombres brouillards, ne pouvant consulter ni le soleil ni les étoiles, qui lui serviraient à régler sa marche. Que ferait-il sans sa boussole ? Il serait obligé de s'abandonner au hasard, et prendrait souvent une route contraire à celle qu'il veut tenir. Mais sa boussole est toujours prête à le remettre sur la voie. C'est un guide qu'on peut interroger en tout temps, et qui ne trompe jamais.

Il me semble voir sur votre mine, Charlotte, que vous n'y prendriez pas encore trop de confiance. On aurait, je crois, de la peine à vous persuader à faire un petit tour en Amérique. Pas tant, dites-vous, s'il n'y avait pas d'eau dans l'intervalle qui nous en sépare. Avez-vous bien réfléchi à ce qui vient de vous échapper? Voyez-vous cette île qu'on appelle la Martinique ? Elle est éloignée des ports de France de plus de quinze cents lieues. Cependant il y a des exemples de vaisseaux qui n'ont employé que vingt jours à faire cette traversée ; ce qui suppose à peu près une vitesse de trois lieues par heure. Si l'on avait ce trajet à faire sur la terre ferme, emportant avec soi, sur des chariots, toutes les marchandises dont un navire est chargé, croyez-vous que six mois pussent suffire à ce voyage, et qu'il ne fallût pas au moins cent fois plus de dépense ? Je suppose encore que nous aurions de beaux chemins alignés. Mais si, au lieu de ces belles routes, nous avions toutes les profondeurs de la mer à descendre et à remonter, des gouffres presque sans fond à franchir, cette expédition vous semblerait-elle alors aussi agréable ? Voilà pourtant ce qui arriverait si la mer, en se retirant, laissait son lit à sec ; et je crois maintenant que si vous aviez de toute nécessité le voyage à faire, et l'une des deux manières à choisir, la mer, malgré tous ses dangers, vous paraîtrait encore mériter la préférence.

Qu'en dites-vous pour votre compte, Henri? Oh ! vous voudriez des ailes. Cela ne vous paraît pas mal imaginé. Je vous avouerai que moi-même, en voyant les oiseaux voltiger sur ma tête, et parcourir les espaces de l'air avec tant de vitesse, j'ai souvent désiré d'être pourvue d'une bonne paire d'ailes comme eux. Eh bien ! j'étais alors aussi folle que vous l'étes à présent, mon petit ami; car si nous considérons de quelle étendue elles devraient être pour soutenir des corps aussi lourds que les nôtres, je suis persuadée qu'elles nous causeraient plus d'embarras qu'elles ne sauraient nous procurer d'avantages, et que nous sommes bien plus heureux d'en être privés. De plus, si nous avions à traverser un si grand espace, n'aurions-nous pas besoin de nous reposer par intervalles? et ne courrions-nous pas le risque de nous briser en mille pièces, en descendant, les ailes déployées, dans les abîmes que je viens de vous peindre?

Je reviens à vous, Charlotte, pour le projet que vous aviez tout à l'heure de dessécher d'un souffle le lit de la mer. Savez-vous ce que cette belle imagination nous aurait coûté? Le dépérissement de la nature entière. Vous frémissez du risque auquel vous nous avez exposés. Rassurez-vous; le Créateur, qui a su disposer toutes choses avec tant de sagesse pour notre bonheur, n'écoute point nos vœux téméraires. Cette mer, qui semble à chaque instant menacer la terre de l'engloutir, est la source de sa fertilité. C'est elle qui lui fournit ces douces ondées qui la fécondent et qui rafraîchissent ses habitans. Vous avez eu souvent occasion de voir de l'eau exposée sur le feu, produire des vapeurs qui s'attachent en gouttes au couvercle du vase qui la contient: c'est ainsi que la chaleur produite par la présence du soleil fait exhaler de la mer des vapeurs qui s'élèvent dans les airs, d'où elles retombent ensuite en pluie, en neige ou en rosée, soit pour féconder la terre par une humidité bienfaisante, soit pour entretenir les ruisseaux, les rivières et les fleuves qui la baignent, et facilitent les communications entre les différens peuples de l'univers. Je ne puis à présent vous donner qu'une idée légère de cette admirable opération de la nature. Mon dessein n'est pas de faire de vous des savans, mais d'exciter un peu votre curiosité, sans fatiguer votre attention ni votre intelligence. Vous trouverez un jour des détails plus étendus dans l'ouvrage de votre ami.

En vous entretenant de la terre dans la première partie de ce livre, je vous ai parlé des animaux qu'elle nourrit et de ses productions naturelles. Vous semblez désirer que je vous fasse également connaître ce qui nous vient de la mer. Je me fais un plaisir de vous donner cette satisfaction.

LES POISSONS.

Les habitans des eaux sont les poissons, dont les différentes espèces sont tout au moins aussi nombreuses que celles des animaux terrestres. Il en est d'une grandeur si étonnante, que je ne saurais à quoi les comparer: il en est au contraire d'une petitesse qui les dérobe à la vue; quelques-uns très-jolis à voir, quelques autres d'un aspect hideux.

Vous avez vu souvent servir sur nos tables des turbots, des soles, des merlans, des brochets, des dorades, des maquereaux, des esturgeons, et une infinité d'autres, dont vous avez trouvé la chair d'un goût délicieux; tous ceux-là se prennent sur nos côtes. Les pêcheurs, montés sur leurs barques, n'ont qu'à s'avancer un peu dans la mer, et laisser tomber leurs filets pour les attraper en grande abondance; ils les amènent aussitôt dans le port, et de là ils sont dispersés dans tous les lieux où ils peuvent arriver avant de se corrompre.

Il en est en revanche qu'il faut aller chercher un peu loin, tels que la baleine, la morue et le hareng. Je vais vous en parler avec quelque détail, parce que cette pêche est plus considérable, et qu'elle offre des particularités dignes de votre attention.

LA BALEINE.

On peut donner à la baleine le titre de reine de l'Océan. Sa grandeur est énorme ; quelques-unes ont deux cents pieds de long. Vous avez trois pieds, Henri ; ainsi une baleine est soixante fois plus longue que vous, et vingt fois plus grosse. Un homme pourrait se tenir à l'aise dans ses entrailles. Elle a une grande queue, capable, par sa force, de renverser d'un seul coup un vaisseau ; ce qui rend sa pê-

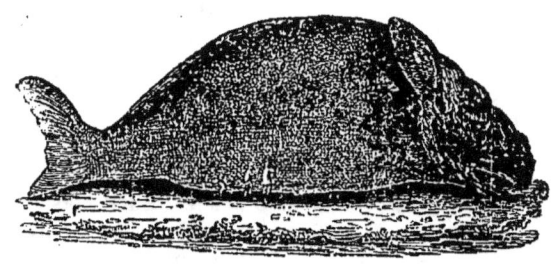

che très-dangereuse. Voici comme elle se fait :

Cinq à six hommes montent sur une chaloupe ; l'un d'eux se tient sur le bord. Aussitôt que la baleine s'élève du fond de la mer pour respirer, il lui lance sur le dos un crochet long d'environ six pieds, et qui tient à une longue corde. La baleine se sentant blessée, plonge aussitôt pour se dérober à d'autres coups. On file la corde de toute sa longueur, et on suit l'animal à la trace de son sang. Le besoin de respirer la fait bientôt remonter, et on lui lance de nouveaux harpons, jusqu'à ce qu'elle meure de ses blessures. Alors elle surnage, et le vaisseau, qui suit la chaloupe, vient la prendre. Lorsqu'elle est trop grande, on la traîne sur le rivage, pour la couper en morceaux ; mais si elle n'a que cinquante ou soixante pieds de long, on en fait une espèce de ceinture au vaisseau ; et les matelots, avec des bottes dont la semelle est armée de crampons, de peur de glisser, descendent sur son corps et la dépouillent de sa graisse, dont on remplit des tonneaux. C'est cette graisse qui, étant bouillie, rend l'huile dont on se sert ordinairement pour brûler dans les lampes, pour préparer la laine, les cuirs, et pour une infinité d'autres usages. Les buses du corset de votre sœur, et les baleines de mon parasol, ne sont que des poils de sa barbe ; ils lui servent à ramasser les plantes marines, les vers et les insectes dont elle se nourrit. Elle mange aussi de petits poissons, tels que les anchois, les merlus, et surtout les harengs, dont elle est très-friande. Ses petits, lorsqu'ils finissent de téter, sont de la grosseur d'un taureau.

Outre le danger d'être renversés par la queue de la baleine, ou par l'eau qu'elle lance en colonnes par deux trous ouverts sur sa tête, les pêcheurs courent un autre risque non moins affreux. Comme cette pêche se fait ordinairement dans une mer que la rigueur du climat couvre de glaces, les vaisseaux sont quelquefois brisés par les glaçons, ou s'en trouvent tout à coup enveloppés, de manière que l'équipage est réduit à périr de froid.

LA MORUE.

La chair de la baleine n'est pas bonne à manger ; celle de la morue, au contraire, est d'un goût délicieux. Elle fait presque la seule nourriture d'une très-grande partie des peuples du Nord, qui ne recueillent chez eux que peu de fruits et de blé. Ils en font sécher une partie, qu'ils mangent au lieu de pain, et ils vendent le reste à des marchands qui vont les acheter à vil prix, pour les répandre en différentes contrées.

Mais cette pêche n'est rien, en comparaison de celle qui se fait bien loin d'ici, au banc de Terre-Neuve, qu'on appelle le grand banc des morues. Il s'y rend des vaisseaux de tous les coins du monde. Vous pourrez vous former une légère idée de la grande quantité de poissons que l'on y prend, quand vous saurez que la pêche dure trois mois entiers, depuis le mois de janvier jusqu'à la fin d'avril ; que cinquante mille hommes au moins y sont employés, et que chacun prend trois ou quatre cents morues par jour. Ces animaux sont si voraces, qu'il suffit, pour les amorcer, d'un morceau d'étoffe rouge, ou d'un hareng de fer-blanc, d'où pend l'hameçon. En jetant dans la mer les entrailles de ceux qu'on a déjà pris, on attire les autres, qui viennent pour les dévorer en si grande foule, qu'ils se pressent les uns sur les autres, au point que leurs nageoires sont au-dessus de l'eau.

La morue verte et la morue sèche, appelée ordinairement merluche, ne sont que le même poisson diversement préparé. Il suffit de saler la première aussitôt qu'on vient de la vider, parce qu'on la mange dans l'année ; l'autre doit rester exposée pendant quelques jours au vent du nord, qui est si froid et si pénétrant, qu'il la dessèche, et la met ainsi en état d'être conservée pendant plusieurs années de suite, sans se gâter. On en fait des tas plus hauts que des maisons, et l'on en remplit ensuite la cale des vaisseaux qui nous les apportent.

LE HARENG.

Une pêche plus considérable encore, est celle des harengs. La multiplication de ces poissons est prodigieuse. Aussitôt qu'ils ont déposé leurs œufs sous les glaces du nord, où leurs ennemis ne peuvent pénétrer, ils partent pour aller chercher leur nourriture en d'autres mers. Ils nagent en grandes colonnes, qui s'élargissent ou se rétrécissent au signal qu'ils reçoivent de leurs conducteurs. Ils forment quelquefois une ligne de plus de cent lieues de front ; puis ils se séparent par grosses troupes, pour se répandre en divers quartiers ; et enfin, après avoir parcouru une grande partie du globe, ils se réunissent, et reviennent, par deux colonnes opposées, aux lieux d'où ils sont partis.

On est averti de leur passage par les oiseaux de mer qui volent au-dessus de leurs têtes pour les saisir quand ils approchent de la surface de l'eau, et par les baleines et d'autres gros poissons, qui les suivent toujours comme une proie assurée. La pêche commence le lendemain de la Saint-Jean. Elle ne se fait que la nuit, soit parce qu'il est plus facile de les distinguer à la lueur que jettent leurs yeux et leurs écailles, soit parce qu'on peut les attirer par l'éclat des lanternes qu'on allume le long des filets. Ces feux, qu'ils prennent pour le jour, servent aussi à les éblouir, et à les empêcher de voir le piége qu'on leur a tendu. Il est impossible de se figurer le nombre que l'on en prend dans vingt jours à peu près que dure cette pêche. Les filets, qui ont plus de douze cents pieds de longueur, rompent sous le poids. Il est tel port de la Hollande d'où il part plus de trois cents barques pour cette expédition ; et l'on y compte environ cent mille hommes dont elle occupe les bras.

Les harengs frais se préparent comme la morue, pour la salaison. Les harengs saurs, après avoir été exposés pendant six semaines à la fumée, deviennent secs, comme vous le voyez. On les met ensuite dans des barils, bien serrés les uns contre les autres, et on les envoie dans presque toutes les parties du monde, pour servir à la nourriture des pauvres.

Quand je vous ai dit que les différentes espèces d'animaux qui vivent dans la mer étaient au moins aussi nombreuses que celles des animaux terrestres, vous n'avez pas attendu que je vous fisse une description particulière de chacun. Je n'ai voulu vous faire connaître que ceux dont vous pouvez entendre parler tous les jours, ou que vous avez occasion de voir le plus souvent. Je me flatte que, lorsque votre intelligence sera un peu plus formée, vous vous empresserez de vous-mêmes de vous instruire davantage ; et je puis vous promettre d'avance que vous y trouverez infiniment de plaisir. Savez-vous pourquoi il y a tant de personnes ignorantes dans le monde ? C'est que l'on a négligé, dans leur enfance, de leur présenter les objets qui étaient à leur portée, et de les accoutumer ainsi à observer de bonne heure les merveilles de la nature. Les pauvres gens ! il faut les plaindre, sans leur faire de reproches, puisqu'ils n'ont pas trouvé de secours pour leur instruction. Mais aujourd'hui que les enfans ont tant de bons livres destinés à leur former l'esprit et le cœur, ne serait-il pas honteux qu'ils fussent méchans ou mal instruits ? En tout cas, malheur à ceux qui le seront ! puisque les lumières et les bons principes étant aujourd'hui très-répandus, ils ne pourront pas, comme autrefois, se cacher dans la foule pour se sauver du mépris. Ils trouveront de toutes parts des yeux éclairés, qui, d'un seul regard, découvriront leurs vices ou leur ignorance ; ils seront forcés de vivre seuls, abandonnés aux dédains des autres, et au sentiment, peut-être plus cruel encore, de leur propre indignité.

Mais revenons à nos poissons. N'allais-je pas oublier de vous dire qu'ils n'ont point de jambes ? De quel air vous me regardez, Henri ! Pardon, monsieur ; je ne me doutais pas encore à quel observateur je parlais. Permettez-moi cependant de vous apprendre pourquoi ils n'en ont point. C'est parce qu'ils ne sauraient en faire usage, et qu'elles ne feraient que les embarrasser. Comme ils ne sortent point de l'eau, elles leur seraient aussi inutiles pour nager, que les nageoires nous seraient inutiles pour marcher sur la terre.

N'allez point croire d'après cela que tous les poissons aient des nageoires. La nature, qui n'a rien épargné pour nous donner tout ce qui nous est nécessaire, est en même temps assez économe pour ne nous donner rien de superflu. C'est pour cela que les huîtres et les moules, qui passent leur vie attachées à l'endroit où elles ont pris naissance, ne sont pas pourvues d'un instrument qui ne leur servirait à rien. Je vais vous apprendre quelques particularités sur ces coquillages.

L'HUITRE.

L'huître est un de ces animaux qui paraissent, au premier coup d'œil, avoir été traités avec un peu de rigueur par la nature; mais qui, sous un autre aspect, attestent le plus hautement la sagesse et la providence divines. Renfermée dans une étroite prison, privée de mouvement et d'industrie, elle n'en trouve pas moins sa subsistance. En entr'ouvrant ses écailles, elle reçoit à chaque instant de la mer les petits insectes, les débris de plantes, et les sucs limoneux dont elle se nourrit. Les flots se chargent de ses œufs, et vont les poser dans le fond de la mer ou sur les rochers, quelquefois même aux branches des arbres que la marée baigne; en sorte qu'elles se trouvent tour à tour plongées dans l'eau et suspendues dans l'air. On se plaît à servir sur la table ces branches, couvertes à la fois d'huîtres et de fleurs.

La chair des huîtres est naturellement blanche. Pour les rendre vertes, on va les pêcher sur les rochers ou au fond des eaux, et on les enferme le long des bords de la mer, dans de petites fosses. Au bout de six semaines, la mousse qui se forme dans ces fosses, et qui rend l'eau verdâtre, comme vous le voyez dans nos mares, imprègne les huîtres de cette couleur.

Les écailles, au bout de vingt-quatre heures, commencent à se former sur les huîtres naissantes. Je vous en ai fait observer de presque imperceptibles, attachées à la coquille de leurs mères.

Quelques oiseaux de mer aiment les huîtres autant que nous. Ils attendent qu'elles ouvrent leurs écailles pour fondre précipitamment sur elles, et les percer à coups de bec, avant qu'elles aient pu se claquemurer. Quelquefois aussi l'huître leur prend à eux-mêmes le bec en se refermant.

Le crabe, son ennemi mortel, est plus adroit que l'oiseau. Lorsqu'il voit l'huître s'entr'ouvrir, il jette entre ses coquilles un petit caillou, qui les empêche de se rejoindre; et alors il dévore sa proie sans danger.

Il est une espèce d'huître appelée perlière, qui produit les perles que vous voyez aux colliers des femmes, et la nacre dont on fait des jetons, des navettes et des manches de couteaux. Les perles se trouvent, soit dans le corps de l'animal, soit attachées à l'intérieur de ses écailles: ces mêmes écailles forment la nacre. Des hommes accoutumés dès l'enfance à plonger, vont les chercher au fond de l'eau, quelquefois à cent pieds de profondeur. Ils en remplissent des sacs, et viennent les décharger sur le rivage. On attend que l'huître s'ouvre d'elle-même, ce qui arrive au bout de deux ou trois jours; et alors on lui arrache ses trésors, auxquels notre folie met un grand prix, pour exposer de malheureux plongeurs à être dévorés par des poissons voraces, à se briser contre les rochers, ou à être étouffés par les eaux.

On est parvenu à imiter les perles naturelles par des perles fausses, au point d'en rendre la différence très-peu sensible. Il est un petit poisson appelé ablette, dont les écailles sont très-brillantes. On rassemble ces écailles dans l'eau, et on les frotte pour en détacher une matière visqueuse dont elles sont couvertes. Cette matière se précipite en liqueur argentée au fond du vase. On la recueille avec soin, et on y mêle un peu de colle de poisson, qui lui donne plus de consistance; ensuite on a des grains de verre fin, creux et très-minces, où l'on fait entrer une goutte de cette liqueur; on roule les grains avec adresse, pour que la matière s'y répande partout également, et forme une couche bien unie : lorsqu'elle est sèche, on fait couler la cire fondue dans le verre, pour donner à la perle de la solidité, du poids et de la blancheur.

Les perles fausses ont l'avantage d'être plus égales entre elles que les perles véritables, et d'avoir la grosseur qu'on veut leur donner. Si elles n'ont pas tout-à-fait le même éclat, du moins elles sont infiniment moins coûteuses ; elles réussissent aussi bien dans la parure, et n'inspirent jamais à celle qui les porte, la crainte de les avoir achetées au prix de la vie d'un de ses semblables. N'est-il pas déjà assez cruel de compromettre l'existence de ses frères, pour se procurer les douceurs de la vie, sans la risquer encore pour les plus méprisables jouissances de la vanité ? Quelle petitesse d'esprit de s'estimer davantage pour de beaux habits et des bijoux ! Ces insensés devraient considérer un moment que l'or, l'argent et les pierreries dont ils sont chargés, étaient ensevelis dans les entrailles de la terre, et qu'ils n'ont pas même le mérite de les avoir travaillés ; que leurs soieries ne sont que les dépouilles d'un petit ver rampant qui les a portées avant eux ; que, sans l'industrie de ces honnêtes ouvriers qu'ils méprisent, ils n'auraient su en tirer aucun parti. Eh ! que deviendraient les riches sans les pauvres ? Seraient-ils en état de faire leurs chaussures, de bâtir leurs maisons, de labourer leurs terres, de tondre leurs troupeaux, et de faire une infinité d'autres choses devenues nécessaires dans l'état où se trouve aujourd'hui la société ? Qu'ils se parent, s'ils veulent, avec un peu plus d'éclat, pour encourager l'industrie et soutenir les manufactures ; mais qu'ils apprennent en même temps à se conduire avec douceur et bienveillance envers ceux dont les mains sont employées à leur service ! Qu'ils se souviennent que le moindre artisan, s'il remplit les devoirs de sa condition, est un membre de l'état plus utile qu'eux-mêmes, à moins qu'ils ne se distinguent autant par leur modestie et leur générosité, que par leur rang et par leurs richesses !

De leur côté, les pauvres ne doivent jamais oublier les égards dont ils sont tenus envers leurs supérieurs, mais les traiter avec respect et fidélité, et surtout ne point leur porter une jalouse envie. S'ils sont économes, sobres et laborieux, ils peuvent, dans quelque métier qu'ils exercent, être aussi heureux que les riches, par la jouissance d'une santé robuste, le repos de l'esprit et le calme de la conscience, sans être exposés aux inquiétudes et aux agitations qui tourmentent presque toujours dans une situation plus élevée.

Ces réflexions nous ont un peu écartés de l'objet de notre entretien ; mais je vous les ai présentées comme elles devraient se présenter souvent à notre esprit, afin de nous former une philosophie aussi douce pour nous-mêmes que favorable pour nos frères. Tout le bonheur sur la terre consiste en deux choses bien simples, et qui devraient être bien aisées : *Aimer et se faire aimer.*

LA MOULE.

Il est aussi des moules dans lesquelles on trouve de la nacre et des perles. D'autres ont des coquilles de la plus grande beauté, qui réunissent toutes les couleurs de l'arc-en-ciel. Quelques-unes sont si grosses qu'elles pèsent jusqu'à une demi-livre sans leurs coquilles.

La moule, comme l'huître, demeure immobile sur le rocher où elle a pris naissance. Pour empêcher que les vents ou les flots n'emportent sa maison, elle allonge hors de sa coquille une espèce de bras dont elle est armée, et tend autour d'elle une multitude de petits filets qui, l'assujettissant de tous les côtés, sont comme autant de câbles qui la retiennent à l'ancre.

L'ennemi particulier de la moule est un petit coquillage qui s'attache sur sa coquille supérieure, la perce d'un petit trou fort rond, et passant une trompe aiguë par cette ouverture, suce la chair jusqu'au dernier morceau.

LE NAUTILE.

Après vous avoir parlé de navigation et de coquillages, la peinture d'un poisson qui navigue dans sa coquille doit sûrement vous intéresser. Ce poisson est le nautile. On prétend que c'est de lui que les hommes ont appris à naviguer. Au moins la forme de sa coquille approche de celle d'un vaisseau; et l'animal semble se conduire sur les ondes comme un pilote conduirait son navire.

Quand le nautile veut s'élever du fond de la mer, il retourne sa coquille sens dessus dessous; et à la faveur de certaines parties de son corps qu'il gonfle ou qu'il resserre à volonté, il traverse toute la masse des eaux. En approchant de leur surface, il retourne adroitement son petit navire, dont il vide l'eau, à l'exception de ce qu'il lui en faut pour le lester, et pour marcher avec autant de sûreté que de vitesse. Alors il élève deux espèces de bras, et étend, comme une voile, la membrane mince et légère qui les unit. Il allonge et plonge dans la mer deux autres membres qui lui tiennent lieu d'avirons. Un autre lui sert de gouvernail; et il se met à voguer habilement, soumettant les vents et les flots à son adresse. A l'approche d'un ennemi, ou dans les tempêtes, il baisse sa voile, retire son gouvernail et ses rames, et penchant sa coquille, il la remplit d'eau pour se précipiter plus aisément sous les ondes.

Le nautile est un navigateur perpétuel, qui est à la fois le pilote et le navire. On voit quelquefois dans les temps calmes, de petites flottes de cette espèce sur la surface de la mer.

LA TORTUE.

Je vais maintenant vous parler de la tortue, dont le nom vous est assez connu par les fables de notre bon ami La Fontaine, où elle remplit souvent un personnage.

On en compte de trois espèces; de mer, d'eau douce et de terre.

Les tortues de mer sont les plus gran-

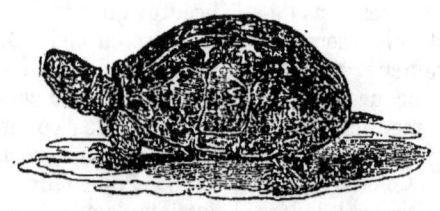

des. Il en est de si énormes, qu'on a vu quatorze hommes à la fois monter sur une écaille. Cette écaille peut former toute seule une barque et une maison. Lorsqu'on s'en est servi pendant le jour pour naviguer le long des côtes de la mer, on la porte le soir sur le rivage; et la voilà qui, soutenue par les rames qui l'ont fait voguer, devient une petite cabane où l'on trouve un abri contre la pluie et les injures de l'air.

Les tortues de mer prennent leur nourriture dans des espèces de prairies qui sont au fond des eaux, le long de plusieurs îles de l'Amérique. Des voyageurs rapportent que dans un temps de calme, on découvre sous les ondes ce beau tapis vert, et les tortues qui s'y promènent. Quand elles ont fini leur repas, elles s'élèvent sur la surface des flots, toujours prêtes à s'enfoncer bien vite à l'approche de l'oiseau de proie ou des pêcheurs qui les guettent. Quelquefois cependant la grande chaleur du jour les surprend et les assoupit. On profite alors de leur sommeil pour les harponner de la même manière que les baleines, ou pour les prendre vivantes, ainsi que je vais vous le raconter.

Un plongeur vigoureux se place sur le devant d'une chaloupe. Parvenu à une petite distance de la tortue flottante, il plonge doucement, de peur de la réveiller, et va remonter fort près d'elle. Alors, saisissant tout à coup l'écaille vers la queue, il s'appuie sur le derrière de l'animal, et fait enfoncer cette partie dans l'eau. La pauvre tortue n'a pas l'esprit de réfléchir qu'en plongeant elle se débarrasserait de son ennemi. Vous avez lu l'histoire de l'âne de la fable, qui, après avoir fait tant de façons pour entrer dans le bateau quand on le tirait par son licou, s'y précipita brusquement lorsqu'on s'avisa de le tirer en arrière par la queue? Eh bien! la tortue n'y met pas plus de finesse. Dès qu'elle se sent tirer vers le fond de l'eau, elle s'efforce de se soutenir au-dessus, en agitant ses pattes de derrière. Ce mouvement en effet l'y soutient elle et le plongeur; mais pendant ce débat, les autres pêcheurs arrivent, la renversent adroitement sur le dos; et comme, dans cette situation, elle ne peut plus s'enfoncer, ils la poussent de leurs mains jusqu'à la chaloupe. On prétend qu'elle jette alors de profonds soupirs, et verse des larmes abondantes.

On prend aussi les tortues de mer sur la terre. La chasse la plus considérable se fait dans l'île de l'Ascension. Elle est encore inhabitée, parce qu'on n'y a pu découvrir aucune source d'eau douce; mais la quantité de tortues qu'on y trouve, engage la plupart des vaisseaux à s'y arrêter, à dessein d'en faire leur provision pour les matelots attaqués du scorbut, qui est une maladie que l'on prend ordinairement sur la mer. Cette île, pour vous le dire en passant, est une espèce de bureau de poste, parce que les marins, en s'éloignant du rivage, y laissent un billet dans une bouteille bien fermée, pour donner de leurs nouvelles à ceux qui viennent après eux, et en apprendre à leur retour.

La pente unie et facile du sable dont elle est bordée, est très-favorable pour les tortues, qui viennent, dit-on, de plus de cent lieues pour y faire leur ponte. Vous voyez encore par-là combien la tortue de mer est différente à cet égard de la tortue de terre, dont la lenteur a passé en proverbe. Celle-ci emploierait toute sa vie à faire ce voyage; les autres, grace à leur talent de nager, le font en peu de temps. Elles descendent sur la plage, et remontent un peu au-dessus de l'endroit où les flots peuvent atteindre. Alors avec leurs pattes elles creusent un trou peu profond, où elles déposent leurs œufs; puis elles les recouvrent légèrement de sable, afin que la chaleur du soleil les échauffe et fasse éclore les petits.

Ces œufs sont d'une forme ronde, et de la grosseur d'une bille de billard; ils ont du blanc et du jaune comme les œufs de poule; mais ils ne sont pas si bons à manger. L'enveloppe en est mollasse, et ils paroissent au toucher comme un œuf de poule durci qu'on a dépouillé de sa coque.

Vingt-cinq jours environ après la ponte, on voit de tous côtés percer de dessous le sable de petites tortues déjà formées, et couvertes de leurs écailles, qui, sans être guidées par leurs mères, seules, et par le pur mouvement de leur instinct, s'acheminent tout doucement vers le bord de la mer. Malheureusement pour elles, la force des vagues les repousse, et les oiseaux de proie les enlèvent la plupart avant qu'elles aient acquis assez de vigueur pour manœuvrer contre les flots, et gagner le fond de la mer, comme un refuge pour leur faiblesse. Aussi, de deux cent soixante œufs ou environ que pond chaque tortue, à peine en voit-on réchapper une douzaine.

Comme les tortues attendent ordinairement les ténèbres afin de dérober à la vue des oiseaux le dépôt où elles cachent l'espérance de leur famille, les marins attendent aussi ce moment pour faire leur coup. Dès la fin du jour ils abordent sur la côte, et s'y tiennent sans bruit en embuscade, guettant leur proie d'un œil attentif. Aussitôt que les tortues ont quitté la mer, et en sont assez éloignées pour qu'ils puissent leur couper le retour, ils marchent à elles et les renversent sur le dos, les unes après les autres. Cette opération doit se faire avec autant de prudence que d'agilité, de peur que la tortue, en se débattant avec ses pattes, ne leur fasse voler du sable dans les yeux. Dans cette posture incommode, qui la prive de tout moyen de défense, elle ne songe qu'à faire rentrer ses pattes et sa tête sous son écaille, laissant de cette manière la plus grande facilité pour la transporter à bord du vaisseau. Quelquefois on la mange sur le rivage même. Après l'avoir tuée avec précaution, crainte d'endommager ses œufs, on l'assaisonne avec du poivre, du sel, du girofle et du citron, et son écaille sert de casserole pour la faire cuire.

La chair de tortue salée est d'une aussi grande ressource dans l'Amérique, que la morue en Europe. On en tire aussi de l'huile. Une grosse tortue en fournit plus de trente bouteilles. La chair des plus petites pèse cent cinquante livres; les tortues ordinaires en donnent deux cents. On en prit une, il y a plusieurs années, sur les côtes de France, d'environ six pieds de long, qui pesait entre huit et neuf cents livres. Deux ans après on en prit une autre, longue de cinq pieds, et du poids de près de huit cents livres. Le foie seul se trouva suffisant pour fournir abondamment à dîner à plus de cent personnes. Sa graisse que l'on fit fondre prit la consistance du beurre, et fut trouvée d'un fort bon goût.

La croissance des tortues de mer est très-rapide. Un de ces animaux, qu'on avait mis très-jeune dans un petit baquet, s'y trouva à l'étroit au bout de quelques jours. On la mit dans une moitié de barrique ordinaire, et l'on se vit bientôt obligé de lui donner un grand muid pour logement. Le vaisseau qui la portait ayant fait naufrage sur les côtes de France, la tortue se sauva dans la mer. Comme il n'en vient point ordinairement dans ces climats, on a soupçonné que celle-ci est l'une des deux dont il était question tout à l'heure, qui fut prise quatorze ans après, pesant près de huit cents livres. Elle n'en pesait que vingt-cinq lorsqu'on l'embarqua.

La force de ces animaux est extrême. On en voit qui portent cinq à six hommes assis sur leur dos. Leur vie est aussi très-dure et très-longue; elle s'étend quelquefois au-delà de quatre-vingts ans.

Les tortues d'eau douce ressemblent beaucoup à celles de la mer. Aux approches de l'hiver elles viennent à terre, s'y creusent des trous, et y passent toute la saison sans manger, dans un état d'engourdissement. On les voit même dans l'été passer plusieurs jours sans prendre de nourriture. Elles détruisent beaucoup de poissons dans les étangs.

La tortue de terre se trouve sur les montagnes, dans les forêts, dans les champs et dans les jardins. Elle vit d'herbes, de fruits, de vers, de limaçons et d'autres insectes. Celles que l'on garde dans les maisons pour en faire des remèdes, peuvent se nourrir avec du son et de la farine.

L'écaille de toutes les espèces de tortues sert à faire des tabatières, des manches de couteaux, de rasoirs, de lancettes, et une infinité de jolis bijoux.

LES COQUILLAGES.

Outre les poissons dont je viens de vous entretenir, je pourrais vous en nommer plusieurs encore, dont la seule peinture ne vous intéresserait pas moins vivement. Les uns sont armés d'une épée ou d'une scie, les autres hérissés de pointes ou d'épines, etc. L'objet pour lequel la nature leur a donné ces armes, l'usage qu'ils en savent faire, les besoins qu'ils éprouvent pour leur subsistance, les moyens qu'ils emploient pour y pourvoir, les différens degrés de leur instinct et de leur industrie, tout en eux et dans tous les autres, est bien digne de votre curiosité. Ne sentez-vous point déjà le plaisir que vous goûterez un jour en cherchant à pénétrer les merveilles étalées de tous côtés à vos regards? Que diriez-vous de celui qui, venant d'hériter d'un superbe palais, irait se renfermer stupidement dans l'alcôve la plus enfoncée, sans chercher à connaître les ameublemens précieux dont il est environné? Tel, et plus stupide mille fois, serait l'homme, héritier de Dieu sur la terre, qui végéterait entouré de prodiges vivans qui sollicitent sans cesse sa curiosité, sans qu'un noble désir le portât jamais à la satisfaire. Les devoirs que son état, quel qu'il soit, l'oblige de rendre à la société, ne sont point un obstacle à son instruction. Combien d'heures perdues dans des amusemens frivoles, qu'il pourrait consacrer à acquérir des connaissances utiles, sources inépuisables des plaisirs les plus flatteurs! L'homme instruit n'éprouve jamais dans sa vie un seul moment de solitude ou d'ennui. Dans la profondeur des déserts, il trouve une société nombreuse qu'il interroge, et dont il sait entendre la voix. Un brin d'herbe, un insecte, suffisent pour réveiller en lui une foule d'idées, et pour lui faire parcourir dans un instant le cercle immense de la création. La juste valeur dont il s'accoutume à priser les choses humaines, l'étendue et la dignité que ses réflexions donnent à son esprit, le tiennent aussi loin de l'orgueil que de la bassesse; et ses lumières peuvent élever sa fortune, sans en dégrader l'ouvrage par de vils moyens.

Vous n'êtes pas encore en état, mon cher Henri, de sentir toute la vérité de ce que je viens de vous dire; mais il me semblait voir vos parens auprès de vous, et c'est à eux que je m'adressais pour leur inspirer le désir de travailler à votre bonheur, en vous faisant acquérir les connaissances qui le procurent. Je crois aussi lire dans vos yeux que tout ce que vous avez pu saisir de ce tableau vient d'allumer votre imagination, et que vous brûlez d'impatience de vous instruire. Mettons à profit des dispositions si favorables, et reprenons le ton familier de nos entretiens.

Vous avez vu des bouquets formés de coquilles, dont les nuances représentaient celles des plus belles fleurs; vous avez admiré les jolis compartimens qu'on en faisait sur nos surtouts de dessert, l'effet agréable qu'elles produisent sur le bord des bassins, dans la décoration des grottes et des cascades : mais ce ne sont encore là que des coquillages uniformes et communs, tels que la mer les jette en profusion sur ses rivages. C'est dans les cabinets des curieux que vous pourrez en observer d'un choix rare, et d'une variété presque infinie. C'est là que vous passerez des journées entières à vous extasier sur l'élégance ou la singularité de leurs formes, l'éclat et la diversité de leurs couleurs.

Chacune de ces coquilles renfermait autrefois un poisson qui vivait au fond de la mer, retiré dans son palais immobile, ou qui l'emportait avec lui en nageant, par une manœuvre admirable, telle que je vous l'ai peinte tout à l'heure dans l'histoire du nautile.

Une autre histoire non moins intéressante pour vous, est celle d'une espèce d'écrevisse qu'on nomme Bernard l'Ermite, ou le Soldat.

Bernard l'Ermite est couvert d'écailles dans tout son corps, excepté sur l'extrémité du dos. Pour mettre cette partie à l'abri de ce qui pourrait la blesser, il va, dès sa naissance, chercher une coquille vide, dans laquelle il s'établit, jusqu'à ce qu'en grandissant il ait besoin d'un logement plus vaste.

Lorsque ce moment est venu, sans quitter sa première coquille, il va sur le rivage en chercher une autre. Dès qu'il l'a trouvée, il sort de l'ancienne pour essayer la nouvelle. S'il ne la juge pas bien proportionnée à sa taille, il va plus loin, mesurant toutes celles qu'il rencontre, jusqu'à ce qu'il en ait une qui lui convienne. Aussitôt il s'y glisse avec une extrême précipitation, et, dans sa joie, il fait deux ou trois caracoles sur le sable. Il a toujours soin de choisir un ermitage assez spacieux pour pouvoir se tapir dans le fond, de manière à le faire croire inhabité ; ce qu'il pratique au moindre bruit qui se fait entendre. Si par hasard un de ses camarades se trouve dépouillé en même temps que lui, pour entrer dans la même coquille, il se livre aussitôt entre eux un combat, et le plus faible abandonne la coquille au vainqueur.

C'est apparemment pour ces combats que Bernard l'Ermite a obtenu le surnom de Soldat, ou peut-être aussi parce qu'il a l'air d'une sentinelle dans sa guérite.

L'histoire des coquillages forme une branche très-curieuse de la connaissance de la nature. On aime à voir comment, pour nous donner dans tous ses ouvrages une idée de sa grandeur et de sa richesse, elle a revêtu un vil poisson de sa livrée la plus brillante.

Des plongeurs vont chercher les coquilles au fond des eaux. La mer, dans les tempêtes qui la bouleversent dans toute sa profondeur, en jette aussi quelquefois sur ses bords.

PLANTES MARINES.

Les plantes marines ne sont pas, à beaucoup près, aussi variées que celles de la terre. Je me contenterai de vous dire quelques mots des algues et des fucus.

Les feuilles de l'algue commune sont d'environ deux ou trois pieds de longueur, molles, d'un vert sombre, et semblables à des courroies. On en trouve une espèce dans les mers du Nord, dont les feuilles sont jaunâtres. Lorsque cette plante est exposée au soleil, il transpire de ses feuilles de petits grumeaux d'un sel doux et de bon goût, dont on fait usage en guise de sucre.

Les fucus sont la plupart ramifiés en arbrisseaux. Il s'élève sur leurs feuilles de petites vessies remplies d'air, comme des ballons, qui tiennent la plante debout dans l'eau, ou l'y font flotter. Il en est quelques espèces d'une jolie couleur de rose, de vert et de citron ; on les fait bien tremper dans de l'eau douce en sortant de la mer, puis on les fait sécher entre deux papiers, ou sur un carton que l'on couvre d'un verre ; ce qui produit des tableaux fort agréables.

LE CORAIL.

Vous avez pris souvent, mes amis, pour des arbrisseaux ou des plantes, ces productions marines que vous aviez tant de plaisir à considérer dans le cabinet de votre papa. Des personnes qui, soit dit sans vous offenser, étaient incomparablement plus habiles que vous, ont toujours vécu dans la même erreur, qui s'est perpétuée pendant plusieurs siècles : ce qui vous prouve avec quelle attention il faut étudier la nature pour découvrir ses secrets.

Je vais d'abord vous parler du corail, qui a dû vous frapper le plus vivement, et qui vous servira à mieux comprendre ce qui concerne les autres.

Le corail, dont la teinte est ordinairement rouge, et quelquefois blanche, ou mélangée de ces deux couleurs, a la figure d'un arbrisseau. Sa plus grande hauteur est d'un pied ou un peu plus. Sa tige, à peu près de la grosseur de mon pouce, est couverte d'une espèce d'écorce, et porte des branches dépouillées de feuilles, mais qui semblent présenter des graines et des fleurs. Voilà des apparences bien séduisantes pour le croire un petit arbre : n'est-ce pas ? cependant, ce n'est que l'ouvrage de petits vers appelés polypes. Je vais vous dire comment ces ingénieux architectes en forment l'édifice pour leur habitation.

Aussitôt que les œufs des polypes, assemblés en peloton sous quelque rocher, sont éclos, ces animaux commencent à se bâtir en rond, et l'une contre l'autre, de petites cellules, qu'ils forment à la manière des limaçons et des coquillages, d'une substance qui s'échappe de leurs corps. A mesure que cette substance devient plus abondante, et s'épaissit au point de remplir le fond des tuyaux qu'ils habitent, ils sont forcés de monter un peu plus haut, et d'en former d'autres au-dessus, dans la même direction. Ceux-ci se remplissent de la même manière, par où le corail acquiert sa dureté : et comme, dans l'intervalle la famille se multiplie, les nouveau-nés forment, d'un côté et d'autre, des colonies d'où proviennent les branches qui se ramifient à leur tour.

Les fleurs qu'on avait cru remarquer sur les branches, ne sont que les bras de ces polypes, qu'ils étendent en forme de griffes, pour saisir les débris d'insectes dont ils se nourrissent ; et les graines prétendues ne sont que leurs œufs.

C'est de la même manière, mais avec quelque variété, suivant les différentes espèces de polypes, que se forment les coralines, les litophytes, les éponges, les madrépores et d'autres polypiers, qui se trouvent en certains endroits dans une si grande abondance, que le fond de la mer ressemble à une épaisse forêt.

Vous vous félicitez sans doute, mes amis, de tout ce qu'il vous reste d'intéressant à apprendre dans l'étude de la nature. Je ne vous en ai présenté qu'un petit tableau, seulement pour vous montrer la perspective de ce qu'elle doit offrir un jour à vos regards, si vous savez les accoutumer de bonne heure à l'observation qu'elle exige pour pénétrer ses mystères. Je ne connais rien de plus satisfaisant et de plus récréatif. Quand nous serons de retour à Paris, je vous mènerai de temps en temps au cabinet d'histoire naturelle, pour vous y faire remarquer peu à peu tous les objets curieux qu'il renferme. Nous y emploierons nos heures de récréation, afin de ne pas déranger l'ordre de vos études. Je me flatte que vous me remercierez de vous avoir fait connaître ces nouveaux plaisirs, et qu'ils vous paraîtront bien préférables aux amusemens ordinaires de votre âge.

Nous avons jusqu'ici promené nos regards sur la terre, pour nous former une première idée de ses habitans et de ses productions ; nous venons de les plonger avec le même dessein jusques dans les profondeurs de la mer : dans notre premier entretien nous les élèverons vers les cieux, pour étudier les mouvemens des astres qui roulent dans leur immense étendue.

QUATRIÈME ENTRETIEN.

LE SOLEIL.

Reposons-nous ici, mes amis. Nous voici parvenus sur le sommet le plus élevé de la colline. Venez vous asseoir près de moi, et jouissons ensemble de la fraîcheur de cette belle soirée. Quelle charmante perspective s'offre à nos regards ! Comme ce vaste paysage réunit l'agrément et la richesse dans le mélange de ces vertes prairies où l'œil s'égare avec tant de plaisir, de ces petits ruisseaux qui semblent se jouer en les baignant de leurs eaux fécondes, de ces champs couverts de moissons dorées, et de cette forêt dont les robustes enfans vont se transformer en vaisseaux, pour aller nous chercher mille trésors précieux aux bornes de la terre !

Au-dessus de cette scène admirable, contemplez le soleil, qui, du seul éclat de sa couronne, remplit l'immensité de son empire. Toute cette magnificence est son ouvrage.

Après avoir rendu, par la chaleur de ses rayons, la vie à la nature, il en fait briller les traits rajeunis de la splendeur de sa lumière, et jette sur les plis de sa robe verdoyante les plus vives couleurs.

Occupons-nous un moment de ce qu'il est, et des bienfaits qu'il répand sur la terre, avant de rechercher la place qu'il occupe, et de parcourir les espaces immenses où s'étend sa domination.

Le soleil est un globe de feu qui, tournant sur lui-même d'une rapidité prodigieuse, darde sans cesse, et de tous les côtés, en lignes droites, des rayons formés de sa substance, et destinés à porter avec une vitesse inconcevable, jusqu'au bout de l'univers, la lumière qui l'éclaire, la chaleur qui l'anime et les couleurs qui l'embellissent.

C'est un globe, puisque dans toutes ses parties il se montre à nos yeux sous une forme circulaire, et qu'avec un bon télescope on découvre sa convexité. Il est de feu, puisque ses rayons rassemblés par des miroirs concaves ou des verres convexes, brûlent, consument et fondent les corps les plus solides, ou même les convertissent en cendres ou en verre.

Il tourne sur lui-même, puisque l'on observe sur son disque des taches qui, se montrant sur un de ses bords, semblent passer à travers toute sa largeur sur le bord opposé, se dérobent pendant quelques jours, et reparaissent ensuite au premier point d'où elles sont parties. Ces taches peuvent aisément se découvrir avec une bonne lunette ; leur nombre va quelquefois jusqu'à cinquante ; et il en est que l'on a vues dix-sept cents fois plus grandes que la terre entière. Soit qu'on les considère comme des écumes formées par l'action d'un feu violent, soit plutôt comme des éminences solides du corps du soleil, que les flots de matière enflammée qui le baignent laissent quelquefois à découvert dans leur agitation, ces taches, unies à sa masse, ne laissent pas douter, par leur cours régulier, qu'il ne tourne avec elles sur lui-même; et cette rotation qui se fait en vingt-cinq jours et demi, quoique plus lente que celle de la terre, qui n'y emploie qu'un jour, doit être d'une rapidité prodigieuse pour un globe quatorze cent mille fois plus gros que le nôtre.

Le soleil darde ses rayons sans cesse de tous côtés, et même de tous les points de sa surface ; car il n'est pas un seul instant où sa lumière ne se répande sur toutes les parties de l'univers tournées vers lui, et pas un seul point qu'il éclaire, d'où on ne le voie tout entier.

Ses rayons sont dirigés en lignes droites, et non par des ondulations semblables à celles que le mouvement excite dans l'air et dans l'eau ; car autrement on le verrait lorsqu'il serait caché derrière une montagne, et même lorsqu'il serait de l'autre côté de la terre, c'est-à-dire pendant la nuit, puisque sa lumière étant répandue par ondes, comme le son, l'impression en viendrait toujours à nos yeux. La lune, par la même raison, ne pourrait jamais l'éclipser. J'en ai une autre preuve plus à votre portée. Lorsque j'ai fait votre portrait à la silhouette, c'est que votre tête jetait sur la muraille une ombre exactement de la même forme qu'elle-même ; ce qui prouve clairement que les rayons croisaient en lignes droites toutes les extrémités de votre profil. On peut enfin s'en convaincre d'une autre manière, en fermant les volets d'une chambre, et en y pratiquant un petit trou : les rayons qui passent par cette ouverture, ne se répandent point en ondes dans la chambre, mais la traversent en lignes droites, sans éclairer autre chose que les objets qu'ils rencontrent dans cette direction.

Les rayons du soleil sont formés de sa propre substance. Ce sont des flots de sa matière enflammée qu'il lance de tous côtés. A la distance où il est de nous, comment ses rayons pourraient-ils nous échauffer, s'ils ne partaient d'une source brûlante, en conservant dans le trajet leur chaleur par la vitesse de leur mouvement? Vous branlez la tête, Henri? vous pensez sans doute que le soleil devrait être dès long-temps épuisé? Votre arrosoir, dites-vous, n'est pas une minute à se vider de l'eau qu'il contient. Je veux renchérir encore sur votre objection. L'arrosoir ne verse de l'eau que d'un côté, et le soleil répand de toutes parts sa lumière. Il la fait jaillir jusqu'à des lieux un million de fois peut-être plus éloignés de lui que nous ne le sommes, puisque certaines étoiles, qui sont à cette distance, envoient leur lumière jusqu'à nos yeux. Il ne paraît pas cependant que ni le soleil, ni les étoiles aient souffert, depuis tant de siècles, quelque diminution de leur éclat. Vous voyez que je n'ai pas affaibli votre difficulté. Écoutez maintenant ma réponse.

Il est d'abord nécessaire de vous donner une idée de la petitesse prodigieuse des parties dont les rayons de lumière sont composés. Au moyen du microscope, je vous ai fait voir dans une goutte d'eau de mare, pas plus grosse qu'une lentille, des milliers de petits insectes vivans. Ces insectes ont des yeux, des membres, du sang, ou une autre liqueur qui circule dans leur corps pour les animer. Il vous est aisé, ou plutôt il vous est impossible de vous figurer combien chaque goutte de ce sang ou de cette liqueur doit être menue. On prouve, par le calcul, qu'elle est moins par rapport à un grain de sable d'une ligne, que ce grain de sable n'est au globe de la terre. Eh bien, cette petitesse n'est rien encore en comparaison de celle des parties de la lumière, ainsi que vous allez en convenir. Je vous ai dit tout à l'heure que nous ne voyons le soleil entier que parce que de tous les points de sa surface il part des rayons qui viennent peindre son image au fond de nos yeux. Il n'est pas douteux que ces insectes ne voient le soleil pendant le jour ; peut-être voient-ils pendant la nuit les étoiles. Or, ils ne peuvent les voir, que de tous les points de toute la surface des étoiles et du soleil il ne soit parti des rayons pour eu porter jusqu'au fond de leurs yeux l'image entière. Le soleil est plus de quatorze cent mille fois plus grand que la terre ; chacune des étoiles est aussi grande que le soleil. Voilà donc des corps d'une masse si incompréhensible, qui, de tous les points de leur étendue, envoient des flots de lumière dans l'œil d'un petit insecte, confondu avec des milliers de ses semblables dans une goutte d'eau, à peine sensible à nos regards.

Vous refuserez peut-être de croire qu'un si petit animal puisse porter sa vue jusqu'aux étoiles. Je ne vous chicanerai point là-dessus, quoique je pusse vous citer un très-beau vers de M. de Bonneville, qui dit en parlant de la puissance de Dieu :

Et sur l'œil de l'insecte il a peint l'univers.

Mais si l'insecte ne jouit pas de ce vaste spectacle, nous en jouissons, nous autres. Notre œil peut, dans une seconde, parcourir toute l'étendue des cieux. Il aura vu non-seulement toutes les étoiles, mais encore toutes les parties de l'espace qui les sépare ; ce qui multiplie bien davantage la quantité des rayons qui seront venus successivement aboutir à nos yeux. Et cette nouvelle expérience est une preuve plus forte encore de l'infinie petitesse des parties de la lumière, puisqu'un si grand nombre de rayons se sont combattus et effacés les uns les autres dans notre œil, sans lui causer la plus légère impression de douleur, malgré la vitesse inconcevable dont ils viennent le frapper.

Il vous est arrivé fort souvent de voir dans la campagne la lumière d'une chandelle qui brûlait à une lieue au moins de vous. En traçant un cercle autour de cette chandelle, à la distance où vous en étiez, il est clair que de tous les points de ce cercle on aurait pu la voir, et, à plus forte raison, de tous les points de l'étendue qu'il renferme. Tous les points de cet espace, jusques à une distance pareille en-dessus et en-dessous, si le flambeau était suspendu dans les airs, seraient donc remplis de parties de lumière émanées de la flamme de la chandelle. Elle ne consume pas, dans la durée d'un clin d'œil, un globule de suif gros comme la tête d'une épingle. Ce petit globule de suif a donc fourni à la lumière une matière capable de remplir, par sa division, un globe de deux lieues de diamètre. Aussi le calcul peut-il démontrer qu'un pouce de bougie, après avoir été converti en lumière, a donné un nombre de parties plusieurs millions de fois plus grand que celui des sables que pourrait contenir la terre entière, en supposant qu'il tienne cent parties de sable dans la largeur d'un pouce. Que serait-ce donc d'un pouce de matière lumineuse infiniment plus pure, et par-là susceptible d'une plus grande division ? Enfin, si un grain de musc exhale sans cesse, et de tous côtés, des particules de sa substance ; s'il les exhale pendant vingt-cinq ans, sans rien perdre sensiblement de son volume ; si un boulet de fer d'un pied de diamètre, rougi à un grand feu, laisse échapper des flots de particules enflammées et lumineuses, sans que cette effusion lui fasse perdre l'équilibre dans la plus juste balance, vous concevrez plus aisément que le soleil puisse répandre des torrens de lumière sans paraître s'affaiblir, et qu'une partie de sa masse lui suffise pour remplir, pendant des siècles, de sa lumière et de sa chaleur, toutes les planètes et les espaces qui lui sont soumis.

Quant à la vitesse inconcevable de ses rayons, il est prouvé qu'ils n'emploient qu'environ huit minutes pour venir de lui jusqu'à nous. Lorsque vous serez un peu plus avancés dans l'étude des cieux, je vous dirai par quelle observation on a fait d'abord cette découverte, et comment une expérience ingénieuse l'a confirmée. Il me suffit à présent de vous garantir que ce point est de nature à ne pas être plus contesté, que l'existence même de la lumière.

Tout ce qui regarde les couleurs, demanderait trop de détails pour vous être expliqué dans le cours de cet entretien; nous y reviendrons dans un autre moment.

Il ne me reste donc plus qu'à vous parler de la chaleur que nous devons au soleil. C'est le plus grand et le plus sensible de ses bienfaits, puisqu'il produit le mouvement et la vie dans tout ce qui respire. Je me borne à présent à vous en montrer les effets dans la végétation.

Vous vous souvenez de l'état de langueur où gémissait la nature pendant la triste saison de l'hiver. La terre était saisie d'un profond engourdissement, les fleurs n'osaient paraître sur son sein, et les arbres étaient dépouillés de tout leur feuillage. La séve qui les anime, en circulant, comme je vous l'ai fait voir, dans leurs troncs, leurs branches et leurs rameaux, n'avait plus qu'un mouvement paresseux et de défaillance, qui suffisait à peine à leur conserver un reste de vie presque insensible et tout voisin de la mort. Le printemps est venu réchauffer la terre; et soudain la séve reprenant la liberté de son cours, la verdure s'est déployée sur toutes les plantes. Comment le soleil a-t-il produit ce changement? Je vais prendre un exemple plus près de vous, pour vous en rendre l'explication plus aisée à concevoir.

Il n'est pas que vous n'ayez vu un de ces animaux que les petits Savoyards portent dans des boîtes, et qu'ils se plaisent à montrer pour quelques pièces de monnaie aux enfans; une marmotte, s'il faut vous dire son nom. Ces bêtes sont très-sensibles au froid; et comme il est plus pénétrant dans les montagnes de la Savoie, où elles ont pris naissance, afin de se dérober à sa rigueur, elles creusent dans la terre des trous profonds, où elles restent renfermées pendant l'hiver dans un morne assoupissement. Rien, comme vous le voyez, ne peut se ressembler davantage dans cet état, qu'un arbre et une marmotte. Ils sont tous les deux engourdis, parce que la séve de l'un, et le sang de l'autre, qui sont les principes de leur vie, n'ont qu'une circulation embarrassée dans les tuyaux du premier et dans les veines du second, par l'action du froid qui les resserre. Laissons l'arbre un moment, et ne nous occupons que de la marmotte.

Si vous étiez en voyage dans les montagnes de la Savoie, et que vous trouvassiez un de ces animaux engourdi, voici le raisonnement que vous feriez sans doute : puisque c'est le froid qui cause son engourdissement, je puis l'en retirer en lui rendant la chaleur. Mais si vous ne faisiez qu'allumer auprès de lui un feu peu vif et de courte durée, quand vous renouvelleriez cent fois par intervalles cette opération, l'engourdissement n'en subsisterait pas moins. Si au contraire, en allumant d'abord un petit feu, vous l'augmentiez successivement, et que vous eussiez grand soin de le renouveler sans cesse avant qu'il fût tout-à-fait éteint, il n'est pas douteux que la marmotte ne sortît de sa léthargie, puisque son sang reprendrait sa fluidité. Vous le verriez bientôt étendre ses jambes, ouvrir ses yeux, secouer ses oreilles, et vous réjouir par la souplesse et la vivacité de ces mouvemens.

Voilà précisément les degrés par lesquels le soleil tire la nature de l'engourdissement où elle était plongée, et la ramène à la vie. La longueur des nuits de l'hiver vous a donné lieu d'observer combien peu le soleil restait alors sur la terre. Il venait bien l'éclairer chaque jour; mais à peine avait-il paru quelques heures sur nos têtes, qu'on le voyait déjà s'éloigner. D'ailleurs, il ne nous envoyait ses rayons que d'une médiocre hauteur, même dans son midi. Il n'est donc pas étonnant que la terre, perdant la nuit le peu de chaleur qu'elle avait reçu pendant le jour, n'en conservât pas assez pour se ranimer. Depuis le printemps, vous avez vu les jours s'agrandir par des progrès plus marqués, et le soleil darder ses rayons plus directement sur nos têtes. Peu à peu la terre s'est dégourdie ; son sein s'est réchauffé ; sa sève, qui est le sang des plantes, a repris son cours, les arbres se sont couverts de feuilles et de fleurs ; et maintnant que nous sommes aux jours les plus longs de l'année, et le soleil au plus haut point de son élévation sur la terre, vous voyez des fruits déjà mûrs, d'autres qui tendent rapidement à le devenir. Comme la chaleur ira toujours en augmentant pendant l'été, les fruits qui en demandent le plus pour mûrir, trouveront à leur tour le degré qui leur est nécessaire, avant que le soleil, qui va, dès la fin de ce mois (juin), perdre de son élévation sur nos têtes, et diminuer graduellement, jusqu'à la fin de l'automne, son cours journalier, laisse peu à peu retomber la terre dans les horreurs de l'hiver.

Quelle idée vous passe donc par la tête en ce moment, Charlotte? Je croyais tout à l'heure lire sur votre visage, que mon explication avait le bonheur de vous satisfaire. Pourquoi venez-vous de froncer le sourcil aux dernières paroles ? Auriez-vous quelques difficultés à me proposer? Vous savez que je les aime. Voyons, je vous écoute. Ah ! je comprends votre objection, et je vais moi-même vous la rapporter. Puisque le soleil n'a fait cesser le froid de l'hiver qu'en s'élevant plus directement sur nos têtes, et en prolongeant la durée du jour, comment la chaleur pourra-t-elle augmenter pendant l'été, puisque, dès la fin de ce mois, le soleil va perdre chaque jour de sa hauteur sur l'horizon, et s'en éloigner plus long-temps pendant la nuit ? N'est-ce pas là ce que vous vouliez dire, seulement en termes un peu plus clairs ? Fort bien. Je suis très-aise que vous m'ayez proposé cette difficulté ? Elle est toute naturelle. D'ailleurs, elle me prouve que vous m'avez prêté une oreille attentive, et que votre esprit est déjà capable d'une certaine justesse de raisonnement. Je me fais un vrai plaisir de vous répondre.

Vous souvenez-vous que l'autre jour après souper, voulant vous aller reposer à dix heures du soir sur le banc du jardin, vous trouvâtes la pierre encore si chaude, quoique le soleil eût cessé, depuis deux heures, d'y darder ses rayons, qu'il vous fut impossible de vous asseoir ? Vous voyez par-là qu'un corps échauffé par le soleil, peut conserver long-temps la chaleur qu'il en a reçue, bien qu'il ne soit plus exposé à ses feux. Vous concevez aussi qu'un caillou, placé sur le banc même, l'aurait bien plutôt perdue, parce que plus le corps est petit, plus elle est prompte à s'en échapper. Il vous serait aisé d'en faire l'expérience, en jetant à la fois dans un brasier, un clou et une grosse barre de fer ; la barre serait bien plus long-temps à se refroidir que le clou. Ainsi, si le banc de pierre a conservé pendant deux heures, après le coucher du soleil, une chaleur assez forte pour vous être insupportable, il est à présumer que la terre, qui est d'une masse infiniment plus grande, l'a conservée plus avant dans la nuit, et même jusqu'au lendemain au matin. Le soleil la trouvant encore échauffée, aura donc ajouté de nouveaux degrés de chaleur à ceux qu'elle avait gardés la veille; et comme, avec cette plus grande quantité, elle en aura encore retenu davantage la nuit suivante, la chaleur ira toujours en augmentant, soit dans son sein, soit dans l'air, à qui elle se communique, jusqu'à ce que les nuits devenant beaucoup plus longues, et par conquent plus fraîches, la terre perde enfin, dans leur durée, la plus grande partie de la chaleur qu'elle a reçue pendant le jour; ce qui arrive ordinairement au commencement de l'automne. C'est par ce moyen que les raisins, qui mûrissant plus tard que les cerises, ont besoin d'une plus grande continuité de chaleur, la trouvent même lorsque le soleil ne darde plus si long-temps ses rayons sur leurs grappes.

C'est par la même raison que la chaleur est ordinairement plus accablante à trois heures qu'à midi, quoique le soleil soit déjà descendu pendant trois heures vers l'horizon. Cet été du jour, si j'ose ainsi parler, répond à merveille à l'été de l'année.

Après avoir parlé si long-temps des bienfaits du soleil, il vous tarde sans doute de savoir quelle place ce roi de l'univers occupe dans son empire. C'est ici, je l'avoue, que j'éprouve un peu d'embarras à vous satisfaire. Tout ce que je vous ai dit jusqu'à présent, s'accordait à merveille avec vos sens et vos idées, ou du moins ne contrariait que votre inexpérience : ce qui me reste à vous annoncer contredit tout absolument; et j'ai besoin de la confiance que je vous ai inspirée, pour vous préparer à changer d'opinion.

Tous les peuples de l'antiquité, même les plus éclairés, excepté un ancien philosophe et ses disciples, ont cru que le soleil tournait autour de la terre; tous les plus grands philosophes modernes, sans exception, le croyaient aussi il n'y a pas plus de deux cent quarante ans; tous les enfans le croient encore aujourd'hui, sur la foi de leurs mies et de leurs bonnes; et tout le peuple ignorant et grossier le croira toujours. Les expressions ordinaires du lever, de l'élévation et du coucher du soleil, employées dans l'usage familier, même par les astronomes, pour s'accommoder aux idées du peuple, ont contribué à entretenir cette erreur. Il faut convenir que le premier témoignage de nos yeux lui est aussi favorable. Comment se douter que la terre tourne autour du soleil, tandis qu'on le voit au niveau de nos pieds le matin, à midi sur nos têtes, le soir encore à nos pieds, et qu'il doit, selon toute apparence, se trouver la nuit par-dessous? Mais dites-moi, je vous prie, si vous n'aviez pas vu les arbres trop bien affermis sur le rivage pour bouger légèrement; n'auriez-vous pas cru mille fois, en descendant la rivière dans un bateau, que les uns s'enfuyaient derrière vous, et que les autres accouraient à votre rencontre? Lorsqu'on faisait faire un demi-tour au bateau pour aborder, n'auriez-vous pas cru que le rivage lui-même tournait autour de vous, si vous ne l'aviez pas jugé plus tenace encore que les arbres? Vous sentez donc que nos yeux peuvent nous en imposer sur les apparences des choses. Il était peut-être permis d'en être dupe avant l'invention du télescope. Les anciens ignorant la véritable grandeur du soleil, et la jugeant beaucoup moins considérable que celle de la terre, s'applaudissaient de leur sagesse, en le faisant tourner autour d'elle. Mais si la terre est plus de quatorze cent mille fois plus petite, comme cela est démontré sans réplique, ne serons-nous pas plus sages, à notre tour, de le rendre immobile au centre de notre monde, et de la faire tourner, dans l'espace d'une année, autour de lui, en tournant chaque jour sur elle-même? Si nous devons nous former les idées les plus simples de l'ordre de la nature, que diriez-vous d'un architecte qui aurait la bizarrerie de construire la cheminée de la cuisine de manière que le foyer tournât autour du gigot que l'on voudrait faire cuire à la broche? Mais de plus, il est certain, par des observations invariables, que c'est le gigot qui tourne devant le foyer; je veux dire la terre autour du soleil. Je vous en promets les preuves les plus évidentes, quand vous serez un peu plus en état de les saisir. Tout ce que je vous demande à présent, est de vous prêter du moins à ce système comme à une supposition, pour me mettre en état de vous conduire aux preuves qui doivent en établir dans votre esprit l'incontestable vérité.

Je croyais avoir terminé la partie la plus difficile de mon entreprise; mais voilà des étoiles qui viennent me jeter dans un nouvel embarras. Puisque nous sommes sur le chemin des grandes vérités, il faut aller plus loin, et vous dire que cette voûte céleste ne tourne pas plus que le soleil autour de la terre, et que c'est la terre au contraire qui, tournant sur elle-même en vingt-quatre heures, s'imagine que les étoiles font dans le même temps cette révolution. Cela serait aussi un peu trop exigeant de sa part; car il faudrait, pour obéir ponctuellement à ses ordres, qu'elles fissent quarante-neuf millions de lieues par seconde; ce qui surpasse tant soit peu la plus grande vitesse de nos messageries. Si la terre a besoin de la chaleur et de la lumière du soleil, il est de toute bienséance qu'elle se donne la peine de tourner autour de lui et sur elle-même pour les recevoir, d'autant mieux que, par la même occasion, et sans faire sa pirouette plus vite, elle peut jouir du plaisir de promener successivement ses regards sur la douce illumination des étoiles, bien qu'elles lui soient tout-à-fait étrangères.

Mais je commence à sentir que la soirée devient un peu fraîche. Je crois qu'il serait à propos de rentrer au logis pour continuer cet entretien.

Nous voilà un peu remis de la fatigue de notre promenade. Sonnez, je vous prie, Henri, pour qu'on nous donne des lumières; et vous, Charlotte, apportez ici votre globe.

Je vous ai dit que le soleil demeure toujours constamment à la même place, et que la terre décrit un grand cercle autour de lui chaque année, en tournant chaque jour sur elle-même. Il vous paraît difficile de concevoir qu'elle puisse se livrer à ces deux mouvemens à la fois. Comment donc? qui vous empêcherait de tourner tout autour de la chambre en pirouettant? Si vous faisiez ce tour en trois cent soixante-cinq pirouettes, le grand cercle que vous décririez représenterait le mouvement annuel de la terre, et chaque pirouette, son mouvement journalier. Si ce flambeau était placé au milieu du cercle, n'est-il pas vrai qu'à chaque demi-pirouette vous le verriez ou le perdriez de vue, selon que vous lui tourneriez le visage ou le dos? Cette alternative peut vous donner une idée de la manière dont la terre reçoit tour à tour la lumière du jour et l'obscurité de la nuit. Appliquons cette expérience à notre globe. Je vais piquer une épingle blanche sur cette moitié qu'il présente au flambeau, et une épingle noire sur l'autre, qu'il lui dérobe. Si je tourne le globe, cette partie où est l'épingle noire, et qui est maintenant dans l'obscurité, va s'éclaircir; et celle où est l'épingle blanche, et qui est maintenant éclairée, va se cacher dans l'obscurité. C'est une image fidèle de ce qui arrive à la terre chaque jour et chaque nuit. Chaque pays, à mesure qu'il se tourne vers le soleil, reçoit la lumière de ses rayons, et, à mesure qu'il s'en détourne, rentre dans l'obscurité des ténèbres. Par ce moyen, toutes les parties de la terre ont, l'une après l'autre, la chaleur du jour, pour les échauffer et mûrir leurs productions, et les douces rosées de la nuit pour humecter le sol brûlant et l'air embrasé, rafraîchir les plantes, les animaux et les hommes. Les parties de la terre qui sont représentées autour de ces deux points, où la branche de fer qui traverse le globe en sort des deux côtés, sont appelées les pôles du sud et du nord. Ce sont des places très-froides, attendu que le soleil ne s'y laisse pas voir pendant plusieurs mois; mais en revanche, après cette longue nuit, on est plusieurs mois sans le perdre de vue; en sorte que l'année se partage pour les habitans de ces lieux, en un seul jour de six mois et une seule nuit de la même durée. On vous en fera sentir la raison lorsque vous apprendrez à connaître en détail les usages du globe. Vous plaignez les pauvres gens qui vivent dans ces contrées : en effet, le séjour du pays que nous habitons me paraît infiniment préférable. Je vous dirai seulement, afin d'adoucir les regrets que leur sort vous inspire, que l'absence du soleil n'est pas un si grand malheur pour eux qu'il le serait pour nous, s'il venait tout à coup à nous priver, pendant six mois, de ses bienfaits. Les productions de ces contrées sont différentes de celles de notre pays, et sont formées par la nature de manière à croître sous ce climat. Les habitans sont peut-être aussi heureux que nous avec des plaisirs différens. En travaillent d'un grand courage pendant leur été, à dessein de ramasser des provisions pour leur hiver; et alors ils dansent et chantent à la lueur de leurs torches, comme nos gens de la campagne aux doux rayons du soleil.

Je crois lire sur votre physionomie, Henri, que vous n'êtes pas bien pleinement satisfait de ma démonstration. Voyons, je serais bien aise de savoir ce qui vous embarrasse. Oh! je m'en doutais. Vous pensez que si la terre tourne ainsi sur elle-même, les gens qui sont sous nos pieds, de l'autre côté du globe, doivent s'éloigner d'elle et tomber vers les cieux qui l'enveloppent de toutes parts. Je me réjouis de ce que vous m'avez fait connaître vos doutes, pour me mettre en état de les dissiper. Supposons que ce globe, au lieu d'être de carton, est d'aimant, comme la petite pierre que je vous ai donnée : n'est-il pas vrai que si vous lui présentez un morceau de fer, soit en haut, soit en bas, il ne manquera pas de l'attirer, et que le globe d'aimant aura beau tourner sur lui-même, le morceau de fer ne s'en détachera plus, soit que la partie à laquelle il tient s'élève ou s'abaisse? Il est vrai, dites-vous; mais c'est parce que l'aimant attire le fer. Eh bien, mon petit ami, vous venez de résoudre vous-même la difficulté. Nous sommes portés vers la terre par une force d'attraction, comme le fer est porté vers l'aimant. Il n'y a pas d'autre en-bas pour le fer, que le centre de la boule d'aimant vers lequel il est attiré; comme il n'y a d'autre en-bas pour nous, que le centre de la terre qui nous attire. Vous aurez donc beau faire tourner le globe, nous serons toujours sur nos pieds, tant qu'ils seront dirigés vers le centre de la terre, comme ils le sont sur chaque point de sa surface. Posez une aiguille sur votre aimant, et faites-le tourner ensuite entre vos doigts. Voilà l'aiguille en dessous; cependant elle ne tombe point. Essayez de l'en séparer, elle résiste. Vous en êtes pourtant venu à bout. Rendez-lui maintenant sa liberté;

elle retourne à l'aimant, et, quoique de bas en haut, retombe vers lui. Il en serait de même dans cette partie du globe que vous appelez en dessous. Si je vous séparais de la terre, et que je vous abandonnasse à vous-même, vous y retomberiez comme ici. L'aiguille n'a pas de vie, et par conséquent ne peut se mouvoir autour de l'aimant; ainsi une pierre inanimée ne se meut pas d'elle-même sur la terre. L'homme et les animaux, qui sont vivans, peuvent au contraire se mouvoir sur le globe, malgré la force qui les porte vers son centre, parce qu'étant également éloignés de ce point, une partie de la surface ne les attire pas plus que l'autre. Lorsque je monte à cheval, je ne laisse pas que d'être toujours attirée vers la terre; mais je n'y tombe point, parce que le corps du cheval, en me soutenant, m'en sépare, et qu'il m'est impossible de tomber à travers un cheval; mais si un de ses soubresauts me fait perdre la selle, je tombe à terre immédiatement.

Vous vous étonnez de ce que nous ne sentons pas le mouvement de la terre : je vous dirai d'abord que, quoiqu'elle soit emportée d'un cours très-rapide, ce mouvement doit nous paraître insensible, parce que ne trouvant point de résistance, elle ne doit point éprouver de secousse, et qu'il nous est souvent arrivé de ne point sentir le mouvement d'un bateau, lorsqu'il suit le fil du courant. D'ailleurs, pensez-vous qu'un ciron, posé sur une boule aussi grosse que le Louvre, qui tournerait sans cahotement sur elle-même, pût sentir cette rotation? Je ne le crois pas. Comme rien ne changerait autour de lui, et que tous les objets à la portée de sa vue resteraient à la même place sur la boule, il devrait naturellement la juger immobile. Nous devons, par la même raison, ne pas nous apercevoir du mouvement de notre globe, tout ce qui nous environne sur sa surface étant emporté de la même vitesse que nous-mêmes.

LA LUNE.

En vous faisant tourner vos pensées vers les cieux, je ne dois pas oublier de vous parler de la lune, compagne fidèle de la terre, qui tourne autour d'elle, en la suivant dans sa course autour du soleil, et l'éclaire en l'absence du jour. Elle n'est pas un globe de feu comme le soleil; mais elle reçoit de lui toute la lumière qu'elle envoie vers nous. On suppose qu'elle est à peu près de la même nature que la terre sur laquelle nous vivons, mais cinquante fois plus petite. Ses habitans, s'il est vrai qu'elle soit peuplée, reçoivent comme nous la lumière du soleil, et retirent les mêmes avantages de sa chaleur et de ses rayons vivifians. Si nous étions transportés sur sa surface, la terre, de ce point, nous paraîtrait comme une lune, excepté seulement qu'elle serait beaucoup plus grande, et par conséquent elle nous réfléchirait avec plus d'éclat les rayons qu'elle reçoit du soleil. La terre et la lune ont, l'une et l'autre, trop d'épaisseur pour que le soleil puisse les traverser de sa lumière; il ne peut qu'en faire briller la surface, comme le flambeau fait briller la surface de tous les objets qu'il éclaire, et qui, sans lui, se déroberaient à nos regards dans la profondeur des ténèbres.

Prenez ma montre, Henri, et portez-la dans un endroit obscur; on ne la verra point : que le flambeau brille sur elle, vous la verrez aussitôt paraître reluisante, parce qu'elle reçoit sa lumière. Il en est ainsi de la lune. Nous voyons reluire cette partie de sa surface sur laquelle brille le soleil. Tantôt nous la voyons sous la forme d'un très-petit croissant, et tantôt dans toute la plénitude de sa rondeur. Ce n'est pas que le soleil ne brille toujours sur toute une de ses moitiés à la fois ; mais il arrive qu'une partie de cette moitié se dérobe à nos regards. Je puis vous le faire comprendre par le secours du globe, plus aisément que par aucune figure que je pourrais vous tracer.

Supposons que ce flambeau soit le soleil, ce globe la lune, et que votre tête, Henri, soit la terre. Tandis que la terre tourne autour du soleil, la lune tourne autour de la terre, et à peu près dans le même plan. Il est donc clair que tantôt la lune doit se trouver entre le soleil et la terre, et tantôt la terre entre le soleil et la lune. Il est facile de vous représenter ces mouvemens. Plaçons d'abord la lune entre le soleil et la terre, c'est-à-dire le globe entre le flambeau et vous. Telle est la situation de la lune lorsqu'elle est nouvelle. Toute la moitié du globe éclairée par le flambeau est tournée vers lui, ainsi vous ne pouvez l'apercevoir. Toute la moitié obscure est tournée vers vous ; ainsi vous ne pouvez pas la voir davantage. Aussi la lune nouvelle se dérobe-t-elle toujours à nos yeux.

Si je détourne un peu le globe à votre gauche, vous commencez à en apercevoir une petite partie éclairée, sous la forme d'un croissant qui s'agrandit peu à peu, jusqu'à ce que le globe soit parvenu à un quart du cercle que je lui fais décrire autour de vous. Tournez la tête sur votre épaule gauche, vous voyez déjà la moitié de sa moitié qui est éclairée ; voilà le premier quartier.

Ce quartier s'agrandit par degrés à son tour, jusqu'à ce que le globe soit parvenu derrière vous. Tournez le dos au flambeau, vous voyez toute la moitié du globe éclairée, parce que toute cette moitié est tournée vers vous en même temps qu'elle regarde le flambeau ; c'est ce qu'on appelle pleine lune.

Tandis que le globe continue son cercle, sa moitié éclairée décroît peu à peu à vos yeux de la même manière qu'elle s'est agrandie ; ce qui produit ce qu'on nomme le décours de la lune. Vous voyez encore le globe se présenter aux trois quarts de sa moitié éclairée, puis à la moitié de cette moitié ; voilà le dernier quartier.

Vous voyez ce quartier ne former bientôt qu'un croissant, et enfin se dérober à vos regards, lorsque le globe redevient nouvelle lune, c'est-à-dire dès qu'il revient au point d'où il est parti, quand je lui ai fait commencer à décrire son cercle autour de vous, c'est-à-dire entre le flambeau et votre tête.

La lune emploie vingt-sept jours sept heures quarante-trois minutes à tourner autour de la terre, et un pareil espace de temps à tourner sur elle-même. C'est pour cela qu'elle présente toujours la même face à la terre. On vous en fera sentir un jour la raison.

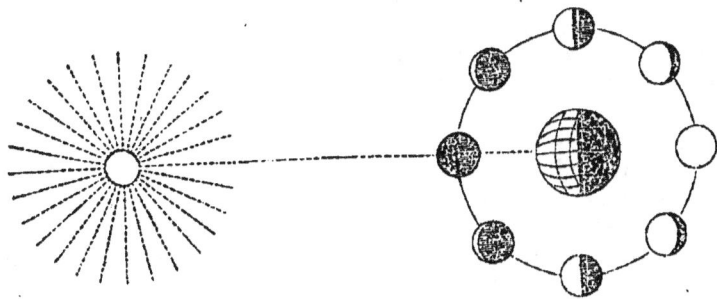

(Phases de la Lune.)

LES ÉCLIPSES.

Les éclipses de soleil et de lune, que j'ai toujours pris soin de vous faire observer, sont occasionées par cette révolution de la lune autour de la terre.

Le soleil est éclipsé à nos yeux lorsque la lune se trouve exactement entre lui et la terre. Par ce que je viens de vous démontrer, vous comprenez aisément que les éclipses du soleil ne peuvent arriver que dans la nouvelle lune, parce que c'est le seul temps où la lune soit entre le soleil et la terre.

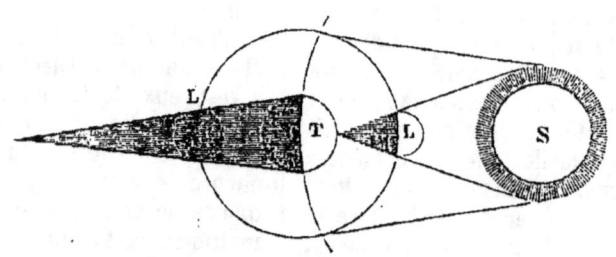

(Système d'éclipse de Soleil et de Lune.)

La lune est éclipsée à nos yeux lorsque la terre se trouve entre elle et le soleil; et vous sentez également que les éclipses de lune ne peuvent arriver que lorsqu'elle est à son plein, parce que c'est le seul temps où la terre se trouve entre le soleil et la lune.

Chaque nouvelle lune amènerait une éclipse de soleil, et chaque pleine lune une éclipse de lune, si le soleil, la lune et la terre, ou le soleil, la terre et la lune se trouvaient toujours alors exactement dans la même ligne; mais comme la lune se trouve tantôt au-dessus, tantôt au-dessous de cette direction, les éclipses ne peuvent arriver à chaque lune pleine ou nouvelle.

Supposons encore que le flambeau, le globe et votre tête, Henri, représentent les mêmes objets que tout à l'heure; je puis aisément vous faire une éclipse de soleil en plaçant le globe qui est la lune, entre le flambleau qui est le soleil, et votre tête qui est la terre, puisque vous vous trouvez alors tous les trois dans la même ligne, et que le globe vous cache le flambeau. Mais si j'élève un peu le globe au-dessus de cette direction, il se trouvera bien entre le flambeau et vous, mais il ne pourra vous le cacher, puisque vous cessez d'être tous les trois dans la même ligne, et que l'ombre du globe passe au-dessus de votre tête.

Je puis de même vous faire une éclipse de lune en plaçant votre tête qui est la terre, entre le flambeau qui est le soleil, et le globe qui est la lune, puisque vous vous trouvez alors tous les trois dans la même ligne, et que votre tête cache au globe le flambeau. Mais si je vous faisais un peu baisser la tête au-dessous de cette direction, votre tête se trouverait bien entre le flambeau et le globe, mais elle ne pourrait cacher au globe le flambeau, puisque vous cessez d'être tous les trois dans la même ligne, et que l'ombre de votre tête, qui se répandait tout à l'heure sur le globe, passe maintenant au-dessous.

Je n'ai pu vous donner ici qu'une image imparfaite et grossière, soit de la révolution de la terre autour du soleil et de celle de la lune autour de la terre, soit des éclipses qui en résultent, parce qu'il aurait fallu prendre les choses de plus loin. Dans nos entretiens suivans vous trouverez des détails plus exacts et plus étendus sur ces phénomènes, et vous en sentirez en même temps les causes et les effets. C'est là que vous apprendrez comment tout se combine et s'accorde dans la marche invariable des corps célestes ; comment l'homme a su démêler toute la complication de leurs mouvemens, et les calculer avec précision ; par quel mélange de conjectures ingénieuses, d'analogies sensibles et d'observations sûres il a su tracer leurs cours, mesurer leurs distances, et déterminer jusqu'à leurs influences mutuelles dans leur immense éloignement. Dans quelque temps je vous ferai lire un petit ouvrage que je vous prépare sur le *Système du Monde*.

LES PLANÈTES.

La terre n'est pas le seul corps qui fasse une révolution autour du soleil pour en recevoir la lumière. Il en est d'autres qu'on nomme planètes, comme elle, c'est-à-dire astres errans, parce que, malgré la régularité de leurs mouvemens, ils changent continuellement de place, soit entre eux, soit par rapport aux étoiles fixes, dans la course qu'ils font autour du soleil, placé au milieu des orbites qu'ils parcourent les uns au-dessus des autres.

On compte (1) sept planètes princi-

(1) Ce petit traité écrit par Berquin il y a plus de quarante ans est nécessairement resté en arrière de la science. Depuis la planète d'Herschell il a été découvert quatre nouvelles planètes télescopiques ou invisibles à l'œil nu, savoir :

pales, dont voici l'ordre : Mercure, Vénus, la Terre, Mars, Jupiter, Saturne, et la planète d'Herschell, découverte, il y a peu d'années, par un astronome dont on lui a donné le nom. Nous allons les parcourir successivement.

MERCURE.

Mercure, la planète la plus voisine du soleil, est la plus petite de toutes, et celle dont la révolution se fait en moins de temps. Elle n'y emploie que quatre-vingt-huit jours.

Elle est quinze fois moins grosse que la terre, et sa moyenne distance en est de trente-quatre millions trois cent cinquante-sept mille quatre cent quatre-vingts lieues. On n'a pu découvrir encore si Mercure tourne sur lui-même tandis qu'il tourne autour du soleil. Quoiqu'il brille plus que les autres planètes, il est plus difficile de le voir, parce que sa trop grande proximité de l'astre de la lumière fait qu'il est presque toujours perdu dans l'éclat de ses rayons. On ne le voit que

Cerès, par Piazzi, en 1801 ; *Pallas*, par Olbers, en 1802 ; *Junon*, par Harding, en 1804, et *Vesta*, par Olbers, en 1807.
Leur distance du soleil est, pour Vesta, de 80 millions de lieues ; pour Junon, de 90 millions ; pour Cérès, de 94 millions ; pour Pallas, entre 94 et 95 millions. La durée de leur révolution autour de cet astre est, pour la première, de 1525 jours 7431/10000 de jour ; pour la seconde, de 1592 jours 6608/10000 de jour ; pour la troisième, de 1681 jours 3931/10000 de jour ; pour la quatrième, de 1686 jours 5388/10000 de jour.
Le grand rapprochement de ces planètes entre elles, relativement aux distances qui séparent les autres, et la similitude de leurs orbites dont deux s'entre-croisent, ont fait supposer qu'elles étaient les fragmens d'une planète primitive brisée par une cause inconnue.
Voici les onze planètes énoncées dans l'ordre de leur distance du soleil : *Mercure, Vénus, la Terre, Mars, Vesta, Junon, Cérès, Pallas, Jupiter, Saturne* et *Uranus*, ou planète d'Herschell. (*Note des Éditeurs.*)

comme un point obscur sur la face du soleil.

VÉNUS.

Vénus, que nous appelons tour à tour, par excellence, l'étoile du matin et du soir, se voit un peu avant le lever du soleil, ou un peu après son coucher. Sa juste proximité de l'astre du jour et les inégalités de sa surface, propres à réfléchir de tous côtés la lumière qu'elle en reçoit, la font scintiller comme les étoiles. Elle est plus petite d'un neuvième que la terre; et sa distance moyenne en est, comme celle de Mercure, de trente-quatre millions trois cent cinquante-sept mille quatre cent quatre-vingts lieues. Le temps de sa rotation sur elle-même est de vingt-trois heures vingt minutes, et celui de sa révolution autour du soleil, de deux cent vingt-quatre jours quinze heures. Avec une lunette de seize pieds on la voit trois fois plus grande que la lune dans son plein, à la simple vue. Vous apprendrez un jour, avec autant de plaisir que de surprise, de quelle utilité pour nous est l'observation de son cours.

LA TERRE.

Je vous ai déjà parlé de la révolution que la terre fait autour du soleil; il me suffira d'ajouter qu'elle y emploie trois cent soixante-cinq jours cinq heures quarante-neuf minutes, tandis qu'elle emploie vingt-quatre heures à tourner sur elle-même, c'est-à-dire à présenter successivement au soleil les différentes parties de sa surface. On estime sa distance moyenne du soleil, trente-quatre millions trois cent cinquante-sept mille quatre cent quatre-vingts lieues, et sa distance moyenne de la lune, quatre-vingt-six mille trois cent vingt-quatre lieues (1).

(1) Il est nécessaire de prévenir que les lieues dont on parle dans toute la suite de cet entretien, sont de 2285 toises, ou de 25 au degré.

Quant à sa mesure, on compte qu'elle a deux mille huit cent soixante-cinq lieues de diamètre, c'est-à-dire d'un point de sa surface à un autre, en passant par le centre, et neuf mille lieues de circonférence ou de tour.

Pour ce qui regarde sa figure, et les mesures que l'on a prises pour la déterminer, ainsi que sa distance des corps célestes, la vicissitude des saisons qu'elle éprouve, l'inégalité de ses jours et de ses nuits, etc., tout cela, dis-je, vous sera expliqué avec le plus grand détail dans *le Système du Monde;* et l'on tâchera de vous les présenter de la manière la plus propre à vous intéresser, soit par la clarté, la précision et la méthode, soit par le choix des images et des comparaisons empruntées des objets les plus sensibles, et qui vous sont les plus familiers.

MARS.

Mars est beaucoup moins gros que la terre, puisqu'il n'a que les trois cinquièmes de son diamètre. Il parcourt son orbite autour du soleil en une année trois cent vingt-un jours vingt-trois heures et demie, et tourne sur lui-même en vingt-quatre heures quarante minutes. Sa distance moyenne de la terre est de cent cinquante-deux millions trois cent cinquante mille deux cent quarante lieues. Il est un point de son orbite où il se trouve de soixante-huit millions de lieues plus près de nous que dans le point opposé; aussi paraît-il alors presque sept fois plus gros que dans son plus grand éloignement. On y découvre quelquefois des bandes, les unes obscures, qui absorbent les rayons du soleil, les autres claires, mais qui nous renvoient une lumière rougeâtre. Dans sa plus grande et sa plus petite distance de la terre, il nous présente une de ses moitiés éclairée tout entière par le soleil; mais dans ses quartiers, on le voit s'agrandir et décroître comme Vénus, toutefois sans paraître jamais, comme elle, sous la forme d'un croissant; ce qui sera facile à vous expliquer.

JUPITER.

Jupiter, la plus considérable des planètes, est treize cents fois environ plus gros que la terre. Il tourne sur lui-même en neuf heures cinquante-six minutes, et emploie onze ans et trois cent quinze jours huit heures à faire sa révolution autour du soleil. Sa distance moyenne de la terre est de cent soixante-dix-huit millions six cent quatre-vingt-douze mille cinq cent cinquante lieues. Il est accompagné de quatre lunes, qu'on appelle satellites, qui font leur révolution autour de lui, comme la lune autour de la terre. Ces satellites sont sujets entre eux, et de la part de leur planète, à plusieurs éclipses qui ont été du plus grand secours pour avancer les progrès de la géographie, et pour déterminer la nature du mouvement de la lumière et les degrés de sa vitesse, ainsi que vous le verrez un jour avec d'autres particularités fort curieuses concernant cette planète.

SATURNE.

Saturne, jusqu'à la découverte de la planète d'Herschell, a passé pour la planète la plus éloignée de nous ainsi que du soleil. Sa révolution autour de lui est de vingt-neuf années et cent soixante-dix-sept jours. Il est environ mille fois plus gros que la terre, et sa distance moyenne en est de trois cent vingt-sept millions sept cent quarante-huit mille sept cent vingt lieues. On n'a pu encore découvrir de lui, non plus que de Mercure, s'il a un mouvement de rotation sur lui-même; il a, comme Jupiter, des satellites qui l'accompagnent, au nombre de cinq, que l'on a découverts successivement. Outre ses satellites, Saturne est environné d'un anneau qui lui forme une large ceinture, mais sans le toucher en aucun point, puisqu'à travers l'intervalle qui les sépare on peut apercevoir des étoiles fixes. Cet anneau, suivant les différentes positions qu'il prend autour de Saturne, le fait paraître à nos yeux sous divers aspects singuliers, dont on aura soin de vous donner la peinture et l'explication.

LA PLANÈTE D'HERSCHELL.

Cette planète vient de faire perdre à Saturne le poste qu'on lui supposait aux dernières limites du monde planétaire. C'est elle qui renferme à présent toutes les autres planètes, et Saturne lui-même, dans son immense orbite. C'est le 15 et le 17 mars 1781 que M. Herschell l'a observée à Bath, ville d'Angleterre. Confondue parmi les étoiles fixes, il ne l'a reconnue que par son mouvement, qui est d'une extrême lenteur. Sur ce qu'on en a pu observer dans une très-petite partie de son cours, on la suppose deux fois plus éloignée du soleil que Saturne, et sa révolution autour de lui, de près de quatre-vingt-dix ans. La ressemblance de sa lumière avec celles des plus petites étoiles avait fait méconnaître son véritable caractère; et nous ne la devons qu'aux observations infatigables de M. Herschell, et à la bonté de ses instrumens, qu'il fabrique lui-même avec une constance et un génie qui lui ont valu un nom dans les cieux.

La découverte de cette planète jettera sans doute un nouveau jour sur notre système, en reculant ses bornes si avant dans la profondeur de l'espace.

LES COMÈTES.

Au-delà des planètes dont nous venons de parler, roulent encore d'autres grands corps, dépendans comme elles de l'empire du soleil, qui viennent se montrer à nos yeux et y demeurent souvent exposés quelques mois, puis ensuite se dérobent à notre vue, la plupart pour des siècles, à cause de l'éloignement immense où ils se perdent dans une partie de leur cours. Ces corps errans, à peu près de la grosseur de notre globe, sont appelés comètes.

Suivant les meilleures observations qu'on ait faites jusqu'à présent, le mouvement des comètes semble être sujet aux mêmes lois par lesquelles les planètes sont gouvernées. Les orbites que les unes et les autres décrivent autour du soleil sont des ovales ou ellipses, avec cette différence toutefois que l'ovale de l'orbite des planètes se rapproche beaucoup d'un cercle parfait, au lieu que celui de l'orbite des comètes est si excessivement allongé, qu'elles paraissent se mouvoir presque en ligne droite, et tendre directement vers le soleil.

Il suit de là que lorsqu'elles sont le plus près de cet astre, soumises à la plus grande force de son attraction, et par là même acquérant plus de vitesse pour s'en éloigner, comme on vous l'expliquera dans la suite; il suit de là, dis-je, que leur cours doit être alors infiniment plus accéléré que lorsqu'elles en sont à leur plus grande distance. C'est la raison pour laquelle les comètes font un séjour de si courte durée parmi nous, et que lorsqu'elles s'en éloignent, elles sont si long-temps à reparaître. Une autre différence qui les distingue des planètes, c'est que celles-ci ont toutes un mouvement commun qui les emporte d'occident en orient, et que les comètes, au contraire, n'ont point de direction uniforme, les unes allant d'orient en occident, les autres vers le nord ou vers le midi. Celle qui parut en 1707 allait presque directement du midi au nord, d'un pôle à l'autre; mais sur la fin, elle paraissait retourner du nord au midi, et de là tendre, par une route oblique de l'occident vers l'orient.

Les comètes se distinguent enfin des planètes par une longue traînée de lumière qui les accompagne, toujours étendue dans une direction opposée au soleil, et qui semble prendre la forme d'une queue, d'une barbe ou d'une chevelure, suivant les différentes positions où la comète se trouve autour de lui et par rapport à nous. Comme, à mesure qu'elle en approche ou qu'elle s'en éloigne, on voit cette traînée de lumière s'accroître ou diminuer, l'opinion la plus générale est qu'elle est formée par des vapeurs très-subtiles que la chaleur du soleil fait exhaler du corps de la comète. Celle de 1680 n'étant éloignée du soleil que d'environ deux cent mille lieues, sa queue fut la plus longue qu'on ait encore observée. Newton a démontré que cette comète dut éprouver un degré de chaleur deux mille fois plus grand que celui d'un fer rouge, et vingt-huit mille fois plus grand que celui de nos jours brûlans d'été, à l'heure du midi.

Ces vapeurs si subtiles que, dans leur transparence, elles laissent entrevoir les étoiles fixes, ne suivent point les comètes dans le reste de leur cours; mais à mesure qu'elles se répandent dans les régions célestes, elles sont, suivant Newton, attirées par les planètes, et servent à nourrir leur atmosphère. Les comètes, à leur tour, soumises dans chaque nouvelle révolution à une attraction plus puissante de la part du soleil, se rapprochent de plus en plus de son atmosphère, et finissent par y être englouties pour réparer les pertes qu'il fait par l'émission de sa lumière.

Les anciens ne voyant dans les comètes que des vapeurs et des exhalaisons élevées jusqu'à la région supérieure de l'atmosphère terrestre, et enflammées par l'action des vents, ne songeaient guère à faire des recherches suivies sur leurs périodes. Aussi n'en avons-nous pu recueillir que des notions très-imparfaites. En moins d'un siècle et demi, les astronomes modernes ont fait sur les comètes plus d'observations que n'en avait pu fournir toute l'antiquité. La science sur cet objet est cependant encore toute nouvelle. Le retour de la comète de 1682 (1) en 1759, suivant les prédictions de Halley et de Cassini, et les savans calculs de MM. Clairaut et de La Lande, a bien fait connaître que sa révolution autour du soleil était de soixante-quinze ans et demi, à quelques inégalités près, occasionées par l'action que Jupiter et Saturne exercent sur elle, puisqu'elle avait déjà été observée en 1607, 1532, 1456. On a aussi des observations exactes sur plus de soixante comètes ; mais, s'il est vrai, comme le conjecture M. de La Lande, qu'il y en ait plus de trois cents dans notre système solaire, combien de temps ne faut-il pas encore pour que l'on ait été à portée d'en déterminer le nombre, d'en calculer la masse, la distance et l'orbite, d'en démêler le mouvement et les nœuds, et d'établir la durée invariable de leurs révolutions ! Celle de 1680, que M. Jacques Bernoulli avait cru devoir reparaître en 1719, a trompé les calculs de cet habile géomètre. Peut-être en faudra-t-il revenir à l'opinion de M. Halley, qui lui donne une période de cinq cent soixante-quinze ans, et la fait remonter par une suite de révolutions régulières, dont les quatre dernières sont déjà connues, jusqu'à l'année précise du déluge universel. C'est dans l'année 2255 que l'on pourra s'assurer si tel est en effet le temps de sa période.

D'après les observations faites sur sa forme, sa grandeur et sa route, par tous les savans de l'Europe, à son dernier passage, il ne sera pas difficile de la distinguer de toute autre, s'il en paraissait dans la même année, surtout si les observations diverses que l'on aura occasion de faire dans l'intervalle ont fait prendre à l'astronomie, sur la théorie des comètes, le degré d'avancement que l'on doit naturellement espérer.

La comète de 1680, dans un point de son passage, s'approcha de si près d'une partie de l'orbite de la terre, que si la terre se fût trouvée alors dans cette partie, sa distance de la comète n'eût pas été plus grande que la distance où elle est de la lune, et qu'elle aurait vraisemblablement souffert de ce voisinage. Celle de 1769, arrivée un mois plus tard, aurait produit un bouleversement terrible dans les eaux de la mer. Huit autres comètes passent dans leurs orbites assez près de notre globe pour lui faire craindre le même sort. Quelle idée ne devons-nous pas prendre, à cet aspect, de la sagesse qui règne dans l'ordre sublime de l'univers ! Le moindre dérangement produit dans la combinaison des attractions mutuelles du soleil et des corps dont il est le centre, un seul de ces corps arrêté pour un instant dans son cours, suffirait pour replonger tout notre monde dans le chaos, et entraîner peut-être la ruine des mondes innombrables qui nous environnent. Cependant cet équilibre admirable se soutient depuis des milliers d'années, et chaque instant de sa durée semble ajouter à sa solidité, en nous montrant une Providence éternelle qui veille sans cesse à l'entretenir. Cherchons à lire sur le front des étoiles, des caractères bien plus frappans encore de sa magnificence et de sa grandeur.

---

(1) La même qui doit reparaître en 1835.
(*Note des Éditeurs.*)

LES ÉTOILES FIXES.

Les étoiles fixes sont ces astres étincelans et lumineux qui, dans la sérénité d'une belle nuit, nous paraissent répandus de tous côtés dans les régions sans bornes de l'espace céleste. On les appelle fixes, parce qu'on a remarqué qu'elles gardaient toujours entre elles la même distance, depuis l'origine des siècles, sans avoir aucun des mouvemens observés dans les planètes. Elles doivent être placées à un éloignement bien prodigieux, puisque non-seulement Saturne, dont la distance est de près de trois cent vingt-huit millions de lieues, les éclipse, mais encore que le télescope, qui grossit deux cents fois le disque apparent de Saturne, en produisant le même effet sur les étoiles, ne nous les représente cependant que comme un point presque insensible, parce qu'il les dépouille en même temps de ce rayonnement et de cette scintillation sans lesquels elles seraient invisibles à nos regards ; en sorte que l'on soupçonne la distance de Sirius, la plus brillante des étoiles fixes, et à qui l'on donne un diamètre de trente-trois millions de lieues, capable, s'il était entre la terre et le soleil, de remplir l'intervalle qui les sépare, et de les toucher presque l'un et l'autre par ses points opposés, d'être quatre cent mille fois plus grande que celle de la terre au soleil (1).

(1) Telle est aussi l'opinion de M. Euler. Quelque prodigieuse, dit-il, que nous paraisse la distance du soleil, dont les rayons nous parviennent cependant en huit minutes, l'étoile fixe la plus près de nous en est pourtant plus de quatre cent mille fois plus éloignée que le soleil. Un rayon de lumière qui part de cette étoile emploiera donc un temps de quatre cent mille fois huit minutes à parvenir jusqu'à nous ; ce qui fait cinquante-trois mille trois cent trente-trois heures, ou deux mille deux cent vingt-deux jours, à peu près six ans. Il y a donc six ans que les rayons de l'étoile fixe, même la plus brillante, et probablement la plus proche, qui entrent dans nos yeux pour y représenter cette étoile, en sont partis ; et ils ont employé un temps si long pour parvenir jusqu'à nous.

Une autre preuve de l'éloignement incompréhensible des étoiles fixes, c'est que, quoiqu'en un temps de l'année la terre, dans un point de son orbite, soit d'environ soixante-six millions de lieues plus près de certaines étoiles fixes que dans le point opposé ; cependant, malgré ce rapprochement considérable, la grandeur ou la position de ces étoiles n'en est pas variée ; de manière que cette immense orbite n'est qu'un point dans la mesure de la distance, et que nous pouvons toujours nous supposer dans le même centre des cieux, puisque nous avons toujours le même aspect sensible des étoiles, sans aucune altération.

Si un homme pouvait se placer aussi près de quelque étoile fixe que nous le sommes du soleil, il verrait sans doute cette étoile de la même grandeur, et sous la même forme que le soleil paraît à nos yeux ; et le soleil, à son tour, ne lui paraîtrait pas plus grand que nous ne voyons actuellement cette étoile ; et en comptant de là les étoiles fixes les plus reculées, il ferait entrer notre soleil dans leur nombre, sans être désormais capable de le distinguer.

Il est évident par là que toutes les étoiles fixes sont autant de soleils qui brillent par leur lumière propre et naturelle. Des corps qui ne feraient que nous réfléchir une lumière empruntée n'auraient, à une distance si prodigieuse, ni scintillation, ni rayonnement, puisque la lune, qui n'est éloignée de nous que d'environ quatre-vingt-six mille lieues, n'en a point ; et il nous serait impossible de les apercevoir, puisque les satellites de Jupiter et de Saturne sont invisibles à la simple vue.

Nous n'avons aucune raison de supposer, dit le célèbre d'Alembert, que les étoiles soient dans une même surface sphérique du ciel ; car sans cela elles seraient toutes à la même distance du soleil et différemment distantes entre elles, comme elles nous le paraissent. Or, pourquoi cette régularité d'une part et cette irrégularité de l'autre? Il me paraît en effet plus raisonnable de penser qu'elles sont répandues de toutes parts dans l'espace illimité du grand univers, et qu'il peut y avoir un aussi grand intervalle entre elles dans la profondeur reculée des cieux, qu'entre notre soleil et une étoile fixe. Si elles nous paraissent de différentes grandeurs, ce n'est peut-être pas qu'elles soient ainsi réellement ; c'est qu'elles sont à des distances inégales de nous : celles qui sont plus proches, surpassent en éclat et en grandeur apparente celles qui sont plus éloignées, dont la lumière par conséquent doit être moins vive, et qui doivent paraître plus petites à nos regards.

Les astronomes distribuent les étoiles en différentes classes. Celles qui nous paraissent les plus grandes et les plus brillantes sont appelées étoiles de la première grandeur. Celles qui en approchent le plus pour l'éclat et la masse, sont appelées étoiles de la seconde grandeur, et ainsi de suite jusqu'à ce que nous arrivions aux étoiles de la sixième grandeur, qui sont les plus petites qu'on puisse observer à la simple vue.

Il y a un grand nombre d'étoiles qu'on découvre à l'aide du télescope ; mais elles ne sont point rangées dans l'ordre des six classes, et on les appelle seulement étoiles télescopiques. On n'y a pas fait entrer non plus celles qui ne sont distinguées qu'avec peine, et qui paraissent sous la forme de petits nuages brillans. On les appelle étoiles nébuleuses. On croit que ce sont des amas de petites étoiles fort éloignées.

Il faut observer que, quoique l'on ait compris dans l'une des six classes toutes les étoiles qui sont visibles à l'œil, il ne s'ensuit pas que toutes les étoiles répondent réellement à l'une ou à l'autre de ces classes. Il peut y avoir autant de classes d'étoiles que d'étoiles même, peu d'entre elles paraissant être de la même grandeur et du même éclat.

Les anciens astronomes, afin de pouvoir distinguer les étoiles par rapport à leur position respective, ont divisé tout le firmament en constellations ou assemblages d'étoiles, composés de celles qui sont près l'une de l'autre. On les rapporte à la forme de quelques animaux, tels que des lions, des serpens, des ours, ou à l'image de quelques objets familiers, comme une couronne, une harpe, un triangle, et on leur en donne le nom, quoiqu'elles ne représentent nullement ces figures.

Les anciens avaient arrangé ces constellations dans les cieux, soit pour se retracer le cours des travaux de l'agriculture, soit pour conserver le souvenir d'un événement mémorable, soit pour éterniser le nom de leurs héros, soit enfin pour consacrer les fables de leur religion. Les astronomes modernes leur ont continué les mêmes noms et les mêmes formes, pour éviter la confusion où l'on tomberait en leur en donnant de nouveaux, lorsqu'il s'agirait de comparer les observations modernes avec les anciennes. Je vous ferai connaître dans un autre temps ces vieilles constellations et celles qu'on leur a ajoutées de nos jours. Elles ne feraient maintenant que surcharger votre mémoire et y jeter de l'embarras.

Quelques-unes des principales étoiles ont des noms particuliers, comme Sirius, Arcturus, Aldébaran, etc. Il y en a aussi d'autres qu'on n'a pas fait entrer dans les constellations, et qu'on appelle étoiles informes.

Outre les étoiles qu'on aperçoit à la simple vue, il y a un espace très-remarquable dans les cieux, connu sous le nom de voie lactée. C'est cette large bande d'une couleur blanchâtre qui paraît se dérouler autour du firmament comme une ceinture : elle est formée d'un nombre infini de petites étoiles trop éloignées de nous pour être vues séparément, mais dont la lumière réunie fait distinguer cette partie des cieux qu'elles traversent.

Les places des étoiles fixes, leur situation relative et leur nombre, ont occupé de tout temps les observateurs qui en ont dressé des catalogues. Le premier, qui date de cent vingt ans avant Jésus-Christ, est composé de mille vingt-deux étoiles. Ce catalogue a été souvent augmenté et rectifié par d'habiles astronomes, qui ont porté le nombre des étoiles au-delà de trois mille, en y comprenant celles que le télescope, ignoré des anciens, nous a fait connaître, et que l'on désigne sous le nom d'étoiles de la septième grandeur.

Les observateurs les plus attentifs peuvent à peine compter quatorze cents étoiles visibles à l'œil. Cependant on serait tenté, dans une belle nuit, de les croire innombrables au premier aspect. C'est une illusion de notre vue qui naît de leur vive scintillation, et de ce que nous les regardons confusément, sans les réduire en aucun ordre. Lorsqu'on les parcourt d'un regard, l'impression des unes subsiste encore au moment où l'on va chercher les autres, et nous les répète. Un bon téles-

(Télescope.)

cope rectifie les erreurs de notre vue. C'est alors que le spectacle des astres devient plus riche et plus vrai. On les voit, dans une multitude infinie, se répandre de tous côtés dans l'immense étendue des cieux. Telle étoile qu'on croyait simple et unique, paraît double, et laisse observer entre les deux qui la composent sensiblement, un intervalle que la distance ne permettait pas à nos yeux de voir sans ce secours. On en a observé soixante-dix-huit dans la constellation des Pléiades, où la vue n'est pas capable d'en distinguer plus de six ou sept. Je n'ose vous dire quel nombre un observateur affirme en avoir vu dans celle d'Orion.

Les changemens qui arrivent dans les corps célestes, quelque insensibles qu'ils soient pour nous à cause de la distance infinie qui nous en sépare, doivent causer dans leurs sphères des révolutions prodigieuses. Chaque siècle semble en amener de nouvelles. Il est des étoiles dont la lumière, après s'être affaiblie par degrés, s'éteint presque absolument pour briller ensuite d'un plus vif éclat; d'autres qui s'évanouissent pendant quelques mois, et reparaissent avec une augmentation ou diminution sensible de grandeur. Un géomètre et un astronome célèbres (messieurs d'Alembert et de La Lande) ont formé là-dessus des conjectures très-ingénieuses pour en appuyer l'opinion générale des philosophes sur l'existence de quelques planètes autour de ces astres, et attribuer ces changemens à leur action. Je vous les ferai connaître un jour, ainsi que l'opinion de M. de Maupertuis à ce sujet.

On voit plus d'étoiles du côté du nord que du midi; mais la partie méridionale a plus d'étoiles distinguées par leur grandeur et par leur éclat: ce qui rétablit l'équilibre des cieux.

Vous avez peut-être observé vous-mêmes que les étoiles paraissent moins grandes et moins nombreuses dans les nuits d'été que dans les nuits d'hiver; c'est que pendant l'hiver le soleil étant enfoncé plus avant sous l'horizon, l'éclat des étoiles est moins affaibli par les reflets de sa lumière, et que l'air épuré par la gelée intercepte moins de leurs rayons, et laisse parvenir jusqu'à notre œil ceux qui nous viennent des astres les plus éloignés.

Les personnes qui pensent que tous ces corps resplendissans n'ont été créés que pour nous donner une tremblante lueur, dérobée souvent à nos yeux par les moindres nuages, doivent concevoir une idée bien peu relevée de la sagesse divine; car nous recevons plus de lumière de la lune seule, que de toutes les étoiles ensemble. Osons nous former une image plus vaste de la divinité. Puisque les planètes sont sujettes aux mêmes lois de mouvement que notre terre, et que quelques-unes, non-seulement l'égalent, mais la surpassent même de beaucoup en étendue, n'est-il pas raisonnable de penser qu'elles sont toutes des mondes habitables? D'un autre côté, puisque les étoiles fixes ne le cèdent ni en grandeur ni en éclat à notre soleil, n'est-il pas probable que chacune a un système de terres planétaires qui tournent autour d'elle, comme nous tournons autour de l'astre qui nous donne le jour, et que leur seul éloignement dérobe à nos regards?

Mais n'allons pas d'abord porter si loin notre vue. Laissons aux astronomes le soin de perfectionner leurs instrumens, et d'agrandir leurs recherches pour trouver de nouveaux mondes dans les cieux: renfermons-nous dans le nôtre, entre ces corps soumis comme nous à l'empire du soleil, et dont l'observation peut être d'une si grande utilité pour le progrès de nos lumières, appliquées au globe même que nous habitons. Les étoiles, à qui les hommes ont dû le premier partage du temps pour les travaux de l'agriculture, et qui ont été durant tant de siècles leurs guides fidèles dans leurs entreprises et leurs voyages, indépendamment des secours multipliés qu'elles nous offrent encore aujourd'hui, mériteraient d'intéresser vivement notre curiosité par la seule magnificence du spectacle qu'elles nous étalent. Leur nombre, leur position et leur marche, leur destination et leur nature, deviendront aussi, à leur tour, l'objet de nos considérations.

Tels sont les objets dont nous vous entretiendrons dans le *Système du Monde*. Nous commencerons d'abord par la terre, soit parce que sa connaissance est la plus importante pour nous, soit parce qu'elle peut nous conduire plus aisément à celle des autres globes qui composent avec elle notre système. Nous nous éleverons successivement vers toutes les parties des cieux, pour en redescendre sur notre séjour toutes les fois que son intérêt se trouvera lié par quelque rapport avec leur étude. Ne serez-vous pas charmés de connaître plus particulièrement ces corps glorieux dont l'éclat avait si souvent frappé vos regards et charmé vaguement vos pensées, d'ajouter de si hautes lumières à celles qu'une éducation distinguée vous donne pour élever votre esprit et vos sentiments, et de vous préserver des idées absurdes et superstitieuses où vous plongerait une stupide ignorance? Et quelle autre science serait plus digne de vous occuper? Que sont les troubles et le choc passager des royaumes de la terre, en comparaison de cet accord éternel et sublime qui règne entre les immenses états de la république céleste? Que sont les conquêtes de l'homme sur ce globe de boue, auprès de celles qui l'ont fait entrer en société avec le soleil? Qu'il est beau de voir l'homme atteindre de son génie jusqu'à ces corps reculés que le soleil atteint à peine de sa lumière! Quelle nouveauté dans les objets pour captiver votre imagination! quelle grandeur pour la remplir! et en même temps quelle simplicité de lois dans ces vastes mouvemens, pour se mesurer aux premiers efforts de votre intelligence!

LE SYSTÈME DU MONDE

MIS A LA PORTÉE DE L'ADOLESCENCE.

Veuve depuis trois ans, madame de Croissy s'était retirée à la campagne, dans une petite maison charmante, à quelque distance de Paris. Les regrets que lui coûtait chaque jour la perte de son époux n'étaient adoucis que par les soins qu'elle donnait à l'éducation de sa fille, le seul gage qu'il lui eût laissé de sa tendresse. Elle avait été mariée fort jeune; et son père, en calculant les trésors qui devaient suivre le don de sa main, avait imaginé que le faste d'une immense fortune, avec quelques talens agréables, pouvait lui suffire pour paraître avec assez d'éclat dans le monde. Emporté toujours hors de lui-même par le torrent des affaires, étourdi par le tumulte de ses dissipations, il n'avait pas réfléchi que, dans une vie moins agitée, sa fille aurait un plus grand besoin des ressources attachées à la culture de l'esprit et du cœur, et que mieux il réussirait pour elle dans le choix d'un époux, plus ces avantages lui deviendraient nécessaires pour gagner son estime et conserver son attachement. Des considérations si simples se trouvaient au-dessus de sa portée : de tous les soins paternels, les plus utiles étaient ceux dont il s'était le moins occupé.

Elevée par l'hymen à la société d'un homme distingué par des sentimens délicats, une raison éclairée, des connaissances solides et des goûts aimables, madame de Croissy n'avait pas tardé longtemps à sentir des regrets de cette négligence. En cherchant à la réparer pour elle-même, elle résolut surtout de l'éviter pour sa fille. Les amusemens de la ville ne l'avaient jamais entièrement détournée de ce projet. La solitude où l'avait conduite la douleur de son veuvage lui donnait alors tout le loisir de l'exécuter. Elle avait déjà profité des premières années de l'enfance d'Émilie pour apprendre elle-même tout ce qu'elle voulait lui faire apprendre un jour. Son application, l'étendue de sa mémoire, la justesse et la pénétration de son esprit, avaient si bien servi les vues de sa tendresse, qu'elle était enfin parvenue à posséder parfaitement l'histoire ancienne et moderne, la géographie universelle, les élémens de géométrie, avec quelques notions générales sur l'histoire naturelle et sur la physique. Afin de se mettre en état d'être le seul instituteur de sa fille, elle s'était formée d'abord toute seule, sans autre secours que les bons livres élémentaires, dans ces divers genres de connaissances. En cherchant ainsi pour elle-même la méthode la plus agréable et la plus sûre, elle étudiait d'avance celle qui conviendrait le mieux au caractère d'esprit d'Émilie, dont la finesse et la vivacité annonçaient, dès ses premières années, les plus heureuses dispositions. Elles ne s'étaient point démenties dans la suite. Émilie, à peine âgée de treize ans, commençait déjà, par sa reconnaissance et par ses progrès, à récompenser sa mère des peines qu'elle se donnait pour l'instruire. Leurs jours s'écoulaient dans les plaisirs les plus purs et dans les jouissances mutuelles les plus délicieuses. Une société choisie des environs, les visites qu'elles recevaient quelquefois de leurs amis de la ville, étaient les seules distractions qui les détournaient de leurs études ; la variété qu'elles savaient y répandre, la culture des fleurs et le ménage d'une volière, en étaient les délassemens.

Soit pour éloigner du cœur de sa fille tout sentiment de vanité, soit pour écarter de sa maison des visites importunes, madame de Croissy avait eu soin de cacher sa richesse, et prenait pour prétexte de sa retraite à la campagne, la nécessité d'y rétablir ses affaires par une rigoureuse économie. En s'épargnant les détails fatigans et les vaines dépenses d'une grande maison, elle avait plus de temps pour en donner à ses travaux, et plus de moyens de satisfaire à sa bienfaisance par les secours généreux qu'elle répandait en secret autour d'elle. Le calme d'une vie si douce ; la joie de voir sa fille répondre à ses espérances ; une santé forte, acquise par l'exercice, la modération et la sobriété, avaient donné à son caractère une sérénité inaltérable, et à son esprit un enjouement qui faisait trouver à la vive Émilie l'intérêt le plus piquant dans sa société. La sensibilité naissante de ce jeune cœur était toute concentrée sur sa maman et sur son père, dont Mme de Croissy avait soin d'entretenir la mémoire par des regrets touchans, et par l'éloge des vertus qu'il avait possédées. Émilie, élevée dans la candeur et la liberté de l'innocence, n'ayant à cacher à sa tendre amie aucun de ses mouvemens, avait conservé cette fleur précieuse de naïveté qui rend la raison si aimable. Comme toutes ses réflexions s'étaient formées dans le cours de ses entretiens avec sa mère, elles avaient pris une tournure vive et animée, telle que la produit la chaleur de la conversation ; et ses pensées se développaient avec autant de clarté que de saillie, d'agrément et de justesse.

L'ami de l'enfance de Mme de Croissy était M. de Gerseuil, son frère, qui vivait à Paris, occupé d'un poste honorable, et de l'étude des sciences naturelles qu'il cultivait avec succès. Deux filles, livrées encore aux premiers soins de leur mère, et le jeune Cyprien, âgé de douze ans, composaient toute sa famille. Au milieu de la corruption de la capitale, sa maison était l'asile des mœurs. Son fils ne s'était jamais éloigné de sa présence. Né avec une imagination vive, un esprit ardent et courageux, de la franchise, de l'élévation et de la fermeté dans les sentimens, Cyprien avait une ame douce, et tout à la fois susceptible des mouvemens les plus impétueux. Il aimait déjà vivement la gloire et les grandes choses. Au récit d'un trait de bravoure ou de générosité, l'on voyait s'enfler sa poitrine, et la flamme étinceler dans ses regards. En concevant de hautes espérances de ce caractère, M. de Gerseuil ne se déguisait pas les inquiétudes qu'il pouvait lui causer. Cependant l'amitié tendre que son fils avait prise pour lui modérait ses craintes. Il s'était accoutumé de bonne heure à le gouverner avec des caresses. Une froideur aurait désolé son ame; un seul reproche eût fait son supplice.

Sur une invitation fort pressante qu'ils avaient reçue l'un et l'autre d'Émilie, pour se trouver à une fête qu'elle devait donner à sa maman la veille du jour de sa naissance, ils s'étaient rendus mystérieusement à la maison de Mme de Croissy. La surprise de leur arrivée ajoutait à celle du bouquet. Émilie le parait de ses graces, Cyprien l'animait de sa gaieté Mme de Croissy versait des larmes de joie des attentions délicates de ces aimables enfans. Elle fut bien plus heureuse le lendemain, lorsque, dans une promenade écartée avec son frère, ils purent s'entretenir en liberté de leurs projets et de leurs espérances. Le dîner qui les réunit avec leur jeune famille fut une nouvelle scène de nouveaux plaisirs. Après une séparation assez longue, se retrouver ensemble dans un beau jour, dans une contrée charmante, avec des objets d'un si grand intérêt l'un pour l'autre; les tendresses du sang et de l'amitié, les émotions paternelles, les transports confondus de tous les sentimens les plus doux de la nature; vous n'auriez encore qu'une bien faible idée de leur félicité, si vous pensiez que ces traits fussent capables de vous la peindre.

PREMIER ENTRETIEN.

La fraîcheur de la soirée les ayant invités à sortir, ils allèrent se promener tous ensemble sur la terrasse. Le soleil était près de se coucher; il touchait aux bords de l'horizon. Tout à coup Mme de Croissy, s'interrompant dans son entretien, alla s'asseoir sur le bout d'un banc de pierre, placé à l'ouverture de la grande allée du bosquet. M. de Gerseuil crut qu'il prenait quelque faiblesse à sa sœur, et s'empressa de la suivre, ému d'inquiétude, en la questionnant sur son état. Ce n'est rien, lui répondit-elle avec un sourire; mais, sans détourner ses yeux fixés vers le couchant : Je vais satisfaire dans un moment votre surprise et votre curiosité : laissez d'abord disparaître le soleil.

M. de Gerseuil et les enfans se regardaient en silence, et n'osaient l'interrompre. Bientôt le soleil disparut. Mme de Croissy se levant alors d'un air gai : Je suis contente, leur dit-elle ; tout marche bien dans l'univers. Ces paroles, et la manière brusque dont je vous ai quittés tout à l'heure, doivent vous étonner ; il faut vous en donner l'explication. C'est aujourd'hui, comme vous le savez, mon jour de naissance. Il me semble qu'en ce jour tout prend un nouvel intérêt à mes yeux dans la nature. J'observe avec plus d'attention ce qui se passe autour de moi. Je trouve partout des sujets de réflexion qui m'occupent. Ce matin, en me promenant dans mon verger, je cherchais à saisir les changemens qui pouvaient s'être opérés dans mes arbres depuis l'année dernière. Je voyais que les uns commençaient à perdre de leur jeunesse, et les autres à en prendre la taille et la vigueur. Les premiers me donnaient une leçon affligeante ; mais les autres me consolaient. Ils me présentaient, sous une riante image, la douceur de me voir rajeunir dans ma fille.

Émilie baisa la main de sa mère, et laissa échapper un soupir.

Voilà une remarque, dit M. de Gerseuil, qui me plaît autant par son courage et sa philosophie, que le sentiment qui lui est attaché me touche par sa tendresse. Mais quoi ! vos observations vont-elles jusqu'à l'astre de la lumière ? Étiez-vous inquiète de savoir s'il avait perdu de sa force ou de son éclat ?

Mme DE CROISSY. — Non, mon frère ; mes pensées ne s'étendent pas si loin. L'année dernière, le même jour qu'aujourd'hui, j'étais assise sur ce banc toute seule, et plongée dans une douce rêverie. Je voyais le soleil se coucher ; j'observais que c'était derrière cet ormeau qu'il se dérobait à ma vue : ce souvenir m'est revenu tout à coup ; j'ai voulu voir si cette année, à pareil jour, il se coucherait dans la même direction. Je n'aurais jamais cru la terre si réglée dans sa course.

M. DE GERSEUIL. — Surtout après avoir fait, depuis cette époque, un voyage de plus de deux cent dix millions de lieues.

Mme DE CROISSY. — L'immensité de ce trajet redouble encore mon admiration de la trouver si fidèle.

M. DE GERSEUIL. — Elle pourrait vous faire un compliment aussi flatteur, puisqu'au même jour de l'année, et au même instant, elle vous trouve aussi dans la même place pour l'observer.

Mme DE CROISSY. — Tenez, mon frère, croyez-moi, n'ayons pas l'orgueil de lui disputer de conduite. Si fière que soit la raison de son fil et de son flambeau, une planète aveugle ira toujours plus droit qu'elle.

ÉMILIE. — Oh bien, puisque cela est ainsi, mon oncle, voilà les étoiles qui commencent à paraître : je suis charmée qu'elles puissent rendre un bon témoignage de notre globe ; car enfin, si nous sommes un peu étourdis, notre terre ne l'est pas ; et peut-être que d'après son caractère, on nous croira des personnages graves, pleins d'ordre et de régularité.

M. DE GERSEUIL. — C'est sur notre globe, ma chère Émilie, qu'il faudrait commencer à établir de nous cette bonne opinion, sans nous embarrasser de ce que peuvent en penser les étoiles. Au reste, cette hypocrisie ne nous servirait à rien. Les étoiles ne voient pas plus notre terre, qu'elles ne soupçonnent ses habitans.

CYPRIEN. — Quoi ! tandis que nous avons peut-être cinq cents lunettes en l'air pour les observer, elles ne daignent pas même nous apercevoir ?

Mme DE CROISSY. — Fiez-vous maintenant aux poètes qui s'ingèrent de porter jusqu'aux astres la gloire des femmes !

M. DE GERSEUIL. — Sans être plus

crédule, pourquoi seriez-vous moins indulgente? Si jamais ce mensonge flatteur a pu les tromper, les a-t-il jamais offensées? Il porte avec lui sa grace. Il naît du désir qu'on aurait de le réaliser.

CYPRIEN. — Il est pourtant bien fâcheux, mon papa, de se trouver ainsi inconnu dans l'univers.

M. DE GERSEUIL. — Console-toi, mon fils; Mars et la lune nous voient assez complétement.

ÉMILIE. — Et voilà tous les témoins de notre existence!

M. DE GERSEUIL. — Mercure et Vénus, placés entre nous et le soleil, nous distinguent peut-être, s'ils ne sont pas éblouis par la grande lumière qui les environne; mais pour Jupiter, Saturne et Herschell, je doute fort qu'ils aient la moindre connaissance de nos affaires.

CYPRIEN. — Et quand ils en seraient bien instruits! ce n'est pas à des planètes comme la nôtre que je suis jaloux de me faire remarquer.

Mme DE CROISSY. — Oui, je le vois, Cyprien est un de ces ambitieux qui dédaignent les hommages de leurs égaux : il faut, pour les satisfaire, que leur renommée s'étende jusqu'au prince et dans les cours étrangères.

CYPRIEN. — Il est vrai : je voudrais que notre globe allât faire du bruit jusque dans les étoiles.

M. DE GERSEUIL. — Eh, mon pauvre ami! comment veux-tu qu'elles nous aperçoivent, puisque cet orbe même de deux cent dix millions de lieues que la terre parcourt dans un an, quand elle le remplirait tout entier, en s'enflant d'orgueil comme la grenouille de la Fable, ne formerait encore qu'un point dans l'espace?

CYPRIEN. — O ciel! est-il possible?

M. DE GERSEUIL. — Il me sera fort aisé dans un moment de te le démontrer.

ÉMILIE. — Mais cependant, mon oncle, parvenus à cette grandeur dont vous venez de parler, nous serions bien plus grands que le soleil. Les étoiles voient le soleil; ainsi à plus forte raison serions-nous vus des étoiles.

M. DE GERSEUIL. — Écoute, Émilie; vois-tu là-bas, à une bonne lieue, cette lampe qu'on vient d'allumer, à ce que je pense, dans la cour d'un château?

ÉMILIE. — Oui, sans doute, mon oncle.

M. DE GERSEUIL. — Le château est bien plus grand que la lampe; il est éclairé de sa lumière: pourrais-tu distinguer le château?

ÉMILIE. — Oh! non, du tout.

M. DE GERSEUIL. — Tu vois donc qu'un corps lumineux par lui-même peut être aperçu à une grande distance, tandis qu'un corps beaucoup plus considérable, qui ne fait que nous réfléchir la lumière qu'il en reçoit, est invisible à nos yeux?

ÉMILIE. — Il est vrai.

M. DE GERSEUIL. — Maintenant réduis la terre à sa véritable proportion avec le soleil. Au lieu d'être grosse pour lui comme le château l'est pour la lampe, elle ne sera plus en comparaison que ce que pourrait être la tête d'une épingle auprès d'une torche allumée. Tu peux juger, sur cette mesure, de la figure brillante que nous faisons dans l'univers.

ÉMILIE. — Ah, mon cher Cyprien! nous voilà bien revenus de nos prétentions sur les respects des étoiles.

Mme DE CROISSY. — Il me semble voir un de ces importans de la capitale plein de l'idée que tout le royaume a les yeux tournés sur lui, et à qui l'on viendrait dire qu'à la vérité on le connaît assez à Montrouge; que l'on a même entendu par hasard prononcer son nom à Longjumeau, mais que très-certainement sa renommée ne s'est pas étendue jusqu'à Arpajon.

ÉMILIE. — En vérité, j'en serais si honteuse à la place de mon cousin, que je voudrais me cacher même de la lune.

M. DE GERSEUIL. — Prends-y garde, Émilie; cette petite bouderie pourrait nous coûter cher.

ÉMILIE. — Et comment, s'il vous plaît, mon oncle?

M. DE GERSEUIL. — C'est que si nous allons nous cacher de la lune, la lune, au même instant, va se cacher aussi de nous.

ÉMILIE. — Oh! j'aurais trop de regret à sa douce clarté.

Mme DE CROISSY. — Je ne puis aussi vous déguiser mon faible pour elle. Il semble, à son air de modestie et de pudeur, qu'elle soit formée pour être le soleil des femmes.

M. DE GERSEUIL. — L'idée est assez heureuse. Combien de jolis caprices les variétés de ses phases et les inégalités de sa marche pourraient expliquer! Vous voyez par là, mes amis, que nous n'avons rien à perdre, et que la terre n'est que trop heureuse de recevoir la lumière des astres qui l'entourent, sans aspirer vainement à s'en faire distinguer par sa splendeur.

CYPRIEN. — C'est bien dommage que nous ne soyons pas un peu plus lumineux; car avouez, mon papa, qu'on ne saurait être placé plus avantageusement pour briller.

M. DE GERSEUIL. — Et sur quoi juges-tu ce poste si favorable?

CYPRIEN. — C'est tout simple. Il n'y a qu'à regarder la voûte céleste : on voit bien qu'elle s'arrondit au-dessus de la terre, que les étoiles y sont semées à égales distances de nous, et que nous occupons le milieu de l'univers.

M. DE GERSEUIL. — Mon fils, as-tu bien présent à la mémoire le joli paysage que tu me faisais remarquer d'ici même dans la matinée? cette colline, cette forêt, ce vieux château demi-démantelé, cette tour qui semble monter jusqu'aux nues?

CYPRIEN. — Oui, mon papa; ce beau noyer aussi, sous lequel nous passâmes hier au soir, et dont les noix me donnaient tant d'appétit. Je n'ai pas été fâché de le revoir, quoique ce fût d'un peu loin; car il me semblait d'ici justement tout au bout de l'horizon.

M. DE GERSEUIL. — Cela n'est pas exact. Tu devais voir bien plus en arrière ce grand château gothique qui tombe en ruines. Tu sais qu'il est beaucoup par-delà. En le quittant, n'avons-nous pas couru un quart d'heure en poste, avant que de parvenir au noyer?

CYPRIEN. — Il est vrai; mais ce n'est pas ma faute. On ne peut pas juger bien nettement les distances dans un si grand éloignement. On croirait d'ici, je vous assure, que l'arbre se trouve dans le même contour que la colline, la forêt, le château et la tour, avec notre terrasse au beau milieu du demi-cercle. Je l'ai bien observé.

M. DE GERSEUIL. — Que me dis-tu? Ma sœur, combien comptez-vous d'ici à la tour?

Mme DE CROISSY. — Près de trois lieues, mon frère.

M. DE GERSEUIL. — Et à la colline?

Mme DE CROISSY. — Deux bonnes lieues.

M. DE GERSEUIL. — Et à la forêt?

ÉMILIE. — Une demi-lieue seulement. J'y vais fort bien à pied.

M. DE GERSEUIL. — Et moi, j'estime, par le temps de ma route, que le château doit être à trois quarts de lieue, et le noyer à un quart de lieue et demi tout au plus. Mais quoi! ces objets, les uns si reculés, les autres si avancés, se trouvent dans le même contour! tous ces espaces si inégaux de terrain forment un horizon bien arrondi! notre terrasse est située exactement au milieu de tout cela! Cyprien, est-ce qu'il n'en serait pas de même par rapport à la courbure si régulière de cette voûte céleste? à ces étoiles qui semblent attachées à la même surface?

et à nous enfin, qui nous croyons au centre sous ce beau pavillon ?

CYPRIEN. — Mon papa, je n'ai rien à répondre. Si ma vue me trompe à une petite distance, elle doit bien plus m'égarer à un si grand éloignement. Mais que nous ne soyons pas au milieu juste sous les cieux, je n'en puis revenir. J'aurais parié qu'il n'y avait pas deux pouces de plus d'un côté que de l'autre.

M. DE GERSEUIL. — Voyons. Avant de nous mettre à table, nous sommes allés rendre une visite à M. le curé.

CYPRIEN. — Oh ! c'est un bien honnête homme ! il m'a donné une poire superbe.

M. DE GERSEUIL. — Voilà effectivement un trait qui ne laisse pas douter de sa droiture. Mais ce n'est pas de son verger qu'il s'agit ; c'est de son clocher. Tu te rappelles combien il nous a vanté la perspective qu'on a du haut de sa galerie ? Nous y sommes montés. Eh bien ?

CYPRIEN. — L'église est plus bas, et son clocher n'est pas plus haut que cette terrasse. Je l'ai vue de niveau.

M. DE GERSEUIL. — Quoi ! le point de vue n'est pas plus étendu que de l'endroit où nous sommes ?

CYPRIEN. — Non, je vous le proteste, mon papa ; c'est exactement la même chose. J'ai bien reconnu les mêmes objets, à la même distance et tout au bout de l'horizon, comme ici.

M. DE GERSEUIL. — Est-ce que le clocher faisait bien le centre de ce contour ?

CYPRIEN. — Oui, mon papa.

M. DE GERSEUIL. — Tu n'en étais donc pas au centre ici ? Un cercle n'a pas deux centres.

CYPRIEN. — C'est que nous ne sommes pas loin de l'église.

M. DE GERSEUIL. — Il y a pourtant deux cents pas.

CYPRIEN. — Mais ce n'est rien par rapport au grand éloignement où étaient les objets que nous regardions.

M. DE GERSEUIL. — En sorte que, lorsque de deux points différens on croit voir des objets fort éloignés toujours à la même distance, l'intervalle qui sépare ces deux points doit être estimé fort peu de chose ? C'est comme si ces deux points n'en faisaient qu'un, n'est-ce pas, mon ami ?

CYPRIEN. — Tout juste, mon papa ; vous avez clairement saisi ma raison, et je suis fort content de votre intelligence.

M. DE GERSEUIL. — Voilà qui m'encourage. En ce cas, allons un peu plus loin. Tu sais, aussi bien qu'Émilie, que la terre parcourt une orbite autour du soleil : je vais la tracer ici sur le sable. Voyez-vous c'est un ovale qu'on nomme ellipse, ainsi qu'on vous l'a dit. Bon, la voilà. On peut encore la voir assez bien à la clarté de la lune qui se lève. Je vais mettre mon chapeau dans l'orbite, pour y représenter le soleil.

CYPRIEN. — Un beau soleil vraiment, qui est tout noir ! attendez, attendez. (*Il se met à courir vers la maison de toutes ses jambes.*)

M. DE GERSEUIL. — Où vas-tu, Cyprien ?

CYPRIEN, *de loin, sans s'arrêter.* — Je reviens à l'instant.

ÉMILIE. — Que veut donc cet étourdi ?

M. DE GERSEUIL. — Attendons, crois-moi, son retour, pour voir s'il mérite d'être blâmé.

CYPRIEN, *revenant au bout de deux minutes, avec un domestique qui porte un tison.* — Vous ai-je fait languir ? Champagne, mettez, je vous prie, ce tison à la place du chapeau. Voilà un soleil qui vaut mieux que le vôtre, je pense, mon papa. Vous vous seriez enrhumé à le regarder : couvrez-vous, à cause du serein.

M. DE GERSEUIL. — Je te remercie, mon fils, de ton aimable attention. Ce tison pourra nous servir encore à autre chose. Attendez là, Champagne. Allons, mes enfans, voulez-vous entreprendre un voyage autour du soleil, pour bien reconnaître votre orbite? (*Émilie et Cyprien font le tour.*) A merveille. Champagne, reprenez maintenant ce tison, et courez au bout de l'allée. Vous nous le présenterez de là.

CHAMPAGNE, *en allant.* — Oui, monsieur.

ÉMILIE. — Que voulez-vous donc faire, mon oncle?

M. DE GERSEUIL. — Tu vas voir. Champagne est-il à son poste?

CYPRIEN. — Tenez, le voilà qui nous présente déjà le tison. Oh, comme il est devenu petit!

M. DE GERSEUIL. — Je suis bien aise que tu l'aies remarqué. Approche; viens ici à ce bout de l'orbite.

CYPRIEN. — Oui; mais l'on nous a emporté notre soleil.

M. DE GERSEUIL. — Il nous est inutile à présent. Suppose qu'il soit couché. Il faut qu'il soit nuit pour voir les étoiles. Le tison en sera une. Regarde-la bien d'abord, pour t'assurer de sa grandeur et de sa distance.

CYPRIEN. — Je l'ai assez contemplée.

M. DE GERSEUIL. — Allons, commence à marcher à petits pas sur la ligne circulaire, tracée pour figurer l'orbite, en regardant toujours le tison qui fait étoile. Avance. Vois-tu l'étoile plus grande, ou plus près de toi?

CYPRIEN. — Non, mon papa; elle semble toujours la même, et au même point.

M. DE GERSEUIL. — Va donc plus loin encore, jusqu'à l'endroit de l'orbite opposé à celui d'où tu es parti. T'y voilà; arrête. Eh bien, l'étoile?

CYPRIEN. — Elle n'a pas changé.

M. DE GERSEUIL. — Comment, elle ne te paraît pas plus grande, ni plus près de toi? Tu t'es cependant avancé vers elle.

CYPRIEN. — De beaucoup, vraiment! Elle est à deux cents pieds peut-être, et je ne m'en suis approché que de la longueur du diamètre de cette orbite, qui n'est que d'environ six pieds.

M. DE GERSEUIL. — Ces six pieds ne sont donc presque rien par rapport à la distance du tison? et sans doute ils seraient moins encore si nous reculions le tison d'une lieue, par exemple, jusqu'à ce qu'il ne parût que de la grosseur d'une étincelle.

CYPRIEN. — Toute l'orbite elle-même ne serait plus alors qu'un point insensible. Faisons les choses plus en grand, mon papa.

M. DE GERSEUIL. — Il faut te satisfaire. Je vais te donner un diamètre de soixante-six millions de lieues, celui de la véritable orbite de la terre; et au lieu du tison qui faisait étoile postiche, je vais te donner une étoile réelle.

ÉMILIE. — A la bonne heure.

CYPRIEN. — C'est parler, cela. Voyons, voyons.

M. DE GERSEUIL. — Doucement, recueillons-nous un peu. Je me souviens de t'avoir dit, quand j'ai si *clairement saisi la raison*, que lorsque de deux points différens on croit voir des objets éloignés garder toujours la même distance, l'intervalle qui sépare ces deux points doit être estimé fort peu de chose, et que c'est comme si ces deux points n'en faisaient qu'un.

CYPRIEN. — Oui, le voilà mot pour mot.

M. DE GERSEUIL. — N'oublie pas, de ton côté, ce que tu viens de dire toi-même, que notre petite orbite ici sur le sable ne serait plus qu'un point insensible par rapport à la distance où devrait être le tison, pour n'être vu que de la grosseur d'une étincelle.

CYPRIEN. — Je m'en souviens, et ne m'en dédis pas.

M. DE GERSEUIL. — Il est bien reconnu que le diamètre de l'orbite de la terre est de soixante-six millions de lieues. La terre, à un bout de ce diamètre, voit donc en face une étoile de soixante-six millions de lieues plus près qu'à l'autre bout.

CYPRIEN. — C'est clair.

M. DE GERSEUIL. — Eh bien, si de deux points si différens, et malgré son rapprochement énorme dans l'un d'eux, la terre voit toujours cette étoile garder la même distance; si, malgré la grosseur énorme de cette étoile, que je vous prouverai bientôt, elle ne l'aperçoit jamais plus grande qu'un point étincelant, les deux bouts du diamètre de son orbite, malgré l'intervalle qui les sépare, seront donc censés se confondre en un point; toute l'immense orbite elle-même ne sera donc plus que ce point devenu insensible par rapport à la distance infinie que l'étoile gardera toujours pour elle?

ÉMILIE. — Qu'as-tu à repliquer, mon pauvre Cyprien?

M. DE GERSEUIL. — Mais si cette immense orbite n'est qu'un point insensible par rapport à la distance de l'étoile, que sera donc, par rapport à cette même distance, le globe de la terre, qui n'est lui-même qu'un point dans l'immensité de son orbite? Cette planète orgueilleuse croira-t-elle alors que la voûte céleste n'est faite que pour se courber au-dessus d'elle en pavillon? que les astres y sont semés à égales distances pour lui former un superbe tableau, et qu'elle est digne d'occuper le milieu de l'univers, où elle n'est seulement pas aperçue?

CYPRIEN. — Il faut prendre son parti; mais je me sens terriblement humilié de notre petitesse.

Mme DE CROISSY. — Pour moi, ce qui m'humilie bien davantage, c'est que tous les philosophes célèbres de l'antiquité se soient obstinés à placer notre misérable planète au centre de l'univers. Je vois que dans les plus beaux siècles de sagesse, les hommes n'étaient encore pétris que d'orgueil et de folie.

M. DE GERSEUIL. — Pythagore avait apporté de l'Inde et de l'Égypte des idées plus saines. Il les renferma, de son vivant, dans l'enceinte de l'école qu'il avait fondée en Italie. Ses disciples les portèrent dans la Grèce après sa mort. Le soleil, établi par ce grand homme au centre de notre monde, voyait les planètes circuler autour de lui dans cet ordre ; Mercure, Vénus, la Terre avec sa lune, Mars, Jupiter et Saturne. Il s'était mépris à la vérité sur leurs distances et leurs grandeurs ; mais la géométrie de son siècle n'était pas assez avancée, ni les instrumens assez perfectionnés.

Mme DE CROISSY. — A la bonne heure. Voilà toujours un sage. Et son système fut-il suivi ?

M. DE GERSEUIL. — Comment aurait-il pu réussir chez des peuples à qui leurs beaux esprits avaient enseigné, les uns, que la terre était plate comme une table, et les cieux une demi-voûte d'une matière dure et solide comme elle ; les autres, que le soleil était une masse de feu un peu plus grande que le Péloponnèse ; que les comètes étaient formées par l'assemblage fortuit de plusieurs étoiles errantes ; que les étoiles n'étaient que des rochers ou des montagnes, enlevés de dessus la terre par la révolution de l'éther qui les avait enflammés ; d'autres enfin, que les étoiles s'allumaient le soir pour s'éteindre le matin, tandis que le soleil, qui n'était qu'un nuage en feu, s'allumait le matin pour s'éteindre le soir, et qu'il y avait plusieurs soleils et plusieurs lunes pour illuminer nos différens climats? Or, si l'astre du jour, d'après tous ces préjugés, était plus petit que la terre, fallait-il se déplacer du centre du monde pour le lui céder?

Mme DE CROISSY. — Le peuple méritait

bien son nom; mais la philosophie n'était guère digne du sien.

M. DE GERSEUIL. — Ptolémée trouvant toutes ces opinions accréditées au temps où il vécut, et se fondant sur le témoignage trompeur de nos sens, n'eut pas beaucoup de peine à se persuader à lui et aux autres, que les idées de Pythagore n'étaient que des rêveries; que la terre était le centre de tous les mouvemens, soit des planètes et du soleil rangé dans leur classe, soit des étoiles et des cieux de verre qu'il souffla. Ce système se soutint pendant plus de quatorze siècles, en se chargeant de jour en jour de quelques absurdités nouvelles, que ses partisans imaginaient pour se défendre des objections les plus embarrassantes.

Mme DE CROISSY. — Mais voilà, je pense, assez de siècles pour se rapprocher beaucoup du nôtre?

M. DE GERSEUIL. — Aussi n'y a-t-il que deux cent quarante ans que nous devons à Copernic d'être revenus de l'erreur; encore a-t-elle régné pendant quelques années sous une autre forme depuis cette époque.

Mme DE CROISSY. — Voyons, mon frère, je vous prie; je ne voudrais pas laisser échapper une seule de nos inconséquences.

M. DE GERSEUIL. — Quoique Copernic, en rétablissant le système de Pythagore que je vous ai tout à l'heure exposé, l'eût fait servir à expliquer des difficultés insurmontables dans celui qu'il renversait, Tycho-Brahé, le plus grand observateur de son siècle, ne s'en obstina pas moins à conserver à la terre la gloire de la domination.

Mme DE CROISSY. — Ce n'étaient donc que les principes de Ptolémée de nouveau rappelés?

M. DE GERSEUIL. — Il y avait une différence. Il ne faisait plus tourner toutes les planètes autour de la terre; la lune seule lui restait. Le soleil prenant les autres à sa suite, tournait autour d'elle dans une année, et se joignait au cortége des étoiles, pour lui rendre, en vingt-quatre heures, les mêmes honneurs.

Mme DE CROISSY. — Je ne vois pas ce que l'on gagne à ce changement; il me paraît toujours ridicule que tant de corps énormes soient réduits à courir si vite autour de nous, qui sommes si petits.

M. DE GERSEUIL. — Vous avez fort bien saisi le vice de ce système. Cependant, comme il est fort ingénieux dans tout le reste, et qu'il était fortifié par le grand nom de celui qui l'avait établi, peut-être aurait-il gardé toujours l'avantage, si Galilée, aidé du télescope, n'eût confirmé l'ordre réel découvert par Pythagore et par Copernic, dans le plan de l'univers; si Képler, par sa pénétration, n'en eût soupçonné les lois, et si Newton, qui s'éleva il y a près d'un siècle en Angleterre, ne les eût démontrées avec toute la force de son génie et de la vérité.

Mme DE CROISSY. — Grâce au ciel, voilà le soleil bien affermi dans son repos, au milieu de notre monde! Je puis donc maintenant en sûreté de conscience établir ma réforme.

M. DE GERSEUIL. — Comment, ma sœur, est-ce que vous auriez aussi quelque nouveau système à proposer?

Mme DE CROISSY. — Non, mon frère; je suis très-satisfaite de votre arrangement; je le trouve conforme à la sagesse de la nature. Je n'en veux qu'à ce blond Phébus, qui a si vilainement trompé les pauvres humains.

M. DE GERSEUIL. — Et d'où vous vient contre lui cette belle fureur?

Mme DE CROISSY. — Comment! depuis trois mille ans il nous aura laissé nourrir ses coursiers d'ambroisie, et cela pour les tenir à piaffer dans la cour de son palais!

CYPRIEN. — Oui, ma tante, puisqu'il

ne sert pas à conduire le char de la lumière, cassons aux gages ce cocher paresseux, et supprimons-lui son attelage.

ÉMILIE. — Je ne lui donnerais pas même le chariot et les quatre bœufs de nos rois fainéans.

M. DE CROISSY. — Mais en ôtant son nom au soleil, quel autre lui donnerons-nous ?

M. DE GERSEUIL. — Il en est un plus digne de lui, le plus grand qu'on ait porté dans tous les mondes. Les conquérans ont nommé les empires de la terre : les astronomes se sont partagé notre satellite (1) : le philosophe anglais demande un astre à lui seul. J'appellerais le soleil tout entier Newton.

CYPRIEN. — O mon papa ! quand pourrai-je connaître ce grand homme (2) !

(1) Riccioli, astronome italien, a donné aux principales taches de la lune des noms d'astronomes et de savans, tels que Platon, Aristote, Archimède, Pline, Copernic, Tycho, Képler, Galilée, etc.

(2) C'est dans le second volume de *l'Histoire de l'Astronomie moderne* que mes jeunes amis pourront un jour admirer le tableau des sublimes découvertes de Newton. Je croirais mériter leur reconnaissance, si je les mettais en état de lire avec fruit un des plus beaux livres de ce siècle, qui semble écrit à la clarté pure et brillante des astres par le génie dépositaire des secrets des cieux.

Avec quelle joie je me plais à rendre cet hommage à M. Bailli, pour le ravissement continuel où me tient, depuis quinze jours, une nouvelle lecture de son ouvrage ! Après nos amis, dont la présence ou le souvenir remplit si délicieusement notre cœur, nos plus grands bienfaiteurs sur la terre sont ceux qui élèvent notre esprit à de hautes connaissances, qui l'occupent par des tableaux instructifs, ou qui le délassent par des amusemens agréables. La reconnaissance dont ils nous pénètrent est le devoir le plus doux à remplir. Que j'aimerais à me trouver devant ces illustres écrivains du siècle de Louis XIV, les premiers maîtres de sa jeunesse, pour leur exprimer les divers sentimens qu'ils m'ont inspirés ! J'irais m'incliner avec respect devant Bossuet, qui, dans la rapidité de son *Discours sur l'Histoire universelle*, semble pousser et renverser devant lui les empires, pour s'avancer sur leurs ruines,

Mme DE CROISSY. — Vous me ravissez par cet enthousiasme pour sa gloire.

M. DE GERSEUIL. — Que je voudrais pouvoir vous peindre celui qu'il me fit éprouver l'année dernière, en contemplant sa statue à Cambridge ! Roubillac, sculpteur français, l'a représenté debout, dans une attitude sublime, fixant le soleil, et lui montrant d'une main le prisme qu'il tient de l'autre pour décomposer ses rayons. Je ne pouvais en détacher mes regards. En m'élevant de la pensée à la vaste hauteur où il a porté les connaissances humaines, il me semblait entendre la nature lui dire en le formant : Depuis le nombre de siècles que l'homme étudie mes lois, il les a toujours méconnues. Il est temps de les lui révéler. C'est toi que j'ai fait naître pour les publier sur la terre. Va renouveler l'astronomie, agrandir la géométrie, et fonder la physique. Je te donne ces sciences avec mon génie. Tu diras quelle est l'étendue de l'univers et la simplicité de l'ordre qui le gouverne. Tu pèseras la masse des corps immenses que j'y ai répandus, tu prescriras leur forme, tu détermineras leur volume, tu mesureras leur distance, tu soumettras à des calculs précis les inégalités même de leurs mouvemens. Au milieu d'eux tu établiras le soleil ; tu diras par quelle puissance il les maîtrise, et comment il

en les effaçant sous ses pas ; devant Corneille, dont le génie sait nous frapper encore sur la scène de la terreur du nom Romain, comme autrefois César, en nous donnant des fers, devant Racine, qui devina les secrets de mon cœur avant ma naissance ; devant Molière, que l'antiquité fabuleuse aurait pu croire envoyé par Jupiter sur la terre pour y juger les faiblesses des humains, comme Pluton établit Rhadamante dans les enfers, pour y juger leurs crimes. J'irais baiser tendrement la main de Fénelon, l'amant de la Divinité et l'ami de l'homme : puis je courrais me jeter au cou de La Fontaine, qui serait le plus naïf, le plus spirituel, le plus aimable des enfans, s'il n'était l'un des plus grands poètes et le plus vrai des philosophes.

leur distribue la lumière et la vie. Pour ta récompense, je te placerai toi-même comme un nouvel astre au milieu de tous les grands hommes qui doivent te suivre. En donnant une impulsion rapide à leur génie, tu les forceras de tendre sans cesse vers le tien; et ils circuleront avec respect autour de toi, pour recevoir la lumière. Quant à ceux qui voudraient s'en écarter, semblables à ces comètes rebelles qui, croyant se dérober à l'empire du soleil, vont se perdre pour des siècles dans la profondeur ténébreuse de l'espace, mais qu'il ramène toujours constamment au pied de son trône, du fond de leurs erreurs ils seront forcés de revenir à toi; et on ne les verra briller d'une lueur passagère dans quelques points de leur course, qu'en se plongeant, à ton approche, dans la splendeur de tes rayons.

En ce moment, on vint annoncer à Mme de Croissy qu'elle était servie. Émilie et Cyprien auraient bien voulu qu'on eût retardé l'heure du repas, afin d'entendre plus long-temps M. de Gerseuil. Pour se délivrer de leurs instances, il fut obligé de leur promettre qu'on viendrait encore en sortant de table faire un petit tour de promenade, et qu'ils seraient de la partie.

DEUXIÈME ENTRETIEN.

La conversation fut très-enjouée, pendant le souper, entre M. de Gerseuil et sa sœur. Ils étaient transportés de joie de l'intelligence qu'avaient montrée leurs enfans, et de l'ardeur qu'ils témoignaient pour s'instruire. D'un coup d'œil à la dérobée ils se faisaient remarquer l'un à l'autre l'air d'empressement dont Émilie et Cyprien dévoraient les morceaux en silence, afin de hâter le moment d'aller reprendre sur la terrasse l'entretien qu'on leur avait promis. Nos petits philosophes venaient déjà d'expédier leur dessert. On voyait l'un tordre sa serviette, l'autre s'agiter d'impatience sur son siége. Peut-être Mme de Croissy, amusée d'une scène aussi divertissante, prenait-elle plaisir à la prolonger. Quoi qu'il en soit, Émilie, pour ne pas perdre de temps, eut la malice de revenir sur le dépit ambitieux qu'avait eu son cousin de ne jouer qu'un personnage invisible à la face des astres. Cyprien se prêta de fort bonne grace à la plaisanterie, jusqu'à ce qu'il vît ses parens, qu'il guettait, achever enfin leur repas. Alors se tournant tout à coup vers Émilie: Ma petite cousine, lui dit il d'un ton assez haut pour s'attirer l'attention générale, je lisais l'autre jour une histoire que mon papa connaît sans doute, ainsi que ta maman, mais que sans doute aussi tu ignores. Je vais te la conter. Mahomet voulant donner à son armée une preuve du pouvoir qu'il exerçait sur la nature, lui proposa d'opérer en sa présence un superbe miracle. Ce n'était rien moins que de faire accourir de loin une très-haute montagne jusqu'à ses pieds. Il assemble un beau matin tous ses soldats, qui déjà criaient au prodige sur leur grand prophète; il se met au premier rang, et commande à la montagne d'avancer. La montagne fait la sourde oreille à ses premiers ordres. Mahomet s'en étonne; il l'appelle une seconde fois d'une voix terrible. La montagne, comme tu peux le croire, ne s'en ébranle pas davantage à cette nouvelle apostrophe. Qu'est ceci? s'écria l'imposteur d'un air inspiré. La montagne ne veut pas marcher vers nous! Eh bien, mes amis, suivez-moi, marchons vers la montagne. — Je n'ai pas plus de rancune que Mahomet. Les étoiles ne nous voient pas! Eh bien, ma cousine, allons voir les étoiles.

Il se leva brusquement de table en disant ces mots, et se précipita vers la porte, laissant Émilie toute déconcertée de cette incartade. M. de Gerseuil et Mme de Croissy sourirent de sa finesse, et le suivirent dans le jardin.

La nuit était alors de la plus belle sérénité. Aucun nuage ne dérobait la vue des cieux. La lune, qui n'avait fait que paraître un moment sur l'horizon, laissait, par sa retraite, les étoiles qu'elle avait obscurcies, étinceler de tous leurs feux rayonnans. Les enfans avaient cent fois admiré la magnificence de ce spectacle; mais au moment de voir satisfaire la curiosité qu'il leur avait toujours inspirée, ils le contemplaient avec une nouvelle extase. L'étoile resplendissante de Sirius fut la première qui frappa les yeux de Cyprien. Il voulut savoir son nom; et quand il l'eut appris : Mon papa, s'écria-t-il, vive Sirius! Voilà une étoile que j'aime; elle est bien plus grande que les autres.

ÉMILIE. — Je l'aime aussi d'être la plus brillante.

M. DE GERSEUIL. — Peut-être, mes amis, n'a-t-elle pas en elle-même plus de grandeur ni d'éclat; mais c'est qu'apparemment elle est plus près de la terre. Rapprochée à la distance du soleil, elle nous paraîtrait sans doute aussi grande que lui. C'est encore beaucoup qu'elle soit si sensible à nos regards, étant au moins deux cent mille fois plus éloignée.

CYPRIEN. — Vous en parlez bien à votre aise, mon papa. Deux cent mille fois plus loin que le soleil! Et comment a-t-on pu s'en assurer?

M. DE GERSEUIL. — Je ne te cacherai pas que tous les efforts des astronomes pour mesurer la grosseur des étoiles, qui nous aurait donné une idée de leur distance, ont été inutiles; mais cette impossibilité même prouverait seule un éloignement prodigieux, puisqu'on a su mesurer avec assez de justesse la grosseur des planètes les plus éloignées, entre autres celle de la belle planète de Jupiter que voici.

CYPRIEN. — Ah! c'est là Jupiter? Cependant, mon papa, Sirius paraît plus grand à la simple vue. Si l'on a pu mesurer la grosseur de Jupiter, pourquoi ne peut-on pas mesurer celle de Sirius?

M. DE GERSEUIL. — Avant que je te réponde, fais-moi le plaisir de regarder d'ici, par la fenêtre entr'ouverte, cette bougie qui brûle dans le salon. Ne vois-tu pas autour de sa flamme une lumière confuse qui la grossit?

CYPRIEN. — Il est vrai, mon papa.

ÉMILIE. — Oui, c'est comme le soleil, qui semble s'agrandir de toute sa couronne de rayons.

M. DE GERSEUIL. — Eh bien, mes amis, les étoiles étant lumineuses par elles-mêmes, comme le soleil et la bougie, elles ont aussi cette irradiation qui nous les fait paraître beaucoup plus grosses qu'elles ne devraient le paraître réellement, au point qu'on estime que leur grandeur en est augmentée près de neuf cents fois.

CYPRIEN. — Ho, ho!

M. DE GERSEUIL. — Dites-moi maintenant. Lorsque la lune est dans son plein, et que par conséquent elle reluit avec le plus d'éclat, avez-vous pu remarquer une irradiation semblable autour d'elle?

ÉMILIE. — Non, jamais. Sa lueur est bien terminée dans toute la largeur de sa face.

CYPRIEN. — On peut le voir de même dans Jupiter.

M. DE GERSEUIL. — D'où vient donc cette différence?

CYPRIEN. — J'imagine que Jupiter et la

lune ne faisant que nous réfléchir une lumière empruntée, cette lumière ne doit pas avoir l'agitation qui règne dans les corps brillant de leurs propres feux.

M. DE GERSEUIL. — C'est à merveille. Ainsi Jupiter n'exagère point son volume, et si petit que sa distance le fasse paraître, les astronomes auront des instrumens d'une assez juste précision pour le mesurer ; mais les étoiles avec cette irradiation trompeuse qui les environne.....

CYPRIEN. — Est-ce qu'on ne pourrait pas venir à bout de les en dépouiller, pour les voir dans leur exacte grandeur ?

M. DE GERSEUIL. — Voilà précisément l'effet que produit le télescope, en réunissant et concentrant dans un point tous leurs rayons ; mais alors ce point est si peu de chose ! et plus le télescope est parfait, plus ce point, en devenant plus lumineux, devient aussi plus petit, jusque-là qu'il ne laisse aucune prise à la mesure.

Mme DE CROISSY. — Mais par quel moyen a-t-on pu au moins établir une comparaison de distances entre le soleil et les étoiles ?

M. DE GERSEUIL. — Ce moyen est très-ingénieux. On connaît, par des règles sûres que je vous expliquerai dans la suite, la grandeur et la distance du soleil. On a calculé tour à tour de combien il faudrait le diminuer ou le reculer pour le faire décroître jusqu'à la petitesse de Sirius. C'est d'après ces calculs qu'on a été forcé d'en conclure l'éloignement prodigieux de cette étoile, qui est cependant la plus proche de nous. La plupart des astronomes jugent même cet éloignement beaucoup plus considérable, parce qu'il est douteux que le meilleur télescope puisse totalement dépouiller une étoile de sa lumière superflue, et nous la montrer seulement de la grandeur réelle qu'elle doit conserver pour nous à cette distance.

CYPRIEN. — Oh, puisque les étoiles sont si éloignées, je n'ai plus tant de peine à croire, comme notre ami nous l'a dit, qu'elles soient de véritables soleils. Si elles n'avaient qu'une lumière empruntée, comment les rayons parviendraient-ils jusqu'à nous avec tant d'éclat et de vivacité, après avoir traversé des espaces si immenses ?

M. DE GERSEUIL. — Fort bien, mon fils ; ta réflexion est très juste. On a démontré qu'on pourrait diminuer plusieurs millions de fois la lumière d'une étoile, en la reculant de nos yeux, sans qu'elle cessât de retenir autant de clarté qu'un papier blanc vu au clair de la lune.

CYPRIEN. — Celles qui nous paraissent si petites, c'est donc qu'elles sont encore plus loin que Sirius ?

M. DE GERSEUIL. — Peut-être y a-t-il un aussi grand intervalle entre elles dans la profondeur de l'espace, qu'entre Sirius même et le soleil.

CYPRIEN, *avec surprise*. — Oh, mon papa !

ÉMILIE. — Elles semblent pourtant placées l'une à côté de l'autre. Il en est même que l'on croirait doubles en les regardant.

M. DE GERSEUIL. — Je puis vous répondre à tous les deux à la fois par un seul exemple bien familier. Vous avez dû souvent remarquer du Pont-Royal les lanternes placées le long de la terrasse des Tuileries et du bord de la place de Louis XV. Vous savez qu'elles sont également espacées, et que leurs mèches sont égales ?

CYPRIEN. — Cela doit être.

M. DE GERSEUIL. — Eh bien, mon fils, n'as-tu pas observé que celles de la terrasse des Tuileries, qui étaient les plus proches de toi, paraissaient avoir une lumière plus étendue et plus vive que celles de la place de Louis XV ?

CYPRIEN. — Oui, je me le rappelle.

M. DE GERSEUIL. — Et toi, Emilie, n'aurais-tu pas jugé que celles de la place de Louis XV étaient bien plus près l'une de l'autre que celles de la terrasse des Tuileries?

ÉMILIE. — Sans doute, j'aurais pu les croire presque sous le même verre.

M. DE GERSEUIL. — Ce n'est pas tout. Supposons qu'entre les deux dernières, vous en eussiez aperçu une semblable qu'on aurait allumée à Chaillot, et qui se trouverait par conséquent encore une fois plus loin. Vous vous souvenez de ce que nous avons dit avant souper, que les objets, dans un certain éloignement, nous paraissent à une égale distance de notre œil, quoiqu'ils soient beaucoup plus reculés les uns que les autres?

CYPRIEN. — Oh! nous ne l'avons pas oublié.

M. DE GERSEUIL. — Vous concevez donc, mes enfans, que la lanterne de Chaillot aurait dû vous paraître rangée dans la file de celles de la place de Louis XV, et que vous n'auriez pu la juger plus éloignée que par la petitesse de sa flamme et l'éclat affaibli de ses rayons?

ÉMILIE. — Vous avez raison, mon oncle; cela cadre tout juste avec les grandes et les petites étoiles. Je conçois très-bien à présent qu'elles peuvent être fort reculées l'une derrière l'autre, et cependant nous paraître sur la même ligne, mais les unes plus grandes et plus brillantes, les autres plus petites et d'une clarté moins vive. Comprends-tu cela, Cyprien?

CYPRIEN, *avec un air avantageux*. — Si je le comprends, ma cousine! Oh! j'ai aussi une comparaison qui, sans vanité, vaut dix millions de fois mieux que celle de mon papa.

ÉMILIE. — Voilà qui est assez modeste.

CYPRIEN. — Sûrement, car elle peut servir pour tout notre globe, au lieu que la sienne n'est bonne, tout au plus, que pour la banlieue de Paris. Aussi n'ai-je pas été la prendre sur la terre.

ÉMILIE. — Oui, oui, cela est trop bas pour un génie aussi élevé que le tien. Mais nous, pourrons-nous comprendre cette comparaison céleste?

CYPRIEN. — Je vais tâcher de la mettre à ta portée. Ces étoiles que l'on voit autour de Jupiter, ne les croirait-on pas aussi près de nous que lui-même? Si la lune paraissait à présent de ce côté, ne croirait-on pas Jupiter aussi près de nous que la lune? et s'il y avait un nuage aux environs de la lune, ne la croirait-on pas aussi près de nous que le nuage? Le nuage, la lune, Jupiter et les étoiles nous paraîtraient donc dans le même enfoncement les uns que les autres : or, sais-tu, ma cousine, qu'il y a une grande différence dans leur éloignement?

ÉMILIE. — Oui, mon cousin, je le sais, et si bien, que je suis en état de t'apprendre que le plus gros nuage ne paraîtrait pas du tout à la distance de la lune, que la lune ne paraîtrait pas davantage à la distance de Jupiter, et que Jupiter paraîtrait encore moins à la distance des étoiles.

M. DE GERSEUIL. — A merveille, mes amis. Voilà une petite guerre dont je suis fort content. Les dernières paroles d'Émilie nous ramènent heureusement à ce que nous disions tout à l'heure, que les étoiles doivent briller d'une lumière qui leur soit propre, et que cette lumière doit être bien vive, pour parvenir jusqu'à nous d'une distance où Jupiter aurait cessé peut-être mille fois d'être visible à nos regards.

CYPRIEN. — Oh! je le vois, il n'en faut plus douter, ce sont de véritables soleils.

M. DE GERSEUIL. — Je le crois aussi. Mais ces soleils, pensez-vous qu'ils soient faits pour la terre?

ÉMILIE. — De quel avantage lui seraient-ils? Si l'on comptait sur eux pour mûrir nos raisins, on pourrait bien dire : Adieu paniers, mais c'est que vendanges ne seraient jamais faites.

CYPRIEN. — Il n'y a que leur faible lueur qui puisse nous servir. Encore la lune, du fond d'un nuage, en donne-t-elle cent fois plus.

M. DE GERSEUIL. — D'ailleurs, vous savez qu'il est des étoiles que l'on ne découvre qu'avec le télescope, et celles-là du moins nous seraient inutiles à tous égards. Ainsi donc si ces soleils étaient faits pour nous, ils auraient sans doute été placés autour de la terre aussi près que le nôtre.

CYPRIEN. — O mon papa! je vous remercie ; nous en avons bien assez d'un. Que vous a donc fait ma petite cousine, pour vouloir ainsi hâler son teint de lis? La négresse du plus beau jais que l'on connaisse aujourd'hui, ne serait plus qu'une blonde fade, auprès de ce que deviendrait alors ma pauvre Émilie.

ÉMILIE. — Et ces petits-maîtres, comme mon cousin, qui tendent leur chapeau devant le soleil, au lieu de le mettre tout bonnement sur leur tête, combien de bras et de chapeaux il leur faudrait pour parer de tous les côtés à la fois!

M. DE GERSEUIL. — Mais si tous ces soleils, à la distance où ils sont, ne peuvent nous procurer ni chaleur, ni lumière; si, placés plus près de nous, ils ne serviraient, selon vos folles idées, qu'à noircir le teint des dames et à embarrasser la contenance des petits-maîtres, et, selon mes craintes, un peu plus graves, à consumer la terre dans un moment; si, n'en déplaise encore à certains philosophes, ils ne sont pas faits uniquement pour réjouir nos regards, est-ce qu'ils seraient répandus pour rien, avec une profusion si magnifique, dans l'univers?

ÉMILIE. — C'est précisément ce qui m'intrigue.

CYPRIEN. — Voyons un peu à nous raviser. Puisque le soleil n'est fait que pour fournir de la lumière et de la chaleur aux planètes, si les étoiles sont des soleils, elles doivent avoir aussi des planètes à échauffer et à éclairer.

M. DE GERSEUIL. — Voilà ce que j'appelle de la philosophie.

CYPRIEN, *d'un ton badin*. — Vois-tu, ma cousine?

ÉMILIE. — Mais, mon oncle, est-ce que nous donnerions des planètes à tous ces soleils?

M. DE GERSEUIL. — Si telle est la destination de chacun d'eux en particulier, tu sens que ce doit être l'emploi de tous en général.

CYPRIEN. — Sans doute. Que ferions-nous de ceux qui ne serviraient à rien? C'est comme si, dans les grands froids, le gouvernement faisait allumer des feux dans une place, avec défense d'en approcher.

M. DE GERSEUIL. — Ou bien des lanternes dans une rue fermée où il ne passerait personne, et seulement pour donner une perspective d'illumination aux gens des quartiers voisins.

CYPRIEN. — Allons, mon papa, de l'ordre. Point de soleil sans planètes ; mais à condition toutefois qu'il n'y ait pas de planètes sans soleil.

M. DE GERSEUIL. — Va, mon ami, si la sagesse du Créateur n'a pas fait un seul soleil inutile...

ÉMILIE. — Oui, j'entends ; sa bonté n'aura pas laissé une seule planète malheureuse. Me voilà tranquille à présent.

CYPRIEN. — Je le suis aussi. Je vois que tout s'arrange à merveille. Notre soleil a des planètes qui roulent autour de lui, tandis qu'elles font rouler leurs satellites autour d'elles ; eh bien, si mon ami Sirius est un soleil, il fait aussi rouler autour de lui ses planètes accompagnées de leurs satellites ; et il n'y aura pas d'autre soleil qui n'en fasse autant.

ÉMILIE. — Je me garderai bien de vous demander pourquoi nous voyons les soleils sans apercevoir les planètes ; je me souviens encore de la lampe et du château.

CYPRIEN. — Ta mémoire me sert à propos ; me voilà un peu vengé. Si nous leur sommes invisibles, nous ne leur ferons pas l'honneur de les voir. Fort bien, messieurs ; ne vous découvrez pas ; je n'aurai pas de salut à vous rendre.

M. DE GERSEUIL. — Je ne te croyais pas si pointilleux sur le cérémonial.

ÉMILIE, *en s'inclinant.* — Oh bien, moi, je vais risquer une petite révérence.

CYPRIEN. — Que fais-tu, ma cousine ? C'est eux qui nous devraient la première, pour les avoir si bien accommodés.

M. DE GERSEUIL. — En effet, convenez que nous avons eu de l'avisement de nous assurer d'abord que ces soleils, qui nous semblent si près l'un de l'autre, sont néanmoins entre eux à des distances prodigieuses. Leurs mondes ont besoin d'être à l'aise. Vous sentez quel espace il faut pour les grands mouvemens d'un système solaire.

CYPRIEN. — Il nous est aisé d'en juger par le nôtre.

M. DE GERSEUIL. — C'est le meilleur objet de comparaison. Mais as-tu bien saisi toute son étendue, et n'en es-tu pas épouvanté ?

CYPRIEN. — Moi, mon papa ? oh ! que non ! Depuis que vous m'avez parlé de la distance infinie des étoiles, je ne suis pas plus effrayé d'aller au bout de l'empire du soleil, que l'intrépide Cook, après avoir fait le tour de la terre, ne l'aurait été de faire un voyage sur la galiote de Paris à Saint-Cloud.

M. DE GERSEUIL. — Je crains fort qu'Émilie n'ait pas une allure aussi déterminée.

CYPRIEN. — Oh ! ma petite cousine, elle tient trop à la terre, pour se hasarder si loin dans les cieux.

ÉMILIE. — Oui-da, mon cousin! N'ai-je pas lu comme toi que la planète d'Herschell est à six cent cinquante millions de lieues du soleil ? Il est vrai que c'est la dernière.

CYPRIEN. — Bon, ma pauvre marcheuse ; si tu plantes là ta colonne, je puis te faire voir encore bien du pays.

ÉMILIE. — Et comment, s'il te plaît ?

CYPRIEN. — Jupiter et Saturne n'ont-ils pas des satellites ou des lunes qui les éclairent d'une lumière empruntée du soleil, pour suppléer à la faible clarté qu'ils peuvent recevoir de cet astre ? Herschell en est beaucoup plus éloigné. Il est donc vraisemblable qu'il a aussi des satellites que nous ne connaissons pas encore, et en plus grand nombre peut-être ; et lorsque le dernier de ces satellites se trouve derrière sa planète, n'est-il pas reculé à une bien plus grande profondeur dans l'espace ? Me voilà pour le coup aux bornes de notre monde.

M. DE GERSEUIL. — Hélas ! mon cher ami, je crains de troubler ta gloire, mais tu en es bien loin encore.

CYPRIEN. — Et que voyez-vous au-delà du poste où je me suis avancé ?

M. DE GERSEUIL. — D'autres planètes peut-être, qui nous sont inconnues. Mais ne parlons que de ce qui est découvert.

CYPRIEN. — Ah ! voyons, voyons, je vous prie.

M. DE GERSEUIL. — As-tu donc oublié ces comètes, dont la révolution autour du soleil est de plusieurs siècles ?

CYPRIEN. — Vraiment oui ; je n'y pensais plus.

M. DE GERSEUIL. — Je ne veux pas te citer celle de 1769, à qui l'on donne une période d'environ cinq cents ans ; encore moins celle de 1680, à qui l'on en suppose une de cinq cent soixante-quinze Ne parlons que de celle qui fut observée pour la première fois en 1264, qui reparut en 1556, qu'on attend en 1848, et dont la période est par conséquent de deux cent quatre-vingt-douze années.

CYPRIEN. — C'est bien assez, je crois.

M. DE GERSEUIL. — Du point où elle se trouve le plus près du soleil à chacune de ces époques, faisons-la partir pour sa révolution de près de trois siècles, et partageons ce nombre en deux, moitié pour son éloignement, moitié pour son retour. Voilà donc près d'un siècle et demi que cette comète emploie à s'écarter du soleil.

CYPRIEN. — Oh! c'est clair, puisqu'Herschell ne met que quatre-vingt-deux ans à faire sa révolution ; la différence est grande.

M. DE GERSEUIL. — Plus que tu ne penses encore ; car le mouvement des comètes ne se fait pas, comme celui des planètes, dans une ellipse peu différente d'un cercle parfait, ce qui les tiendrait à une distance presque toujours égale du soleil. Il se fait dans une ellipse excessivement allongée, ce qui augmente à chaque instant leur éloignement, jusqu'à ce qu'elles atteignent le point de leur courbure, d'où le soleil les force de remonter vers lui par la branche opposée ; mais à ce point si reculé, où elles cèdent pourtant à la puissance que le soleil exerce toujours sur elles, elles doivent se trouver bien plus loin encore des soleils des mondes voisins, car autrement le plus proche les forcerait d'entrer dans son empire. A cette distance à laquelle notre comète n'est parvenue qu'au bout de près d'un siècle et demi, il faut donc qu'elle laisse encore derrière elle un espace immense désert, pour servir de frontière entre le système dont elle dépend, et celui qui l'avoisine de ce côté. Rapporte cette mesure à tous les autres mondes, et conçois, si tu l'oses, quelle doit être l'immensité de chacun d'eux.

Mme DE CROISSY. — Mais, mon frère, est-ce que vous les croyez tous aussi grands que le nôtre?

M. DE GERSEUIL. — Rappelez un peu votre philosophie, ma sœur. De quel front l'homme prétendrait-il que l'empire de son soleil fût le plus vaste, lorsqu'il n'en habite lui-même qu'une des moindres provinces? La marche de son orgueil est assez singulière. Tant qu'il a cru tous les corps célestes faits pour lui seul, il a cherché de siècle en siècle à les agrandir : aujourd'hui que l'astronomie démontre qu'ils lui sont étrangers, il n'aspire qu'à resserrer leur étendue.

Mme DE CROISSY. — Je ne puis rien opposer à votre raisonnement ; mais cette immensité me confond, et peut-être allez-vous m'accabler encore. Combien comptez-vous d'étoiles?

M. DE GERSEUIL. — Les observateurs les plus sûrs et les plus scrupuleux en ont compté plus de trois mille dans notre hémisphère, et dix mille dans l'hémisphère opposé.

Mme DE CROISSY. — Grand Dieu! treize mille soleils, treize mille mondes dans l'univers !

M. DE GERSEUIL. — Et les étoiles que l'on entrevoit à peine avec le télescope ! celles que cet instrument perfectionné nous ferait encore découvrir ! les milliers qui se trouvent comprises dans ces petits nuages que vous voyez, auxquels on a donné le nom de Nébuleuses, et dans ceux que l'on ne découvre qu'à l'aide des instrumens ! les millions qui sont renfermées dans la voie lactée ! Je conçois que l'imagination soit épouvantée de ce calcul. A l'aspect d'une haute montagne, l'homme ne peut se défendre d'un secret saisissement ; la pensée de l'étendue de la terre le fait frémir ; l'Océan et ses profondeurs le glacent d'effroi ; cependant qu'est ce globe entier auprès de la masse brûlante du soleil, quatorze cent mille fois plus grande? Et l'étendue occupée par cet astre si volumineux, que sera-t-elle en comparaison de l'espace où nagent les corps soumis à son empire? Mais tandis qu'il fait circuler autour de lui ses planètes, entourées de leurs satellites, s'il était emporté lui-même avec d'autres soleils, suivis, comme lui, de leur cortége, autour d'un autre corps plus puissant qu'eux tous à la fois?

Mme DE CROISSY. — Quoi, mon frère, notre soleil, et ceux de tous ces mondes, ne seraient aussi que des planètes errantes à travers les cieux? Ne craignez-vous pas que votre imagination ne soit la seule en mouvement de tous ces voyages?

M. DE GERSEUIL. — Et que diriez-vous, si cette conjecture proposée par Halley, digne précurseur du grand Newton, soutenue par M. Lambert, l'un des plus grands géomètres de ce siècle, était devenue l'opinion de ce que nous avons aujourd'hui d'astronomes les plus distingués, tels que MM. de La Lande et Bailly, et du sage, profond et religieux contemplateur de la nature, M. Bonnet de Genève?

Mme DE CROISSY. — De si grands noms m'en imposent sans doute ; mais sur quels fondemens cette idée serait-elle établie?

M. DE GERSEUIL. — Le mouvement de rotation qu'on a reconnu dans le soleil suffirait seul pour la rendre vraisemblable. La nature a imprimé ce mouvement à tous les corps transportés dans une orbite autour d'un corps plus puissant qui les maîtrise. Elle l'a donné aux satellites, en les faisant circuler autour de leurs planètes ; elle l'a donné aux planètes, en les faisant circuler autour du soleil : toujours simple, uniforme et constante dans ses grandes lois, l'aurait-elle donné au soleil pour rester immobile? Toutes les planètes tournent sur elles-mêmes dans le mouvement qui les emporte autour de lui, pour en recevoir successivement la chaleur dans toutes leurs parties ; or, puisqu'il tourne aussi sur lui-même ne serait-ce pas en marchant autour d'un autre corps supérieur?

Mme DE CROISSY. — Ces conjectures me paraissent assez naturelles et assez importantes pour désirer qu'elles fussent appuyées sur quelque observation.

M. DE GERSEUIL. — Eh bien, soyez satisfaite. Il est déjà trois des plus grandes étoiles, Sirius, Arcturus et Aldébaran, dont le mouvement dans l'espace est constaté. Il est très-sûr qu'Arcturus s'avance toutes les années de plus de quatre-vingt-dix millions de lieues vers le midi. Dans l'éloignement prodigieux où sont ces étoiles les plus proches de la terre, leur déplacement est à peine sensible au bout de quelques années ; jugez si les autres étoiles, infiniment plus distantes, ne peuvent pas avoir un mouvement aussi considérable, sans qu'il soit sensible pour nous avant des siècles entiers d'observation !

Mme DE CROISSY. — Puisque le mouvement de ces grandes étoiles est si certain, je n'ai rien à vous opposer sur ce sujet. Je conçois même, d'après votre réflexion, que les plus petites pourraient se mouvoir, sans que ce déplacement fût remarquable de long-temps à nos yeux, à cause de leur inconcevable distance. Mais n'est-ce pas assez, pour vous satisfaire sur l'immensité de l'univers, que certaines étoiles soient emportées dans une orbite dont l'imagination ne peut se représenter l'étendue? Voulez-vous encore troubler le repos des autres?

M. DE GERSEUIL. — C'est qu'il m'en coûterait davantage d'outrager la nature. Pour reconnaître sa sagesse, vous avez été forcée de convenir que si les étoiles sont des soleils comme le nôtre, et que l'une d'elles ait, comme lui, un monde planétaire à gouverner, toutes les autres doivent avoir les mêmes fonctions à remplir : ne l'accuseriez-vous pas maintenant d'une inconséquence bien étrange, en donnant le mouvement à quelques étoiles, tandis que les autres, avec la même destination, resteraient immobiles? Mais prenez-y garde, ma sœur, le repos que vous accordez à celles-ci par faiblesse, est une destruction violente dont vous les frappez.

Mme DE CROISSY. — Vous m'effrayez, mon frère.

M. DE GERSEUIL. — Au milieu de tous ces soleils arrêtés dans une immobilité absolue, n'en supposons qu'un seul en mouvement. Tel qu'un conquérant qui traverse sans désordre ses propres états, en marchant à des dévastations étrangères, il s'avance d'abord paisiblement dans son empire; mais aux premières bornes du monde voisin qu'il rencontre, voyez-le engloutir dans sa masse de feu toutes les planètes de ce système, à mesure qu'il y pénètre, et courir bientôt dévorer sur son trône immobile ce soleil même qu'il vient de dépouiller. Dès-lors l'équilibre de la machine universelle est détruit. Ces systèmes qui se balançaient par l'égalité de leurs forces, comment pourront-ils résister à l'usurpateur, accru d'un monde envahi, et poussé d'une impétuosité nouvelle dans sa course? Comme un brasier ardent attire la paille légère, il voit les mondes qui bordent son passage se précipiter en foule dans le torrent de ses flammes. Il marche d'embrasemens en embrasemens, foyer errant du grand incendie de l'univers.

Mme DE CROISSY. — Oh! je vous en conjure, hâtez-vous de rendre le mouvement à tous ces soleils, que voulait arrêter ma folie. Surtout ne ménageons pas la course du nôtre. Qu'il fuie le désastre épouvantable où je l'exposais. Hélas! je tremble maintenant que ses pas ne soient trop ralentis par le grand attirail de son cortége.

M. DE GERSEUIL. — Tranquillisez-vous, ma sœur. Sa force est proportionnée à la masse des corps qu'il entraîne. La terre, soixante fois seulement plus grosse que la lune, la contraint bien de la suivre; Saturne fait bien marcher avec lui son anneau et ses satellites; Jupiter est-il jamais abandonné des siens? Si ces planètes, par leur masse dominante, obligent les corps de leur suite de les accompagner dans leur révolution autour du soleil, le soleil, avec une masse beaucoup plus considérable que celle de toutes les comètes, de toutes les planètes, et de tous leurs satellites ensemble, ne saura-t-il pas les emporter avec lui tous à la fois autour de l'astre assez puissant pour le dominer?

Mme DE CROISSY. — Ainsi le maître de tant d'esclaves ne serait qu'un esclave à son tour?

M. DE GERSEUIL. — Quelque mouvement que vous lui donniez dans l'espace, il faut nécessairement que ce soit autour d'un corps supérieur, centre de son orbite, comme il est lui-même le centre des orbites de tous les corps soumis à sa domination. C'est une loi invariable que la nature a suivie dans tout le système de l'univers. Les comètes, ces astres dont le cours est le plus irrégulier, selon nos idées, y sont soumises dans leurs plus grands écarts. En marchant sur une ligne presque droite vers l'extrémité de leur ellipse, elles suivent toujours une orbite qui leur est tracée autour du soleil.

Mme DE CROISSY. — Quoi donc! pour chaque soleil aurait-il fallu créer un corps supérieur, autour duquel se fît sa révolution?

M. DE GERSEUIL. — La nature a plus de ressources dans ses moyens. Plusieurs planètes, avec leurs satellites, circulent autour du même soleil; plusieurs soleils, avec leurs planètes, circuleront autour du même corps supérieur; plusieurs corps supérieurs, avec leurs soleils, circuleront autour d'autres corps supérieurs encore. Cette gradation de systèmes de corps supérieurs croissant toujours en volume, et décroissant en nombre, ira se terminer au corps central universel, sur lequel sans doute repose le trône de l'Être suprême, qui, d'un regard, embrasse tout son admirable ouvrage.

Mme DE CROISSY. — Mais avec cette inconcevable multiplicité de mouvemens et d'orbites, comment préviendrez-vous le désordre?

M. DE GERSEUIL. — Comme cet amiral qui conduisait la flotte la plus nombreuse qu'eût jamais portée l'Océan. Elle était formée de trois divisions, composées chacune de plusieurs vaisseaux de ligne, d'une quantité prodigieuse de frégates, et d'un nombre infini de navires marchands, avec leurs chaloupes. Il voulut un jour leur faire exécuter une évolution générale. Il ordonna à ses trois vice-amiraux de marcher en un grand cercle autour de lui sur leurs vaisseaux de commandement. Chacun de ces vice-amiraux donna le même ordre à tous les vaisseaux de ligne de sa division, chaque vaisseau de ligne à plusieurs frégates, chaque frégate à plusieurs navires marchands, et chaque navire marchand à toutes ses chaloupes. Ils prirent un espace assez vaste pour pouvoir exécuter librement ces manœuvres, et elles se firent avec la précision la plus rigoureuse. Cette évolution paraissait sans doute bien compliquée aux derniers navires. Ils devaient n'apercevoir que des mouvemens bizarres et confus à travers tous ces corps flottans. Vous voyez toutefois qu'elle était de la plus extrême simplicité. L'amiral n'avait eu besoin que d'un seul ordre, d'un signal unique. Les chaloupes n'avaient qu'à marcher à diverses distances autour de chacun des navires marchands dont elles dépendaient, tandis que plusieurs navires marchands circuleraient autour de chaque frégate, plusieurs frégates autour de chaque vaisseau de ligne, les vaisseaux de ligne autour de chacun des vice-amiraux de leur division, et ceux-ci enfin autour du grand amiral.

Mme DE CROISSY. — Cette comparaison débrouille à mes yeux tout le système de l'univers. Mais comment concevoir cette gradation de corps plus puissans les uns que les autres, dont le volume énorme du soleil ne serait que le terme moyen?

M. DE GERSEUIL. — Votre imagination n'a-t-elle pas déjà fait un effort plus courageux, en s'élevant à l'immensité du soleil même, incontestablement reconnue aujourd'hui? Cet astre, que les anciens croyaient moindre que la lune, et infiniment plus petit que la terre, cet astre pourrait former plus de quatorze cent mille globes de la terre, ou plus de quatre-vingt millions de globes de la lune. Quelle progression de grandeurs peut maintenant vous arrêter? Si chaque nouvelle erreur dont l'homme se désabuse éclaire son intelligence, si chaque nouveau degré de faiblesse qu'il surprend dans ses organes agrandit son génie, pourquoi craindrait-il de donner un plus noble essor à son génie et à son intelligence? Avant l'usage du microscope, ne bornait-il pas la nature animée au dernier insecte que ses yeux lui permettaient d'apercevoir? Aujourd'hui, combien de millions de créatures il aperçoit encore au-dessous de cet insecte! Une goutte d'eau préparée, dont rien ne semble altérer la transparence, lui montre une mer peuplée de ses baleines : une parcelle de fruit moisie lui présente, pour ses habitans, une montagne couverte de forêts, comme l'est pour nous l'Apennin, qui va cacher son front dans les nuages. Il voit ces petits animaux dont il était si loin de soupçonner l'existence, en dévorer d'autres plus petits; il les voit pourvus d'organes propres à tous leurs besoins, chargés de milliers d'œufs prêts à éclore, pour entretenir une prodigieuse population. Frappé de surprise à cet aspect, si le microscope lui échappe des mains, qu'il prenne le télescope, et qu'il découvre, pour la première fois, dans les cieux, une foule innombrable d'étoiles inconnues, derrière lesquelles il s'en dérobe encore un nombre mille fois plus grand qu'il ne verra jamais. De quel côté oserait-il maintenant, dans son audace, limiter la création? Si le temps est sans fin pour l'Éternel, pourquoi l'espace et la matière auraient-ils des bornes pour le Tout-Puissant? L'un est-il moins digne que l'autre de sa gloire? Les siècles que peuvent embrasser nos calculs ne sont peut-être à la durée de l'éternité que ce que les espaces occupés par ces millions de mondes, que nous pouvons entrevoir, sont à l'étendue de l'infini.

Mme DE CROISSY. — O mon frère, quelle sublime idée vous me faites concevoir de l'Être-Suprême!

M. DE GERSEUIL. — Vous n'avez pu encore admirer que sa puissance dans le nombre et la grandeur de ces corps prodigieux qui peuplent l'univers; mais quelle sagesse bien plus admirable il a fait éclater dans l'équilibre où les maintient l'accord immortel de leurs mouvemens! Jetez d'abord les yeux sur notre système solaire. Outre les sept planètes et leurs satellites qui le parcourent sans cesse dans un ordre immuable, voyez-y circuler en tous sens plus de soixante comètes, dont les pas ténébreux sont marqués. Combien il en circule infiniment davantage, que nous n'avons pas encore observées! La géométrie démontre que par la forme de leurs orbites, un million de ces corps peut se mouvoir autour du soleil, sans que leur cours s'embarrasse. Élancez-vous maintenant sur les ailes de la pensée; traversez tous ces mondes, où règne intérieurement la même harmonie; allez vous prosterner au pied du trône du créateur, pour assister à leur marche universelle: cette noble audace est un hommage que vous rendez à sa gloire. Un rayon de son œil va vous éclairer. O le magnifique spectacle qui se dévoile tout à coup à vos regards! Ces étoiles qui ne vous paraissaient d'ici-bas que des flambeaux immobiles, les voyez-vous, comme des soleils dans toute leur grandeur, s'avancer en silence, suivies de leur cortége planétaire, autour de soleils plus puissans, qui les emportent autour d'autres soleils encore plus glorieux? Quelles justes proportions entre ces provinces, ces empires et ces mondes célestes! quelle majesté de domination, et même de dépendance! comme tous ces orbes s'embrassent sans se confondre! Quelle sera donc la chaîne invisible assez forte pour lier toutes ces parties d'un tout infini? Le grand Newton nous l'a révélée. C'est un seul principe de tendance mutuelle que le créateur répandit dans tous ces corps. Combiné avec l'impulsion qu'ils reçurent une fois pour toujours, en sortant de ses mains, réglé par le rapport de masses et de distances, il est l'agent universel de la nature. C'est lui qui tend à réunir tout ce que le mouvement voudrait séparer. En se balançant dans l'exercice perpétuel de leurs forces, ces deux puissances conservent entre les mondes l'ordre établi dès la création. Chacun d'eux attire à lui tous les autres, ainsi qu'il en est attiré. Une correspondance générale d'attractions réciproques les unit en les divisant. Leurs sphères s'étayent, sans se pénétrer. Les soleils qui les illuminent se réfléchissent leurs rayons, pour qu'un seul atome de lumière ne soit pas en vain dissipé dans l'espace. Il semble que l'Éternel ait voulu tracer dans cette même loi le plus grand principe de la morale humaine. « Mortels, aidez-vous mutuellement de vos lumières et de vos forces, tendez les uns vers les autres, sans vous écarter de la sphère où vous a placés ma Providence. Cet ordre est établi pour votre bonheur, comme pour le maintien de l'univers. »

Les deux enfans n'avaient pas laissé échapper une seule parole pendant la dernière partie de cet entretien ; mais leur silence n'était pas une distraction : il était l'effet de l'impression de surprise dont ils avaient été frappés, et de l'attention qu'ils avaient donnée au magnifique tableau qu'on venait de leur offrir. M. de Gerseuil craignit cependant que la rapidité de son discours n'eût fait perdre quelque chose à leur intelligence ; et dès le lendemain en se levant, il écrivit de mémoire les deux entretiens de la veille, et les donna à Émilie et Cyprien, qui les lurent et relurent souvent avec la plus grande attention.

FIN DE L'INTRODUCTION A LA CONNAISSANCE DE LA NATURE.

LYDIE DE GERSIN.

CHAPITRE PREMIER.

La petite Lydie était un jour assise dans un coin du salon, et s'amusait à lire des historiettes pour les enfans, lorsqu'elle vit entrer sa mère, qui était sortie depuis une heure pour des affaires. La petite fille courut vers sa maman avec des transports de joie, et lui dit que sa tante était venue la voir, et qu'elle lui avait fait présent de quelques livres fort jolis.

O ma chère maman! s'écria-t-elle, il s'agit, dans ces livres, de petits garçons et de petites filles de mon âge. On y voit tout ce qu'ils ont fait, et s'ils ont été sages ou méchans. Oh! que je voudrais bien avoir d'autres livres comme ceux-là!

Mme DE GERSIN. — Tu aimerais donc beaucoup à lire des histoires sur de jeunes demoiselles bien élevées?

LYDIE. — Oui, maman; et toi?

Mme DE GERSIN. — Et moi aussi, sans doute. Lire leurs aventures, c'est comme si on les voyait agir; et je pense qu'il n'est rien de plus agréable que de voir de braves enfans, jaloux de remplir leurs devoirs, et qui savent ensuite s'amuser, sans être bruyans ou importuns dans leurs plaisirs.

LYDIE. — Oh! comme je m'amuserais à lire de ces jolies histoires!

Mme DE GERSIN. — Et serais-tu bien aise d'en voir une écrite sur toi-même? Penses-tu qu'elle serait jolie?

LYDIE. — J'ai bien peur de n'être pas assez sage pour cela.

Mme DE GERSIN. — Je pense en effet qu'il y aurait par-ci, par-là, des traits qui ne seraient pas à ton avantage; comme, par exemple, d'avoir un peu de gourmandise, d'impatience, d'entêtement, d'étourderie; d'être quelquefois brusque et pleine d'humeur envers ton petit frère Paulin, lorsqu'il veut toucher à quelqu'un de tes joujoux.

LYDIE. — Il est vrai, maman. Mais quelquefois aussi je suis bonne. Il me semble que je voudrais bien l'être toujours, et j'ai du chagrin lorsque je ne le suis pas. Je ne sais comment cela se fait, mais je pense que je ne suis pas quelquefois maîtresse de n'être pas méchante.

Mme DE GERSIN. — N'imagine pas cela, je te prie, ma chère enfant. Tu pourras certainement t'en empêcher lorsque tu le voudras. Je vais te dire ce qui se passe en toi. Tu suis toujours ta fantaisie du moment, au lieu d'être constamment décidée à ne faire que ce qui est bien. Par exemple, tu te mets quelquefois à l'étude avec l'intention de bien apprendre ta leçon; tant que cette intention se soutient, les choses vont à merveille; mais s'il t'arrive de rencontrer quelque légère difficulté qui t'embarrasse, alors tes belles intentions s'évanouissent, tu jettes ton livre de côté, et tu te plains d'être fatiguée. Une autre fois, tu entres dans la chambre d'un air joyeux; on te prendrait pour la plus aimable petite personne du monde, lorsque tu viens à t'apercevoir que quelqu'un a pris ta place, ou que tu ne peux avoir dans le moment ce que tu voudrais, là-dessus ta figure s'allonge, tu prends un air triste, et je t'entends murmurer entre tes dents. Je suis fâchée, Lydie, que tu t'abandonnes à d'aussi mauvaises habitudes.

LYDIE. — Et que dois-je donc faire, maman?

Mme DE GERSIN. — Je vais te le dire: il faut d'abord désirer de tout ton cœur d'être bonne, et je me flatte que c'est là ta disposition: ensuite, au lieu de ne songer qu'à faire ce qui te vient dans la fantaisie, tu dois prendre la ferme résolution de ne rien faire de ce que tu crois être mal, ou que je t'aie défendu.

LYDIE. — Et penses-tu, maman, que par ce moyen je puisse parvenir à être toujours bonne?

Mme DE GERSIN. — Sûrement, ma chère fille, car il ne tient qu'à toi d'éviter de faire de vilaines choses. Par exemple, à déjeuner, je vois souvent dans tes yeux l'impatience que tu as de recevoir ta tasse et ta rôtie. Si tu réfléchissais alors un seul moment combien cette impatience tient à la gourmandise, penses-tu que tu ne pourrais pas t'empêcher de demander à être servie avant les autres, et de trépigner de dépit de ce que je te fais attendre?

LYDIE. — Oui, maman, tu as raison. Cela ne dépendrait que de moi.

Mme DE GERSIN. — Oui, sans doute, ma fille; et il en est de même dans toutes les autres occasions. Lorsque tu ne te sens pas disposée à apprendre tes leçons, ou à faire ton ouvrage, tu n'as qu'à penser un peu combien il est nécessaire que tu sois instruite de tout ce que doit savoir une jeune demoiselle, et combien l'oisiveté est blâmable. Avec le secours de cette réflexion, tu seras en état de continuer à travailler de ton mieux, sans pousser de vaines plaintes.

LYDIE. — Mais, maman, tu dois en

sonvenir, je ne suis guère indocile pour ma lecture.

Mme DE GERSIN. — Il est vrai ; mais c'est parce que la lecture t'intéresse. Or je voudrais que tu remplisses chacun de tes devoirs par la seule pensée que tu es obligée de t'en acquitter. Alors tu ferais les choses où tu ne trouves pas beaucoup de plaisir, aussi bien que celles qui t'amusent. Surtout je désirerais ardemment de te voir mieux disposée à obliger tout le monde, plus attentive à veiller sur ton humeur, et à mettre une douce égalité dans ton caractère.

LYDIE. — Mais je suis souvent contrariée dans ce que je voudrais ; et alors n'est-il pas tout naturel que j'en aie du dépit ?

Mme DE GERSIN. — Non, ma fille, il est plus naturel encore de prendre patience, en se persuadant bien que les choses ne peuvent toujours aller au gré de nos caprices. Lorsque ton frère Paulin entre dans le salon, et qu'il prend ton livre ou ta poupée, je crois que tu aimerais mieux qu'il n'y touchât pas. Mais faut-il pour cela faire un grand bruit, lui dire des injures, courir après lui, et arracher tes joujoux de ses mains ? Ne vaudrait-il pas mieux lui dire avec douceur : Mon cher Paulin, rends-moi, je te prie, mon livre ou ma poupée ? Et s'il ne te les rendait pas tout de suite, comme ce n'est qu'un petit enfant, ne faudrait-il pas attendre un peu, jusqu'à ce qu'il les quittât de lui-même, quoique tu eusses peut-être désiré de les avoir sur-le-champ ? Je puis t'assurer que cela te coûterait beaucoup moins de peine que de te mettre en colère, de grogner, de frapper du pied, et de te rendre importune à tous ceux qui sont autour de toi. Ne le penses-tu pas aussi ?

LYDIE. — Oui, maman, je commence à le croire. Je ne suis point heureuse quand j'ai de l'humeur et que je te vois fâchée. Je veux essayer sérieusement de me corriger.

En disant ces mots, Lydie jeta ses bras autour du cou de sa mère, qui l'embrassa avec une vive tendresse, et lui dit : Je suis contente de ta résolution, et j'imagine un moyen pour la soutenir.

LYDIE. — Oh ! voyons, voyons, je te prie.

Mme DE GERSIN. — Nous écrirons ensemble chaque soir une petite relation de ce que tu auras fait dans la journée. Le lendemain, lorsque nous serons tous réunis dans le salon pour le déjeuner, je la lirai tout haut ; et je pense que tu seras bien plus satisfaite de ma lecture lorsque tu auras été bonne enfant, que lorsque tu auras été méchante.

LYDIE. — Oh ! ma chère maman, si je n'ai pas été sage la veille, je ne me soucierai guère de voir mon histoire récitée devant tout le monde.

Mme DE GERSIN. — Ce sera un petit désagrément, je l'avoue ; mais il ne tiendra qu'à toi de l'éviter par une bonne conduite. Souviens-toi bien que je commencerai ton histoire dès demain au soir.

CHAPITRE II.

L'heureux essai.

Le lendemain, Lydie, en se réveillant, se rappela la conversation qu'elle avait eue la veille avec sa mère, et elle résolut de se bien comporter pendant toute la journée. En conséquence, elle se hâta de se lever aussitôt que sa bonne fut entrée dans sa chambre. Elle se laissa tranquillement habiller, et remercia poliment Justine de ses soins. Après avoir fait sa prière avec beaucoup d'attention, elle descendit dans le salon, embrassa tendrement son papa, sa maman, ses frères et ses sœurs, et s'assit au bout de la table pour déjeuner. Elle attendit, sans impatience, que sa mère eût servi tout le monde : elle ne se jeta point sur les rôties, comme à l'ordinaire, pour choisir la plus grande : elle mangea de fort bonne grace, sans trop remplir sa bouche, et sans faire de malpropreté.

Après le déjeuner, elle suivit sa mère dans son appartement. On lui avait fait cadeau d'une fort jolie encoignure, pour y serrer son ouvrage et ses livres : elle en tira un volume, alla s'asseoir dans un coin, et se mit à lire d'un ton aisé et naturel, s'arrêtant à la fin de chaque phrase, avant de commencer la suivante, et donnant la plus grande attention à sa lecture, afin d'en saisir tout le sens.

Elle s'occupa ensuite de sa leçon de grammaire : elle y trouva des difficultés qui étaient près de la rebuter et de la mettre de mauvaise humeur; mais elle se souvint aussitôt que sa mère devait écrire l'histoire de sa journée. Cette réflexion lui rendit son courage : elle redoubla d'ardeur, et vint à bout d'apprendre un verbe entier, qu'elle récita sans faute à sa maman.

Pour se délasser de son application, elle prit un canevas où elle s'exerçait à broder des fleurs. Elle y travailla pendant une heure, jusqu'à ce que sa mère lui permît d'aller se récréer dans le jardin. Son frère Charles s'y amusait à cultiver un petit coin de terre qu'on lui avait donné : elle lui offrit ses services; et elle eut même le bonheur de lui donner de fort bons conseils.

A dîner, elle se conduisit aussi bien que pendant le déjeuner. Dans l'après-midi, elle pria sa mère de lui permettre de jouer avec ses cartons de géographie. Elle venait d'ajuster ensemble tous les états de l'Europe, et se préparait à dire à sa maman le nom des villes capitales de chaque pays, lorsque son petit frère entra étourdiment dans la chambre, et jetant son chapeau sur la table, brouilla tous les royaumes et toutes les républiques. Lydie était sur le point de s'emporter; mais la crainte de ce que sa mère aurait pu écrire sur ce chapitre vint s'offrir à son esprit. Elle se contenta de prendre doucement le chapeau de Paulin, et de lui dire : Je te prie, mon frère, de n'y plus revenir. Regarde tout le désordre que tu as causé : il faut que je recommence. Mais le petit garçon, qui trouvait quelque chose de divertissant à voir ces cartons voltiger, ne les eut pas vus plus tôt remis en place, qu'il jeta de nouveau son chapeau sur la table. Trois fois la sœur eut la patience de rétablir l'ordre dans la géographie de l'Europe, et trois fois le frère eut la malice de le troubler. Lydie enfin, sans se fâcher, ramassa les cartons et les remit dans leur boîte, en disant à sa mère : Paulin est aujourd'hui si brouillon, que je ferai mieux de suspendre mes amusemens jusqu'à ce qu'il s'en soit allé. Non, ma chère fille, lui répondit sa mère, il ne te dérangera plus. J'ai voulu voir jusqu'à quel point tu porterais la modération, et je suis contente de cette épreuve. Elle prit alors le petit garçon par la main, et lui dit, d'un ton sévère, que s'il s'avisait encore de troubler sa sœur elle le mettrait hors de la chambre, et en même temps elle lui donna des estampes pour s'amuser.

Lydie ne se démentit point de toute la journée. Il vint du monde : elle n'importuna personne, ni par son babil, ni par des jeux bruyans. Elle s'amusa très-innocemment avec sa poupée jusqu'à l'heure du souper; et lorsqu'elle se retira pour aller se mettre au lit, elle eut le plaisir de recevoir mille tendres caresses de ses parens.

CHAPITRE III.
La rechute.

Le lendemain, Lydie, à déjeuner, entendit avec beaucoup de joie le compte que sa maman rendit publiquement de sa conduite de la veille. Il en fut de même les jours suivans. On n'avait à lui reprocher ni gourmandise, ni paresse, ni mauvaise humeur; et sa maman commençait à concevoir l'espérance de la voir bientôt se corriger de tous ses défauts. Je suis cependant obligé de vous dire que cette bonne espérance ne fut pas long-temps soutenue.

Lydie avait une leçon un peu difficile. Ce qu'elle ne pouvait comprendre la première fois, lui serait devenu plus intelligible à la seconde étude. Mais le courage vint à lui manquer, et il lui échappa des murmures. Ma fille, lui dit sa maman, je crains que ceci ne figure pas trop bien dans notre histoire; et, prenant le livre, elle voulut lui expliquer ce qui l'embarrassait. Mais Lydie détourna la tête, et se mit à trépigner. Alors madame de Gersin posa le livre sur la table, et sans dire un seul mot, elle sortit de la chambre. Elle resta quelque temps dehors; et lorsqu'elle rentra, elle vit sa fille tristement assise dans un coin. Lydie n'osait lever les yeux sur sa mère, ni lui adresser la parole. L'idée de la faute qu'elle venait de commettre, après la bonne conduite qu'elle avait tenue pendant une semaine presque entière et l'honneur qu'elle s'était fait dans tous les esprits, cette idée, dis-je, l'accablait de douleur. Elle aurait donné tout au monde pour que la dernière demi-heure qu'elle venait de passer pût revenir. Mais, hélas! tous ses regrets étaient vains.

Après un long intervalle de silence, sa mère lui dit: A quoi penses-tu donc, Lydie?

LYDIE. — Ah! ma chère maman, je pense à la honte que j'aurai demain, lorsque vous lirez l'histoire de ma vilaine conduite de tout à l'heure.

Mme DE GERSIN. — Je t'avoue, ma fille, que je n'aurai guère moins de confusion que toi. Après t'avoir vue goûter la satisfaction que tu devais avoir de toi-même, je m'étais flattée que tu ne retomberais plus dans tes fautes.

LYDIE. — Ah! maman, il n'y a pas une heure que je m'en croyais bien loin.

Mme DE GERSIN. — J'espère que la honte que tu auras d'entendre le récit de ta folie, t'en préservera pour l'avenir. Ce qu'il te reste de mieux à faire, c'est de tâcher de réparer ta faute, en recommençant ta leçon. Je suis encore prête à te l'expliquer.

Lydie suivit le conseil de sa mère, et profita de ses offres gracieuses. Elle se comporta très-bien le reste de la journée. Mais elle ne fut pas aussi gaie dans ses jeux qu'elle l'avait été les jours précédens; car le repentir de sa faute, et la crainte de l'humiliation qui l'attendait le lendemain, tourmentaient cruellement son esprit.

CHAPITRE IV.

L'aveu généreux.

Le déjeuner du jour suivant ne fut pas, comme on l'imagine, bien agréable pour Lydie. Cependant, après avoir fait l'histoire de sa faute, Mme de Gersin ajouta qu'elle en avait témoigné de la honte et du repentir; que d'ailleurs elle avait fort bien appris sa leçon. Ensuite elle l'embrassa, et dit qu'elle pouvait répondre pour elle qu'elle ne se mettrait plus dans le cas d'avoir à rougir.

Lydie commença sa journée avec la résolution de ne donner contre elle aucun sujet de plainte. Mais elle n'avait pas ce contentement intérieur dont son cœur était plein avant sa rechute. Dans le cours des trois ou quatre semaines suivantes, elle fut plusieurs fois sur le point de retomber dans ses premiers défauts. Cependant elle eut la force de se retenir; et souvent, lorsqu'elle était tout près de se livrer à l'oisiveté, ou de répondre avec aigreur, on la voyait rentrer tout à coup en elle-même, courir se jeter dans le sein de sa mère, et lui dire, les larmes aux yeux : Embrasse-moi, ma chère maman, pour m'empêcher de devenir coupable.

Un jour cependant qu'elle était dans le jardin avec son petit frère, il se saisit d'un bouquet qu'elle venait de cueillir dans l'intention de le présenter à sa maman, et se mit à fuir de toutes ses jambes. Lydie courut à lui pour ravoir son bouquet; mais le petit garçon ne voulant pas le lui rendre, elle se mit en colère, et dans un premier mouvement, elle empoigna les fleurs que son frère tenait par la tige, et les mit toutes en pièces. Le petit Paulin, ébranlé par la secousse, alla tomber rudement à quelques pas, en poussant de grands cris. Lydie aimait tendrement son petit frère. Sa colère fut aussitôt oubliée : elle courut le relever, et lui demanda pardon. De tendres caresses et une autre fleur qu'elle lui donna, les remirent fort bien ensemble. Personne n'avait été témoin de cette querelle; et Lydie même ne s'en souvint qu'au moment où elle était près de se mettre au lit.

Quoiqu'elle ne fût pas absolument exempte de défauts, Lydie était pleine de sentimens d'honneur, et ne pouvait supporter la pensée de tromper personne. Comment laisser dire à sa maman qu'elle avait été sans reproche toute la journée, lorsqu'elle savait si bien le contraire ! Cette réflexion l'occupa durant la nuit; et le lendemain au matin, aussitôt qu'elle fut habillée, elle résolut d'aller dire à sa mère ce qui lui était arrivé. Comme elle passait devant une croisée du corridor, elle vit entrer dans la cour une dame qui venait déjeuner à la maison. Ce fut une cruelle mortification pour elle. Cependant elle continua sa marche, et se rendit dans la chambre de sa maman, à qui elle annonça la visite de sa respectable amie. Elle aurait bien voulu lui confier tout de suite le secret qui pesait sur son cœur; mais elle ne savait comment elle devait commencer. Sa mère lui voyant un air d'embarras, lui dit : Qu'as-tu donc, ma fille? Tu penses apparemment à ce que j'ai à dire ce matin sur ton compte? Va, ne sois pas alarmée. Je n'ai qu'une faute légère à te reprocher; et Mme de Sercy sera charmée d'apprendre la satisfaction que j'ai de ta conduite. Oh, maman! s'écria Lydie, je ne puis vous tromper, ni recevoir des louanges que je ne mérite pas. Elle lui fit alors le récit de tout ce qui s'était passé la veille dans le jardin.

J'aurai bien de la honte, ajouta-t-elle, de vous entendre rendre compte de mon emportement; mais je serais plus honteuse encore de recevoir vos éloges et vos caresses, tandis que je penserais que si vous aviez su tout ce que je savais, vous m'auriez traitée d'une manière bien différente. Sa maman la prit entre ses bras dans un transport d'affection, et lui dit : Que le Ciel continue de répandre sur toi sa bénédiction, ma chère enfant, et qu'il te conserve cette candeur et cette sincérité qui lui sont si agréables ! Embrasse-moi, ma chère Lydie. Je dirai ta faute; mais le libre aveu que tu viens de m'en faire te fera plus d'honneur que si tu n'avais pas été coupable. Il n'est rien que je ne doive espérer de toi, avec des sentimens si nobles. Allons, viens, descendons.

Quelques jours après cette scène touchante, Mme de Gersin reçut une lettre qui lui annonçait l'arrivée de plusieurs personnes de sa connaissance, que sa fille n'avait jamais vues, et qui devaient passer quelques jours au château.

Le jour où elles devaient arriver, Lydie alla trouver sa maman, qui se promenait dans le jardin, et, après avoir un peu balancé, elle lui dit qu'elle avait à lui demander une grâce, c'était de ne pas lire son histoire à déjeuner, pendant tout le temps que la compagnie resterait auprès d'elles.

Mme DE GERSIN. — Et pourquoi donc, ma fille?

LYDIE. — S'il m'arrivait d'être méchante, je ne voudrais pas l'entendre dire devant des étrangers : j'aurais trop à rougir.

Mme DE GERSIN. — Voilà une raison de plus pour être attentive à ta conduite. Ce serait une folie de négliger un moyen si propre à te corriger de tes défauts.

LYDIE. — Mais, maman, les aller publier devant tout le monde!

Mme DE GERSIN. — Tu ne fais jamais de mal sans être observée par des yeux que tu ne peux tromper.

LYDIE. — Oui, maman, je sais que Dieu les a toujours ouverts sur moi.

Mme DE GERSIN. — Eh bien! ce témoin seul n'est-il pas plus redoutable que tout l'univers ensemble?

Elles furent interrompues en cet endroit par l'arrivée de leurs nouveaux hôtes. Les paroles de madame de Gersin avaient fait une profonde impression sur l'esprit de Lydie; et depuis ce moment elle veilla sur elle-même avec plus de soin. Pendant les quinze jours que la compagnie passa au château, elle n'eut point sujet d'avoir à craindre la lecture de son journal, où il ne paraissait tout au plus que des fautes légères. Il lui arriva cependant peu après une petite aventure, qui mérite un chapitre particulier.

CHAPITRE V.

Les fraises et les estampes.

Lydie était allée passer l'après-midi chez une de ses amies dans le voisinage. Elle rentra par la porte du jardin; et, comme il faisait encore un reste de jour, il lui vint dans l'idée de cueillir un panier de fraises avec ses plus jeunes sœurs. Le panier fut bientôt rempli; et la petite bande joyeuse se rendit en triomphe dans le salon. Lydie présenta le panier à sa mère, et lui demanda si elle pourrait manger les fraises à son souper, avec ses sœurs et son frère Paulin. Madame de Gersin y consentit avec plaisir. Elle s'offrit même de lui aider à les éplucher. Lorsqu'elles furent prêtes, et qu'il ne manqua plus que du sucre, Lydie courut à la sonnette pour en demander. Mais tandis qu'elle portait la main au cordon, la porte s'ouvrit; et un domestique entra tenant une assiette pleine de tartines de confitures qu'on avait préparées pour le souper des enfans.

Je suis bien fâchée, dit madame de Gersin, que l'on vous ait fait ces tartines; mais puisque les voilà faites, vous ne voudrez pas sans doute les laisser perdre. Les fraises peuvent très-bien se garder pendant vingt-quatre heures; et vous les mangerez demain au soir à votre souper.

Cet arrêt ayant été prononcé d'un ton ferme, les enfans virent bien qu'il fallait s'y soumettre sans murmure. Il n'y eut que Lydie qui, après avoir donné l'idée de ce régal, ne put supporter le chagrin d'en être privée. Elle se retira d'un air boudeur dans un coin de la chambre. Ce fut en vain que son petit frère et ses sœurs l'appelèrent pour venir souper avec eux. Elle répondit qu'elle ne voulait rien manger.

Comment donc, ma fille, lui dit sa maman, n'aurais-tu pas mangé des fraises si on les avait servies? Voilà des confitures à la place; il me semble que tu n'es pas fort à plaindre.

Lydie sentait bien en elle-même qu'il valait mieux obéir à sa maman que de s'obstiner à bouder. Elle prit cependant ce dernier parti, et répondit qu'elle n'avait plus de faim.

Puisque tu as perdu si vite l'envie de souper, reprit madame de Gersin, il faut croire que tu es malade; et dans ce cas, je te conseille d'aller tout de suite te mettre au lit.

Lydie pouvait encore revenir de son entêtement. Mais une mauvaise honte l'en empêcha. Elle sortit brusquement sans embrasser ses sœurs ni sa mère, ce qui ne lui était jamais arrivé.

Avant de se coucher, il fallait aller prendre sa coiffe de nuit dans un cabinet de toilette qu'on lui avait donné. Lydie, en y entrant, fut surprise de voir de tous côtés un grand nombre de jolies estampes, dont les bordures dorées rayonnaient dans tout leur éclat sur le papier fond bleu qui formait la tenture. Elle resta quelques momens dans une extase muette, les yeux fixes et la bouche ouverte. Son humeur s'était dissipée dans cet intervalle, et son cœur n'était plus ouvert qu'à des sentimens de joie. Elle descendit précipitamment dans le salon, pour savoir qui lui avait fait ce cadeau. C'est moi, Lydie, lui répondit froidement sa mère. Tu avais souvent désiré d'avoir des estampes dans ton cabinet; et comme j'avais été fort contente de toi ces derniers jours, je me suis empressée de remplir tes vœux. J'ai profité, cette après-midi, de ton absence, pour décorer ton petit appartement, dans la vue de te causer une surprise agréable, lorsque tu irais te coucher.

Partagée entre la honte et la reconnaissance, Lydie ne savait auquel de ces sentimens elle devait obéir. Enfin elle jeta ses bras autour du cou de sa mère, et répandit sur son sein un torrent de larmes. O ma chère maman! lui dit-elle aussitôt que ses sanglots lui permirent de s'exprimer, quoi! j'ai pu me rendre digne de ta colère, dans l'instant même où tu venais de t'occuper de mes plaisirs! Je ne puis me le pardonner à moi-même. Comment espérer que tu me le pardonnes?

Tu ne m'as point donné de colère, Lydie, lui répondit madame de Gersin. Tu ne m'as inspiré que de la pitié. Je savais combien tu allais souffrir de ta faute. Calme-toi, ma chère fille; et sois bien persuadée qu'il te serait difficile de choisir, pour m'offenser, un moment où je ne serais pas occupée de ton bonheur.

LYDIE. — Oh! maman, combien tu me fais détester ma mauvaise conduite!

Mme DE GERSIN. — C'en est assez, ma chère fille. Tes larmes t'ont épuisée. Tu dois avoir besoin de souper.

Lydie ne fut pas insensible à ce nouveau trait de bonté de sa maman, qui la rappelait si doucement à son devoir. Elle fut se mettre à table auprès de son frère Paulin, et prit une tartine de confitures qu'on lui avait réservée. Elle se mit à manger sans regretter ses fraises; mais son cœur était encore si plein, qu'elle avait de la peine à avaler ses morceaux.

La scène qu'elle venait d'avoir l'avait trop vivement émue, pour lui permettre de fermer l'œil pendant les premières heures de la nuit. Elle les passa à chercher les moyens de réparer ses torts envers sa mère, en se corrigeant de ses défauts. La vue des estampes, qu'elle s'empressa d'aller examiner à son réveil, renouvela dans son cœur cette bonne résolution. Elle sentit plus vivement que jamais la nécessité de se vaincre elle-même, et d'y employer toutes ses forces. Ses efforts eurent un succès très-heureux. Après avoir peu à peu déraciné quelques mauvaises habitudes qu'elle avait contractées, on la vit bientôt acquérir chaque jour de nouvelles qualités et de nouveaux talens. La docilité qu'elle avait pour les instructions de sa mère, et l'ardeur qu'elle apportait à ses travaux, lui firent faire des progrès rapides dans l'étude, tandis que sa douceur et l'égalité de son caractère la faisaient chérir de tous ceux qui la voyaient. Chacun s'empressait de lui témoigner son amitié par mille petits services; et il n'y avait point de jeune demoiselle dans la contrée dont on désirât plus vivement le bonheur.

CHAPITRE VI.

La bienfaisance encouragée.

Un ou deux mois après que madame de Gersin eut entrepris d'écrire le journal de la conduite de sa fille, Lydie était à jouer avec quelques-unes de ses compagnes devant la porte du jardin. Son papa lui avait fait présent d'une petite corbeille de cerises cueillies dans sa serre chaude; et les jeunes demoiselles s'amusaient à les lier, en forme de bouquets, à des baguettes, ainsi que le pratiquent les fruitières pour les premières cerises qu'elles portent au marché.

Au milieu de ces amusemens, elles virent passer une petite fille assez proprement habillée, qui conduisait par la main son frère, âgé d'environ trois à quatre ans. La petite fille s'arrêta pour regarder le fruit nouveau, dont il n'avait pas encore paru dans le pays. Cette curiosité n'avait certainement rien d'offensant; cependant l'une des jeunes demoiselles, dont l'orgueil était excessif, lui demanda d'une voix insolente ce qu'elle voulait, et lui dit de passer son chemin, sans avoir l'impertinence de les regarder. La petite fille voulut aussitôt s'éloigner sans répondre. Mais son frère, à qui la vue des cerises avait fait venir l'eau à la bouche, se mit à crier en pleurant : J'en veux manger; ce qui lui attira à son tour une rebufade de la part de la jeune demoiselle, qui l'appela petit singe, et se mit en devoir de le chasser. La petite fille le prit alors dans ses bras, et l'emporta.

Lydie était indignée de la dureté de sa compagne. Comment as-tu pu, lui dit-elle, traiter si cruellement ces petits malheureux? Pourquoi n'aimeraient-ils pas les cerises aussi bien que nous, surtout dans un temps où elles sont si rares? Elle courut aussitôt après les enfans, et mit dans la main du petit garçon le bouquet de cerises qu'elle venait de lier. Tiens, lui dit-elle, mon petit ami; lorsque tu auras fini de jouer avec elles, tu pourras les manger; mais il faudra en donner à ta sœur. Oh! oui, répondit-il, toujours à ma sœur la moitié. Tiens, tiens, regarde, Louison.

Mais il faudrait dire : Je vous remercie, mamselle, dit Louison, en faisant une jolie révérence. Merci, mamselle, répéta le petit garçon, avec un joyeux sourire.

Lydie se trouva fort contente d'elle-même en s'en retournant, et ne put s'empêcher de penser que sa maman l'aurait approuvée si elle l'avait vue. Mais elle était trop modeste pour aller lui dire ce qu'elle avait fait; et quoique rien ne lui causât autant de plaisir que les louanges de sa mère, elle savait qu'une bonne action perd tout son prix lorsqu'on la fait en vue de quelque récompense. Cependant ce trait ne demeura pas ignoré. Sa bonne, qui se promenait alors dans le jardin avec un enfant sur ses bras, avait vu tout ce qui s'était passé. Elle fut si enchantée de la conduite de Lydie, qu'elle courut en rendre compte à sa maîtresse. Madame de Gersin n'en dit pas un mot à sa fille de toute la journée. Mais imaginez quelle fut la surprise de Lydie, lorsque le lendemain à déjeuner elle entendit toute l'histoire dans le journal de sa maman! Il serait difficile de peindre le plaisir qu'elle ressentit, en recevant des éloges aussi doux que ceux dont elle fut comblée. Sa mère lui demanda si elle savait comment s'appelaient les parens de la petite fille, et où ils demeuraient. Non, maman, répondit Lydie, tout ce que je sais, c'est qu'elle s'appelle Louison. Ses habits sont assez propres, mais je ne la crois pas riche; et les doigts de pied de son frère passaient à travers ses souliers. Si tu veux me le permettre, maman, je lui donnerai le fourreau que je viens de quitter. Je pense aussi que les souliers rouges, qui sont devenus trop courts pour Paulin, iraient à merveille au petit garçon. Fort bien, repartit sa maman, je veux te donner le plaisir de faire ces cadeaux. Tu peux les demander de ma part à ta bonne. Et puis, j'ai dans mon armoire un coupon de grosse toile, j'en taillerai un tablier que tu feras pour la petite fille.

Lydie n'oublia point la permission qu'elle avait obtenue. Elle courut aussitôt chercher le fourreau et les souliers, dont elle fit un paquet. Ce n'est pas tout. Aussitôt que sa maman lui eut taillé le tablier, elle se mit à le coudre avec autant d'adresse que de propreté. La jeune Duparc vint la voir tandis qu'elle y était occupée, et ne put s'empêcher de lui témoigner la surprise où elle était de la voir travailler à un ouvrage si grossier. J'admire, lui dit-elle, comment ta mère te laisse user tes jolis doigts sur cette toile dure. C'est un travail qui convient mieux à ta femme de chambre qu'à toi. Voilà une jolie occupation pour une jeune demoiselle, de faire des tabliers à de petites paysannes!

Lorsque mademoiselle Duparc se fut retirée, Lydie fit part à sa mère des discours de son amie. Je suis bien fâchée, répondit Mme de Gersin, que l'on s'avise de t'inspirer de pareilles idées. Est-ce qu'il serait au-dessous de toi de te rendre utile à tes semblables? Tes jolis petits doigts, pour me servir de son expression, ne t'ont pas été donnés en vain; et quoique mademoiselle Duparc ne fasse usage des siens que pour pincer les cordes de sa harpe, je pense qu'on peut les employer encore mieux à des ouvrages utiles.

LYDIE. — J'aime bien aussi à m'en occuper, maman.

Mme DE GERSIN. — C'est un de tes devoirs, ma chère fille. Mais surtout ne crois jamais qu'il soit messéant de travailler pour les pauvres, et de leur rendre tous les services qui sont en ton pouvoir. Les petites filles n'ont pas beaucoup d'argent. Leurs habits ne leur appartiennent pas. L'unique chose dont elles puissent disposer, c'est leur temps. Si elles consacrent quelques heures de leur récréation à travailler pour leurs pauvres voisins, elles nourrissent et fortifient en elles-mêmes des sentimens propres à les honorer, et font le seul acte de charité, peut-être, qui soit à leur portée. Tu n'avais pas de tablier à donner à la petite fille, c'est pourquoi je te fais travailler à celui-ci, afin que tu puisses avoir le plaisir de faire un cadeau qui vienne proprement de toi. J'espère que, dans tout le reste de ta vie, tu regarderas comme l'un des plus grands plaisirs celui de faire de bonnes œuvres. Mademoiselle Duparc serait, je crois, bien honteuse de ce qu'elle t'a dit, si elle était mieux instruite de ce que la religion et l'humanité nous prescrivent à ce sujet.

LYDIE. — Sa maman ne la laisse pas manquer d'argent; et je pense qu'elle en sait faire des charités.

Mme DE GERSIN. — Je ne la crois pas non plus d'un mauvais naturel; mais elle n'a pas un grand mérite de donner quelque chose de son argent, lorsqu'elle en reçoit de sa mère pour ses moindres fantaisies. Elle montrerait un bien meilleur esprit de charité, si elle portait de moins beaux habits, ou si elle donnait moins de temps à ses plaisirs, afin de se rendre plus secourable aux pauvres. La charité, ma fille, veut dire l'amour de notre prochain ; et nous sommes bien plus sûres que cet amour est sincère, lorsqu'il nous porte à nous priver d'une chose qui nous serait agréable, en faveur des autres, ou à prendre quelque peine pour les obliger.

LYDIE. — Eh bien! maman, au lieu d'aller jouer cette après-midi dans le jardin, je finirai mon tablier. Mais à présent je suis très-fatiguée, et je vais prendre un peu l'air.

Mme DE GERSIN. — Oui, ma chère Lydie, j'allais t'y engager.

CHAPITRE VII.
La guirlande.

Lydie eut beau faire exactement le guet, il se passa quelques jours avant qu'elle pût revoir la petite fille et le petit garçon. Un matin cependant, comme elle était assise auprès de la fenêtre, elle les vit venir. Elle descendit aussitôt avec légèreté, et les joignit au moment où ils passaient devant la porte. Dans sa précipitation, elle avait oublié de prendre les cadeaux qu'elle leur destinait. Elle les pria de vouloir bien attendre une minute, courut à sa chambre, et revint bientôt avec le tablier, les souliers et le fourreau qu'elle leur donna. Les enfans firent éclater la joie la plus vive en recevant ces présens, et surtout le petit garçon, qui ne cessait de s'écrier : O mes jolis souliers! mes jolis souliers!

Lydie le fit asseoir sur un banc, tandis que sa sœur le chaussait. Elle voulut ensuite essayer elle-même le tablier à Louison; et après les avoir bien caressés l'un et l'autre, elle prit congé d'eux. Elle avait été si occupée de leur parure, qu'elle avait oublié de leur demander le nom de leurs parens, et où ils demeuraient. Il s'était passé plusieurs jours; et Lydie ne se souvenait presque plus de ses petits favoris. Un matin qu'elle s'était levée de bonne heure, et qu'elle se promenait dans le jardin avant le déjeuner, elle aperçut quelque mouvement auprès de la porte. Elle courut de ce côté pour voir ce que c'était. Elle reconnut bientôt Louison et son petit frère. Ils tenaient à la main une guirlande faite des plus jolies fleurs, avec des nœuds de ruban. Qu'avez-vous là, mes amis, leur dit Lydie, et qu'en voulez-vous faire? C'est un petit présent, répondit Louison, que je vous prie, mamselle, de vouloir bien accepter. Aujourd'hui, c'est le premier dimanche de mai, la fête des fleurs. Ma mère et moi, nous nous sommes levées de bonne heure, pour vous faire cette guirlande, dans la pensée qu'elle pourrait vous faire plaisir.

Lydie, transportée de joie, remercia tendrement Louison, et courut dans la chambre de sa maman pour lui montrer sa guirlande. Elle est fort jolie, lui dit madame de Gersin; et la mère de la petite fille nous montre bien de l'attention et de la reconnaissance. Mais tu devrais faire quelque don à ces enfans. Car quoique je pense bien que ce n'était pas les vues de leur mère en nous envoyant la guirlande, c'est un usage établi dans ce jour. Va leur porter cet écu de six francs.

Lydie courut de toute sa vitesse, mais il était trop tard. Louison avait reçu ordre de sa mère de ne pas s'arrêter, de peur d'avoir l'air d'attendre quelque chose. Il lui avait été prescrit de ne pas prendre d'argent, malgré les offres les plus pressantes, mais de le refuser poliment, et de dire que sa mère serait fâchée contre elle si elle en recevait.

Dans le transport de sa joie, Lydie avait encore oublié de demander à Louison le nom et la demeure de ses parens. Mais madame de Gersin fut si touchée de l'attention délicate de la mère de la petite fille, qu'elle fit faire des perquisitions pour la découvrir. Elle apprit qu'elle se nommait Dutems, que c'était une femme très-honnête et très-industrieuse, qui tenait une petite école, et travaillait à des ouvrages de couture.

Lydie, après avoir montré sa guirlande à tous les gens de la maison, l'avait suspendue dans sa chambre; et lorsqu'elle avait un moment de loisir, elle courait l'admirer et jouer avec elle.

Le lendemain, à son réveil, elle ne manqua pas de l'aller visiter. Mais elle vit avec chagrin que toute sa beauté s'était évanouie. Les tulipes avaient la tête abattue, les autres fleurs étaient flétries, et toutes leurs couleurs fanées. Lydie porta tristement la guirlande à sa mère, pour lui montrer combien elle était changée. Ma chère enfant, lui dit madame de Gersin, avais-tu oublié que toutes les fleurs sont sujettes à se flétrir? Elles tirent leur nourriture de la terre. Il faut donc bien qu'elles meurent, lorsqu'elles en sont séparées.

LYDIE. — Mais comment la terre peut-elle les nourrir, maman?

Mme DE GERSIN. — Comme les sucs de la viande que tu manges te nourrissent, de même la fleur attire le suc de la terre. Ce suc circule dans toutes les parties de la fleur et les alimente. Suivant les différens canaux où il passe, il prend différentes couleurs, quelquefois seulement un beau vert : il est même des fleurs, comme le lis, où il ne prend aucune couleur, et la fleur reste blanche. La terre est appelée la mère des plantes, et les nourrit comme une mère nourrit son enfant. Si la fleur est arrachée de son sein, elle se flétrit, comme ton frère, que je nourris, périrait bientôt si je cessais de l'alaiter.

LYDIE. — Tu m'as dit, maman, que c'était Dieu qui prenait soin de moi.

Mme DE GERSIN. — Certainement, ma fille; et sans le secours de Dieu, la terre ne pourrait nourrir ses plantes, ni la mère son enfant. Mais, en général, Dieu se plaît à soutenir les enfans par le moyen de leurs parens. Et comme les parens se font un devoir d'être les instrumens de la bonté de Dieu envers les enfans, de même les enfans doivent se faire un devoir de respecter et de chérir leurs parens, suivant le commandement qu'ils en ont reçu de Dieu même.

LYDIE. — Aussi, maman, ai-je beaucoup de respect et d'amour pour toi.

Mme DE GERSIN. — Tu sais aussi que je t'aime avec une bien vive tendresse. Je me fais un plaisir de te dire que je fus hier fort contente de toi. Lorsque je t'appelai pour ta leçon, quoique tu fusses occupée à jouer avec la guirlande, tu la quittas tout de suite, et tu vins me trouver. Pour te récompenser de ton obéissance, je veux, cette après-midi, lorsque tu auras rempli tous tes devoirs, te mener chez la mère de Louison, pour lui rendre visite.

Cette partie de plaisir promettait beaucoup de joie à Lydie; mais elle n'en fut que plus attentive à bien apprendre ses leçons.

CHAPITRE VIII.

L'École de village.

Le temps fut aussi beau dans l'après-midi qu'on aurait pu le désirer. Madame de Gersin partit avec Lydie, accompagnée d'un domestique, qui portait dans ses bras le petit Paulin. Ils arrivèrent au bout d'une demi-heure chez madame Dutems. Ils la trouvèrent dans une grande salle fort propre, autour de laquelle on voyait assis, sur des bancs adossés à la muraille, une vingtaine d'enfans. Louison et son frère étaient du nombre. La petite fille était occupée à marquer des mouchoirs, et le petit garçon s'amusait à regarder les images de son alphabet. Tous les enfans se levèrent à l'arrivée de madame de Gersin; et comme l'heure de l'école était près de finir, leur maîtresse allait les congédier.

Mais Lydie et sa mère prièrent madame Dutems de ne pas les interrompre. On les fit rasseoir. Madame de Gersin examina les livres des uns et les ouvrages des autres, et fit une foule de questions à madame Dutems, sur sa famille et sur ses élèves, tandis que Lydie regardait avec amitié Louison, et admirait son adresse et la propreté de son travail. Pour le petit Paulin, il écoutait de toutes ses oreilles un perroquet perché sur un pupitre, qui répétait B-A, BA. C-A, CA. D-A, DA. etc., ce qu'il avait appris en l'entendant répéter aux enfans ; et j'avouerai même qu'il y en avait plusieurs d'entre eux qui ne le savaient pas aussi bien.

Madame de Gersin avait apporté de petits cadeaux pour madame Dutems et pour sa famille. Ils furent reçus avec beaucoup de reconnaissance. Les écoliers s'étant bientôt retirés, madame Dutems invita ses hôtes à passer dans le jardin, où elle leur fit servir à goûter. Le repas fut très-joyeux, et madame de Gersin se retira fort satisfaite de sa visite, ainsi que Lydie et Paulin.

CHAPITRE IX.

Le petit Agneau.

Quelques jours après cette visite, Lydie vit de sa fenêtre la petite Louison, qui tenait sous son bras quelque chose, qu'elle paraissait avoir beaucoup de peine à porter. Lorsque la pauvre enfant fut arrivée devant la porte du château, elle s'arrêta, et regarda à travers le trou de la serrure, n'osant prendre la liberté de tirer la sonnette. Lydie était déjà descendue, pour savoir ce qu'elle demandait. Quelle fut sa surprise de voir, dans les bras de Louison, un petit agneau âgé tout au plus d'une quinzaine de jours ! Il avait été donné à Louison par un fermier dont les enfans allaient à l'école chez sa mère. Louison lui avait mis autour du cou une guirlande de fleurs des champs. Elle venait le présenter à Lydie, et l'obligea, par ses prières, de vouloir bien l'accepter. Au milieu de sa joie, Lydie se souvint fort à propos que sa mère avait eu l'intention de donner quelque chose à Louison pour sa guirlande de fleurs. Elle pria la petite fille d'attendre qu'elle eût été montrer l'agneau à sa maman. Elle revint bientôt avec un écu de six francs qu'elle voulut mettre dans la main de Louison ; mais celle-ci ne consentit jamais à le prendre, disant que l'agneau ne lui avait rien coûté, non plus que les fleurs de la guirlande, et que sa mère lui avait absolument défendu de rien recevoir.

Mais au moins, reprit Lydie, tu ne refuseras pas de déjeuner avec moi. Elle la prit aussitôt par la main, la fit asseoir sur un banc, et courut, avec la permission de sa mère, chercher dans l'office un gâteau, et cueillir dans le jardin des fraises et des cerises. Elles mangèrent ensemble de fort bon appétit, et virent arriver avec regret le moment de se séparer. Lydie fit alors à Louison une petite provision de fruits et de friandises pour son frère ; et Louison ayant donné un tendre baiser à l'agneau, prit congé de Lydie, en lui recommandant de bien soigner le petit animal, de lui donner deux ou trois fois par jour du lait chaud, et de le retirer la nuit dans sa chambre.

On croira sans peine que Lydie destina dès ce jour une partie des heures de sa récréation aux soins qu'exigeait son élève. Il était à la vérité d'une tournure charmante ; et ses tendres bêlemens auraient fait naître un vif intérêt dans un cœur encore moins sensible que celui de Lydie.

Le plaisir que lui donnait cette innocente créature, la conduisait naturellement à penser à la bonne Louison, et à s'entretenir sur son compte avec sa maman. Elle lui faisait observer que Louison, quoiqu'elle fût pauvre, et qu'elle ne fût jamais allée dans la bonne compagnie, se conduisait toujours d'une manière décente, et parlait avec beaucoup de douceur et de politesse.

Ma chère enfant, lui répondit madame de Gersin, lorsqu'on a une modeste opinion de soi-même, et que l'on veille avec soin sur toutes ses paroles et toutes ses actions, il arrive rarement que l'on dise ou que l'on fasse quelque chose dont on ait à rougir.

La crainte d'offenser les autres nous rend polis et réservés ; et si nous nous attachons à parler toujours d'une manière obligeante, nous ne serons pas en peine de trouver les expressions. C'est l'étourderie et la vanité qui gâtent nos actions et nos manières ; et ces défauts sont insupportables dans un enfant, soit qu'il doive la naissance à des parens riches ou à de pauvres gens. Les enfans ne peuvent se rendre agréables, que par la soumission et la douceur, par des manières respectueuses envers tout le monde. Comme ils n'ont point encore de connaissances, et qu'ils ne disent ou ne font rien qui puisse mériter l'attention, ils doivent regarder les autres comme au-dessus d'eux, quelle que soit leur naissance, et se croire obligés envers toutes les personnes qui daignent s'occuper de leurs plaisirs ou de leurs besoins. Les amis de notre maison, ainsi que les domestiques, te montrent de la bienveillance, et ne perdront point ce sentiment, tant que tu continueras de te bien comporter envers eux. Mais lorsque les enfans s'avisent de vouloir disputer avec les grandes personnes, de leur parler insolemment, ou de prétendre savoir mieux qu'elles ce qu'il faut faire, ils se rendent aussi ridicules que désagréables. Ce qui te plaît dans Louison, c'est qu'elle semble n'avoir d'autre désir que de se trouver avec toi, de faire ce qui pourra te donner du plaisir, et de te montrer sa reconnaissance. C'est aussi ce qui te fera aimer de tous ceux qui t'environnent, s'ils trouvent en toi les mêmes dispositions.

CHAPITRE X.

Les sacs à ouvrage.

Pendant le cours de l'été, une tante de Lydie, qui demeurait dans les environs, fut obligée d'entreprendre un grand voyage. Comme elle ne pouvait emmener avec elle sa fille Henriette, elle pria madame de Gersin de vouloir s'en charger jusqu'à son retour.

Henriette était à peu près de l'âge de Lydie ; et quoique les filles aînées de madame de Gersin eussent pour elle beaucoup de soins et de complaisances, Lydie était sa compagne favorite, et elle se plaisait extrêmement dans sa société.

Un jour, une dame liée d'une étroite amitié avec la famille, vint lui rendre visite, et fit présent à chacune des deux petites demoiselles, d'un sac à ouvrage de satin, enrichi d'une broderie en or. Il y avait dans chaque sac une ménagère, avec des aiguilles et de la soie, un dez d'argent, une paire de ciseaux d'acier fin, et de plus, une belle bande de mousseline, faufilée sur un joli dessin, pour en faire un tour de gorge.

Henriette, quoique d'un excellent caractère, était extrêmement étourdie et encore plus négligente. Elle avait l'habitude de laisser ses livres, ses joujoux, ses poupées, dans tous les coins de la maison ; en sorte qu'elle avait souvent le chagrin de les perdre, ou de ne les trouver que dans le plus mauvais état. La dame qui venait de lui faire ce présent, ayant appris qu'elle avait un si triste défaut, lui recommanda particulièrement d'avoir bien soin de son sac à ouvrage ; et elle exigea des deux petites amies, que chacune d'elles portât son sac lorsqu'elles iraient la voir.

Pendant les premiers jours, Henriette oublia rarement de remettre toutes ses petites affaires en leur place, et d'en prendre soin. Un matin, elle était allée, avec Lydie, travailler au frais dans un pavillon du jardin. Lydie, lorsqu'elle eut fini son ouvrage, le mit dans son sac, qu'elle passa à son bras. Henriette en fit de même ; mais en sortant du pavillon, elle eut envie d'aller cueillir quelques fleurs pour en faire un bouquet. Comme le sac la gênait dans ses opérations, elle le posa sur une pièce de gazon voisine. Pendant qu'elle arrangeait les fleurs, elle vit le petit agneau de Lydie qui passait sa tête à travers les barreaux d'une palissade, et poussait des bêlemens pour l'appeler. Elle courut à lui, le caressa, lui donna à manger dans sa main, et ne cessa de jouer avec lui, qu'en pensant tout à coup qu'elle aurait à peine le temps de s'habiller pour le dîner.

Le sac était resté sur le gazon. Henriette ne s'en souvint que dans la soirée, lorsqu'elle voulut reprendre sa broderie. Elle courut aussitôt le chercher : elle le trouva, mais dans l'état le plus déplorable. Il était tout en lambeaux, couvert de sable et de boue. La ménagère et la mousseline étaient déchirées. Les ciseaux, le dez et les aiguilles étaient dispersés. Ceux d'entre vous qui ont reçu quelque cadeau d'une main chérie, et qui l'ont vu détruit par leur négligence, pourront se faire une idée du chagrin que la petite fille ressentit à la vue de ce désastre. Elle resta d'abord stupide d'étonnement. Elle se mit ensuite à examiner toutes les pièces l'une après l'autre ; et lorsqu'elle les vit entièrement délabrées, elle ne put s'empêcher de verser des larmes et de pousser de tristes lamentations. Le jardinier ayant entendu ses cris, accourut de l'autre bout du jardin, pour savoir ce qui lui était arrivé. Elle lui raconta ses malheurs, et lui demanda qui pouvait lui avoir joué ce vilain tour. Le jardinier répondit que c'était un grand dommage, mais qu'il ne doutait pas que ce ne fût le petit chien, parce qu'il l'avait vu rôder dans les environs.

Henriette ne vit d'autre parti à prendre que de ramasser les morceaux, et de les porter tristement à la maison. Ceux mêmes qui blâmaient sa négligence, ne purent s'empêcher de lui témoigner de la pitié. Elle trouva surtout des consolations dans l'amitié de la tendre Lydie, qui essuyait ses larmes en pleurant avec elle.

Le lendemain, comme elles s'entretenaient ensemble de cet accident, Henriette dit que son plus grand chagrin était de penser que madame de Salvières, qui lui avait fait ce cadeau, ne manquerait pas de savoir qu'elle en avait eu si peu de soin, et qu'elle ne pouvait soutenir l'idée de la voir fâchée contre elle. Mais, ajouta-t-elle, la femme de chambre m'a dit qu'elle avait un morceau de satin justement de la même couleur que mon sac, et que sa cousine, qui était marchande de modes, le lui broderait comme l'autre ; qu'elle ferait aussi une ménagère toute pareille, et qu'ainsi je n'aurais qu'à me procurer de la mousseline, et à me faire copier un dessin sur le morceau qui m'est resté ; de cette façon, madame de Salvières ne saurait rien de l'accident. Quant à ta maman, elle est sortie, et je recommanderai à tout le monde qu'on ne lui dise pas un mot de cette aventure.

Tu sais quelle est mon amitié pour toi, lui répondit Lydie, et combien je serais fâchée de te voir du chagrin. Mais je ne puis approuver le complot que tu me proposes ; et je suis sûre que tu ne l'approuves pas toi-même au fond de ton cœur. Si tu ne peux à présent soutenir l'idée de voir madame de Salvières, je pense que tu seras bien plus effrayée de la voir, lorsque tu songeras que dans le même instant tu cherches à la tromper. Combien il te serait cruel de t'entendre donner des éloges sur le soin que tu as pris de ton sac à ouvrage, en sentant en toi-même les reproches que tu as à te faire à ce sujet! Quand personne ne découvrirait le mystère, tu serais malheureuse; et s'il venait à se découvrir, que ferais-tu?

Ah! tu vaux bien mieux que moi, ma cousine, s'écria Henriette, en se jetant dans ses bras. Maintenant que tu m'as fait envisager la chose, je sens bien que maman serait indignée contre moi du parti que je voulais prendre. Il n'y en a pas d'autre que d'avouer tout à madame de Salvières. Mais combien j'aurai de confusion!

CHAPITRE XI.
La visite.

Quelques jours après cette aventure, toute la famille de madame de Gersin reçut une invitation à dîner de la part de madame de Salvières. Lydie, avant de partir, voulut prendre conseil de sa maman sur la conduite qu'elle devait tenir. Maman, lui dit-elle, il vaudrait mieux, je crois, ne pas emporter mon sac. Cela donnerait trop de mortification à la pauvre Henriette. Il semblerait que je voudrais faire voir que j'ai été plus soigneuse qu'elle. Cependant je ne voudrais pas paraître incivile aux yeux de madame de Salvières, qui m'a recommandé d'avoir mon sac quand j'irais chez elle.

Lydie reçut les plus tendres caresses de sa maman pour sa délicatesse et sa générosité. Madame de Salvières, lui dit-elle, qui doit déjà savoir l'histoire de ta pauvre cousine, devinera aisément la raison qui t'aura fait laisser ici ton sac, et elle t'en saura bon gré. Pour Henriette, je ne doute pas aussi qu'elle ne t'en aime plus tendrement, en voyant le sacrifice que tu fais à la crainte de la voir humiliée.

La voiture était déjà prête; et madame de Gersin y monta avec Henriette, Lydie et sa fille aînée.

La pauvre Henriette servit à prouver ce jour-là par son exemple, combien une simple étourderie peut entièrement détruire le bonheur. Elle avait long-temps attendu avec une vive impatience le jour où elle devait être invitée chez madame de Salvières; mais sa malheureuse négligence avait si fort changé ses dispositions, qu'elle redoutait alors cette visite, et qu'elle aurait bien voulu demeurer au château. Elle fut très-sérieuse pendant tout le chemin, quoique Lydie fît tout ce qui lui fut possible pour la distraire, en lui montrant les fleurs qui brillaient sur les buissons, les oiseaux qui voltigeaient sur les branches, et les voitures élégantes qui roulaient sur le chemin.

Madame de Salvières fut charmée de voir arriver sa compagnie, et surtout les deux plus jeunes demoiselles. Elle examina, d'un coup d'œil, si elles avaient apporté leurs sacs à ouvrage, mais sans leur en parler.

Henriette et Lydie s'étant assises après les premiers complimens, elles aperçurent sur une table, au bout du salon, deux petits berceaux où étaient couchées deux belles poupées. Elles se doutèrent bien que ces présens leur étaient destinés; et cette pensée augmenta la douleur et la confusion d'Henriette. Recevoir un second cadeau, lorsqu'elle avait eu si peu soin du premier; cela blessait sa délicatesse.

Quelques instans après, madame de Salvières demanda à Lydie si elle avait brodé son tour de gorge.

Oui, madame, répondit Lydie.

Et pourquoi donc, mon enfant, reprit madame de Salvières, ne l'avoir pas apporté pour me le faire voir? Je suis sûre qu'il est travaillé avec beaucoup de propreté, et je me serais fait un plaisir d'admirer votre ouvrage. Le vôtre est-il aussi achevé, Henriette?

La pauvre Henriette ne put y tenir plus long-temps, et fondit en larmes. Sa tante eut la bonté d'expliquer à madame de Salvières le sujet de ses pleurs, et de dire combien elle avait eu de regrets de son étourderie. Elle lui dit aussi la délicatesse qu'avait eue Lydie de ne pas faire parade de son sac, qui était resté en très-bon état au château.

Voilà une charmante enfant, s'écria madame de Salvières, et j'ose croire qu'elle sera une excellente gouvernante. Elle se fit aussitôt apporter les deux berceaux. Le premier avait des rideaux de mousseline brodée, avec des rubans et des franges roses. Il y avait dedans une poupée habillée en garçon, d'un fourreau de satin rose, avec un ruban vert de pomme à son chapeau, et une ceinture de la même couleur. Le second avait aussi des rideaux de mousseline brodée, avec des rubans et des franges lilas. Il y avait dedans une poupée, habillée en fille, d'un fourreau de satin lilas, avec un ruban bleu autour de la tête, et une ceinture blanche autour du corps.

Après avoir laissé aux deux jeunes demoiselles le temps de contempler les berceaux, madame de Salvières, s'adressant à Lydie, lui dit: Votre bonne conduite vous donne, je crois, le privilége de choisir la première: prenez celui qui vous plaira davantage. Henriette voudra bien accepter l'autre; et je me flatte qu'elle ne laissera pas rôder le chien à l'entour.

Lydie demanda la permission de céder l'honneur du choix à sa cousine, et la pressa de déclarer son goût. Mais Henriette refusa constamment. Ce combat généreux ayant duré quelques minutes, madame de Gersin dit à Lydie qu'il fallait parler la première, puisqu'elle ne pouvait y décider Henriette.

Lydie désirait surtout qu'Henriette fût contente de son partage; et comme le premier berceau était celui qu'elle aurait préféré, elle imagina qu'il serait aussi beaucoup plus du goût de sa cousine, c'est pourquoi elle retint le second. Henriette prit l'autre avec joie, et promit bien de le garantir avec soin de toute espèce d'accident.

Tout le monde avait été surpris du choix de Lydie, et sa sœur aînée le lui fit sentir. Lydie ne répondit rien. Mais madame de Salvières, qui soupçonnait ses motifs, demanda à Henriette quel était celui des deux berceaux qu'elle trouvait réellement le plus joli. Henriette répondit que c'était celui qu'elle avait eu, qu'elle se doutait bien que Lydie ne le lui avait laissé que pour lui faire plaisir, mais aussi qu'elle ne l'avait accepté que pour engager Lydie à le prendre.

Vous êtes l'une et l'autre d'aimables enfans, leur dit madame de Salvières, et je vous laisse terminer entre vous ce combat généreux. Malgré sa résistance, Lydie fut obligée de consentir à l'échange qu'Henriette avait projeté. Elles s'amusèrent très-joliment ensemble avec leurs poupées jusqu'au moment de leur départ; et Lydie eut la douceur de voir, au retour, son amie infiniment plus gaie et plus heureuse qu'elle ne l'avait été le matin.

CHAPITRE XII.

La corbeille renversée.

Un jour que Lydie se promenait dans la campagne avec sa maman, ses sœurs et sa cousine, elle vit une petite fille assise sous une haie, et qui pleurait amèrement. La voix de la douleur n'avait jamais frappé vainement l'oreille de Lydie. Elle courut avec Henriette vers la petite fille, et lui demanda ce qu'elle avait à pleurer.

LA PETITE FILLE. — Oh! ma chère demoiselle, que vais-je devenir? Mes œufs sont presque tous cassés. Et ma mère, que dira-t-elle? Comme elle va se mettre en colère! Je n'oserai jamais retourner à la maison.

LYDIE. — Ne t'afflige pas davantage, ma pauvre petite. Je t'assure que ta mère ne se fâchera pas. Ma bonne maman au moins ne se fâcherait pas, si elle était à la place de la tienne.

LA PETITE FILLE, *en sanglotant.* — Votre maman, à la bonne heure. Mais pour ma mère, elle va me battre. Je devais avoir trente sous de mes œufs et en acheter du pain.

LYDIE. — Tu n'as pas cassé tes œufs exprès sans doute. Comment cela t'est-il arrivé?

LA PETITE FILLE. — Maman en avait mis trois douzaines dans cette corbeille. Elle les avait entremêlés de paille, et m'avait dit d'aller les vendre à la ville, sans m'arrêter, jusqu'à ce champ. Là, j'ai vu dans la haie des mûres si appétissantes, que j'ai voulu en manger. Je ne faisais tort à personne de les cueillir. J'ai posé ma corbeille à terre pour atteindre à de hautes branches. Pendant ce temps, il est venu un gros chien qui a fourré son museau dans ma corbeille, et puis il l'a renversée, et il a cassé presque tous mes œufs. Maintenant je ne puis avoir ni les trente sous que je les aurais vendus, ni le pain que j'en aurais acheté. Ma mère l'attend pour donner à manger à mes petits frères; et je ne sais ce qu'elle me fera, lorsqu'elle me verra revenir les mains vides.

Pendant cet entretien, Mme de Gersin et ses filles aînées avaient eu le temps de s'approcher, et d'entendre le triste récit de la petite fille. Ma pauvre enfant, lui dit madame de Gersin, je suis fâchée du malheur qui t'est arrivé; mais tu vois maintenant ce que c'est que de ne pas suivre exactement les ordres de ses parens. Les enfans croient toujours en savoir autant qu'eux; mais ils s'y trompent toujours, et il leur en arrive quelquefois de grands chagrins. Ta mère t'avait dit d'aller à la ville sans t'arrêter, parce qu'elle savait bien que si tu t'amusais à jouer, ou à penser à autre chose qu'à tes œufs, tu courrais mille fois le risque de les casser. Si tu avais observé ses ordres, il y a toute apparence qu'il ne te serait pas arrivé de malheur. Ta mère aura donc sujet de te faire des reproches, lorsqu'elle saura comment cet accident est arrivé.

LA PETITE FILLE. — Oui, madame, vous avez bien raison. Elle m'aurait plutôt pardonné, si mes œufs avaient été cassés d'une autre manière. Un petit garçon, qui vient de s'en aller, m'a conseillé de dire qu'en voulant passer sous une barrière je me suis cogné le dos, et que ma corbeille m'est échappée des mains. Mais je n'ai jamais dit de mensonge, et je ne voudrais pas commencer aujourd'hui à mentir.

Mme DE GERSIN. — Je vois que ta mère est une brave femme, puisqu'elle t'a donné de si bonnes instructions.

LA PETITE FILLE. — Oh! oui, madame. Elle m'a toujours défendu de mentir pour aucun sujet; et si elle venait à savoir que je l'ai trompée, elle me battrait encore dix fois plus fort.

Mme DE GERSIN. — Sois bien sûre que tu te rendrais malheureuse pour toute ta vie, en t'accoutumant à mentir. Tu as déjà fait une faute, et tu vois combien elle te donne de chagrin. Ce serait bien pis, si tu devenais plus coupable en manquant à la vérité. Quand ta mère ne découvrirait pas la tromperie, elle t'aura appris sans doute que Dieu voit tout ce que tu fais, et que si tu cherches à te tirer d'embarras par le mensonge, tu perds aussitôt sa grace et sa bénédiction. Puisque tu es une si bonne fille, je te promets que ta mère ne sera pas si en colère que tu le crois. Va porter de ma part au château les œufs qui te restent. Voici les trente sous que tu aurais eu de ta corbeille. Tu pourras en acheter du pain; et ta mère n'y aura rien perdu. Je veux que tu m'apportes d'autres œufs quand tu en auras à vendre. Je serai bien aise de te voir.

La pauvre petite fille reçut l'argent avec des transports de joie et de reconnaissance. Lorsqu'elle fut partie, Mme de Gersin fit observer à sa fille, que l'on trouve quelquefois une récompense actuelle dans l'exercice de ses devoirs. Si la petite fille, dit-elle, avait suivi le conseil du petit garçon, et s'était décidée à dire un mensonge à sa mère, elle serait probablement partie tout de suite, et elle aurait été dans un autre champ quand nous sommes venus ici, en sorte que nous n'aurions pas pu la tirer d'embarras. J'espère que la rigueur de sa mère sera adoucie, à la vue du pain que la petite fille va lui apporter; et lorsque celle-ci aura rendu compte de sa conduite, elle recevra des louanges au lieu des reproches et des coups dont elle aurait été accablée, si son mensonge avait été découvert, comme il l'aurait été infailliblement.

CHAPITRE XIII.

Le jour de naissance.

Lydie, ainsi que je crois déjà l'avoir dit, avait des frères et des sœurs plus âgés qu'elle. L'un de ses frères, nommé Vincent, semblait être destiné, par son heureux naturel, à faire le bonheur de sa famille. Obligeant envers tout le monde, il avait une affection particulière pour Lydie. Un jour qu'il se promenait avec elle et sa mère dans un petit coin du jardin que Lydie avait obtenu de ses parens pour le cultiver, il y vit une grande quantité de fraises, et il demanda à sa sœur s'il pouvait en goûter quelques-unes. Non, je te prie, mon frère, lui répondit Lydie, n'en cueille pas aujourd'hui. Je les garde pour vous régaler tous demain : c'est mon jour de naissance. Est-il vrai, repartit Vincent? Eh bien! maman, continua-t-il, en se tournant vers sa mere, je veux aller aujourd'hui à la pêche pour voir si je ne pourrai pas avoir un plat de poisson pour le dîner. Je vais partir tout de suite. Ne soyez pas en peine, maman, si je ne reviens pas pour dîner. Je vais prendre des provisions dans ma poche. Voulez-vous me le permettre? Oui, mon fils, répondit Mme de Gersin; puisque tu veux fournir ton plat, je fournirai aussi le mien. Je vais commander un gâteau.

Vincent alla prendre sa ligne et ses hameçons, et il partit. On ne l'attendit pas à dîner. Mais comme il n'était pas encore de retour assez tard dans la soirée, sa mère commença à prendre de l'inquiétude. Elle allait envoyer un domestique pour le chercher, lorsqu'il arriva sa ligne à la main, mais sans un seul poisson dans son panier.

Je suis bien fâché, ma chère sœur, lui dit-il, de n'avoir pas de poisson à t'offrir. Mais lorsque tu sauras ce qui vient d'arriver, j'espère que tu ne m'en voudras pas. Je n'avais rien pêché de la journée. Ce n'est que vers le soir que le poisson a commencé à mordre, et j'ai pris deux belles truites. Je m'en revenais fort content de mes succès, lorsqu'après avoir marché environ trois cents pas, j'ai entendu du bruit de l'autre côté de la haie, et j'ai distingué une voix qui disait : Il faudra que tes frères et tes sœurs aillent se mettre au lit sans souper. Les pauvres créatures! Je ne leur ai donné qu'un morceau de pain dans la matinée; j'ai peur qu'elles ne meurent de faim.

La haie était si épaisse, que je ne pouvais voir qui parlait, jusqu'à ce que je fusse arrivé à la barrière. Alors, j'ai reconnu ce pauvre petit garçon qui vient quelquefois nous porter du poisson à la cuisine. Sa mère était à son côté. Sa figure était pleine de tristesse. Je lui ai demandé ce qu'elle avait. Elle m'a dit qu'elle était partie le matin de chez elle avec son fils pour aller acheter du poisson et le revendre, qu'elle avait fait des économies depuis bien des jours pour ramasser jusqu'à un écu, et l'employer à ce petit commerce, afin de vivre sur le profit. Elle n'avait pas trouvé de poisson à acheter, et elle s'en retournait à sa chaumière. Comme elle avait un trou dans sa poche, elle avait donné son argent, qui était tout en monnaie, à garder à son fils. Elle avait eu l'imprudence de lui demander en chemin s'il avait bien serré son argent. A ces mots, un homme avait sauté par-dessus la haie, et, prenant le petit garçon par le collet, lui avait dit : Voyons cet argent, j'en aurai soin pour toi. Aussitôt il s'était mis à fouiller dans ses poches, et lui avait pris tout ce qu'il avait. Hélas! ajoutait la pauvre femme, je n'aurai donc rien à donner à mes pauvres enfans. Ce n'est pas pour moi que je me plains, c'est pour eux. Que vont-ils devenir?

Elle pleurait si amèrement, ajouta Vincent, que j'étais prêt à pleurer comme elle. Je n'avais pas d'argent à lui donner. Je n'avais que mon poisson. Je lui ai demandé combien on pourrait le vendre. Oh! mon cher monsieur, m'a-t-elle dit, après l'avoir regardé, voilà deux belles truites! On les vendrait bien quarante sous la pièce.

Et croyez-vous que vous trouveriez à les vendre ce soir, si vous les aviez!

Oh! oui, je saurais bien où m'en défaire. Mais je ne veux pas vous priver de votre poisson.

Quand j'ai vu que les choses ne tenaient plus qu'à cela, je l'ai tant pressée, qu'enfin elle a bien voulu accepter les deux truites; et alors elle est partie à grands pas pour les aller porter à la ville.

La pauvre femme, s'écria Mme de Gersin! Elle a dû être bien contente de toi, et je le suis encore plus, mon cher fils. Mais tu avais de l'argent ce matin. Qu'en as-tu donc fait?

VINCENT. — Ne me le demandez pas, maman, je vous prie, c'est un secret à présent.

Mme DE GERSIN. — A la bonne heure. Je suis persuadée que tu n'en as pas fait un mauvais usage. Je rougirais de moi, si une curiosité indiscrète me faisait désirer de savoir ce que tu crois devoir me cacher. Je ne trouve rien de si importun que cette avidité de savoir ce que font les autres, qui devient d'autant plus pressante, qu'ils cherchent avec plus de soin à nous en faire un mystère.

VINCENT. — Non, maman, je n'ai point de secrets pour vous. Je désire seulement que personne n'en sache rien, jusqu'à ce que...

Mme DE GERSIN, *l'interrompant*. — C'en est assez, mon cher fils.

LYDIE. — J'ai aussi un secret, maman. Personne au monde ne le connaît que Julie. Ne va pas au moins le dire, ma sœur.

Mme DE GERSIN. — Non, elle ne le dira pas, je t'assure; et quand elle viendrait me le découvrir, je ne voudrais pas l'écouter. Je vous ai dit souvent que je respectais les secrets des autres. C'est un devoir pour les gens bien élevés. Je serais bien fâchée que quelqu'un qui m'appartient ne fût pas capable de garder un secret qu'on lui aurait confié. Mais je m'aperçois que notre longue promenade vous a fatigués, et qu'il est temps d'aller nous reposer dans le salon.

Le lendemain au matin, Vincent se leva de très-bonne heure, et ayant pris son violon, il alla jouer ses plus jolis airs à la porte de Lydie, et lui fit compliment sur son jour de naissance. Lydie se leva aussitôt pour aller embrasser sa maman dans son lit. Comme elle était au bout du corridor, le premier objet qui s'offrit à ses yeux, fut son petit agneau, qui avait un ruban rose à son cou, et des grelots qu'il secouait d'un air étonné. Elle eut beau demander à sa maman et à ses sœurs qui lui avait fait cette galanterie, elle n'en put tirer aucune information. Tous les gens de la maison qu'elle questionna n'en savaient pas davantage. Après y avoir un peu rêvé: Oh! maman, s'écria-t-elle, j'ai deviné: il faut que ce soit Vincent. Vous savez qu'il nous dit hier qu'il avait un secret. C'est lui, c'est lui, j'en suis sûre! Oh! le bon frère, combien je l'aime! Tout le monde, en effet, doit l'aimer, dit Mme de Gersin: il est si attentif et si prévenant! Je voudrais bien aussi le payer de retour, répondit Lydie. Que ne puis-je savoir comment je pourrais lui faire plaisir! Ce souhait est fort aimable de ta part, repartit Mme de Gersin; mais sois tranquille: ton frère est déjà payé par le plaisir qu'il a eu de te faire cette jolie surprise. Crois-moi, la générosité dans les sentimens est sa propre récompense. Si les personnes qui ne s'occupent que d'elles-mêmes, voulaient pendant un mois seulement s'exercer à des actions nobles et bienfaisantes, elles trouveraient un charme si doux dans cette jouissance, que par intérêt même, elles feraient du bonheur des autres leur propre bonheur.

LYDIE. — Je l'avais déjà senti, maman. Je me réjouis de voir mon petit agneau frétillant de joie, lorsque je le nourris et que je le caresse. Je crois que le plus grand bonheur serait de rendre heureux tout ce qui respire.

Mme DE GERSIN. — Embrasse-moi, ma chère Lydie: conserve toujours ces dispositions et ces sentimens. Quand tu ne les trouveras pas dans les autres, que cela ne t'empêche pas de les cultiver. Au lieu de te faire une excuse des mauvais exemples, pense combien il serait mal à toi, qui t'indignes si souvent aujourd'hui de la bassesse d'un méchant caractère, si tu venais à lui ressembler. Quel honneur au contraire ne te reviendrait-il pas, si les méchans, en voyant ta douceur, ton désintéressement et ton humanité, renonçaient à leurs vices, pour se former sur le modèle de tes vertus!

LYDIE. — Lève-toi, maman, je te prie. allons chercher mon frère.

Mme DE GERSIN. — Oui, ma fille, courons l'embrasser. Je suis bien sûre que tous les plaisirs qu'il aurait pu goûter avec son argent, ne valent pas celui que vous allez avoir l'un et l'autre; et plus vous avancerez en âge, plus vous serez sensibles à ces jouissances pures et délicieuses.

CHAPITRE XIV.
Le secret dévoilé.

Ce même jour, tandis que Lydie était occupée à travailler auprès de sa maman, un domestique entra, et dit qu'il y avait à la porte un petit garçon et une petite fille qui demandaient à parler à Lydie. Lydie rougit; et sa mère lui ayant demandé qui pouvaient être ces enfans, elle répondit avec vivacité : C'est apparemment Louison et son frère. Voulez-vous me permettre de les aller trouver? Mais je voudrais y aller toute seule. Je vous présenterai Louison avant qu'elle s'en retourne.

Le consentement de madame de Gersin ne fut pas difficile à obtenir; et Lydie ayant couru dans sa chambre pour y prendre un petit carton, eut bientôt descendu l'escalier et traversé la cour.

Arrivée à la porte du château, elle vit Louison, qui tenait une jolie petite corbeille de jonc avec des nœuds de ruban aux quatre coins, et des feuilles fraîches par-dessus.

Louison s'empressa de présenter sa corbeille à Lydie, et lui dit que la servante qui était venue lui dire de passer ce matin, lui ayant appris que c'était son jour de naissance, elle s'était mise aussitôt à finir sa corbeille, et qu'elle la priait de l'accepter.

Elle est vraiment fort belle, lui répondit Lydie, et je l'accepte avec plaisir. Elle écarta aussitôt les feuilles qui la couvraient, et vit qu'elle était pleine de petits gâteaux, sur lesquels Louison avait mis quelques rameaux de sorbier avec leurs fruits.

LYDIE. — Et où as-tu pris cela, Louison? C'est beaucoup trop pour moi, et je ne veux pas le prendre.

LOUISON. — Ah! mamselle, vous me feriez bien de la peine de le refuser. C'est ma mère qui a fait les gâteaux; et moi, j'ai cueilli les sorbes et j'ai fait la corbeille.

LYDIE. — C'est toi qui as fait cette jolie corbeille, Louison? Voudrais-tu bien m'apprendre un jour à les faire?

LOUISON. — Ce sera avec grand plaisir, mamselle, si votre maman daigne me le permettre : mais, je vous en prie, prenez d'abord celle-ci, elle vous servira de modèle.

LYDIE. — Je vois qu'il n'y a pas moyen de te refuser : mais sais-tu bien, Louison, pourquoi je t'ai fait prier de passer ici?

En disant ces mots, Lydie ouvrit son carton, et en tira un chapeau neuf de paille, entouré d'un large ruban vert, avec des rosettes devant et derrière, et des cordons verts pour se nouer sous le cou. Elle fit quitter à Louison celui qu'elle portait, et lui mit le sien à la place. Louison fut enchantée de sa nouvelle parure; mais Lydie n'avait pas moins de plaisir à la parer.

Elle tira ensuite de son carton un joli fourreau d'indienne, dont elle habilla le petit garçon avec plus de plaisir qu'elle n'en avait jamais eu à habiller sa poupée, quoiqu'il ne fût pas, à beaucoup près, aussi tranquille; car il ne faisait que se tordre de tous côtés, pour regarder les fleurs peintes sur son fourreau.

Lorsque cette toilette fut achevée, Lydie prit les enfans par la main, et les conduisit dans la chambre de sa mère.

Maman, s'écria-t-elle en entrant, je vous avais dit que j'avais un secret : le voici. Comment trouvez-vous mes petits amis?

Mme DE GERSIN. — Fort bien, en vérité. Mais qui leur a donné tout cela? Ce n'est pas toi, sans doute. Tu n'avais pas assez d'argent.

LYDIE. — Il est vrai, maman, que ma bourse n'y aurait pas suffi sans une grande économie, mais j'en suis pourtant venue à bout. Ne vous souvenez-vous pas que je ne voulus pas, l'autre jour, acheter une corbeille comme mes sœurs? Et voyez maintenant celle que Louison vient de me donner : elle est bien plus jolie que les autres. J'ai eu le chapeau et le ruban du fruit de mes épargnes.

Mme DE GERSIN. — Et le fourreau, comment as-tu pu te le procurer? Voyons, il me semble que j'en reconnais l'étoffe.

LYDIE. — Vraiment, oui. C'est ce coupon d'indienne que ma tante m'avait donné pour en faire une robe-de-chambre à ma grande poupée. Ma sœur m'a dit qu'il y en aurait assez pour en faire un fourreau au petit garçon. Elle a eu la bonté de me le tailler, et moi, je me suis chargée de le coudre.

Mme DE GERSIN. — Comment donc! je ne te croyais pas si habile ouvrière. Te voilà bien joyeuse, n'est-ce pas? Eh bien! ma fille, c'est la preuve de ce que je te disais encore ce matin, sur le plaisir qu'il y a de faire de bonnes actions. Je suis sûre que tu n'as jamais eu tant de joie d'un chapeau pour toi-même, ou d'une robe pour ta poupée.

LYDIE. — Oui, maman, il est vrai. Louison et son frère sont si contens! Qui ne se réjouirait pas de rendre les autres heureux?

Mme DE GERSIN. — Ce n'est pas tout. Il faut qu'ils aillent aussi porter ce plaisir à leur mère. Je les vois déjà dans l'impatience de lui montrer leurs présens. Tu ferais bien de les laisser partir.

Lydie, qui avait appris à obéir aux moindres signes de volonté de sa mère, renouvela ses remercîmens à Louison, pour la jolie corbeille qu'elle en avait reçue. Elle la pria, avec la permission de sa maman, de venir bientôt lui apprendre à tresser le jonc pour en faire des corbeilles et des paniers, et lui dit qu'elle pouvait aller rejoindre sa mère.

Louison fit une douzaine de révérences. Le petit garçon tira autant de fois le pied en arrière, en baisant le bout de ses doigts, et ils partirent.

Lydie eut alors le temps de montrer à sa maman la corbeille et les gâteaux, et elle les alla poser sur une encoignure, en disant qu'ils serviraient pour leur goûter.

Tous les enfans du voisinage avaient été invités à cette petite fête. Lydie en fit les honneurs avec beaucoup de grace. Madame de Gersin n'avait rien négligé pour que sa fille régalât abondamment ses amies. Le gâteau, dont elle s'était chargée, fit un excellent effet dans la collation; mais, il faut l'avouer, la corbeille de Louison y joua le plus beau rôle; et c'est elle qui procura le plus de plaisir à Lydie, en lui rappelant le souvenir d'un acte de bienfaisance.

Au milieu de ce repas joyeux, un domestique vint apporter une petite boîte à l'adresse de Lydie : elle s'empressa de l'ouvrir, et y trouva un service de porcelaine complet pour sa poupée, avec un billet, pour lui apprendre que c'étaient les cadeaux réunis de ses frères et de ses sœurs.

Ce fut une nouvelle scène de joie pour son cœur sensible et reconnaissant : les larmes lui en vinrent aux yeux, mais c'étaient des larmes de tendresse; et le reste de la soirée se passa en mille petits jeux amusans, où elle eut l'attention de veiller à ce que tout le monde prît sa bonne part du plaisir qu'elle leur procurait.

CHAPITRE XV.
La générosité et la reconnaissance.

Quelques jours après, Lydie revenait de la promenade avec sa bonne : elle entra, toute baignée de pleurs, dans la chambre de sa maman, et lui dit qu'elle venait de laisser la mère de Louison dans la plus grande désolation.

Mme DE GERSIN. — Et que lui est-il donc arrivé, ma chère fille?

LYDIE. — Ah! maman, elle doit quatre louis à M. Duru, pour le loyer de sa maison, et parce qu'elle n'a pas aujourd'hui assez d'argent pour le payer, il veut lui faire vendre tout ce qu'elle a, et la mettre sur le pavé. La pauvre femme et ses enfans jetaient des cris si pitoyables, que j'en ai encore le cœur tout saisi.

La pauvre femme disait qu'elle serait donc obligée de se mettre, avec ses enfans, à la charité de la paroisse, qu'elle mourrait de cette humiliation.

Louison se désespérait de voir pleurer sa mère. Pour le petit garçon, il priait en grace les sergens de lui laisser son lapin. Oh! ma chère maman, il faut secourir cette pauvre madame Dutems. Si tu as la bonté de parler à M. Duru, je suis persuadée qu'il ne voudra plus la traiter avec tant de rigueur.

Mme DE GERSIN. — Ma chère fille, je connais M. Duru mieux que toi : il ne sera pas possible de l'arrêter dans une affaire où il court après son argent. A l'égard des quatre louis dont madame Dutems aurait besoin pour s'acquitter, c'est une somme dont je ne puis disposer en ce moment-ci. D'ailleurs tu sais que je dois des secours à d'autres malheureux qui se trouvent aussi dans la peine.

LYDIE. — Oh! si tu avais vu leur désespoir! Eh quoi! je ne pourrai donc rien faire, ni toi non plus, pour la mère de ma pauvre Louison?

Mme DE GERSIN. — J'en ai un vif regret, je t'assure. Mais d'où vient que tu me regardes d'un air si pensif? As-tu quelque argent?

LYDIE. — Non, maman, je n'en ai pas. Mais tu sais que tu devais me donner un corset et un jupon de taffetas rose, pour mettre sous mon fourreau de mousseline. Combien est-ce que cela t'aurait coûté?

Mme DE GERSIN. — Environ deux louis.

LYDIE. — Hélas! ce ne serait encore que la moitié.

Mme DE GERSIN. — Que veux-tu dire, ma fille? Est-ce que tu renoncerais à cet habit, qui semblait te faire tant de plaisir?

LYDIE. — Ah! maman, j'en aurais bien davantage à tirer cette pauvre famille d'embarras.

Mme DE GERSIN. — Viens, que je t'embrasse, ma chère Lydie : je veux profiter du noble exemple que tu me donnes. J'avais dessein d'acheter un tapis pour mon cabinet de toilette. Je m'en passerai encore cette année. Au moyen du petit sacrifice que nous ferons chacune de notre côté, nous pourrons secourir l'honnête Mme Dutems.

LYDIE. — Ah! maman, que nous allons la rendre joyeuse! Donne-moi l'argent, que je le lui porte tout de suite. Je ne me sens pas fatiguée de ma promenade.

Mme DE GERSIN. — Je veux y aller avec toi. Va reprendre ton chapeau et tes gants.

Lydie courut aussi vite que l'éclair, et fut bientôt de retour. Elle se mit en marche avec sa mère, dont elle semblait précipiter les pas par son impatience.

Les premiers objets qu'elles aperçurent

en arrivant chez Mme Dutems, ce furent ses petits écoliers, qu'on avait fait sortir de l'école, et qui, rassemblés devant la porte en divers pelotons, versaient des larmes et poussaient des cris.

Tous les meubles de la maison avaient été déjà tirés de leur place : un homme d'une physionomie rébarbative, venait de faire jeter les matelas et la paillasse par la fenêtre. Le petit garçon, debout contre la muraille, dans un coin de la cour, avait les yeux fixement attachés sur lui, et di-

sait, en sanglotant : Où est-ce que ma mère ira coucher ? Et moi donc ? M. Duru a tant de beaux lits ! Qu'est-ce qu'il fera de celui-ci ?

Lydie lui ayant demandé où était sa mère, il fit signe qu'elle était dans le jardin. Comme elle le traversait pour aller la joindre avec sa maman, elles virent un autre homme qui allait renverser un treillage pour l'emporter. Mme de Gersin le pria de vouloir bien suspendre un moment, et continua sa marche. Au bout du jardin, elles aperçurent Louison et sa mère sous un berceau qu'elles avaient pris beaucoup de peine à orner de roses et de chèvrefeuille. Elles pleuraient amèrement, croyant y être assises pour la dernière fois de leur vie. Le perroquet était perché sur un arbre voisin, et semblait redoubler leur douleur, en répétant sans cesse : Jaco, Jaco, allons, mon ami, de la joie.

En ce moment même, elles virent entrer dans le jardin une jeune fille, qui passa brusquement auprès d'elles, et courant avec précipitation vers Mme Dutems, qui s'était levée pour venir à leur rencontre, se jeta dans ses bras, et lui dit du ton le plus affectueux : Graces au ciel, ma cousine, je suis arrivée encore à temps. Aussitôt que j'ai appris ton malheur, j'ai quitté mon service pour venir à ton secours. Voici de quoi payer ta dette, et renvoyer ces vilaines gens hors de ta maison.

La pauvre femme la regardait avec surprise, et une admiration muette. Elle fondit bientôt en larmes, et lui répondit à travers mille sanglots : Non, ma chère cousine, que Dieu me préserve de recevoir tes offres ! Je puis supporter mes peines ; mais je ne supporterais jamais la pensée de t'avoir ôté le pain de la bouche. Pourquoi renoncer à une place qui te faisait gagner ta vie ? Et puis cet argent ne te vient pas seulement de tes gages. Je le vois, tu auras vendu tes habits. O ciel! ce n'était donc pas assez d'être malheureuse pour moi, il faut que je sois encore la cause de ton malheur !

Pendant ce discours entre les deux généreuses cousines, Mme de Gersin avait eu le temps de s'avancer jusqu'à elles. Au milieu de son agitation, Mme Dutems n'oublia pas de lui rendre ses respects. La jeune fille s'était aussi interrompue pour la saluer, mais elle reprit aussitôt : Va, va, ma cousine, ne t'embarrasse pas de ce qui me regarde. Je suis jeune, et je puis gagner mon pain. Après tout ce que tu as fait pour moi, je serais la plus indigne créature de l'univers, si je ne venais à ton secours. Sans toi, je ne vivrais plus maintenant, ou si je respirais encore, je serais dans une maison de charité. Lorsque j'ai eu, l'année dernière, cette fièvre opiniâtre, c'est toi qui m'as veillée, c'est toi qui m'as reçue dans ton lit, c'est toi qui as payé les remèdes de ton argent, pour m'empêcher de vendre mes hardes; et ces hardes m'appartiendraient encore ! Non, non, elles ne sont plus à moi : c'est à toi qu'elles appartiennent. L'argent que tu as dépensé pour ma maladie, aurait payé ton loyer pour deux ans. Tu vas briser mon cœur, si tu me refuses. Mais qu'ai-je besoin de perdre le temps en vaines disputes, lorsque je puis terminer l'affaire moi-même ? En disant ces mots, elle allait courir vers les sergens, lorsque madame de Gersin, la retenant par le bras, lui dit : Je n'ai pas voulu interrompre ce débat généreux, et j'ai attendu pour voir quelle en serait l'issue. Ne soyez plus en peine, ma chère amie, de la dette de votre cousine : nous sommes venues, ma fille et moi, pour l'acquitter, c'est Lydie qui en est chargée. Daignez, je vous prie, madame Dutems, recevoir de ses mains ces quatre louis :

ils avaient une autre destination, je l'avoue ; mais cette jouissance ne nous aurait pas donné sûrement la moitié du plaisir que nous goûtons à vous obliger.

Quant à vous, généreuse fille, quoique votre conduite soit au-dessus de toutes les louanges humaines, je désirerais bien cependant pouvoir vous témoigner combien j'en suis satisfaite.

Il fut impossible à madame de Gersin de continuer, émue, comme elle l'était, des sentimens de joie et de reconnaissance que ces braves gens faisaient éclater. Pour les distraire de leur attendrissement, elle n'eut d'autre moyen que de les ramener vers la maison, pour empêcher que l'on ne continuât d'en enlever les meubles.

Lorsque la dette fut acquittée, et les sergens congédiés, madame Dutems fut en état de converser plus tranquillement avec ses bienfaitrices. Au milieu des transports de sa joie, elle exprima tendrement à sa cousine combien elle était fâchée de la voir exposée au péril de perdre sa place.

La jeune fille lui répondit qu'elle n'avait pas eu un moment de repos, depuis qu'elle avait appris de l'une de ses amies, qui était venue la voir, que le propriétaire de la maison de madame Dutems était impitoyable envers elle, et qu'il la menaçait chaque jour de lui faire vendre ses meubles pour le loyer. Elle était aussitôt allée vers sa maîtresse, et lui avait dit qu'une de ses parentes à la campagne avait un pressant besoin de ses secours : elle lui avait en même temps demandé son congé.

Ton congé ! s'écria douloureusement madame Dutems.

Il le fallait bien, ma cousine, reprit la jeune fille. Dans une maison où mes services étaient si multipliés, en m'absentant pour deux jours seulement, je devais m'attendre à voir ma place occupée à mon retour par une autre. Et puis comment oser y reparaître, après m'être défaite de mes habits?

Il faut aller tout de suite les racheter, lui dit madame de Gersin : je me chargerai volontiers de ce qu'il vous faudra de plus, ainsi que de tous les frais de voyage. Quant à une place, n'en soyez point en peine : la bonne de mes enfans va bientôt se marier et quitter la maison : je vous retiens d'avance pour lui succéder. Je serai charmée de voir mes enfans sous la conduite d'une personne qui vient de montrer des sentimens si généreux.

Madame Dutems et la jeune fille ne furent pas maîtresses, à ces paroles, de retenir les transports de leur joie : elles se précipitèrent l'une et l'autre aux pieds de madame de Gersin, qui ne voulut les recevoir que dans ses bras. Lydie, qui avait conçu la plus tendre estime pour la jeune fille, fut ravie d'entendre qu'elle allait bientôt vivre auprès d'elle, et l'accabla de caresses.

Cette scène était trop vive pour pouvoir durer plus long-temps. Madame de Gersin jugea qu'il était à propos de se retirer.

La jeune fille, au bout de quelques jours, fut en état de remplir ses nouvelles fonctions auprès de Lydie et de ses sœurs; et madame de Gersin rendit graces au ciel de lui avoir inspiré le choix d'une personne si précieuse pour l'éducation de ses enfans.

P. S. Dès le jour où madame de Gersin entreprit d'écrire chaque soir le journal de la conduite de sa fille, Lydie eut tant de peur que l'histoire ne fût pas à son avantage, qu'elle n'entrait jamais au lit sans chercher à se rappeler comment elle avait passé la journée, et si elle avait sujet d'être satisfaite ou mécontente d'elle-même. Lorsque sa conscience lui reprochait quelque faute, la honte et le chagrin qu'elle en ressentait, la conduisaient naturellement à réfléchir comment elle aurait pu l'éviter. Le matin, à son réveil, l'idée du journal était la première qui frappait son esprit. Elle pensait à tout ce qu'elle pouvait faire de bien dans la journée; et s'il lui était arrivé la veille de mécontenter ses parens, elle considérait avec attention comment elle devait se conduire pour qu'ils n'eussent plus désormais les mêmes reproches à lui faire.

Aussitôt que madame de Gersin vit sa fille entièrement corrigée des défauts dont elle avait voulu la faire rougir, en les lui présentant dans son histoire, elle négligea d'en suivre le cours. Mais Lydie s'était si bien pénétrée des avantages de cette méthode, qu'elle résolut de la continuer elle-même avec la même impartialité que sa maman. Rien ne l'affermit autant que cette pratique, dans le désir qu'elle avait de se perfectionner. L'examen assidu de sa conduite lui fit découvrir plusieurs petits défauts auxquels elle n'aurait pas autrement fait attention. En travaillant aussitôt à s'en corriger, elle empêchait qu'ils ne dégénérassent en habitudes vicieuses qu'il lui aurait été peut-être impossible de déraciner. Je recommande instamment cet exemple à toutes les jeunes personnes qui veulent se faire un jour distinguer par leurs vertus; et s'il en est une seule à qui les petites anecdotes que je viens d'écrire aient pu servir pour se rendre heureuse et pour faire la joie de ses parens, je regarderai son bonheur comme la plus douce récompense de mon travail.

FIN DE LYDIE DE GERSIN.

SANDFORD ET MERTON.

Dans la partie occidentale de l'Angleterre, vivait un gentilhomme d'une fortune immense. Son nom était Merton. Il avait passé plus de la moitié de sa vie à la Jamaïque, où il possédait une habitation considérable, avec un nombre infini d'esclaves noirs, pour cultiver, à son profit, les cannes de sucre, et d'autres plantations précieuses.

Les soins qu'il se proposait de donner à l'éducation d'un fils unique, l'objet de sa plus vive tendresse, l'avaient déterminé à venir s'établir pour quelques années en Angleterre.

T. IV.

Tommy Merton, à peine âgé de six ans lorsque son père arriva en Europe, était né avec des dispositions très-heureuses, que l'on parvint bientôt à corrompre par un excès aveugle de complaisance. On l'avait entouré, dès le berceau, d'une foule d'esclaves, auxquels il avait été défendu de le contrarier dans aucune de ses fantaisies. Dès qu'il faisait un pas hors de la maison, il était suivi de deux nègres, dont l'un portait un large parasol pour le garantir du soleil, et l'autre était toujours prêt à le prendre dans ses bras au moindre signe de fatigue. Il avait aussi une espèce de litière dorée que ses deux nègres chargeaient sur leurs épaules, lorsqu'il allait rendre visite aux enfans des habitations voisines. Sa mère avait conçu pour lui une tendresse si excessive, qu'elle ne lui refusait rien de tout ce qu'il paraissait désirer. Les larmes de son fils lui causaient des évanouissemens : et jamais elle ne voulut consentir qu'on lui montrât à lire, parce qu'il s'était plaint d'un violent mal de tête au premier essai de son alphabet.

Les suites naturelles de cette faiblesse furent que, malgré tous les soins qu'on prenait de lui plaire, le petit Merton devint très-malheureux. Tantôt il mangeait des friandises, jusqu'à s'en rendre malade; et alors il souffrait de vives douleurs, parce qu'il refusait de prendre des médecines amères qu'il lui aurait fallu pour guérir. Tantôt il pleurait pour des choses qu'il était impossible de lui procurer; et comme il était accoutumé à voir flatter tous ses caprices, il se passait des heures entières avant qu'on pût parvenir à lui faire entendre raison.

Lorsque son père donnait à dîner à ses amis, il fallait le servir le premier, et lui donner les morceaux les plus délicats; autrement il faisait un bruit à étourdir toute la compagnie. Si sa mère prenait le thé avec d'autres femmes, au lieu d'attendre que son tour vînt d'être servi, il grimpait sur une chaise, s'élançait sur la table, s'emparait des rôties au beurre et du gâteau, et renversait les tasses à droite et à gauche en se relevant. Par des manières aussi sauvages, non-seulement il se rendait importun à tout le monde, mais encore il s'exposait tous les jours à des accidens fâcheux. Ses mains étaient continuellement ensanglantées des blessures qu'il se faisait avec les couteaux. En voulant examiner tout ce qu'il voyait hors de sa portée, il lui tombait quelquefois de lourds paquets sur la tête; et il faillit un jour s'échauder tout le corps, en maniant sans précaution une théière d'eau bouillante.

Élevé dans l'inaction et la mollesse, il éprouvait des langueurs continuelles. C'était assez de quelques gouttes de pluie, ou d'un souffle de vent pour l'enrhumer; et le moindre rayon de soleil lui donnait la fièvre. Au lieu de courir et de sauter en plein air comme les autres enfans, on l'avait instruit à rester assis, de peur de gâter ses habits de soie brodés, et à garder la chambre, de peur de hâler son teint; en sorte que, lorsque Tommy Merton débarqua sur les côtes de l'Angleterre, il ne savait ni lire, ni écrire, et ne pouvait faire aucun usage de ses membres pour se servir lui-même; mais, en revanche, il ne le cédait à personne pour les impatiences, les caprices et l'orgueil.

Non loin de l'endroit que M. Merton avait choisi pour sa résidence, vivait un honnête fermier, qui s'appelait Sandford. Il avait, comme M. Merton, un fils unique âgé d'environ six ans, nommé Henri.

Henri, accoutumé de bonne heure à courir dans les champs, à suivre les laboureurs lorsqu'ils conduisaient la charrue, et les bergers lorsqu'ils menaient les troupeaux au pâturage, s'était rendu robuste, actif et courageux. Son teint était animé des couleurs les plus vermeilles; il n'avait pas, à la vérité, les traits aussi délicats, ni la taille aussi élégante que Tommy; mais il avait une physionomie de candeur et de bonté, et un maintien plein de grâces naturelles, qui le faisaient aimer au premier regard. Jamais il ne paraissait de mauvaise humeur, et il prenait le plus grand plaisir à obliger tout le monde. S'il rencontrait un pauvre malheureux qui manquât de pain, il lui donnait avec joie la moitié de son déjeuner. On ne le voyait point, comme les petits garçons du village, grimper sur les arbres pour enlever les nids des pauvres oiseaux. Il était loin de se faire un amusement cruel d'arracher les ailes des mouches et des papillons, ou de jeter des pierres aux chiens. Au contraire, il se plaisait à caresser les chevaux, à faire manger les brebis dans sa main, et à nourrir les oiseaux du voisinage, lorsque la terre était couverte de neige et de frimas.

Ces sentimens de bienveillance et d'humanité le faisaient chérir de tout le monde, et lui valurent les marques les plus tendres d'amitié de la part de M. Barlow, curé de la paroisse, qui lui apprit à lire et à écrire, et qui le menait toujours avec lui dans ses promenades.

Il ne faut pas s'étonner si M. Barlow avait pris pour cet enfant une affection si particulière. Outre que Henri apprenait ses leçons avec la plus grande facilité, il ne lui échappait aucun murmure sur les devoirs qu'on lui donnait à remplir. On pouvait le croire avec confiance sur tout ce qu'il assurait. Il y aurait eu un gâteau à gagner pour dire un mensonge, qu'il n'aurait pas voulu en manger à ce prix. La crainte des reproches et même des châtimens ne lui faisait point chercher à déguiser la vérité. Il ne balançait jamais à la déclarer dans toute sa franchise. Du reste, il était d'une sobriété à toute épreuve. Avec un morceau de pain pour son dîner, il n'aurait pas jeté un œil d'envie sur des fruits ou des pâtisseries placés à sa portée, quand il n'y aurait eu personne pour le surveiller.

On est sans doute impatient d'apprendre comment Tommy parvint à faire connaissance avec cet aimable petit garçon : je vais vous le raconter.

Tommy se promenait un jour avec sa bonne, pendant une belle matinée d'été. Il s'amusait à cueillir des fleurs des champs, et à courir après des papillons, lorsqu'un serpent, qu'il avait effarouché, s'élança tout à coup de dessous l'herbe, et vint s'entortiller autour de sa jambe. Je vous laisse à penser quelle fut sa frayeur, et celle de sa bonne. Celle-ci se mit à courir, en criant au secours, tandis que le jeune Merton, saisi d'effroi, n'osait bouger de sa place, et n'avait pas même la force de faire entendre ses plaintes. Par bonheur Henri Sandford se promenait dans le champ voisin. Il accourut aux cris qu'il entendait, pour s'informer de l'accident. Il n'eut besoin que d'un seul coup d'œil pour s'en instruire; et, saisissant aussitôt le cou du serpent, avec autant d'adresse que de courage, il le déroula de la jambe de Tommy, au moment où il allait la déchirer, et le jeta à une grande distance. Un moment après Mme Merton et toutes ses femmes, attirées par les lamentations de la gouvernante, arrivèrent hors d'haleine à l'endroit où Tommy reprenait ses esprits, et remerciait son libérateur. Le premier mouvement de Mme Merton fut de prendre son fils dans ses bras; et, après lui avoir donné mille baisers, elle lui demanda s'il n'avait point été blessé.

TOMMY. — Non, maman, je ne le suis pas, Dieu merci, mais je crois que le maudit serpent allait me déchirer, si ce brave petit garçon ne fût venu à mon secours, et ne l'eût arraché de ma jambe.

Mme MERTON. — Et qui es-tu, mon cher ami, toi à qui nous avons de si grandes obligations?

HENRI. — Henri Sandford, madame.

Mme MERTON. — Tu es un petit homme bien courageux, et tu viendras dîner avec nous.

HENRI. — Oh, madame, je vous remercie. Mon père a besoin de moi.

Mme MERTON. — Et qui est ton père, je te prie?

HENRI. — Le fermier Sandford, madame. Il demeure au pied de cette colline, là-bas.

Mme MERTON. — O mon cher ami, tu

m'as sauvé mon enfant. Je veux que tu sois mon second fils.

HENRI. — De tout mon cœur, madame, mais pourvu que j'aie aussi toujours mon père et ma mère.

Mme Merton dépêcha aussitôt un domestique au fermier, pour le prévenir sur l'invitation qu'elle faisait à son fils. Elle prit ensuite Henri par la main, et le conduisit au château, où elle fit à M. Merton le récit du danger qu'avait couru Tommy, et du courage qu'avait fait éclater le petit Sandford.

Henri se trouvait alors en des lieux bien nouveaux à ses regards. On lui fit traverser de vastes appartemens, où l'on avait rassemblé avec profusion tout ce qui pouvait flatter la vue, et servir à la commodité. Il vit de grands miroirs à bordures dorées, des tables et des consoles surchargées d'ornemens, et tous les autres meubles de la richesse la plus fastueuse.

On le fit placer à dîner auprès de la maîtresse de la maison, qui ne manqua pas de lui faire observer l'élégance et la somptuosité de sa table ; mais à sa grande surprise, il ne parut enchanté, ni même étonné de tout ce qu'il voyait. Mme Merton ne s'attendait pas à cette indifférence. Accoutumée à mettre un grand prix à l'étalage de son luxe, elle ne pouvait concevoir comment il faisait si peu d'impression sur un enfant de village. A la fin, s'apercevant qu'il regardait avec une espèce de curiosité un petit gobelet d'argent dont il s'était servi, elle lui demanda s'il ne serait pas bien aise d'avoir un si beau gobelet pour y boire tous les jours. C'est celui de mon fils, ajouta-t-elle, mais je suis sûre qu'il te le donnera avec grand plaisir.

Je le veux bien, dit Tommy. Vous savez, maman, que j'en ai un plus beau, qui est d'or, et encore deux autres d'argent.

HENRI. — Non, non, je vous remercie, gardez-le pour vous. Il ne me servirait à rien ; car j'en ai un bien meilleur chez mon père.

Mme MERTON. — Comment ? Est-ce que ton père a de la vaisselle d'argent ?

HENRI. — Je ne sais pas, madame, ce que vous appelez de la vaisselle ; mais je suis accoutumé à boire dans de longues choses faites de corne justement comme celles que les vaches portent sur leurs têtes.

Voilà un enfant assez niais, dit en elle-même Mme Merton. Puis elle ajouta tout haut :

Et pourquoi donc des gobelets de cette espèce seraient-ils meilleurs que des gobelets d'argent ?

HENRI. — Parce qu'ils ne nous mettent jamais en colère.

Mme MERTON. — Que veux-tu dire par-là ?

HENRI. — Oh, madame, quand cet homme a laissé tomber une grande chose qui est faite comme celle-ci (*montrant du doigt une cuvette*), j'ai bien vu que vous en étiez fâchée, et que vous aviez un air comme si vous alliez vous trouver mal ; au lieu que les nôtres peuvent, sans risque, nous échapper des mains, et personne n'y fait attention.

Je vous avoue, dit tout bas Mme Merton à son mari, que je ne sais plus que dire à ce petit garçon ; il fait des observations si étranges !

Le fait est que pendant le dîner, un domestique avait laissé tomber une cuvette d'argent d'un travail très-précieux ; que Mme Merton avait paru fort sensible à cet accident, et n'avait pu s'empêcher de faire au domestique une réprimande assez violente sur sa maladresse.

Après le dessert, madame Merton versa de la liqueur dans un petit verre, et invita Henri à la boire ; mais il la remercia, en lui disant qu'il n'avait plus soif.

Mme MERTON. — N'importe, mon ami. C'est une boisson très-agréable; et comme tu es un bon enfant, je serais fâchée que tu n'en eusses pas goûté.

HENRI. — Je vous demande pardon, madame; mais M. Barlow m'a appris qu'il ne faut manger que lorsqu'on a faim, et ne boire que lorsqu'on a soif, et encore que nous ne devons boire et manger que de ces choses qu'on trouve aisément; autrement nous aurions du chagrin quand nous ne pourrions plus en trouver; qu'il faut justement faire comme les oiseaux, qui ne boivent que de l'eau pure, et qui, malgré cela, vont toujours chantant.

Sur ma parole, dit M. Merton, ce petit homme est un grand philosophe. Nous serions bien obligés à M. Barlow, s'il voulait donner ses soins à Tommy; car le voilà qui devient grand garçon, et il serait temps qu'il apprît quelque chose.

Qu'en dis-tu, Tommy, aimerais-tu à être un philosophe?

TOMMY. — Je ne sais pas trop, mon papa, ce que c'est que d'être un philosophe. Mais je sais bien que j'aimerais à être un roi, parce qu'il est plus riche et mieux habillé que les autres, qu'il n'a rien à faire, et que chacun lui obéit et a peur de lui.

Mme MERTON. (*Se levant et courant à Tommy pour l'embrasser.*) — A merveille, mon fils. Tu mériterais bien un royaume avec une si grande élévation d'esprit. Tiens, voici un verre de liqueur pour avoir fait une si noble réponse. (*Pendant que Tommy boit.*) Et toi, Henri, n'aimerais-tu pas aussi à être roi?

HENRI. — En vérité, madame, je crois que je ne m'en soucierais guère. J'espère que je serai bientôt assez grand pour labourer, et gagner ma vie. Alors je n'aurai besoin de personne qui s'embarrasse autour de moi.

Mme MERTON. (*Bas à son mari, en jetant un regard de dédain sur Henri.*) — Voyez quelle différence entre les enfans de fermiers et les enfans de nobles.

M. MERTON. — Encore plus bas, ma femme, je vous prie; car je ne suis pas bien sûr que l'avantage soit du côté de notre fils. (*A Henri.*) Mais ne serais-tu pas fort aise d'être riche, mon petit ami?

HENRI. — Non, en vérité, monsieur.

Mme MERTON. — Et pourquoi donc, s'il te plaît?

HENRI. — C'est que le seul homme riche que j'aie connu avant vous, est le chevalier Tayaut, qui court à travers les blés des gens, renverse leurs haies, tire sur leurs poules, tue leurs chiens, estropie leur bétail : et l'on dit qu'il fait tout cela parce qu'il est riche. Mais chacun le hait, quoiqu'on n'ose pas le lui dire en face; et je ne voudrais pas être haï pour rien au monde.

Mme MERTON. — Est-ce que tu serais fâché d'avoir un bel habit pour te parer, un carrosse pour te porter à l'aise, et des domestiques pour t'obéir?

HENRI. — Tenez, madame, un habit est aussi bon qu'un autre, s'il est propre, et s'il me tient chaud. Je n'ai pas besoin d'un carrosse tant que je puis aller à pied partout où il me plaît. Pour ce qui est des domestiques, je vois, malgré le nombre que vous en avez, qu'il vous manque toujours quelque chose; et moi je ne saurais à quoi les employer, si j'en avais deux seulement à mes ordres.

Madame Merton continua de le regarder avec une surprise dédaigneuse, mais elle ne lui fit plus de questions.

Le soir, Henri fut renvoyé chez son père, qui lui demanda ce qu'il avait vu au château, et comment il y avait passé la journée.

HENRI. — Oh! ils ont eu bien des bontés pour moi, et je leur en suis fort obligé : mais j'aurais mieux aimé dîner ici, car je ne me suis jamais vu si embarrassé pour mettre un morceau à ma bouche.

Il y avait un homme pour lever les assiettes, un autre pour verser à boire, et un autre encore pour être derrière ma chaise, comme si j'eusse été aveugle ou manchot, et que je n'eusse pas eu la force de me servir. Il y avait tant de façons pour emporter une chose, et en mettre une autre à sa place, que je n'aurais jamais cru qu'on pût en venir à bout. Après le dîner, j'ai été obligé de rester assis pendant deux heures, tandis que madame Merton me parlait, non de bonne amitié, comme M. Barlow, mais en haussant les épaules de ce que je n'aimais pas les beaux habits, et que je ne voulais pas être riche, pour être haï comme le chevalier Tayaut.

Pendant qu'ils discouraient ainsi dans la ferme, on s'occupait au château à examiner le mérite du petit Henri. Madame Merton reconnaissait sa bravoure et sa franchise : elle convenait aussi de la bonté de son cœur et de sa bienveillance naturelle. Mais elle observait qu'il y avait dans ses idées une raideur et un défaut de délicatesse, qui mettent toujours les enfans de la basse et de la moyenne classe du peuple au-dessous des enfans de gens comme il faut. M. Merton, au contraire, soutenait qu'il n'avait jamais vu un enfant dont les sentimens et les qualités dussent faire autant d'honneur, même aux conditions les plus relevées. Je ne puis, dit-il, m'empêcher d'assurer très-sérieusement que ce petit paysan porte dans son ame le caractère de la véritable noblesse. Quoique je désire avec ardeur que mon fils possède les qualités qui doivent honorer sa naissance, je serais fier de penser qu'à aucun égard il ne descendra jamais au-dessous du fils du fermier Sandford.

Si madame Merton accéda pleinement aux observations de son mari, c'est ce que je ne puis décider; mais, sans attendre son suffrage, il continua ainsi : Si je vous parais aujourd'hui plus animé qu'à l'ordinaire sur ce point, vous devez me le pardonner, ma chère amie, et n'attribuer cette chaleur qu'à l'intérêt que je prends au bonheur de notre cher Tommy. Je sens que, par une tendresse mal éclairée, nous l'avons traité jusqu'à ce jour avec trop d'indulgence. Le soin que nous avons pris d'écarter de lui toute impression pénible n'a servi qu'à le rendre faible et pusillanime. En cherchant à prévenir tous ses désirs, nous avons rempli son imagination de fantaisies et de caprices; et, pour lui épargner quelques contrariétés légères, nous l'avons empêché d'acquérir les connaissances de son âge, et de se mettre sur la voie de celles qui conviendront un jour à sa situation. Il y a déjà long-temps que j'ai fait ces remarques en silence; mais la crainte de vous causer de la peine m'a retenu. Cependant la considération de ses vrais intérêts doit à la fin prévaloir sur tout autre motif. Elle m'a fait embrasser, en ce moment, une résolution qui, je l'espère, ne vous sera pas désagréable, c'est de le confier aux soins de M. Barlow, s'il veut bien se charger de son éducation. Je pense que la liaison accidentelle qui vient de se former entre ces deux enfans peut devenir, pour le nôtre, l'événement le plus heureux de sa vie. Je veux proposer au fermier de me charger, pour quelques années, de tous les frais de l'entretien de son fils, afin qu'il puisse être élevé auprès de Tommy, et lui fournir un sujet d'émulation continuelle.

Comme M. Merton tint ce discours avec un certain degré de fermeté, et que la proposition en elle-même n'avait rien que de raisonnable, madame Merton n'y fit point d'objection, et consentit, quoiqu'avec peine, à se séparer de son fils.

M. Barlow ayant été invité à dîner au château le dimanche suivant, M. Merton le prit en particulier après le repas, et lui fit part, avec franchise, des vues qu'il avait formées sur lui pour l'éducation de Tommy.

M. Barlow, après l'avoir remercié d'une marque si flatteuse d'estime et de confiance, voulut s'excuser sur les difficultés de cette entreprise; mais le discours dans lequel il les exposa fut si plein d'éloquence et de raison, que M. Merton n'en devint que plus ardent à le solliciter de consacrer au bonheur de son fils le fruit de ses réflexions et de ses lumières. Il lui protesta que cet objet était à ses yeux d'une si grande importance que le sacrifice d'une partie de ses richesses ne lui coûterait rien pour le remplir.

M. Barlow l'arrêta à ces mots, et lui dit : Pardonnez, monsieur, si je prends la liberté de vous interrompre pour vous déclarer mes principes sur le sujet où vous allez vous engager.

Je veux bien, pendant quelques mois, essayer tous les moyens qui seront en mon pouvoir pour tâcher de répondre à vos vues paternelles; mais j'y mets une condition indispensable. C'est que vous me permettiez de vous servir avec tout le désintéressement dont je fais profession. Si le plan que je me propose de suivre s'accorde avec vos idées, je continuerai mes soins à votre fils aussi long-temps que vous le désirerez. En attendant, comme je crois avoir aperçu dans son caractère plusieurs défauts enfantés par une indulgence trop aveugle, il me semble que je serai plus libre d'exercer l'autorité qui m'est nécessaire pour les réformer, si je puis prendre à ses yeux, et à ceux de votre famille, le titre d'un ami, plutôt que celui d'un gouverneur.

Quelque résistance que la générosité naturelle de M. Merton lui fit employer pour combattre une proposition si désintéressée, il fut enfin obligé d'y souscrire; et deux jours après, Tommy fut conduit à la maison de M. Barlow, qui n'était éloignée que d'environ deux milles du château.

Le lendemain de son arrivée, M. Barlow, après avoir déjeuné avec Henri Sandford et lui, les fit entrer tous deux dans son jardin. Il prit en main une bêche; et, en ayant donné une plus légère à Henri, ils commencèrent à travailler l'un et l'autre avec une extrême activité. Tous ceux qui mangent, dit-il à Tommy, doivent concourir à faire naître les fruits qui les nourrissent; c'est pourquoi Henri et moi, nous nous faisons un devoir de cultiver la terre. Voici le carreau qui m'est échu en partage. Cet autre est le sien. Chaque jour nous y donnons une heure ou deux de travail. Si vous voulez vous joindre à nous, je vais vous assigner un petit coin de terre que vous cultiverez, et tout ce qu'il produira sera pour vous.

Non en vérité, répondit Tommy, d'un air dédaigneux. Je suis gentilhomme, et je ne me sens pas fait pour travailler ainsi qu'un paysan. Tout comme il vous plaira, monsieur le gentilhomme, répliqua M. Barlow; mais Henri et moi, qui ne rougissons pas de nous rendre utiles, nous allons nous occuper de notre ouvrage.

Au bout de deux heures, M. Barlow dit qu'il était temps de se reposer; et, prenant Henri par la main, il le conduisit dans un très-joli pavillon, où il le fit asseoir. Ensuite il alla cueillir des cerises, qu'ils partagèrent ensemble. Tommy était accouru dans l'espérance d'être en tiers avec eux. Mais, lorsqu'il les vit manger tout seuls, sans faire aucune attention à lui, il ne put retenir son dépit, et se mit à pleurer. Qu'avez-vous donc, lui dit froidement M. Barlow? Tommy le regarda d'un air fier, et ne lui fit point de réponse. Oh, monsieur, reprit M. Barlow, si vous ne voulez pas me répondre, vous êtes libre de garder le silence. Personne ici n'est obligé de parler. Tommy demeura encore plus déconcerté à ces paroles; et, ne pouvant cacher sa colère, il sortit du pavillon, également surpris et confus de se trouver dans un endroit où personne ne se mettait en peine de son humeur.

Lorsque toutes les cerises furent mangées, M. Barlow proposa à Henri d'aller se promener dans la forêt voisine. Henri, comme on peut le croire, se rendit sans peine à une invitation aussi agréable. Le temps était charmant ce jour-là. Ils eurent une joie infinie à jouir de la fraîcheur de l'air, et des parfums que répandait de tous côtés le chèvre-feuille sauvage. M. Barlow savait toujours allier l'instruction au plaisir. Il fit remarquer à Henri un grand nombre de jolies plantes qu'il ne connaissait pas, et dont il lui apprit la nature et les propriétés.

Pendant ce temps, Tommy errait tristement dans le jardin, sans trouver personne avec qui il pût s'amuser. Il attendait, dans un ennui profond, que M. Barlow et Henri fussent de retour de leur promenade. Ils arrivèrent enfin, et se rendirent dans la salle à manger. Tommy, qui avait un grand appétit, allait tout bonnement prendre sa place à table. M. Barlow l'arrêta, et lui dit: Non, monsieur, s'il vous plaît; comme vous êtes trop gentilhomme pour travailler pour vous, nous qui ne le sommes pas, nous ne nous soucions point du tout de travailler pour les paresseux. Tommy se retira dans un coin, et poussa des sanglots, comme si son cœur eût été prêt à se fendre. Mais Henri, qui ne pouvait supporter de voir son ami si malheureux, tourna tendrement vers M. Barlow ses yeux humides de larmes, et lui demanda s'il pouvait faire ce qu'il lui plairait de la portion de son dîner. Certainement, mon ami, lui dit M. Barlow: vous l'avez assez gagnée. Eh bien, reprit-il avec vivacité, je vais la donner au pauvre Tommy, qui en a plus besoin que moi. En disant ces mots, il courut lui porter son assiette dans le coin où il était assis. Tommy la prit et le remercia, sans oser lever ses yeux, qu'il tenait fixés vers la terre. Je vois, dit M. Barlow, que, si les gentilshommes trouvent au-dessous de leur dignité de travailler pour eux-mêmes, ils ne croient point s'avilir de prendre le pain pour lequel les autres ont tant travaillé. A ce reproche piquant, Tommy versa plus de larmes amères qu'il n'en eût encore répandu.

Le lendemain, M. Barlow et Henri

étaient allés de bonne heure dans le jardin reprendre leur défrichement de la veille. A peine avaient-ils commencé, que Tommy courut auprès d'eux, et voulut avoir aussi une petite bêche, que M. Barlow lui donna. Comme c'était la première fois qu'il s'avisait d'en faire usage, il la maniait avec assez de gaucherie; et peu s'en fallut qu'il ne s'en donnât plusieurs fois de rudes coups dans les jambes. M. Barlow eut la complaisance de suspendre son travail pour lui montrer comment il devait se servir de cet instrument. Il s'y prit alors un peu mieux, puis un peu mieux encore; enfin il fit si bien, qu'au bout d'une heure, il aurait pu lui-même donner des leçons à un apprenti jardinier.

Leur ouvrage de la matinée étant achevé, ils se rendirent tous les trois dans le pavillon. On servit des cerises; et Tommy ressentit une vive allégresse de se voir invité cordialement à en prendre sa part. Il les trouva les plus délicieuses qu'il eût mangées de sa vie, parce que l'exercice qu'il avait fait en plein air lui avait donné de l'appétit. Après ce repas joyeux, M. Barlow tira un livre de sa poche, et pria Tommy de vouloir bien leur faire la lecture d'une historiette. Tommy rougit, en avouant d'un air confus qu'on ne lui avait jamais appris à lire. J'en suis bien fâché pour vous, dit M. Barlow, car vous y perdez un grand plaisir. En ce cas, je vais céder cet honneur au brave Henri. Alors Henri prit le livre et lut ce qui suit.

LE VANNIER.

Dans un pays fort éloigné de celui-ci, il y avait un homme riche, qui employait la plus grande partie de son temps à manger, à dormir ou à boire, et le reste à rechercher de frivoles plaisirs. Entouré continuellement de domestiques empressés à exécuter aveuglément tous ses ordres, et à le servir avec des marques trompeuses de respect, il devint orgueilleux, insolent et capricieux. On l'avait si peu accoutumé dès l'enfance à entendre la vérité, qu'il s'imaginait avoir le droit de commander à tout le monde; et il s'était persuadé que les pauvres n'avaient d'autre destination que de servir de jouet à ses fantaisies.

Presque sous les murs du château de cet homme opulent, habitait un homme pauvre, mais honnête et industrieux, qui se faisait chérir et respecter de tous ses voisins. Il gagnait péniblement sa vie à faire des corbeilles, avec des joncs qui croissaient dans une terre marécageuse à côté de sa chaumière. Mais quoiqu'il fût obligé de travailler depuis le matin jusqu'au soir pour gagner son entretien, quoiqu'il ne prît pour toute nourriture que du riz, des pois ou d'autres légumes, et qu'il n'eût d'autre lit que les faisceaux de jonc dont il se servait pour faire ses corbeilles, il ne laissait pas d'être toujours satisfait et joyeux. Son travail lui donnait assez d'appétit pour lui faire trouver délicieux les mets les plus grossiers; et il s'endormait tous les soirs d'un si bon sommeil, que le lit le plus dur ne l'empêchait pas d'en goûter les douceurs.

L'homme riche, au contraire, étendu mollement la nuit sur un fin duvet, ne pouvait dormir, parce qu'il avoit passé toute la journée assoupi dans la mollesse. Il goûtait sans plaisir les mets friands dont sa table était chargée, parce qu'il ne faisait pas assez d'exercice pour se procurer de l'appétit; et il se trouvait souvent indisposé, parce que son estomac, affaibli par sa gloutonnerie, refusait de digérer ses alimens. Comme il ne faisait de bien à personne, il n'avait point d'amis. En revanche, il était détesté par tous ses vassaux, qu'il tenait dans l'oppression; et jusqu'à ses domestiques, il n'y avait personne qui pût prononcer son nom sans le mépriser ou le maudire.

Incapable de trouver en lui-même rien qui pût dissiper sa noire mélancolie, il prenait de l'humeur contre tous ceux qu'il croyait plus joyeux que lui. Dans les promenades qu'il faisait en palanquin, porté servilement sur les épaules de ses domestiques, il passait tous les jours devant la chaumière du pauvre vannier, qui, paisiblement assis devant le seuil de sa porte, chantait à plein gosier en faisant ses corbeilles. L'homme riche ne put le voir long-temps sans envie. Quoi! se disait-il, un vil artisan, qui travaille toute la journée pour gagner une misérable subsistance, je le vois toujours satisfait; et moi qui possède de grandes richesses, moi, qui suis d'une plus grande importance qu'un million de créatures comme lui, je ne me trouve jamais heureux! Cette réflexion s'éleva si souvent dans son esprit, qu'il sentit bientôt contre cet homme les mouvemens de la haine la plus violente. Peu accoutumé à vaincre ses passions, quelque injustes qu'elles pussent être, il résolut de punir son pauvre voisin de l'audace qu'il avait d'être plus heureux que lui-même. Après avoir cherché tous les moyens d'assouvir sa barbare vengeance, il ordonna à un de ses indignes valets d'aller au milieu de la nuit mettre le feu aux joncs qui environnaient la chaumière du vannier. C'était pendant l'été. La chaleur excessive qui règne dans cette contrée avait desséché les plantes. En un moment la flamme s'étendit sur tout le marais, et non-seulement consuma les joncs, mais alla même embraser la triste chaumière, en sorte que le malheureux vannier, réveillé en sursaut par les charbons enflammés qui tombaient sur lui, fut obligé de s'échapper presque sans vêtemens pour sauver sa vie.

Je vous laisse à penser quelle fut sa douleur, lorsqu'il se vit ainsi privé de tout moyen de subsistance, par la méchanceté d'un homme qu'il n'avait jamais offensé.

Hors d'état de le punir de son injustice, il se mit en marche dès le lendemain et courut se jeter aux pieds du grand juge de ce pays, auquel il raconta la violence qu'on avait exercée à son égard. Le magistrat, qui était un homme juste et compatissant, ordonna tout de suite que le malfaiteur fût amené devant son tribunal. Après l'avoir fait convenir du crime dont il était accusé, et lui avoir adressé les reproches les plus sévères, il se tourna vers le pauvre vannier, et lui dit: Puisque cet homme vain et méchant s'est laissé entraîner à un attentat aussi cruel, par une fausse idée de son importance, il est nécessaire de lui apprendre de combien peu de valeur il est pour le reste du monde, et à quel degré vous l'emportez sur lui pour la véritable utilité. Cet exemple doit être éclatant, pour servir de leçon à la nation entière. Je ne veux vous contraindre par aucune violence à servir le projet que j'ai formé. Je ne vous cache pas même que vous aurez quelque risque à courir dans son exécution. Mais s'il réussit, comme je l'espère, je vous promets au bout de quelques mois une aisance assurée pour le reste de votre vie; et vous aurez l'honneur d'avoir contribué à établir une grande vérité pour l'instruction de vos concitoyens.

Le pauvre homme répondit :

Je n'ai jamais possédé que bien peu de chose au monde; mais ce peu que j'avais suffisait à ma subsistance; et je l'ai perdu par la méchanceté de cet homme orgueilleux. Je suis entièrement ruiné. Il ne me reste aucun espoir de me procurer un morceau de pain, au premier moment où la faim se fera sentir. C'est pourquoi je suis prêt à tout ce que vous ordonnerez de mon sort. Je m'en rapporte à votre sagesse. Quoique je sois bien loin de vouloir traiter cet homme comme il m'a traité, je ne serai pas fâché de servir à lui faire apprendre la justice, et d'empêcher les riches, par son exemple, d'opprimer à l'avenir ceux qui sont pauvres comme moi.

Alors le magistrat ordonna qu'on les fît monter tous deux sur un vaisseau, et qu'on les transportât sur les côtes d'une île habitée par les sauvages, à qui toutes les distinctions de la richesse étaient inconnues, et qui ne vivaient uniquement que de leur pêche.

Aussitôt qu'ils furent débarqués sur le rivage, les matelots remirent à la voile ; et les habitans du pays se rassemblèrent en grand nombre autour des deux étrangers. L'homme riche, se voyant exposé sans défense au milieu d'un peuple barbare dont il n'entendait pas le langage, se prosterna le visage contre terre, en tendant les mains de la manière la plus suppliante pour demander qu'on lui fit grace de la vie. Mais le vannier, accoutumé dès l'enfance à ne pas s'effrayer de la mort, garda tout son courage, et fit signe aux insulaires qu'il voulait être leur ami, et travailler pour leur service. Ceux-ci comprirent à merveille ces démonstrations, et lui en firent d'autres pour lui exprimer qu'ils acceptaient ce traité. En conséquence on le conduisit dans la forêt prochaine avec monseigneur, qui se tenait caché derrière lui, et qui dans cette circonstance ne rougissait point de lui céder les honneurs du pas. Le chef des sauvages leur montra de grosses souches d'arbres qu'il fallait déraciner et transporter dans sa cabane. Ils se mirent aussitôt en besogne. Le vannier, qui était robuste et actif, eut bientôt rempli sa tâche. Monseigneur, au contraire, dont les bras énervés n'avaient jamais été accoutumés au travail, ne savait guère comment s'y prendre, et succombait déjà de fatigue, sans avoir de beaucoup avancé son ouvrage. Les sauvages, témoins de leurs opérations, voyant qu'ils pourraient tirer un grand avantage des services du premier, s'empressèrent de lui présenter un grand morceau de poisson avec quelques-unes de leurs racines choisies, tandis qu'ils jetèrent avec mépris à l'autre des morceaux de rebut, le jugeant incapable de leur être de la moindre utilité. Quoi qu'il en soit, comme celui-ci était depuis quelques heures à jeun, et qu'il n'avait jamais fait tant d'exercice, il dévora cette nourriture grossière de meilleur appétit qu'il n'aurait mangé à sa table les ragoûts les plus friands.

Le lendemain on les mit encore à l'ouvrage. Le vannier, montrant toujours la même supériorité sur son compagnon, reçut des insulaires autant de nouveaux témoignages de bienveillance, que l'autre en reçut de marques de dédain. En dépit de toute sa fierté, l'homme riche commença dès ce moment à s'apercevoir avec combien peu de raison il avait pris une si haute idée de lui-même, et méprisé ses semblables. Un événement qui arriva bientôt après acheva de mettre le comble à son humiliation.

Dans les intervalles de son travail, le vannier, ennemi mortel de l'indolence, trouvait assez de loisir pour s'occuper d'un métier qu'il chérissait encore, parce qu'il lui avait dû long-temps les moyens de soutenir ses jours. Jaloux aussi de témoigner sa reconnaissance aux sauvages pour les bons traitemens qu'il recevait de leur humanité, il résolut d'employer en leur faveur son ancienne industrie. Les joncs croissaient en abondance autour de sa nouvelle demeure. Il cueillit les plus fins, et s'en servit en cachette pour tresser une espèce de couronne de la forme la plus élégante qu'il put lui donner. Un jour que les sauvages étaient assemblés autour de lui, il courut chercher la couronne qu'il plaça sur la tête de leur chef. Le bon sauvage fut si enchanté de sa nouvelle parure, qu'il se mit à danser et à sauter de joie au milieu de ses compatriotes; et ceux-ci ne pouvaient se lasser d'admirer en silence un chef-d'œuvre si parfait.

Le vannier, s'étant ainsi fait connaître par un ouvrage frivole, montra bientôt qu'il savait employer son talent à des objets d'une plus grande utilité. Il s'occupa le lendemain à former des paniers et des corbeilles, dont il apprit l'usage aux femmes sauvages pour y déposer leurs racines et leur poisson. Vous jugez bien qu'on ne tarda guère à le retirer de ses emplois serviles pour des travaux plus doux. Tout le monde voulut apprendre de lui à tresser le roseau, le jonc et l'osier. En récompense de ses leçons, les sauvages reconnaissans lui apportaient de toutes les espèces de fruits que produisait la contrée. Chaque jour il était accablé de leurs présens. Enfin on lui construisit une hutte commode, comme au bienfaiteur du pays; et, après le chef, il n'était personne qui reçût des hommages aussi distingués.

Pendant ce temps l'homme riche, qui n'avait ni forces pour travailler, ni talens pour plaire, menait la vie la plus déplorable, au milieu des insultes et des affronts. On allait même délibérer si on ne le laisserait pas mourir de faim comme une créature inutile; mais le vannier, attendri sur son sort, et voulant ne se venger qu'avec noblesse des injures qu'il avait reçues de lui, trouva le moyen de lui faire accorder sa grace. Il fit comprendre aux sauvages l'intérêt qu'il prenait à la destinée du compagnon de sa fortune; mais tout ce qu'il put obtenir en sa faveur, ce fut d'être condamné à lui servir de domestique, et à lui aller couper les joncs dont il avait besoin pour les demandes continuelles qu'on lui faisait de ses corbeilles et de ses paniers.

Le magistrat n'avait pas oublié l'objet d'instruction qu'il voulait retirer de sa sentence. Au bout de trois mois, il envoya chercher dans l'île sauvage les deux exilés; et, les ayant fait amener devant lui, il regarda d'un œil sévère l'homme riche et lui dit: Maintenant que vous avez dû apprendre par l'expérience combien vous êtes inutile sur la terre, et combien votre incapacité vous met au-dessous de l'homme que vous avez insulté, je dois procéder à la réparation qui lui est due pour l'oppression dont vous vous êtes rendu coupable à son égard. Si je vous traitais ainsi que vous le méritez, je vous dépouillerais des richesses que vous possédez, comme vous avez méchamment privé cet homme de tous les moyens qu'il avait de pourvoir à sa subsistance. Mais, comme j'espère que l'épreuve du malheur vous rendra plus humain à l'avenir, je vous rends la moitié de votre fortune, sous la condition de donner l'autre moitié à ce pauvre homme, dont vous avez causé la ruine.

Le vannier remercia le magistrat de la justice qu'il lui faisait rendre, mais il ajouta: J'ai été élevé dans la misère, et toute ma vie s'est passée dans le travail. Je n'ambitionne point des richesses dont je ne saurais faire usage. Tout ce que je désire de cet homme, c'est qu'il me mette dans la même situation où j'étais auparavant, et qu'il apprenne à être désormais plus humain envers les malheureux.

L'homme riche ne put s'empêcher de témoigner son admiration pour une si grande générosité. Comme il avait acquis de la sagesse par ses infortunes, non-seulement il traita le vannier comme son bienfaiteur et son ami durant le reste de sa vie, mais encore il employa ses trésors à faire du bien à tous ses semblables.

L'histoire étant achevée, Tommy s'écria qu'elle était fort jolie; mais que s'il avait été à la place du bon vannier, il aurait pris la moitié de la fortune du méchant homme, que le magistrat lui avait adjugée, et qu'il l'aurait retenue pour lui. Je m'en serais bien gardé, dit Henri, de peur de devenir peut-être aussi vain, aussi méchant et aussi paresseux.

Depuis ce jour, M. Barlow et ses deux élèves prirent l'habitude d'employer une partie de la matinée à travailler dans le jardin. Lorsqu'ils étaient fatigués, ils se retiraient dans le pavillon, où le petit Henri, qui par son application constante faisait de rapides progrès dans ses études, les amusait par la lecture de quelque histoire agréable. Tommy prenait de jour en jour un nouveau plaisir à l'écouter. Mais Henri étant allé passer une semaine chez ses parens, Tommy fut obligé de rester seul avec M. Barlow. Le lendemain, lorsque après leur travail ordinaire, ils furent allés se reposer dans le pavillon, Tommy s'attendait que M. Barlow lui ferait la lecture de quelque jolie historiette; mais il arriva que ce jour-là précisément il survint à M. Barlow plusieurs affaires de la dernière importance, qui ne lui permettaient pas de procurer ce plaisir à son petit ami. Il en fut de même le lendemain, et encore le jour d'après. Jamais M. Barlow n'avait eu malheureusement tant d'occupations. Tommy perdit alors patience, et se dit à lui-même: ah, si je savais lire comme Henri! je n'aurais pas besoin de prier les autres de lire pour moi, et je saurais m'amuser tout seul. Et pourquoi ne pourrais-je pas faire ce qu'un autre a fait? Henri a de l'esprit sans doute; mais il n'aurait jamais su lire, s'il n'avait appris de quelqu'un. Et si quelqu'un veut me l'apprendre, j'ose croire que je saurai bientôt lire aussi bien que lui. Bon. Lorsqu'il sera de retour, je veux lui demander comment il a fait, afin de m'y prendre de la même manière.

Henri revint quelques jours après; et aussitôt que Henri se trouva seul avec lui: Henri, lui dit-il, comment as-tu fait pour apprendre à lire?

HENRI. — C'est M. Barlow qui a eu la bonté de m'enseigner à connaître les lettres, puis à les épeler, puis à assembler les syllabes, ensuite à lire des mots entiers. Voilà tout mon secret.

TOMMY. — Et voudrais-tu me l'apprendre?

HENRI. — Je ne demande pas mieux, mon ami.

Henri prit alors un alphabet; et Tommy fut si attentif à ses instructions, que dès la première leçon il fut en état de distinguer toutes les lettres. Il se trouva très-satisfait de cet heureux effort de son esprit, et il eut toutes les peines du monde à s'empêcher de courir auprès de M. Barlow, pour lui étaler ses connaissances. Mais il fit réflexion qu'il l'étonnerait bien davantage, s'il ne lui disait rien de ses études, jusqu'à ce qu'il fût capable de lire une histoire d'un bout à l'autre. Il s'appliqua donc avec tant de diligence, et Henri, qui ne ménageait pas ses peines pour son ami, se montra un si bon maître, qu'au bout de trois mois il se crut assez fort pour surprendre M. Barlow par l'exercice de ses talens. Un jour qu'ils étaient tous les trois dans le pavillon, Henri avait déjà pris le livre, Tommy se leva, et dit gravement que, si M. Barlow voulait le permettre, il essaierait de lire à la place de son ami. Très-volontiers, répondit M. Barlow; mais je crois que vous seriez en état de voler dans les airs autant que de lire dans ce livre. Tommy, dans la confiance de ses forces, ne répliqua que par un sourire; et, prenant le livre des mains de Henri, il lut tout couramment l'histoire suivante.

LES DEUX CHIENS.

Dans une province de France, un berger avait élevé deux jeunes chiens de l'espèce la plus estimée pour la grandeur, la force et le courage. Lorsqu'il les vit assez grands pour n'avoir plus besoin du lait de leur mère, il crut faire un présent agréable à son seigneur, qui était un riche habitant d'une grande ville, en lui donnant le plus beau de ses deux élèves. Son cadeau fut reçu avec autant de plaisir qu'il en avait à le faire; et il n'y eut de triste dans cette circonstance que les jeunes doguins, qui, étant accoutumés à jouer ensemble, eurent beaucoup de peine à se séparer.

Dès ce moment la manière de vivre des deux frères se trouva bien différente. Le nouvel habitant de la ville, qu'on s'empressa de nommer *la Faveur*, fut admis dans une excellente cuisine, où il gagna bientôt les bonnes graces de tous les domestiques qui se divertissaient de ses cabrioles, et le récompensaient de tant de gentillesse par une grande abondance de restes de viandes et de potages. Employant, comme il le faisait, sa journée à manger depuis le matin jusqu'au soir, il prit en peu de temps une grosseur monstrueuse; et son poil devint gras et luisant. Il était à la vérité paresseux à l'extrême, et si poltron, qu'il s'enfuyait devant un chien qui n'était pas la moitié si gros que lui. Il était aussi fort adonné à la gloutonnerie; et il fut souvent battu pour les vols qu'il commettait dans l'office. Mais, comme il avait appris à jouer familièrement avec les domestiques, qu'il savait fort bien se tenir sur ses pieds de derrière, aller quérir et rapporter au premier commandement, il était caressé par tous les gens de la maison; et sa faveur s'étendait même assez loin dans le voisinage.

L'autre chien, qu'on avait appelé *la Garde*, élevé durement à la campagne, était bien loin d'avoir le poil si brillant et le ventre si arrondi. Il ignorait tous les jolis tours de souplesse qui composaient le mérite de son frère. Son maître n'était pas assez riche pour lui donner au-delà de ce qui était absolument nécessaire à sa subsistance. Obligé de vivre continuellement en plein air, de souffrir toutes les intempéries des saisons, et de travailler sans relâche pour gagner sa nourriture, il se rendit robuste, actif et diligent. Les combats qu'il avait à soutenir contre les loups, lui avaient donné une si grande intrépidité, qu'aucun de ses ennemis ne pouvait se flatter de lui avoir fait tourner le derrière. Il en avait quelquefois reçu de cruelles morsures; mais il s'honorait de ces nobles cicatrices; et il pouvait dire à sa gloire qu'il ne manquait pas une seule brebis au troupeau, depuis qu'il avait été mis sous sa protection. Son honnêteté d'ailleurs était si éprouvée, qu'aucune tentation n'était capable de le séduire. Il se serait vu tout seul en face du morceau de lard le plus appétissant, qu'il ne lui serait pas même venu dans la pensée qu'il y aurait du plaisir à s'en régaler. Il se contentait de manger ce qu'il plaisait à son maître de lui servir, et il ne le recevait qu'avec une tendre reconnaissance. La pluie, la neige, le tonnerre, la grêle ne lui auraient pas fait chercher un abri, lorsque son devoir le retenait auprès du troupeau; et, au moindre signe du berger, il plongeait tête baissée dans les rivières les plus rapides au milieu des glaçons.

Il arriva dans ce temps que le seigneur du pauvre berger vint à la campagne pour examiner l'état de ses terres. Il avait amené *la Faveur* avec lui. Au premier coup d'œil qu'il jeta sur *la Garde*, il ne put se défendre d'un sentiment de dédain que lui inspirait son extérieur rude et grossier. Aucune de ces manières brillantes, rien de cet embonpoint fleuri qui prévenaient pour *la Faveur*. Quoi qu'il en soit, monseigneur ne tarda guère à revenir de l'opinion qu'il s'était formée du caractère des deux frères. Comme il se promenait un jour au fond d'un bois épais, accompagné de son favori, un loup affamé, dont les yeux étincelaient de rage, sortit d'un bois voisin, en poussant des hurlemens affreux, et vint droit à lui pour le dévorer. Monseigneur se crut perdu, surtout lorsqu'il vit son bien-aimé *la Faveur*, au lieu de voler à son secours, s'abandonner lâchement à des cris d'effroi, et s'enfuir bientôt de toute sa vitesse, la queue basse entre les jambes. Mais, en ce moment de désespoir, l'intrépide *la Garde*, qui l'avait humblement suivi à une certaine distance, sans qu'il daignât le remarquer, accourut avec la rapidité d'un éclair, et se jeta sur le loup avec une telle impétuosité, qu'il l'obligea d'exercer toute sa force en sa propre défense. Le combat fut long et opiniâtre. Enfin *la Garde* étendit le loup mort à ses pieds. Ce ne fut pas, il est vrai, sans avoir les oreilles un peu déchirées; mais il semblait qu'il oubliait ses maux pour ne sentir que les caresses dont il fut accablé. Monseigneur apprit ainsi, par sa propre expérience, qu'il ne faut pas toujours s'en fier à la mine des gens, et que les grandes vertus peuvent se signaler dans les pauvres, tandis qu'elles se trouvent en défaut chez les riches.

Tommy s'arrêta en cet endroit pour reprendre haleine. Fort bien, en vérité, mon ami, dit M. Barlow. Je vois que, lorsque les jeunes gentilshommes veulent prendre la peine de s'appliquer, ils peuvent réussir aussi bien que ceux qu'ils appellent les gens du peuple. Mais que pensez-vous, Tommy, de l'histoire que vous venez de lire? Lequel aimez-vous le mieux de ce brillant *la Faveur*, qui laisse son maître en danger d'être dévoré, ou de ce modeste *la Garde*, qui expose sa propre vie pour le défendre? Je crois, répondit Tommy, que j'aurais mieux aimé *la Garde*. Oui, en effet, il aurait eu la préférence; mais je l'aurais lavé, j'aurais fait tondre son poil, et j'aurais pris soin de le bien nourrir, jusqu'à ce qu'il fût devenu aussi brillant que *la Faveur*. Peut-être alors, répliqua M. Barlow, serait-il devenu paresseux et poltron comme lui. Mais il reste encore quelque chose à lire. Voyons la fin de l'histoire. Tommy continua ainsi :

Monseigneur fut si charmé de la bravoure de *la Garde*, qu'il ne voulut plus s'en séparer. Ce ne fut qu'avec un extrême regret que le berger consentit à lui en faire présent. *La Garde*, dès le lendemain, fut emmené à la ville pour y prendre le poste de *la Faveur*; et celui-ci fut remis au berger, avec l'ordre exprès de le faire mourir comme un indigne et lâche mâtin.

Le berger, aussitôt après le départ de son maître, allait exécuter la sentence qu'il avait prononcée; mais, en considérant la haute taille et l'air prévenant de *la Faveur*, ému surtout d'un sentiment de pitié pour le pauvre animal, qui remuait la queue et lui léchait les mains, au moment même où il lui passait une corde au cou pour le jeter à la rivière, il résolut de lui sauver la vie, et d'essayer si un nouveau genre de vie ne produirait pas en lui d'autres sentimens. Dès ce moment, *la Faveur* fut traité exactement de la même manière que *la Garde* l'avait été. Une vie frugale et laborieuse le rendit bientôt plus sobre et plus vigilant. A la première pluie qu'il essuya, il s'enfuit, il est vrai, selon sa coutume, et courut se réfugier au coin du feu, mais la femme du berger le mit à la porte, et le força de supporter la rigueur de la saison. Cette épreuve coûta un peu à sa mollesse; mais au bout de quelques jours, il ne fit pas plus d'attention au froid et à la pluie, que s'il avait été continuellement élevé au milieu des champs.

Malgré les nouvelles qualités qu'il avait acquises, il ne laissait pas de conserver une frayeur mortelle des bêtes sauvages. Un jour qu'il errait seul dans une forêt, il fut attaqué par un loup énorme, qui, s'élançant d'un buisson, ouvrit sa large gueule pour le déchirer. La Faveur aurait bien voulu s'enfuir; mais son ennemi était trop agile pour lui laisser le temps de s'échapper. La nécessité donne quelquefois du courage aux plus lâches. La Faveur, ne voyant point de jour à la retraite, se tourna contre son ennemi; et, le saisissant heureusement par le cou, il l'étrangla dans un instant. Le berger accourait pour le secourir; il n'arriva que pour être témoin de sa victoire; et il le caressa avec une tendresse qu'il n'avait pas encore ressentie. Animé par ce succès, et par l'approbation de son maître, la Faveur, depuis cette aventure, se montra, dans toutes les occasions, aussi brave qu'il avait été poltron jusqu'à ce jour; et bientôt il n'y eut pas, à dix lieues à la ronde, un chien dont la renommée inspirât aux loups une aussi grande terreur.

Dans cet intervalle, au lieu de chasser les bêtes sauvages, ou de veiller sur les troupeaux, la Garde ne faisait plus que manger et dormir; ce qu'on lui permettait de faire à son aise, en mémoire de ses services passés. Comme toutes les qualités, soit de l'esprit, soit du corps, se perdent insensiblement, si l'on néglige l'occasion de les exercer, il cessa bientôt de posséder ce courage, cette hardiesse et cette vigilance qui l'avaient tant distingué, pour prendre à leur place tous les vices attachés à la paresse et à la gloutonnerie.

L'année suivante, monseigneur, ayant appris que des loups ravageaient ses terres, résolut d'aller à leur poursuite et de mener avec lui la Garde, pour lui faire encore exercer sa prouesse contre ses anciens ennemis. Il y en avait un que les gens de la campagne venaient de rencontrer dans une forêt voisine. Monseigneur y courut avec la Garde, dans l'espérance de le voir triompher avec autant de gloire que l'année d'auparavant. Mais quelle fut sa surprise, lorsqu'à la première rencontre il vit son héros s'enfuir avec toutes les marques d'une lâche frayeur! Dans le même instant arriva un autre chien, qui, défiant le loup de l'air le plus intrépide, lui livra un combat sanglant, et au bout de quelques minutes le jeta sans vie sur le champ de bataille. Monseigneur ne put s'empêcher de déplorer la poltronnerie de son favori, et d'admirer la valeur du champion étranger. Il ne tarda guère à le reconnaître pour ce même la Faveur qu'il avait condamné l'année précédente à une mort honteuse. Je vois bien, dit-il au berger, que c'est en vain qu'on attendrait du courage de ceux qui passent leur vie dans une indolente mollesse, et qu'un exercice habituel, une vie sobre et active, peuvent porter les caractères les plus faibles à des prodiges de force et de valeur.

En vérité, dit M. Barlow, lorsque la lecture fut achevée, je suis charmé de voir que Tommy ait fait l'acquisition de ce talent. Il ne dépendra maintenant de personne pour ses plus grands plaisirs; et il sera en état de s'amuser au moment où il lui plaira. Tout ce que l'on a écrit dans notre langue est aujourd'hui à sa disposition, soit qu'il veuille lire de petites aventures agréables comme celle que nous venons d'entendre, soit qu'il veuille s'instruire, dans l'histoire, des actions des grands hommes et des vertus des gens de bien, soit qu'il veuille connaître la nature de toutes les plantes qui se trouvent sur la terre. En un mot, je ne connais rien qui ne puisse être l'objet de ses études, et je ne désespère pas de le voir devenir un homme très-sensé, capable de contribuer un jour à l'instruction de ses semblables.

Oui, c'en est fait, répondit Tommy, un peu exalté de cet éloge, me voilà résolu à me rendre aussi habile qu'aucun autre; et, quoique je sois encore tout petit, je ne doute pas que je ne sois déjà plus instruit que beaucoup de personnes plus grandes que moi. Je suis sûr, par exemple, que de tous les nègres que nous avons laissés à la Jamaïque sur notre habitation, il n'en est pas un seul qui sache lire aussi couramment une histoire. M. Barlow prit une contenance un peu grave à cet éclat soudain de vanité, et lui demanda froidement si l'on avait pris le soin de leur apprendre quelque chose. Non, monsieur, je ne le crois pas, répondit Tommy. Où est donc la grande merveille s'ils sont ignorans? répliqua M. Barlow. Vous n'auriez probablement rien appris encore, si votre ami n'avait eu la complaisance de vous instruire; et ce que vous savez même à présent est bien peu de chose, n'en doutez pas.

C'est de cette manière que M. Barlow commença l'éducation de Tommy Merton, naturellement doué des dispositions les plus heureuses, quoiqu'on lui eût laissé contracter de mauvaises habitudes qui les empêchaient quelquefois de se montrer. Il était d'une humeur un peu colère; et il s'imaginait qu'il avait le droit de commander à tous ceux qu'il ne voyait pas aussi bien vêtus que lui. Cette folle idée le fit tomber en plusieurs fautes, et fut pour lui la source de mille cruelles mortifications.

Un jour qu'il poussait une balle avec sa raquette, elle passa sur une haie, et alla tomber dans un champ voisin. Ayant aperçu un petit garçon tout déguenillé qui se promenait dans les champs, il lui cria, d'un ton de maître, de lui renvoyer sa balle. Le petit garçon, sans se mettre en peine d'un tel commandement, continua sa promenade, et laissa la balle se reposer. Tommy l'apostropha d'une voix encore plus impérieuse, et lui demanda s'il n'avait pas entendu ce qu'on lui avait ordonné.

LE PETIT GARÇON. — Oh! je l'ai bien entendu. Je ne suis pas sourd, Dieu merci.

TOMMY. — Eh bien! si tu n'es pas sourd, renvoie-moi ma balle tout de suite.

LE PETIT GARÇON. — Voilà précisément ce que je ne ferai pas.

TOMMY. — Si je vais à toi, coquin, je te le ferai bien faire.

LE PETIT GARÇON. — Peut-être que non, mon petit monsieur.

TOMMY. — Voyez-moi cet insolent! Tiens, je t'en avertis, ne me donne pas la peine de passer de ton côté; ou je te battrai si fort qu'il ne te restera qu'un souffle de vie.

Le petit garçon ne répondit à cette bravade que par un grand éclat de rire, ce qui provoqua tellement Tommy, qu'il s'avança précipitamment vers la haie pour la franchir. Mais par malheur le pied lui glissa, et il tomba en roulant dans un fossé profond, tout plein d'une eau bourbeuse. Il y barbotta quelque temps pour tâcher d'en sortir. Ce fut en vain. Son pied s'enfonçait de plus en plus dans la fange à mesure qu'il voulait gagner le bord. Tout son bel habit fut couvert de vase; et une eau verdâtre dégouttait le long de sa culotte. Le riche galon à point d'Espagne, qui bordait son chapeau, avait disparu sous une croûte épaisse de limon; et, pour comble de détresse, il perdit l'un après l'autre ses deux souliers. Il ne serait de long-temps sorti de l'embarras où il se trouvait, si le petit garçon n'eût pris pitié de lui, et ne fût venu le retirer de sa fatale baignoire. Tommy, tout bouffi de honte et de colère, n'eut pas la force de proférer une seule parole. Il se mit à marcher lentement vers la maison dans un équipage si déplorable que M. Barlow, qui le rencontra, craignit qu'il ne se fût blessé. Mais, lorsqu'il eut entendu le récit de son aventure, il ne put s'empêcher de rire, et il conseilla à Tommy de prendre un peu mieux ses mesures à l'avenir, dans les querelles qu'il aurait avec les petits garçons déguenillés.

Le lendemain, lorsqu'ils furent dans le pavillon, M. Barlow, s'adressant à Henri, le pria de lire l'histoire suivante.

ANDROCLÈS.

Il y avait un pauvre esclave, nommé Androclès, qui était si maltraité par son maître, que la vie lui devint insupportable. Ne trouvant point de remède à ses maux, il se dit à lui-même : il vaut mieux mourir que de vivre dans les souffrances continuelles que je suis obligé d'endurer. Je n'ai d'autre parti que de me sauver de chez mon maître. S'il me reprend, je sais qu'il me punira d'un supplice affreux ; mais ces tourmens finiront ma misère. Si je parviens à m'échapper, il me faudra vivre dans un désert qui n'est habité que par des bêtes féroces ; mais elles ne pourront me traiter plus cruellement que je n'ai été traité par les hommes. Oui, je m'abandonnerai à leur merci, plutôt que de traîner encore mes jours dans un misérable esclavage.

Il prit une occasion favorable pour se dérober de la maison de son maître, et courut se cacher dans une épaisse forêt à quelque distance de la ville. Il ne tarda pas long-temps à sentir qu'il n'était sorti d'un genre de misère que pour tomber dans un autre. Après avoir erré la moitié du jour sur un sable brûlant, à travers les ronces et les épines, il fut saisi de la faim, et ne put trouver de quoi la satisfaire dans cette horrible solitude. Enfin, prêt à mourir de fatigue et d'épuisement, il alla se coucher dans une sombre caverne qui s'offrit à ses regards.

Le pauvre homme ! dit Henri, dont le cœur sensible ne put contenir ses mouvemens à ce récit déplorable. Je lui aurais donné mon dîner ; je lui aurais cédé mon lit. Mais M. Barlow, dites-moi, je vous prie, comment a-t-on la méchanceté d'en agir d'une façon si cruelle envers un de ses semblables? Et comment un homme peut-il être l'esclave d'un autre homme, et en souffrir de mauvais traitemens ?

Oh ! pour cela, répondit Tommy, c'est qu'il y a des gens qui sont nés gentilshommes et faits pour commander, d'autres qui sont nés esclaves et faits pour obéir. Je me souviens qu'avant de venir dans cette maison, j'avais autour de moi un nombre d'hommes et de femmes noirs, que maman me disait être nés uniquement pour faire ce qui me plairait. J'avais coutume de les égratigner, de les battre et de leur jeter les assiettes à la tête. Pour eux, ils n'osaient me frapper parce qu'ils étaient esclaves.

M. BARLOW. — Dites-moi, je vous prie, mon cher ami, comment ces gens étaient-ils devenus esclaves ?

TOMMY. — C'est que mon père les avait achetés de son argent.

M. BARLOW. — En sorte que les gens qu'on achète de son argent sont esclaves, n'est-ce pas ?

TOMMY. — Oui, sans doute.

M. BARLOW. — Et ceux qui les achètent ont le droit de les égratigner, de les battre, et de leur faire tout ce qu'ils veulent ?

TOMMY. — Certainement.

M. BARLOW. — Ainsi donc, si je vous prenais, et que j'allasse vous vendre au fermier Sandford, il aurait le droit de vous faire tout ce qu'il voudrait ?

TOMMY. — Non, monsieur, vous n'avez pas le droit de me vendre, et il n'a pas le droit de m'acheter.

M. BARLOW. — Et ceux qui ont vendu les nègres à votre père, quel droit avaient-ils de les vendre? Quel droit votre père avait-il de les acheter ?

TOMMY. — Je ne le sais pas. Tout ce que je sais, c'est qu'ils sont amenés sur des vaisseaux, d'un pays qui est bien loin d'ici; et par-là ils sont vendus comme esclaves.

M. BARLOW. — Mais si je vous emmenais sur un vaisseau dans un pays qui serait bien loin d'ici, je pourrais donc vous vendre comme esclave par la même raison?

TOMMY. — Non, monsieur, vous ne le pourriez pas, parce que je suis né gentilhomme.

M. BARLOW. — Et qu'entendez-vous par-là, s'il vous plaît?

TOMMY, (*un peu embarrassé.*) — C'est d'avoir une belle maison, de beaux habits, un carrosse, et beaucoup d'argent comme en a mon papa.

M. BARLOW. — Mais votre père peut perdre tous ses biens. On voit tous les jours les personnes les plus riches tomber dans la pauvreté. Alors est-ce qu'il serait permis de vous faire esclave et de vous maltraiter?

TOMMY. — Non, sans doute, ce n'est pas le droit que personne au monde me maltraite.

M. BARLOW. — Et pourquoi donc vous arrogez-vous ce droit envers vos nègres? Ne vous souvenez-vous pas du précepte qui doit régler la conduite de tous les hommes entre eux : « Ne faites pas à un autre ce que vous ne voudriez pas que l'on vous fît. »

TOMMY. — Oui, monsieur, je me le rappelle, et vous me faites sentir que j'ai eu bien des torts. Je vous promets de ne plus maltraiter à l'avenir notre nègre Congo, comme j'avais coutume de le faire.

M. BARLOW. — Vous serez alors un très-bon enfant; mais continuons notre histoire.

A peine ce malheureux commençait-il à goûter les douceurs du repos, qu'il fut réveillé par le bruit horrible des rugissemens d'une bête féroce. Saisi de frayeur, il se leva précipitamment pour se sauver. Il était déjà parvenu à l'entrée de la caverne, lorsqu'il vit venir à lui un lion d'une grandeur prodigieuse, qui lui ôta l'espérance de toute retraite. Dès ce moment sa perte lui parut inévitable; mais, à sa grande surprise, le lion s'avança vers lui sans aucun signe de rage, poussant au contraire des cris plaintifs comme pour implorer du secours. Androclès, naturellement intrépide, reprit assez de courage pour examiner cet animal monstrueux, qui lui laissait tout le loisir nécessaire pour ses observations. Sa démarche était lente. Il ne pouvait s'appuyer que sur trois jambes, et la quatrième, qu'il relevait sous lui, paraissait extrêmement enflée. Rassuré de plus en plus par le maintien paisible de l'animal, Androclès osa marcher à sa rencontre, et lui prendre la patte comme un chirurgien prendrait le bras de son malade. Il vit alors qu'une épine d'une grosseur extraordinaire avait pénétré la plante du pied, et y causait l'enflure qu'il avait remarquée. Au lieu de s'offenser de cette familiarité, le lion la recevait avec la plus grande douceur, et semblait même l'inviter, d'un regard caressant, à le soulager. Androclès aussitôt enleva l'épine, et, pressant mollement la plaie, il en fit sortir une grande abondance de sang corrompu. Dès que l'animal se sentit soulagé par cette opération, il se mit à témoigner sa reconnaissance pour son bienfaiteur, par toutes les démonstrations qu'il put imaginer. Il sautait autour de lui comme un épagneul folâtre, secouait de joie son épaisse crinière, et lui léchait les pieds et les mains. Il ne s'en tint pas à ces expressions d'amitié. Depuis ce jour, il ne regarda plus Androclès que comme un hôte chéri; et il n'allait plus à la chasse sans rapporter sa proie tout entière dans la caverne pour la partager avec son ami.

Androclès, pendant quelque temps, ne s'éloigna guère de la caverne, vivant tranquille dans cet état d'hospitalité sauvage. Mais un jour qu'il errait inconsidérément dans le désert, il trouva une troupe de soldats envoyés à sa poursuite. Il fut pris et traîné vers son maître. Les lois de ce pays étaient fort sévères contre les esclaves fugitifs. On le jugea coupable d'avoir osé s'échapper de sa chaîne; et, en punition de ce crime prétendu, il fut condamné à être mis en pièces par un lion furieux qu'on venait de prendre, et qu'on devait garder plusieurs jours sans nourriture, pour accroître sa rage, par le tourment de la faim.

Lorsque le jour marqué pour son supplice fut arrivé, on le conduisit tout nu dans une arène spacieuse, fermée de tous côtés par des barrières. Une foule immense de peuple accourut de tous côtés pour assouvir ses regards de cet horrible spectacle. Déjà l'on entendait d'affreux rugissemens. Une porte s'ouvrit; et l'on vit s'élancer un lion monstrueux qui courut en avant, la crinière hérissée, les yeux enflammés, et la gueule béante comme un sépulcre ouvert. L'air fut soudain rempli de mille cris perçans auxquels succéda un silence profond. Tous les yeux étaient tournés sur la victime, dont on déplorait la destinée. Mais la pitié de la multitude fut bientôt changée en surprise, lorsqu'on vit l'animal féroce, au lieu de s'acharner sur sa proie, s'étendre d'un

air soumis à ses pieds, jouer avec elle comme un chien fidèle avec son maître, ou plutôt la caresser, comme une mère, qui, après de vaines recherches, retrouve son fils qu'elle a perdu. Le gouverneur de la ville, qui était présent, fit appeler à haute voix Androclès, et lui ordonna d'expliquer comment une bête sauvage, de la nature la plus féroce, avait en un moment oublié sa rage, pour se changer en un animal doux et caressant. Androclès raconta à l'assemblée jusqu'aux moindres détails de son aventure. Il n'y eut personne qui ne fût étonné de ce récit, et enchanté de voir que les animaux les plus furieux sont capables d'être adoucis par le sentiment de la reconnaissance. Toutes les voix se réunirent pour implorer du gouverneur le pardon du malheureux esclave. Sa grace lui fut sur-le-champ accordée; et on lui fit présent du lion qui avait deux fois épargné sa vie.

Oh, s'écria Tommy, voilà une bien belle histoire! Mais je n'aurais jamais cru que les lions pussent devenir si traitables. Je croyais qu'ils étaient comme les loups et les tigres qui mettent en pièces tout ce qu'ils rencontrent.

Lorsqu'ils sont affamés, dit M. Barlow, ils tuent tous les animaux qu'ils peuvent atteindre; mais c'est pour s'en nourrir, car ils sont destinés à vivre de chair ainsi que les chiens et les chats, et plusieurs autres espèces d'animaux. Mais dès que leur faim est assouvie, rarement font-ils une boucherie inutile. C'est en cela qu'ils sont moins cruels que bien des hommes, et même que certains enfans, qui tourmentent les animaux sans aucun sujet.

HENRI. — Je pense tout-à-fait comme vous, monsieur; et je me souviens que, me promenant, il y a quelques jours, sur le grand chemin, je vis un petit garçon qui traitait son âne avec bien de la cruauté. Le pauvre animal était si boiteux, qu'il se traînait à peine; et son conducteur le frappait de toutes ses forces avec un grand bâton, pour le faire aller plus vite qu'il ne pouvait.

M. BARLOW. — Est-ce que vous ne lui en dîtes rien?

HENRI. — Pardonnez-moi, monsieur, je lui représentai combien c'était méchant. Je lui demandai s'il aimerait à être traité de cette manière par quelqu'un qui serait plus fort que lui?

M. BARLOW. — Et quelle réponse vous fit-il, Henri?

HENRI. — Il me répondit que c'était l'âne de son père, qu'ainsi il avait droit de le battre, sans que personne y trouvât à redire, et que s'il m'échappait un mot de plus, il me battrait aussi.

M. BARLOW. — Ha, ha! cela me paraît violent.

HENRI. — Je lui répliquai que, quoique ce fût l'âne de son père, ce n'en était pas moins une grande méchanceté de le traiter si durement; que, pour ce qui était de me battre, s'il s'avisait de m'attaquer, je saurais bien me défendre; et que je ne le craignais pas, quoiqu'il fût beaucoup plus grand que moi.

M. BARLOW. — Est-ce qu'il eut l'audace de vous frapper?

HENRI. — Vraiment, oui, monsieur: il vint avec son grand bâton pour m'en donner sur la tête; mais j'esquivai si bien, que je le parai de mon épaule. Il voulut y revenir. Je ne lui en donnai pas le temps. Je m'élançai sur lui, et le renversai par terre. Alors il se mit à pleurer, et me supplia de ne pas lui faire de mal.

M. BARLOW. — Il est assez ordinaire de voir les plus méchans montrer le plus de poltronnerie. Et que fîtes-vous ensuite?

HENRI. — Je lui dis que ce n'était pas mon dessein de le gourmer; mais que, puisqu'il m'avait attaqué sans raison, je ne lui permettrais pas de se relever, qu'il ne m'eût promis de ne plus battre la pauvre bête, qui reprenait haleine pendant notre combat. Il m'en donna sa parole; et je le laissai aller à ses affaires.

M. BARLOW. — J'approuve extrêmement votre conduite. Je suppose que le petit coquin, en se relevant, avait l'air tout aussi confus que Tommy devait l'avoir l'autre jour, lorsque le petit garçon qu'il voulait battre, l'aida à sortir du fossé.

TOMMY. — Mais, monsieur, je ne lui cherchais pas querelle. Je ne l'aurais seulement pas menacé, s'il n'eût refusé de me renvoyer ma balle.

M. BARLOW. — Et quel droit aviez-vous de l'y contraindre?

TOMMY. — C'est qu'il était tout en guenilles, et que moi j'étais bien habillé.

M. BARLOW. — Voilà ce qui s'appelle d'excellentes raisons. Ainsi donc, si vos habits venaient à tomber en guenilles, tout homme bien habillé aurait le droit de vous donner ses ordres?

Tommy sentit à merveille qu'il venait de lui échapper une sottise; et il tâcha de la réparer, en disant:

Mais il ne lui en coûtait rien de le faire, puisqu'il était du même côté que la balle.

M. BARLOW. — Et c'est aussi ce qu'il aurait fait, selon toutes les apparences, si vous l'en aviez prié civilement. Mais les gens qui parlent toujours d'un air impérieux, trouvent peu de personnes disposées à les servir. Au reste, comme le petit garçon était dans une parure si délabrée, je suppose que vous lui offrîtes de l'argent pour l'engager à vous rendre service.

TOMMY. — Non, vraiment, monsieur.

M. BARLOW. — Ah! j'entends. C'est que vous n'aviez pas d'argent dans votre bourse.

TOMMY. — Je vous demande pardon. J'avais tout celui que j'ai encore. (*Montrant quelques pièces d'argent.*)

M. BARLOW. — C'est donc que vous pensiez qu'il était en fonds aussi bien que vous-même?

TOMMY. — Comment aurais-je pu le penser? Il n'avait point d'habit sur son corps, ni de bas à ses jambes. Sa veste et sa culotte étaient tout en lambeaux, et ses souliers rapetassés?

M. BARLOW. — Je vois clair maintenant ce que c'est qu'un vrai gentilhomme. C'est celui qui, pourvu abondamment de toutes choses, les garde pour lui seul, menace les pauvres gens de les battre, s'ils ne le servent pour rien; et, lorsqu'il se trouve réduit, malgré sa fierté, à leur devoir des services essentiels, n'en ressent point de reconnaissance, et ne leur fait aucun bien en retour. Je parierais que le lion d'Androclès n'était pas gentilhomme.

Tommy fut si vivement affecté de ce reproche, qu'il eut peine à retenir ses larmes. Comme il était d'un caractère naturellement généreux, il résolut dans son cœur de faire quelques présens au petit garçon, la première fois qu'il aurait le plaisir de le rencontrer. En se promenant l'après-midi du même jour, il le vit à quelque distance qui cueillait des mûres sauvages sur les buissons. Il courut à lui, et, le regardant avec bonté, il lui dit:

Je voudrais bien savoir, mon petit ami, pourquoi tu es si mal vêtu? Est-ce que tu n'aurais pas d'autres habits?

LE PETIT GARÇON. — Non, en vérité, monsieur. J'ai sept frères et sœurs, et ils ne sont pas mieux habillés que moi. Mais ce serait la moindre de nos peines, si nous avions toujours de quoi manger.

TOMMY. — Et pourquoi en manquez-vous?

LE PETIT GARÇON. — C'est que mon père est malade de la fièvre, et qu'il ne pourra travailler de toute la moisson. Ma mère dit que nous ne pouvons pas manquer de mourir de faim, si le bon Dieu ne vient à notre secours.

Tommy ne prit pas le temps de lui répondre, et courut de toutes ses forces vers la maison, d'où il repartit aussitôt, chargé d'un gros morceau de pain, et d'un paquet de ses propres habits. Tiens, dit-il, mon petit ami, tu m'as rendu service, voilà du pain. Je te donne aussi ces habits, parce que je suis gentilhomme, et que j'en ai beaucoup d'autres encore.

Rien ne peut égaler la joie qui éclata dans les yeux du petit garçon en recevant ce cadeau, si ce n'est le plaisir que Tommy ressentit en goûtant, pour la première fois, la douceur de satisfaire les mouvemens de la reconnaissance et de la générosité. Sans attendre la fin des remercîmens qu'on lui prodiguait, il s'en retourna tout joyeux; et, ayant rencontré M. Barlow, il lui raconta d'un air transporté ce qu'il venait de faire. M. Barlow lui répondit froidement: Avant de donner vos habits au petit garçon, il me semble que vous auriez dû savoir si vos parens voudraient vous le permettre. Quant à mon pain, quel droit aviez-vous de le donner sans mon consentement?

TOMMY. — C'est que le petit garçon m'a dit qu'il avait faim, et que ses frères et sœurs n'avaient pas plus à manger que lui. Vous saurez que leur père est malade, absolument hors d'état de travailler.

M. BARLOW. — C'était une raison assez touchante pour vous engager à donner ce qui vous appartient; mais non ce qui appartient à un autre. Que diriez-vous si Henri, pour faire une bonne œuvre, s'avisait de disposer de vos effets, sans votre permission?

TOMMY. — Je n'aimerais point cela du tout; et je comprends que j'ai fait encore une sottise.

M. BARLOW. — Je suis charmé de voir que vous le sentez. Voici une petite histoire que vous ne ferez pas mal de lire à ce sujet.

CYRUS.

Cyrus était fils d'un roi puissant. Il avait plusieurs maîtres, que Cambyse, son père, avait chargés de lui apprendre surtout à distinguer le bien du mal, et à pratiquer la justice. Un soir Cambyse lui demanda ce qui lui était arrivé dans la journée. J'ai été puni, lui répondit Cyrus, pour une sentence injuste que j'ai prononcée. En me promenant avec mon gouverneur, nous avons rencontré deux jeunes garçons, dont l'un était grand et l'autre petit. Celui-ci avait une robe trop longue pour sa taille: celui-là, au contraire, en avait une qui lui descendait à peine jusqu'aux genoux, et dont les manches semblaient le serrer. Le grand garçon avait d'abord proposé au petit de changer de vêtemens, parce qu'alors chacun d'eux en aurait un qui lui conviendrait mieux que celui qu'il portait. Mais le petit garçon n'a pas voulu accéder à cet arrangement; sur quoi le premier lui a pris sa robe de force, et lui a donné la sienne. Ils en étaient à se disputer, lorsque nous sommes arrivés. Ils sont convenus de me prendre pour juge de leur querelle. J'ai décidé que le petit garçon se contenterait de la petite robe, et que le grand garderait la plus longue. Voilà le jugement pour lequel mon gouverneur m'a puni. Comment, lui dit Cambyse, est-ce que la robe courte ne convenait pas mieux au petit garçon, et la plus longue au plus grand? Oui, mon père, répondit Cyrus: mais mon gouverneur m'a fait sentir que je n'avais pas été nommé pour décider laquelle des deux robes allait le mieux à la taille de chacun des jeunes garçons, mais s'il était juste que l'un osât s'emparer de la robe de l'autre sans son consentement. C'est pourquoi je reconnais que ma sentence était d'une grande injustice, et que j'ai bien mérité d'être repris.

Au moment où cette histoire venait de finir, ils furent surpris de voir un petit garçon déguenillé s'avancer vers eux avec un paquet de hardes sous le bras. Ses yeux étaient meurtris, son nez enflé, et sa chemise teinte de sang tenait à peine sur son corps, tant elle était déchirée. Il vint droit à Tommy, et jeta le paquet à ses pieds en lui disant: Tenez, mon petit monsieur, reprenez vos habits. Je souhaiterais qu'ils fussent au fond du fossé d'où je vous ai retiré, plutôt que d'avoir été sur mon dos. Je vous promets bien de ne me couvrir de ma vie de ces malheureux vêtemens quand je devrais rester nu. Que veut dire cela? lui demanda M. Barlow, qui comprit aussitôt qu'il lui était arrivé quelque mésaventure au sujet du présent de Tommy? Monsieur, reprit le petit garçon, ce petit monsieur s'était mis en tête de me battre parce que je ne voulais point lui renvoyer sa balle. Ce n'est pas que je ne l'eusse renvoyée de tout mon cœur, s'il m'en eût prié poliment; mais quoique je sois pauvre, je n'entends pas qu'il me parle en maître, et qu'il s'avise de me traiter comme l'on dit qu'il traite son nègre Congo. Une haie nous séparait. Il a voulu l'enjamber pour arriver jusqu'à moi. Mais au lieu de sauter par-dessus, il a roulé dans un fossé où il serait encore, si je ne lui avais donné la main pour en sortir. C'est pour cela qu'il m'a donné ses habits, sans que je lui eusse rien demandé pour ma peine. Sot que je suis, de les avoir mis sur mon corps! Je devais bien sentir que des habits de soie n'étaient pas faits pour un paysan. Tous les petits garçons du village se sont mis à me suivre avec des huées, en m'appelant *Faraud*. Le fils du tanneur m'a jeté une poignée de boue qui m'a éclaboussé de la tête aux pieds. J'ai voulu le punir. Ils se sont tous mis après moi, et ils m'ont accommodé de la manière que vous voyez. Ceci n'est rien; mais je ne voudrais pas être une seconde fois appelé *Faraud* pour les plus beaux habits du monde. C'est pourquoi je suis venu chercher ce petit monsieur, pour lui rendre ses hardes. Les voilà: qu'il les reprenne. Je craindrais d'y toucher du bout de l'ongle.

M. Barlow questionna le petit garçon sur la maladie et la pauvreté de son père, et lui demanda où il habitait. Il dit ensuite à Henri qu'il enverrait des vivres à ce pauvre homme, s'il voulait se charger de les lui porter. Je ne demande pas mieux répondit Henri, quand ce serait dix fois plus loin encore. M. Barlow rentra dans la maison pour donner des ordres à ce sujet.

Dans cet intervalle, Tommy, qui avait regardé quelque temps en silence le petit garçon, lui dit: Ainsi donc, mon pauvre enfant, tu as été battu, parce que je t'ai donné mes habits? J'en suis bien fâché, je t'assure. Je vous remercie, mon cher monsieur, mais il n'y a plus de remède. Je sens bien que vous ne vouliez pas me faire de la peine; et je ne suis pas une poule si mouillée, que je me lamente pour quelques coups de poing. Ainsi je vous souhaite le bonsoir. Adieu. C'est sans rancune.

Tommy, après l'avoir suivi quelque temps des yeux, dit à Henri: Je voudrais bien avoir des habits que le petit garçon pût porter, sans se faire encore des affaires. Il a tout l'air d'un bon enfant, et j'aurais, je crois, du plaisir à l'obliger. Tu peux le faire aisément, lui répondit Henri. Il y a ici tout près, dans le village voisin, une boutique où l'on vend des habits tout faits pour les pauvres. Tu as de l'argent; tu peux en acheter.

Tommy voulait y courir dans l'instant même; mais, comme la nuit s'approchait, Henri le fit consentir, malgré son impatience, à remettre ses projets de bienfaisance au lendemain.

Le soleil venait à peine de paraître sur l'horizon, que nos deux amis se levèrent, pour aller aussitôt faire les emplettes qu'ils avaient projetées le jour précédent. Ils se mirent en effet en marche avant le déjeuner; et ils avaient déjà fait la moitié du chemin, lorsqu'ils entendirent les aboiemens d'une meute qui semblait courir à quelque distance. Tommy, un peu étonné, demanda à Henri s'il savait d'où provenait ce bruit. Je m'en doute, lui répondit Henri. C'est le chevalier Tayaut et ses chiens qui poursuivent un malheureux lièvre. Il faut être bien lâche d'attaquer un pauvre animal, qui n'a pas la force de se défendre! S'ils ont la fureur de chasser, que ne vont-ils dans les pays où il se trouve des lions, des tigres, et d'autres bêtes féroces!

TOMMY. — Est-ce que tu sais comment se fait la chasse de ces animaux, celle du lion, par exemple?

HENRI. — Oui, je l'ai vu dans un livre de M. Barlow.

TOMMY. — Oh, conte-moi un peu cela, je t'en prie.

HENRI. — Je le veux bien, mon ami : je me le rappelle à merveille.

Tu sauras d'abord qu'il y a loin d'ici des pays très-chauds, où les hommes sont dans l'usage d'aller presque nus. Ils sont si exercés à la course dès leur plus tendre enfance, qu'ils vont presque aussi vite que des cerfs. Lorsqu'un lion vient dans le voisinage pour leur enlever quelque pièce de leur bétail, ils se mettent cinq ou six à sa poursuite, armés de plusieurs javelots. Ils parcourent la forêt jusqu'à ce qu'ils aient découvert sa retraite. Alors ils font du bruit, et poussent des cris affreux pour l'exciter à les attaquer. Le lion commence à écumer, à rugir, et à se battre les flancs de sa queue ; puis tout à coup il s'élance sur l'homme qui est le plus près de lui.

TOMMY. — Hélas! je tremble de tout mon corps. En voilà déjà un mis en pièces.

HENRI. — Oh! ne crains pas. Cet homme, qui s'y attend, se détourne adroitement de son chemin, tandis qu'un de ses camarades lance un javelot au lion. Le lion devient plus furieux, et se retourne contre l'ennemi qui vient de le blesser ; mais celui-ci fait comme le premier ; et le lion reçoit du troisième un second javelot dans le flanc. Il en est de même des autres, jusqu'à ce que le pauvre animal tombe épuisé des blessures qu'il a reçues.

Que cela doit être beau à voir ! s'écria Tommy. Je voudrais bien assister à l'un de ces combats, du haut d'une fenêtre, où je serais en sûreté. Oh! pour moi, non, répondit Henri, j'aurais trop de peine de voir déchirer un si noble animal. Mais on est obligé de le faire pour sa défense ; au lieu qu'un pauvre lièvre ne fait que manger un peu de grain aux fermiers, et ne leur cause sûrement pas en cela tant de dommage que les chasseurs qui le poursuivent, en passant à cheval sur leurs terres.

Pendant qu'ils s'entretenaient ainsi, Henri, tournant d'un autre côté ses regards, s'écria tout à coup : Tiens, Tommy, vois donc ; voici le lièvre qui vient à nous. Oh! il est déjà bien loin. J'espère que ses ennemis ne sauront pas le chemin qu'il a pris ; et, s'ils viennent me le demander, je me garderai bien de leur donner de ses nouvelles. Aussitôt ils virent arriver les chiens qui avaient perdu les traces de leur proie. Un homme qui les suivait, monté sur un beau cheval, demanda à Henri s'il avait vu le lièvre passer. Henri ne lui fit pas de réponse. Le chasseur ayant réitéré sa question d'un ton de voix plus haut, Henri répondit qu'il l'avait vu. Et de quel côté s'en va-t-il? C'est ce que je ne veux pas vous dire. Tu ne le veux pas? dit le chasseur, en sautant à bas de son cheval, je vais bien te le faire vouloir ; et, s'avançant vers Henri, qui n'avait pas bougé de la place où il était, il se mit à le frapper avec son fouet de la manière la plus brutale, en répétant à chaque coup : Eh bien, petit drôle, me le diras-tu maintenant? Mais Henri se contenta de lui répondre : Si je n'ai pas cru devoir vous le dire tout à l'heure, je ne vous le dirai pas davantage, quand vous m'assommeriez. Ni la généreuse fermeté de cet enfant ni les larmes de l'autre, qui pleurait amèrement de voir les souffrances de son ami, ne firent aucune impression sur le barbare. Il aurait poussé plus loin sa brutalité, si un chasseur, qui courait à toute bride, ne fût survenu, et ne lui eût dit : Que faites-vous donc, chevalier? vous allez tuer ce petit garçon. Il le mérite bien, répondit le méchant. Il vient de voir passer le lièvre, et il ne veut pas me dire de quel côté il s'en va. Prenez garde, lui répliqua l'autre à voix basse, de ne pas vous engager dans une affaire désagréable. Je reconnais l'autre enfant pour le fils d'un gentilhomme d'une immense fortune, qui demeure dans le voi-

-sinage. Se tournant alors vers Henri, et lui adressant la parole : Eh bien ! mon petit ami, pourquoi ne veux-tu pas dire à monsieur quel chemin a pris le lièvre, puisque tu l'as vu passer? Pourquoi? lui répondit Henri, lorsqu'il eut repris assez de voix pour parler, c'est que je ne veux pas trahir ce pauvre animal. Cet enfant, s'écria le nouveau chasseur, est un prodige. Il est heureux pour vous, chevalier, que ses forces ne répondent pas encore à son courage. Mais rien ne peut vaincre votre emportement. En ce moment les chiens reprirent la voie, et firent entendre leurs cris. Le chevalier remonta brusquement à cheval, et se mit au galop, accompagné de toute sa suite.

Aussitôt qu'ils furent partis, Tommy, qui s'était tenu un peu à l'écart, courut prendre la main de Henri de la manière la plus affectueuse, et lui demanda comment il se trouvait. Un peu moulu, répondit Henri, mais cela n'est plus rien. Oh! répondit Tommy, j'aurais bien voulu avoir un pistolet ou une épée.

HENRI. — Bon! et qu'en aurais-tu fait?

TOMMY. — J'aurais tué ce méchant homme, qui t'a battu si cruellement.

HENRI. — Cela aurait été fort mal, Tommy; car je suis sûr qu'il ne voulait pas me tuer. Il est vrai que, si j'avais été de sa taille, il ne m'aurait pas traité de cette manière : mais le mal est passé maintenant; et nous devons pardonner à nos ennemis. Ils peuvent en venir à nous aimer, et a se repentir de leur faute.

TOMMY. — Mais comment as-tu fait pour recevoir tous ces coups sans pleurer?

HENRI. — C'est que cela ne m'aurait servi de rien. Et puis, s'il faut te le dire, pendant qu'on me battait, je songeais à l'histoire d'un peuple de petits garçons, qu'on avait exercés à ne pousser jamais une plainte, ni même un murmure. Et vraiment ils avaient encore à endurer bien plus que moi.

TOMMY. — Il me semble pourtant qu'on ne peut guère être traité plus cruellement que tu ne l'as été.

HENRI. — Bon, ce n'est que des douceurs en comparaison de ce que les jeunes Spartiates savaient souffrir.

TOMMY. — Et qui étaient ces gens-là ?

HENRI. — M. Barlow m'a fait lire des morceaux de leur histoire. Je vais t'en raconter quelque chose. Il faut que tu saches qu'il y avait une brave nation qui vivait il y a bien long-temps. Comme elle n'était pas fort nombreuse, et qu'elle se voyait au contraire environnée d'un grand nombre d'ennemis, elle prenait soin de rendre tous ses enfans hardis et courageux. Ces enfans étaient accoutumés à coucher sur la dure, à courir presque nus en plein air, et à faire plusieurs exercices qui leur donnaient de la force et de l'adresse. On les nourrissait tous absolument de la même façon; et leur nourriture était fort grossière. Ils mangeaient dans de grandes salles, où on leur apprenait l'ordre et la sobriété. Lorsque leurs repas étaient finis, ils allaient jouer tous ensemble; et s'ils commettaient quelque faute, ils étaient châtiés sévèrement, mais il ne leur échappait jamais le moindre signe de faiblesse. On ne leur permettait aucune fantaisie ; et leurs petites injustices étaient punies comme des crimes. Aussi cette éducation les rendit si forts, si braves et si vertueux, qu'on n'a jamais vu de peuple aussi redoutable.

La suite de cette conversation les conduisit au milieu du village, où Tommy devait faire ses emplettes. Il dépensa tout ce qu'il avait dans sa bourse (c'était un peu plus de quinze francs) à faire provision d'habits pour le petit garçon déguenillé, et pour ses frères. On en fit un paquet qu'on lui remit. Il pria Henri de s'en charger. Je le veux bien, dit-il ; mais pourquoi ne veux-tu pas le porter toi-même ? il n'est pas bien lourd.

TOMMY. — C'est qu'il ne sied pas à un gentilhomme de porter un paquet.

HENRI. — Et pourquoi donc, s'il est assez fort ?

TOMMY. — Je ne sais, mais c'est pour n'avoir pas l'air d'un enfant du peuple.

HENRI. — Il ne devrait donc avoir ni pieds, ni mains, ni bouche, ni oreilles, parce que les gens du peuple en ont aussi.

TOMMY. — Ils ont de tout cela, parce que c'est utile.

HENRI. — Et n'est-il pas utile de pouvoir se servir soi-même ?

TOMMY. — Oh! les gentilshommes ont des gens à leurs gages pour les servir.

HENRI. — Mais je ne suis pas à tes gages, moi, pour te porter ton paquet.

TOMMY. — Je le sais bien, ce n'est que par amitié.

HENRI. — A la bonne heure. Tiens, avec tout cela, je pense, que c'est une triste chose que d'être gentilhomme.

TOMMY. — Et en quoi donc ?

HENRI. — C'est que si tout le monde l'était, personne ne voudrait rien faire ; et alors tous les gentilshommes de la terre seraient réduits à mourir de faim.

TOMMY. — De faim ?

HENRI. — Oui, sans doute. Ne faut-il pas du pain pour vivre ?

TOMMY. — Je le sais bien.

HENRI. — Et sais-tu bien que le pain est fait du grain d'une plante qui croît dans la terre, et qu'on appelle blé ?

TOMMY. — Et bien alors, ce blé, je le ferais cueillir.

HENRI. — Et par qui ? Si tout le monde était gentilhomme, tu n'aurais personne à tes gages.

TOMMY. — En ce cas-là, je le cueillerais moi-même.

HENRI. — Tu commencerais donc à te servir ? Mais tu vas bien vite en besogne. Tu cueilles le blé avant de l'avoir semé, avant d'avoir labouré la terre, avant d'avoir fait les instrumens du labourage. Passons encore sur tout cela. Je te donne la moisson toute prête. Tu n'en serais guère plus avancé.

TOMMY. — Comment donc ?

HENRI. — Le blé est un petit grain

dur à peu près comme l'avoine, que je donne quelquefois au cheval de M. Barlow. Voudrois-tu le manger dans cet état ?

TOMMY. — Non certes. Mais comment donc le pain se fait-il ?

HENRI. — Il faut d'abord faire moudre le grain en farine; et pour cela il faut envoyer le blé au moulin.

TOMMY. — Et qu'est-ce qu'un moulin ?

HENRI. — Est-ce que tu n'en as jamais vu.

TOMMY. — Non, jamais. Je voudrais bien en voir un, pour savoir comment le pain peut se faire.

HENRI. — Il y en a quelques-uns dans les environs. Si tu en parles à M. Barlow, il se fera un plaisir de t'y mener.

TOMMY. — Oh! j'en meurs d'envie. J'aimerais beaucoup à savoir l'histoire du pain.

Pendant qu'ils s'entretenaient ainsi, en sortant du village, ils entendirent tout à coup des cris plaintifs. Ils tournèrent aussitôt la tête. Ils aperçurent un cheval traînant après lui son cavalier, qui venait de perdre la selle, et dont le pied se trouvait engagé dans l'étrier. Par bonheur c'était sur un terrain humide et fraîchement labouré; ce qui empêchait le cheval d'aller bien vite, et qui en même temps préserva le cavalier d'être mis en pièces. Henri, doué d'un courage et d'une agilité extraordinaires, et toujours prêt à faire un acte d'humanité, même au péril de sa vie, courut vers un fossé profond, dont il vit le cheval approcher; et, justement comme il pliait sur ses jarrets pour le franchir, il le saisit, et l'arrêta tout court. Au même instant survint un autre chasseur avec deux domestiques, qui dégagèrent le malheureux cavalier, et le remirent sur ses jambes. Celui-ci regarda quelque temps autour de lui d'un air égaré: mais, comme il n'était pas blessé dangereusement, il reprit bientôt ses esprits; et le premier usage qu'il en fit, fut de pester contre son cheval, et de demander qui avait arrêté cette maudite bête. Voyez, lui dit son ami, c'est le même petit garçon que vous avez traité si cruellement tout à l'heure. Sans lui, c'en était fait de votre vie. Le chevalier jeta sur Henri un regard où la honte et l'humiliation semblaient combattre encore avec son insolence naturelle. Enfin, il mit la main dans sa bourse, et en tira une pièce d'or, qu'il offrit à son bienfaiteur, en lui disant qu'il était bien honteux de la manière dont il en avait usé envers lui dans la matinée. Mais Henri, avec un air dédaigneux, tel qu'on ne lui en avait jamais vu prendre, rejeta le présent sans répondre; et, courant ramasser son paquet, qu'il avait laissé tomber pour courir plus lestement après le cheval, il s'en alla suivi de son compagnon.

Il ne fallait pas se détourner beaucoup de leur route pour gagner la chaumière du pauvre malheureux, auquel ils apportaient des habits pour ses enfans. Ils le trouvèrent beaucoup mieux, parce que M. Barlow, qui était allé le voir la veille, lui avait donné des remèdes propres à calmer ses maux. Tommy fit appeler le petit garçon; et, dès qu'il le vit approcher, il courut à sa rencontre, et lui dit qu'il lui apportait des habits dont il pourrait se vêtir, sans crainte d'être appelé *Faraud*, et qu'il y en avait aussi d'autres pour ses petits frères. Le plaisir avec lequel les enfans reçurent ses dons, fut si vif, les remercîmens de leur mère, et les bénédictions du malade furent si touchans, que Tommy ne put s'empêcher de verser des larmes d'attendrissement, en quoi il fut secondé par Henri. Après avoir joui pendant quelques minutes de la joie de ces bonnes gens, ils les quittèrent fort joyeux eux-mêmes. Tommy convint qu'il n'avait jamais dépensé son argent avec autant de plaisir, qu'il en avait éprouvé à secourir cette honnête famille ; et il se promit bien de réserver tout ce qu'on lui donnerait à l'avenir pour le consacrer à ce digne usage, au lieu de l'employer à des friandises et à des joujoux.

Quelques jours après, M. Barlow et ses deux élèves, se promenant ensemble dans la campagne, vinrent à passer devant un moulin à vent. Tommy demanda ce que c'était que ce petit château, et ce que signifiait ces grandes ailes qui tournaient avec tant de force ? Henri lui répondit que c'était un de ces moulins dont il lui avait parlé dernièrement. Tommy témoigna le plus grand desir d'en voir l'intérieur. M. Barlow connaissait le meunier, qui les fit entrer, et leur en montra toutes les parties dans le plus grand détail. Tommy vit avec surprise que les ailes qu'il avait vues au-dehors servaient par le moyen de plusieurs rouages, à peu près comme ceux d'un tournebroche, à faire mouvoir en-dedans une grande pierre plate, qui en tournant sur une autre pierre, écrasait tout le grain qui se trouvait entre elles, et le réduisait en poudre. Quoi ! s'écria-t-il, c'est la manière dont on fait le pain ? Non pas tout-à-fait, lui répondit M. Barlow. Ce n'est que la première préparation que l'on fait subir au blé. Il y en a bien d'autres encore avant qu'il devienne du pain. Vous voyez que ce qui sort de dessous la meule n'est qu'une poudre menue, au lieu que le pain est une substance ferme et assez solide. Nous en apprendrons davantage un autre jour.

En s'en retournant à la maison, Henri dit à Tommy : tu vois maintenant que si personne ne voulait rien faire, nous n'aurions pas de pain à manger. Tu ne sais pas combien il en coûte de travaux seulement pour faire venir le blé.

TOMMY. — Est-ce qu'il ne vient pas sur la terre ?

HENRI. — Oui bien, lorsqu'on l'y a semé ; mais avant tout, il faut rudement labourer son champ.

TOMMY. — Et qu'est-ce donc que labourer ?

HENRI. — N'as-tu jamais vu dans la campagne des chevaux tirer une grande machine, tandis qu'un homme, placé par derrière, la conduit en s'y appuyant ?

TOMMY. — Oui, je l'ai vu ; mais sans y faire beaucoup d'attention.

HENRI. — Tu sauras que sous cette machine, qu'on appelle charrue, il y a un fer tranchant qui s'enfonce dans la terre, l'entr'ouvre et la retourne ; ce qui fait un sillon.

TOMMY. — Fort bien. Et alors qu'en arrive-t-il ?

HENRI. — Lorsque la terre est ainsi préparée, on y sème le grain : ensuite on y fait passer un autre instrument, armé de pointes, qu'on appelle la herse, et qui recouvre la semence. Bientôt le grain, après avoir jeté des racines, commence à pousser une tige. Peu à peu elle s'élève, et devient plus haute que nous. Enfin, l'épi se forme ; le blé mûrit ; on le moissonne, on le lie en gerbes, et on l'emporte dans la grange pour le battre et l'envoyer au moulin.

TOMMY. — J'imagine que tout cela doit être fort curieux. Je voudrais bien semer du blé moi-même, et le voir croître. Penses-tu que je le pourrais ?

HENRI. — Oui certainement ; et si tu veux demain prendre la peine de bêcher un petit coin de terre en façon de labourage, moi, j'irai chez mon père lui demander pour toi du grain à semer.

Le lendemain, dès la pointe du jour, Tommy se leva pour aller travailler dans un coin du jardin. Il fit jouer sa bêche avec une grande persévérance jusqu'à l'heure du déjeuner. Son premier soin, en rentrant, fut de dire à M. Barlow ce qu'il venait de faire, et de lui demander s'il n'était pas un bon enfant de travailler avec tant de courage, pour faire venir du grain? Cela dépend, dit M. Barlow, de l'usage que vous voulez en faire, lorsqu'il sera venu. Voyons, qu'en ferez-vous?

TOMMY. — Ce que j'en ferai, monsieur? Je prétends l'envoyer au moulin que nous vîmes hier, et le faire moudre en farine. Alors je vous prierai de me montrer comment on en fait du pain. Ensuite je le mangerai, pour pouvoir dire à mon papa que j'ai mangé du pain fait avec du blé que j'ai cultivé moi-même.

M. BARLOW. — Voilà qui est à merveille; car les gentilshommes sont obligés de manger comme les autres : et il n'est pas moins intéressant pour eux que pour ceux qu'ils appellent gens du peuple, de savoir se procurer de la nourriture.

TOMMY. — Oh non! pas tant, monsieur, s'il vous plaît. Ils peuvent avoir d'autres personnes qui leur fassent venir du blé, sans avoir besoin de travailler eux-mêmes.

M. BARLOW. — Et comment donc, je vous prie?

TOMMY. — Ils n'ont qu'à payer des travailleurs, ou bien acheter du pain tout fait, autant qu'ils en ont besoin.

M. BARLOW. — Mais dans l'un et l'autre cas, il faut de l'argent.

TOMMY. — Sans doute, monsieur.

M. BARLOW. — Et tous les gentilshommes en ont-ils?

Tommy hésita quelques momens pour répondre à cette question. Enfin il dit : Je ne crois pas qu'ils en aient tous, monsieur; car on m'en a fait voir qui étaient absolument ruinés.

M. BARLOW. — Mais ceux qui n'ont pas d'argent, comment pourraient-ils se procurer du blé, à moins qu'ils ne le fissent venir eux-mêmes?

TOMMY. — Je ne vois pas qu'ils aient d'autre parti à prendre; autrement ils seraient obligés d'aller mendier, ce qui est fort vilain; et encore ne seraient-ils pas sûrs de trouver toujours d'assez braves gens pour les secourir.

M. BARLOW. — Puisque nous en sommes sur cette matière, je pourrais vous dire une histoire que j'ai lue, il y a quelques temps. Il y est question de plusieurs gentilshommes, qui même avec de l'or ne trouvaient pas de pain à se procurer.

Tommy témoigna un si grand désir d'apprendre cette histoire, que M. Barlow la lui raconta de la manière suivante.

LES DEUX FRÈRES.

Dans le temps où les Espagnols s'embarquaient en foule pour le Pérou, à dessein d'exploiter les mines d'or et d'argent qu'on venait d'y découvrir, un jeune gentilhomme, nommé Pizarre, s'empressa, comme les autres, de chercher la fortune par cette voie. Il avait un frère aîné pour lequel il avait toujours eu une extrême affection. Il fut le trouver, lui communiqua son projet, et le conjura instamment de le suivre, en lui promettant la moitié des richesses qu'ils parviendraient à se procurer. Alonzo, son frère, était un homme sage et modéré dans ses désirs. Cette entreprise lui parut une folie; et il n'épargna rien pour en dissuader son frère, en lui peignant les dangers auxquels il s'exposait, et l'incertitude de ses succès. Enfin, voyant que toutes les représentations étaient inutiles, il lui promit de l'accompagner; mais en protestant qu'il ne prétendait aucune portion dans les trésors qu'on pourrait acquérir. Il ne demanda d'autre faveur que d'avoir une place dans le vaisseau pour son bagage et pour ses domestiques. Pizarre alors vendit tout ce qu'il possédait en Espagne, fit construire un navire, et s'y embarqua avec d'autres aventuriers, animés par l'espérance d'une rapide fortune. Alonzo n'avait pris avec lui que des charrues, des herses, et d'autres instrumens de labourage, avec des pommes de terre, du blé, et quelques semences de divers légumes. Pizarre trouva que c'était d'étranges préparatifs pour une pareille expédition; mais comme il ne voulait pas avoir de différend avec son frère, il se garda bien de lui en rien dire. Après avoir navigué quelques jours avec un vent favorable, ils relâchèrent dans un port, où l'on s'arrête ordinairement pour renouveler ses provisions. Pizarre y acheta une grande quantité de pioches et de pelles pour creuser la terre, avec d'autres ustensiles, propres à fondre et à raffiner l'or qu'il s'attendait à trouver. Il fit aussi une nouvelle recrue d'ouvriers pour le seconder dans son travail. Alonzo, au contraire, se contenta d'acheter quelques moutons, deux paires de bœufs, et assez de fourrage pour les nourrir jusqu'à ce qu'ils fussent arrivés au terme de leur voyage. Leur navigation fut très-heureuse; et ils débarquèrent tous en parfaite santé sur les côtes de l'Amérique. Alonzo dit alors à son frère que, n'ayant eu d'autre dessein que de lui tenir compagnie dans la traversée, il voulait rester sur le bord de la mer avec ses domestiques et son troupeau, tandis que lui et ses compagnons iraient à la recherche de l'or. Il ajouta que, lorsqu'ils en auraient amassé autant qu'ils le désiraient, ils le trouveraient toujours disposé à s'en retourner avec eux dans leur patrie. Pizarre se mit en marche le lendemain. La résolution de son frère lui inspirait un si grand mépris, qu'il ne put s'empêcher de l'exprimer à ses compagnons. J'avais toujours pensé, leur dit-il, que mon frère était un homme de sens. Il jouissait même de cette réputation en Espagne. Je vois maintenant qu'on s'était étrangement trompé sur son compte. Il vient ici s'occuper de ses moutons et de ses bœufs, comme s'il vivait tranquillement sur sa ferme, et qu'il n'eût rien à faire qu'à tracer des sillons. Pour nous, j'espère que nous saurons mieux employer notre temps. Venez, venez, mes amis : nous serons bientôt riches pour le reste de notre vie. Tous les aventuriers applaudirent à son discours. Il n'y eut qu'un vieux Espagnol qui branla la tête, en lui disant que son frère n'était peut-être pas si fou qu'il se l'était imaginé.

Ils s'avancèrent par des marches forcées dans le pays, obligés quelquefois de traverser des rivières à la nage, de gravir sur des montagnes, et de s'enfoncer dans des forêts qui n'avaient point de routes frayées, tantôt dévorés par l'ardeur brûlante du soleil, et tantôt mouillés jusqu'aux os par des pluies orageuses. Quoi qu'il en soit, ces difficultés ne les empêchèrent point de fouiller en plusieurs endroits. Leurs recherches furent long-temps inutiles. Ils eurent enfin le bonheur de trouver une mine d'or abondante. Ce succès ranima leur courage; et ils continuèrent de travailler jusqu'à ce que leurs vivres fussent consommés. Ils ramassaient chaque jour une grande quantité d'or; mais ils n'avaient que bien peu de chose pour apaiser leur faim. Ils étaient réduits à se nourrir de racines et de fruits sauvages. Cette triste ressource vint même bientôt à leur manquer. La plupart moururent, épuisés de fatigues et de besoins. Les autres eurent à peine la force de se traîner jusqu'à l'endroit où ils avaient laissé Alonzo, portant avec eux cet or qui leur avait fait souffrir tant de misères.

Dans cet intervalle, Alonzo, qui avait prévu les suites naturelles de leur entreprise, s'était occupé sans relâche d'un travail bien plus heureux. Il avait découvert une plaine dont le sol était extrêmement fertile et qu'il avait labourée avec ses bœufs, aidé du secours de ses domes tiques. Toutes ses semences avaient prospéré au-delà de son espoir; et il venait de recueillir une riche moisson. Il avait conduit son troupeau dans une belle prairie sur le bord de la mer. Chacune de ses brebis lui avait donné deux agneaux. Dans ses momens de loisir, il avait employé ses domestiques à pêcher du poisson, qu'ils avaient ensuite préparé avec du sel recueilli sur le rivage; en sorte qu'au retour de Pizarre, ils se trouvaient abondamment fournis de toutes sortes de provisions.

Alonzo reçut son frère avec la joie la plus vive, et lui demanda quel était le succès de ses travaux. Pizarre lui répondit qu'il avait ramassé une quantité d'or immense; mais qu'il avait perdu la plus grande partie de ses compagnons; que le reste était près de mourir de faim, et que lui-même depuis deux jours n'avait pris d'autre nourriture que des racines et de l'écorce d'arbre : il finit, en le priant de leur faire servir tout de suite à manger. Alonzo répliqua froidement qu'il avait expressément déclaré ne vouloir aucune part dans les trésors que Pizarre pourrait acquérir, et qu'il était fort étonné que Pizarre prétendît avoir la sienne dans les fruits qu'il avait eu tant de peine à tirer du sein de la terre. Mais, ajouta-t-il, si vous voulez échanger de votre or contre mes provisions, nous pourrons nous arranger ensemble. Pizarre trouva cette condition bien dure dans la bouche de son frère. Cependant, comme ses compagnons et lui mouraient de faim, il fut obligé d'y souscrire. Le prix qu'exigeait Alonzo pour la moindre fourniture était si exorbitant, que Pizarre eut bientôt dépensé tout l'or qu'il avait recueilli, à se procurer seulement les choses les plus nécessaires à sa subsistance. Son frère alors lui proposa de se rembarquer pour l'Espagne dans le vaisseau qui les avait amenés, d'autant mieux que les vents et la saison se trouvaient extrêmement favorables. Mais Pizarre, en lui lançant un regard furieux, lui dit que, puisqu'il avait eu la barbarie de dépouiller un frère du fruit de ses travaux, il pouvait s'en retourner tout seul; que pour lui, il aimait mieux périr sur ce rivage désert, que de s'embarquer avec un homme si dénaturé. Au lieu de s'offenser de ces reproches, Alonzo jeta tendrement les bras autour du cou de son frère, et lui tint le discours suivant : Avez-vous pu croire, mon cher Pizarre, que je voulusse réellement vous priver de ce qui vous a coûté tant de peines et de périls? Périsse tout l'or de l'univers, avant que je sois capable d'une telle conduite envers mon frère! Je n'ai voulu que vous guérir de votre ardeur aveugle pour les richesses. Vous méprisiez ma prévoyance et mon industrie. Vous imaginiez follement que rien ne pouvait manquer à celui qui avait de l'or. Vous avez vu cependant que tout celui que vous avez amassé ne pouvait vous empêcher de périr de besoin. J'espère que vous êtes devenu plus sage. Reprenez donc ces trésors, dont vous avez appris à connaître aujourd'hui la méprisable valeur.

La sagesse d'Alonzo porta la lumière dans l'esprit de Pizarre; et une générosité si peu attendue pénétra son cœur de la plus vive reconnaissance. Il sentit, par l'épreuve qu'il venait de faire, combien l'industrie l'emporte réellement sur une vaine richesse. Ce fut inutilement qu'il sollicita plusieurs fois son frère d'accepter la moitié de ses trésors : Alonzo les refusa toujours, en disant que celui qui savait forcer la terre à lui donner tous les fruits dont il avait besoin pour se nourrir, n'avait rien de plus à désirer.

En vérité, dit Tommy, lorsque l'histoire fut achevée, il me semble que cet Alonzo était un homme bien sensé. Sans lui, son frère et tous ses compagnons allaient mourir de faim. Mais ils ne se sont vus réduits à cette extrémité que parce qu'ils étaient dans un pays désert. Un tel malheur ne leur serait jamais arrivé en Angleterre. Ici, pour la moindre partie de leur or, ils auraient pu se procurer autant de pain qu'il leur en aurait fallu pour vivre.

M. BARLOW. — Est-ce qu'on est sûr d'être toujours en Angleterre, ou dans tel autre pays où l'on puisse acheter du pain?

TOMMY. — Je le crois, monsieur.

M. BARLOW. — Comment, est-ce qu'il n'y a pas de pays dans le monde où il n'y ait pas d'habitans, et où il ne vienne pas de blé?

TOMMY. — Vous avez raison; quand il n'y aurait que celui où nous avons vu tout à l'heure ces deux frères dans votre histoire.

M. BARLOW. — Et il y en a beaucoup d'autres comme celui-là, je vous assure.

TOMMY. — Oui; mais on n'a pas besoin d'y aller. On n'a qu'à rester chez soi.

M. BARLOW. — Il ne faut donc jamais mettre le pied dans un vaisseau. Or, qui peut répondre de n'y être pas obligé une fois en sa vie? Vous êtes bien jeune encore, et cependant vous avez fait un grand voyage sur mer. Il pouvait vous arriver un malheur tout comme à un autre, quelque gentilhomme que vous puissiez être.

TOMMY. — Et quel malheur, monsieur, je vous prie?

M. BARLOW. — Celui de voir briser votre vaisseau sur une côte inhabitée. Et alors quand vous seriez échappé au naufrage, comment auriez-vous fait pour vous nourrir?

TOMMY. — Quoi! j'ai couru ce danger? Est-ce que de pareils accidens arrivent quelquefois?

M. BARLOW. — Il y en a des exemples sans nombre. Je ne vous citerai que celui d'un nommé Selkirk, dont on nous a raconté les aventures sous le nom de Robinson. Il ne tient qu'à vous de les lire. Vous y verrez comment il fut obligé de vivre plusieurs années dans une île déserte.

TOMMY. — Voilà qui est extraordinaire. Et comment fit-il pour soutenir sa vie?

M. BARLOW. — Il fut d'abord réduit à se nourrir de racines et de fruits sauvages, puis, avec quelques grains de blé qu'il trouva dans les débris du vaisseau, il se procura au bout de quelques mois de belles moissons. Enfin il se fit un troupeau de chèvres sauvages, qu'il était venu à bout de prendre, et dont il apprivoisa les petits.

TOMMY. — Est-ce qu'une manière de vivre si triste ne le fit pas bientôt mourir?

M. BARLOW. — Au contraire, il ne se porta jamais si bien de sa vie. Vous le verrez un jour en lisant ses aventures. Mais une histoire encore plus extraordinaire, c'est celle de quatre matelots russes, qui se virent abandonnés sur la côte du Spitzberg, où ils furent obligés de vivre plusieurs années.

TOMMY. — Qu'est-ce que le Spitzberg, monsieur, je vous prie?

M. BARLOW. — C'est un pays bien reculé dans le nord, qui est toujours couvert de neiges et de glaces, tant le froid y est rigoureux. Il ne croît que de la mousse sur ce sol aride; et à peine la terre y nourrit-elle quelques animaux. Outre cela, il y règne une obscurité continue pendant une partie de l'année, et l'abord en est presque interdit aux vaisseaux. Il est impossible de concevoir un séjour plus affreux et où il soit plus difficile de supporter les misères de la vie. Cependant quatre hommes ont lutté victorieusement pendant plusieurs années contre toutes ces horreurs, et trois d'entre eux sont retournés sains et saufs dans leur pays.

TOMMY. — Cela doit composer une

histoire bien étrange. Je donnerais tout au monde pour la savoir.

M. BARLOW. — Il ne vous en coûtera pas tout-à-fait si cher. La première fois que je la lus, elle me fit tant d'impression, que j'en recueillis les particularités les plus intéressantes. Je me fais un plaisir de vous les communiquer : les voici. Mais il faut d'abord vous apprendre que le froid est si âpre sous ces climats, que la mer est couverte de glaces énormes, qui menacent quelquefois les vaisseaux de les écraser dans leur choc, ou de les envelopper si étroitement de toutes parts, qu'ils ne soient plus capables de s'en tirer. Vous pouvez maintenant vous former une idée de la situation désastreuse où se trouva un vaisseau russe, qui naviguait sur ces mers, et qui se vit tout à coup emprisonné entre des montagnes de glaces qui s'élevaient plus haut que ses mâts. C'est ici que commence mon extrait; et vous pouvez le lire.

EXTRAIT

du récit des aventures de quatre matelots russes, abandonnés sur la côte déserte du Spitzberg oriental.

Dans cet état alarmant (c'est-à-dire, lorsque le vaisseau fut entouré de glaces) on tint un conseil général. Le contre-maître Himkoff déclara qu'il se souvenait d'avoir ouï dire que quelques particuliers de Metzen, ayant formé, il y a quelques années, le projet de passer l'hiver sur cette île, y avaient apporté les matériaux nécessaires pour construire une hutte, et qu'ils y en avaient en effet élevé une à quelque distance du rivage. Cette information leur fit prendre, d'une voix unanime, la résolution de passer l'hiver dans le même endroit, si la hutte, comme ils l'espéraient, subsistait encore. Ils voyaient clairement de quel danger ils étaient menacés, et que leur perte était inévitable, s'ils restaient plus long-temps dans le vaisseau. En conséquence, ils convinrent d'envoyer aussitôt quatre hommes choisis de l'équipage, pour aller à la découverte de la hutte, et reconnaître exactement les lieux. Ces quatre personnes furent le contre-maître Alexis Himkoff, Iwan Himkoff son filleul, Stephen Scharassoff, et Féodor Weregin. Comme la contrée sur laquelle il fallait descendre, était inhabitée, ils étaient obligés de se munir de quelques provisions pour leur entreprise. D'un autre côté cependant ils avaient presque deux milles de chemin à faire sur des bancs de glaces, qui, étant élevés et abaissés tour à tour par les vagues, et poussés l'un contre l'autre par le vent, rendaient ce trajet également difficile et dangereux. La prudence leur défendait de se charger de fardeaux trop lourds, de peur qu'étant accablés sous leur poids, il leur fût impossible de franchir les intervalles qui séparaient les glaçons. Après avoir mûrement considéré tous ces obstacles, ils trouvèrent à propos de n'emporter que ce qui leur serait absolument nécessaire pour passer une nuit à terre s'ils y étaient obligés. Ils prirent donc seulement un mousquet, un cornet à poudre, contenant douze charges, avec autant de balles, une hache, un petit chaudron, un sac d'environ vingt livres de farine, un couteau, une boîte d'amadou, une vessie pleine de tabac, et chaque homme sa pipe de bois. C'est dans cet équipage que les quatre matelots, après bien des périls, descendirent enfin dans l'île, soupçonnant peu les malheurs qu'ils y devaient éprouver. Ils commencèrent par visiter à grands pas le pays; et ils découvrirent bientôt la hutte qu'ils cherchaient, à un mille et demi du rivage. Elle avait trente-six pieds de longueur, dix-huit de largeur, et autant, à peu près, de hauteur.

Elle était précédée d'une petite antichambre d'environ douze pieds en carré, avec deux portes, l'une qui s'ouvrait sur le dehors, et l'autre qui formait une communication avec l'intérieur de la hutte. Dans celle-ci, était un poêle de terre, construit à la manière russe. C'était une espèce de four sans cheminée, qui servait à la fois à échauffer la chambre et à cuire les alimens. Les paysans russes, dans les grands froids, ont aussi coutume de se coucher dessus, pour y jouir de la chaleur.

La hutte avait beaucoup souffert depuis le temps qu'elle avait été abandonnée. Cependant nos aventuriers se trouvèrent trop heureux de pouvoir y passer la nuit. Le lendemain matin de bonne heure, ils s'empressèrent de retourner au rivage, dans l'impatience d'instruire leurs compagnons de leur découverte, et de tirer du vaisseau toutes les provisions nécessaires pour hiverner dans l'île. Je vous laisse à penser quels furent et leur surprise et leur désespoir, lorsqu'en arrivant à l'endroit du débarquement, ils ne vi-

rent plus le vaisseau, et que la mer, dans toute son immense étendue, s'offrit à leurs yeux, dégagée des glaçons dont elle était hérissée la veille. Une tempête qui s'était élevée durant la nuit, avait causé cet événement désastreux. Soit que des glaces énormes eussent été poussées par les vagues contre les flancs du vaisseau, et l'eussent mis en pièces, soit qu'il eût été emporté dans la haute mer par la violence des courans, c'est vainement qu'ils le cherchèrent au loin d'un œil avide : il ne devait plus se montrer à leurs regards. Comme on n'a jamais pu en avoir de nouvelles, il est probable qu'il fut englouti, et que tous ceux qui le montaient y trouvèrent une fin déplorable.

Une si cruelle disgrâce ne laissant plus à nos malheureux aucune espérance de quitter jamais cet horrible séjour, ils s'en retournèrent vers la hutte, saisis de toutes les convulsions du trouble et du désespoir.

Oh! monsieur, s'écria Tommy, en l'interrompant à ce passage, dans quelle affreuse situation ces pauvres gens vont se trouver! Jetés sur un pays tout couvert de neiges et de glaces, sans avoir personne pour leur donner du secours, et leur fournir de la nourriture; il me semble qu'à chaque instant je vais les voir mourir. Vous serez mieux instruit, lui répondit M. Barlow, quand vous aurez lu le reste de l'histoire. Dites-moi cependant une chose avant d'aller plus avant. Ces quatre hommes étaient de pauvres matelots, accoutumés à braver les périls, à mener une vie agitée, et à travailler sans relâche pour gagner leur subsistance. Pensez-vous qu'il eût mieux valu pour eux en ce moment d'avoir été élevés en gentilshommes, c'est-à-dire à ne rien faire, et à payer des gens pour les servir? Oh! vraiment non, répliqua Tommy, ils sont bien plus heureux à présent d'avoir été de bonne heure exercés au travail. J'espère que cette habitude va les mettre en état d'imaginer et d'entreprendre quelque chose pour se tirer d'embarras. S'ils cessent un moment de travailler, ils vont nécessairement périr. Mais voyons la suite.

Leurs premières réflexions, comme on peut aisément l'imaginer, furent employées à chercher les moyens de se procurer les nécessités les plus pressantes de la vie. Les douze charges de poudre, avec les balles dont ils s'étaient munis, leur servirent à tuer le même nombre de rennes, espèce d'animaux très-abondante dans l'île. Ils songèrent ensuite à réparer les dommages que la hutte avait eu à souffrir. Un des rares avantages de ces climats glacés, c'est que le bois s'y conserve plusieurs années sans être rongé par les vers. Ainsi les planches dont la hutte était fermée se trouvaient en très-bon état; elles n'avaient fait que se relâcher dans leur jointure; ce qui formait des fentes assez larges pour donner un libre passage au souffle perçant de l'aquilon. Il ne fut pas difficile, au moyen de la hache, de remédier à cet inconvénient; et la mousse, dont les rochers de l'île sont couverts, servit à boucher les moindres ouvertures. Ces réparations coûtèrent d'autant moins de peine à nos solitaires, que les paysans russes sont très-excellens charpentiers, et bâtissent eux-mêmes leurs maisons.

Le froid excessif qui rend l'air de ces contrées si peu favorable à la population des animaux, en rend aussi le sol absolument contraire à la production des plantes. On ne trouve aucune espèce d'arbre, ni de buisson dans certaines parties du Spitzberg. Cette rigueur de la nature jetait les plus vives alarmes dans l'esprit des matelots. Sans un bon feu pour se réchauffer, il leur était impossible de résister à l'âpreté du climat; et comment entretenir du feu, si le bois leur manquait? Par bonheur, en se promenant le long du rivage, ils trouvèrent quelques débris de vaisseaux, et ensuite des arbres entiers, productions d'un sol plus heureux, que les débordemens de quelques rivières lointaines avaient entraînés dans la mer, et qu'elle repoussait sur ses bords. Mais rien ne leur fut d'un service plus essentiel, durant la première année de leur infortune, que des planches qu'ils trouvèrent entre les rochers du rivage, avec un croc de fer, des clous de cinq à six pouces de long, et d'autres pièces de ferrure, qui tenaient à ces débris. Ils reçurent ce secours imprévu au moment où, près de consommer les derniers restes de tous les rennes qu'ils avaient tués, le défaut de poudre ne leur laissait envisager d'autre sort que de devenir la proie de la faim. Cette heureuse rencontre fut suivie d'une autre également fortunée. Ils trouvèrent sur le sable de la mer, la racine d'un sapin. Comme la nécessité fut toujours la mère de l'invention, ils imaginèrent de profiter de la courbure naturelle de cette racine pour en faire un arc. Mais comme il leur manquait pour le présent une corde et des flèches, et qu'ils ne savaient comment s'en procurer, ils résolurent, en attendant, de se fabriquer deux lances, pour se défendre contre les ours blancs, les plus féroces de leur espèce, dont ils avaient continuellement à redouter les attaques. Voyant bien qu'ils ne pourraient faire l'armure de leurs lances, ni de leurs flèches, sans le secours d'un marteau, ils ne songèrent plus qu'à se forger un instrument si nécessaire. Ils mirent rougir au feu ce long croc de fer dont nous avons parlé, puis, en y enfonçant au milieu le plus gros de leurs clous, ils y pratiquèrent un trou assez large pour recevoir un manche; et d'un bouton arrondi, qui terminait l'un de ses bouts, ils firent, tant bien que mal, la tête du marteau. Un large caillou leur avait tenu lieu d'enclume; deux morceaux de cornes de rennes leur firent à merveille l'office de tenailles. Avec ces outils grossiers, ils eurent bientôt façonné quelques clous en pointes de lances, qu'ils aiguisèrent sur des pierres, et qu'ils lièrent ensuite avec des lanières de peau de renne à des morceaux de branches d'arbre, que la mer avait jetés sur la plage. La confiance que leur inspiraient ces nouvelles armes, leur fit aussitôt prendre la résolution d'aller eux-mêmes à leur tour attaquer les ours blancs. Après un combat dangereux, ils tuèrent un de ces terribles animaux, dont la chair leur fournit des provisions toutes fraîches. Ils la trouvèrent excellente, ayant à peu près l'odeur et le goût de la chair de bœuf. Ils virent, non sans un extrême plaisir, qu'avec le tranchant de leur couteau, ils pouvaient diviser les nerfs et les tendons en filamens de la grosseur qu'ils voudraient leur donner. Ce fut peut-être la plus heureuse découverte qu'ils pussent faire dans leur situation; car, outre les avantages dont nous allons bientôt parler, ils se virent pourvus tout à coup d'une bonne corde pour leur arc. Les pointes de leurs flèches leur coûtèrent encore moins à façonner que l'armure de leurs lances. Ils les attachèrent avec des fils tirés des tendons de l'ours à des branches de sapin, qu'ils garnirent à l'autre bout de plumes d'oiseaux de mer; et dès ce moment, ils se virent en possession d'un bon arc avec ses flèches.

On sentira aisément combien ils durent s'applaudir du succès de leur industrie, en apprenant que, durant leur séjour dans l'île, ils ne tuèrent pas moins de deux cent cinquante rennes avec leurs flèches, outre un grand nombre de renards bleus et blancs. La chair de ces animaux leur servit de nourriture, et leurs peaux de fourrure pour se couvrir, de lits pour se coucher, ou de tapisseries pour rendre plus close leur habitation. Ils ne tuèrent en tout que dix ours blancs; et ce ne fut pas sans un extrême danger: car ces animaux pourvus d'une force prodigieuse, se débattaient avec une furie incroyable contre leurs armes. Ils avaient attaqué à dessein le premier; ils tuèrent les neuf autres en se défendant de leurs attaques. Il y eut quelques-uns de ces animaux qui se hasardèrent à pénétrer jusques à l'entrée de la hutte. Il est vrai qu'ils ne montraient pas tous la même intrépidité, soit qu'ils fussent moins pressés par la faim, soit qu'ils fussent de leur nature moins voraces que les autres. La plupart de ceux qui entrèrent dans la hutte, prirent la fuite au premier effort des matelots pour les repousser. Cependant, des assauts si répétés ne laissaient pas que de leur donner de l'inquiétude, par la vigilance continuelle dont ils avaient besoin pour se garantir d'être dévorés.

De l'inquiétude! monsieur, s'écria Tommy en l'interrompant; dites plutôt des frayeurs horribles. Oh! que ces pauvres gens doivent avoir été malheureux!

M. BARLOW. — Vous voyez cependant

qu'il ne leur est pas arrivé de malheur.

TOMMY. — Il est vrai, parce qu'ils forgèrent des armes pour se défendre.

M. BARLOW. — Peut-être donc n'est-on pas malheureux uniquement pour être exposé au danger, car on peut en échapper, mais parce qu'on ne sait comment s'en garantir.

TOMMY. — Je ne comprends pas bien votre pensée, monsieur.

M. BARLOW. — Je vais vous donner un exemple qui vous l'éclaircira. Lorsque le serpent s'entortilla autour de votre jambe, n'étiez-vous pas malheureux, parce que vous craigniez qu'il ne vous mordît?

TOMMY. — Oui, monsieur.

M. BARLOW. — Mais Henri n'était pas malheureux, lui?

TOMMY. — Cela est encore vrai.

M. BARLOW. — Cependant il était plus en danger d'être mordu que vous, puisqu'il saisit le serpent avec sa main.

TOMMY. — Oh, sans doute.

M. BARLOW. — Mais il comprit qu'en le prenant hardiment par le cou, et le jetant au loin, il pouvait se délivrer du péril. Si vous aviez fait la même réflexion, probablement vous n'auriez pas eu tant de crainte, et vous n'auriez pas été aussi malheureux que vous l'étiez.

TOMMY. — Oui, monsieur, vous me le faites bien sentir: et si le même accident m'arrivait encore, je crois que j'aurais assez d'avisement pour en faire autant que Henri.

M. BARLOW. — Et seriez-vous alors aussi malheureux que vous l'avez été la première fois?

TOMMY. — Non certainement, parce que j'aurais plus de courage.

M. BARLOW. — Ainsi donc les personnes qui ont du courage, ne sont pas aussi malheureuses dans le danger que celles qui n'en ont point?

TOMMY. — Certainement non, monsieur.

M. BARLOW. — Et cela est-il vrai de toute espèce de danger?

TOMMY. — Cela doit être. J'ai vu quelquefois maman toute tremblante, lorsqu'elle avait à traverser dans sa voiture un petit ruisseau, tandis que mon papa n'y trouvait pas le moindre péril.

M. BARLOW. — Ainsi avec du courage, elle n'y aurait pas trouvé plus de péril que votre papa?

TOMMY. — Je le crois comme vous; car je la voyais se moquer elle-même de sa poltronnerie, lorsque le ruisseau était traversé.

M. BARLOW. — Il est donc possible que nos matelots se trouvant si bien en état de se défendre contre les ours, n'en eussent plus de frayeur, et par conséquent ne fussent pas aussi malheureux que vous l'aviez d'abord imaginé.

TOMMY. — En vérité, je le crois à présent.

M. BARLOW. — Continuons donc, s'il vous plaît. La chair des trois espèces d'animaux dont nous avons parlé, savoir les ours blancs, les rennes, les renards blancs et bleus, fut le seul aliment dont nos malheureux solitaires eurent à se nourrir pendant le cours de six années. Nous ne voyons pas à la fois toutes nos ressources. La nécessité peut seule aiguiser l'invention. C'est elle qui, fécondant par degrés notre esprit, lui fait concevoir des expédiens dont il n'aurait jamais eu l'idée. La vérité de cette observation fut éprouvée par nos matelots en plus d'une circonstance. C'était peu de manger leur viande sans pain ni sel, dont ils étaient absolument dépourvus, ils étaient réduits à la manger demi crue, parce que leur four n'était pas propre à la faire rôtir, et que le bois était trop précieux par sa rareté, pour allumer du feu hors de la hutte. Pour remédier à cet inconvénient, ils imaginèrent d'exposer à l'air pendant l'été une partie de leurs provisions, et de les suspendre ensuite dans la partie supérieure de la hutte, où la fumée qui s'y élevait sans cesse, achevait de les dessécher. Cette viande ainsi préparée, avait le double avantage de se conserver long-temps, et de leur tenir lieu de pain pour manger avec la viande fraîche, qu'ils n'en trouvaient que meilleure. Le succès de cette expérience ayant rempli parfaitement leurs vues, ils continuèrent de la pratiquer pendant tout le temps de leur séjour dans l'île; et par ce moyen ils conservèrent toujours un fonds suffisant de provisions. Pendant l'été, l'eau ne leur manquait point; graces à quelques petits ruisseaux qui coulaient des rochers; et pendant l'hiver ils s'en procuraient aisément, en faisant fondre de la neige ou de la glace dans leur petit chaudron.

Je vous ai fait observer plus haut qu'ils avaient apporté avec eux un petit sac de farine. Ils en avaient consommé environ la moitié pour leur nourriture. Ils employèrent le reste d'une manière bien différente, mais qui leur fut également utile. Ils n'avaient pas tardé long-temps à sentir la nécessité d'entretenir, sous un climat si froid, un feu continuel, en réfléchissant que s'il venait malheureusement à s'éteindre, ils n'auraient plus de moyens de le rallumer. Ce n'est pas qu'ils n'eussent un briquet et des pierres à fusil, mais ils manquaient de mêches et d'allumettes. Ils avaient trouvé dans leurs promenades une terre argileuse. Ils s'en servirent pour fabriquer une espèce de lampe, où ils se proposèrent d'entretenir constamment de la lumière, en y brûlant la graisse des animaux qu'ils pourraient tuer. Ce fut certainement une idée dont ils eurent bien à s'applaudir; car la privation de la lumière dans un pays où la nuit dure plusieurs mois de suite pendant l'hiver, aurait mis le comble à toutes les misères dont ils étaient accablés.

Tommy ne put s'empêcher d'interrompre ici M. Barlow. Excusez-moi, monsieur, lui dit-il, mais est-ce qu'il y a des pays dans le monde, où il règne une nuit continuelle pendant plusieurs mois de suite?

M. BARLOW. — Oui, vraiment, il y en a.

TOMMY. — Et comment cela se peut-il faire?

M. BARLOW. — Comment se peut-il qu'il fasse nuit ici pendant quelques heures à la fin de chaque journée?

TOMMY. — Comment, monsieur? c'est que sans doute cela doit naturellement arriver.

M. BARLOW. — C'est ne dire aucune chose, sinon que vous n'en savez pas la raison. Mais n'observez-vous pas ici de différence entre la nuit et le jour?

TOMMY. — Il y en a une bien grande. Le jour il fait clair, et la nuit il fait obscur.

M. BARLOW. — Et pourquoi fait-il obscur dans la nuit?

TOMMY. — Voilà ce que je ne sais pas.

M. BARLOW. — Est-ce que le soleil brille pendant toutes les nuits?

TOMMY. — Non certainement, monsieur.

M. BARLOW. — Il brille donc seulement pendant quelques-unes, et non pendant les autres.

TOMMY. — Il ne brille jamais dans la nuit.

M. BARLOW. — Et brille-t-il dans le jour?

TOMMY. — Oui, monsieur.

M. BARLOW. — Quoi, chaque jour?

TOMMY. — Oui, chaque jour, excepté seulement que les nuages nous le dérobent quelquefois.

M. BARLOW. — Et que devient-il dans la nuit?

TOMMY. — Il va se coucher, en sorte que nous ne pouvons pas le voir.

M. BARLOW. — Ainsi donc, tant que

vous pouvez voir le soleil, il n'est jamais nuit?

TOMMY. — Non, monsieur.

M. BARLOW. — Et tant qu'il demeure couché, jamais il n'est jour?

TOMMY. — C'est la vérité.

M. BARLOW. — Et quand il reparaît?

TOMMY. — Le jour aussitôt recommence. J'ai vu quelquefois le jour naître, et le soleil se lever tout de suite après.

M. BARLOW. — Mais si le soleil ne se levait pas durant plusieurs mois de suite, qu'arriverait-il?

TOMMY. — Qu'il ferait nuit pendant tout ce temps.

M. BARLOW. — Voilà précisément le cas où se trouvent les pays dont nous parlions tout à l'heure.

TOMMY. — Voudriez-vous bien monsieur, je vous prie, m'en faire connaitre la raison?

M. BARLOW. — Je vous l'expliquerai dans un autre moment. Revenons à nos pauvres matelots.

Ayant donc fabriqué leur lampe, ils la remplirent de graisse de renne, et y allumèrent du linge effilé, dont ils avaient réuni les brins en forme de mèche. Mais ils eurent le chagrin de voir que la graisse fut à peine fondue, que non-seulement elle pénétra l'argile, mais qu'elle filtra même de tous les côtés. Cet inconvénient ne provenait d'aucune fêlure, mais de ce que la terre était trop poreuse. Instruits par cette épreuve, ils fabriquèrent une nouvelle lampe qu'ils laissèrent d'abord sécher entièrement à l'air. Puis ils la firent rougir au feu, et en cet état la plongèrent dans leur chaudron, où ils avaient fait bouillir de la farine détrempée, jusqu'à la consistance d'une colle légère. Cette lampe ayant été soumise à l'essai, ils virent avec une joie inexprimable, qu'elle ne laissait point échapper la graisse fondue. Par surcroît de précaution, ils trempèrent dans leur colle des morceaux de linge, et les appliquèrent aux parois extérieures de la lampe. Ils en fabriquèrent ensuite une seconde pour suppléer à la première, en cas d'accident, afin que dans aucun malheur la lumière ne vînt à leur manquer. Ils crurent devoir aussi réserver pour cet usage le peu qui leur restait de farine.

Comme ils avaient soin de ramasser tout ce que les vagues poussaient sur la côte, ils avaient trouvé parmi des débris quelques bouts de cordage, et une petite quantité d'étoupe, espèce de filasse dont on se sert pour calfater les vaisseaux. Ils eurent ainsi une bonne provision de mèches; et, lorsqu'elle vint à leur manquer, ils y suppléèrent avec leurs chemises et les grandes culottes de toile, dont se servent presque tous les paysans de la Russie. Ils entretinrent par ce moyen leur lampe toujours allumée depuis le jour qu'ils l'eurent fabriquée, ce qui arriva peu de temps après leur arrivée dans l'île, jusqu'au moment où ils s'embarquèrent pour leur pays.

Cependant l'hiver approchait, et leurs souliers, leurs bottes, ainsi que toutes les autres parties de leur habillement, prêts à tomber en lambeaux, allaient les exposer presque nus à la rigueur du climat. Ils furent donc obligés d'avoir de nouveau recours à cet esprit d'invention, que la nécessité réveille toujours dans les extrémités de la détresse. Ils avaient une quantité de peaux de rennes et de renards, qui ne leur avaient jusques alors servi que pour leurs lits. Ils pensèrent à en tirer un service plus essentiel. La difficulté principale était de savoir comment les tanner. Après avoir délibéré sur ce point, ils imaginèrent la méthode suivante. Ils mirent tremper durant quelques jours leurs peaux dans l'eau fraîche, pour que le poil pût s'en détacher plus facilement. Ils frottèrent ensuite le cuir humide entre leurs mains, jusqu'à ce qu'il fût presque sec, et alors ils versèrent dessus un peu de graisse de renne fondue, et recommencèrent à le frotter. Au moyen de ce procédé, le cuir devint doux, maniable, onctueux, et propre enfin à tout ce qu'ils en voulaient faire. Les peaux qu'ils destinaient à leur servir de fourrures, ils ne les firent tremper qu'un jour, uniquement pour les mettre en état d'être travaillées. Ils les préparèrent ensuite de la manière que je viens d'exposer, excepté seulement qu'ils se gardèrent bien d'en faire tomber le poil.

Ils se trouvèrent ainsi pourvus de tout ce qu'il leur fallait pour se faire des vêtemens. Mais alors il se présenta une nouvelle difficulté. Ils n'avaient ni alêne pour percer le cuir de leurs souliers et de leurs bottes, ni aiguilles pour coudre leurs habits. Heureusement il leur restait encore quelques morceaux de fer, et toute leur industrie pour le fabriquer. Le trou de leur aiguille fut ce qui leur donna le plus d'embarras; mais ils en vinrent à bout avec la pointe de leur couteau qu'ils rendirent bien aiguë, et qu'ils firent ensuite entrer, en frappant, dans le fer lorsqu'il fut rouge. Pour la pointe de l'aiguille, il ne fut pas difficile de la former, en l'aiguisant sur des cailloux. Ils auraient bien voulu pouvoir se forger aussi des ciseaux pour couper le cuir. Mais comment l'entreprendre! Leur couteau du moins servit à cet usage; et, quoiqu'il n'y eut parmi eux ni cordonnier, ni tailleur, ils taillèrent leur cuir et leurs fourrures avec toute la justesse convenable à leurs besoins. Les nerfs des ours et des rennes, qu'ils avaient trouvé le moyen de diviser, comme je l'ai dit ci-dessus, leur tinrent lieu de fil; et, au bout de quelques jours de travail, chacun d'eux se vit pourvu d'un vêtement tout complet.

Tels sont, dit M. Barlow, les principaux détails que j'ai recueillis de cette aventure vraiment extraordinaire. Ils suffisent pour vous montrer tout à la fois à quels étranges accidens les hommes sont exposés, et quelles inventions merveilleuses la nécessité peut suggérer à leur esprit.

TOMMY.—Mais dites-moi, je vous prie, monsieur, que devinrent à la fin ces pauvres gens?

M. BARLOW. — Après avoir vécu plus de six ans sur cette plage désastreuse, ils virent un jour aborder par hasard un vaisseau, qui voulut bien se charger des trois hommes qui vivaient encore, et les transporta dans leur pays.

TOMMY. — Vous ne parlez que de trois, monsieur. Et qu'était devenu le quatrième?

M. BARLOW.—Il avait été attaqué d'une maladie dangereuse qu'on appelle le scorbut. Comme il était d'une humeur indolente, et qu'il ne voulut pas faire l'exercice dont il avait besoin pour guérir, après avoir langui quelque-temps, il mourut, et fut enterré dans la neige par ses compagnons.

Ils furent interrompus en cet endroit par l'arrivée de Henri, qui revenait de chez son père, à qui il était allé demander du blé pour ensemencer la terre de son ami. Une jeune colombe le suivait, ramassant fort adroitement avec son bec les grains qu'il laissait tomber exprès de son mouchoir.

Dans une de ses promenades avec M. Barlow, Henri avait sauvé cette colombe des serres d'un épervier qui commençait à la mettre en pièces pour la dévorer. Il avait pris un soin infini de ses blessures, et l'avait nourrie chaque jour de ses propres mains. Le pauvre oiseau, qui se trouvait alors entièrement rétabli, avait conçu une affection si tendre pour son bienfaiteur, qu'il suivait tous ses pas, allait se percher sur son épaule, se tapir dans son sein, et béqueter des miettes de pain sur ses lèvres. Tommy fut extrêmement surpris de les voir si bien ensemble; et il demanda à Henri par quel moyen il avait su rendre cet oiseau si familier. Henri lui répondit qu'il ne s'était point donné de peines particulières pour y parvenir; mais que la pauvre petite créature ayant reçu de lui des secours pendant qu'elle était malade, l'avait pris d'elle-même en amitié.

En vérité, dit Tommy, cela me paraît bien surprenant; car j'ai toujours vu les oiseaux s'enfuir à tire-d'ailes, dès qu'on les voulait approcher. Ils sont si sauvages!

M. BARLOW. — Quoi! parce qu'ils s'enfuient? J'imagine que vous prendriez le même parti à l'aspect d'un lion ou d'un tigre.

TOMMY. — Oh! je vous en réponds.

M. BARLOW. — Et cependant vous ne vous croyez pas un animal sauvage?

Tommy ne put s'empêcher de sourire à cette question, et répondit qu'il était bien loin d'avoir de lui cette idée.

M. BARLOW. — Vous voyez donc que les animaux ne sont sauvages, comme vous les appelez, que parce qu'ils craignent qu'on ne leur fasse du mal; et il est tout naturel qu'ils s'enfuient par le sentiment de cette crainte. Mais ceux dont vous prendriez soin, et que vous sauriez traiter avec douceur, n'auraient plus peur de vous; au contraire, ils viendraient vous chercher, et vous prendraient en affection.

HENRI. — Ce que vous dites-là, monsieur, est bien vrai; car j'ai vu un petit garçon prendre soin d'un serpent qui vivait dans le jardin de son père. Lorsqu'on lui donnait du lait pour déjeuner, il allait s'asseoir sous un arbre, et se mettait à siffler. Aussitôt le serpent venait droit à lui, et buvait sans façon dans son écuelle.

TOMMY. — Et il ne le mordait pas?

HENRI. — Oh, que non! Le petit garçon s'émancipait quelquefois jusqu'à lui donner de sa cuiller sur la gueule, lorsqu'il le voyait manger trop goulument. Jamais le serpent ne l'a mordu.

Tommy fut enchanté de cette conversation. Comme il était au fond d'un bon naturel, et qu'il était de plus très-cu-

rieux de faire des expériences, il voulut, dès ce jour, essayer d'apprivoiser des animaux. En conséquence, il prit un gros morceau de pain et courut chercher dans la campagne quelque sujet à former. Le premier qui s'offrit à ses regards, fut un cochon de lait, qui s'était écarté de sa mère, et se roulait au soleil. Tommy ne crut pas devoir négliger une si belle occasion de faire son apprentissage. Il s'arrêta un moment pour donner à sa physionomie l'expression la plus tendre ; puis s'avançant sur la pointe du pied, il appela d'une voix flûtée : Petit ! Petit ! Petit ! mais le petit, qui ne comprenait pas bien exactement ses intentions, au lieu de se laisser amadouer par ces mignardises, se mit à grogner et à s'enfuir. Ingrat, lui cria Tommy, en grossissant tout-à-coup sa voix pateline, est-ce la manière dont tu dois me répondre, lorsque je veux te nourrir? Si tu ne veux pas connaître tes amis, je vais te l'apprendre. En disant ces mots, il courut vers le fuyard, et d'une main le saisit par la jambe de derrière, pour lui offrir de l'autre main le pain qu'il tenait. Peu accoutumé à une si étrange contenance, le petit animal se débattait de toutes ses forces ; et ses cris furent si perçans, que la truie, qui n'était pas éloignée, accourut à son secours, suivie de la moitié de ses camarades. Tommy, dans le doute si elle serait contente ou non des civilités qu'il faisait à son fils, trouva plus sage de lâcher le cochon de lait, qui, cherchant la voie la plus courte pour s'échapper, s'embarrassa malheureusement entre ses jambes, et le fit tomber de toute sa hauteur. Le lieu de la scène était un peu plus qu'humide. Aussi Tommy n'eut-il pas à se plaindre de s'être fracassé les os dans sa chute : un lit de plume n'aurait pas été si douillet que le bourbier dans lequel il s'étendit. Pour comble d'infortune, au moment où il cherchait à se relever, la truie vint trébucher étourdiment sur lui et le fit rouler avec elle dans la fange. La patience, comme on l'a déjà observé, n'était pas la vertu naturelle de notre héros. Outré d'indignation de se voir terrassé par une si vile ennemie, il s'attacha des deux mains à sa queue. Plus elle s'efforçait de lui échapper, plus il la tiraillait ; et plutôt que de lâcher prise, il aima mieux se vautrer à travers toute la mare.

Au milieu de ce grave débat, une troupe d'oies vint justement à passer par le même chemin. La truie de plus en plus effrayée, et, traînant toujours l'opiniâtre Tommy sur ses talons, se jeta au milieu de la bande, qui se dispersa soudain, en agitant ses lourdes ailes. Il n'y eut qu'un jars d'une force et d'un courage au-dessus du commun de la troupe, qui, voulant se venger de l'alarme qu'on avait donnée à sa famille, fondit impétueusement sur Tommy ; et, reconnaissant une place que sa culotte, en glissant, avait laissée un peu à découvert, l'assaillit de rudes coups de bec. C'était le moment que la fortune attendait pour changer de parti. Tommy, dont la valeur avait été jusqu'alors indomptable, se voyant ainsi attaqué à l'improviste par un nouvel ennemi ; et, ne connaissant pas encore l'étendue précise de son danger, laissa tout à coup la palme de la victoire s'échapper de ses mains avec la queue de la truie, et joignit ses clameurs lamentables aux criaillemens des oies, et aux grognemens des cochons. Ce triste concert alla retentir jusqu'aux oreilles de M. Barlow, qui, accourant aussitôt sur le champ de bataille, trouva son élève dans la situation la plus piteuse qu'on puisse imaginer, tout couvert de boue de la tête aux pieds, les mains, le visage aussi noirs que ceux d'un ramoneur.

Dans quel état vous vois-je ! s'écria-t-il, après qu'il eut reconnu sa physionomie à travers le masque dont elle était chargée.

TOMMY. — Hélas ! monsieur, tout cela vient de ce que vous m'avez appris sur la manière d'apprivoiser les animaux, et de m'en faire aimer. Vous en voyez les conséquences.

M. BARLOW. Si cet accident vous est arrivé pour quelque chose que je vous aie dit, j'en aurai d'autant plus de peine. Mais êtes-vous blessé?

TOMMY. — Non, monsieur, je ne puis pas dire que j'aie beaucoup de mal.

M. BARLOW. — En ce cas-là, vous n'avez rien de mieux à faire que d'aller vous débarbouiller. Quand vous serez un peu plus propre, nous pourrons nous entretenir à fond de votre aventure.

A son retour, M. Barlow lui demanda comment s'était passé cet événement; et lorsqu'il en eut entendu l'histoire : Je suis bien fâché, dit-il, de votre disgrace; mais je ne vois point que j'en aie été la cause. Je ne me souviens point de vous avoir jamais recommandé de saisir les cochons de lait par les pieds de derrière, ni les truies par la queue.

TOMMY. — Il est vrai, monsieur; mais vous m'avez dit que de prendre soin des animaux, c'était un moyen de s'en faire aimer. C'est pour cela que je voulais donner à manger au cochon de lait.

M. BARLOW. — Voilà de bonnes intentions. Il est dommage que vous vous y soyez pris d'une si étrange manière. Le pauvre animal ne s'attendait pas d'abord à votre bienveillance. Lorsque vous avez ensuite empoigné sa jambe si brusquement, il avait encore moins sujet de s'en douter. Je vous demande à vous même si vous auriez beaucoup de plaisir à un repas où l'on vous tiendrait de force un pied en l'air.

Tommy n'eut pas beaucoup de peine à sentir le ridicule de sa conduite; et M. Barlow reprit ainsi : Tout ce qui vous est arrivé ne vient que de votre étourderie. Avant de lier commerce avec aucun animal, vous devriez d'abord vous instruire de sa nature et de ses dispositions.

Autrement vous pourriez éprouver le sort de ce petit garçon qui, voulant attraper indistinctement les mouches, fut piqué jusqu'au vif par une guêpe, ou de celui qui, voyant une couleuvre endormie sur le gazon, la prit pour une anguille, et en fut mordu si cruellement, qu'il faillit lui en coûter la vie.

TOMMY. — Mais, monsieur, Henri vous a parlé d'un petit garçon qui avait nourri un serpent sans en recevoir jamais aucune morsure?

M. BARLOW. — Cela peut-être. Il n'y a presque point d'animaux qui veuillent faire du mal si on ne les attaque, ou s'ils ne sont pressés par la faim. Il en est cependant dont la familiarité est dangereuse; ainsi le meilleur moyen est de ne vous jouer jamais à aucun, sans le connaître parfaitement. Si vous aviez observé ce principe, vous n'auriez jamais eu l'idée de vous mesurer avec une truie, en la tiraillant par la queue. Il est fort heureux pour vous de n'avoir pas fait votre apprentissage sur un animal plus dangereux. Vous auriez pu en être traité comme un tailleur le fut autrefois par un éléphant.

TOMMY. — Oh, monsieur, racontez-moi, je vous prie, cette histoire, pour me consoler de mon infortune. Mais ayez d'abord la bonté de m'apprendre, s'il vous plaît, ce que c'est qu'un éléphant.

M. BARLOW. — L'éléphant est l'animal le plus considérable que nous connaissions sur la terre. Il est plusieurs fois aussi gros qu'un bœuf. Il croît jusqu'à la hauteur de treize, quatorze pieds, et même davantage. Sa force, comme on l'imagine aisément, est prodigieuse; mais il est en même temps d'un caractère si doux, qu'il n'attaque jamais les autres animaux qui vivent dans les forêts où il habite. Il ne mange point de chair. Il se nourrit uniquement d'herbes, de feuilles et de bois tendre. Ce qu'il y a de plus singulier en lui, c'est sa conformation. Vous ne pouvez en prendre une idée, qu'en voyant sa figure dans une estampe où je vous la ferai observer. Son nez est un tuyau creux et de forme ronde, qu'il allonge ou qu'il raccourcit à sa fantaisie, et qu'il est libre de tourner en tout sens. C'est ce qu'on appelle sa trompe. Il la jette autour des branches qu'il veut arracher, et les brise sans effort. Lorsqu'il veut boire, il la plonge dans l'eau, et, en aspirant, il en remplit toute la cavité, puis il la recourbe en-dessous pour la porter à sa bouche, et la décharge dans son gosier. Sa bouche n'est armée, pour broyer sa nourriture, que de huit dents, quatre à la mâchoire inférieure, et quatre à la supérieure; mais de celle-ci il sort deux autres dents, qu'on appelle ses défenses, parce qu'elles lui servent à se défendre contre ses ennemis. Elles sont longues de quelques pieds, et un peu recourbées en haut. Ces deux dents dont nous tirons l'ivoire, sont si fortes qu'elles peuvent renverser les arbres, et percer des murailles.

TOMMY. — Mais, monsieur, puisque cet animal est si grand et si fort, comment est-il possible de le prendre et de le dompter?

M. BARLOW. — Ce serait effectivement fort difficile, si l'on n'y employait ceux qui sont déjà apprivoisés.

TOMMY. — Et comment s'y prend-on, je vous prie?

M. BARLOW. — Lorsqu'on a découvert une forêt qui sert de retraite à ces animaux, on y fait une grande enceinte, fermée de tous côtés par une forte pallissade. On n'y ménage qu'une entrée avec une porte qu'on laisse ouverte; puis on lâche un éléphant apprivoisé, qui va chercher l'éléphant sauvage, et l'engage insensiblement à pénétrer avec lui dans l'enceinte. Aussitôt qu'il y est entré, un homme, qui se tient tout prêt, ferme la porte. L'animal se trouvant ainsi renfermé, entre en fureur, et cherche à s'échapper en renversant la pallissade. On ne lui en donne pas le temps. Deux autres éléphans apprivoisés, qu'on a choisis exprès parmi les plus forts, viennent à lui de chaque côté, le serrent entre eux, et le frappent à grands coups de leurs trompe, jusqu'à ce qu'il devienne plus tranquille. Alors un homme s'approche doucement, et lui passe un gros cable à chacun de ses pieds de derrière, et va attacher l'autre bout à des arbres. Le prisonnier demeure en cet état, seul et sans nourriture, pendant quelques jours; et, au bout de ce temps, il est devenu si docile, qu'il se laisse conduire sans résistance à la loge qu'on lui a préparée. Il ne faut pas ensuite plus de quinze jours pour le dresser à tous les services qu'on attend de lui.

TOMMY. — Voudriez-vous, maintenant, monsieur, me dire ce que l'éléphant fit au tailleur?

M. BARLOW. — A Surate, ville de l'Inde, où les éléphans servent aux mêmes emplois que les chevaux en Europe, il y avait un tailleur qui travaillait sur son établi, près de l'endroit où l'on menait chaque jour boire ces animaux. Il avait pris l'un d'eux en amitié; et toutes les fois qu'il le voyait passer devant sa porte, il avait coutume de lui donner quelque chose à manger. Un jour que l'éléphant était venu, comme à l'ordinaire, présenter sa trompe à la fenêtre pour recevoir sa petite ration, le tailleur qui s'ennuyait apparemment de cette visite, au lieu de lui faire ses présens accoutumés, imagina de le piquer de son aiguille. L'éléphant retira sa trompe; et, sans montrer aucun signe de ressentiment, il continua sa route, et alla boire avec ses compagnons. Mais, après avoir apaisé sa soif, il ramassa dans sa trompe toute l'eau qu'elle pouvait contenir; et, lorsqu'il repassa devant la boutique du tailleur, il lui déchargea toute son eau sur le visage, avec tant de violence, qu'elle faillit le suffoquer. L'ingrat n'avait-il pas bien mérité cette peine, pour avoir violé si indignement les devoirs de l'amitié? Il la méritait sans doute, répondit Henri; et je trouve l'éléphant bien généreux de s'être contenté de cette vengeance, lorsqu'il n'avait qu'à allonger sa trompe pour le saisir et l'étouffer. Il me semble que c'est une grande honte pour les hommes, que de traiter cruellement des animaux qui leur témoignent de la confiance et de l'affection. Vous avez raison, reprit M. Barlow, et je me rappelle une autre histoire d'éléphant, qui est encore plus extraordinaire, si le récit en est véritable.

Un éléphant, dans un excès de colère, auquel ces animaux sont sujets, venait d'écraser sous les pieds son conducteur. La femme et les enfans du malheureux, craignant le même sort pour eux-mêmes, se mirent à fuir de toute leur vitesse pour échapper à l'éléphant. Il était près de les atteindre lorsque la femme, s'étant retournée brusquement, mit devant lui l'enfant qu'elle portait dans ses bras, en lui criant : Ingrat, tu veux donc nous détruire, nous qui depuis tant d'années avons pris soin de te nourrir? Puisque tu viens de tuer mon mari, ôte-moi donc la vie ainsi qu'à ces pauvres enfans. L'éléphant s'arrêta tout à coup, oublia sa fureur; et, comme s'il eût été touché de regret, au lieu d'écraser les enfans sous ses pieds, il prit l'aîné avec sa trompe, le posa sur son cou, l'adopta pour conducteur, et n'en voulut point souffrir d'autre depuis ce moment.

Tommy remercia M. Barlow de ses deux jolies histoires, et lui promit d'être à l'avenir plus doux et plus avisé dans sa conduite envers les animaux.

Le lendemain il descendit de bonne heure dans le jardin, pour y semer, sur un carreau de terre préparé dès la veille, le blé que Henri lui avait apporté. Son ami le secondait dans cette opération, et l'aidait de ses avis. Lorsqu'ils eurent fini leur ouvrage, Tommy prenant la parole : Écoute, Henri, lui dit-il, as-tu jamais entendu l'histoire de ces hommes qui furent obligés de vivre pendant six ans dans un vilain pays, où il n'y a que de la neige et de la glace, et des ours affamés, toujours prêts à vous dévorer?

HENRI. — Oui, mon ami, M. Barlow me l'a donnée à lire cet hiver.

TOMMY. — Et tu n'as pas été bien épouvanté de cette aventure?

HENRI. — Épouvanté, c'est un peu fort.

TOMMY. — Comment! est-ce que tu aimerais à vivre dans ce pays-là?.

HENRI. — Non certainement. Je me trouve fort heureux d'être né dans un pays comme le nôtre, où l'on ne souffre que rarement de grands froids et de grandes chaleurs. Mais je crois aussi qu'un homme doit savoir supporter avec patience tout ce qui lui arrive dans ce monde.

TOMMY. — Ne mourrais-tu pas de désespoir si tu étais abandonné dans une si affreuse contrée?

HENRI. — Je serais sûrement bien chagrin, si je m'y trouvais tout seul, d'autant mieux que je ne suis encore ni assez grand, ni assez fort pour me défendre contre des ours. Mais j'aurais beau me désespérer, cela ne me servirait de rien. Il serait, je crois, plus sage de chercher à faire quelque chose pour me secourir moi-même.

TOMMY. — Cela vaudrait mieux, sans doute ; mais que ferais-tu?

HENRI. — Je travaillerais d'abord à me bâtir une maison, si je pouvais trouver des matériaux.

TOMMY. — Mais pour bâtir une maison, il faut, ce me semble, un grand nombre d'ouvriers.

HENRI. — Oui bien, si c'était une maison comme celle de ton père. Les maisons qu'habitent les paysans, ne demandent pas tant de façon.

TOMMY. — Aussi sont-elles petites, malpropres et vilaines. J'aurais peur d'y tomber malade, et d'y mourir.

HENRI. — Tu vois cependant que les pauvres ont pour le moins autant de force et de santé que les riches.

TOMMY. — Malgré tout cela, je ne voudrais pas y demeurer.

HENRI. — Tu en parles bien à ton aise. Et si tu n'en avais pas d'autre? N'aimerais-tu pas mieux encore habiter une cabane, que de rester exposé aux injures de l'air?

TOMMY. — Il est vrai; mais une cabane même, comment pourrais-tu la faire?

HENRI. — Il ne me faudrait que des arbres et une hache.

TOMMY. — Oui-da!

HENRI. — J'irais couper de grosses branches, et je les planterais dans la terre l'une près de l'autre.

TOMMY. — Ensuite?

HENRI. — Je couperais d'autres branches plus menues, et celles-là, je les entrelacerais dans les grosses.

TOMMY. — Et comment?

HENRI. — Tiens, à peu près comme ces claies que je te fis remarquer l'autre jour, dont on se sert pour enfermer les troupeaux lorsqu'on les fait parquer.

TOMMY. — Et tu crois que cette cabane serait assez close, pour te garantir du vent et du froid?

HENRI. — Attends donc. Tu ne me donnes pas le temps. Il faut que je la revête en dedans et en dehors d'une couche d'argile.

TOMMY. — Et qu'est-ce que l'argile?

HENRI. — C'est une terre grasse qui s'attache aux souliers lorsqu'on marche dessus et qui reste aux mains lorsqu'on la pétrit. Elle me servirait à faire une bonne muraille.

TOMMY. — Je n'aurais jamais imaginé qu'il fût si aisé de se bâtir une maison. Et tu penses qu'on pourrait y habiter?

HENRI. — Si je le crois! il y a ici beaucoup de gens qui en ont de pareilles, et j'ai ouï dire qu'il n'y en avait pas d'autres dans plusieurs parties du monde.

TOMMY. — Je voudrais bien essayer d'en faire une. Toi et moi, par exemple, pourrions-nous en venir à bout?

HENRI. — Qui nous en empêcherait? Nous avons une petite hache à la maison. Pour le bois et l'argile, ils ne nous manqueront pas.

M. Barlow arriva près d'eux en ce moment. Il venait les appeler pour faire leur lecture de la matinée. Il dit à Tommy que, puisqu'ils avaient tant parlé d'humanité envers les animaux, il avait choisi une fort jolie histoire, où il en était question, et il l'invita à venir la lire lui-même.

Je le veux bien, monsieur, répondit Tommy, car je commence à aimer beaucoup la lecture. Il me semble que depuis que j'ai appris à lire, je me trouve plus heureux. Je puis prendre du plaisir à ma volonté.

Je suis bien aise, reprit M. Barlow, que vous commenciez à le sentir. Un gentilhomme, puisque vous en aimez si fort le titre, peut goûter plus particulièrement que les autres cet avantage, parce qu'il a plus de temps à sa disposition. S'il veut s'élever au-dessus du reste des hommes, ne vaut-il pas mieux qu'il cherche à s'en distinguer par ses lumières que par de beaux habits, ou d'autres bagatelles, que ceux qui sont en état de les acheter peuvent avoir aussi bien que lui?

Tommy convint de la vérité de cette réflexion; et, s'étant assis entre M. Barlow et son ami, il se mit à lire d'une voix claire et distincte l'histoire suivante.

L'ENFANT DE BON NATUREL.

Le petit Collins sortit un jour de bonne heure, pour aller porter une lettre de son père dans un village éloigné de près de deux lieues de celui qu'il habitait. Comme il ne devait rentrer que le soir, il prit dans un panier les provisions dont il avait besoin pour se nourrir pendant la journée. Il marchait à grands pas, en chantant d'une voix joyeuse, lorsqu'un pauvre chien vint à sa rencontre d'un air triste et suppliant. Collins ne fit pas d'abord grande attention à sa contenance; mais, comprenant bientôt à ses cris plaintifs, et aux mouvemens de sa queue, qu'il était tourmenté par la faim; et qu'il le priait de prendre pitié de ses souffrances, il lui dit, en le caressant : Mon pauvre ami, tu parais tout languissant de faiblesse; mais, si je te donne de mon pain, je me trouverai ce soir comme toi. Cependant tu souffres en ce moment; et moi, qui viens de déjeuner, je n'ai pas à présent de besoin : tiens, tiens, voici de quoi te soutenir. En disant ces mots, il lui donna un morceau de pain. Le chien se mit à le dévorer, comme s'il n'eût rien mangé depuis quinze jours; et, lorsque son bienfaiteur reprit sa marche, il le suivit en cabriolant autour de lui, avec les plus tendres témoignages de reconnaissance et d'affection.

A un mille environ plus loin, Collins

entendit des hennissemens. Il tourna la tête vers la prairie qui était à sa droite, et il vit un cheval, qui, en tournant autour d'un arbre auquel il était attaché, s'était si bien embarrassé dans son licol, qu'il était près d'étouffer. Plus il se débattait, et plus la corde serrait ses nœuds. Le premier mouvement de Collins fut de courir à son secours : mais, se dit-il à lui-même, si je m'arrête ainsi à chaque pas, j'ai bien peur que la nuit ne vienne avant que j'aie fait ma commission; et l'on dit qu'il y a des bandes de voleurs dans le voisinage. Il ne faut pourtant pas laisser périr cette pauvre créature. Il se mit aussitôt à courir vers le cheval, et s'arrêta à une certaine distance, pour le flatter de la voix avant d'arriver jusqu'à lui, de peur qu'il ne fût trop effarouché. S'approchant ensuite tout doucement, après avoir posé son panier à terre, il prit la bête par le licol, et, la faisant tourner en sens contraire autour de l'arbre, il parvint à la dégager. Le cheval, tout joyeux de respirer avec plus d'aisance, fit trois ou quatre soubresauts en l'honneur de son libérateur.

Collins venait à peine de sortir de la prairie, qu'il arriva sur le bord d'un étang; et le premier objet qu'il aperçut, fut un vieillard à barbe blanche, debout au milieu de l'eau. Que faites-vous donc là, bon homme? lui cria-t-il. Est-ce que vous ne pouvez pas sortir de cet endroit dangereux? Hélas! non, répondit le vieillard. Secourez-moi, je vous en supplie, mon petit monsieur, ou ma petite demoiselle, car je ne sais qui vous êtes, quoique je connaisse bien à votre voix que vous êtes un enfant. Je suis tombé dans cette pièce d'eau, et je ne sais comment en sortir parce que je suis aveugle. Je n'ose faire aucun mouvement de peur de me noyer. Attendez, attendez, mon ami, repartit Collins. Quand je devrais me mouiller jusqu'aux os, je tâcherai de vous tirer de peine. Jetez-moi seulement votre bâton. L'aveugle alors jeta son bâton du côté d'où il entendait venir la voix. Collins le ramassa ; et, après avoir en un clin d'œil dépouillé ses habits, il entra tout de suite dans l'eau, tâtonnant avec son bâton devant lui, de peur de descendre dans un endroit trop profond. Il parvint bientôt jusqu'au pauvre malheureux, le prit par la main, et le ramena sur le bord. L'aveugle lui donna mille bénédictions, et le pria de le conduire au soleil pour sécher un peu ses hardes. Puis il lui dit de ne plus se mettre en peine sur son compte, et qu'il tâcherait de trouver son chemin. Collins reprit alors ses vêtemens qu'il avait laissés sur l'herbe, et se mit à marcher aussi vite qu'il lui fut possible, afin de pouvoir être de retour avant la nuit. Il n'avait pas fait encore deux cents pas, qu'il aperçut un pauvre matelot qui n'avait plus de jambes, et qui se traînait sur des béquilles. Que Dieu soit avec vous, mon petit garçon! lui cria le matelot. Je me suis trouvé en plusieurs combats contre nos ennemis pour défendre la patrie; mais à présent je suis estropié, comme vous voyez, et je n'ai ni pain ni argent, quoique je meure de faim. Collins ne put résister à l'inclination qu'il se sentait à le secourir, et lui donna le reste de ses provisions, en lui disant : Tenez, mon pauvre ami, je ne puis vous donner de l'argent, mais voilà mon pain, et un morceau de lard. C'est tout ce que j'ai, autrement vous en auriez davantage. Je ne vous demande qu'une chose, c'est de conduire jusqu'au premier village un pauvre aveugle que vous trouverez là-bas occupé à sécher ses habits au soleil : il va heureusement du même côté que vous. Allez, je vous en prie, j'aurais peur qu'il ne se perdît dans la campagne. J'y vais, j'y vais, répondit l'invalide. Quand je ne saurais pas que nous devons nous secourir les uns les autres, vous m'en auriez donné la leçon. Collins plus tranquille continua sa marche jusqu'à l'endroit où il avait dessein d'aller. Il eut bientôt rempli sa commission, et il s'en retourna vers son village avec toute la diligence dont il était capable. Cependant, avant qu'il eût fait la moitié du chemin, la nuit commença à devenir obscure. Le pauvre enfant, croyant abréger sa route en prenant un chemin de traverse, se trouva tout à coup au milieu d'un bois, où il erra long-temps sans pouvoir découvrir une route pour en sortir. Enfin, épuisé de fatigue, et mourant de besoin, il fut pris d'une si grande faiblesse, qu'il lui fut impossible d'aller plus avant. Il tomba au pied d'un arbre, et resta dans cette fâcheuse situation jusqu'à ce que le petit chien, qui ne l'avait pas quitté, vint à lui en remuant la queue, et tenant à sa gueule un paquet, qui faisait du bruit en traînant sur les feuilles sèches. Collins le prit, et vit que c'était un mouchoir proprement attaché avec des épingles, qu'un voyageur avait sans doute laissé tomber en traversant le bois. Il se hâta de l'ouvrir, et il y trouva un morceau de saucisson et du pain, qu'il se mit à manger de grand appétit, sans oublier pourtant son fidèle compagnon de voyage. Ce léger repas rétablit un peu ses forces ; et il se leva en disant au petit animal : Si je t'ai donné à déjeuner, tu me donnes à souper. Je vois qu'un bienfait n'est jamais perdu, même lorsqu'on le rend à un chien. Il voulut encore chercher à sortir du bois, mais ce fut inutilement. Il ne fit que se déchirer les jambes à travers les broussailles ; et peu s'en fallut qu'il n'allât tomber dans un bourbier, où il en aurait eu jusqu'aux oreilles. Il allait s'abandonner peut-être au désespoir, lorsque la lune qui s'élevait à l'horizon lui fit voir, à travers les arbres, qu'il n'était pas fort éloigné de la prairie qu'il avait traversée le matin. Il courut aussitôt de ce côté, et reconnut bientôt le même cheval qu'il avait empêché de s'étrangler avec son licol. Puisque je l'ai secouru, dit-il, je puis bien à mon tour lui demander un bon office. Je n'ai qu'à monter sur son dos, et il me conduira jusqu'au bout de la prairie : ce sera autant de gagné sur la marche, car je n'en puis plus de lassitude. En disant ces mots, il alla vers le cheval, qui le laissa monter sur sa croupe sans regimber, comme s'il eût reconnu la voix et les caresses de son libérateur. Il le porta légèrement l'espace d'environ deux milles jusques à l'entrée d'un sentier, où Collins ne manqua pas de se reconnaître, parce qu'il menait tout droit au village. Il descendit alors de sa monture, qui regagna la prairie ; et Collins en la voyant partir, se dit à lui-même : Si je n'avais pas sauvé la vie à ce pauvre animal, je ne l'aurais pas trouvé tout à point pour me porter dans la fatigue où j'étais. Graces au ciel, me voilà tous près de chez moi. Il y aura bien du malheur si je n'y suis rendu dans un quart d'heure. Hélas ! le pauvre enfant ! il se croyait au bout de ses disgraces ; mais il avait encore un bien plus grand danger à courir. A peine avait-il fait quelques pas dans le sentier, qui en ce moment était fort solitaire, que deux hommes, cachés derrière les arbres, coururent à lui, et l'arrêtèrent par le collet. Ils allaient se mettre en devoir de le dépouiller de ses habits ; mais le petit chien mordit la jambe de l'un de ces voleurs avec tant de force, qu'il le contraignit d'abandonner sa proie, pour se mettre en défense contre lui. Au même instant on entendit une voix de tonnerre qui criait : Où sont ces coquins, que nous les assommions ? Ce qui effraya tellement l'autre voleur, qu'il lâcha prise pour se sauver, et son compagnon le suivit. Collins, à qui la frayeur allait faire perdre l'usage de ses sens, ranimé tout à coup par ce secours imprévu, leva les yeux, et vit que c'était le pauvre matelot à qui il avait donné son dîner, et qui était porté sur les épaules de l'aveugle qu'il avait sauvé du milieu des eaux. Eh quoi! c'est vous, mon petit ami! lui dit l'invalide en lui tendant les bras; que je suis heureux d'en avoir cru ce que me disait mon cœur! J'ai vu passer tout à l'heure ces deux hommes, qui parlaient tout bas de dépouiller un enfant qu'ils savaient devoir revenir par ce chemin. Il m'a semblé vous reconnaître au signalement qu'ils en faisaient. J'aurais voulu voler pour vous défendre. Mais, hélas! maudites béquilles! Je n'aurais jamais pu arriver assez vite, si le bon aveugle, que vous m'aviez donné à conduire, ne m'eût proposé de me porter sur son dos. Vous nous voyez transportés de joie d'avoir pu vous sauver, en reconnaissance de ce que vous avez fait pour nous. Allons, mets-moi vite à terre, Barnaby, que j'embrasse ce cher enfant. Et moi aussi, ajouta l'aveugle, que je le presse contre mon cœur, puisque je ne peux le voir. Collins se jeta dans leurs bras, et les remercia avec la plus vive tendresse du grand service qu'ils venaient de lui rendre. Il les pria de venir avec lui à la maison de son père, qui serait charmé de voir les libérateurs de son fils. Il les reçut en effet avec une joie extrême, les retint à souper et à coucher, et les mit en fonds le lendemain pour continuer gaîment leur voyage. Pour le petit chien, Collins en prit soin aussi long-temps qu'il vécut; et jamais il n'oublia la nécessité de faire du bien aux autres, si nous voulons qu'ils nous en fassent à leur tour.

En vérité, s'écria Tommy, en achevant sa lecture, je suis bien enchanté de cette histoire. Je ne serais point surpris qu'elle fût véritable. J'ai observé que tout ici, jusqu'aux animaux, semble aimer mon ami Sandford, parce qu'il est obligeant pour tout le monde. Je fus bien étonné, l'autre jour, de voir ce grand chien de notre voisin, qui semble toujours prêt à me mordre, venir à lui en rampant sur son ventre, et lui lécher les mains. Cela me fit souvenir de l'histoire d'Androclès et du Lion. Ce chien, répondit M. Barlow, vous aimera bientôt vous-même, si vous lui faites en passant quelques amitiés, car rien n'égale la reconnaissance et la sagacité de ces animaux. Mais puisque vous venez de lire l'histoire d'un enfant de bon naturel, Henri va vous en lire une d'un enfant qui avait un caractère bien opposé. Henri prit alors le livre, et lut l'histoire suivante.

L'ENFANT DE MAUVAIS NATUREL.

Il y avait une fois un petit garçon, nommé Roberts, dont le père, malheureusement trop occupé du travail de plusieurs champs qu'il tenait à ferme, avait négligé de veiller à son éducation, et de le corriger de ses défauts. Par un triste effet de cette négligence, Roberts, qui, avec des soins attentifs, aurait pu devenir un enfant aimable et intéressant, devint au contraire hargneux, querelleur, et insupportable à tout le monde. Il lui arriva plus d'une fois d'être rudement battu pour ses impertinences, par des enfans plus grands que lui, souvent même par d'autres qui n'étaient pas si grands. Car, quoiqu'il fût toujours prêt à faire des malices, sa poltronnerie lui ôtait la moitié de ses forces; et son grand principe était qu'il ne fallait pas tant se confier à ses poings qu'à ses talons.

Il avait élevé un jeune dogue, qui lui retraçait l'image parfaite de son caractère. Léopard, c'était son nom, était bien l'animal le plus brouillon et le plus turbulent dont on puisse avoir l'idée. Il ne courait point de cheval à son côté, qu'il ne se jetât entre ses jambes, aboyant après lui, jusqu'à perdre haleine. Il se plaisait à porter le trouble au milieu des troupeaux qu'il rencontrait sur la route ; et il ne tenait qu'aux pauvres brebis de le prendre pour un loup, aux violentes morsures qu'elles en recevaient. Pour les voisins, ils aimaient mieux prendre un détour que de passer devant la maison. Je vous laisse maintenant à juger vous-mêmes si tous ces procédés de la bête et de l'enfant étaient capables de bien disposer en leur faveur les honnêtes habitans du village.

Le père de Roberts était un jour sorti de bonne heure, pour aller travailler jusqu'au soir dans une pièce de terre assez éloignée. Il avait bien recommandé à son fils de ne pas s'écarter de la maison. Mais il en était à peine sorti, que Roberts imagina de profiter de son absence, pour faire une de ses escapades ordinaires. Il prit un morceau de viande froide et du pain, et, ayant appelé son dogue Léopard, ils se mirent tous deux en campagne. Au bout d'une demi-heure de marche, il trouva un petit berger qui poussait un troupeau de moutons vers une porte où il voulait les faire entrer. Mon ami, lui cria le petit berger, arrêtez un moment, je vous prie, et retenez votre chien auprès de vous, de peur d'effaroucher mes moutons. Oh, oui, vraiment! lui répondit Roberts, j'ai bien le temps d'attendre ici toute la matinée, jusqu'à ce que tes bêtes et toi, vous ayez défilé. Ne t'en mets pas en peine, je saurai bien me faire mon chemin, je n'ai besoin que d'un seul mot: Pille, pille, Léopard. Léopard, à ce cri de guerre, se précipita tout au travers de la troupe effarée, aboyant à plein gosier, et mordant impitoyablement à droite et à gauche les tristes moutons, qui se dispersèrent de tous côtés, en poussant des bêlemens lamentables. Excité de plus en plus par son maître, Léopard trouvait un cruel plaisir à redoubler ce désordre : mais son triomphe ne fut pas de longue durée. S'étant avisé d'attaquer un vieux bélier, qui avait à lui seul plus de courage que tout le reste ensemble de la troupe, celui-ci, au lieu de s'enfuir, soutint bravement l'attaque, et donna un coup de tête si violent à son ennemi, qu'il le renversa les quatre jambes en l'air : puis, se jetant aussitôt sur lui, et le travaillant vigoureusement de ses cornes, il l'obligea de s'enfuir à demi éreinté. Le mauvais petit garçon, qui n'était capable d'aimer rien au monde, s'était bien diverti de la frayeur du troupeau ; mais la mésaventure de son chien lui sembla plus plaisante encore. Il en aurait ri plus long-temps, si le petit berger, perdant à la fin patience, n'eût pris un caillou, qu'il lui lança rudement à la poitrine. Roberts se mit alors à crier presque aussi fort que Léopard. Cependant, voyant venir à lui un homme qu'il imagina être le propriétaire du troupeau, il crut qu'il était de la prudence de suspendre ses clameurs, pour s'esquiver à toutes jambes à travers un taillis fourré.

Il ne se fut pas plus tôt mis en sûreté, que la douleur du coup qu'il avait reçu, s'étant un peu calmée, mille dispositions malicieuses se réveillèrent à la fois dans son esprit ; et il ne songea plus qu'à les satisfaire à la première occasion. Elle ne tarda pas long-temps à se présenter. En sortant du bois, il aperçut une petite fille assise sur une pierre, avec un grand pot de lait à ses pieds. Ah! vous venez bien à propos, lui cria-t-elle, en le voyant. Aidez-moi, je vous prie, à charger ce pot sur ma tête. Ma mère m'a envoyée chercher du lait à un mille d'ici ; et je me suis sentie si fatiguée qu'il a fallu m'arrêter un moment pour me reposer. Mais il commence à se faire tard. Si je ne retourne au plus tôt à la maison, ma mère sera fâchée contre moi ; et de plus nous courons le risque de n'avoir pas de gâteau au riz à notre dîner.

ROBERTS. — Oh! ce serait dommage. Vous aimez donc bien le gâteau au riz, mamselle?

LA PETITE FILLE. — Ah, si je l'aime! Vous me faites venir l'eau à la bouche, rien que de m'en parler. Et puis ce n'est pas pour moi seule que je m'en réjouis.

ROBERTS. — Et pour qui donc encore, s'il vous plaît?

LA PETITE FILLE. — C'est que mon grand-père Arthur, et mon oncle Williams doivent venir dîner à la maison, avec toute leur famille; et je serai bien aise de régaler mes petits cousins.

ROBERTS. — Voilà un repas qui promet d'être fort joyeux.

LA PETITE FILLE. — Oh! je vous en réponds. Nous allons tous nous divertir comme des gens de noces. Mais le temps presse. Aidez-moi, je vous prie, à charger mon pot au lait: je vous en serai bien obligée. Voulez-vous, mon petit ami?

ROBERTS. — C'est de tout mon cœur. J'aime que les petites demoiselles se réjouissent.

Il prit aussitôt le pot au lait par les deux anses, et le mit sur la tête de la petite fille, au-dessus du coussinet qu'elle avait fait avec son mouchoir. Mais, au moment où elle levait une de ses mains pour le tenir, il fit comme si une pierre l'eût fait trébucher; et donnant une secousse à la pauvre enfant, il lui fit perdre l'équilibre; et le pot au lait tomba à ses pieds. Elle se mit à crier et à verser un torrent de larmes; mais le méchant petit garçon s'en alla, riant à gorge déployée, en lui disant : Adieu, mamselle; mes complimens, je vous prie, à votre grand-père Arthur, et à votre oncle Williams. N'oubliez pas surtout de donner du gâteau aux riz à vos petits cousins.

Encouragé par le succès de cette odieuse malice, faite si lâchement à une petite fille, qui n'était pas en état de lui résister, il marcha vers une pelouse, où il voyait de loin de petits garçons s'amuser à pousser une balle. C'était moins pour se divertir dans leur société, que pour leur jouer quelque mauvais tour. Il les pria d'une manière hypocrite de le mettre de leur partie. Ceux-ci ne demandaient pas mieux que d'avoir un nouveau compagnon, et ils le reçurent volontiers. Il joua d'abord de bonne intelligence avec eux. Mais quand ce fut à lui de pousser la balle, au lieu de la jeter du côté qu'il fallait, il l'envoya comme par maladresse dans un fossé bourbeux, qui était à quelque distance. Les petits garçons y coururent avec empressement pour savoir ce qu'elle était devenue. Roberts attendit qu'ils fussent tous sur le bord du fossé. Alors, passant en cachette derrière eux, il en poussa un violemment contre son voisin, qui se renversa sur un autre, et celui-ci sur le reste de la troupe qui était immédiatement sur le bord; en sorte qu'en voulant se retenir les uns les autres ils tombèrent tous ensemble dans le fossé. Ce ne fut pas sans beaucoup de peines qu'ils vinrent à bout d'en sortir, couverts de fange des pieds jusqu'à la tête. Leur premier mouvement fut de se réunir contre leur ennemi commun, pour le punir de son indigne conduite. Mais Léopard, se mettant devant son maître, leur montra les dents avec tant de furie, qu'ils furent obligés de renoncer à leur juste vengeance; et Roberts fit ainsi retraite, avec la cruelle joie d'avoir commis impunément une nouvelle méchanceté.

Le premier objet qu'il rencontra ensuite sur sa route fut un pauvre âne, qui paissait fort tranquillement dans une prairie. Roberts voyant qu'il n'y avait personne pour prendre sa défense, résolut d'en faire une victime de son mauvais cœur. Il alla couper un gros paquet d'épines, qu'il attacha sous la queue du paisible animal; et, détachant aussitôt Léopard à ses trousses, il l'anima de la voix à le poursuivre. Léopard n'avait pas besoin de ces encouragemens pour malfaire. Il courait de toutes ses forces, aboyant après le pauvre animal, lorsque celui-ci, qui sentait sur ses jambes de derrière la chaleur de la gueule fumante de son ennemi, lui détacha si à propos une ruade au milieu du front, qu'il fut renversé raide mort sur la place. Roberts n'avait d'autre attachement pour son chien que celui qu'un méchant peut avoir pour le complice de ses méchancetés. Ainsi il ne fut pas fort sensible à cette perte; et il se remit en marche pour s'en retourner chez lui, avec le dessein de tenter, chemin faisant, d'autres expéditions.

Il se présenta bientôt à ses regards un verger, où l'on voyait les arbres plier sous le poids des plus beaux fruits. Ils n'étaient défendus des insultes des passans que par une haie, qui aurait paru trop fourrée à un autre, mais que Roberts ne désespéra pas de pénétrer. Il fit tant avec les pieds et les mains, qu'il vint à bout de se pratiquer une ouverture assez grande pour s'y glisser en rampant. Après avoir ainsi fait son entrée dans la place, il mesurait déjà des yeux le plus bel arbre pour l'escalader, lorsqu'il entendit venir à lui un gros chien, qui remplissait l'air d'aboiemens effroyables. La frayeur lui fit regagner précipitamment le trou qu'il venait de s'ouvrir. Il y avait heureusement passé la moitié de son corps; mais le chien qui survint aussitôt le saisit à belles dents par le pan de son habit, et le tint ainsi en arrêt, accroupi et pelotonné sur lui-même, jusqu'à l'arrivée du fermier. Ha, c'est toi, petit voleur! lui cria celui-ci; te voilà donc pris à la fin! Tu croyais pouvoir venir tous les jours me voler mes pommes sans être découvert! Qu'en penses-tu maintenant? Tu vas me payer une fois pour toutes. Il fit alors lâcher prise à son chien, qui n'en voulait guère démordre; mais, retenant son voleur par le pied, et, le trouvant dans la posture la plus favorable à ses vues, il se mit à le frapper rudement avec un fouet qu'il tenait à la main. Roberts eut beau demander grace, en protestant que c'était pour la première fois, le fermier, qui prenait cette excuse pour un mensonge, n'en fut que plus vivement irrité, et lui demanda comment il s'appelait, et où demeurait son père. Il fallut bien dire son nom; et lorsque le fermier l'entendit : Quoi! s'écria-t-il, tu es ce coquin qui fait des malices à tout le pays! Ne serait-ce pas toi qui as effarouché ce matin mon troupeau, malgré les prières de mon fils, ce qui nous a donné tant de peine pour le rassembler? Voyons, voyons ta scélérate figure. Oui, effectivement, je te reconnais. Tu m'as échappé tout à l'heure, mais je te tiens bien à présent. En disant ces mots, il recommença à le battre encore plus fort qu'auparavant, en dépit de tous ses cris. Enfin, lorsqu'il crut l'avoir assez puni, il le fit repasser à coups de pied par son trou, et lui dit qu'il revînt encore effrayer ses moutons et voler ses pommes, s'il trouvait la récompense de son goût. Roberts s'en alla poussant des cris de rage, et versant des larmes de désespoir. Il sentit alors qu'il ne faut pas se flatter d'offenser long-temps les autres impunément: Cette dure leçon lui fit prendre le parti de s'en retourner tranquillement chez lui; mais il n'avait pas encore reçu la peine de toutes ses mauvaises actions de la journée. Au moment où il tournait le coin d'un petit sentier qui allait aboutir à une prairie, il se trouva tout à coup au milieu de cette troupe d'enfans avec lesquels il en avait si mal agi sur le bord du fossé. Ils poussèrent tous un cri de joie en voyant leur ennemi livré à leur vengeance sans le secours de son chien. Ils commencèrent à le persécuter de mille différentes manières. L'un lui tirait les cheveux, un autre lui pinçait les oreilles, celui-ci lui houspillait les jambes avec son mouchoir, celui-là lui jetait au visage des poignées de boue. En vain Roberts voulut prendre son recours ordinaire dans la fuite; ils le suivaient en l'accablant de huées et d'une grêle de cailloux. Au milieu de ce cruel embarras, il vint à passer auprès du pauvre âne qu'il avait tourmenté si méchamment, et qui portait encore sous sa queue le paquet d'épines. Roberts, dans l'espérance de se dérober plus promptement à ses ennemis, s'élança lestement sur son dos. Il n'eut pas besoin de presser sa course. Effrayé des cris des enfans, l'âne se mit à trotter de toutes ses jambes; et Roberts se vit bientôt hors de la portée de ses persécuteurs. Mais il n'eut pas beaucoup de sujet de se féliciter dans sa fuite : car, lorsqu'il voulut arrêter son coursier, le pauvre animal, qui se sentait toujours aiguillonné par les épines, ne fit que redoubler de vitesse, emportant Roberts à travers les ronces et les branches qui lui déchiraient le visage. Enfin il ne s'arrêta que devant la porte de son écurie; et il se mit alors à bondir et à ruer avec tant de furie, que Roberts fut jeté à terre, et se cassa la jambe dans sa chute. Ses cris désespérés firent aussitôt accourir tous les habitans d'une maison voisine, parmi lesquels se trouvait la petite fille dont il avait cassé le pot au lait.

Heureusement pour lui, elle était d'un aussi bon naturel que le sien était méchant. Bien loin d'insulter à son infortune, elle et ses petits cousins en prirent pitié; et ils aidèrent leurs parens à le transporter et à le mettre au lit. C'est là que le malheureux Roberts eut tout le loisir de faire réflexion sur sa mauvaise conduite, qui, dans l'espace d'un seul jour, venait de lui attirer tant de maux : il se promit bien à lui-même que s'il pouvait se rétablir de son accident, il serait aussi empressé de faire le bien, qu'il l'avait été jusqu'alors de commettre toute espèce de méchancetés.

Lorsque l'histoire fut achevée, Tommy dit, qu'il était bien singulier de voir combien les deux enfans avaient eu des aventures diverses. Le premier était d'un bon caractère, et tout ce qu'il rencontrait se déclarait son ami et lui faisait du bien. L'autre, qui était d'un méchant naturel, se faisait un ennemi de tout le monde, et ne trouvait que des disgraces et des malheurs. Personne n'avait eu de pitié pour ses maux, si ce n'est la petite fille qui l'avait assisté à la fin; ce qui était fort humain de sa part, après le tour indigne qu'il venait de lui jouer. Votre observation est très-juste, dit M. Barlow : on ne se fait point aimer, sans aimer les autres; et l'on n'est point heureux, sans leur faire du bien. En montrant une affection sincère à ceux qui nous entourent, nous goûtons, dans leur amitié, le plaisir le plus cher à un cœur sensible; et, en les obligeant, nous travaillons à notre propre bonheur; car nous pouvons avoir aussi besoin de leurs services. Cela est vrai, dans quelque situation brillante que l'on soit, et quelque solide qu'elle paraisse. On voit tous les jours des hommes précipités par la fortune des rangs les plus élevés, réduits à la merci de ceux qui se trouvaient à une distance infinie au-dessous d'eux. Je pourrais vous faire part d'une histoire à ce sujet. Mais vous avez assez lu pour aujourd'hui. Il est temps que vous alliez faire un peu d'exercice.

TOMMY. — Oh, monsieur, encore cette histoire, je vous prie. Il me semble maintenant que je pourrais lire toute la journée sans m'ennuyer.

M. BARLOW. — Non, s'il vous plaît, mon ami. Chaque chose doit avoir son tour. Il faut maintenant aller travailler dans le jardin.

TOMMY. — En ce cas-là, monsieur, puis-je vous demander une grace?

M. BARLOW. — Voyons. De quoi s'agit-il? Si je puis vous l'accorder, j'en aurai autant de plaisir que vous-même.

TOMMY. — Ne pensez-vous pas qu'un homme devrait savoir faire tout ce qui peut lui servir un jour?

M. BARLOW. — Sans doute. Plus il acquiert de connaissances, et plus il se ménage de ressources contre les malheurs.

TOMMY. — Eh bien, monsieur, Henri et moi, nous avons imaginé de bâtir une maison.

M. BARLOW. — A la bonne heure. Mais avez-vous rassemblé tous les matériaux qui vous sont nécessaires, comme des briques et du mortier?

TOMMY, *en souriant*. — Oh! nous saurons bien nous bâtir une maison sans mortier ni briques.

M. BARLOW. — Et de quoi voulez-vous donc la faire? De cartes?

TOMMY. — Quoi! monsieur, est-ce que vous nous croyez encore assez enfans pour nous amuser à bâtir des châteaux de cartes? Oh, que non! Nous voulons élever une maison véritable, où nous puissions habiter. S'il nous arrive quelque jour d'être jetés sur une côte déserte, comme ces pauvres gens dont nous avons lu l'histoire, au moins serons-nous en état de nous procurer les choses les plus nécessaires à la vie, jusqu'à ce qu'il vienne un vaisseau pour nous prendre, et même de nous en passer, s'il n'en venait pas.

M. BARLOW. — Je crois qu'il est fort sage de se préparer contre tout événement, car on ne sait pas ce qui peut arriver dans le cours de la vie. Mais revenons à votre maison. Que vous faut-il pour la construire?

TOMMY. — La première chose dont nous ayons besoin, c'est du bois, et une hache pour le tailler.

M. BARLOW. — Vous aurez tout le bois qui vous sera nécessaire. Mais pour la hache, avez-vous jamais appris à vous en servir?

TOMMY. — Non, monsieur.

M. BARLOW. — En ce cas, je crains de vous en donner une, parce que c'est un outil fort dangereux, et que, si vous n'avez pas l'habitude de le manier, vous pourriez vous blesser cruellement. Mais il y a un parti à prendre. Vous n'aurez qu'à me dire ce que vous voudrez faire; et moi, qui ai plus de force que vous, et qui m'entends mieux à faire usage de cet instrument, je le ferai à votre place.

TOMMY. — Je vous remercie, monsieur. Vous avez bien de la bonté.

M. BARLOW. — Je n'y mets qu'une condition, c'est que vous ne me demanderez mes avis sur rien. Je suivrai vos instructions à la lettre, même quand je verrais que vous me faites aller tout de travers. Je veux voir comment vous vous y prendrez.

TOMMY. — Eh bien, soit, monsieur! Nous prenons sur nous seuls la conduite de l'édifice. Nous aurons ou l'honneur ou la honte de l'ouvrage.

M. Barlow alla prendre une hache; et ses deux élèves le menèrent dans un petit taillis, qui s'élevait au bout du jardin. Ils choisirent eux-mêmes les arbres les plus droits, qui pouvaient leur donner des perches de huit pieds de hauteur. M. Barlow eut la bonté de les abattre, et de les aiguiser ensuite par un bout, pour qu'ils pussent être fichés dans la terre. A mesure qu'ils étaient taillés, Henri et son camarade les transportaient dans le jardin. Tommy, oubliant absolument qu'il était gentilhomme, ne mettait plus son orgueil que dans le travail.

Après avoir choisi leur emplacement au pied d'une petite colline, pour que leur habitation fût plus chaude et mieux abritée, ils en tracèrent d'abord l'enceinte, qui pouvait avoir à peu près dix pieds de long, et huit pieds en largeur. Ils creusèrent ensuite des trous, où ils établirent, de leur mieux, les piquets à un pied de distance l'un de l'autre, avec la précaution de laisser un espace vide au milieu,

pour y placer la porte. Leurs piquets une fois établis, ils rassemblèrent toutes les menues branches qu'on avait séparées de la tige des arbres, et ils les entrelacèrent adroitement, de manière à former une espèce de claie, aussi serrée qu'il leur fut possible de le faire. Ce travail, comme on l'imagine aisément, leur coûta plusieurs jours. Mais, comme ils voyaient à chaque instant le progrès de leur ouvrage, leur ardeur ne se ralentit point; et Tommy, en le voyant achevé, en eut autant de joie que s'il fût parvenu à fonder un grand empire.

Le succès de son établissement ne lui fit pas oublier l'histoire que lui avait promise M. Barlow; et la voici telle qu'ils la lurent ensemble le lendemain.

LE TURC RECONNAISSANT.

Un corsaire vénitien s'étant emparé d'un vaisseau turc, le capitaine conduisit tous les prisonniers à Venise; et, suivant une coutume barbare, il les fit vendre dans la place publique. Un de ces esclaves tomba entre les mains d'un marchand, dont la maison touchait au palais du riche sénateur Contarini, qui n'avait qu'un seul fils appelé Francisco. Ce jeune enfant, toutes les fois qu'il passait devant la boutique où travaillait l'esclave, s'arrêtait pour le considérer. Hamet, c'était le nom du pauvre Turc, remarquant sur le visage de l'enfant des traits qui annonçaient un caractère doux et humain, le saluait toujours avec des marques d'amitié. Ils trouvèrent bientôt l'un et l'autre le plus grand plaisir à se voir. Francisco ne laissait plus passer un seul jour sans visiter Hamet, et sans lui apporter tous les petits présens qu'il était en son pouvoir de lui offrir. Mais, quoique Hamet parût toujours recevoir avec plaisir les innocentes caresses de son petit ami, Francisco ne put s'empêcher d'observer qu'il était souvent fort chagrin; et il surprenait quelquefois des larmes dans ses yeux, malgré ses efforts pour les cacher. Il en fut tellement ému, qu'il en parla un jour à son père, et le supplia, si la chose était en sa puissance, de rendre heureux le pauvre esclave. Contarini, qui aimait beaucoup son fils, et qui avait de plus observé qu'il ne lui demandait jamais rien que par le mouvement d'un cœur généreux, lui promit de voir lui-même le Turc, et de s'informer du sujet de sa tristesse. Il l'alla trouver en effet dès le lendemain, et après l'avoir regardé quelque temps en silence, il fut frappé d'un caractère extraordinaire de noblesse qui éclatait sur sa physionomie. Êtes-vous, lui dit-il enfin, ce Hamet que mon fils aime si tendrement, et dont il me parle tous les jours avec tant de transport? Oui, répondit le Turc, vous voyez ce malheureux, qui depuis trois ans languit dans l'esclavage. Dans tout cet intervalle, Francisco, votre fils, est la seule créature humaine qui ait paru avoir senti quelque pitié de mon infortune. C'est aussi le seul objet auquel je sois attaché dans cette malheureuse contrée. Je prie tous les jours cet Être suprême, qui est également le dieu des chrétiens et des Turcs, de le préserver surtout de l'état affreux où je suis tombé. Je vous suis obligé pour mon fils, reprit Contarini; quoique, dans la situation où l'appelle sa naissance, il ne paraisse pas trop exposé au péril que vos prières cherchent à détourner de lui. Mais dites-moi, car je désire de vous faire du bien, en quoi puis-je vous secourir? Mon fils me dit que vous êtes en proie à des regrets continuels. Quelle peut en être la source? Est-il étonnant, répondit Hamet, avec le transport d'une noble indignation qui anima soudain sa physionomie, est-il étonnant que je m'afflige en silence, et que je déplore ma destinée, quand je suis privé du premier et du plus noble présent de la nature, la liberté? Et cependant, s'écria Contarini, combien de milliers de personnes de notre nation ne retenez-vous pas dans les fers! Je ne vous accuse point de la barbarie de vos compatriotes, répliqua Hamet, pourquoi voulez-vous me rendre responsable de l'inhumanité des miens? Quant à moi, je n'ai jamais pratiqué l'exécrable coutume d'enchaîner mes semblables. Jamais je n'ai dépouillé de Vénitiens de leurs richesses pour accroître les miennes. J'ai toujours respecté les droits de l'humanité, et je n'en ressens que plus vivement la douleur de les voir si indignement violés à mon égard. Ici quelques larmes s'échappèrent de ses yeux, et se répandirent sur ses joues. Cependant il se rendit bientôt maître de sa faiblesse; puis, croisant les bras sur son estomac, et baissant doucement la tête : Dieu est bon, s'écria-t-il, et l'homme doit se soumettre à ses décrets. Contarini fut touché de cette noble résignation, et lui dit : Hamet, je suis attendri de vos malheurs, et je serai peut-être en état de les adoucir. Que feriez-vous pour recouvrer votre liberté? Ce que je ferais? répondit Hamet. J'atteste le ciel que j'affronterais tous les périls qu'il est au pouvoir de l'homme de surmonter. Eh bien! reprit Contarini, si votre courage répond à l'idée que j'en ai conçue, votre délivrance est assurée. Je n'ai qu'une seule épreuve à vous proposer. Quelle est-elle, quelle est-elle? s'écria le Turc impatient. Placez la mort devant moi sous les formes les plus horribles, et si vous me voyez balancer..... Doucement, doucement, reprit Contarini; on pourrait nous entendre. Parlons plus bas, et prêtez-moi toute votre attention. J'ai dans cette ville un ancien ennemi, qui a rassemblé sur moi toutes les injures qui peuvent blesser le plus cruellement le cœur d'un homme. Il est aussi brave qu'orgueilleux; et j'avoue que la réputation de sa valeur m'a fait craindre, jusqu'à ce jour, de poursuivre ma vengeance. Mais vous, Hamet, votre regard décidé, votre contenance imposante, et la fermeté de vos discours, tout me persuade que vous êtes né pour les entreprises les plus hasardeuses. Prenez ce poignard. Aussitôt que les ombres de la nuit envelopperont la ville, je vous conduirai moi-même dans un lieu où vous pourrez regagner votre liberté, en vengeant votre libérateur.

A cette proposition, le dédain et la honte éclatèrent dans les yeux enflammés de Hamet. La colère le priva quelques instans de l'usage de la parole. Enfin, élevant ses bras autant que la longueur de ses chaînes put le lui permettre, il s'écria, d'une voix indignée : Puissant Prophète, voilà donc les hommes auxquels vous permettez que vos fidèles sectateurs soient asservis! Sors de ma présence, indigne chrétien, et sache que Hamet ne ferait pas l'exécrable métier d'assassin pour toutes les richesses de Venise, pas même pour racheter de la mort son père et ses enfans. A cette réponse, Contarini, sans paraître confus, lui dit qu'il se reprochait de l'avoir offensé, mais qu'il avait cru que la liberté lui était plus chère. Quoi qu'il en soit, ajouta-t-il, en le quittant, vous réfléchirez sur ma proposition; et peut-être demain aurez-vous changé de pensée. Hamet se détourna sans daigner lui répondre; et Contarini rentra dans son palais.

Il revint de bonne heure le lendemain, accompagné de son fils; et, abordant Hamet avec douceur, il lui tint ce discours: La proposition que je vous fis hier dut peut-être vous étonner dans la première chaleur. Je viens aujourd'hui la discuter plus froidement avec vous; et je ne doute pas que lorsque vous aurez entendu mes raisons... Chrétien, interrompit Hamet d'une voix sévère, mais calme, cessez d'insulter un malheureux par des discours plus cruels encore pour lui que les horreurs de la servitude. Si votre religion vous permet des actions pareilles à celle que vous me proposez, apprenez qu'elles sont abominables aux yeux d'un vrai musulman. C'est pourquoi, rompons, dès ce jour, tout commerce, et soyons pour jamais étrangers l'un à l'autre. Non, non, répondit Contarini, en jetant ses bras autour du cou de Hamet, soyons plutôt unis dès ce moment, et pour toute la vie. Musulman généreux, dont la vertu peut éclairer les chrétiens mêmes, l'amitié que vous aviez inspirée à mon fils m'avait d'abord intéressé à votre destinée. Mais dès le premier instant où je vous vis hier, je résolus de vous rendre la liberté. Pardonnez-moi une épreuve inutile de vos sentimens, qui n'a fait que vous élever plus haut dans mon estime. Le cœur de Contarini est aussi loin des projets de meurtre et de trahison que celui de Hamet lui-même. Soyez libre dès ce jour. Votre rançon est déjà payée, sans autre obligation que de vous souvenir à jamais de l'amitié de cet enfant, qui vous serre entre ses bras. Lorsqu'à l'avenir vous verrez un chrétien soupirer dans les chaînes des Turcs, puissiez-vous penser à Venise!

Qui pourrait peindre les mouvemens de surprise et les transports de reconnaissance que fit éclater Hamet, en entendant ce discours? Je ne répéterai point, dans la crainte de l'affaiblir, ce qu'il dit à ses bienfaiteurs. Il suffira de savoir qu'il fut mis ce jour même en liberté; que Contarini l'adressa au capitaine d'un vaisseau prêt à faire voile vers une des îles de la Grèce, et le força d'accepter une bourse pleine d'or pour les dépenses de son voyage. Ce ne fut pas sans un extrême regret que Hamet se sépara de son jeune ami, dont l'affection généreuse avait fait rompre ses fers. Il l'embrassa avec des transports inexprimables de tendresse, le baigna de ses larmes, et pria ardemment le ciel de répandre sur lui toutes ses bénédictions.

Six mois environ après cette aventure, un incendie subit éclata dans le palais de

Contarini. Ce fut dans le temps de la nuit où le sommeil est le plus profond, et personne ne s'en aperçut que lorsque presque tout le bâtiment fut enveloppé dans les flammes. Les domestiques effrayés eurent à peine le temps de réveiller le sénateur, et de le faire descendre. Il ne fut pas plus tôt au bas de l'escalier, que le plancher de son appartement s'effondra, et tomba avec un bruit horrible au milieu de mille tourbillons de feu et de fumée. Mais si Contarini se félicita un moment de leur avoir échappé, ce fut pour s'abandonner l'instant d'après au plus violent désespoir, lorsqu'il apprit que son fils, qui dormait dans une partie plus élevée du palais, avait été oublié dans le tumulte général, et se trouvait encore au milieu de l'incendie. Ce n'est pas avec des paroles que l'on pourrait décrire les tourmens dont ce père tendre fut déchiré à cette nouvelle. Il se serait précipité à travers les feux dévorans, s'il n'eût été retenu par ses domestiques. Dans l'accablement de son désespoir, il eut encore assez de force et de voix pour offrir la moitié de sa fortune à l'homme intrépide qui hasarderait sa vie pour sauver celle de son enfant. Comme il passait pour l'un des plus riches habitans de Venise, plusieurs échelles furent, dans un instant, dressées contre les murs; et quelques aventuriers, excités par la grandeur de la récompense, osèrent tenter l'entreprise. Mais bientôt la violence des flammes qui sortaient avec impétuosité par les fenêtres, les charbons enflammés et les décombres qui tombaient de tous côtés, les fit descendre précipitamment. Le malheureux Francisco qui parut en ce moment sur le comble, étendant ses bras, et implorant du secours, paraissait être dévoué à une destruction inévitable. A ce spectacle, Contarini perdit tout à coup l'usage de ses esprits, et tomba dans un état d'insensibilité. Mais dans ce moment d'horreur, un homme se précipite à travers la foule, monte sur la plus haute des échelles, avec une audace qui annonce qu'il est résolu de périr s'il ne réussit; et, en un clin d'œil, il a disparu à tous les regards. Un tourbillon de fumée et de flamme, qui soudain éclata dans le même endroit où il venait de s'élancer, avait déjà fait craindre à tous les spectateurs qu'il ne fût la victime de son courage, lorsque tout à coup on le vit reparaître, tenant l'enfant dans ses bras, et descendre le long de l'échelle, sans avoir éprouvé aucun accident. Un concert de cris d'admiration et de joie retentit alors dans toute la place. Mais qui pourrait donner une faible idée des sentimens du père désolé, lorsqu'en recouvrant ses esprits, il vit son fils sain et sauf dans ses bras! Après lui avoir prodigué les premières effusions de sa tendresse, il demanda quel était son sauveur. On lui montra un homme d'une noble stature, mais couvert de misérables vêtemens. Son visage était si baigné de sueur et si obscurci par la fumée, qu'il était impossible de distinguer ses traits. Contarini cependant se jeta avec transport sur son sein, et, lui présentant une bourse pleine d'or, le supplia de l'accepter pour le moment, jusqu'à ce qu'il pût lui remettre, dès le lendemain, le reste de la récompense promise. Non, non, répondit l'étranger, ce n'est pas à vous, généreux Contarini, que je vends mes services. Ma vie vous appartenait déjà lorsque je l'ai hasardée. Juste ciel! s'écria celui-ci, quelle est cette voix? Je la reconnais. C'est lui, c'est lui, sans doute. Oui, mon père, s'écria soudain à son tour le jeune Francisco, en se précipitant dans les bras de son libérateur, c'est le brave Hamet, c'est mon ami. C'était lui-même, en effet, qui était debout devant eux, dans les mêmes habits qu'il portait six mois auparavant, lorsque la générosité du sénateur l'avait délivré de l'esclavage. Rien ne peut égaler la surprise, la joie et la reconnaissance de Contarini. Mais, comme ils étaient environnés d'une foule immense de peuple, il pria Hamet de le suivre dans la maison de l'un de ses amis, et, lorsqu'ils furent seuls, il l'embrassa tendrement, et lui demanda par quel hasard extraordinaire il était devenu une seconde fois esclave, en lui faisant un doux reproche de ne l'avoir pas instruit de sa nouvelle captivité. J'en rends graces au ciel, répondit Hamet, puisqu'elle m'a donné l'occasion de vous témoigner que je ne suis pas indigne de ce que vous avez fait pour moi, et de sauver la vie de ce cher enfant, que j'estime mille fois plus que la mienne. Je n'ai point voulu abuser une seconde fois de votre bienfaisance; mais il est temps aujourd'hui que mon bienfaiteur soit instruit de toute la vérité. Sachez donc que lorsque je fus fait prisonnier par l'un de vos vaisseaux, mon père, sous un autre maître, éprouva, ainsi que moi, les horreurs de l'esclavage. C'était sa seule destinée qui me faisait souvent répandre les larmes qui m'attirèrent l'attention de votre fils. Lorsque vos mains brisèrent mes fers, je volai vers le chrétien qui avait acheté mon père, je lui représentai que son esclave était infirme, et déjà affaibli par l'âge, et que j'étais, moi, jeune et vigoureux. Je m'offris de le remplacer dans sa servitude. En un mot, j'obtins de son maître que mon père fût renvoyé pour moi dans le même vaisseau où vous aviez préparé mon passage, sans lui faire cependant connaître l'origine de sa liberté. Depuis ce temps, je suis resté ici esclave volontaire, pour sauver l'auteur de mes jours, et acquitter envers lui la dette sacrée de la nature.

A ce trait si touchant, Henri, qui avait eu déjà beaucoup de peine à retenir ses larmes, les laissa couler avec une telle abondance, et Tommy lui-même fut si vivement affecté, que M. Barlow leur dit qu'il fallait interrompre ici leur lecture, et chercher à se distraire par quelque autre occupation. Ils allèrent en conséquence dans le jardin pour reprendre leur édifice. Mais quelle fut leur consternation, en voyant le triste état où se trouvait une entreprise qui leur avait coûté tant de soins et de travaux! Il venait de s'élever un vent fougueux qui, soufflant de toute sa violence contre leur cabane encore mal affermie sur ses frêles appuis, l'avait mise de niveau avec la terre. Tommy fut prêt à verser des larmes de dépit à l'aspect de ces monceaux de ruines confusément épars autour de lui. Mais Henri, qui supportait sa disgrace avec plus de philosophie, lui dit de ne pas se mettre en peine, que le dommage pouvait aisément se réparer, et que cet accident était venu fort à propos pour leur apprendre à donner des fondemens plus solides à leur construction. Oui, je le vois, ajouta-t-il, tout le mal vient de n'avoir pas enfoncé assez avant dans la terre ces piquets qui soutiennent notre cabane. Il ne faut pas s'étonner que le vent, ayant eu tant de prise contre elle, en l'attaquant par son côté le plus large, l'ait si promptement renversée. Je me souviens, maintenant que j'y pense, d'avoir vu les maçons, en commençant un bâtiment, creuser dans la terre à une grande profondeur, pour y jeter des fondemens inébranlables. Ainsi donc, si nos piquets étaient bien affermis, je pense que cela produirait le même effet; et nous n'aurions plus rien à craindre à l'avenir de toutes les malices du vent, quand il serait même un peu plus fort que celui qui vient de nous jouer un aussi mauvais tour. M. Barlow étant venu les joindre en ce moment, ils lui racontèrent leur malheur, ils lui firent part de l'expédient qu'ils avaient imaginé pour s'en garantir dans la suite. Il approuva beaucoup cette idée ; et, comme ils étaient trop petits pour atteindre jusqu'à l'extrémité des piquets, il leur offrit tous ses secours. Il alla soudain chercher un gros maillet de bois, avec lequel il frappa sur le bout des piquets, et les enfonça assez avant dans la terre, pour qu'il ne restât plus le moindre danger de les voir renversés par le vent. Encouragés par cette espérance, nos deux petits ouvriers s'appliquèrent si constamment à leur entreprise, qu'en peu de jours ils eurent réparé le dommage, et remis la cabane au même point qu'elle était avant l'accident.

Tous les côtés de l'édifice étant achevés, il ne restait plus qu'à lui donner une couverture. Pour cet effet, ils prirent des perches, qu'ils mirent en travers l'une près de l'autre au-dessus du bâtiment, dans le sens où il était le plus étroit ; et sur ces perches ils étendirent de la paille en plusieurs couches ; en sorte qu'ils imaginèrent avoir une cabane qui les mettrait entièrement à l'abri des injures du temps. Mais par malheur ils furent encore trompés dans cette idée. Une violente averse de pluie étant survenue au moment où ils croyaient avoir couronné leur ouvrage, ils allèrent avec confiance se réfugier dans la cabane. Ils eurent en effet le plaisir de se féliciter pendant quelques instans de se trouver si bien à couvert. Peu à peu cependant la paille s'étant tout-à-fait pénétrée, l'eau commença bientôt à tomber dans l'intérieur, non en gouttes menues, mais par gosses grontières. Henri et Tommy supportèrent d'abord avec assez de courage cet inconvénient imprévu ; mais il augmenta au point qu'ils furent obligés de lui céder et d'aller chercher un meilleur abri dans la maison. C'est là qu'après avoir mûrement réfléchi sur la cause de leur nouvelle disgrace, Tommy s'écria, d'un air important, qu'il l'avait devinée, et qu'il ne fallait l'attribuer qu'à ce qu'ils n'avaient pas mis encore assez de paille sur la couverture. Il me semble, dit Henri, d'un ton plus modeste, qu'on pourrait en trouver une autre raison. Je viens de me rappeler que toutes les maisons que j'ai vues ont leur toit en pente, apparemment pour que la pluie en découle à mesure qu'elle y tombe. Au lieu que la couverture de notre cabane, étant tout-à-fait plate ; a dû retenir toute la pluie qu'elle a reçue ; et il a bien fallu que l'eau, après avoir filtré entre les brins de paille, tombât en-dessous. Tommy fut obligé de convenir que son ami avait rencontré plus juste que lui dans la découverte du principe du mal. Il ne s'agissait plus que de réunir leurs idées, pour y chercher un remède. Voici celui qu'ils jugèrent à propos d'employer.

Après avoir pris bien exactement leurs mesures pour que tous les piquets qu'ils avaient fichés en terre fussent de la même hauteur, ils prirent des perches qu'ils coupèrent d'une longueur égale. Ils les attachèrent chacune par un bout à leurs piquets, et l'autre bout, ils le firent rencontrer, en l'élevant dans le milieu, avec celui de la perche qui était attachée tout vis-à-vis de l'autre côté de la cabane, comme deux cartes que les enfans réunissent par le haut en commençant leur château. Par ce moyen ils formèrent une charpente semblable, en petit, à celles que nous voyons sur les maisons, avant qu'on les couvre de tuiles ou d'ardoises. Ils placèrent ensuite d'autres perches en travers de celles-ci, en forme de treillage, pour leur donner plus de solidité. Puis enfin, ils y mirent une couverture de paille avec des lattes et des chevilles pour la bien maintenir. Cette opération finie, il virent avec joie qu'ils pouvaient se vanter d'avoir une très-bonne maison. Seulement, les côtés n'étant formés que de branches entrelacées, cette cloison légère ne mettait pas assez à l'abri des incursions du vent. Henri, en sa qualité de principal architecte, se chargea d'y remédier. Il se procura de la terre grasse, il la détrempa avec un peu d'eau; et, en y ajoutant un peu de paille menue, il fit un excellent torchis dont il revêtit sa cloison soit en dedans soit en dehors. L'air ne trouva plus alors d'entrée pour pénétrer dans la cabane; et, avec une bonne porte qu'on y plaça, elle devint presque aussi close que si on l'eût bâtie en pierres de taille.

Il s'était déjà passé quelque temps depuis que les grains de froment avaient été semés dans le jardin; et ils commençaient à pousser avec tant de vigueur, que leurs tiges formoient sur la terre un riche tapis de verdure. Tommy ne laissait passer aucun jour sans les visiter. Il remarquait avec la plus vive satisfaction leur croissance rapide. Maintenant, dit-il à Henri, je crois que nous serions en état de pourvoir à notre subsistance, si nous étions jetés sur une île déserte. Il est vrai, répondit Henri : nous avons déjà satisfait aux besoins les plus pressés; mais il faudrait nous donner encore quelque chose à manger avec notre pain.

M. Barlow avait derrière sa maison un verger planté des plus beaux arbres à fruits. Il avait eu la précaution de ménager une partie du terrain pour y semer des pepins et des noyaux, dont il venait de jeunes arbres sur lesquels il greffait des bourgeons d'une espèce choisie. Aussitôt qu'ils étaient parvenus à l'âge de porter du fruit, il les transplantait dans le verger, pour y remplacer ceux que leur vieillesse, ou quelque autre accident, commençait à mettre hors d'état de produire. Tommy, qui connaissait mieux que personne tous les arbres du verger, avait trouvé leurs fruits délicieux. La réflexion qu'il venait d'entendre de la bouche de Henri, lui en fit naître une autre dont il s'applaudit. Ne serait-ce pas, dit-il en lui-même, un grand agrément pour notre maison, d'être entourée d'arbres dont le feuillage nous mettrait à l'abri du soleil, et dont les fruits serviraient à nous rafraîchir dans nos travaux? Il courut aussitôt chercher M. Barlow, lui communiqua son projet, et le pria de lui permettre de l'exécuter. M. Barlow y consentit avec plaisir, et le conduisit lui-même dans la pépinière pour y prendre tous les arbres dont il aurait besoin. Tommy, en homme de goût, choisit les plus droits et les plus vigoureux; et, avec le secours de Henri, il les transplanta dans son jardin, d'une manière que l'on ne sera peut-être pas fâché de connaître pour l'employer dans la même occasion.

Ils prirent d'abord l'un et l'autre leur petite bêche, et creusèrent adroitement autour de l'arbre, pour le pouvoir enlever sans endommager ses racines. Ils firent ensuite un grand trou dans l'endroit qu'ils lui avaient destiné, et brisèrent avec soin la terre, pour qu'elle fût plus légère. Alors on planta l'arbre au milieu du trou. Tommy le tenait bien droit, tandis que Henri jetait doucement sur ses racines des peletées de terre, qu'il foula ensuite sous ses pieds pour la bien affermir. Enfin, il planta un grand bâton à côté de la tige, qu'il y attacha, de peur que les vents fougueux d'hiver ne pussent l'ébranler et même la renverser. Ils ne bornèrent pas là leurs attentions. Il y avait à l'extrémité du jardin un rocher sauvage, d'où s'échappait une petite source, qui courait se perdre au-dehors, le long d'un sentier. Tommy et son ami entreprirent de creuser un canal, pour conduire une partie de ses eaux près des racines de leurs arbres, attendu que, le temps se trouvant alors d'une sécheresse extrême, il y avait à craindre que leurs plantations ne vinssent à périr faute d'humidité. M. Barlow les vit avec la plus grande satisfaction exécuter cette entreprise. Il leur dit que dans plusieurs contrées la chaleur était si excessive, que rien ne pouvait croître dans la terre, à moins qu'elle ne fût arrosée de cette manière. Il y a particulièrement, ajouta-t-il, un pays appelé l'Égypte, célèbre, de toute antiquité, par la quantité de belles moissons qu'il produit, et qui est naturellement arrosé par un grand fleuve qui le traverse dans toute son étendue. Ce fleuve, qu'on nomme le Nil, à un certain temps de l'année, commence à s'élever au-dessus de ses bords; et, comme le pays est plat, il le couvre bientôt tout entier de ses eaux. Cette inondation dure plusieurs semaines; et, lorsque le fleuve rentre dans son lit, il laisse sur les champs qu'il a couverts un engrais si fécond, que tous les grains qu'on y sème croissent rapidement avec la plus grande vigueur.

HENRI. — Pardonnez-moi, monsieur, de vous interrompre: mais, n'est-ce pas le pays où l'on trouve le crocodile, ce terrible animal, dont vous m'avez plusieurs fois entretenu?

M. BARLOW. — Oui, mon ami, je suis bien aise que vous ne l'ayez pas oublié.

TOMMY. — Mais moi, monsieur, je ne le sais pas. Qu'est-ce qu'un crocodile, je vous prie?

M. BARLOW. — C'est un animal amphibie, c'est-à-dire, qui peut vivre également sur la terre et dans l'eau.

TOMMY. — Voilà qui est singulier. Et qui est-ce qui le produit?

M. BARLOW. — Il vient d'un œuf que sa mère ensevelit dans le sable après l'avoir pondu. Lorsque les feux brûlants du soleil l'ont échauffé pendant plusieurs jours, le jeune crocodile perce sa coque et en sort tout formé. Il est d'abord très-petit. Son corps est aussi long que ses jambes sont courtes. Elles lui servent également à marcher sur la terre, et à nager dans l'eau. Il a de plus une longue queue, ou plutôt son corps s'allonge en diminuant, jusqu'à ce qu'il se termine en pointe. Au reste,

rien ne peut mieux vous donner une idée de sa forme que celle du lézard, que vous connaissez, n'est-ce pas?

TOMMY. — Oh! sans doute. Mais le crocodile est-il beaucoup plus grand?

M. BARLOW. — Je vous en réponds. Il en est qui croissent jusqu'à la longueur de plus de trente pieds.

TOMMY. — Oh! cela me fait peur. Si leur férocité répond à leur taille, ils doivent être bien dangereux.

M. BARLOW. — Ils le sont en effet. Le crocodile est un animal très-glouton, qui dévore tout ce qu'il peut saisir. Il sort fréquemment de l'eau pour s'étendre sur le rivage, et en cet état il ressemble à une longue solive. Si quelque brebis ou quelque enfant vient, sans y prendre garde, jusqu'à sa portée, il s'élance soudain sur la pauvre créature et la dévore.

TOMMY. — Et ne dévore-t-il jamais des hommes?

M. BARLOW. — Quelquefois, s'il les surprend. Mais ceux qui sont accoutumés à rencontrer souvent de ces animaux, ont un moyen facile de leur échapper. Quoique le crocodile puisse courir assez vite en suivant une ligne droite, la masse de son corps l'empêche de se tourner avec aisance. Ainsi, l'on n'a qu'à courir en cercle, ou se détourner brusquement, pour le laisser de côté.

TOMMY. — Il me semble que c'est prendre le bon parti. Car, le moyen de tenir tête à un ennemi puissant!

M. BARLOW. — Tout est possible, avec du sang-froid et du courage. Il est des hommes qui, loin de craindre le crocodile, vont l'attaquer sur la terre, sans d'autres armes, qu'une longue pique. Aussitôt que cet animal en voit un à sa portée, il ouvre sa vaste gueule pour l'engloutir. Mais le chasseur profite de ce moment pour plonger sa pique dans le gosier de son ennemi, et l'étend mort à ses pieds. J'ai même ouï dire qu'il est des plongeurs assez intrépides pour aller à la chasse du crocodile dans le sein des eaux. Ils prennent pour cet effet un morceau de bois d'environ un pied de longueur, et gros comme la jambe, mais affilé par les deux bouts, auquel ils attachent une longue corde. Le plus hardi prend ce morceau de bois de la main droite, et va nageant de tous côtés jusqu'à ce qu'il aperçoive un crocodile. Celui-ci vient alors à lui, ouvrant ses deux énormes mâchoires, armées de plusieurs rangs de dents pointues. Le plongeur l'attend; et au moment qu'il approche, il lui enfonce le morceau de bois debout dans la gueule, de manière que le crocodile, en la refermant, fasse entrer les deux bouts pointus dans l'une et dans l'autre mâchoire, et ne puisse plus les fermer ni les ouvrir. Dans cet état, il est incapable de faire aucun mal; et par le moyen de la corde, on le tire sans peine sur le rivage.

TOMMY. — Et dites-moi, je vous prie, monsieur, ce terrible animal est-il susceptible d'être apprivoisé?

M. BARLOW. — Oui, mon enfant: je crois, comme je vous l'ai déjà dit, qu'il n'est point d'animal si féroce, dont on ne puisse adoucir le caractère par de bons traitemens. Il est certains lieux dans l'Égypte où l'on tient des crocodiles apprivoisés. Ils ne font jamais de mal à personne; et ils souffrent même que les petits enfans jouent avec eux, et montent en sûreté sur leur croupe.

Ces détails sur le crocodile amusèrent beaucoup Tommy. Il remercia M. Barlow, et lui dit qu'il serait bien curieux de voir tous les animaux que renferme l'univers. Il ne serait pas facile, répondit M. Barlow, de vous procurer cette satisfaction; parce que chaque pays produit quelque espèce particulière qui ne se trouve pas dans les autres parties du monde. Mais si vous voulez lire les descriptions que les naturalistes nous en ont données, et voir leurs figures dans des estampes fidèles qui les représentent, vous aurez de quoi intéresser assez vivement votre curiosité.

Sandford et Merton s'étant un jour levés de fort bonne heure, il leur prit fantaisie d'aller faire un tour de promenade avant le déjeuner, après en avoir obtenu la permission de M. Barlow. La matinée était si belle, et leur entretien si joyeux, qu'ils allèrent toujours en avant, sans s'apercevoir de la longueur de la route, jusqu'à ce que, se trouvant tous deux épuisés de fatigue, ils s'assirent sous une haie pour se reposer. Tandis qu'ils s'entretenaient ensemble de ce qu'ils avaient observé dans la campagne, il vint à passer une femme proprement vêtue, qui, voyant deux enfans assis tout seuls, s'arrêta devant eux, et leur dit : Que faites-vous donc là, mes petits amis? Est-ce que vous auriez perdu votre chemin? Oh. non! ma bonne femme, répondit Henri, nous ne sommes pas en peine de notre route; mais nous sommes si fatigués, que nous avons pris le parti de nous asseoir un moment pour reprendre nos forces. C'est fort bien fait, dit la femme; mais, si vous voulez venir dans ma petite maison, que vous voyez à cent pas d'ici, vous pourrez vous y reposer plus à votre aise. Ma fille aînée est allée traire les vaches. Venez, venez, je vous donnerai, à son retour, une écuelle de lait et du pain. Tommy, qui avait pour le moins autant de faim que de lassitude, dit à Henri qu'il se sentait tout disposé à profiter de l'invitation de cette bonne femme. Henri se trouvait du même avis. Ils se levèrent donc aussitôt, se mirent à ses côtés, et la suivirent vers une maison assez petite, mais de fort jolie apparence, qui s'élevait entre des arbres sur le bord d'un ruisseau. Ils entrèrent dans une cuisine très-propre, meublée d'une vaisselle grossière, mais où rien ne manquait. On les fit asseoir auprès d'un bon feu de mottes de gazon que leur officieuse hôtesse s'empressa d'allumer. Tommy, qui n'avait jamais vu de feu pareil, ne put s'empêcher de faire des questions à ce sujet. Vous êtes étonné, je le vois, répondit la bonne femme; mais de pauvres gens, comme nous le sommes, n'ont pas le moyen d'acheter du bois ou du charbon de terre. C'est pourquoi nous allons peler la surface du champ voisin, qui est couverte de gazon, de bruyère et de racines de cent herbes différentes. Nous en faisons de petits carrés que nous laissons sécher dans l'été aux rayons du soleil. Lorsqu'ils sont bien secs, nous les portons à la maison dans un endroit bien couvert, et nous les employons ensuite pour notre foyer. Mais, dit Tommy, est-ce que vous avez assez bon feu, par ce moyen, pour faire cuire votre dîner? Je suis quelquefois descendu dans la cuisine de mon papa; et j'y ai toujours vu du feu, jusqu'à la moitié de la cheminée. Encore le cuisinier n'en trouvait-il jamais assez. Oh! répondit la bonne femme en souriant, M. votre père est sans doute un homme riche qui a beaucoup de viandes à faire cuire. Nous autres, pauvres gens, nous sommes plus aisés à contenter. Mais au moins, reprit Tommy, vous avez tous les jours un morceau de viande à rôtir. Hélas! non, répliqua la bonne femme, on voit rarement du rôti dans notre maison : nous sommes bien contens lorsque nous pouvons avoir un morceau de lard bouilli dans un pot avec des choux et des navets, et nous bénissons le ciel de ce régal. Il y a beaucoup d'honnêtes gens qui valent mieux que nous, et qui ont de la peine à avoir même un morceau de pain tout sec. Pendant le cours de cet entretien, Tommy, ayant tourné par hasard les yeux d'un autre côté, vit, par l'ouverture de la porte, une chambre qui était presque remplie de pommes entassées. Apprenez-moi, je vous prie, dit-il, ce que vous pouvez faire de toutes ces pommes-là? Il me semble qu'il vous serait impossible de venir à bout de les manger, quand vous n'auriez pas autre chose pour vivre. Cela est très-vrai, répondit la femme; mais c'est que nous en faisons du cidre.

TOMMY. — Quoi! vous savez faire cette boisson qui est tout à la fois si piquante et si douce?

LA FEMME. — Vraiment oui, mon petit monsieur.

TOMMY. — Et c'est avec des pommes que vous la faites?

LA FEMME. — Certainement.

TOMMY. — Et comment la fait-on, je vous prie?

LA FEMME. — Je vais vous le dire. Nous cueillons d'abord les pommes, lorsqu'elles sont assez mûres; puis nous les écrasons dans une machine faite exprès. On prend ensuite cette marmelade, et on la met entre des couches de paille que l'on serre fortement sous une grande presse, jusqu'à ce que le jus en découle.

TOMMY. — Et ce jus est du cidre?

LA FEMME. — Je peux vous le faire voir, puisque vous êtes si curieux.

Elle le conduisit alors dans une autre chambre, où il y avait un grand cuvier plein de jus de pommes. Elle en puisa dans une coupe, et le pria de goûter si c'était du cidre. Tommy goûta, et dit que la liqueur était assez agréable, mais que ce n'était point là le cidre qu'il connaissait. Fort bien, reprit la femme, essayons d'un autre. Elle tourna le robinet d'un petit baril, en reçut la liqueur dans un verre, et l'offrit à Tommy, qui, après l'avoir goûtée, dit que pour cette fois c'était bien du cidre qu'il avait bu. Mais, dites-moi, je vous prie, ajouta-t-il, que faites-vous au jus de pommes pour en faire du cidre?

LA FEMME. — Moi? rien du tout.

TOMMY. — Et comment devient-il donc

du cidre de lui-même? car je suis bien sûr que ce que vous m'avez donné d'abord n'en était pas.

LA FEMME. — Nous mettons ce jus dans un grand cuvier; et nous avons soin de le tenir bien chaudement, pour qu'il puisse entrer en fermentation.

TOMMY. — Fermentation? Que veut dire cela?

LA FEMME. — Vous allez voir.

Elle lui montra alors un grand cuvier, et le pria d'observer la liqueur qu'il contenait. Il l'observa, et il vit qu'elle était couverte dans toute sa surface d'une écume épaisse, comme d'une croute liquide.

TOMMY. — C'est là ce que vous appelez fermentation?

LA FEMME. — Oui, monsieur.

TOMMY. — Et qui peut produire cet effet?

LA FEMME. — Voilà ce que je ne sais pas. Mais, lorsque le jus de pommes a été quelques heures dans ce cuvier, il commence à travailler ou à fermenter de lui-même, ainsi que vous le voyez; et après avoir passé un certain temps dans cette fermentation, il acquiert le goût et les propriétés du cidre. Alors nous le mettons en des tonneaux, et nous le vendons, ou bien nous le gardons pour notre usage. On m'a dit que c'était la manière dont on faisait le vin dans d'autres pays.

TOMMY. — Quoi donc! le vin est fait aussi de pommes?

LA FEMME. — Non, monsieur, le vin est fait de raisins; mais on en tire le jus en les écrasant; et on le gouverne de la même manière que nous faisons le jus de pommes.

TOMMY. — J'avoue que cela est bien curieux. Ainsi donc le cidre n'est que du vin fait de pommes? et le vin n'est que du cidre fait de raisins?

LA FEMME. — Oui, mon cher petit monsieur, tout comme vous l'entendrez.

Tandis qu'ils conversaient de cette manière, il entra une jeune fille fort propre, qui présenta gracieusement à chacun des deux petits garçons une écuelle de terre pleine de lait encore tout chaud, avec un grand morceau de pain bis. Nos deux amis, dont l'appétit n'avait fait qu'augmenter depuis leur arrivée, firent, de leur mieux, honneur au déjeuner. Tommy surtout mangea le sien avec tant de plaisir, qu'il protesta n'avoir jamais fait un meilleur repas de sa vie. Il se serait même un peu oublié dans cette opération, si son camarade, à qui le plaisir ne laissait jamais perdre de vue ses devoirs, ne lui eût fait observer qu'il était temps de retourner à la maison, de peur de causer de l'inquiétude à M. Barlow. Ils remercièrent affectueusement la bonne femme de toutes les amitiés qu'ils avaient reçues d'elle; et Tommy, portant la main à sa poche, en tira un schelling qu'il la pria d'accepter. Moi, prendre de votre argent, mon cher petit monsieur, lui répondit-elle, en se reculant! Que Dieu m'en préserve! Non, non, je ne recevrais pas de vous un farthing (un liard) quand je n'en aurais pas un seul dans toute la maison. Je perdrais le plaisir que j'ai eu à vous régaler. Quoique nous ne soyons pas riches, mon mari et moi, nous en avons assez, Dieu merci, pour vivre, et pouvoir donner, sans nous faire tort, une écuelle de lait à de braves enfans comme vous l'êtes.

Tommy la remercia de nouveau; et il était prêt à la quitter, lorsqu'il vit entrer brusquement deux hommes d'assez mauvaise mine, qui demandèrent à la femme si elle ne se nommait pas Tosset. Oui, répondit-elle, c'est mon nom, je n'ai jamais eu honte de le porter. En ce cas, dit l'un d'eux, voici une exécution contre vous, à la requête de Richard Gruff; et si votre mari ne paie pas à l'instant la dette, avec les intérêts et dépens, le tout montant à la somme de trente-neuf livres sterling, six schellings et deux sous, nous allons dresser un inventaire de tous vos meubles, et nous les ferons vendre à l'enchère, pour l'acquit de la dette. En vérité, messieurs, répliqua la femme avec un peu d'émotion, il faut qu'il y ait certainement ici quelque méprise. Je n'ai jamais entendu parler de votre Richard Gruff. De plus, je ne crois pas que mon mari doive une obole à personne au monde, si ce n'est peut-être quelques arrérages de rente à la seigneurie; et mylord n'est pas homme à tourmenter, pour de pareilles misères, un de ses plus anciens fermiers. Non, non, la bonne femme, dit l'homme de justice, nous savons trop bien notre métier pour commettre une erreur si grossière. Lorsque votre mari sera de retour, nous en raisonnerons avec lui. Je vais toujours commencer mon verbal en l'attendant. En achevant ces mots, il prit un air impérieux, et fit signe à son camarade de le suivre dans la chambre prochaine. Un moment après il survint un homme, âgé d'environ quarante ans, d'une grande taille, et d'une belle figure, qui du seuil de la porte s'écria gaîment : Eh bien ! ma femme, le déjeuner est-il prêt ? O mon cher Williams, lui répondit-elle, quel triste déjeuner tu vas faire ! Mais je ne pense pas qu'il soit vrai que tu sois perdu de dettes, n'est-ce pas, mon ami ? Il faut que ce soit une fausseté, ce que ces gens-là m'ont dit de Richard Gruff. A ce nom, Williams qui s'avançait vers elle, s'arrêta tout à coup; et son visage qui était animé des plus belles couleurs, devint subitement d'une pâleur extrême. Sûrement, reprit sa femme, il ne se peut pas que tu doives quarante livres à Richard Gruff. Hélas ! répondit Williams, je ne sais pas exactement la somme; mais, lorsque ton frère Peterson fut arrêté, et que ses créanciers firent saisir tout ce qu'il avait, ce Richard Gruff allait l'envoyer en prison, si je ne fusse convenu de répondre pour lui, ce qui le mit en état de s'embarquer. Il me promit bien de me faire passer une partie de ses gages, pour empêcher que j'eusse aucune inquiétude sur cette affaire; mais tu sais que depuis trois ans qu'il est parti, nous n'avons pas

reçu la moindre de ses nouvelles. En ce cas, dit la femme, nous et nos pauvres enfans, nous sommes tous perdus pour avoir obligé un ingrat. Il y a deux baillis dans la maison, qui sont venus saisir nos meubles et les vendre. Deux baillis! s'écria Williams, avec un transport de fureur. Où sont-ils? où sont-ils? Je vais apprendre à ces misérables ce que c'est que de porter le désespoir dans le cœur d'un honnête homme. Il courut aussitôt saisir une vieille épée suspendue à la cheminée; et, la tirant avec violence du fourreau, il tomba dans un accès de rage, qui aurait pu devenir funeste aux baillis ou à lui-même, si sa femme ne se fût jetée à ses genoux, et ne l'eût supplié de l'entendre un moment. Au nom du ciel, mon cher homme, regarde bien où tu vas t'emporter. Tu ne peux rien faire pour moi, ni pour nos enfans, par cette violence. Bien loin de là, si tu étais assez malheureux pour tuer quelqu'un de ces gens, ne serait-ce pas un assassinat? Et notre malheur ne serait-il pas mille fois plus horrible qu'à présent? Cette douce prière parut faire quelque impression sur le fermier. Ses enfans aussi, quoique trop petits pour comprendre la cause de ce désordre, s'attroupèrent autour de lui, et se suspendirent à ses habits, en sanglotant de concert avec leur mère. Henri, lui-même, quoiqu'il n'eût jamais vu le pauvre fermier, entraîné par le mouvement d'une tendre sympathie, se regarda comme un de ses enfans, et, lui prenant une de ses mains, il la baigna de ses larmes. Enfin, attendri par les supplications de tout ce qu'il avait de plus cher, Williams laissa échapper le fatal instrument, et s'assit sur une chaise, couvrant son visage de ses mains, et s'écriant avec un soupir douloureux : Eh bien! que la volonté du ciel s'accomplisse!

Tommy, quoiqu'il n'eût pas dit un seul mot, n'avait pu voir cette scène touchante sans la plus vive émotion. Dès que le fermier lui parut plus tranquille, il courut prendre Henri par la main, et l'entraîna presque malgré lui. Son cœur était si plein de ce qui venait de se passer en sa présence, qu'il ne sortit pas une seule parole de sa bouche pendant tout le chemin. Mais, lorsqu'il fut arrivé chez M. Barlow, il se jeta dans ses bras, et le pria de le faire conduire tout de suite chez son père.

M. Barlow, étonné de cette prière, voulut savoir ce qui le portait si brusquement à le quitter, et lui demanda s'il s'ennuyait dans sa maison. M'ennuyer auprès de vous, lui répondit Tommy? Non, monsieur, je vous assure. Vous avez tant de bontés pour moi! Je m'en souviendrai toujours avec la plus tendre reconnaissance. Mais j'ai besoin de parler en ce moment à mon papa; et je suis sûr que, lorsque vous en saurez la raison, vous serez bien loin de la désapprouver. M. Barlow ne voulut pas le presser davantage. Il ordonna à un domestique de confiance de seller son cheval, ainsi que le petit cheval de Tommy, et de le conduire au château.

Monsieur et madame Merton eurent autant de surprise que de joie de voir arriver auprès d'eux leur cher fils. Mais Tommy, dont l'esprit n'était occupé que du projet qu'il avait conçu, après avoir répondu aux premières caresses de ses parens, se tourna vers son père, et lui dit : Serez-vous fâché contre moi, mon papa, si je vous demande une grande faveur ?

M. MERTON. — Non, sans doute, mon fils : tu sais que je n'ai pas de plus vif plaisir que lorsque je puis te donner des preuves de ma tendresse.

TOMMY. — Eh bien! mon papa, daignez m'écouter, je vous en supplie. J'ai souvent ouï dire que vous étiez fort riche, et que vous pouviez donner de l'argent sans vous appauvrir. Voudriez-vous bien m'en donner, s'il vous plaît?

M. MERTON. — Quoi! c'est de l'argent

que tu demandes? à la bonne heure. Voyons, combien te faut-il?

TOMMY. — Oh! c'est que j'ai besoin d'une grande somme, je vous en avertis.

M. MERTON. — Une guinée, peut-être?

TOMMY. — Oh! mon papa, c'est bien davantage. Il me faut beaucoup, beaucoup de guinées.

M. MERTON. — Et combien donc, s'il te plaît?

TOMMY. — Je n'en sais pas le compte. Voyez vous-même combien il en faut pour faire quarante livres sterling.

M. MERTON. — Y penses-tu, mon fils, est-ce que M. Barlow t'a dit de me les demander?

TOMMY. — M. Barlow? Oh! que non. Il n'en sait rien du tout. C'est pour mes propres affaires.

M. MERTON. — Mais un petit garçon comme toi, quel besoin peut-il avoir de tant d'argent?

TOMMY. — Voilà mon secret. Tout ce que je puis vous dire, c'est que lorsque vous saurez l'usage que j'en aurai fait, vous en serez sûrement fort content.

M. MERTON. — J'en doute beaucoup, je te l'avoue.

TOMMY. — Eh bien! mon papa, arrangeons-nous. Si vous ne voulez pas me donner cette somme, prêtez-la-moi seulement. Je vous la rendrai peu à peu.

M. MERTON. — Et comment seras-tu en état de me payer?

TOMMY. — Ce n'est pas l'embarras. Vous savez que vous avez la bonté de me donner quelquefois des habits neufs et de l'argent pour me divertir? Eh bien! donnez-moi ce que je vous demande, et je vous promets de n'avoir pas besoin de nouveaux habits, ni de rien au monde, jusqu'à ce que nous soyons quittes.

M. MERTON. — Mais enfin, ne puis-je savoir....

TOMMY. — Rien du tout à présent. Attendez seulement quelques jours, et je vous le dirai. Si j'ai fait un mauvais usage de votre argent, alors ne m'en donnez plus de toute ma vie.

M. Merton fut vivement frappé de l'air grave et du ton animé avec lesquels Tommy persévérait dans ses instances. Comme il était d'une humeur fort généreuse, il résolut de hasarder l'épreuve, et de satisfaire les vœux de son fils. Il alla chercher la somme qu'il lui avait demandée, et la mit entre ses mains, en lui disant qu'il espérait d'être bientôt instruit de l'emploi qu'il en aurait fait; et que s'il n'était pas content du compte qui lui en serait rendu, il ne se fierait jamais à lui. Tommy parut enchanté d'avoir inspiré à son père une si grande confiance, et, après l'en avoir remercié par les plus tendres caresses, il lui demanda la permission de s'en retourner aussitôt. En arrivant chez M. Barlow, son plus vif empressement fut de prier Henri de l'accompagner chez le fermier. Ils s'y rendirent avec la plus grande célérité, et trouvèrent la malheureuse famille dans la même situation. Tommy qui, la première fois, n'avait pas osé se livrer à ses sentimens, dans l'incertitude du succès de son projet, se trouvant maintenant en état de l'exécuter, courut vers la bonne femme qui était à sangloter dans un coin de la chambre; et, la prenant doucement par la main, il lui dit : Ma bonne femme, vous m'avez rendu service ce matin, il faut que je cherche à vous rendre service à mon tour.

LA FEMME. — Je vous remercie, mon cher petit monsieur. Ce que j'ai fait pour vous, je l'ai fait de bon cœur, parce que je pouvais le faire. Mais vous, malgré toute votre pitié, vous ne pouvez rien pour soulager notre détresse.

TOMMY. — Et comment savez-vous cela, je vous prie? Je suis peut-être en état de faire plus que vous ne l'imaginez.

LA FEMME. — Hélas! je crois bien que la bonne volonté ne vous manque pas. Mais tous nos meubles vont être saisis et vendus, à moins que nous ne trouvions sur-le-champ quarante livres sterling, et c'est une chose impossible. Nous n'avons pas un ami qui soit assez riche pour nous assister d'une si forte somme. Il faudra donc nous voir, nous et nos pauvres enfans, chassés de notre maison! Il n'y a plus que Dieu seul qui puisse nous empêcher de mourir de faim. Le cœur de Tommy fut trop vivement ému par ces plaintes pour la tenir plus long-temps en suspens. Il tira la bourse de sa poche, et la posant sur les genoux de la pauvre femme : Tenez, ma chère amie, lui dit-il, prenez ceci, payez votre dette, et que le Ciel vous rende tous heureux, vous, votre mari et vos enfans. Qui pourrait exprimer la surprise de la bonne femme à cette vue ? Elle regarda d'abord d'un air étonné autour d'elle, puis elle fixa son petit bienfaiteur, et, joignant ses mains dans une extase de joie et de reconnaissance, elle tomba en arrière sur sa chaise, avec une espèce de tremblement convulsif. Son mari, qui était dans la chambre voisine avec les gens de justice, accourut au bruit, et la voyant dans cet état, il la prit entre ses bras, et lui demanda avec la plus vive tendresse ce qui lui était arrivé. Mais elle, sans lui répondre, se dégageant tout à coup de ses embrassemens, se précipita aux genoux de Tommy, en versant un torrent de larmes, en le comblant de mille bénédictions entrecoupées de sanglots, et en lui baisant les pieds et les mains. Williams, qui ne pouvait savoir ce qui venait de se passer, imagina que sa femme avait perdu l'esprit; et les petits enfans qui s'amusaient à jouer dans un coin de la chambre, coururent à leur mère en la tirant par sa robe, et cachant leur tête dans son sein. La pauvre femme, frappée de tant de mouvemens, sembla revenir à elle-même. Elle ramassa tous ses enfans dans ses bras, en leur criant d'une voix étouffée : Pauvres malheureux, vous seriez tous morts de faim sans l'assistance de ce petit ange ! Que ne tombez-vous à ses pieds pour l'adorer comme moi ! Son mari, de plus en plus fortifié dans sa première idée, la regarda d'un air attendri, et lui dit : Pauvre Marie, hélas! il ne te manquait plus que de perdre la raison. Reviens à toi, garde, que peut faire pour nous ce jeune petit monsieur ? Comment empêcherait-il nos enfans de mourir de faim? O mon cher Williams, répondit la femme, non, je ne suis pas folle, quoique je puisse le paraître à tes yeux. Mais, tiens vois ce que la Providence vient de nous envoyer par les mains de ce petit ange, et puis sois étonné si je suis hors de moi-même. En disant ces mots, elle ramassa la bourse qui était tombée à côté d'elle, et avec laquelle la plus petite de ses filles s'amusait à jouer. Elle la pressa sur son cœur en la montrant à son mari, dont le ravissement allait être bientôt égal au sien. Tommy, le voyant immobile de surprise et muet de joie, courut à lui, et lui prenant la main : Mon bon ami, lui dit-il, c'est de bon cœur que je vous la donne. J'espère qu'elle va vous mettre en état de sortir d'embarras, et de conserver ces pauvres petits enfans. Apprenez-leur à se souvenir de Tommy. Le brave Williams, qui, l'instant d'auparavant, avait paru résigné à supporter sa disgrace avec un courage inflexible, fondit alors en larmes, et sanglota plus haut que sa femme et ses enfans. Je ne sais s'il n'eût pas étouffé dans ses embrassemens son généreux bienfaiteur, si Tommy, qui commençait à ne plus pouvoir soutenir toute l'ivresse de sa joie, ne se fût dérobé adroitement de la maison. Henri, le voyant sortir, suivit ses traces; et, avant que la pauvre famille se fût aperçue de ce qu'ils étaient devenus, ils étaient déjà loin dans la campagne.

Lorsque Tommy rentra chez M. Barlow, celui-ci le reçut avec les plus vives marques d'affection. Comme il voulait ne devoir qu'à un mouvement naturel la confidence de son secret, il se contenta de l'interroger sur la santé de ses parens. Tommy, de son côté, se borna à le satisfaire sur cet article. M. Barlow, pour le mettre à son aise, lui demanda s'il avait oublié l'histoire du Turc reconnaissant. Tommy lui répondit qu'il ne s'en était jamais si bien souvenu, et qu'il aurait été charmé d'en apprendre la fin. Henri, avec un sourire, courut aussitôt chercher le livre; et Tommy se mit à lire tout haut la suite de cette histoire intéressante.

Aussitôt que Hamet eut achevé son récit, Contarini, touché d'un si bel exemple de piété filiale, le combla des louanges que lui inspirait son admiration, et finit par le presser de soulager son cœur, en acceptant la moitié de sa fortune. Le Turc magnanime refusa cette offre sans orgueil, et dit au Vénitien, que ce qu'il avait entrepris n'était que le simple devoir de l'humanité. D'ailleurs, ajouta-t-il, la liberté que vous m'aviez procurée vous donnait des droits sur ma vie; et en la perdant à vous servir, je n'aurais fait que m'acquitter envers vous. Puisque la Providence a daigné me la conserver, c'est une récompense assez douce pour moi de vous avoir prouvé que Hamet n'est point ingrat, et d'avoir pu contribuer à la conservation de ce que vous avez de plus cher.

Quoique le désintéressement de Hamet le portât à affaiblir lui-même le mérite de son action, Contarini qui en sentait bien toute la grandeur, redoubla si vivement ses instances auprès du sauveur de son fils, qu'il parvint à lui faire accepter une partie du prix que sa générosité naturelle voulait mettre à un si grand bienfait.

Après l'avoir pressé vainement de s'établir à Venise, pour y passer sa vie au sein de l'amitié; il le délivra une seconde fois de la servitude, et fréta exprès un vaisseau pour le renvoyer dans son pays. Les trois amis s'embrassèrent avec tous les transports que la plus vive reconnaissance pouvait leur inspirer. Il fallut enfin se quitter au milieu des larmes, après des adieux qu'ils croyaient devoir être éternels.

Plusieurs années s'écoulèrent sans qu'il arrivât à Venise aucune nouvelle de Hamet. Pendant cet intervalle, le jeune Francisco parvint à l'âge d'homme; et comme il avait acquis tous les talens qui servent à orner l'esprit, ces avantages, réunis à d'excellentes qualités naturelles, lui avaient concilié l'estime et l'amitié de tous ses concitoyens.

Il arriva, dans ce temps, que des affaires importantes l'obligèrent d'aller avec son père dans une ville maritime du voisinage. Séduits par l'espérance de faire un trajet plus court et plus facile par la voie de la mer, ils s'embarquèrent sur un vaisseau vénitien, destiné pour le même port où ils avaient dessein de se rendre. Ils mirent à la voile avec un vent favorable, et tout semblait promettre le voyage le plus heureux, lorsqu'à la moitié de leur course, ils aperçurent un vaisseau turc, qui cinglait vers eux à pleines voiles. Comme leur ennemi les surpassait de beaucoup en vitesse, ils virent bientôt qu'il leur était impossible d'échapper à sa poursuite. La plus grande partie de l'équipage, frappée de consternation, ne songeait qu'à se rendre sans combat : mais le jeune Francisco, tirant son épée, reprocha vivement à ses compatriotes leur lâcheté, et les anima si bien par ses encouragemens, qu'ils résolurent d'opposer à l'attaque une défense désespérée. Le vaisseau turc les approcha d'abord dans un terrible silence: puis tout à coup on entendit le bruit épouvantable de l'artillerie. Les cieux étaient obscurcis d'une épaisse fumée, mêlée d'éclat de feux passagers. Trois fois les Turcs, en poussant des cris horribles, s'élancèrent sur le tillac du vaisseau vénitien ; et trois fois ils furent repoussés par la résistance vigoureuse que la valeur du brave Francisco inspirait à tous ses compagnons. Bientôt la perte de Turcs fut si grande, qu'ils se virent réduits à suspendre un combat trop désavantageux. Ils semblaient même se disposer à prendre une autre course. Les Vénitiens virent avec la plus grande joie les apprêts de leur retraite. Ils se félicitaient déjà d'être sortis d'un si grand péril, grace à la fermeté de Francisco. Soudain il parut aux extrémités de l'horizon deux autres vaisseaux, qui marchaient vers eux avec une vitesse incroyable. De quel effroi tous les cœurs furent glacés, lorsqu'en observant de plus près ces vaisseaux, ils reconnurent le fatal pavillon de leurs ennemis, et qu'ils se virent dans l'impossibilité de résister, ou de prendre la fuite ! Il fallut bientôt céder à des forces si supérieures ; et dans un instant, ils tombèrent au pouvoir des pirates, qui les tenaient enveloppés, et qui s'élançaient de tous côtés sur eux avec la violence et la rage des bêtes féroces.

Tout ce qui restait vivant du brave équipage vénitien fut étroitement renfermé dans la cale du vaisseau, jusqu'à son arrivée sur la côte de Barbarie. Alors tous les prisonniers furent chargés de chaînes, et exposés dans le marché public, pour être vendus en esclaves. Ils eurent la douleur de se voir tour à tour marchandés, suivant leur âge, leur taille et leur force apparente, par des hommes qui faisaient métier de les acheter pour les revendre avec profit. Enfin un Turc s'approcha, qui, par la noblesse de son maintien, et la richesse de ses habits, semblait être d'un rang supérieur. Après avoir tourné de tristes regards sur ces malheureux avec une expression de pitié, il arrêta la vue sur le jeune Francisco ; et, s'adressant au capitaine, il lui demanda quel était le prix de ce captif. Je ne le céderai pas, répondit le capitaine, à moins de cinq cents pièces d'or. — Voilà qui est bien extraordinaire. Je vous en ai vu vendre qui le surpassent beaucoup en vigueur, pour moins de la cinquième partie de cette somme. — Cela peut être ; mais il faut qu'il me dédommage un peu de la perte qu'il m'a causée, ou qu'il passe le reste de sa vie à la rame. — Quelle perte peut-il vous avoir causée de plus que les autres, que vous avez vendus à si bon marché ? — C'est lui qui animait les chrétiens à cette résistance opiniâtre qui m'a coûté la vie d'un si grand nombre de mes plus braves matelots. Trois fois nous nous sommes élancés sur son navire avec une furie à laquelle il semblait que rien ne devait résister ; et trois fois il nous a repoussés avec une vigueur si déterminée que nous avons été obligés de nous retirer sans gloire, laissant à chaque charge vingt de nos gens sans vie. C'est pourquoi, je vous le répète, je veux en avoir le prix que je vous ai demandé, si exorbitant qu'il paraisse, ou je satisferai ma vengeance, en le voyant sécher toute sa vie, de désespoir, sur les bords de ma galère.

A ce discours, le Turc examina le jeune Francisco avec une nouvelle attention. Celui-ci, de son côté, qui, jusqu'alors avait tenu les yeux fixés vers la terre, dans un morne silence, les releva en ce moment. Mais à peine eut-il envisagé la personne qui parlait au capitaine, qu'il poussa un grand cri, et laissa échapper le nom de Hamet. Le Turc, saisi d'une émotion aussi vive, n'eut besoin que d'un seul regard ; et, se jetant dans les bras de Francisco, il le pressa contre son sein, avec le transport d'un père qui retrouve son fils qu'il a perdu depuis long-temps. Il serait inutile de répéter ici toutes les expressions tendres que la joie et l'amitié dictèrent au sensible Hamet. Mais, apprenant que son ancien bienfaiteur était au nombre de ces malheureux esclaves, exposés sur la place publique, il cacha, pour un moment, sa tête sous le pan de sa robe, et parut comme un homme accablé de surprise et de douleur. Bientôt, reprenant ses esprits, il éleva les bras vers le ciel, et bénit la Providence, qui allait le rendre à son tour l'instrument de la délivrance de son libérateur.

Il courut aussitôt à l'endroit du marché, où le vieux Contarini attendait son destin dans le silence du désespoir. Le voir, le reconnaître, lui prodiguer les noms les plus tendres, et les plus vives caresses, tout cela fut l'ouvrage d'un instant. Il brisa lui-même ses chaînes, et le conduisit lui et son fils dans une magnifique maison qu'il occupait dans la ville. Dès qu'ils furent revenus de leurs premiers transports, et qu'ils eurent le loisir de s'instruire de leurs mutuelles fortunes, Hamet apprit aux deux Vénitiens que, sorti d'esclavage, et rendu à son pays par leur générosité, il avait pris du service dans les armées turques, et qu'ayant eu le bonheur de se distinguer dans plusieurs occasions, il avait été par degrés élevé à la dignité de Bacha de Tunis. Depuis que j'occupe ce poste, ajouta-t-il, je n'ai rien de plus agréable que de pouvoir alléger l'infortune des malheureux chrétiens. Lorsqu'il arrive ici un vaisseau chargé de quelques-unes de ces victimes, je cours aussitôt au marché pour racheter un aussi grand nombre de captifs que peut me le permettre ma fortune. Le Tout-Puissant me montre aujourd'hui qu'il a daigné approuver les soins que j'ai pris de chercher à m'acquitter du devoir sacré de la reconnaissance pour ma rédemption, puis-qu'il a mis en mon pouvoir de servir les dignes amis à qui j'en suis redevable.

Pendant les dix jours que le vieux Contarini et son fils passèrent dans la maison de Hamet, il mit tout en usage pour leur faire perdre par mille amusemens le souvenir de leur disgrace. Mais, lorsqu'il s'aperçut qu'ils désiraient de retourner dans leur patrie, il leur dit qu'il ne voulait pas les tenir plus long-temps privés d'un bien si cher, et qu'ils étaient maîtres de s'embarquer le lendemain sur un vaisseau prêt à faire voile pour Venise. Après les avoir tenus long-temps dans ses bras, et les avoir baignés de ses larmes, il leur donna un détachement de ses propres gardes pour les conduire à bord du vaisseau. Quelle fut leur joie, en y entrant, de le reconnaître pour celui où ils avaient été faits prisonniers, et de retrouver autour d'eux tous les compagnons de leur infortune, rachetés par la générosité de Hamet, et remis en possession de tout ce qu'ils avaient perdu! Ils levèrent l'ancre en bénissant leur digne ami, et après une traversée fort heureuse, ils arrivèrent dans leur pays, où ils vécurent plusieurs années, se rappelant sans cesse la vicissitude des choses humaines, et dignes de se faire aimer et respecter de tout le monde, par l'attention la plus touchante à remplir envers leurs semblables tous les devoirs de l'humanité.

M. Barlow et ses élèves étant allés un jour se promener sur le grand chemin, aperçurent trois hommes qui paraissaient mener chacun par une corde une grande bête noire et toute velue. Ils étaient suivis d'une foule d'enfans et de femmes que la nouveauté du spectacle attirait après eux. En approchant de plus près, M. Barlow reconnut les trois bêtes pour trois ours apprivoisés, et leurs conducteurs pour des Savoyards, qui gagnaient leur vie à les montrer au peuple. Sur le dos de chacun de ces formidables animaux était assis un singe, qui, par ses étranges contorsions, excitait les ris de toute l'assemblée.

Tommy, qui n'avait vu d'ours de sa vie, fut charmé de pouvoir satisfaire sa curiosité. Il le fut bien davantage lorsqu'au premier commandement, l'animal se leva sur ses pieds de derrière, et se mit à danser d'un pas lourd, mais mesuré, au son du fifre et du tambour. Après s'être amusés un moment de ce spectacle, ils continuèrent leur route; et Tommy demanda à M. Barlow si l'ours s'apprivoisait aisément, et s'il était fort dangereux lorsqu'il était encore sauvage. Cet animal, répondit M. Barlow, n'est pas aussi redoutable, ni aussi destructeur que le lion et le tigre. Il est cependant très-féroce; et dévore les femmes, les enfans, et même les hommes, lorsqu'il les surprend sans armes pour lui résister. Il se plaît en général dans les pays froids; et l'on a remarqué que plus le climat est rigoureux, plus il acquiert de force et contracte de férocité. Vous devez vous souvenir d'avoir lu dans l'histoire de ces pauvres Russes qui furent obligés de vivre si long-temps sur les côtes du Spitzberg, qu'ils furent souvent en danger d'être dévorés par les ours dont ce pays abonde. Dans les plages affreuses du nord qui sont perpétuellement couvertes de neiges, on trouve une espèce d'ours blancs, dont la force et la furie sont incroyables. On voit souvent ces animaux gravir d'énormes bancs de glaces, qui flottent le long des côtes, et se nourrir de poisson, et d'autres animaux qui vivent également sur la terre et dans la mer. Il me souvient d'avoir lu qu'une ourse de cette espèce vint un jour surprendre quelques matelots, occupés à faire cuire leur dîner sur le rivage. Vous jugez bien que les matelots ne furent pas extrêmement flattés de cette visite; et leur premier soin fut de se jeter dans la chaloupe qui les avait portés, pour regagner le navire. L'ourse alors se saisit de la viande qu'ils avaient abandonnée, et la mit devant ses petits, qui la suivaient, sans en prendre qu'une très-petite portion pour elle-même. Mais à peine ils commençaient à la manger, que les matelots, indignés de la perte de leurs provisions, ajustèrent, du bord du vaisseau, leurs mousquets vers les jeunes ours, et les tuèrent tous deux. Ils blessèrent aussi la mère, mais pas assez dangereusement, pour lui ôter la force de se traîner. Vous auriez été émus de compassion, en voyant la tendresse de cette pauvre bête pour ses petits. Quoique le sang coulât à grands flots de sa blessure, et qu'elle eût à peine la force de se soutenir, elle leur porta le morceau de viande qu'elle tenait à la gueule, et le mit à leurs pieds. Voyant qu'ils ne faisaient aucun mouvement pour le prendre, elle mit ses pattes sur l'un, puis sur l'autre, et tâcha de les relever, en poussant de pitoyables hurlemens. Elle se traîna ensuite à quelque distance, regardant toujours en arrière, et jetant des cris plaintifs, pour engager ses petits à la suivre. Comme ils restaient toujours immobiles, elle retourna vers eux, flaira toutes les parties de leur corps, et lécha leur plaies. Elle s'écarta une seconde fois, en se retournant à chaque pas, les appelant; puis elle revint encore auprès d'eux, tourna autour de l'un et de l'autre, les toucha de sa patte, mêlant aux tendresses qu'elle leur prodiguait des murmures douloureux. Enfin, lorsqu'elle se fut bien assurée qu'ils étaient sans vie, elle leva sa tête vers le vaisseau, et se mit à pousser d'horribles hurlemens, comme si elle eût appelé vengeance sur les meurtriers de sa famille. Mais les matelots, qui venaient de recharger leurs mousquets, les tournèrent alors contre elle, et lui firent de si cruelles blessures, qu'elle alla tomber expirante entre ses deux nourrissons. Cependant, au milieu de ses douleurs, elle ne paraissait sensible qu'à leur état; et elle mourut en léchant leurs plaies.

Hélas! s'écria le bon Henri, comment est-il possible que les hommes soient si barbares envers des animaux! Il est trop vrai, répondit M. Barlow, qu'ils se permettent dans leurs jeux des cruautés atroces. Mais, dans le cas dont nous venons de parler, il faut croire que la crainte du péril rendit les matelots plus impitoyables qu'ils ne l'auraient été sans cette circonstance. Ils avaient peut-être couru souvent le danger d'être dévorés: ils venaient de s'y trouver encore dans le moment. Cette considération acheva d'enflammer leur haine contre leurs ennemis naturels, et les porta à la satisfaire. Mais ne serait-ce pas assez, répliqua Henri, de porter des armes pour se défendre, si l'on en veut à votre vie, sans détruire, hors de nécessité, d'autres créatures, qui ne vous attaquent pas? Cela serait mieux sans doute, repartit M. Barlow. Il est d'une ame généreuse d'épargner son ennemi plutôt que de le détruire; et j'espère que ce sera toujours votre premier sentiment.

Leur entretien fut interrompu en cet endroit par les cris d'une troupe d'enfans et de femmes, qui fuyaient de toutes parts, avec les plus vives marques de terreur. Ils tournèrent les yeux de ce côté, et ils virent que l'un des ours avait rompu sa chaîne, et courait à grands pas, en remplissant l'air de ses hurlemens. M. Barlow, qui était d'un courage intrépide, et qui avait, par bonheur, un gros bâton à la main, dit à ses élèves de ne pas bouger de place, et s'avança aussitôt au devant de l'ours, qui s'arrêta soudain au milieu de sa course, prêt à s'élancer sur lui, pour le punir d'avoir eu l'audace de s'ingérer dans ses affaires. Mais M. Barlow ne lui en donna pas le temps. Il le

frappa le premier de quelques rudes coups; et, le menaçant d'une voix forte et sévère, il saisit le bout de sa chaîne avec autant de hardiesse que de dextérité. Étonné de cette brusque manœuvre, l'animal se soumit paisiblement au vainqueur. Son maître étant aussitôt accouru, M. Barlow remit le prisonnier entre ses mains, en lui recommandant d'être à l'avenir plus attentif à garder une créature si dangereuse.

Pendant le cours de cette scène, il venait de s'en passer une autre du même genre. Le singe qui était porté sur le dos de l'ours, et qui avait été jeté à terre, lorsque celui-ci avait rompu sa chaîne, imagina de profiter d'une si belle occasion pour se remettre en liberté. Il avait déjà pris sa course, et se sauvait à toutes jambes, en faisant mille cabrioles sur sa route. Malheureusement pour lui, Tommy venait d'être témoin de la bravoure de M. Barlow. Animé par une noble émulation, il résolut de disputer à son maître l'honneur de cette mémorable journée. Il courut donc aussitôt se poster devant le fuyard; et, lui fermant le passage, il saisit la corde qu'il traînait après lui. Le singe n'était pas d'humeur de se rendre sans combat. Il s'élança brusquement sur les bras de son adversaire, et le mordit. Il croyait, par ce moyen, lui faire lâcher prise, ignorant sans doute combien Tommy avait pris de courage depuis ses derniers démêlés avec la truie et le jars. Aussi cet assaut lui fut-il inutile. Tommy, loin de se laisser effrayer par ses premières morsures, l'empêcha bien d'y revenir, en le frappant de la baguette qu'il tenait à la main. Le singe, voyant alors qu'il avait affaire à un antagoniste si aguerri, se désista de ses projets, et souffrit que le petit héros victorieux l'amenât en triomphe, pour reprendre sa place sur le dos de son ami l'ours.

Cette escarmouche s'était passée dans un moment où M. Barlow était trop occupé pour en voir les premières circonstances. Tommy, réservé sur sa propre gloire, ne s'occupa qu'à féliciter son maître sur la défaite de son ennemi, et lui demanda s'il ne croyait pas qu'il fût dangereux d'apprivoiser un si terrible animal. M. Barlow lui dit que cette entreprise n'était pas sans danger; mais qu'il y en avait cependant beaucoup moins que l'imagination ne se le figurait peut-être. Il n'est presque point d'animaux, ajouta-t-il, auxquels on n'en puisse imposer par une contenance intrépide : au lieu que l'on accroît leur audace par des signes de faiblesse et de terreur. J'étais déjà porté à le croire, dit Henri; car j'ai souvent observé le manège des chiens, qui se rencontrent pour la première fois. Ils s'approchent ordinairement avec précaution, comme s'ils avaient peur l'un de l'autre, ou qu'ils voulussent tâter mutuellement leur courage. Si l'un des deux s'enfuit, l'autre le poursuit avec un air d'insolence; mais dès que le premier se retourne, le second s'enfuit à son tour. Cet instinct, reprit M. Barlow, n'est pas borné aux chiens seulement. Presque toutes les bêtes sauvages sont sujettes à recevoir de soudaines impressions de terreur. C'est pourquoi les hommes, qui se trouvent sans armes au milieu des forêts, écartent souvent les animaux les plus féroces qu'ils rencontrent sur leur chemin, en allant droit à eux d'un pas ferme, et en poussant de grands cris. Mais, pour revenir à notre ours, ce qui m'a prescrit la manière dont je devais me conduire à son égard, c'est l'éducation qu'il a reçue depuis qu'il a quitté sa tanière. Tommy n'avait pu s'empêcher de sourire au mot d'éducation. M. Barlow, s'en étant aperçu, continua ainsi: Ne croyez pas, je vous prie, que j'aie employé cette expression au hasard. Toutes les fois qu'on instruit un animal à faire une chose qui ne lui est pas naturelle, c'est proprement lui donner une éducation. N'avez-vous jamais vu de jeunes poulains bondir d'un air sauvage sur la prairie?

TOMMY. — Pardonnez-moi, monsieur, je me suis arrêté souvent pour les regarder.

M. BARLOW. — Et pensez-vous que dans cet état il fût aisé de monter sur leur dos, et de les conduire?

TOMMY. — Oh! point du tout, monsieur. J'imagine au contraire, qu'en se cabrant comme ils font, ils auraient bientôt jeté leur homme à bas.

M. BARLOW. — Cependant votre petit cheval vous reçoit souvent sur son dos, et vous porte sans accident chez votre père.

TOMMY. — C'est qu'il y est accoutumé.

M. BARLOW. — Mais il ne l'a pas toujours été, sans doute. Il n'y a pas bien long-temps que c'était un poulain aussi sauvage que ceux que vous avez vus bondir sur la prairie.

TOMMY. — Il est vrai, monsieur.

M. BARLOW. — Et vous n'auriez pas osé le monter alors?

TOMMY. — Je m'en serais bien gardé. Il se fût bien vite débarrassé de moi.

M. BARLOW. — Et comment donc a-t-il été possible de le soumettre au point qu'il vous reçoive docilement sur sa croupe, et qu'il obéisse à tous les mouvemens que vous voulez lui donner?

TOMMY. — Je ne sais pas, monsieur, à moins qu'on n'en soit venu à bout lorsqu'on a pris soin de le nourrir.

M. BARLOW. — C'est bien un des moyens dont on a fait usage, mais ce n'est pas le seul. On habitue d'abord le poulain, qui suit naturellement sa mère, à se rendre avec elle dans l'écurie. Alors on le caresse, et on lui présente sa nourriture dans la main, jusqu'à ce qu'il devienne un peu familier et qu'il souffre qu'on l'approche. On saisit bientôt cette occasion pour lui passer une corde au cou, pour l'accoutumer ensuite à rester paisiblement dans l'écurie, et à se laisser attacher au râtelier. On procède ainsi par degrés d'une instruction à une autre, tant qu'à la fin, il apprend à supporter le frein et la selle, et à soumettre ses caprices aux volontés du cavalier qui le monte. Voilà ce qu'on peut appeler proprement l'éducation d'un animal, puisque, par ce moyen, il est obligé de contracter des habitudes qu'il n'aurait jamais prises, s'il eût été abandonné à lui même. Je savais que l'ours n'avait été réduit qu'à force de coups à se laisser conduire par une chaîne, et à se montrer en spectacle. Je savais qu'il avait dû souvent trembler au son de la voix humaine; et je me suis fondé sur la force de ces impressions, pour le faire soumettre sans résistance à l'autorité que je voulais prendre sur lui. Vous voyez que je ne me suis pas trompé dans mon opinion, et que j'ai heureusement prévenu les accidens qui allaient sans doute arriver à quelqu'un de ces enfans ou de ces femmes.

Pendant que M. Barlow parlait ainsi, il s'aperçut que le bras de Tommy était ensanglanté, et lui en ayant demandé la raison, Henri s'empressa de prévenir son ami, pour raconter tous les détails glorieux de son aventure avec le singe. M. Barlow examina la blessure qu'il trouva n'être pas bien profonde. Il dit à Tommy qu'il était bien fâché de cet accident; mais qu'il le croyait trop ferme pour s'en laisser abattre. Tommy l'assura qu'il n'y songeait plus; et, pour l'en persuader, il lui fit mille différentes questions sur la nature des singes, auxquelles M. Barlow répondit de la manière suivante:

Le singe est un animal très-extraordinaire, qui approche beaucoup de l'homme dans plusieurs parties de sa conformation, ainsi que vous l'avez peut-être observé. On ne le trouve que dans les pays chauds; et il est certaines contrées de l'Amérique, où les forêts sont peuplées de troupes innombrables de ces animaux. Le singe est très-adroit; et ses pattes de devant ressemblent assez à nos mains. Il ne s'en sert pas seulement pour marcher, mais encore pour grimper sur les arbres, et pour empoigner ses alimens. Il se nourrit principalement des fruits sauvages qui naissent dans les forêts qu'il habite. Aussi c'est sur les arbres qu'il fait son séjour ordinaire, par ce qu'il y trouve à la fois son habitation et sa subsistance.

Les singes se hasardent aussi quelquefois à sortir de leurs forêts, pour aller en troupe piller les jardins du voisinage. On assure qu'ils mettent dans ces expéditions autant de précaution et de vigilance qu'on pourrait en attendre des hommes eux-mêmes. Ils ont soin de poster quelques-uns d'entre eux en faction, pour défendre le reste de la troupe de toute surprise. Si l'une des sentinelles voit quelqu'un approcher du jardin, elle donne l'alarme par un cri particulier; et nos brigands s'échappent aussitôt de tous côtés.

Je ne suis point du tout surpris de ce que vous nous apprenez là, monsieur, dit Henri; car j'ai observé que lorsqu'un vol de corneilles s'abat sur un champ, il y en a toujours deux ou trois qui vont se percher sur l'arbre le plus élevé. Dès qu'elles voient quelqu'un s'avancer vers leurs compagnes, elles les en instruisent soudain par leur croassement, et toute la troupe prend soudain la volée.

Ce n'est pas tout, reprit M. Barlow, on prétend que les singes emploient aussi une autre méthode fort ingénieuse dans leurs pirateries. Lorsqu'ils veulent aller à la picorée, ils forment une ligne prolongée depuis leur forêt jusqu'au jardin qu'ils ont le projet de dévaster, en se plaçant à une petite distance l'un de l'autre. Alors ceux qui sont grimpés sur les arbres en cueillent le fruit et le jettent à leurs compagnons qui sont au-dessous. Ceux-ci le jettent à leurs voisins qui, à leur tour, le jettent aux plus proches; et ainsi, de patte en patte, le fruit arrive en un moment jusque dans la forêt où est établi le magasin général des provisions.

Les singes, lorsqu'on les prend très-jeunes, se laissent aisément apprivoiser; mais ils conservent toujours une grande disposition à mal faire. Ils possèdent surtout un talent merveilleux pour imiter ce qu'ils voient faire aux hommes. On raconte à ce sujet quelques histoires vraiment risibles. Je me contenterai de vous en rapporter une.

Un singe, qui venait familièrement dans la chambre de son maître, avait eu souvent occasion d'assister à sa toilette, et de lui voir faire la barbe. Il lui prit là-dessus fantaisie de se faire barbier. S'étant un jour saisi de l'éponge qui était autour d'une écritoire, il attendit au passage un petit chat blanc qui demeurait dans la même maison, et, le pressant étroitement contre son corps avec une patte, il le porta jusques au plus haut de l'escalier. Les domestiques, attirés par les cris du pauvre minet, montèrent pour s'instruire du sujet de ses plaintes. Quelle fut leur surprise de voir le singe gravement assis sur son dos, tenant le chat en respect sous une de ses pattes de devant, et de l'autre lui frottant le museau avec l'éponge imprégnée d'encre, comme il avait vu le barbier faire à son maître avec la savonnette! Toutes les fois que le petit chat risquait un mouvement pour s'échapper, le singe lui donnait un coup de patte, en faisant les grimaces les plus risibles: puis il étreignait l'éponge sur son museau, et lui en frottait les moustaches, pour recommencer son opération.

Cet entretien amusant les avait ramenés jusqu'à la porte de M. Barlow, ils y trouvèrent un domestique de M. Merton, et un cheval pour conduire Tommy chez son père, qui voulait lui faire passer le reste du jour au château. Il fut reçu de ses parens avec les plus tendres caresses. Mais, quoiqu'il leur fît un long détail de ses occupations et de ses plaisirs, il ne leur dit pas un mot sur l'argent qu'il avait donné à la pauvre famille.

Le lendemain, c'était un dimanche, M. et madame Merton allèrent avec leur fils à l'église. A peine y étaient-ils entrés, qu'il se répandit dans l'assemblée un bourdonnement général, et que tous les regards se tournèrent à la fois vers le petit garçon. M. et madame Merton en furent frappés; mais ils crurent devoir attendre, pour s'éclaircir, que le service fût achevé. Alors, comme ils sortaient ensemble, en se donnant la main, M. Merton demanda à son fils quel pouvait être le sujet de l'attention générale qu'il avait excitée dans l'église. Tommy n'eut pas le temps de répondre; car une femme très-proprement vêtue vint avec ses enfans se jeter à ses pieds en le nommant son ange tutélaire, et en priant, à haute voix, le Ciel de répandre sur lui toutes les bénédictions qu'il méritait par sa bienfaisance. M. et madame Merton furent quelques instans sans rien comprendre à cette scène extraordinaire. Mais, lorsqu'enfin ils apprirent le secret de la générosité de leur fils, ils n'en parurent guère moins affectés que la personne même qui en avait été l'objet. Ils répandirent des larmes de tendresse sur Tommy, et l'embrassèrent avec transport, sans faire attention à la foule dont ils étaient environnés. Enfin, revenus un peu à eux-mêmes, ils prirent congé de la pauvre femme et s'empressèrent de remonter dans leur voiture, saisis d'un sentiment délicieux qu'il est plus aisé de concevoir que de décrire.

Il y avait près de six mois écoulés, depuis que Tommy était entré dans la maison de M. Barlow. Combien il était changé depuis ce temps! Ce n'était plus cet enfant orgueilleux et pusillanime, qui se croyait fait pour dominer sur les autres, et qui n'était capable d'aucun empire sur lui-même. Son esprit commençait à prendre une idée plus juste des choses, sa raison s'était agrandie; ses sentimens s'étaient ennoblis, et toutes les parties de son corps avaient acquis en même temps une nouvelle vigueur.

L'hiver commençait maintenant à régner avec une rigueur extraordinaire. Les ruisseaux s'étaient convertis en masses solides de glace. La terre couverte de frimas, offrait à peine une maigre subsistance à ses habitans. Les petits oiseaux, qui se plaisaient, il y avait peu de jours, à sautiller dans la verdure, en répétant leurs jolies chansonnettes, semblaient déplorer en silence les horreurs de la saison. Tommy fut un jour bien étonné, en entrant dans sa chambre, d'y voir un petit oiseau qui voltigeait dans tous les coins, sans avoir cependant l'air de s'effaroucher de sa présence. Il courut aussitôt appeler M. Barlow, qui, après avoir regardé son nouvel hôte, lui dit qu'on nommait cet oiseau *Rouge-gorge*, et qu'il était naturellement plus familier avec les hommes, et plus disposé à cultiver leur société qu'aucun autre oiseau. La pauvre petite créature, ajouta-t-il, manque aujourd'hui de subsistance, parce que la terre est couverte de neige; et c'est la faim qui lui inspire cette hardiesse extraordinaire. En ce cas, monsieur, dit Tommy, si vous voulez me le permettre, je vais chercher un morceau de pain, et je me chargerai du soin de le nourrir. Je le veux bien, répondit M. Barlow; mais commencez par ouvrir la fenêtre, pour qu'il voie que vous n'avez pas intention de le retenir prisonnier. Tommy courut aussitôt chercher du pain; et à son retour, il ouvrit la fenêtre, après avoir jeté quelques miettes sur le plancher. Il eut la satisfaction de voir son joli hôte sautiller légèrement autour de lui, et faire, avec confiance, le plus joyeux repas. L'oiseau, s'envolant ensuite hors de la chambre, alla se percher sur un arbre voisin, et se mit à chanter, comme s'il eût voulu payer Tommy de l'hospitalité qu'il lui avait donnée.

Tommy fut enchanté d'avoir formé cette nouvelle connaissance. Depuis ce jour, il ne manqua jamais de tenir sa fenêtre ouverte, et de jeter des miettes de pain sur le plancher. L'oiseau, de son côté, ne manquait jamais de venir, et de se régaler hardiment sous la protection de son bienfaiteur. Cette douce intimité s'accrut bientôt à tel point, que le petit oiseau allait se percher sur l'épaule de Tommy, et manger dans sa main, en répétant sa plus jolie chanson. Tommy en était si transporté, qu'il appelait souvent Henri et M. Barlow, pour les rendre témoins des caresses de son favori; et il aurait, je crois, oublié son déjeuner, plutôt que de manquer à lui en réserver une partie.

Mais hélas! que les félicités de ce monde sont passagères! Tommy était monté un jour pour donner la ration ordinaire à son petit ami. De quel spectacle il fut frappé en ouvrant la porte de la chambre! il vit le pauvre oiseau étendu tout sanglant sur le plancher, et rendant le der-

nier soupir. Un gros chat, qui profita de l'occasion de la porte ouverte pour s'esquiver, lui apprit quel était l'auteur de ce meurtre. Il descendit aussitôt, les larmes aux yeux, pour raconter à M. Barlow la mort déplorable de son favori, et solliciter sa vengeance contre le matou. M. Barlow prit beaucoup de part à son affliction, et lui demanda quelle peine il voulait infliger au meurtrier.

TOMMY. — Quelle peine! monsieur? Ah! il n'en est point d'assez rigoureuse contre ce méchant animal. Il faut que je le tue, comme il a tué le pauvre oiseau.

M. BARLOW. — Mais pensez-vous qu'il se soit porté à cette action par quelque sentiment d'animosité contre l'oiseau, ou contre vous?

Tommy réfléchit un moment, et répondit qu'il ne soupçonnait pas le chat d'avoir eu contre l'un ni l'autre aucune inimitié particulière.

M. BARLOW. — Il me semble donc que vous auriez tort de vouloir le traiter comme un ennemi. Mais, dites-moi, je vous prie, n'avez-vous jamais observé à quoi le porte son instinct, à la vue d'un oiseau, d'un rat, d'une souris, ou de quelque autre petit animal?

TOMMY. — J'ai vu qu'il les poursuit pour les prendre; et, que lorsqu'il les attrape, il les dévore avec avidité.

M. BARLOW. — Et l'avez-vous jamais corrigé pour s'être comporté de cette manière? Avez-vous jamais essayé de lui faire prendre d'autres habitudes?

TOMMY. — Non, monsieur. Il est bien vrai que j'ai vu Henri, lorsque le chat avait pris une souris, et qu'il la tourmentait, la ravir de ses griffes, et la remettre en liberté; mais, moi, je ne l'ai jamais fait.

M. BARLOW. — En ce cas, vous êtes plus blâmable que le chat lui-même. Vous avez observé qu'il est naturel à tous ceux de son espèce de détruire les souris et les oiseaux, lorsqu'ils peuvent les atteindre ; et cependant vous n'avez pris aucune peine pour mettre votre favori à l'abri de ce danger. Tout au contraire, en l'accoutumant à venir dans votre chambre, et à se croire en sûreté sous votre protection, vous l'avez livré à une mort violente, qu'il aurait sans doute évitée, s'il fût resté dans son état sauvage. N'aurait-il pas été plus sage d'apprendre au chat à ne plus faire sa proie des petits oiseaux, qu'il ne serait juste de lui donner la mort pour une action que vous ne l'avez jamais instruit à regarder comme une chose défendue?

TOMMY. — Est-ce que cela aurait été possible?

M. BARLOW. — Très-possible, sans doute; et je me flatte de vous le faire voir par l'expérience.

TOMMY. — Ah, pourquoi ne l'ai-je pas su plus tôt! Mais, monsieur, à quoi bon laisser vivre un méchant animal, qui ne se nourrit que de sang?

M. BARLOW. — Parce que si vous vouliez exterminer toutes les créatures qui font leur proie des autres, vous en laisseriez peut-être bien peu de vivantes.

TOMMY. — Oh! mon pauvre petit oiseau, que ce vilain chat m'a tué, je suis bien sûr qu'il n'a jamais été coupable d'une méchanceté pareille.

M. BARLOW. — Je n'en répondrais pas avec autant d'assurance que vous. Allons voir dans les champs de quoi se nourrissent ceux de son espèce : nous serons en état d'en parler avec plus de certitude.

M. Barlow mena Tommy se promener dans la campagne, et ils ne tardèrent pas à voir un rouge-gorge qui furetait dans la neige, et qui prit bientôt quelque chose avec son bec.

M. BARLOW. — Ha, ha! qu'est-ce donc qu'il tient ainsi?

TOMMY. — Oh! monsieur, c'est un gros ver de terre. Voyez, voyez comme il l'avale. Je n'aurais jamais cru qu'un si joli petit oiseau pût être si cruel.

M. BARLOW. — Et croyez-vous qu'il se doute du tourment qu'il vient de faire souffrir à cet insecte?

TOMMY. — Non, monsieur, je ne le crois pas.

M. BARLOW. — Vous voyez donc que ce qui serait une cruauté en vous, qui êtes doué d'intelligence et de réflexion, n'en est pas une en lui. La nature lui a donné du goût pour les insectes ; et il obéit aveuglément à son instinct, de la même manière que le bœuf obéit au sien, en se nourrissant de gazon, et l'âne en mangeant des chardons et des épines.

TOMMY. — Le chat ne savait donc pas qu'il commettait une cruauté, lorsqu'il a mis en pièces le pauvre oiseau?

M. BARLOW. — Pas plus que l'oiseau que nous venons de voir ne croyait en commettre une en dévorant l'insecte. La nourriture naturelle des chats, c'est les rats, les souris et les oiseaux, qu'ils peuvent saisir par violence ou surprendre par ruse. Il était impossible que le mien connût le prix que vous attachiez à votre rouge-gorge. Ainsi, en le prenant, il n'avait pas plus intention de vous offenser que s'il eût pris une souris.

TOMMY. — Mais en ce cas, si j'apprivoisais un autre oiseau, il le tuerait comme il a tué le premier?

M. BARLOW. — Peut-être ne serait-il pas difficile de prévenir ce malheur. J'ai ouï dire à des gens qui vendent des oiseaux, qu'il est un moyen d'empêcher les chats de les manger.

TOMMY. — Ah! monsieur, si vous le savez, hâtez-vous, je vous en conjure, de me l'apprendre.

M. BARLOW. — Vous pourriez l'oublier. Attendons que l'occasion se présente d'en faire l'épreuve.

TOMMY. — Nous verrons, monsieur le matou, si l'on ne saura pas vous guérir de votre gourmandise.

M. BARLOW. — Vous avez raison, il vaut toujours mieux corriger les mœurs d'un animal que de le détruire. D'ailleurs, j'ai une affection particulière pour ce chat, parce que je l'ai eu tout petit, et que j'ai su le rendre presque aussi caressant et aussi familier qu'un bon chien. Il vient tous les matins gratter à la porte de ma chambre, et il miaule tout doucement jusqu'à ce que je l'aie fait entrer. Pendant nos repas, il s'assied, comme vous le savez, à un coin de la table, avec autant de gravité qu'un convive de cérémonie, sans jamais s'aviser de toucher au moindre plat. Vous-même, je vous ai vu souvent le caresser avec une grande affection, tandis qu'il relevait son dos et remuait sa queue pour vous montrer qu'il était sensible à vos amitiés.

Quelques jours après cet entretien, un autre rouge-gorge, qui souffrait aussi de la rigueur du temps, vint chercher un asile dans la maison. Tommy, qui se rappelait le sort déplorable du premier, ne voulut lier connaissance avec celui-ci, et l'encourager à aucune familiarité, jusqu'à ce qu'il eût appris le secret de prévenir les insultes du chat. Il courut aussitôt avertir M. Barlow qui s'empressa de remplir la promesse qu'il lui avait faite. Pour cet effet, il attira l'oiseau dans une cage de fil de laiton; et dès qu'il y fut entré, il ferma la porte pour l'empêcher d'en sortir. Il prit ensuite un petit gril de fer, dont on se servait dans la cuisine pour faire cuire la viande sur les charbons. Il le fit chauffer jusqu'à ce qu'il fût près de rougir, et le plaça debout à terre, tout près de la cage, après l'avoir entouré de meubles, de manière qu'on n'en pût approcher que par ce côté. Il fit alors venir le chat; et, après s'être assuré qu'il avait bien remarqué l'oiseau, dont il s'imaginait déjà faire sa proie, il sortit de la chambre avec les deux enfans, pour laisser le matou plus libre dans ses opérations. Ils avaient eu soin de ne pas fermer entièrement la porte, afin de pouvoir regarder à travers l'ouverture ce qui allait se passer. Ils virent d'abord le chat fixer des yeux enflammés sur la cage, et s'en approcher dans un profond silence, pliant son corps sur ses jambes, et touchant le plancher de son ventre. Puis, lorsqu'il se crut à une distance convenable, il s'élança d'un saut impétueux, qui aurait été probablement funeste au prisonnier, si le gril, placé devant sa cage, n'eût brisé, par sa résistance, la violence de l'assaut. Ce n'est pas tout. Les barres en avaient été si bien chauffées, que le chat, en bondissant contre elles, se brûla les pattes et le museau. Il se retira du champ de bataille, en poussant des miaulemens désespérés: et telle fut la force de cette leçon, qu'il ne lui arriva jamais, depuis une aventure si mémorable, de chercher encore à manger les oiseaux.

La rigueur du froid augmentant de jour en jour, tous les animaux sauvages se virent forcés, par la faim, d'approcher de plus près des habitations des hommes, pour y trouver quelque nourriture. Les lièvres mêmes, les plus craintifs des animaux, venaient par troupes rôder autour du jardin, cherchant le peu d'herbages que les soins des jardiniers avaient sauvé des ravages de la gelée. Ils les eurent bientôt dévorés, et, la faim les pressant toujours de plus en plus, ils commencèrent à ronger l'écorce des arbres, pour satisfaire à leurs besoins. Tommy, se promenant un jour dans ses plantations, eut le chagrin de voir que ses plus beaux arbres, qu'il avait plantés de ses propres mains, et dont il s'était promis de si beaux fruits, avaient été dépouillés jusqu'à la racine. Il fut si désolé de voir toutes ses espérances détruites, qu'il courut, les larmes aux yeux, vers M. Barlow, pour lui demander justice des avides déprédateurs.

Je suis bien fâché du tort qu'ils vous causent, dit M. Barlow; mais il est maintenant trop tard pour l'empêcher. Hélas! oui, répondit Tommy; mais il faut fusiller tous ces brigands, pour les punir du dégât qu'ils ont fait. Il y a peu de temps, répliqua M. Barlow, que vous avez fait grace au chat, quoiqu'il vous eût pris votre oiseau; et maintenant vous voulez détruire les lièvres pour quelques pieds d'arbres qu'ils vous ont rongés! Tommy parut un peu confondu par cette réflexion, puis il dit : Encore, si ce n'était pas les miens! Je vous suis obligé de la préférence, répondit M. Barlow. Au moins, reprit Tommy, si ce n'était pas des arbres à fruit! Eh! mon cher ami, répliqua M. Barlow, comment pouvez-vous exiger d'un lièvre qu'il distingue un ormeau d'un abricotier, ou qu'il s'attache à mes arbres plutôt qu'aux vôtres? Si vous aviez voulu les mettre à l'abri de ses atteintes, il fallait les entourer de ronces piquantes, comme j'ai mis un gril brûlant devant votre oiseau. Mais, mon cher Tommy, c'est à votre cœur que je m'adresse. Dans une disette aussi cruelle que les animaux la souffrent à présent, ne croyez-vous pas qu'il serait généreux de leur pardonner ce que le besoin leur a fait faire malgré eux-mêmes? M. Barlow prit alors les deux amis par la main, et les mena dans un champ de navets qui lui appartenait. A peine y étaient-ils entrés, qu'il s'en éleva un vol d'alouettes si nombreux, qu'il obscurcissait presque les airs. Voyez, dit M. Barlow, ces oiseaux m'ont à peine laissé un brin de verdure. Cependant, je serais fâché de vouloir leur faire du mal pour le dommage qu'ils me causent. Jetez les yeux autour de vous dans toute l'étendue de l'horizon, vous ne voyez qu'un triste désert, qui ne présente plus aucune subsistance aux pauvres animaux. Eh bien! refuserai-je de faire en leur faveur quelque sacrifice de ma richesse? Non, non, que le ciel me préserve de cette ingratitude! Ce sont ces mêmes oiseaux qui, dans un temps plus doux, ont égayé mes promenades par leurs joyeuses chansons. Ils me le rendront bien encore, lorsque le printemps sera venu.

Tommy fut vivement touché de ces paroles attendrissantes; et, se jetant au cou de M. Barlow : Non, monsieur, lui dit-il, je n'ai plus de regret à mes pertes. Mais, hélas! que l'hiver est une saison cruelle! Elle n'est bonne qu'à faire souffrir toutes les créatures. Je voudrais que ce fût toujours l'été.

M. BARLOW. — Prenons garde, mon enfant, à ne pas nous laisser égarer par nos désirs. Il est quelques pays où l'été règne pendant toute l'année. Mais les habitans de ces climats se plaignent des chaleurs insupportables qu'ils éprouvent encore plus que vous ne vous plaignez ici du froid. Avec quel plaisir ils verraient l'hiver s'approcher, lorsqu'ils sont accablés sous les pesantes chaleurs d'un soleil dévorant!

TOMMY. — En ce cas, j'aimerais à vivre dans un pays, où il ne fît jamais ni trop froid, ni trop chaud.

M. BARLOW. — Une pareille température est difficile à trouver; et, si elle règne en quelque endroit, c'est dans une si petite portion de la terre, qu'elle ne pourrait contenir un grand nombre d'habitans.

TOMMY. — Je penserais alors qu'elle devrait être si peuplée, qu'on aurait de la peine à s'y remuer; car chacun doit désirer naturellement d'y passer sa vie.

M. BARLOW. — J'en conviens avec vous. Cependant les peuples qui vivent sous les plus beaux climats, sont quelquefois moins attachés à leur pays que les habitans des plus tristes régions. L'habitude enchaîne les hommes au genre de vie qu'ils mènent depuis l'enfance, et les rend également satisfaits de la place où ils ont reçu le jour. Il est un pays que l'on nomme la Laponie, qui s'étend beaucoup plus avant vers le nord qu'aucune partie de l'Angleterre, et dont la surface est couverte de neige pendant presque toute l'année. Eh bien! les malheureux qui l'habitent ne voudraient pas changer leur triste séjour contre aucune autre partie de l'univers.

TOMMY. — Et comment font-ils pour vivre dans un pays si affreux?

M. BARLOW. — Vous auriez de la peine à l'imaginer. Le sol ne pouvant produire aucune espèce de moisson, ils sont absolument étrangers à l'usage du pain. Ils n'ont point d'arbres qui leur donnent de fruits, et ils ne connaissent ni moutons, ni chèvres, ni vaches, ni cochons.

TOMMY. — Mais enfin qu'ont-ils pour subsister?

M. BARLOW. — Ils ont une espèce de cerf plus grand qu'aucun de ceux que vous aurez pu voir dans les parcs de nos grands seigneurs. Ces animaux, que l'on nomme *rennes*, se laissent apprivoiser; et on les instruit à vivre en troupeaux, et à obéir à leurs maîtres. Dans le court espace de temps que dure l'été de ce pays, ils vont paître dans des vallées, où l'herbe vient fort épaisse, et d'une grande hauteur. Pendant l'hiver, lorsque la terre est couverte de neige, ils fouillent avec le pied, jusqu'à ce qu'ils aient trouvé une espèce de mousse, qui croît par-dessous, et dont ils se nourrissent. Les rennes ne fournissent pas seulement des alimens à leurs maîtres, ils leur donnent encore de quoi se vêtir, et se tenir plus chaudement dans leurs habitations. Une partie du lait de ces animaux sert au Lapon pour vivre pendant l'été. Il réserve le reste dans des vaisseaux de bois, pour lui servir pendant l'hiver. Ce lait, exposé à la gelée, devient si dur, que lorsqu'on veut en faire usage, on est obligé de le briser à coups de hache. Il arrive souvent que la neige est si épaisse, que les pauvres rennes peuvent à peine trouver même de la mousse. Alors le maître est dans la nécessité de les tuer, et de se nourrir de leur chair. Il emploie leurs peaux à se faire de bons habits à lui et à sa famille, ou il les étend à terre l'une sur l'autre, pour y dormir plus mollement.

Les maisons, en Laponie, ne sont que des huttes faites avec des perches qu'on enfonce de biais dans la terre, et que l'on réunit au sommet, en y laissant néanmoins un vide, pour y donner passage à la fumée. Cette légère charpente est couverte de peaux d'animaux, ou de toile grossière, ou même d'écorce d'arbre et de gazon. On ménage du côté du midi une petite ouverture, à travers laquelle on se glisse en rampant, soit pour entrer dans la hutte, soit pour en sortir. Le milieu est occupé par un large foyer. Des hommes qui sont si faciles à contenter ignorent absolument l'usage de la plupart des choses que l'on croit ici nécessaires. Chacun d'eux fait pour soi-même ce que lui demandent ses besoins réels. Ils ne se nourrissent que d'oiseaux, de poissons, de lait, et de la chair de rennes, ou des ours qu'ils peuvent tuer à la chasse. Ils dépouillent l'écorce du sapin, qui est presque le seul arbre qui croisse sur leurs tristes montagnes; ils en ôtent ensuite la pellicule intérieure, et la font bouillir, pour la manger avec leurs viandes enfumées. Le plus grand bonheur de ce peuple est de se conserver libre et de vivre sans frein. Aussi ne restent-ils pas toujours fixés dans le même endroit. Ils enlèvent aisément leurs maisons, et en chargent les pièces sur leurs traîneaux, avec le peu de meubles qu'ils possèdent, pour aller s'établir dans quelque autre partie de la contrée.

TOMMY. — Ne m'avez-vous pas dit, monsieur, qu'ils n'ont ni chevaux, ni bœufs? Ils tirent donc leurs traîneaux eux-mêmes?

M. BARLOW. — Non, mon ami. Les rennes sont si dociles, qu'ils se laissent attacher aux traîneaux, et les tirent avec une vitesse surprenante sur la neige endurcie par la gelée. Ils courent environ six lieues par heure. C'est de cette manière que vivent les Lapons, avec la facilité de changer de séjour aussi souvent qu'ils en ont fantaisie. Dans le printemps, ils mènent paître leurs rennes sur les montagnes. Dès que l'hiver s'approche, ils descendent avec eux dans les vallées, où ils sont mieux protégés contre la violence des vents. Au reste, ils n'ont ni villes, ni villages, ni champs cultivés, ni routes frayées, ni auberges pour les voyageurs, ni magasins, ni boutiques pour se procurer les commodités de la vie. Toute la face de la contrée ne présente qu'un horrible désert. De quelque côté qu'on tourne la vue, on ne découvre que de hautes montagnes, couvertes de neige, et couronnées de brouillards. On n'y voit aucune espèce d'arbres que de noirs sapins, et de tristes bouleaux. Ces montagnes fournissent une retraite à des milliers d'ours affamés, qui sont continuellement à courir, pour chercher leur proie parmi les troupeaux de rennes; en sorte que les Lapons sont obligés de se tenir sans cesse en garde pour leur propre défense. Ils attachent à leurs pieds de longues planches, pour pouvoir se soutenir sur la neige sans enfoncer; et, malgré ce poids, ils sont si agiles, qu'ils atteignent les ours à la course, et les tuent avec des flèches qu'ils savent fabriquer. Quelquefois ils surprennent ces animaux dans les cavernes où ils se réfugient pendant l'hiver. Alors ils les attaquent avec des piques; et, quoique le plus grand d'entre eux ne soit guère plus haut que vous, ils sortent ordinairement victorieux du combat. Lorsqu'un Lapon a tué un ours, il le porte en triomphe sur son traîneau, jusqu'à la porte de sa hutte; il le dépèce, en fait bouillir les morceaux dans un pot de fer; et il invite ses amis à partager son repas. C'est le seul apprêt qu'ils connaissent pour leur cuisine; et ils trouvent leur chère très-délicate. Ils mettent la graisse à part, pour la faire fondre, et la boire toute chaude. Assis autour de leur foyer, ils s'amusent à raconter l'histoire de leurs exploits à la chasse ou à la pêche, jusqu'à ce que le repas soit fini. Quoiqu'ils mènent une vie si grossière, ils sont naturellement bons, francs et hospitaliers. Si un étranger vient leur demander un asile, ils le reçoivent avec bonté; et le régalent du mieux qu'il leur est possible, sans vouloir rien prendre en paiement, si ce n'est un peu de tabac, qu'ils aiment beaucoup à fumer.

TOMMY. — Les pauvres gens, que je les plains de mener une vie si malheureuse! Mais, monsieur, avec la misère qu'ils souffrent, et l'exercice violent qu'ils se donnent, ils doivent être toujours malades.

M. BARLOW. — Avez-vous observé que ceux qui mangent et boivent le mieux, et qui supportent le moins de fatigues, soient les plus exempts de maladie?

TOMMY. — Non pas toujours, monsieur. Je me souviens de deux ou trois gentilshommes que j'ai vus dîner chez mon père, qui mangent une quantité de viande extraordinaire, et qui boivent, à chaque instant, de grands verres de vin et de liqueur : et ces pauvres gens ont perdu l'usage de presque tous leurs membres. Leurs jambes enflées sont presque aussi grosses que mon corps. Leurs pieds sont si délicats, qu'ils ne peuvent les poser à terre, et leurs genoux si raides, qu'ils ont de la peine à les plier. Il ne faut pas moins de deux ou trois de leurs gens pour les tirer de leur carrosse, et ils ne sauraient se soutenir sans béquilles. Cependant je ne les ai jamais entendus parler d'autre chose que de manger et de boire.

M. BARLOW. — Et vous souvenez-vous d'avoir vu des paysans perdre aussi l'usage de leurs membres par la même maladie?

TOMMY. — Non, monsieur, je n'en ai jamais vu.

M. BARLOW. — Ainsi donc la fatigue et une nourriture légère ne sont peut-être pas aussi contraires à la santé que vous l'auriez imaginé. Ce genre de vie pourrait bien n'être pas aussi malsain que l'intempérance à laquelle on voit les personnes les plus riches se livrer ordinairement. J'ai lu, il n'y pas long-temps, une histoire sur ce sujet, que je vais vous dire, si vous le voulez.

TOMMY. — Si je le veux, monsieur! Oh! oui, sans doute. Vous savez bien que je ne demande pas mieux.

M. Barlow se mit alors à raconter l'histoire suivante.

LE GOUTTEUX.

Dans l'une des principales villes d'Italie, vivait le seigneur Anticornaro, à qui ses pères avaient transmis un immense héritage, et qui se croyant exempté, par sa richesse, du besoin de cultiver son esprit et d'exercer les forces de son corps, avait pris l'habitude de passer la journée entière à manger. Tout l'exercice de sa pensée se bornait au soin d'imaginer ce qu'il pourrait ajouter au luxe de sa table, et comment il trouverait le moyen de se procurer les friandises les plus recherchées. L'Italie produit d'excellens vins; mais ce n'était pas assez pour notre gourmand. Il avait des correspondans en diverses parties de France et d'Espagne, pour lui acheter les vins les plus précieux de ces contrées. Il entretenait aussi des agens dans toutes les villes maritimes, qui étaient chargés de lui envoyer, chaque jour, les poissons les plus délicats. Les principaux pourvoyeurs de la ville étaient en compte ouvert avec lui, pour lui fournir le gibier le plus fin et le plus rare. Il avait encore un homme dans sa maison pour lui donner des avis sur sa pâtisserie et ses desserts.

Aussitôt après son déjeuner, il avait coutume de se retirer dans sa bibliothèque. N'allez pas croire pour cela qu'il lui arrivât jamais d'ouvrir un livre pour s'instruire ou pour s'amuser. Assis gravement sur un fauteuil, il se faisait passer une serviette sous le menton, et citait devant lui son chef de cuisine. Celui-ci venait aussitôt, suivi de deux estafiers, qui portaient chacun un vaste bassin d'argent, où étaient arrangées plusieurs coupes, remplies de toutes les sauces qu'on avait pu imaginer. Le seigneur Anticornaro trempait, avec la plus grande solennité, un morceau de pain dans chaque sauce, et décidait de celles qu'on devait lui servir à son repas, avec une attention aussi sérieuse que s'il eût signé des édits pour l'administration d'un grand royaume. Lorsque cette importante affaire était ainsi terminée, il se jetait sur un sofa pour se délasser d'un si grand travail, et se rafraîchir, par le sommeil, jusqu'à l'heure du dîner. N'attendez point que j'entreprenne ici la peinture de ses repas. Il serait aussi difficile de vous décrire la variété surprenante de poissons, de viandes et de pâtisseries qu'on étalait devant lui, que de vous peindre la gloutonnerie avec laquelle il mangeait de tout, irritant son appétit par les sauces les plus fortes et les liqueurs les plus échauffantes, jusqu'à ce qu'enfin il fût obligé de s'interrompre, non parce que ses besoins étaient satisfaits, mais par l'impossibilité absolue de faire entrer encore quelque chose dans son estomac.

Il avait long-temps mené ce genre de vie, sans en avoir éprouvé que des incommodités passagères. Mais à la fin, il devint d'une rotondité si énorme, qu'à peine pouvait-il se mouvoir. Lorsqu'il était couché, son ventre paraissait élevé comme une montagne. Ses joues retombaient jusque sur ses épaules ; et ses jambes, malgré l'air de colonnes qu'elles avaient par leur grosseur, semblaient être trop faibles pour supporter le poids immense de son corps. Ajoutez à cela qu'il était tourmenté par des indigestions continuelles, et par des crampes insupportables, qui se terminèrent bientôt en violens accès de goutte. Les douleurs, il est vrai, se calmèrent un peu au bout de quelques jours ; et le malheureux glouton, s'en croyant délivré, revint à ses premières habitudes d'intempérance. Mais l'intervalle de son repos fut plus court qu'il ne pensait. Les attaques du mal devinrent si fréquentes et si vives, qu'il se vit à la fin privé de l'usage de presque tous ses membres. Dans cette malheureuse situation, il résolut d'aller consulter un médecin, qui demeurait dans la même ville, et qui avait la réputation de faire des cures admirables.

Docteur, lui dit-il, en l'abordant, vous voyez l'état misérable auquel je suis réduit.

LE MÉDECIN. — Je le vois en effet, monsieur ; et je suppose que vous y avez contribué par quelques excès.

ANTICORNARO. — Des excès, docteur ? Je crois que bien peu de personnes ont moins de reproches à se faire que moi sur cet article. Il est vrai que je fais de bons repas ; mais je ne me suis jamais enivré de liqueurs fortes.

LE MÉDECIN. — C'est donc que vous passez trop de temps à dormir ?

ANTICORNARO. — Plût au ciel que je fusse avec le sommeil aussi bien que vous le pensez ! A la vérité, je passe dans mon lit environ douze heures de la journée, parce que je trouve l'air piquant du matin extrêmement contraire à ma constitution. Mais je suis si troublé par des vents et des chaleurs d'entrailles, qu'à peine puis-je fermer l'œil de toute la nuit : ou si je m'assoupis un moment, je sens des oppressions qui m'étouffent, et je me réveille avec des sueurs froides, comme si j'étais à l'agonie.

LE MÉDECIN. — Voilà des symptômes très-alarmans. Je suis surpris que des nuits si agitées n'aient pas déjà enflammé votre bile, et consumé votre sang.

ANTICORNARO. — Je n'y résisterais pas,

sans doute, si je ne cherchais à me procurer du sommeil deux ou trois fois par jour; ce qui me met en état de parer à ces insomnies.

LE MÉDECIN. — Et vous donnez-vous de l'exercice? Je crains que votre état ne vous permette pas d'en faire beaucoup.

ANTICORNARO. — Pardonnez-moi, monsieur. Je n'ai jamais manqué d'aller me promener dans mon carrosse une ou deux fois par semaine. Mais dans ma situation actuelle, il ne m'est pas possible de le faire. Outre que le plus léger mouvement met en désordre toute ma machine, je me sens des lassitudes et des tiraillemens si insupportables dans les jambes, qu'il me semble, à tout moment, qu'elles vont me quitter.

LE MÉDECIN. — Je dois vous dire, monsieur, que votre situation est bien fâcheuse; mais elle n'est pas absolument désespérée : et si vous avez le courage de vous imposer quelques privations sur votre nourriture et sur votre sommeil, je ne doute pas que vous n'en receviez un grand soulagement.

ANTICORNARO. — Hélas! docteur, je vois que vous connaissez bien peu la délicatesse de ma constitution, puisque vous me prescrivez un régime qui m'aurait bientôt emporté. Le matin, lorsque je me lève, je me trouve dans un état de défaillance, comme si toutes les facultés de la vie allaient s'éteindre en moi. Mon estomac est affadi de nausées. J'ai dans toute la tête des douleurs sourdes et des étourdissemens. En un mot, je sens une telle faiblesse dans mes esprits, que, sans le secours de deux ou trois bons cordiaux ou d'un bon restaurant, je ne serais pas en état d'achever la matinée. Non, docteur, j'ai une si grande confiance dans votre savoir, qu'il n'est ni pilule, ni médecine que je ne prenne sur votre ordonnance; mais pour changer la moindre chose à mon régime, cela est impossible.

LE MÉDECIN. — C'est-à-dire que vous désirez la santé, sans vouloir rien faire pour la recouvrer. Vous imaginez sans doute que toutes les suites d'un genre de vie si destructeur peuvent être réparées par un julep, ou par une décoction de séné. Comme je ne puis vous guérir à ces conditions, je me reprocherais de vous laisser un moment dans l'erreur. Votre guérison est hors du pouvoir de la médecine; et vous ne pouvez l'obtenir que par vos propres moyens.

ANTICORNARO. — Qu'il est affreux de se voir ainsi condamner dans la fleur de sa vie! Insensible et cruel docteur, ne voulez-vous rien entreprendre pour me soulager?

LE MÉDECIN. — Je vous ai déjà dit, monsieur, tout ce que je pouvais vous dire. Il me reste cependant à vous apprendre que j'ai un de mes confrères à Padoue, qui est l'homme d'Italie le plus habile pour la guérison de la goutte. Si vous pensez qu'il vaille la peine de le consulter, je vous donnerai pour lui une lettre de recommandation; mais il faudra faire vous-même la route, attendu qu'il ne se déplace jamais, quand ce serait pour un prince.

Ici finit l'entretien; car le seigneur Anticornaro, qui s'effrayait de la seule pensée d'un voyage, prit brusquement congé du docteur, et retourna chez lui tout découragé. Ses maux ne firent que s'accroître de jour en jour; et, comme l'idée du médecin de Padoue n'était pas sortie un instant de son esprit, il prit enfin la résolution décidée de recourir à lui. Pour cet effet, il se fit faire une litière d'une forme alors nouvelle, dans laquelle il pouvait s'étendre pour dormir, ou s'asseoir à son aise pour manger. Le chemin n'était pas de plus d'une journée de marche ordinaire; mais pour éviter la fatigue, il crut devoir y employer quatre jours. Sa litière était suivie d'une voiture chargée de toutes les provisions qui peuvent servir à la bonne chère. Le cortége était fermé par une foule de cuisiniers et de marmitons, afin que rien ne pût manquer à sa table pendant la route. Après un voyage très-ennuyeux, il entra le quatrième jour dans Padoue; et, s'étant informé de la demeure du docteur Ramozzini, il se fit conduire à sa porte. Descendu de sa litière sur les épaules d'une demi-douzaine de ses gens, il fut introduit dans un petit salon, d'où l'on voyait une salle spacieuse, où étaient vingt à trente pauvres à dîner. Le docteur se promenait autour de la table, en invitant gaîment ses convives à manger de bon appétit. Mon ami, disait-il à un homme extrêmement pâle, il faut que vous mangiez encore cette tranche de bœuf, ou votre estomac ne se rétablira jamais. Tenez, mon cher, disait-il à un autre, buvez ce verre de bierre. Elle arrive tout nouvellement d'Angleterre. C'est un spécifique excellent contre les fièvres nerveuses. Et vous, dit-il à un troisième, comment va votre jambe? Beaucoup mieux, monsieur, répondit celui-ci, depuis que vous avez la charité de me recevoir à votre table. Fort bien, reprit le docteur, vous serez guéri dans quinze jours, si vous continuez de vous bien nourrir. Dieu soit loué, se dit tout bas le seigneur Anticornaro, qui avait entendu ces entretiens avec un plaisir infini, j'ai enfin trouvé un médecin raisonnable! Celui-ci ne me fera pas mourir d'inanition, sous prétexte de me guérir, comme ce maudit charlatan, aux griffes duquel j'ai si heureusement échappé. A la fin, le docteur congédia sa compagnie, qui se retira, en le chargeant de louanges et de bénédictions. Il s'approcha alors du seigneur Anticornaro, qu'il reçut avec beaucoup de civilité; et, après avoir lu sa lettre de recommandation, il lui dit: Monsieur, la lettre de mon savant ami m'a pleinement instruit des particularités de votre maladie. Elle est effectivement difficile à guérir; mais je pense qu'il ne faut pas entièrement désespérer d'un parfait rétablissement. Si vous voulez vous confier à mes soins, j'emploierai toutes les ressources de mon art; mais j'y mets une condition indispensable. C'est que vous renverrez dès aujourd'hui tous vos domestiques, et que vous vous engagerez solennellement à suivre mes ordonnances, au moins pour un mois. Sans cette soumission, je ne voudrais pas entreprendre la cure même d'un monarque. Docteur, répondit Anticornaro, les personnes de votre profession que j'ai consultées ne devraient pas, je l'avoue, me prévenir beaucoup en votre faveur; et j'hésiterais à souscrire à une pareille proposition de la part de tout autre que vous. Vous êtes le maître, monsieur, répliqua le docteur. Employez-moi, ou ne m'employez pas, cela est entièrement à votre disposition. Mais comme je suis au-dessus de toute vue mercenaire, je ne hasarde point la gloire d'un art aussi noble que le mien, sans une espérance raisonnable de succès. Et quel succès pourrais-je me promettre contre une maladie aussi obstinée, si vous ne voulez pas répondre à mes efforts pour la combattre? En effet, dit le seigneur Anticornaro, ce que vous dites est si sensé, et ce que j'ai vu de votre conduite m'inspire tant de confiance, que je veux bien vous donner, sur-le-champ, des preuves de la docilité la plus étendue. Il fit aussitôt venir ses domestiques, et leur ordonna de s'en retourner dans sa ville, et de ne revenir qu'au bout d'un mois entier.

Lorsqu'ils furent partis, le médecin lui demanda comment il se trouvait de son voyage. Beaucoup mieux que je n'aurais osé l'espérer, répondit-il; je me sens même plus d'appétit qu'à l'ordinaire. C'est pourquoi je désirerais, avec votre permission, que l'on avançât un peu l'heure du souper. Très-volontiers, dit le docteur, à huit heures du soir tout sera prêt pour votre repas. Dans cet intervalle vous trouverez bon que j'aille visiter mes malades.

Les premiers instans de l'absence du médecin furent employés par le seigneur Anticornaro à repaître agréablement son imagination de l'excellent souper qu'il allait faire. Sûrement, se disait-il à lui-même, si le docteur Ramozzini traite les pauvres d'une manière si charitable, il n'épargnera rien pour régaler un homme de mon importance. J'ai ouï dire que l'on mange dans cette ville d'excellentes truites et des ortolans délicieux. Je ne doute pas que le docteur n'ait un excellent cuisinier, et je n'aurai pas à me repentir d'avoir renvoyé les miens. Il s'amusa quelque temps de ces idées. Mais bientôt son appétit devenant de plus en plus affriandé par son imagination, il perdit toute patience; et ayant appelé un domestique de la maison, il demanda ce qu'on pourrait lui donner de meilleur pour distraire son estomac jusqu'à l'heure du souper. Monsieur, lui répondit le domestique, je voudrais de tout mon cœur pouvoir vous obéir; mais mon maître, bien qu'il soit le plus généreux des hommes, a une attention si scrupuleuse pour les malades qu'il traite dans sa maison, qu'il ne veut pas qu'on leur serve rien à manger hors de sa présence : ainsi donc je vous supplie de vouloir bien l'attendre. En moins de deux heures le souper sera prêt; et vous pourrez alors vous dédommager amplement de ce retard. Le seigneur Anticornaro fut en conséquence obligé de passer encore deux heures sans rien prendre : effort d'abstinence qu'il ne lui était pas arrivé de faire depuis vingt ans. Il se plaignit avec amertume de la lenteur des heures, et se dépita cent fois contre sa montre, qui n'en avançait pas le cours. Enfin le docteur rentra ponctuellement à l'heure qu'il avait annoncée; et l'on s'empressa de dresser la table : ce qui fut fait avec beaucoup d'appareil. On y servit six grands plats de porcelaine, tous bien couverts. A cet aspect, le seigneur Anticornaro tressaillit de joie. Mais au moment où il allait déployer sa serviette, le docteur lui dit : Doucement, monsieur, s'il vous plaît. Avant de donner carrière à votre appétit, il est bon de vous prévenir que, suivant la méthode que j'ai cru devoir employer pour vaincre l'opiniâtreté de votre maladie, vos alimens et votre boisson sont mêlés de drogues médicales, telles que votre état le requiert. Ce n'est pas qu'elles doivent vous inspirer aucun dégoût; car je vous défie de les distinguer par aucun de vos sens. Mais comme leurs effets sont également prompts et efficaces, je dois vous recommander de manger avec une extrême modération. En achevant ces paroles, il ordonna que les plats fussent découverts. Quelle fut la surprise du seigneur Anticornaro de n'y voir autre chose que des olives, des figues sèches, des dattes, quelques pommes cuites, des œufs bouillis, et un vieux morceau de fromage! Ciel et terre, s'écria-t-il à cette fatale vue! Est-ce donc ce pauvre souper que vous avez fait préparer pour moi avec un préambule si magnifique? Imaginez-vous qu'un homme de ma sorte puisse se contenter de ce triste repas, qui satisferait à peine les misérables mendians que j'ai vus à dîner dans votre salle? Daignez, je vous en supplie, m'excuser, monsieur, répondit le médecin. C'est l'extrême attention que j'ai pour votre santé, qui me force de vous traiter avec cette incivilité apparente. Votre sang est échauffé par l'exercice extraordinaire que vous avez fait dans votre voyage; et si j'allais follement condescendre à vos désirs dévorans, une fièvre maligne pourrait être pour vous le prix de ma faiblesse. Mais demain comme vous serez un peu plus reposé, je pourrai vous traiter d'une manière moins indigne de vous. Le seigneur Anticornaro, voyant qu'il n'y avait pas d'autre parti à prendre, se consola du moins par l'espérance qu'on lui faisait entrevoir, et se soumit à attendre avec patience le régal du lendemain. En attendant, il prit des dattes, des figues, des olives, et mangea un morceau de fromage avec du pain. Mais, lorsqu'il voulut boire, ne voyant que de l'eau sur la table, il pria le domestique de lui porter du vin. Non, non, Fabricio, s'écria le docteur, gardez-vous bien d'en apporter, si vous estimez la vie de cet illustre gentilhomme. Monsieur, ajouta-t-il, en se tournant vers lui, c'est avec un regret inexprimable que je suis forcé de contrarier votre goût. Mais le vin serait aujourd'hui pour vous un poison mortel. Ayez la bonté de vouloir bien vous contenter, pour ce soir seulement, d'un grand verre de cette excellente eau minérale. Le seigneur Anticornaro fut encore obligé de se soumettre; et il but son verre d'eau avec les plus étranges contorsions. Lorsque le souper fut desservi, le docteur, qui avait l'esprit extrêmement cultivé, tâcha de réjouir son hôte par une conversation aussi instructive qu'agréable, qui dura environ une heure. Alors il lui proposa de se retirer pour prendre un peu de repos. Le seigneur Anticornaro accepta joyeusement cette invitation, attendu qu'il se trouvait un peu fatigué du voyage, et qu'il se sentait de grandes dispositions au sommeil. Le docteur lui souhaita une bonne nuit, et ordonna à un valet de chambre de le conduire dans son appartement. On avait eu soin de le préparer de manière que rien n'y ressentît la mollesse. Il n'y avait ni fauteuil, ni bergère, ni sofa; quelques chaises de paille fort propres composaient tout l'ameublement. Pour ce qui est du lit, il eût été difficile de le rendre plus simple. Ce n'était qu'un matelas de crin, avec un sommier de paille; l'un et l'autre à peu près aussi mollets que le plancher. A peine le seigneur Anticornaro eut-il parcouru tout cela d'un coup d'œil, qu'il entra dans un violent accès de colère. Insolent, dit-il à son guide, ton maître aurait-il l'audace de me confiner dans un si misérable chenil? conduis-moi tout de suite dans un autre appartement. Monsieur, lui répondit humblement le valet de chambre, je suis sûr de ne m'être pas du tout mépris aux ordres de mon maître : et je vous dois trop de respect pour penser à lui désobéir sur un seul point qui intéresse votre santé. En disant ces mots, il sortit de la chambre; et, tirant la porte sur lui, il laissa le seigneur Anticornaro se livrer tout seul à ses méditations. Elles ne furent pas d'abord très-riantes. Cependant, comme il n'y avait aucun moyen de les égayer, il ôta ses habits, et se jeta sur sa modeste couchette, où il s'assoupit bientôt, en roulant dans son esprit des projets de vengeance contre le docteur et toute sa maison.

Il dormit, malgré lui, d'un si profond sommeil, qu'il ne se réveilla que vers le milieu de la matinée. Alors le médecin entra dans sa chambre, et s'informa civilement de l'état de sa santé. Le repos de la nuit ayant calmé ses esprits, il fut assez sensible aux tendres politesses du docteur, pour modérer les mouvemens d'indignation qu'il avait ressentis la veille. Il se contenta de laisser échapper quelques plaintes sur la nudité de son habitation. Monsieur, lui répondit le médecin, n'êtes-vous pas convenu solennellement de vous soumettre en tout à mes ordonnances? Pouvez-vous imaginer que j'aie d'autres vues que le rétablissement de votre santé? Il n'est pas possible que vous puissiez démêler, dans chaque détail, le motif de ma conduite, quoiqu'elle soit fondée, en tous ses points, sur les principes de la théorie la plus lumineuse, et sur les plus sûrs résultats d'une longue expérience? Quoi qu'il en soit, je dois vous informer que j'ai su donner, jusqu'à votre lit, une vertu curative ; et vous devez être forcé d'en convenir, après le doux repos que vous avez goûté cette nuit. Mon art ne s'étend point à communiquer des propriétés aussi salutaires à la soie et au duvet. C'est pourquoi j'ai été obligé, contre mon inclination, de vous coucher un peu durement. Mais à cette heure, si vous le trouvez bon, il est temps de vous lever. Il sonna aussitôt ses domestiques ; et le seigneur Anticornaro se laissa habiller tranquillement. On vint bientôt l'avertir que le déjeuner était prêt. Il s'attendait à faire un excellent repas ; mais son inexorable surveillant ne voulut lui permettre de manger qu'un morceau de pain, et de boire qu'une écuelle d'eau de gruau ; ce qu'il établit, malgré les contradictions de son hôte, sur les plus doctes fondemens de la science médicale.

A la fin de ce frugal déjeuner, le docteur dit à son malade, qu'il était temps de commencer l'exécution du projet qu'il avait conçu, pour le rétablir dans le parfait usage de ses membres. A ces mots, il le conduisit dans un petit cabinet, où il le pria d'essayer de se tenir debout. Cela me serait bien impossible, répondit le seigneur Anticornaro. Il y a trois ans que je ne puis me servir de cette jambe. Eh bien, lui répliqua le docteur, gardez vos béquilles ; appuyez-vous contre le mur pour vous soutenir. Après bien des façons le seigneur Anticornaro se mit dans la posture qu'on venait de lui prescrire. Aux béquilles près, on l'aurait pris pour un jeune soldat que l'on façonne aux premiers exercices des armes. Le docteur, le voyant bien affermi dans cette position, lui fit une inclination profonde, et sortit brusquement, en tirant la porte après lui. Le seigneur Anticornaro, comme on l'imagine sans doute, ne savait que penser d'une pareille cérémonie. Mais il fut bien surpris, lorsqu'il sentit les barres de fer, dont il n'avait pas encore vu que le parquet de la chambre était formé, s'échauffer insensiblement sous ses pieds. Il se mit aussitôt à pousser des cris, tantôt appelant d'une voix suppliante le docteur et ses domestiques, tantôt les menaçant de tout son courroux. Ses prières et ses menaces furent également inutiles. Personne ne vint à son secours! La chaleur qu'il ressentait le força bientôt de se tenir sur un pied, pour donner à l'autre le temps de se refroidir. Ce fut ensuite le tour de celui-ci de rendre le même service au premier. Mais comme l'ardeur devenait à chaque instant plus vive, le même pied ne pouvait rester un moment sur les barreaux de fer échauffés. Ainsi le seigneur Anticornaro n'eut d'autre ressource que d'aller sautant tout autour de la chambre, tantôt sur le pied droit, antôt sur le pied gauche, puis enfin de bondir comme ces enfans qui sautent légèrement sur la terre tandis qu'une corde agitée par deux de leurs camarades, s'élève en tournant au-dessus de leurs têtes, et vient passer sous leurs pieds. On n'aurait jamais pu croire que c'était le même homme, qui, l'instant d'auparavant, ne pouvait faire un pas sans béquilles : aussi je me fais un devoir de publier, à sa louange, qu'il fit son petit manége avec mille fois plus d'agilité qu'il n'aurait osé l'espérer lui-même. Le fruit de cet exercice fut de donner à ses muscles et à ses nerfs un jeu liant et souple qu'ils n'avaient pas eu depuis un grand nombre d'années, et de lui procurer en même temps une transpiration abondante. Lorsque le docteur jugea qu'il s'était donné assez de mouvement, il lui envoya un bon fauteuil pour se remettre de sa fatigue ; et il laissa refroidir par degrés le parquet, comme il l'avait fait échauffer. Ce fut alors que le seigneur Anticornaro commença, pour la première fois, à goûter les douceurs du repos, qui suit une violente agitation. A l'heure du dîner lorsque le docteur parut devant lui, il se répandit en excuses sur les libertés qu'il avait prises avec sa personne. Le seigneur Anticornaro ne reçut point ses excuses sans quelque dépit. Quoi qu'il en soit, sa colère fut un peu adoucie par l'odeur d'un poulet rôti qu'on servit devant son couvert. L'exercice de la matinée et l'abstinence de la veille lui firent trouver un goût friant à tout ce qu'il mangeait. Il obtint même la permission de mettre un peu de vin dans son eau. Le docteur lui accordait chaque jour quelque chose de plus. Toutes ces condescendances étaient cependant pour lui si peu de chose, que le mois lui semblait s'écouler avec la lenteur d'une année. A peine le vit-il expiré que ses domestiques étant revenus pour prendre ses ordres, il se jeta soudain dans sa litière, et partit brusquement, sans prendre congé du docteur ni d'aucun des gens de sa maison. Lorsqu'il venait à réfléchir sur le traitement mesquin qu'il avait reçu, sur ses exercices forcés, sur ses jeûnes involontaires, enfin, sur toutes les mortifications qu'il lui avait fallu souffrir, il ne pouvait s'empêcher de croire que ce ne fût une moquerie du premier médecin, qui l'avait envoyé avec une lettre chez celui de Padoue. Plein d'un sentiment de vengeance, il se rendit chez lui, dès son arrivée, pour l'accabler des plus violens reproches. Le médecin eut de la peine à le reconnaître, quoique son absence eût été de si courte durée. Il avait perdu la moitié de son énorme grosseur. Son teint était devenu plus clair et plus reposé. Pour ses béquilles, il les avait laissées à Padoue, comme un meuble inutile. Lorsqu'il eut exhalé toutes les injures que lui inspirait son ressentiment, le médecin lui répondit d'un air froid : Je ne sais, monsieur, de quel droit vous venez me débiter toutes vos invectives, puisque c'est de votre propre mouvement que vous vous êtes confié aux soins du docteur Ramozzini.

ANTICORNARO. — Il n'est que trop vrai. Mais pourquoi me donniez-vous une si haute idée de ses lumières et de sa probité?

LE MÉDECIN. — Il vous a donc trompé sur l'un ou sur l'autre point? Et vous vous trouvez plus mal que lorsque vous vous êtes mis entre ses mains?

ANTICORNARO. — Ce n'est pas ce que je veux dire. Mes digestions se font certainement beaucoup mieux; je dors d'un sommeil plus tranquille, et je puis marcher presque aussi lestement que dans ma première jeunesse.

LE MÉDECIN. — Et vous êtes venu sérieusement vous plaindre à moi d'un homme, qui, en si peu de temps, a su opérer tous ces prodiges en votre faveur? Êtes-vous fâché qu'il vous ait fait prendre un degré nouveau de force et de santé, que vous n'aviez pas le moindre sujet de vous promettre; et qu'il vous ait mis au point de commencer une vie saine et robuste, si vous savez vous conduire avec plus de sagesse que vous n'avez fait jusqu'à ce jour? Il me semble que voilà des griefs d'une espèce bien nouvelle. C'est du moins la première fois que j'en ai entendu de pareils.

Le seigneur Anticornaro, qui n'avait pas encore eu l'avisement de réfléchir sur tous ces avantages, ne put s'empêcher de laisser paraître un peu de confusion; et le docteur reprit ainsi son discours : La seule personne que vous deviez accuser, c'est vous-même, qui vous êtes laissé imprudemment aveugler par vos préventions. En entrant chez le docteur Ramozzini, vous avez vu une troupe de malheureux faire un bon repas à sa table. Ce digne homme, aussi généreux que savant, est le père de tous ceux qu'il voit souffrir autour de lui. Il sait que la plupart des maladies des pauvres ne proviennent que d'une mauvaise nourriture et de l'excès du travail ; il leur prescrit du repos, et leur donne avec bonté des alimens plus sains. Les riches, au contraire, ne sont le plus souvent malades que par leur intempérance et leur mollesse, c'est pourquoi il est nécessaire d'employer pour eux un traitement tout opposé, et de leur ordonner les privations et l'exercice. Si l'on vous a un peu traité comme un enfant, c'est que vous en aviez l'obstination et l'inexpérience. D'ailleurs, ce n'était que pour votre avantage. On n'a médicamenté ni vos alimens ni votre boisson. Vos meubles ni votre lit n'avaient point reçu de vertus curatives. Tout le changement prodigieux qui s'est fait en votre constitution, vous ne le devez qu'au soin que l'on a pris de vous imposer un régime plus sage, et de réveiller vos facultés assoupies. Quant à cette heureuse supercherie, dont il a fallu se servir, vous n'avez à vous plaindre que de votre folle imagination, qui vous a persuadé qu'un médecin devait régler ses ordonnances sur les fantaisies et les vues bornées de son malade. Le docteur Ramozzini s'était engagé à faire usage de tous les secrets de son art pour vous guérir. S'il n'en a employé que de simples et de naturels, c'est une preuve de sa sagesse et de son habileté. D'après votre aveu même, l'effet en a été assez heureux, pour qu'en le payant de la moitié de votre fortune, vous soyez encore en reste envers lui.

Le seigneur Anticornaro, qui ne manquait ni de sens ni de générosité, sentit toute la force de ce discours. Il fit au docteur les plus belles excuses sur ses emportemens, et dépêcha aussitôt un courrier vers le docteur Ramozzini, avec des présens magnifiques, et une lettre qui lui exprimait la plus vive reconnaissance. Il se trouva si heureux du rétablissement de ses forces et de sa santé, qu'il ne retomba plus dans ses anciennes habitudes d'in-

tempérance et de mollesse. Par un exercice constant et une conduite réglée, il sut se préserver de toute maladie fâcheuse, et parvint jusqu'à un âge très-avancé.

Oh que voilà une drôle d'histoire, s'écria Tommy, dès qu'elle fut achevée ! Qu'il me tarde de pouvoir la conter à quelqu'un de ces gentilshommes goutteux qui viennent à la maison ! Ce serait fort mal de votre part, lui répondit M. Barlow, à moins qu'on ne vous la demande expressément. Ces messieurs ne peuvent pas ignorer que tous les excès auxquels ils se livrent, ne servent qu'à augmenter leur mal. Ainsi votre histoire ne leur apprendrait rien de nouveau à ce sujet. Mais il serait indécent à un petit garçon, comme vous l'êtes, de se donner les airs de vouloir instruire les autres, tandis qu'il a si grand besoin d'instruction pour lui-même. Contentons-nous de voir par cette histoire, qui peut s'appliquer à la moitié des gens riches dans presque tous les pays, que l'abus des jouissances est encore plus dangereux pour la santé que leur privation. Quant aux Lapons sur lesquels vous étiez si fort en peine, ils parviennent en général à une très-longue vieillesse, sans aucune de ces maladies fréquentes auxquelles nous sommes sujets. L'infirmité la plus commune parmi eux, est l'affaiblissement et même l'extinction de la vue ; ce que l'on attribue à l'aspect éblouissant de la neige, et à l'âcreté de la fumée dont ils sont constamment enveloppés dans leurs huttes. Vous pourrez apprendre encore d'autres détails intéressans sur ce peuple, lorsque vous serez en état de lire les récits de nos voyageurs.

Quelques jours après cet entretien, lorsque la neige fut un peu balayée de la surface de la terre, quoique le froid n'eût presque rien perdu de sa rigueur, les deux petits garçons sortirent ensemble l'après-midi, pour aller faire une promenade dans la campagne. Ils marchaient d'un pas si leste qu'au bout d'une heure ou d'une heure et demie ils étaient déjà très-éloignés de leur demeure, ne songeant guère au chemin qu'ils avaient fait, ni à celui qu'ils devaient faire pour s'en retourner. Enfin, le soleil qui disparut bientôt à leurs yeux, en s'abaissant derrière une petite éminence, les avertit qu'il fallait reprendre la route du logis. Ils suivirent ce conseil de fort bonne grace; mais, en traversant une forêt, ils prirent un sentier pour l'autre, et ils ne s'aperçurent qu'ils étaient égarés qu'après avoir brouillé entièrement leur chemin en cherchant de tous côtés à le démêler. Pour comble de détresse, le vent commença tout à coup à souffler avec furie du côté du nord, et une neige épaisse qu'il poussait en tourbillons obligea bientôt nos deux petits voyageurs de se réfugier sous les arbres, quoiqu'ils fussent dépouillés de feuillages. Par bonheur, en tournant les yeux autour de lui, Henri aperçut un vieux orme, dont le tronc, creusé par les ans, semblait s'offrir tout exprès pour leur donner asile. Ils parvinrent à s'y glisser l'un après l'autre, et ils s'y trouvèrent assez chaudement, tandis que le vent, sifflant entre les branches fracassées, ébranlait la masse entière de l'arbre qui les renfermait, et que la neige, tombant à gros flocons autour d'eux, semblait menacer la terre de l'ensevelir. Tommy, qui n'avait jamais éprouvé les rigueurs de l'hiver sous le ciel brûlant de la Jamaïque, supporta quelque temps cette épreuve avec beaucoup de courage, et sans laisser échapper une plainte. Mais bientôt le froid et la faim le tourmentant à l'envi, il se tourna tristement vers son camarade, et lui demanda d'une voix piteuse ce qu'ils allaient devenir.

HENRI. — Je pense que nous n'avons autre chose à faire que d'attendre ici que le temps se soit un peu éclairci; alors nous tenterons de retrouver notre chemin.

TOMMY. — Mais si le temps ne s'éclaircit pas?

HENRI. — Dans ce cas, il faudra nous résoudre à marcher à travers la neige, ou bien à rester claquemurés dans ce trou, qui nous met si bien à l'abri.

TOMMY. — Tu ne songes donc pas combien il serait terrible de nous trouver seuls dans une forêt pendant toute la nuit!

HENRI. — J'y songe aussi bien que toi; mais quand il n'y a rien de mieux à faire?

TOMMY. — Oh! c'est que j'ai tant de froid et de faim! Si nous avions seulement un peu de feu pour nous réchauffer!

HENRI. — S'il ne tient qu'à cela, j'ai ouï dire que les sauvages font du feu quand ils veulent, en frottant deux morceaux de bois l'un contre l'autre, jusqu'à ce qu'ils s'enflamment. Il n'y a qu'à essayer. Mais non, attends, il me vient une meilleure pensée. J'ai un grand couteau dans ma poche, qui me fera très-bien le service d'un briquet, en le frappant du dos contre un caillou. Laisse-moi faire.

Henri sortit alors de l'arbre pour chercher un caillou, ce qui était assez difficile, à cause de l'épaisseur de la neige dont la terre était couverte. Il eut enfin le bonheur d'en trouver deux, au lieu d'un. Il en prit un dans chaque main, et, les frappant l'un contre l'autre avec toute sa force, il parvint à briser le plus cassant en plusieurs morceaux. Il choisit celui de tous qui avait le tranchant le plus mince, et il dit à Tommy, en souriant, qu'il allait bâcler son affaire. Tiens, ajouta-t-il, d'un air gai, tu vas voir. Il se mit à battre le morceau de caillou du dos de son couteau : Pink! pink! pink! et voilà aussitôt un torrent d'étincelles qu'il fit jaillir. Il ne s'agit plus maintenant, continua-t-il, que de trouver, faute d'amadou, quelque chose qui puisse s'allumer à ces étincelles. Il ramassa les feuilles les plus sèches qu'il put trouver, avec des morceaux de bois mort, et il en fit un petit bûcher. Mais, hélas! ni le bois ni les feuilles n'étaient d'une nature assez inflammable. Il eut beau se fatiguer à faire tomber sur eux des milliers d'étincelles brillantes, elles s'éteignaient sans rien allumer. Tommy, à qui l'air décidé de son camarade avait inspiré quelque confiance, fut abattu par son mauvais succès. L'effroi commença par degrés à pénétrer dans son ame. O ciel! qu'allons-nous faire? s'écria-t-il, d'un ton de désespoir. Je ne vois rien de mieux à présent, répondit Henri, que de tâcher de retrouver notre chemin vers la maison. La neige ne tombe plus avec tant de violence, et le ciel commence à reprendre quelque sérénité. Allons, allons. Tommy, en grelottant, abandonna le creux de l'arbre; et Henri l'ayant pris par la main, ils se mirent à marcher tous deux. Le crépuscule du soir, prêt à s'éteindre, n'éclairait que faiblement leurs pas. Tous les sentiers de la forêt se dérobaient à leurs yeux sous la couche épaisse de neige dont la terre était chargée: le souffle perçant du nord engourdissait leurs membres; et presque à chaque pas ils enfonçaient dans la neige jusqu'aux genoux. Malgré tous les encouragemens de Henri, le pauvre Tommy allait succomber de faiblesse, lorsqu'ils aperçurent au loin un reste mourant de flamme, qui s'élevait et s'abaissait tour à tour. Cette vue ranimant un peu le courage abattu de Merton, ils marchèrent avec plus de vitesse, et ils arrivèrent enfin auprès de quelques branches enflammées, que des bergers ou des voyageurs venaient sans doute de quitter. Vois-tu? s'écria Henri, quelle heureuse rencontre! Voilà un feu tout dressé, qui n'a besoin que d'un peu de bois pour se ranimer, et pour nous dégourdir. Il se

mit aussitôt à rassembler les charbons; et, ayant jeté par-dessus quelques branches sèches qu'il ramassa, ils virent s'élever une flamme vive et brillante, qui porta dans tous leurs sens la chaleur et la joie. Tommy ne tarda pas long-temps à reprendre sa philosophie, et il dit à son ami qu'il n'aurait jamais pensé que des branches de bois pourri eussent pu être d'une si grande conséquence pour son bien-être. Je le crois bien, répondit Henri; tu as été élevé de manière à ne jamais sentir ce que c'était que de manquer de quelque chose. Il n'en est pas ainsi de la plupart des gens de la campagne. J'ai vu de pauvres familles, qui n'ont ni feu pour se chauffer, ni habit pour se couvrir, et qui même ne savent quelquefois, en se levant, où prendre du pain pour leur journée. Penses-tu dans quelle déplorable situation ces malheureux doivent se trouver? Cependant ils sont si accoutumés à une vie dure, qu'il ne leur échappe pas, dans toute une année, la moitié des lamentations que tu viens de faire en un quart d'heure. Mais, répliqua Tommy, un peu déconcerté par cette observation, on ne doit pas s'attendre que des gens comme il faut soient en état de supporter ce que les pauvres supportent.

HENRI. — Pourquoi non, s'ils sont des hommes comme eux? Il me semble que tes gens comme il faut sont précisément comme il ne faudrait pas être. J'ai souvent observé que les gentilshommes et les dames de notre voisinage, qui sont doublés de fourrures de la tête aux pieds, ne laissent pas que de frissonner au moindre souffle de l'air comme s'ils avaient la fièvre, tandis que les enfans des pauvres, jusqu'aux plus petits, courent pieds nus sur la glace, et se divertissent à faire des boules de neige.

TOMMY. — Effectivement, tu m'y fais penser. La dernière fois que j'allai chez mon papa, je vis, en entrant, des gens assis autour d'un feu, que l'on avait fait aussi grand qu'il était possible, se plaindre pourtant de la rigueur du froid; et je venais de voir des laboureurs qui avaient quitté leur veste pour travailler.

HENRI. — C'est que l'exercice vaut mieux pour se réchauffer que le meilleur charbon de terre. Cette chaleur ne coûte pas si cher, et dure plus long-temps.

TOMMY. — Il faudrait donc, à t'en croire, que les gentilshommes prissent une bêche, et allassent cultiver les champs?

HENRI. — Peut-être n'en feraient-ils que mieux, au lieu de s'ennuyer dans leurs châteaux. Mais laissons-les se conduire à leur fantaisie. Je ne te demande qu'une chose. Crois-tu qu'il soit bon à un gentilhomme d'avoir un corps sain et vigoureux?

TOMMY. — Sans doute.

HENRI. — Il faut donc qu'il s'endurcisse un peu au travail, s'il ne veut être fluet et maladif comme une femme.

TOMMY. — Est-ce que l'on ne peut être fort sans travailler?

HENRI. — Je m'en rapporte là-dessus à toi-même. Tu as vu quelquefois chez ton père des enfans de gentilhomme : y en a-t-il un seul aussi robuste que le moindre fils de fermier, qui est accoutumé, de bonne heure, à manier la bêche et la charrue?

TOMMY. — Il n'y a rien de si vrai; car je sens, pour ma part, que je suis devenu beaucoup plus fort depuis que j'ai appris à travailler dans le jardin de M. Barlow.

Pendant qu'ils s'entretenaient de cette manière, ils virent un petit paysan, chargé de ramée, qui s'avançait vers eux en chantant. Du plus loin que Henri put distinguer ses traits à la lueur de la flamme, il le reconnut, et s'écria : Sur ma parole, Tommy, voici le petit garçon à qui tu as donné des habits cet été. Il demeure sans doute dans le voisinage, et son père ou lui voudront bien nous remettre dans notre chemin. Le petit garçon étant alors arrivé tout près d'eux, Henri lui demanda s'il pourrait les conduire hors de la forêt. Oui, sûrement, répondit-il; mais qui aurait jamais pensé trouver ici le jeune M. Merton dans une si vilaine nuit? Venez, venez avec moi. Nous irons d'abord dans la cabane de mon père pour vous réchauffer à notre feu. Pendant ce temps, j'irai chez M. Barlow, lui dire de ne pas être inquiet sur votre compte. Tommy accepta avec transport cette proposition. Le petit garçon les conduisit hors de la forêt ; et, au bout d'un quart d'heure de marche, ils arrivèrent à la porte d'une chétive cabane, qui était à côté du grand chemin. Ils virent en entrant une femme occupée à filer au rouet. La fille aînée faisait cuire de la bouillie sur le feu. Le père, assis près d'une table, au coin de la cheminée, lisait attentivement dans un livre, sans être détourné par trois ou quatre marmots à demi nus, qui se roulaient à ses pieds en jouant avec un chat. Mon père, dit le petit garçon, du seuil de la porte, en jetant à bas son fagot de ramée, voici le jeune M. Merton, qui nous a fait tant de bien cet été, avec son ami Sandford. Ils ont perdu leur chemin dans le bois, et ils ont essuyé toute la neige qui est tombée depuis une heure. Pendant ce discours, le vieux paysan avait ôté ses lunettes, et posé son livre sur la table, en regardant, la bouche béante, les deux enfans. Il se leva aussitôt, alla les prendre par la main, et les pria de s'asseoir à sa place, tandis que la bonne femme, jetant sur le feu le fagot que venait d'apporter son fils, leur dit avec bonté : Allons, mes petits amis, vous êtes transis de froid, chauffez-vous. Hélas ! c'est tout ce que j'ai de meilleur à vous donner. Je voudrais bien avoir quelque chose à vous offrir pour manger ; mais j'ai peur que vous ne puissiez trouver du goût à notre pain. Il est si sec et si noir ! En vérité, ma bonne femme, lui répondit Tommy, je me sens un si grand appétit, qu'il n'est rien, je crois, que je ne puisse manger avec plaisir. Eh bien donc, répliqua la bonne femme, il me reste un morceau de lard des grandes fêtes, je vais le faire cuire sur les charbons, et si vous voulez en faire votre souper, je vous le verrai manger avec bien de la joie.

Tandis que la bonne femme s'empressait de faire les préparatifs du repas, il lui échappait de profonds soupirs. Ah ! s'écria-t-elle, sans cette malheureuse fièvre, qui a travaillé mon pauvre homme tout cet été, nous aurions été un peu mieux en état de vous recevoir. Hélas ! quand j'y pense, nous nous sommes vus bien à plaindre !

Tiens, ma femme, crois-moi, lui répondit son mari, ne parlons plus des maux passés. Ne songeons qu'à nous réjouir de ce que nous sommes plus heureux à présent. Il est vrai que deux de ces enfans et moi, nous avons été malades cette année ; mais, par la grace de Dieu, n'en sommes-nous pas réchappés ? La Providence n'a-t-elle pas envoyé à notre secours le digne M. Barlow, et ce brave petit Sandford, qui est venu nous porter de quoi vivre dans le temps où nous étions près de mourir de faim ? N'ai-je pas eu du travail pendant tout l'automne ? Et même à présent, tandis que tant de malheureux, qui valent mieux que moi, ne savent où donner de la tête, faute d'ouvrage, n'ai-je pas six bons schellings à gagner par semaine ?

Six schellings ! interrompit Tommy avec surprise ; quoi, c'est là tout ce que vous avez pour nourrir votre femme et vos enfans pendant la semaine entière ?

LE PAUVRE HOMME. — Je vous demande pardon, mon cher petit monsieur ; ma femme gagne par-ci, par-là, dans la semaine, un schelling ou un schelling et demi à travailler à la journée. Ma fille aînée commence à faire aussi quelque chose de sa quenouille ; mais cela ne va pas loin, parce qu'il faut qu'elle soigne les enfans.

TOMMY. — Cela ne fait donc que sept à huit schellings pour huit jours. Eh bien ! le croiriez-vous ? j'ai vu de nos dames en donner presque autant pour entendre chanter pendant une heure, ou pour faire friser leurs cheveux. Je connais même une petite demoiselle, dont le père donne une demi-guinée par leçon à un danseur, pour lui apprendre à cabrioler autour de la chambre.

LE PAUVRE HOMME. — Oh! que voulez-vous? Ce sont des gentilshommes dont vous me parlez. Ils sont riches, et ils ont le droit de faire ce qu'ils veulent de leur argent. Mais nous, pauvres gens que nous sommes, c'est notre devoir de travailler rudement toute la journée, et encore de remercier Dieu le soir de ce que notre condition n'est pas plus mauvaise.

TOMMY. — Et comment pouvez-vous le remercier de vivre dans une cabane comme celle-ci, et de gagner à peine dans une semaine ce que les autres dépensent dans une heure?

LE PAUVRE HOMME. — Eh! mon cher petit monsieur, n'est-ce pas un acte de sa bonté, que nous ayons encore une maison pour nous mettre à l'abri du mauvais temps, des habits pour nous vêtir, et un morceau de pain pour vivre? Tenez, sans chercher plus loin, nous vîmes passer hier devant notre porte deux hommes, qui avaient failli périr dans une tempête, et qui avaient perdu sur leur vaisseau tout ce qu'ils possédaient. L'un des deux avait à peine des vêtemens pour se couvrir. Il tremblait dans tous ses membres d'une grosse fièvre. L'autre avait les pieds à demi gelés, pour avoir dormi la nuit sur la neige. Ne suis-je pas plus heureux que ces pauvres gens, et que mille autres peut-être, qui, dans ce moment, sont ballottés par les vagues, et jetés sur des rochers, ou qui languissent dans les prisons sous le poids de leurs dettes et de leur misère, ou qui vont errant dans les campagnes, sans abri pour les défendre des rigueurs de la saison? Ne pouvais-je pas me laisser entraîner à commettre de mauvaises actions, comme tant de malheureux, qui n'y ont été poussés que par le besoin, et me rendre enfin coupable de quelque crime, qui m'aurait conduit à une mort honteuse?

Voyez, après cela, si je ne dois pas être reconnaissant envers le ciel de toutes ces bénédictions qu'il a répandues sur ma tête, malgré mon indignité?

Tommy, qui jusqu'alors avait joui des biens de la vie sans élever sa pensée vers l'Être suprême de qui il les avait reçus, fut vivement frappé de la piété de cet homme vertueux. Mais, au moment où il se disposait à lui répondre, la bonne femme, qui avait étendu sur la table une nappe grossière, mais fort propre, et qui venait de servir dans un plat de terre son morceau de lard fumant, s'avança d'un air gracieux vers nos deux amis, pour les engager à faire leur repas. Ils se rendirent à cette invitation avec d'autant plus d'empressement, qu'ils n'avaient rien mangé depuis l'heure de leur dîner. C'était un plaisir ravissant pour leur bonne hôtesse de les voir s'escrimer à l'envi l'un de l'autre pour faire honneur à son banquet. Pour le maître de la cabane, lorsqu'il les vit si bien occupés, il alla prendre son chapeau, et il s'achemina tout de suite vers la maison de M. Barlow, dans le dessein de lui porter des nouvelles de ses chers élèves.

Leur longue absence le tenait, depuis une heure, dans les plus vives inquiétudes. Non content d'envoyer de tous côtés ses gens à leur rencontre, il venait de se mettre en quête lui-même; en sorte que le pauvre homme le trouva à moitié chemin de la maison. Il s'empressa de le tranquilliser; et, l'emmenant avec lui, ils arrivèrent tout justement comme Tommy Merton et son camarade achevaient d'expédier l'un des meilleurs repas qu'ils eussent faits de leur vie. Les deux petits garçons se levèrent aussitôt pour voler dans les bras de leur ami. Ils le remercièrent de son empressement, et lui firent mille excuses sur les inquiétudes qu'ils lui avaient causées. M. Barlow les embrassa avec la plus vive tendresse, et sans leur faire de reproches, il leur conseilla d'être plus prudens à l'avenir, et de ne pas pousser si loin leurs promenades. Après avoir rendu graces aux pauvres gens du bon accueil qu'ils avaient fait à ses élèves, il prit ceux-ci par la main, et ils se mirent tous trois en marche à la clarté des étoiles.

Pendant la route, M. Barlow renouvela ses conseils à nos petits étourdis, et leur peignit vivement les dangers auxquels ils s'étaient exposés. Il est arrivé, leur dit-il, à plusieurs personnes d'être surprises, dans votre situation, par une chute de neige imprévue, de perdre leur route, et de se précipiter dans des fossés profonds, où ils ont été ensevelis par la neige, et gelés au point d'en mourir. O ciel! s'écria Tommy, quel risque nous avons couru! Mais dites-moi, je vous prie, monsieur; est-ce que la mort est toujours inévitable en pareil cas? Vous devez assez sentir, lui répondit M. Barlow, s'il est facile d'en échapper. Il y a cependant quelques exemples de personnes qui ont passé quelques jours ensevelies sous la neige, et qui en ont été retirées vivantes. Demain je vous ferai lire une histoire remarquable à ce sujet.

Tommy, qui aimait les histoires à la folie, remercia M. Barlow de l'espérance qu'il lui donnait d'en apprendre bientôt une nouvelle. Il en continua plus gaiement sa marche. Mais dans un moment de silence, qui venait de se glisser, je ne sais comment, à travers leur entretien, ayant par hasard élevé ses yeux vers le ciel, il fut frappé de la clarté brillante dont il vit étinceler tous les astres. Oh, monsieur! s'écriat-il, voyez, je vous prie, comme les étoiles sont belles ce soir. Il me semble aussi que je n'en ai jamais tant vu de ma vie. Je défierais bien de les compter. Oui-dà? lui répondit M. Barlow. Et si je vous disais qu'on est venu à bout de compter non-seulement toutes celles que vous voyez, mais des milliers d'autres encore qui sont invisibles à vos regards?

TOMMY. — Comment cela serait-il possible? Elles sont répandues de tous les côtés dans une si grande confusion! Là, voyons, par quel bout s'y prendre? Je n'y vois ni fin, ni commencement. C'est comme si je vous proposais de compter les flocons de neige qui sont tombés ce soir, tandis que nous étions dans la forêt. M. Barlow sourit à cette comparaison; et il dit à Tommy qu'il pensait que son camarade serait en état de lui rendre un meilleur compte des étoiles, quoiqu'il ne sût pas encore les nombrer toutes. Henri, ajouta-t-il, ne pourriez-vous pas nous montrer quelques constellations?

HENRI. — Oui, monsieur, je crois m'en rappeler quelques-unes que vous avez eu la bonté de me faire connaître.

TOMMY. — Mais d'abord, monsieur, qu'est-ce qu'une constellation, je vous prie?

M. BARLOW. — Je vais tâcher de vous le faire entendre. Ceux qui commencèrent les premiers à observer les cieux, comme vous le faites maintenant, y distinguèrent certains groupes d'étoiles remarquables par leur éclat, ou par leur proximité, et ils leur donnèrent un nom particulier, afin de pouvoir les reconnaître plus aisément eux-mêmes, ou les indiquer aux autres. Chacun de ces groupes d'étoiles ainsi réunies, est ce qu'on nomme une constellation. Venez, Henri, vous êtes un petit fermier, vous devez connaître le *Chariot*. Ayez la bonté de nous le faire voir. Henri leva la tête; et, au premier regard qu'il jeta vers les cieux: Le voilà, dit-il; et il montra du doigt vers le nord sept étoiles brillantes. Vous avez raison, c'est lui-même, répondit M. Barlow. Quatre de ces étoiles ont rappelé au peuple l'image des quatre roues d'un chariot; et les trois autres, celle d'un attelage de trois chevaux. Voilà l'origine du nom qu'ils ont donné à cette constellation. Maintenant, Tommy, regardez-la bien attentivement, et voyez ensuite si, dans tout le ciel, vous pourrez trouver sept autres étoiles qui ressemblent à celles-ci par leur position.

TOMMY. — Non, monsieur. J'ai beau regarder, je n'en vois point qui leur ressemblent.

M. BARLOW. — Vous pourrez donc les retrouver sans peine lorsqu'il vous plaira?

TOMMY. — Il faut essayer. Je vais en détourner mes yeux, et regarder d'un autre côté. Bon! je les ai tout-à-fait perdues. Il s'agit maintenant de les rattraper. Voyons. (*Il cherche des yeux*). Oh, les voici. Je les tiens, je crois. N'est-ce pas là le *Chariot*, monsieur?

M. BARLOW. — Oui, c'est bien lui. En vous rappelant ces étoiles, il ne vous sera pas difficile de trouver celles qui sont dans le voisinage, d'apprendre aussi leurs noms, et d'aller ensuite successivement de l'une à l'autre, jusqu'à ce que vous soyez bien familiarisé avec toute la surface des cieux.

TOMMY. — Voilà qui est fort amusant, je vous assure. La première fois que j'irai à la maison, je veux montrer à maman le Chariot. Je suis sûr qu'elle ne le connaît pas plus que je ne le connaissais tout à l'heure. Mais passons à d'autres constellations, je vous prie. Il me tarde d'en connaître un grand nombre.

M. BARLOW. — Je veux bien, mon ami. Tenez, regardez d'abord ces deux étoiles, qui sont comme les deux roues de derrière du Chariot. Portez ensuite doucement la vue vers le plus haut des cieux. Ne voyez-vous pas, avant d'y arriver, une étoile assez brillante, qui semble former une ligne presque droite avec les deux autres dont nous venons de parler?

TOMMY. — Oui, monsieur; je la distingue à merveille.

M. BARLOW. — C'est ce qu'on nomme l'étoile polaire. Elle ne change jamais de position; et, en la regardant en face, vous êtes toujours sûr d'être tourné vers le nord.

TOMMY. — Ainsi donc, quand je suis vis-à-vis d'elle, je tourne le dos au sud?

M. BARLOW. — C'est fort bien raisonner. Je vois, d'après cela, que vous ne serez pas plus embarrassé pour trouver l'est et l'ouest.

TOMMY. — L'est, n'est-ce pas où le soleil se lève?

M. BARLOW. — Oui, mon ami; mais vous n'avez pas à présent de soleil pour vous diriger.

TOMMY. — Ah! tant pis. Me voilà tout dérouté par la nuit.

M. BARLOW. — Et vous, Henri, est-ce que vous ne pourriez pas vous passer du soleil?

HENRI. — Je crois me rappeler, monsieur, qu'en tournant le visage au nord, on a l'est à sa droite, et l'ouest à sa gauche.

M. BARLOW. — Votre mémoire vous sert à merveille. Je parierais bien que si Tommy l'avait su une fois comme vous, il s'en serait souvenu.

TOMMY. — Oh! j'en ai maintenant pour la vie, monsieur, je vous en réponds. Il est singulier qu'une seule chose suffise pour vous en faire connaître trois autres. Je n'aurai plus besoin que de chercher au nord l'étoile polaire, pour trouver tout de suite l'est, l'ouest et le sud. Mais vous disiez tout à l'heure que l'étoile polaire ne change jamais de position: est-ce que les autres étoiles en changent?

M. BARLOW. — C'est une question à laquelle je veux vous apprendre à répondre vous-même. Tâchez de bien retenir l'état où le ciel se trouve en ce moment. Nous verrons dans un autre si les étoiles seront déplacées.

TOMMY. — Oh! je pourrais oublier facilement leur position. Si, pour m'en souvenir, je la marquais sur un morceau de papier?

M. BARLOW. — Et comment vous y prendre?

TOMMY. — Il ne faudrait que faire une marque pour chaque étoile du Chariot. Je placerais ces marques justement comme je vois les étoiles disposées dans les cieux. Alors je vous prierais de m'écrire leurs noms, et cela me ferait un petit commencement de chemin pour gagner de proche en proche les autres, et parcourir de cette manière tous les cieux.

M. BARLOW. — Voilà un moyen fort bien imaginé, je vous assure. Mais vous savez qu'une feuille de papier est plate. Est-ce que les cieux vous paraissent aussi aplatis?

TOMMY. — Non, monsieur, au contraire. Le ciel semble s'élever de tous côtés au-dessus de la terre, comme le dôme d'une grande église.

M. BARLOW. — Mais si vous aviez un corps d'une forme arrondie, une grosse boule, par exemple, ne vous semble-t-il pas qu'elle répondrait mieux à la forme du ciel, et que vous pourriez y placer vos étoiles avec plus d'exactitude?

TOMMY. — Oui, monsieur; en effet, cela irait beaucoup mieux. Oh! je voudrais avoir une grosse boule blanche.

M. BARLOW. — Eh bien! je me charge de vous en procurer une telle que vous la désirez.

TOMMY. — Oh, monsieur! je vous remercie. Il me tarde de l'avoir pour vous y montrer bientôt un ciel de ma façon. Mais dites-moi, je vous prie, à quoi sert-il de connaître les étoiles? Ce n'est qu'un amusement, j'imagine?

M. BARLOW. — Quand le spectacle du ciel n'aurait pas d'autre avantage, ne serait-ce pas toujours un grand plaisir de contempler ces astres brillans qui étincellent au-dessus de nos têtes? Nous faisons quelquefois de grandes courses pour voir défiler une longue suite de voitures, ou pour passer en revue des gens qui vont se pavaner dans les promenades avec de beaux habits; nous allons visiter avec curiosité des appartemens décorés de beaux meubles et de belles tapisseries: et cependant qu'est-ce que tout cela, auprès de la splendeur de ces corps lumineux qui décorent la surface du firmament dans la sérénité d'une belle nuit?

TOMMY. — Oh! vous avez raison, monsieur. Ce beau sallon de mylord Wimple, que tant de gens vont admirer, n'est qu'une pauvre écurie en comparaison des cieux.

M. BARLOW. — Eh bien! ce n'est rien encore. Vous apprendrez un jour quel nombre infini d'avantages l'homme a su retirer de la connaissance des étoiles. Je ne veux à présent vous en citer qu'un seul, et c'est votre ami qui vous l'apprendra. Henri, auriez-vous la complaisance de lui faire l'histoire de vos courses désastreuses pendant cette nuit où vous vous étiez égaré?

HENRI. — Je le veux bien, monsieur. Il nous reste encore assez de chemin à faire pour que j'aie le temps de vous les raconter avant d'arriver à la maison.

TOMMY. — Oh! voyons, voyons, je te prie.

HENRI. — Tu sauras, mon ami, que j'ai un oncle qui demeure à trois milles d'ici, au-delà de ce grand marais où nous sommes allés nous promener quelquefois. Mon père m'envoyait souvent en message chez lui. Un soir j'y arrivai si tard, qu'il m'était impossible, avec mes petites jambes, de retourner à la maison avant qu'il fût nuit. C'était dans le mois d'octobre. Mon oncle voulut me retenir à coucher;

mais la commission de mon père était pressante. Je ne me donnai pas même le temps de me reposer, et je repartis. Je ne faisais que d'entrer dans cette grande bruyère qui est à la sortie du village, lorsque la nuit devint tout à coup de la plus profonde obscurité.

TOMMY. — Et tu n'eus pas de frayeur de te trouver tout seul dans un endroit si affreux?

HENRI. — Mais non. Je pensai que ce qui pouvait m'arriver de plus fâcheux, était d'être obligé de passer la nuit à la belle étoile; et lorsque le matin serait revenu, je n'aurais pas eu besoin de m'habiller pour reprendre mon chemin. Je continuai donc de marcher. Mais à peine fus-je parvenu vers le milieu de la bruyère, qu'il s'éleva un vent épouvantable, qui, de toute sa force, me soufflait droit au visage. Il fut bientôt suivi d'une pluie si épaisse qu'il me parut impossible d'aller plus avant. Je quittai le sentier battu, et j'allai me réfugier sous des buissons, où je me mis un peu à l'abri de la tempête, en m'étendant sur le ventre. Au bout d'une heure, la pluie cessa de tomber avec autant de violence. Je me levai, et je tâchai de retrouver mes pas; mais par malheur ils étaient trop bien perdus, et je m'égarai.

TOMMY. — Oh! que je me serais trouvé à plaindre à ta place!

HENRI. — Je marchai encore longtemps, mais je n'en fus pas plus avancé. Je n'avais pas une seule marque pour me reconnaître, attendu que la commune est si étendue et si dépourvue soit d'arbres, soit de maisons, que l'on peut y marcher des milles entiers sans découvrir autre chose que de la bruyère, des joncs et des épines. Tantôt je me déchirois les jambes à travers les ronces, tantôt je tombais dans des mares pleines d'eau, où je me serais noyé, sans doute, si je n'avais su nager. Harassé de fatigue, j'allais m'étendre à terre, pour y passer le reste de la nuit, lorsqu'en tournant les yeux de tous les côtés, j'aperçus, à une certaine distance, une lumière, que je pris pour la chandelle d'une lanterne que quelqu'un portait à travers le marais.

TOMMY. — Ah! c'est bon. Voilà qui me donne pour toi quelque espérance.

Tu vas voir, répondit Henri, en souriant. J'hésitai d'abord si j'irais vers cette lumière; mais je pensai ensuite qu'un enfant comme moi ne valait pas la peine que personne au monde cherchât à lui faire du mal: et puis il n'y avait pas d'apparence qu'un homme qui serait dehors pour quelque mauvais dessein s'avisât de porter une lanterne. En sorte que je résolus d'aller hardiment vers lui pour lui demander mon chemin.

TOMMY. — Eh bien! cet homme-là eut-il la bonté de te tirer d'embarras?

HENRI. — Écoute donc jusqu'au bout. Je commençais à marcher précipitamment à sa rencontre, lorsque je vis la lumière que j'avais d'abord observée à ma droite, passer un peu à ma gauche, et venir ensuite directement vers moi. Cela me parut assez étrange. Cependant je continuai toujours ma poursuite; et précisément lorsque je me flattais de la joindre, je tombai jusqu'aux oreilles dans un trou plein de boue.

TOMMY. — Voilà une chute qui vient bien à contre-temps.

HENRI. — Je m'en tirai tant bien que mal, et je me crus encore fort heureux de me trouver du même côté que la lumière. Je me remis de plus belle à la suivre, mais avec aussi peu de succès qu'auparavant. J'avais déjà fait plus de quatre milles à travers la commune, et je ne savais pas plus où j'étais que si j'eusse été transporté dans un pays inconnu. Je n'avais point d'espérance de retrouver mon chemin, à moins d'atteindre la lanterne; et quoique je ne pusse pas concevoir que la personne qui la portait se doutât que je fusse si près d'elle, elle paraissait manœuvrer comme si elle eût été déterminée à m'éviter. Quoi qu'il en soit, je me décidai à faire une dernière tentative. C'est pourquoi je courus de toutes mes forces, en criant à la personne que je croyais devant moi, pour la prier d'arrêter.

TOMMY. — Enfin, s'arrêta-t-elle ?

HENRI. — Tant s'en faut. La lumière que j'avais vue se mouvoir jusqu'alors assez lentement, se mit à s'agiter comme une désespérée, et à s'enfuir en dansant devant moi; en sorte qu'au lieu de l'atteindre, je m'en vis bientôt plus loin que jamais. Par malheur, je trouvai encore un autre fossé bourbeux, que j'eus toutes les peines du monde à traverser. Frappé de surprise en arrivant sur l'autre bord, et ne concevant pas qu'aucune créature humaine eût pu passer aussi légèrement sur un fossé plein d'eau, je résolus de ne pas suivre plus long-temps la lumière. J'étais couvert de boue sur mes habits, trempé de sueur au-dessous, épuisé de fatigue, et tourmenté par l'inquiétude où je pensais que mon père devait être sur mon compte : je m'arrêtai un moment pour reprendre haleine. Les nuages s'étaient un peu éclaircis; la lune et les étoiles jetaient une faible lueur. Je regardai autour de moi, et je ne découvris qu'une campagne déserte, sans aucun arbre pour me mettre à l'abri. Je prêtai l'oreille, dans l'espoir d'entendre la sonnette de quelques troupeaux, ou les aboiemens de quelques chiens. Je n'entendis que les sifflemens aigus du vent, dont le souffle était si perçant et si froid qu'il me gelait jusqu'au cœur. Dans cette situation déplorable, je réfléchis un moment sur le parti que j'avais à prendre. En levant les yeux par hasard vers le ciel, le premier objet qui me frappa fut cette même constellation du Chariot. Au-dessus, je distinguai l'étoile polaire, qui étincelait de tous ses feux. Il me vint aussitôt une pensée dans l'esprit : je me souvins qu'en marchant dans la route qui conduisait à la maison de mon oncle, j'avais toujours observé cette étoile directement en face de moi. C'est pourquoi j'imaginai qu'en lui tournant exactement le dos, et en avançant dans cette direction, elle me conduirait vers la maison de mon père. Je n'eus pas plus tôt fait ce petit raisonnement que j'en suivis la conséquence. Persuadé maintenant que j'avais pour me diriger un meilleur guide que cette maudite lanterne, j'oubliai ma fatigue, et je me mis à courir aussi lestement que si je n'eusse fait que de commencer à me mettre en marche. Je ne fus point trompé dans mon calcul; car quoiqu'il me fût impossible de trouver des chemins frayés, cependant, en prenant le plus grand soin d'aller toujours dans la même ligne, je me tenois sûr de ne pas me fourvoyer. La lune me fournit assez de lumière pour éviter les fossés et les trous que l'on trouve à chaque pas dans ce sauvage marais. Après y avoir marché environ trois milles, j'entendis aboyer un chien, ce qui me donna une nouvelle vigueur. Un peu plus loin je trouvai le bout de la commune, et des barrières que je reconnus; en sorte qu'il ne me fut pas alors difficile d'enfiler tout droit mon chemin vers la maison, après avoir presque désespéré de la retrouver.

TOMMY. — Je vois à présent combien la connaissance de l'étoile polaire te fut d'un grand secours. Me voilà décidé à lier connaissance avec toutes les étoiles du ciel. Mais as-tu jamais su ce que c'était que cette lumière qui dansait devant toi d'une manière si étrange?

HENRI. — Lorsque j'eus raconté l'aventure à mon père, il me dit que c'était ce que l'on appelle *Jacques à la lanterne*, ou *des feux follets*. M. Barlow, depuis ce temps, a bien voulu m'apprendre que, malgré leur air brillant, ce ne sont que des vapeurs qui s'élèvent de la terre dans les endroits humides et marécageux, et que je n'étais pas la première personne qui les avait prises pour des lanternes, et qu'elles avaient conduite au fond de quelque fossé.

A l'instant même où Henri venait d'achever son histoire, ils arrivèrent à la maison de M. Barlow. Après avoir passé quelque temps à se reposer et à s'entretenir des événemens de la soirée, les petits garçons montèrent dans leur chambre pour se mettre au lit. M. Barlow, assis au coin de son feu, s'occupait, depuis une demi-heure, à lire les papiers publics, lorsqu'à sa grande surprise il vit Tommy sans habits et tout hors d'haleine, qui se précipita dans la chambre en criant : Oh, monsieur! venez, venez; je viens de le voir. Il marche, il marche. Qui est-ce qui marche, lui dit M. Barlow? — C'est le chariot qui s'en va. — Quel chariot? — Celui des étoiles. Avant de me coucher, il m'est venu dans l'esprit d'aller à travers la vitre regarder le firmament. Toutes les sept étoiles ont fait un grand chemin, je vous en réponds. Elles sont montées presqu'au sommet du ciel. Effectivement, dit M. Barlow, en regardant par la fenêtre. Mais il ne fallait pas venir m'en avertir comme un fou. Les philosophes sont un peu plus graves. C'en est assez pour aujourd'hui. Une autre fois nous reprendrons cette matière.

Le lendemain au matin, Tommy n'eut rien de plus pressé que de rappeler à M. Barlow l'histoire qu'il lui avait promise de ces pauvres malheureux ensevelis sous la neige. M. Barlow lui donna le livre où elle était rapportée. Mais d'abord, lui dit-il, il est nécessaire de vous donner quelques explications sur cet accident. Le pays où il est arrivé est plein de rochers et de montagnes si élevées, que la neige dont leurs sommets sont couverts n'y fond jamais. — Jamais? dit Tommy? Quoi, monsieur, pas même dans l'été? — Non, mon ami, pas même dans l'été. Les vallées qui séparent ces montagnes sont habitées par un peuple actif et industrieux. Après avoir travaillé tout l'été et une partie de l'automne, il se renferme, à l'approche de l'hiver, dans ses cabanes, dont il a su se rendre le séjour agréable par toutes sortes de commodités. Les chemins, dans cette saison, deviennent absolument impraticables. La neige et la glace forment la seule perspective de la contrée. Au printemps, lorsque l'air commence à s'échauffer, la surface de la neige fond sur la pente des montagnes, et forme des torrens qui se précipitent avec une fureur que rien ne peut arrêter. De là, il arrive fréquemment qu'ils entraînent des masses de neige si prodigieuses qu'elles vont ensevelir dans leur chute les bestiaux, les maisons, et même des villages entiers.

(1) C'est dans le voisinage de ces montagnes, nommées les Alpes, que, le 19 mars 1755, un hameau fut entièrement renversé par l'éboulement de deux énormes masses de neige qui roulèrent de la montagne voisine.

Tous les habitans étaient alors dans leurs maisons, à la réserve du nommé Joseph Rochia, homme âgé de cinquante ans, et de son fils âgé de quinze, qui étaient auparavant sur le toit de leur maison pour débarrasser la neige qui s'y était amassée, et qui était tombée trois jours de suite sans interruption. Un prêtre, qui se rendait à l'église, les ayant rencontrés hors de chez eux, les avertit qu'il venait de voir tomber un grand monceau de neige fort près de leur maison. Rochia se crut perdu; et, persuadé qu'il allait en tomber beaucoup davantage, il prit la fuite avec son fils, sans même

(1) Ce morceau est tiré du Journal étranger, octobre 1757.

s'embarrasser où il allait. A peine avait-il fait trente ou quarante pas, que son fils tomba, ce qui lui fit tourner la tête; il courut pour le relever, et vit alors

qu'une montagne de neige venait d'ensevelir toutes les maisons du village. La douleur qu'il ressentit en considérant qu'il perdait sa femme, sa sœur, deux de ses enfans et tous ses effets, le fit tomber sans connaissance; mais, ayant recouvré ses sens, il se sauva avec son fils chez un ami qui les reçut.

Vingt-deux personnes furent enterrées sous cette montagne de neige, qui avait soixante pieds de haut. Plusieurs habitans du voisinage y accoururent pour voir s'il y aurait moyen de sauver quelqu'un; mais on perdit bientôt l'espérance de pouvoir donner le moindre secours à ces malheureux.

Cinq jours après, Rochia, revenu de sa première frayeur, et se trouvant en état de travailler, voulut encore, aidé de son fils et de deux de ses beaux-frères, faire de nouvelles tentatives. Il fit quelques ouvertures dans la neige, sans pouvoir retrouver sa maison ni son écurie. Le mois d'avril ayant été fort chaud, la neige commença à fondre, de sorte que le pauvre Rochia se remit encore à travailler, dans l'espérance de retirer ses effets, et de donner la sépulture à sa famille. Il ouvrit la neige, et y jeta de la terre; ce qui aida à la faire fondre. Depuis le 24 avril, la neige diminuait à vue d'œil. Rochia, dont les espérances redoublaient, rompit avec une barre de fer la glace qui était épaisse de six pieds. Il y enfonça une grande perche, et crut sentir les maisons; mais la nuit étant venue, il remit le reste de son travail au lendemain.

Cette même nuit, son beau-frère, qui demeurait à Démont, rêva que sa sœur était en vie, et qu'elle lui demandait du secours (1). Frappé de ce songe, il se leva de grand matin, le 25 avril, et vint le raconter à son frère. Ils se joignirent aussitôt pour travailler, et découvrirent enfin la maison. N'y trouvant point de corps morts, ils cherchèrent l'étable, qui en

(1) Quoique ce rêve ait été réalisé, on juge bien que cela n'entraine aucune preuve en faveur des songes. Rien de plus naturel qu'un frère, fortement occupé de la perte de sa sœur, fasse un tel rêve.

était éloignée de deux cent quarante pas. A peine y furent-ils arrivés, qu'ils entendirent ces cris : Assistez-moi, mon cher frère. Elle n'appelait que son frère, parce qu'elle croyait son mari péri sous la neige. Enfin, ils parvinrent à tirer de son tombeau cette famille infortunée. La sœur dit à son frère d'une voix agonisante : J'ai toujours mis ma confiance en Dieu, et ensuite en vous, persuadée que vous ne m'abandonneriez pas. Cette femme avait alors quarante-cinq ans, sa sœur trente-cinq, et sa fille treize. On pense bien qu'elles n'avaient pas la force de marcher, et qu'il fallut les porter. Elles ressemblaient à des ombres. On les mit sur-le-champ au lit. On leur donna pour toute nourriture du gruau de seigle et du beurre. Quelques jours après, le gouverneur de Demont vint les voir. La mère ne pouvait se tenir debout ni faire usage de ses pieds, soit à cause du froid qu'elle avait souffert, soit à cause de la posture incommode où elle avait été si long-temps. Sa sœur, dont on avait baigné les jambes dans du vin chaud, marchait un peu, quoique avec peine. Sa fille était entièrement rétablie.

Le gouverneur les ayant questionnées sur tout ce qui leur était arrivé pendant leur sépulture, voici les particularités qu'elles lui racontèrent.

Le 19 mars, au matin, ces trois personnes étaient dans l'étable. Il y avait de plus un fils de Rochia, âgé de six ans. L'étable renfermait aussi un âne, cinq ou six volailles, et six chèvres, dont une avait mis bas, la veille, deux petits chevreaux morts-nés. La famille était venue à l'étable pour porter du gruau de seigle à cette chèvre, et s'y tenait à l'abri dans un coin pour se garantir du froid, en attendant que l'on sonnât le service. La femme, étant sortie de l'étable pour allumer du feu dans la maison, aperçut une masse de neige venant du côté de l'est. Aussitôt elle revint sur ses pas, rentra dans l'étable, en ferma la porte, et dit à sa sœur ce qu'elle venait de voir. En moins de trois minutes elles entendirent craquer le toit de l'étable, dont une partie s'affaissait. En conséquence, elles s'avisèrent de se mettre dans le râtelier, qui, étant soutenu par un bon pilier, résista à l'effort de la neige. Elles voulurent attacher l'âne à la mangeoire : l'animal, à force de se débattre et de ruer, se détacha. Il renversa le gruau que l'on avait apporté pour la chèvre ; mais le vaisseau dans lequel il était leur fut fort utile, pour y faire fondre la neige qui leur servait de boisson. On tint conseil pour savoir ce qu'il y avait à faire, et pour examiner ce qu'on avait de vivres. La belle-sœur de Rochia trouva dans sa poche quinze châtaignes. Les enfans dirent qu'ils avaient déjeuné, et qu'ils n'avaient besoin de rien le reste du jour. On se ressouvint qu'il y avait dans un coin de l'étable vingt ou trente pains ; ce ne fut qu'un surcroît de regret pour ces pauvres femmes, que la neige empêchait d'y atteindre. Elles appelèrent à leur secours le plus haut qu'elles purent, et ne furent entendues de personne. La femme et sa sœur mangèrent chacune deux châtaignes, et burent de la neige fondue. L'âne continuait à se débattre, et les chèvres bêlaient beaucoup ; mais on ne les entendit bientôt plus. Il s'en sauva cependant deux, qui étaient près de la mangeoire. L'une d'elles fournissait du lait, et c'est ce qui leur sauva la vie à tous. L'autre était pleine ; c'est de quoi les femmes s'aperçurent ; et sur leur calcul, elles jugèrent qu'elle mettrait bas vers le milieu d'avril.

Toute cette famille ne vit pas un seul rayon de lumière dans tout le temps qu'elle fut sous la neige. Pendant environ vingt jours, elles eurent quelques notions du jour et de la nuit : du moins elles en jugeaient par le cri des volailles, qui leur servait à marquer le point du jour. Les volailles étant mortes au bout de ce temps, elles furent privées de cette consolation.

Le second jour, ne pouvant résister à la faim, on mangea le reste des châtaignes, et on but tout le lait que fournit la chèvre, et qui, les premiers jours, se montait à environ deux livres; après quoi la mesure en diminua par degrés. Dès le troisième jour, les femmes, privées de toute provision, sentirent de quelle importance il était pour elles de nourrir les chèvres. Par bonheur il y avait au-dessus de la mangeoire un petit grenier à foin. Elles en tirèrent tout ce qu'elles purent y atteindre; et, quand cela ne leur fut plus possible, elles firent monter les chèvres sur leurs épaules; ce fut ainsi qu'elles se procurèrent ce foin.

Le sixième jour, le petit garçon commença à se plaindre de maux d'estomac. Sa maladie dura six jours, au bout desquels il pria sa mère, qui l'avait toujours tenu sur ses genoux, de le coucher tout du long de la mangeoire, ce qu'elle fit. A peine y fut-il, qu'elle s'aperçut qu'il était froid, et il expira en s'écriant: Oh, mon père dans la neige! oh, mon père! mon père! Il n'arriva point d'autre accident pendant plusieurs jours. Un événement très-considérable fut la délivrance de la chèvre; ce qui leur apprit qu'elles étaient au milieu du mois d'avril. Par-là leur provision redoubla encore. Cette précieuse chèvre venait à elles quand on l'appelait, et elle léchait avec affection ses chères maîtresses, qui la chérissent encore particulièrement.

Pendant tout ce temps, elles souffrirent peu la faim. Après les cinq ou six premiers jours, leurs plus grandes peines étaient la froideur de la neige fondue qui tombait sur elles, la puanteur des corps de l'âne, des chèvres et des volailles, la vermine qui les assaillit, et surtout la posture gênante dans laquelle elles furent obligées de rester; car le lieu où elles étaient enterrées n'avait que douze pieds de long, huit de large, et cinq de haut; et la mangeoire, dans laquelle elles étaient accroupies contre le mur, n'avait que trois pieds quatre pouces de large.

La mère assura n'avoir jamais dormi pendant tout ce temps. Sa sœur et sa fille dirent avoir dormi comme à leur ordinaire.

Depuis qu'elles furent exhumées, leur appétit fut long-temps à revenir. Le peu qu'elles mangeaient, à l'exception des bouillons et du gruau, leur restait sur l'estomac. L'usage modéré du vin était l'aliment dont elles se trouvaient le mieux.

TOMMY.—Oh, monsieur! s'écria Tommy, lorsque l'histoire fut achevée, quel vilain pays cela doit être! Quoi! se voir exposé tous les jours à être enseveli sous la neige! Je suis étonné qu'il se trouve des gens assez fous pour demeurer dans le voisinage de ces montagnes.

M. BARLOW. — Leurs habitans ont une opinion bien différente de la vôtre. Ils préfèrent leur patrie à tous les pays de l'univers. Ils sont ordinairement grands voyageurs, et la plupart vont exercer toutes sortes de professions dans les divers états de l'Europe; mais leur plus vif désir est de retourner, avant leur mort, vers ces montagnes chéries, où ils ont reçu le jour, et où ils ont passé leur enfance.

TOMMY.— Comment cela est-il possible? J'ai souvent entendu à la maison de jeunes dames et de jeunes demoiselles, lorsqu'elles parlaient des endroits où elles aimeraient à vivre, dire hautement qu'elles haïssaient la campagne, quoiqu'elles y fussent nées, et qu'elles y eussent encore leur famille. A les en croire, il était impossible de vivre ailleurs que dans les grandes villes; et il n'y avait que des gens abrutis et sauvages qui pussent aimer la vie des champs.

M. BARLOW. — Vous voyez cependant qu'il y a une infinité de personnes sensées qui, loin de se dégoûter de ce séjour, n'ont jamais eu le désir d'en changer. Qu'en dites-vous, Henri? Seriez-vous content de quitter la campagne pour aller vivre dans quelque grande ville?

HENRI. — Non, en vérité, monsieur; que le ciel m'en préserve! Il me faudrait renoncer à tout ce que j'aime dans le monde. Quoi! me séparer de mon père et de ma mère, qui ont eu tant de soins et de tendresse pour moi; et de vous aussi, monsieur, qui avez voulu prendre tant de peine à m'instruire! Ah! je suis bien sûr que je ne trouverai nulle autre part d'aussi bons amis, aussi long-temps que je vivrai. Et quel est celui qui souhaiterait de vivre, sans avoir de bons amis? Non, non, il n'y a pas un buisson dans la ferme de mon père que je n'aime mieux que toutes les villes dont j'aie entendu parler.

TOMMY. — Mais en as-tu jamais vu?

HENRI. — Oui sûrement. Ne suis-je pas allé une fois à Exeter? Comment peut-on se plaire dans ce triste séjour? Les maisons sont si élevées, qu'on les croirait bâties l'une sur l'autre, comme notre colombier sur notre écurie. Il y a de petits passages étroits, habités par les pauvres, qui sont bordés de maisons si serrées entre elles, que le jour semble avoir de la peine à y descendre: et tout cela a un air si sale, si dégoûtant et si malsain, que mon cœur se soulevait, seulement d'y jeter les yeux. En me promenant le long des plus belles rues, je m'amusais à regarder dans les boutiques. Que penses-tu que j'y vis?

TOMMY. — Et quoi donc?

HENRI. — De grands fainéans, aussi robustes que nos valets de charrue, qui, la tête bien poudrée, s'occupaient à nouer des rubans, et à faire des bonnets pour les femmes. Cela me parut si drôle, que je ne pus m'empêcher d'éclater de rire. Le soir, la dame chez qui je logeais me mena dans une grande salle, où il y avait, je crois, autant de chandelles allumées, que nous vîmes hier d'étoiles dans le ciel. Il semblait qu'on le fît exprès pour vous ôter la vue, sous le prétexte de vous éclairer. Il y avait un grand nombre de beaux messieurs et de belles dames, qui, pour danser, s'étaient chargés de riches habits, comme si l'on n'était pas cent fois plus leste avec de simples vêtemens. Tandis qu'ils se trémoussaient comme des maniaques pour avoir l'air de se donner du plaisir, il y avait à la porte de la salle une foule de femmes et d'enfans couverts de haillons, qui grelottaient de froid, et qui demandaient un morceau de pain d'une voix suppliante; mais personne ne leur en donnait, et ne semblait même les apercevoir; ce qui me fit penser qu'il aurait bien mieux valu que ces beaux messieurs et ces belles dames n'eussent pas tant de lumières pour les éblouir, et des habits si riches pour les écraser, et que les pauvres eussent au moins de quoi se nourrir et se défendre de la rigueur du froid.

TOMMY. — Il faut bien que les gentilshommes soient mieux vêtus que les gens du peuple.

HENRI. — A la bonne heure, pourvu que cela ne les rende pas insolens. Mais ils ne manquent guère de le devenir; et je suis assez bien payé pour le croire.

TOMMY. — Comment donc, s'il te plaît?

HENRI. — Oh, je vais te le dire, puisque tu me le demandes. J'étais encore à Exeter, et je me promenais tout seul dans les rues. Je vis venir à moi deux enfans superbement vêtus, et qui avaient un air aussi fier que tu l'avais lorsque tu vins ici. Je me détournai un peu de mon chemin pour les laisser passer: car mon père m'a instruit à marquer certains égards pour ceux qui sont au-dessus de nous. Mes deux petits insolens trouvèrent sans doute que ce n'en était pas assez. Quoiqu'ils eussent de la place de reste, ils me donnèrent en passant une si violente secousse que j'allai tomber dans le ruisseau, où je me crottai de la tête aux pieds.

TOMMY. — Et ils ne te demandèrent pas pardon de l'accident?

HENRI. — Oh! il n'y avait pas d'accident, ils l'avaient bien fait tout exprès : car, en me voyant tomber, ils poussèrent de grands éclats de rire, et m'appellèrent petit lourdaud. Sur quoi je leur répondis que si j'étais un petit lourdaud, ce n'était pas à eux à me le dire, et que je ne souffrirais pas que l'on m'insultât. Ils vinrent à moi, croyant me faire peur. Je les attendis. L'un d'eux osa me donner un coup sur la figure. Il ne m'en fallut pas davantage. Je me jetai sur eux, et nous commençâmes tous les trois à nous pelotter.

TOMMY. — Comment donc! ils se mirent tous les deux contre toi? C'était bien lâche.

HENRI. — Cela ne m'embarrassait guère. J'étais en état de leur tenir tête; et je leur en avais même donné des preuves assez frappantes, lorsqu'il survint un grand gaillard, qui paraissait être leur domestique, et qui se mit en devoir de tomber sur moi. Par bonheur, il passait en même temps un homme de la campagne, d'une taille haute et vigoureuse, qui dit au domestique qu'il l'assommerait s'il faisait un seul mouvement. Il ajouta qu'il avait été témoin de la querelle, que je n'avais aucun tort, qu'il fallait me laisser démêler ma fusée, et que je m'en acquittais assez bien pour ne me pas déranger. En conséquence, je continuai de gourmer mes deux champions, jusqu'à ce qu'ils demandassent eux-mêmes à finir le combat ; car, quoiqu'ils fussent si querelleurs, ils ne savaient guère se battre. Ainsi je les laissai aller tout honteux, en leur conseillant de ne plus s'attaquer à l'avenir à de pauvres enfans qui ne faisaient rien pour les offenser.

TOMMY. — Et tu n'en entendis plus parler?

HENRI. — Non, du tout. Je revins à la maison le lendemain, et je ne fus jamais si content. Lorsque j'arrivai au sommet de cette haute colline d'où l'on découvre la maison de mon père, je me mis à pleurer de joie. La campagne avait un air si riant, les oiseaux sur les arbres, et les troupeaux dans les prairies, paraissaient si heureux, que cela me rendait heureux moi-même. A chaque pas que je faisais, je trouvais des hommes ou des femmes de ma connaissance, ou de petits garçons avec qui j'étais accoutumé de jouer. Ah! voici Henri de retour, disait l'un. Comment te portes-tu? me disait l'autre. Celui-ci, d'un air amical, me tendait la main ; celui-là se jetait tendrement à mon cou. D'aussi loin qu'il me vit, notre grand chien vint me poser les pattes sur les épaules pour me lécher. Il n'y eut pas même jusqu'à nos vaches, lorsque je les allai caresser, qui ne parussent bien aises de ce que j'étais revenu.

M. BARLOW. — Vous voyez, Tommy, par ce récit, qu'on peut aimer la campagne, et y être heureux. Quant à ces belles dames dont vous me parliez tout à l'heure, ce qu'il y a de plus vrai dans ce qu'elles disent, c'est qu'en aucun endroit elles ne sauraient vivre contentes. Comme elles n'ont appris ni à cultiver leur esprit, ni à s'occuper d'un travail utile, il ne leur reste à chercher le bonheur que dans la parure et dans l'oisiveté. Élevées avec trop de délicatesse pour supporter le moindre exercice, le seul changement de saison suffit pour déranger leur triste santé. Avec de pareilles dispositions, il n'est pas étonnant qu'elles se déplaisent à la campagne, où elles ne trouvent ni occupation ni amusement. Elles ne souhaitent d'être à la ville que pour y trouver d'autres personnes aussi frivoles et aussi désœuvrées qu'elles-mêmes, et y consumer leur temps en de vains entretiens sur les objets les plus futiles.

TOMMY. — Oh! vous avez bien raison, monsieur, je fis cette observation l'autre jour au château. Il venait de nous arriver quelques dames de Londres. Elles passèrent des heures entières à nous entretenir de la manière de se coiffer et de s'habiller, et d'une grande assemblée, appelée le Ranelagh, où elles allaient pour rencontrer leurs amis.

M. BARLOW. — Je crois, par exemple, que Henri n'ira jamais en cet endroit pour y chercher les siens.

HENRI. — Non, en vérité, monsieur. Je ne sais ce que c'est que le Ranelagh; mais tous les amis que j'ai au monde sont dans notre maison et dans la vôtre. Lorsque je suis assis près du feu dans une soirée d'hiver, et que je lis quelque chose à mon père, à ma mère et à mes sœurs, comme je le fais quelquefois, ou que je m'entretiens ici avec vous et avec Tommy, sur des sujets instructifs, je n'ai point à désirer d'autres amis ou d'autres conversations. Mais dites-moi, je vous prie, ce que c'est que le Ranelagh?

M. BARLOW. — C'est une grande salle ronde, où, pendant un certain temps de l'année, un grand nombre de personnes se rendent en voiture, pour s'y promener pendant quelques heures.

HENRI. — Mais, monsieur, Tommy vient de nous dire que ces dames allaient en cet endroit pour y rencontrer leurs amis : est-ce qu'elles ne cherchent à les voir que dans une grande foule?

M. Barlow sourit à cette question. Il est vrai, répondit-il, que le lieu de l'assemblée est ordinairement si plein, qu'il n'y a guère moyen d'y lier une conversation bien suivie. Les gens ne s'y promènent qu'à la file l'un de l'autre; et ils sont obligés d'y tourner continuellement en cercle, à peu près comme les chevaux dans un moulin. Lorsque des personnes qui se connaissent viennent à bout de se rencontrer, elles ont à peine le temps de se sourire, et de se faire un salut; elles se perdent aussitôt de vue dans la foule qui les emporte. Quant à ses meilleurs amis que l'on rencontre, on rougirait de les remarquer, à moins qu'ils ne soient habillés à la mode, et avec un certain éclat.

HENRI. — Voilà qui me paraît bien extraordinaire. Qu'est-ce donc, monsieur, que l'habit d'un homme, pour avoir rien à démêler avec l'amitié? Est-ce que je vous en aimerais davantage si vous portiez les plus beaux habits du monde? Est-ce que j'en respecterais davantage mon père, s'il avait un habit brodé, comme le chevalier Tayaut? Au contraire, lorsque je vois des gens si richement vêtus, je ne puis m'empêcher de penser à l'histoire que vous m'avez une fois racontée, d'Agésilas, roi de Sparte.

TOMMY. — Oh! quelle est cette histoire, monsieur, je vous prie?

M. BARLOW. — Vous l'entendrez demain. Vous avez assez lu et assez conversé pour aujourd'hui. Il est temps que vous alliez prendre un peu de récréation.

Les petits garçons coururent aussitôt dans le jardin, pour reprendre un travail dont ils s'occupaient depuis plusieurs jours. C'était de faire une boule de neige d'une énorme grosseur. Ils avaient commencé par en faire d'abord une petite pelotte. Ils l'avaient ensuite fait rouler en tous sens, jusqu'à ce qu'en amassant continuellement de nouvelle matière, avec celle qu'ils y ajoutèrent de leurs mains, elle fût devenue si grosse qu'ils *étaient incapables de la faire rouler plus loin. Tommy conclut que leur entreprise devait en rester là, puisqu'il ne leur était plus possible de remuer cette masse énorme. Oh! s'il ne tient qu'à cela, répondit

Henri, je sais bien un moyen de la faire mouvoir. Il courut aussitôt chercher deux gros bâtons, d'environ cinq pieds de longueur; et en ayant donné un à son camarade, il garda l'autre pour lui. Il dit ensuite à Tommy de mettre son bâton entre la terre et la boule, ce qu'il fit également de son côté; et en relevant en l'air l'autre bout de leurs bâtons, ils firent rouler la boule avec la plus grande facilité. Tommy fut extrêmement satisfait de cet expédient, et il dit à Henri : D'où cela peut-il donc provenir? Nous ne sommes pas à présent plus forts que nous ne l'étions tout à l'heure; et cependant nous voilà en état de faire rouler, sans beaucoup de peine, cette grosse masse que nous ne pouvions pas seulement ébranler auparavant. Il est vrai, répondit Henri; mais ce n'est pas à nous qu'en appartient la gloire, c'est à nos bâtons. C'est par ce moyen que les bûcherons remuent de grosses pièces d'arbres qu'il faudrait autrement laisser dans les forêts. C'est une chose bien étonnante, reprit Tommy. Je n'aurais jamais imaginé que des bâtons eussent donné tant de force à nos bras. Mais, voyons. Faisons encore avancer notre boule. Soit, repartit Henri : allons, un grand coup de vigueur. En disant ces mots, ils soulevèrent tous les deux leurs bâtons avec tant de violence, qu'ils les firent rompre au milieu. Il n'y a pas grand mal, dit Tommy. Les bouts sont encore assez bons pour nous servir. Ils voulurent en même temps faire usage de ceux qui étaient restés entre leurs mains; mais, à la grande surprise de Tommy, il ne leur fut pas possible de donner à la boule le moindre mouvement. Eh bien! dit-il, qu'est-ce donc? Est-ce qu'il n'y aurait que de longs bâtons qui pussent nous servir? Vraiment oui, répondit Henri. J'aurais pu te le dire avant d'en faire l'essai; mais j'ai voulu te le faire éprouver par toi-même. Plus ce bâton sera long, pourvu qu'il soit assez fort, et plus il sera facile de remuer la boule. Je t'avoue, repartit Tommy, que cela me paraît bien extraordinaire; mais je vois là-bas quelques bûcherons à l'ouvrage : allons les prier de nous couper des bâtons plus longs encore que les premiers, pour en faire l'épreuve. Ils y allèrent en effet; mais en arrivant, il se présenta un nouveau sujet de surprise à Tommy.

Il y avait une racine de chêne si grosse et si pesante, que le meilleur cheval aurait eu de la peine à la traîner. Elle était en même temps si dure et si noueuse, que la cognée ne pouvait y mordre. Deux vieux bûcherons dirent aux enfans qu'ils seraient obligés de la mettre en pièces, pour l'emporter en détail. Tommy, croyant leurs forces trop au-dessous de cette entreprise, ne put s'empêcher de les prendre en pitié, et de dire tout haut, que certainement M. Barlow n'était pas instruit de ce qu'ils voulaient faire; et que s'il le savait, il était trop bon pour ne pas empêcher de pauvres vieillards de s'épuiser de fatigues sur une besogne dont ils ne sauraient venir à bout. Le crois-tu ainsi, lui répondit Henri? Et que dirais-tu donc si tu me voyais, moi, tout faible que je suis, faire cette opération qui t'étonne, avec le secours de l'un de ces braves gens? Il prit alors un gros maillet de bois, et se mit à battre de toutes ses forces la grosse souche, sans y faire impression. Tommy, qui, pour cette fois imagina que son ami allait se prendre dans sa fanfaronade, se mit à sourire, en pliant les épaules, et dit à Henri qu'il briserait plutôt cent maillets, que d'enlever un seul éclat de la souche. A la bonne heure, répliqua Henri. Eh bien! essayons un autre moyen. Il posa son maillet, et prit un petit morceau de fer grossier, d'environ six pouces de long, que Tommy n'avait pas encore observé, parce qu'il était parmi les morceaux de bois, répandus à terre. Ce fer avait environ deux pouces d'épaisseur à l'un de ses bouts; et il allait toujours en s'amincissant par degrés, jusqu'à l'autre bout, qui était tranchant, comme la lame d'un couteau. Henri le ficha par le tranchant dans la souche, et tâcha de l'enfoncer un peu par de petits coups, jusqu'à ce qu'il fût bien affermi. Alors un des deux vieux bûcherons et lui le frappèrent alternativement à grands coups de maillet, jusqu'à ce que la racine eût commencé à se fendre en craquant, et que peu à peu le fer se fût totalement enfoncé dans le bois. Tiens, vois-tu, dit Henri? Ce premier morceau de fer a commencé très-heureusement la besogne ; deux ou trois autres vont la finir. Il prit alors un second morceau de fer de la même forme que le premier, seulement un peu plus gros ; et le posant dans la fente que le premier avait faite, il se

mit à le frapper, avec le secours de son compagnon, jusqu'à ce qu'il se fût aussi totalement enfoncé dans la souche, qui éclata de nouveau, et laissa voir, dans toute sa profondeur, une grande crevasse. Il prit encore un troisième morceau de fer, qu'il enfonça de même. Enfin, cette grosse masse de bois se partagea en deux moitiés à peu près égales. Eh bien ! camarade, s'écria Henri, en s'essuyant le front, tu vois que nous en sommes sortis à notre honneur. Allons, il faut à présent que nous portions, toi et moi, l'un de ces morceaux dans le foyer de M. Barlow, pour lui faire un bon feu. — Y penses-tu, Henri? Jamais nous n'aurons la force de soulever un si grand fardeau. C'est tout ce que nous pourrions faire que de le faire avancer avec nos bâtons, comme nous en avons agi pour la boule de neige. — Oh ! ne t'en mets pas en peine. Il est encore un autre moyen que nous pourrons employer. Il prit alors une perche d'environ dix pieds de long, et y suspendit le plus gros morceau de la souche avec une corde que lui prêta l'un des bûcherons. Il eut la malice de placer le nœud coulant, par lequel la souche était suspendue à la perche, plus près d'un bout que de l'autre. Il demanda ensuite à Tommy lequel des deux bouts il voulait choisir. Tommy, sans y faire réflexion, choisit le bout qui se trouvait le plus près de lui. C'était justement celui que Henri lui avait destiné dans sa pensée, en plaçant la souche plus près de ce bout que de celui qu'il se réservait. Chacun mit alors le sien sur son épaule : mais lorsqu'il fut question d'avancer, Tommy trouva le poids bien pesant. Cependant, comme il vit que Henri marchait d'un pas léger sous sa part du fardeau, qu'il croyait aussi lourde que la sienne, il résolut de ne pas se plaindre. Tandis qu'ils allaient ainsi, M. Barlow les rencontra; et, voyant le pauvre Tommy qui pouvait à peine se soutenir sur ses genoux, il lui demanda qui l'avait chargé de cette manière. Tommy répondit que c'était Henri. Ha! ha! lui dit M. Barlow en souriant, c'est la première fois que votre ami a voulu vous en imposer; mais il vous fait porter environ trois fois plus qu'il ne porte lui-même. Henri répondit qu'il avait laissé à Tommy la liberté de choisir, et qu'il l'aurait tout de suite informé de sa méprise, s'il n'avait voulu lui montrer par sa propre expérience, quelle était la différence de leur charge. Alors, cédant à Tommy le bout de la perche qu'il avait et prenant en échange le sien, il lui demanda s'il trouvait son épaule un peu soulagée. Vraiment oui, répondit Tommy. Mais je ne puis en concevoir la raison, puisque nous portons toujours à nous deux le même poids qu'auparavant, et toujours de la même manière. La manière n'est pas entièrement la même, dit M. Barlow; car, si vous y prenez garde, la souche est a une plus grande distance de votre épaule, que de celle de Henri; au moyen de quoi, il porte maintenant plus que vous, autant que vous portiez plus que lui tout à l'heure. Cela est vraiment extraordinaire, dit Tommy. Je vois tous les jours combien il y a de choses que j'ignorais, et qui sont aussi inconnues à maman et à toutes ces belles dames qui viennent à la maison. Fort bien, répondit M. Barlow : mais si vous avez acquis déjà tant de connaissances utiles, que ne devez-vous pas espérer de savoir dans quelques années de plus? Lorsqu'ils furent rentrés à la maison, M. Barlow fit voir à Tommy un bâton de quatre pieds de longueur, avec un plateau suspendu à chaque bout. Tenez, lui dit-il, je vais placer ce bâton sur le dossier d'une chaise, en sorte qu'il y porte exactement au juste point de son milieu. Vous voyez que les deux plateaux sont dans un parfait équilibre l'un avec l'autre. Ainsi, j'aurai beau mettre différens poids dans chacun, pourvu que ces poids soient égaux de l'un et de l'autre côté, les plateaux se balanceront toujours. Maintenant, au lieu de faire porter le bâton sur le juste point de son milieu, faisons-le porter sur un autre point, et voyons ce qui en arrivera.

M. Barlow posa le bâton de telle manière, qu'en appuyant toujours sur le dossier de la chaise, il y en eût trois pieds d'un côté, et un pied seulement de l'autre. Le côté qui était le plus long, descendit aussitôt vers la terre. Oh! je m'en doutais, s'écria Tommy. Jamais les plateaux ne resteront en équilibre tant que le bâton ne portera pas sur le juste point de son milieu. Voyons, dit M. Barlow, s'il n'y aurait pas moyen de faire ce que vous jugez impossible. Il ramassa aussitôt le bâton, et le remit au même point où il était avant sa chute. Seulement il plaça dans le plateau un poids d'une livre du côté où le bâton avait trois pieds de longueur au-delà du point d'appui, et un poids de trois livres du côté où le bâton n'avait qu'un pied de longueur au-delà de ce point; au grand étonnement de Tommy, les deux plateaux se trouvèrent en équilibre, comme si le bâton eût porté sur le point juste de son milieu, avec un poids égal dans chaque plateau.

Vous voyez, reprit alors M. Barlow, par toutes les petites expériences que vous avez faites aujourd'hui, combien l'usage des instrumens est précieux pour les hommes. Un enfant, comme vous, peut faire, avec leur secours, ce que l'homme le plus robuste ne saurait faire avec toute sa force. Mais puisque nous en sommes sur cette matière, je vais vous faire voir une autre machine qui ne vous surprendra pas moins. Il conduisit alors Tommy dans sa cour, sous les fenêtres du grenier; et, lui montrant un gros sac de blé : Tenez, dit-il, faites-moi le plaisir de me transporter ce sac dans mon grenier. Je crains qu'il ne se gâte ici. Vous vous moquez sans doute de moi, monsieur, lui répondit Tommy. Non, je vous assure répliqua M. Barlow. Je veux absolument vous devoir ce service, et vous aurez le plaisir de me le rendre. Il attacha soudain le sac de blé à une corde qui descendait d'en haut par une poulie; et, prenant Tommy par la main, il le conduisit dans le grenier, devant une assez grand roue, qui tournait par le moyen d'une manivelle. Il pria Tommy de la faire tourner; ce qu'il fit, quoiqu'avec un peu de peine. C'en est assez, lui dit M. Barlow au bout de quelques tours, tenez ferme maintenant, et jetez un regard vers la fenêtre. Tommy tourna la vue de ce côté, et à peine put-il en croire ses yeux, lorsqu'il vit paraître ce sac énorme, que Henri, d'un coup de main, fit débarquer heureusement sur le plancher. Eh bien! Tommy, s'écria M. Barlow, quand je vous disais que vous me feriez le plaisir de transporter ici mon sac de blé, vous ne vouliez pas m'en croire. Oh! monsieur, lui répondit Tommy, combien de belles inventions vous m'avez fait connaître! Il me semble qu'elles n'augmentent pas seulement les forces de mon corps, mais encore celles de mon intelligence. Mais, dites-moi, je vous prie, les hommes ont-ils inventé beaucoup d'autres machines aussi ingénieuses? Je voudrais les connaître toutes, jusqu'à la dernière.

M. BARLOW. — Je ne demande pas mieux, mon cher ami, que de vous procurer cette instruction. Mais j'imagine que vous ne voudriez pas seulement connaître l'usage de ces machines, comme les simples manœuvres, qui ne savent que s'en servir. Il faudrait pouvoir vous rendre raison de leurs forces, et savoir même les calculer.

TOMMY. — Oh! oui, monsieur, c'est bien comme je l'entends.

M. BARLOW. — En ce cas, il est d'autres connaissances qu'il faut d'abord acquérir. L'arithmétique, par exemple, vous est d'une nécessité indispensable.

TOMMY. — Qu'est-ce donc que l'arithmétique, monsieur, je vous prie?

M. BARLOW. — Il ne serait pas aisé de vous le faire entendre tout d'un coup par de simples paroles. Je vais essayer un autre moyen de vous l'expliquer. Voici une petite poignée de grains que je vais mettre sur la table. Pourriez-vous compter combien il y en a?

TOMMY. Oui, monsieur, voyons. (*Il compte*). Il y en a juste vingt-cinq.

M. BARLOW. Fort bien. Je vais en faire un autre tas. Voyez combien il y a de grains dans celui-ci.

TOMMY, *après avoir compté*. — Il y en a quatorze.

M. BARLOW. — S'il y a quatorze grains dans un tas, et vingt-cinq dans l'autre, combien de grains y a-t-il dans les deux tas ensemble, ou si vous l'aimez mieux, combien font vingt-cinq et quatorze?

Tommy fut hors d'état de répondre. M. Barlow proposa la même question à Henri, qui répondit sur-le-champ que les deux tas faisaient trente-neuf grains.

M. BARLOW. — Et si je mettais les deux tas en un seul, combien de grains y aurait-il?

HENRI. — Cela ferait toujours trente-neuf.

M. BARLOW. — Eh bien! je vais en

ôter dix-neuf. Les voici à part de ce côté. Combien y en reste-t-il de l'autre?

TOMMY. — Un moment, monsieur; que je les compte.

M. BARLOW. — Vous ne sauriez donc me le dire sans compter? Et vous, Henri, voyons, combien en reste-t-il?

HENRI. — Il en reste vingt, monsieur.

M. BARLOW. C'est juste. Voilà, Tommy, ce que c'est que l'arithmétique, qui n'est autre chose que l'art de compter. Vous voyez qu'il se pratique d'une manière plus courte et plus aisée, que si l'on comptait un à un les objets dont on veut savoir le nombre. Il n'est pas même nécessaire de les avoir sous les yeux. Par exemple, si vous vouliez savoir combien de grains d'orge, à peu près, il y a dans ce sac, vous seriez peut-être occupé plus d'un jour à les compter l'un après l'autre.

TOMMY. — Oh! oui, je le crois. Mais est-ce qu'il y a moyen de savoir le compte des grains, sans vider le sac?

M. BARLOW. — Oui, vraiment; et par le secours de l'arithmétique, vous pouvez faire ce compte en quatre ou cinq minutes.

TOMMY. — Voilà une chose qui passe mes idées. Expliquez-moi cela, je vous prie, monsieur.

M. BARLOW. — Très-volontiers, mon ami. Un boisseau de grain pèse cinquante livres. Ce sac contient quatre boisseaux; ainsi il doit peser deux cents livres. Allons plus loin maintenant. Chaque livre contient seize onces. Or, comme il y a deux cents livres, c'est deux cents fois seize onces, ou trois mille deux cents onces. Il n'y a plus qu'à compter le nombre de grains qui se trouvent dans une seule once, et il y aura trois mille deux cents fois ce nombre de grains dans le sac.

TOMMY. — Cela me paraît tout clair à présent. Oh! que je voudrais savoir l'arithmétique! Henri et vous, monsieur, voudriez-vous bien me l'apprendre?

M. BARLOW. — Vous savez que nous sommes toujours prêts à vous montrer le peu que nous savons. Mais avant de quitter ce sujet, j'ai une petite histoire à vous raconter.

TOMMY. — Oh! monsieur, que vous êtes bon! Une petite histoire encore par-dessus le marché!

M. BARLOW. — Il y avait un gentilhomme, qui aimait passionnément les beaux chevaux, et qui ne marchandait guère sur le prix pour se les procurer. Un maquignon vint le trouver un jour, et lui présenta un si beau cheval, que le gentilhomme fut obligé de convenir qu'il n'en avait jamais vu d'une si superbe encolure. Il voulut aussitôt en faire l'essai, et ne lui trouva pas moins de feu, de docilité, de souplesse et de douceur. Des qualités si rares, réunies dans cet animal, le charmèrent à tel point, qu'il en demanda le prix avec empressement. Le maquignon lui répondit, qu'il ne pouvait pas le donner à moins de deux cents guinées. Cette somme ayant paru exorbitante au gentilhomme, le maquignon était prêt à se retirer, lorsque le gentilhomme le rappela, et lui dit: je ne refuse point de vous donner un prix raisonnable de votre cheval; mais votre demande est trop forte. Voyez s'il n'y aurait pas moyen de nous arranger. — Eh bien! monsieur, répliqua le maquignon, qui était un rusé matois, fort habile dans ses comptes, si vous ne voulez pas me donner les deux cents guinées que je vous demande, faisons un autre marché. Mon cheval a, comme vous le savez, six clous à chacun de ses fers, vingt-quatre clous en tout. Je ne vous demande qu'un farthing pour le premier clou, deux pour le second, quatre pour le troisième, et ainsi de suite, en doublant toujours pour chaque clou jusqu'au dernier. Le gentilhomme accepta cette proposition avec joie, et dit à ses gens de conduire le cheval dans son écurie.

TOMMY. — Mais, monsieur, vous trouviez le maquignon si rusé? je le trouve bien sot, moi, de demander deux cents guinées pour son cheval, et de le donner ensuite pour quelques farthings.

M. BARLOW. — Le gentilhomme en avait précisément la même idée que vous. Quoi qu'il en soit, le maquignon ajouta : Bien que vous ayez accepté ma dernière proposition, je ne prétends pas, monsieur, vous forcer de tenir à la rigueur votre engagement. Tout ce que je vous demande, c'est que si vous êtes mécontent de votre marché, vous promettiez de me payer les deux cents guinées que je vous ai d'abord demandées. Le gentilhomme lui en donna sa parole d'honneur; et, ayant fait appeler son intendant, il lui ordonna de faire le compte des farthings : car il était trop bien gentilhomme pour être en état de le faire lui-même. L'intendant alla s'asseoir à son bureau, prit une plume, et, après avoir fait son calcul, il félicita gravement son maître, et lui demanda dans quelle partie des trois royaumes était située la terre qu'il voulait acheter? Avez-vous perdu l'esprit, lui répondit le gentilhomme? Ce n'est pas une terre, c'est un cheval que j'achète ; et voici la personne à qui vous allez tout de suite en payer le prix. — Si quelqu'un a perdu l'esprit dans cette affaire, ce n'est sûrement pas moi, monsieur, répliqua l'intendant. La somme que vous m'avez ordonné de calculer, s'élève à soixante-dix mille quatre cent soixante-dix livres sterling, quelques shellings et quelques sous : et sûrement, il n'y a pas un homme de sens qui voulût donner ce prix d'un cheval. Le gentilhomme ne pouvait revenir de sa surprise ; et, croyant que son intendant avait commis quelque erreur grossière dans ses calculs, il les fit vérifier. Mais, lorsqu'il eut été convaincu de leur justesse, il s'estima trop heureux de sortir d'embarras, en faisant aussitôt compter les deux cents guinées au maquignon, qui se retira fort satisfait d'avoir eu affaire à un gentilhomme.

TOMMY. — C'est une chose inconcevable, qu'un farthing, ainsi doublé un petit nombre de fois, puisse produire une somme si prodigieuse. J'y aurais été pris le premier, je l'avoue. Oh! monsieur, c'en est fait, me voilà déterminé à apprendre l'arithmétique, pour n'être pas la dupe des maquignons. Il me semble qu'un gentilhomme doit avoir une bien sotte figure, en se voyant attrapé si honteusement.

Les premières leçons d'arithmétique fournirent à Tommy une occupation très-agréable pour les longues soirées de l'hiver. Il s'amusait avec M. Barlow, et avec son ami, à faire mille opérations curieuses sur les nombres. Ses progrès furent si rapides qu'en fort peu de temps il se vit en état d'additionner, soustraire, multiplier ou diviser, avec la plus grande exactitude, telles sommes qu'on lui proposait. Son unique délassement était d'aller observer les étoiles, lorsque le ciel n'était couvert d'aucun nuage. M. Barlow, fidèle à sa promesse, lui avait donné un petit globe de carton, traversé d'un fil de fer, et porté sur un pied. Tommy, après avoir incliné son globe, de manière que l'un des bouts du fil de fer répondît à la direction de l'étoile polaire, commença par y tracer les sept étoiles du Chariot, dans le même ordre qu'il les voyait briller aux cieux. Le lendemain, ayant observé de l'autre côté de l'étoile polaire une autre constellation, toujours opposée au Chariot, il en demanda le nom à M. Barlow, qui lui dit qu'elle s'appelait Cassiopée, et le même soir Cassiopée, avec toutes ses étoiles, fut installée sur son globe. Quelques jours après, ayant porté ses regards vers la partie méridionale du ciel, il y vit briller une constellation si remarquable qu'elle s'empara de toute son attention. Quatre grandes étoiles semblaient former une figure presque carrée; et au milieu, il y en avait trois, placées fort près l'une de l'autre, sur une ligne droite, mais un peu inclinée. Tommy montra cette constellation à M. Barlow, et le pria de la lui nommer. M. Barlow lui répondit qu'elle s'appelait Orion, et que les trois belles étoiles du milieu étaient appelées le baudrier d'Orion.

Tommy fut tellement enchanté de la grandeur et de la beauté de cette constellation glorieuse, qu'il fut occupé toute la soirée à tracer sa figure, pour la rapporter plus exactement sur son globe. Il rêva d'Orion toute la nuit; mais ses songes ne lui firent pas oublier, le lendemain, de rappeler à M. Barlow l'histoire qu'il avait promis de lui raconter, sur Agésilas, roi de Sparte.

AGÉSILAS, ROI DE SPARTE.

Les Spartiates étaient des hommes fermes et courageux, pleins de mépris pour tout ce qui pouvait leur inspirer le goût de la mollesse. Ils consacraient tout leur temps aux exercices les plus propres à endurcir leurs corps à la fatigue, et à fortifier leur ame contre la crainte des dangers et de la douleur. Comme le sort les avait placés au milieu de quelques autres nations, qui avaient fréquemment des guerres entre elles et avec eux-mêmes, il était du plus grand intérêt pour leur sûreté d'être toujours en état de repousser les insultes de leurs voisins, s'ils entreprenaient de les attaquer. Tous leurs enfans étaient élevés d'une manière dure; et ceux de leurs rois n'étaient pas traités plus délicatement que les autres.

Comment donc, monsieur! interrompit Tommy; voilà qui brouille toutes mes idées. J'ai souvent entendu dire à maman et à ses amies, que j'avais l'air d'un roi, lorsque je portais de beaux habits. Ainsi je pensais que les rois n'avaient autre chose à faire que de se promener avec une couronne sur la tête au milieu de leur cour.

M. BARLOW. — Les rois de Sparte, car il y en avait deux à la fois, croyaient devoir s'occuper d'affaires plus importantes. Destinés à conduire leurs sujets à la guerre, ils ne pouvaient se rendre dignes de commander à de braves guerriers, sans chercher à les surpasser en force, en courage, et en grandeur d'ame. Les Spartiates avaient pour alliés des Grecs établis en Asie, et qui se voyaient menacés par les Perses des horreurs de l'esclavage. A la première nouvelle du danger de leurs amis, les Spartiates envoyèrent, pour les secourir, Agésilas, l'un de leurs rois, avec quelques milliers de soldats. Quelque formidable que parût la puissance du roi de Perse, ils jugèrent cette petite armée suffisante pour résister à toutes ses forces. Celui-ci, enorgueilli du faste de ses palais, de l'immensité de ses richesses, et du nombre de ses esclaves, ne pouvait concevoir qu'on eût l'audace d'entreprendre d'arrêter ses projets. Un de ses généraux fit aussitôt marcher son armée contre les Spartiates. Agésilas, qui ne comptait pour rien le nombre de ses ennemis, ordonna à ses soldats de s'avancer, les rangs bien serrés, et en joignant ensemble leurs boucliers. Puis, lorsqu'ils furent à la portée des Perses, ils tombèrent sur eux avec tant de furie, qu'ils enfoncèrent leurs bataillons, et les contraignirent, en un moment, de prendre honteusement la fuite.

En cet endroit, Tommy interrompit encore M. Barlow, pour lui demander ce que c'était qu'un bouclier. Dans les temps anciens, lui répondit M. Barlow, avant que les hommes connussent les terribles effets de la poudre à canon, ils étaient accoutumés à combattre de près, et corps à corps, avec des épées ou de longues piques. C'est pourquoi ils avaient besoin de se couvrir d'une armure impénétrable au fer de leurs ennemis. La principale de ces armes défensives était le bouclier. On le faisait d'airain, ou de bois couvert d'un cuir épais et de lames de fer. Celui des Spartiates était assez long et assez large pour couvrir un homme presque tout entier. Lorsqu'ils allaient au combat, ils formaient des rangs bien serrés, tenant leur bouclier passé aux bras gauche et debout devant eux, pour se mettre à l'abri des flèches et des javelots. Sur leurs têtes, ils portaient un casque, c'est-à-dire, un bonnet de fer ou d'acier, orné de plumes flottantes, ou de queues de chevaux. C'est de cette manière que d'un pas ferme, et leurs piques en avant, ils marchaient à la rencontre de leurs ennemis.

Oh! monsieur, s'écria Tommy, que ce devait être un beau spectacle! il m'est arrivé quelquefois de voir passer ici des régimens. Lorsque je voyais ces troupes marcher d'un air fier, et la tête levée, je pensais au plaisir que j'aurai d'être un jour militaire, quand je serai assez grand.
— Avez-vous bien considéré, repartit M. Barlow, quelle est la destinée d'un soldat? — Oui, monsieur, répondit Tommy: je sais bien qu'il doit se battre quelquefois : et ce n'est pas la meilleure de ses affaires. Ce qui me flattait davantage, c'était de faire l'exercice au son de la musique, et les drapeaux déployés, avec un bel habit rouge et des armes brillantes, tandis que les femmes vous regardent, vous applaudissent et vous saluent. Je leur ai souvent entendu dire qu'elles n'aimaient rien tant qu'un soldat. — Fort bien, reprit M. Barlow, j'espère que vous en prendrez tout à l'heure des idées plus justes. Mais revenons à notre histoire.

Pharnabaze (c'était le nom du général des Perses) voyant que ses troupes n'étaient pas en état de tenir contre les Spartiates, envoya prier Agésilas de lui accorder une conférence, pour traiter avec lui des conditions de la paix. Agésilas y consentit, et fixa l'heure et l'endroit du rendez-vous. Il s'y rendit ponctuellement, accompagné de ses capitaines. Pharnabaze n'étant pas encore arrivé, ils s'assirent tranquillement sur l'herbe; et, comme c'était l'heure de leur repas, ils tirèrent leurs vivres, qui consistaient en pain grossier et en ognons, et commencèrent à manger d'un grand appétit. Au milieu de ces guerriers était assis le roi, qui ne se distinguait de la foule, ni par la richesse de ses habits, ni par la délicatesse de ses alimens. Il n'y avait pas un seul homme dans toute l'armée qui supportât avec plus de courage toute sorte de fatigues, et qui fût plus exact à la discipline militaire. Aussi était-il chéri et révéré de ses soldats, qui auraient rougi de paraître moins braves ou moins patiens que leur chef. Au bout de quelques instans, les premiers serviteurs de Pharnabaze arrivèrent, portant de riches tapis, et des carreaux de duvet qu'ils étendirent à terre, pour que leur maître pût s'y reposer mollement. Bientôt survint une seconde troupe, qui s'empressa de dresser une tente magnifique, avec des rideaux de soie, pour défendre Pharnabaze et sa suite des ardeurs du soleil. Enfin on vit paraître un grand nombre de cuisiniers et d'officiers de bouche, avec plusieurs chevaux chargés de toutes les provisions d'un superbe banquet. Pharnabaze arriva le dernier de tous, revêtu, suivant l'usage oriental, d'une longue robe de pourpre, rayonnante d'or et de pierreries, et porté sur un beau cheval aussi richement orné que lui-même. Lorsqu'en approchant de plus près, il fut à portée de voir les manières simples du roi de Sparte et de ses capitaines, il ne put s'empêcher de sourire d'un air de mépris, et de faire des comparaisons dédaigneuses entre leur manière négligée et sa magnificence. Tous ceux qui l'environnaient ne manquèrent pas d'applaudir aux railleries piquantes de leur général, excepté un seul homme, qui, ayant servi autrefois chez les Grecs, était mieux instruit de la véritable valeur de ce peuple. Cet homme était fort considéré de Pharnabaze pour ses lumières et sa probité. Pharnabaze, observant son silence le pria de lui déclarer ses sentimens, comme les autres venaient de le faire. Il s'en défendit d'abord; mais enfin, pressé par son général, il lui dit: Puisque vous m'ordonnez de vous exposer mon opinion, je dois vous avouer, ô Pharnabaze, que tout ce qui vient d'exciter les ris moqueurs de vos courtisans, forme le sujet de mes craintes. De notre côté sans doute, je vois des robes de pourpre, des joyaux d'or et de diamans; mais, lorsque j'y cherche des hommes, je n'y trouve que des cuisiniers, des musiciens, des danseurs, et pas un seul guerrier. Du côté des Grecs, je ne vois aucun de ces riches ornemens qui font notre orgueil; mais j'y vois le fer et l'airain qui leur forment des armures impénétrables. J'y vois des hommes élevés à mépriser la fatigue, à braver les dangers, à obéir à leurs chefs, et prêts à mourir à leur poste plutôt que de l'abandonner. Si le combat était entre nous à qui préparerait le mieux un dîner, et à qui nouerait sa chevelure avec plus de grâce, je ne douterais pas que l'avantage ne fût pour notre parti; mais, lorsqu'il s'agit d'un prix qu'il faut disputer par la force et par la valeur, je ne puis m'empêcher de craindre que tout l'or de la Perse ne puisse jamais résister au fer de la Grèce. Pharnabaze fut si frappé de la force de ce discours, que dès ce moment il résolut de n'avoir plus rien à démêler avec des hommes si redoutables, et il tourna tous ses soins à conclure une paix, qui le préserva lui et son pays d'une destruction infaillible.

Vous voyez par cette histoire, dit M. Barlow, que les beaux habits ne méritent guère l'estime que vous aviez pour eux, puisqu'ils ne peuvent donner à ceux qui les portent ni plus de force, ni plus de courage, et qu'ils ne sauraient les défendre contre les attaques d'un ennemi, qui n'a que ses armes pour toute parure. Mais, puisque vous êtes si peu instruit du métier de soldat, je vais vous en donner une connaissance plus détaillée. Au lieu de cette vie brillante, qui paraît avoir séduit si fortement votre imagination, il faut vous apprendre qu'il n'est pas un seul état où l'on soit exposé à souffrir plus d'accidens et de misère. Le soldat est souvent obligé de faire des marches forcées, percé jusqu'aux os par la pluie, ou étouffé par la poussière, engourdi par le froid, ou accablé sous le poids de la chaleur, quelquefois sans alimens pour ranimer ses forces, et sans vêtemens pour se couvrir. Lorsqu'il s'arrête la nuit, le meilleur gîte qu'il puisse espérer est une misérable tente de toile, qui ne le défend guère des injures de l'air, et une poignée de paille qui meurtrit encore ses membres fatigués. Il est même souvent dépourvu de ces tristes ressources, et réduit à coucher sans couverture, sur une terre humide, où il contracte des infirmités plus cruelles que le fer de l'ennemi. A chaque instant de la nuit, son repos est troublé par de vaines alarmes. Le jour, il faut livrer sans cesse des combats, qui l'exposent au hasard de perdre ses membres ou sa vie. Si son parti remporte quelque avantage, c'est pour recommencer à combattre le lendemain avec une nouvelle fureur, jusqu'à ce que la guerre soit terminée. S'il est battu, il voit couler son sang sur le champ de bataille, ou il est fait prisonnier par l'ennemi, pour aller languir dans les horreurs d'une affreuse prison, et y perdre, dans les chagrins et les maladies, de tristes jours que le fer avait épargnés.

Hélas, monsieur, s'écria Henri, quelle affreuse peinture vous nous faites de la destinée de ces braves gens, qui se dévouent à défendre leur pays! Il me semble que ceux qui les emploient devraient bien prendre soin d'eux, lorsqu'ils sont malades ou estropiés, et hors d'état de pourvoir à leur subsistance.

M. BARLOW. — Ils le devraient sans doute. Mais la plupart de ceux qui gouvernent les hommes sont bien étrangers à ces sentimens généreux. Après avoir entrepris par orgueil ou par avarice des guerres injustes et cruelles, ils ne regardent les malheureux qui les ont servis que comme des victimes échappées à la guerre, et qu'ils livrent à la misère pour achever de les immoler.

HENRI. — Mais, monsieur, comment les hommes qui devraient trouver tant de plaisir à s'aimer, ont-ils pu entreprendre une seule guerre? Comment a-t-on pu concevoir l'idée de quitter sa femme et ses enfans, pour aller faire à ses semblables tout le mal qui est en son pouvoir?

M. BARLOW. — Vous avez bien raison, mon ami, de vous étonner de cette féroce extravagance. Parmi tous les flots de sang humain qui ont été répandus depuis la naissance du monde, à peine y en a-t-il eu quelques gouttes versées pour une cause juste et naturelle. Il n'en est qu'une seule que la raison puisse autoriser, c'est la défense de son pays. C'est alors qu'il est de son devoir de repousser la force. Chez les Grecs, dont nous venons de parler, tout homme était soldat, et devait toujours se tenir prêt à défendre sa patrie, lorsqu'elle était attaquée.

HENRI. — Oh, monsieur, je vous en prie, racontez à Tommy cette histoire de Léonidas, qui m'a fait tant de plaisir; je suis sûr qu'il sera charmé de l'entendre.

M. Barlow, ayant vu les yeux de Tommy briller de joie à cette proposition, voulut bien lui raconter l'histoire suivante.

LÉONIDAS, ROI DE SPARTE.

Xerxès régnait sur la Perse Cet empire d'une vaste étendue, nourrissait plusieurs millions d'hommes. La terre féconde y produisait toute les choses nécessaires à la vie, et renfermait encore dans son sein les mines des plus précieux métaux. Mais toutes ces richesses étaient loin de satisfaire l'ame orgueilleuse de Xerxès. Persuadé que l'univers entier devait fléchir sous ses caprices, et voyant que les Grecs, fiers de leur liberté, refusaient d'obéir aux ordres insolens qu'il leur envoya, il résolut de faire une expédition contre eux, et de réduire leur pays sous sa domination. Il assembla aussitôt une armée si puissante, qu'il serait impossible de vous en faire le dénombrement. Ces forces redoutables semblaient suffisantes pour faire la conquête de la terre; et toutes les troupes que les Grecs pouvaient leur opposer montaient à peine à la centième partie de celles de leur ennemi. Une si prodigieuse inégalité n'abattit point cependant le courage de ces peuples magnanimes. Ils tinrent des assemblées générales, pour délibérer sur leur sûreté commune; et leur noble résolution fut qu'ayant vécu libres jusqu'à ce moment, ils maintiendraient leur liberté ou mourraient glorieusement pour sa défense. Dans cet intervalle, Xerxès poussait toujours sa marche, et bientôt il entra sur le territoire de la Grèce. Les Grecs n'avaient pu encore assembler entièrement toutes leurs troupes, c'est pourquoi ils furent frappés de consternation, à l'approche d'une armée aussi formidable. Léonidas était alors roi de Sparte. En considérant la situation dangereuse où se trouvait la Grèce, il ne vit qu'un seul moyen de prévenir sa ruine. Pour pénétrer dans son sein, il fallait que l'armée des Perses défilât par un passage rude et montueux, appelé les Thermopyles. Léonidas conçut que si un petit nombre de braves soldats entreprenaient de défendre ce passage étroit, ils retarderaient la marche de leurs ennemis et donneraient le temps aux Grecs de rassembler toutes leurs forces. Mais qui voudrait exécuter une résolution si hardie, et se livrer à un péril dont il y avait si peu d'espoir d'échapper? Il résolut de l'entreprendre lui-même, avec ceux de ses Spartiates qui s'engageraient volontairement à le suivre, et de sacrifier ainsi sa vie pour le salut de sa patrie.

Dans ce dessein, il assembla les principaux citoyens de Sparte, et leur exposa la nécessité de défendre le passage des Thermopyles. Tous les Spartiates furent également frappés de l'importance de cette idée; mais personne ne s'offrait pour l'exécuter. Eh bien, s'écria Léonidas, puisque vous approuvez mon dessein, je me charge moi-même de tous ses dangers, avec tous ceux qui voudront me suivre. Cette proposition généreuse fut reçue avec des transports d'admiration; mais on crut devoir lui représenter la mort certaine qui devait être le prix de son courage. Qu'importe, répondit-il, nous perdrons la vie; mais la Grèce conservera sa liberté. En disant ces mots, il sortit de l'assemblée, et alla se préparer pour l'expédition, avec trois cents Spartiates qui s'offrirent à partager son noble dévouement. Avant de partir, il voulut prendre congé de sa femme, qui le tint long-temps serré dans ses bras en l'arrosant de ses larmes. Il tâcha de la consoler par ses caresses, et lui dit que la vie d'un citoyen était peu de chose en comparaison de l'intérêt de la patrie, et que les femmes spartiates devaient être plus occupées de la gloire que de la sûreté de leurs maris. Il embrassa ses enfans; et, recommandant à sa femme de les élever dans les principes où il avait vécu lui-même, il sortit de sa maison, et se mit à la tête de ces braves guerriers qui devaient le suivre. A mesure qu'ils traversaient la ville tous les habitans accouraient autour d'eux, en les comblant de louanges et de bénédictions. Les jeunes femmes entonnaient des chants de guerre, et semaient des fleurs sur leurs pas. Les jeunes gens étaient jaloux de leur gloire, et se plaignaient de ce qu'un choix si honorable n'était pas tombé sur eux-mêmes, tandis que leur parens et leurs amis, oubliant le danger de les perdre, ne paraissaient sensibles qu'à l'honneur immortel qu'ils allaient acquérir. A leur passage dans la Grèce, ils furent joints par différens corps de leurs alliés, en sorte que leur troupe montait à environ six mille hommes, lorsqu'il prirent possession du passage des Thermopyles.

Bientôt après Xerxès arriva, suivi de son innombrable armée, composée de toutes les nations soumises à son empire. En apprenant quel était le petit nombre des Grecs, il ne put se persuader qu'ils eussent le projet de s'opposer à son passage. Mais lorsqu'on lui eut rapporté que c'était en effet leur dessein, il envoya un détachement de ses troupes, avec ordre de prendre les Grecs vivans, et de les amener chargés de chaînes à ses pieds. Ses soldats partirent, pleins de confiance, et attaquèrent les Spartiates avec une grande furie; mais, dans un instant, ils se virent repoussés après avoir essuyé une perte considérable; et ils furent obligés de se retirer en désordre. Furieux de cette disgrace, Xerxès ordonna de renouveler le combat avec des forces plus nombreuses; mais, quoiqu'il y eût employé les meilleures troupes de son armée, il n'en eut pas moins le chagrin de voir encore son orgueil humilié. Ainsi toute cette troupe innombrable fut arrêtée dans sa marche par une poignée de soldats si méprisables à ses yeux, qu'elle ne les avait pas d'abord jugés dignes d'une attaque sérieuse ; et le monarque orgueilleux aurait été réduit à retourner honteusement sur ses pas, sans la trahison de quelques habitans du pays. Séduits par l'attrait d'une grande récompense, ils s'engagèrent à conduire un corps choisi de Perses sur le sommet des montagnes, par des chemins détournés, dont eux seuls étaient instruits. Ils prirent le temps de la nuit, et allèrent s'établir sur une hauteur qui dominait le camp des Grecs. Aux premiers feux du jour, Léonidas les aperçut, et il sentit dès ce moment qu'il n'était plus en état de se maintenir dans son poste. Sa fermeté n'en fut point abattue, et il se disposa à soutenir généreusement le sort qui l'attendait. Après avoir comblé de louanges ses alliés, et les avoir remerciés de la bravoure avec laquelle ils l'avaient soutenu dans son entreprise, il les renvoya tous chacun dans leur pays. Il aurait aussi renvoyé, sous divers prétextes, une partie de ses Spartiates ; mais ceux-ci, résolus de mourir avec leur roi, plutôt que de retourner sans lui dans leur patrie, refusèrent de lui obéir. Lorsqu'il vit leur résolution, il consentit à les garder, et à les associer à sa destinée. Il resta tout le jour tranquille dans son camp, exhortant ses soldats à prendre de la nourriture, en ajoutant qu'ils iraient tous ensemble souper chez Pluton. Le soir, ils prirent leurs armes, et attendirent en silence le milieu de la nuit, temps que Léonidas jugeait le plus propre au dessein qu'il méditait. Lorsque le moment fut venu, le roi se mit à leur tête, et les conduisit vers le camp des Perses. Ils s'en ouvrirent bientôt l'entrée, et mirent en fuite les gardes avancées qui voulurent leur résister. Il serait difficile de vous peindre la confusion et la terreur qui se répandirent en un moment parmi tant de milliers d'hommes, réveillés au milieu de leur sommeil, et frappés de tous côtés par des cris d'épouvante et d'horreur. Les Grecs marchaient serrés les uns contre les autres, renversant tout à leur passage, et poussant devant eux cette vaste et puissante armée comme un troupeau effrayé. Ils étaient déjà parvenus à la tente de Xerxès ; et, s'il ne l'eût abandonnée précipitamment à la première alarme, ils auraient mis fin, d'un seul coup, à sa vie et à son expédition. Ils arrachèrent le pavillon royal, le déchirèrent avec indignation, et foulèrent sous leurs pieds les ornemens précieux et les vases d'or, qui servaient au luxe des rois de Perse. Mais lorsque le jour commença à paraître, les Perses, revenus de leur première terreur, en considérant le petit nombre de leurs ennemis, les environnèrent de toutes parts ; et, sans oser encore les attaquer de près, ils firent pleuvoir sur eux une grêle de flèches et de javelots. Les Grecs étaient épuisés de fatigue, et avaient déjà perdu une grande partie de leurs compagnons ; cependant Léonidas, incapable de céder, s'élançait avec eux contre les Perses, et faisait encore plier leurs bataillons. Enfin, accablés sous le nombre, ils furent tous massacrés, à l'exception d'un seul, qui trouva le moyen d'échapper au carnage, et de retourner dans sa patrie ; mais il y fut reçu comme un traître ; et personne ne voulut avoir commerce avec lui, jusqu'à ce qu'il eût effacé sa honte, en faisant des prodiges de valeur dans un autre combat.

L'histoire était à peine achevée, que Tommy s'écria avec enthousiasme : Oh, monsieur, quel brave homme c'était que ce Léonidas ! Dites-moi, je vous prie, que firent les Perses après la mort de ces vaillans Spartiates ? Xerxès vint-il à bout de soumettre les Grecs, ou en fut-il repoussé? Tenez, lui répondit M. Barlow, vous savez lire à présent, voici le livre qui contient la suite de cette histoire. Vous pourrez vous en instruire vous-même, lorsque vous le désirerez. Tommy prit le livre avec joie, et passa fort agréablement une partie de la journée à suivre le récit de tous les événemens de cette expédition mémorable.

L'hiver durait encore. Le vent du nord, balayant tous les nuages du ciel, y entretenait la plus pure sérénité. Tommy attendait chaque jour avec impatience le retour de la nuit pour étendre ses connaissances dans les cieux. Il avait déjà orné son globe des constellations les plus remarquables, telles que Persée, Andromède, Céphée, Cassiopée, les Pléyades et Sirius, la plus brillante étoile de tout le ciel. Il avait observé que tous les astres s'avançaient chaque nuit de l'Orient à l'Occident, et que le lendemain au soir, à la même heure, ils paraissaient à la même place que la veille. Il est bien singulier, dit-il à M. Barlow, que les étoiles tournent ainsi continuellement autour de la terre.

M. BARLOW. — Et comment savez-vous qu'elles tournent?

TOMMY. — Comment, monsieur? C'est que je les vois changer de place tous les soirs.

M. BARLOW. — Mais comment vous êtes-vous assuré que ce soient les étoiles qui changent de place, et que ce ne soit pas la terre elle-même?

Tommy réfléchit un moment, et répondit: Mais, monsieur, je verrais alors la terre se mouvoir, tandis que les étoiles resteraient toujours au même endroit.

M. BARLOW. — Vous souvenez-vous de vous être jamais promené en carrosse?

TOMMY. — Oh sûrement, monsieur, maman m'y a mené fort souvent avec elle.

M. BARLOW. — Et vous aperceviez-vous que le carrosse marchât, lorsque vous étiez assis tranquillement, et que le chemin était bien uni?

TOMMY. — Non monsieur, je vous avoue qu'il me semblait alors que c'étaient les maisons, les arbres et toute la campagne, qui glissaient légèrement le long des portières de la voiture.

M. BARLOW. — Avez-vous fait aussi des promenades en bateau?

TOMMY. — Oui, monsieur.

M. BARLOW. — Et que vous semblait-il des objets qui vous environnaient?

TOMMY. — La même chose que lorsque j'étais en voiture. Au lieu de penser que le bateau s'éloignât du rivage, j'aurais parié, la première fois, que c'était le rivage qui s'éloignait du bateau.

M. BARLOW. — Puisque cela est ainsi, il serait donc possible que quoique ce fût la terre qui marche, et non les étoiles, il parût à vos yeux que ce sont les étoiles qui marchent, et non la terre.

TOMMY. — Mais n'eût-il pas été plus raisonnable de faire marcher le soleil et les étoiles, qui sont si petits, que de faire marcher un corps aussi grand que la terre doit l'être.

M. BARLOW. — Et d'où savez-vous que le soleil et les étoiles soient aussi petits que vous le dites?

TOMMY. — C'est que je vois bien comme ils sont. Il y a de si petites étoiles, qu'il faut regarder long-temps pour les trouver. Et le soleil lui-même, qui est beaucoup plus grand, ne l'est guère plus que ce guéridon.

Ici finit l'entretien de la soirée.

La journée étant fort belle le lendemain, M. Barlow se hâta de proposer à ses deux jeunes amis une partie de promenade. Comme Tommy s'était alors endurci à la fatigue, et qu'il était en état de soutenir la marche de plusieurs milles, ils continuèrent leur route jusque sur une montagne, d'où ils découvraient en pleine perspective une grande étendue de mer. Tandis qu'ils laissaient égarer leurs regards sur ce vaste horizon, M. Barlow découvrit dans le lointain un corps flottant, qui paraissait si petit, que l'œil pouvait à peine le distinguer sur les flots. Il s'empressa de le faire voir à Tommy, qui fut long-temps à le trouver, et il lui demanda s'il savait ce que c'était?

Tommy répondit que c'était sans doute quelque chaloupe de pêcheur; mais qu'il n'osait cependant en répondre, à cause de la distance qui l'empêchait de la reconnaître.

M. BARLOW. — Comment cet objet paraît-il donc à vos yeux?

TOMMY. — Comme un petit point obscur, qui semble s'agrandir.

M. BARLOW. — Et pourquoi semble-t-il ainsi s'agrandir?

TOMMY. — C'est qu'il s'avance de plus en plus vers nous.

M. BARLOW. — Quoi donc! est-ce que le même objet peut nous paraître tantôt grand et tantôt petit?

TOMMY. — Oui, monsieur. Il paraît petit, lorsqu'il est à une grande distance. Tenez, voyez là-bas ce grand arbre sous lequel nous venons de passer, il ne paraît pas plus haut que mon pommier-nain.

M. BARLOW. — Il est vrai.

TOMMY, *en se retournant vers la mer.* — Oh, monsieur, regardez donc, je vous prie, voici le bâtiment qui a fait bien du chemin. Je me rétracte, s'il vous plaît: ce n'est pas, comme je l'imaginais, une chaloupe de pêcheur. C'est un vaisseau avec un mât. Je commence à distinguer les voiles.

M. Barlow s'était éloigné un moment pour chercher quelques plantes dans le voisinage. Tommy courut bientôt le rappeler, et lui dit: Oh, monsieur, moi qui vous disais tout à l'heure que c'était un vaisseau à un seul mât! Je m'étais encore trompé. C'est bien un beau vaisseau à trois mâts, avec toutes ses voiles au

vent. Je ne serais pas même surpris quand ce serait une grosse frégate. Et que dis-je encore? Je le vois maintenant, c'est un vaisseau de guerre.

M. BARLOW. — Voulez-vous bien vous rappeler tout ce que vous m'avez dit depuis un quart d'heure. Ce qui n'était d'abord qu'un petit point obscur est devenu une chaloupe de pêcheur, puis un vaisseau à un mât, puis une frégate, et puis enfin un vaisseau du premier rang, avec tous ses mâts et toutes ses voiles appareillées. Cependant toutes ces diverses apparences ne sont que le même objet à des distances inégales de votre œil.

TOMMY. — Oui, monsieur, tout cela est vrai en effet.

M. BARLOW. — Mais si ce vaisseau qui est venu se mettre tout entier à notre vue allait s'en retourner, et faisait voile loin de nous avec autant de vitesse qu'il vient de s'en approcher, qu'en arriverait-il alors?

TOMMY. — Nous le verrions diminuer de plus en plus à chaque minute, jusqu'à ce qu'il fût encore redevenu un petit point obscur.

M. BARLOW. — Vous disiez, je crois, hier au soir que le soleil était un corps très-petit, et qu'il n'était même guère plus grand que votre guéridon?

TOMMY. — Oui, monsieur.

M. BARLOW. — Supposons qu'il s'éloignât encore de nous à une plus grande distance, paraîtrait-il toujours le même à vos yeux?

Tommy réfléchit un moment, et dit : Si le vaisseau, en s'éloignant, paraissait diminuer, par degrés, jusqu'à ce qu'enfin il ne fût plus qu'un point obscur, je pense que le soleil devrait faire la même chose, s'il s'éloignait de nous.

M. BARLOW. — Vous avez parfaitement raison. Ainsi le soleil, en s'éloignant de plus en plus, ne paraîtrait pas enfin plus grand que l'une de ces étoiles étincelantes, que vous voyez à une si grande distance au-dessus de votre tête?

TOMMY. — Oui, monsieur, je le sens à merveille.

M. BARLOW. — Mais, si au contraire une de ces étoiles étincelantes s'approchait de plus en plus de vous, que pensez-vous qu'il en arrivât? Vous paraîtrait-elle toujours aussi petite?

TOMMY. — Non, sans doute, monsieur. Le vaisseau nous a paru s'agrandir de plus en plus, à mesure qu'il s'est approché de nous. Ainsi je pense que l'étoile n'aurait pas de raison pour se dispenser de paraître plus grande.

M. BARLOW. — Ne pourrait-elle pas alors vous sembler aussi grande que le soleil?

TOMMY. — Oui, vraiment, monsieur, puisque le soleil nous paraîtrait aussi petit qu'une étoile, s'il était aussi reculé de nos yeux.

M. BARLOW. — Mais si le soleil, au lieu de s'éloigner de nous, s'en approchait au contraire beaucoup plus près qu'il ne l'est maintenant, vous paraîtrait-il toujours de la même grandeur?

TOMMY. — Non, monsieur, je vois clairement qu'il devrait nous paraître plus grand, à mesure qu'il approcherait.

M. BARLOW. — Puisque cela est ainsi, il n'est donc peut-être pas si certain que la terre que nous habitons soit plus grande que le soleil et les étoiles. Le soleil et les étoiles sont à une grande distance; et la terre, elle touche à nos yeux. Voyons : supposons, pour nous éclaircir, qu'un homme s'élève de la terre vers le soleil, comment pensez-vous que la terre doive lui paraître pendant son trajet?

TOMMY. — Vraiment, monsieur, jusqu'à l'expérience, j'aurai de la peine à vous le dire.

M. BARLOW. — Pourquoi seriez-vous embarrassé? Qu'un objet s'éloigne de vous ou que vous vous éloigniez de l'objet, n'est-ce pas la même chose? N'est-il pas egal, par exemple, que ce soit le vaisseau qui fasse voile loin de nous, ou que ce soit nous qui marchions loin du vaisseau?

TOMMY. — Oui, monsieur, je le conçois à présent. Cela revient au même.

M. BARLOW. — Bon. Revenons au soleil. Vous conveniez tout à l'heure que s'il pouvait être encore plus reculé de nos yeux, il nous paraîtrait plus petit.

TOMMY. — Je ne m'en dédis pas.

M. BARLOW. — Eh bien donc, si la terre s'abaissait rapidement sous vos pieds, vous paraîtrait-elle toujours aussi grande?

TOMMY. — Non, monsieur, elle devrait me paraître plus petite à chaque minute, comme le vaisseau diminuerait sensiblement à mes yeux, s'il faisait voile du rivage.

M. BARLOW. — C'est fort bien raisonner. Rappelez-vous maintenant la supposition que je vous faisais tout à l'heure. Si un homme pouvait s'élever de la terre, et monter toujours vers le soleil, qu'arriverait-il?

TOMMY. — La même chose que si la terre s'abaissait sous ses pieds; elle lui semblerait devenir à chaque instant plus petite.

M. BARLOW. — N'y aurait-il pas un point dans son vol, où la terre ne lui paraîtrait pas plus grande que le soleil?

TOMMY. — J'ai peine à le concevoir. Cependant je sens bien que plus il s'élève, et plus la terre doit se rapetisser pour lui.

M. BARLOW. — Vous rappelez-vous ce qui vous arriva, en quittant l'île de la Jamaïque?

TOMMY. — Oui, monsieur, je m'en souviens, comme si cela ne faisait que de m'arriver. Un nègre me tenait dans ses bras sur le tillac du vaisseau, le visage tourné vers le port. Le vent nous était favorable, et nous allions très-vite. Je commençai bientôt à ne plus distinguer les arbres et les maisons qui bordent le rivage. Je ne voyais plus que les hautes montagnes qui s'élèvent dans l'île. Ces montagnes se confondirent bientôt à mes yeux; l'île entière ne paraissait que sous la forme d'un brouillard épais; enfin ce brouillard lui-même disparut. Je ne vis alors autour de moi qu'une vaste plaine d'eau, et le ciel sur ma tête.

M. BARLOW. — Et ne concevez-vous pas qu'il en devrait être exactement de même, si vous vous éleviez de plus haut en plus haut dans les airs, et que vos yeux fussent tournés en bas vers la terre?

TOMMY. — Oui, monsieur. Tout devrait se passer pour moi de la même façon.

M. BARLOW. — Vous voilà donc maintenant en état de répondre à la question que je vous faisais il n'y a qu'un moment. Si un homme pouvait aller tout droit de la terre vers le soleil, comment lui paraîtraient-ils l'un et l'autre, à mesure qu'il s'élèverait dans son vol?

TOMMY. — La terre lui paraîtrait plus petite à mesure qu'il s'en éloignerait, et le soleil plus grand à mesure qu'il s'en approcherait.

M. BARLOW. — Il arriverait donc à la fin que le soleil lui paraîtrait plus grand que la terre?

TOMMY. — Je ne vois pas que cela puisse arriver autrement.

M. BARLOW. — Ainsi, vous voyez que vous ne devez plus dire que la terre est grande, et que le soleil est petit, puisque leur différence ne provient que de ce que vous êtes tout près de l'une et très loin de l'autre. Au moins devez-vous concevoir que le soleil et les étoiles sont des corps infiniment plus considérables que vous ne l'auriez imaginé au premier coup d'œil.

Comme ils s'en retournaient à la maison, ils virent, à l'entrée d'un petit village, une foule de peuple assemblée devant une baraque de bois. Un homme était à la porte, qui, d'une voix gracieuse, invitait les gens à entrer, et ne demandait que trois sous par personne, pour leur montrer les choses les plus curieuses et les plus surprenantes. Tommy et son camarade parurent si sensibles à l'invitation distinguée qu'on leur fit en particulier, que M. Barlow voulut bien se rendre à leurs désirs ; et, ayant glissé un shelling dans la main de l'orateur, il entra, suivi de ses deux amis, et alla s'asseoir avec eux au milieu de l'assemblée. On ne tarda guère à commencer la représentation. Je suis obligé de convenir que nos deux petits garçons, ainsi que les autres spectateurs, se récrièrent plusieurs fois d'étonnement et de plaisir. Après un nombre de tours de cartes et de gobelets, tous plus curieux les uns que les autres, le maître bateleur les pria de tourner leurs regards vers un bassin plein d'eau, sur laquelle flottait un petit cygne artificiel. Messieurs et dames, dit-il, j'ai réservé ce tour pour le dernier, attendu qu'il est sans contredit infiniment au-dessus de tout ce que vous venez d'admirer, et que l'on n'a peut-être rien fait jusqu'à ce jour de plus étonnant sur la terre. Vous voyez ce cygne ? Ce n'est qu'un morceau de cire emplumé, dépourvu de sentiment et de vie. Si vous avez quelque soupçon sur son compte, prenez-le dans vos mains pour l'examiner. Je vous prie seulement de le manier avec douceur, parce qu'il est d'une constitution fort délicate. Quelques-uns des spectateurs le prirent mollement entre leurs doigts ; et, après l'avoir bien considéré, ils le remirent sur l'eau. Or, donc, messieurs, reprit le bateleur, ce cygne que vous venez de voir sans mouvement et sans vie, est doué cependant d'une intelligence si extraordinaire, qu'il me reconnaît pour son maître, et qu'il se tient déjà prêt à faire toutes les évolutions que je vais lui commander. En disant ces mots, il prit un morceau de pain, et, adressant un coup de sifflet à son oiseau, il lui ordonna de venir au bord du bassin chercher le morceau de pain qu'il lui présentait. Le cygne ne fut point indocile, et, au grand étonnement de tous les spectateurs, il se retourna aussitôt, et nagea vers le bord du bassin. Oh, monsieur le gourmand, s'écria son maître, vous n'avez pas encore assez gagné votre repas ; il faut faire un peu plus d'exercice. A ces mots, il promena son pain autour du bassin, virant d'un côté, puis revirant de l'autre, et le cygne, sans se rebuter, le suivit constamment dans ses allées, dans ses venues, dans tous ses tours et retours. Les spectateurs pouvaient à peine en croire leurs yeux. Quelques-uns prirent des morceaux de pain, et les présentèrent au cygne, imaginant bien qu'il en allait faire autant à leur considération, mais ce fut en vain qu'ils sifflèrent et qu'ils tournèrent leur pain de tous les côtés, le cygne restait immobile pour eux, et semblait vouloir ne céder qu'aux invitations de son maître. Lorsque cette expérience eut été réitérée plusieurs fois, à l'extrême satisfaction de toute la compagnie, le maître de la baraque congédia poliment ses visites ; et M. Barlow reprit avec ses deux élèves le chemin de sa maison.

L'esprit de Tommy avait été si frappé de ce qu'il venait de voir, que pendant plusieurs jours il lui fut impossible d'en détacher son souvenir. Il aurait donné tout au monde pour savoir le secret de ce tour surprenant, et posséder un cygne aussi merveilleux. Un soir qu'il s'en entretenait avec Henri, celui-ci lui dit avec un sourire, qu'il croyait avoir trouvé le moyen de faire un tour semblable, et qu'il serait peut-être en état le lendemain de lui montrer un cygne, qui saurait manœuvrer tout aussi bien que celui du bateleur. En effet, le lendemain, après le déjeuner, il prit un morceau de cire blanche, qu'il pétrit entre ses doigts, sous la forme d'un oiseau, et le couvrit ensuite de quelques plumes tirées d'un oreiller. Cette figure était façonnée avec tant de délicatesse, qu'aux yeux des amateurs les moins difficiles sur la ressemblance, elle eût représenté un cygne aussi parfaitement que toute autre chose que vous pourriez imaginer. Il le mit aussitôt sur un bassin rempli d'eau, et lui présenta un morceau de pain. Quelle fut la surprise de Tommy, en voyant le nouveau cygne faire tous ses tours aussi lestement que le premier, et son camarade commander d'un ton aussi imposant que l'homme de la baraque, et se faire obéir avec la même docilité! Après s'être amusé quelque temps de cette expérience, il pressa vivement son ami de lui en montrer le secret. Henri, qui ne savait point se prévaloir de ses connaissances, s'empressa

de lui montrer dans le corps de l'oiseau une grande aiguille qui allait d'un bout à l'autre. Il lui fit voir aussi dans le pain, qui avait servi à faire promener le cygne, une petite barre de fer. Tommy, pour avoir les objets sous les yeux, ne s'en trouvait guère plus avancé dans l'intelligence du mystère. Alors M. Barlow, qui était présent, jetant quelques aiguilles sur la table, et leur présentant la barre de fer, on vit aussitôt les aiguilles s'agiter toutes à la fois à son approche, et s'élancer vers elles, comme si elles eussent été animées de sentiment et de vie. Elles s'y attachèrent si ferme, que malgré tous les mouvemens que M. Barlow lui donnait en la promenant dans l'air, elles y restaient suspendues, sans faire mine de lâcher prise. Toutes ces merveilles parurent si surprenantes à Tommy, qu'il supplia M. Barlow de vouloir bien lui en donner l'explication. M. Barlow lui dit qu'il y avait une pierre ferrugineuse, que l'on trouve dans les mines de fer, et que l'on appelle aimant. Cette pierre, ajouta-t-il, a reçu de la nature le pouvoir d'attirer le fer qui se trouve à sa portée. Mais ce qui est pour le moins aussi extraordinaire, c'est que le fer après avoir été frotté sur l'aimant acquiert autant de vertu que l'aimant lui-même, pour attirer d'autre fer à son tour. Pour cet effet, on prend de petites barres de fer aplaties, et on les frotte avec certaines précautions sur l'aimant; et, lorsqu'elles ont reçu les propriétés qu'il leur communique, on les appelle aimans artificiels. Henri, qui fut témoin l'autre jour avec nous des évolutions du cygne, après avoir roulé la chose dans son esprit, conçut hier, de lui-même, l'idée que ce manége était opéré par la vertu de l'aimant, dont je l'avais entretenu. Il vint aussitôt me faire part de ses conjectures, et je le confirmai dans son opinion. Je lui donnai ce petit aimant artificiel pour le cacher dans le pain, et l'une de ces aiguilles pour la cacher d'un autre côté dans le corps de cet oiseau. L'aimant artificiel attirant le fer de l'aiguille, le cygne paraît aller chercher le pain. Voilà tout le mystère de ce fait naturel, qui a tant intrigué votre esprit depuis quelques jours.

Pendant ce discours de M. Barlow, Tommy, tout en lui prêtant une oreille attentive, remarquait une nouvelle singularité, qu'il n'avait pas observée auparavant. Le cygne, avec lequel il jouait, lorsqu'il était un moment abandonné à lui-même, affectait constamment de prendre une direction particulière ; et cette direction était toujours du nord au sud. Tommy en demanda la raison à M. Barlow, qui lui répondit : Ceux qui les premiers découvrirent la propriété naturelle que possède l'aimant d'attirer le fer, s'amusèrent, comme nous le faisons à présent, à attirer des aiguilles qu'ils faisaient flotter sur l'eau. Vous jugez bien qu'ils ne durent pas être long-temps à remarquer la nouvelle singularité que vous venez d'observer vous-même, c'est-à-dire, qu'une aiguille une fois touchée par l'aimant, lorsqu'elle n'est pas gênée dans sa direction, se tourne d'elle-même vers le nord. Mais ce n'est que depuis un petit nombre de siècles qu'on a perfectionné cette découverte, et que l'on a imaginé de suspendre une aiguille sur un pivot, avec assez de liberté pour qu'elle puisse aisément tourner sur son centre dans toutes sortes de directions. On enferme cette aiguille et son pivot dans une boîte de cuivre, couverte d'un verre, et, par le secours de cet instrument, qu'on nomme *Boussole*, on a un moyen assuré de reconnaître le nord et le sud ; et par leur moyen, comme vous le savez, tous les autres points de l'horizon.

TOMMY. — Et cette découverte, ainsi perfectionnée, fut-elle d'une grande utilité?

M. BARLOW. — Vous allez en juger vous-même. Avant ce temps, on n'avait d'autre moyen, pour trouver son chemin sur la mer, que d'observer les étoiles. On savait, ainsi que vous commencez à l'apprendre, dans quelle partie du ciel certaines étoiles paraissaient à chaque saison de l'année. Il suffisait même de l'étoile polaire, pour reconnaître l'est, l'ouest, le nord et le sud. Lorsque les navigateurs partaient d'un pays, ils savaient dans quelle direction se trouvait celui qu'ils allaient chercher. S'il était, par exemple, à l'est, ils n'avaient qu'à prendre soin de tenir la proue de leur vaisseau tournée en plein vers cette partie du ciel, et ils arrivaient à la côte où ils avaient dessein de se rendre. Les étoiles, tant qu'elles paraissaient, étaient pour eux des guides infaillibles. Mais lorsqu'elles étaient cachées sous d'épais nuages, et que ce temps durait plusieurs jours, alors ils se voyaient réduits à laisser errer leur vaisseau à l'aventure, sans le moindre indice pour se diriger dans leur course, à peu près comme Henri, lorsqu'il s'égara dans le grand marais.

TOMMY. — Les pauvres gens ! qu'ils devaient être dans une terrible situation, en se voyant ainsi perdus, au milieu d'une nuit ténébreuse, sur une plaine aussi étendue que la mer, sans être seulement en état de savoir s'ils étaient emportés loin de l'endroit qu'ils voulaient atteindre !

M. BARLOW. — Vous concevez, d'après cette réflexion, qu'ils osaient rarement se hasarder à s'éloigner beaucoup du rivage, dans la crainte de perdre leur chemin Aussi leurs moindres voyages étaient-ils pénibles et ennuyeux, par la nécessité où ils étaient de faire dix fois plus de chemin qu'ils n'en auraient fait en prenant la voie la plus droite. Mais, aussitôt après la découverte de la boussole, ils sentirent que l'aiguille aimantée pouvait leur montrer les divers points du ciel, même dans la nuit la plus obscure. Dès-lors ils ne craignirent plus de s'aventurer sur l'immense Océan; ce qu'ils n'auraient peut-être jamais osé faire sans le secours de ce guide fidèle.

TOMMY. — Il est bien singulier qu'une petite pierre obscure, que personne ne s'aviserait de ramasser, ait ouvert aux hommes le chemin de la mer, et leur ait donné le pouvoir d'aller d'un bout du monde à l'autre, sans s'égarer un moment.

M. BARLOW. — Le diamant le plus précieux ne leur a sûrement jamais rendu un service aussi essentiel.

HENRI. — Pour moi, monsieur, ce qui m'étonne, c'est que les hommes prennent la peine de quitter leur douce patrie, pour aller courir de tous côtés, comme ces misérables vagabonds, que l'on chasse avec mépris de paroisse en paroisse.

M. BARLOW. — Vous en serez moins surpris, si vous considérez qu'il n'est point de contrée qui ne produise quelque chose dont on manque dans une autre. Ainsi leurs habitans, par un échange mutuel des productions de leur sol, peuvent se procurer mille douceurs, dont ils étaient dépourvus auparavant.

HENRI. — Est-ce que chaque pays ne produit pas tout ce qui est nécessaire pour faire subsister ceux qui l'habitent? Ainsi donc chacun, ce me semble, pourrait vivre chez soi, même quand il ne recevrait rien d'un pays étranger.

M. BARLOW. — Il est bien certain que votre père par exemple, pourrait vivre uniquement des productions de sa ferme.

Cependant, chaque année, il vend une partie de son bétail pour acheter des habits; il vend ensuite une partie de son grain pour acheter de nouveau bétail. Une autre fois, il donne à ses voisins d'une espèce de grain, pour qu'ils lui en donnent d'une autre; et ils trouvent tous dans ces échanges un plus grand avantage, que si chacun était rigoureusement obligé de s'en tenir aux fruits de ses propres champs. Il n'en est pas moins vrai, selon votre observation, qu'il n'est guère de pays, habité par des hommes, qui ne produise tout ce qui est rigoureusement nécessaire pour leur subsistance; et il faut même ajouter que les productions, que ceux-ci reçoivent des autres pays, leur sont plus souvent nuisibles que salutaires.

HENRI. — Je vous ai souvent entendu dire, monsieur, que, même dans le Groënland, le pays le plus froid et le plus affreux de l'univers, les hommes se procurent toutes les nécessités de la vie, et restent chez eux, tranquilles et satisfaits.

TOMMY. — Comment! Est-ce qu'il y a un pays dans le monde plus froid encore que la Laponie?

M. BARLOW. — Le Groënland est plus reculé vers le nord, et, par conséquent, encore plus triste et plus glacial, la terre y est couverte d'une neige épaisse, qui ne fond jamais tout entière, même pendant l'été. On n'y voit guère d'autres animaux que des ours, qui se nourrissent de poisson. Comme, dans tout le pays, il ne croît point d'arbre propre à la construction, les habitans n'ont pour bâtir leurs maisons que les planches et les arbres que la mer vient apporter sur leur rivage. Avec ces matériaux, ils élèvent de grandes cabanes, où plusieurs familles se réunissent. Les côtés de ces cabanes sont composés de pierres et de terre détrempée; le sommet est couvert de gazon. Au bout de quelques nuits ce mélange est si bien cimenté par la gelée, qu'il est impénétrable au souffle des vents pendant tout l'hiver. Le long des côtés du bâtiment sont des loges séparées l'une de l'autre, dans chacune desquelles un Groënlandais vit avec sa famille. Chaque loge a une lampe qui brûle continuellement : elle sert au Groënlandais pour s'éclairer, pour faire cuire sa nourriture, et, ce qui est également nécessaire sous un climat si rigoureux, pour entretenir une douce température dans sa demeure étroite. Pendant la courte durée de l'été, on voit arriver quelques rennes dans le pays. Les habitans s'empressent d'aller à leur poursuite pour les tuer ; mais leur principale espérance est du côté de la mer, qui leur fournit une nourriture plus abondante et plus sûre.

TOMMY. — Oh! monsieur, quelle triste vie on doit mener dans un pays si affreux! Je frémis seulement d'y songer.

M. BARLOW. — Et que diriez-vous donc à l'aspect de ces glaces énormes dont la mer est hérissée? On croirait voir flotter des montagnes. Les flots agités par les vents les poussent quelquefois l'une contre l'autre avec une si grande violence, qu'elles se brisent en mille éclats, avec un bruit plus terrible que celui d'un canon. On voit souvent sur le sommet de ces montagnes de glaces, des ours blancs, d'une grosseur monstrueuse, qu'elles ont emportés avec elles en se détachant du rivage, et qui ajoutent à l'horreur de la scène par leurs effroyables mugissemens.

TOMMY. — Mais, monsieur, est-il possible que les habitans d'un pays si affreux puissent y trouver, comme vous le dites, toutes les nécessités de la vie ?

M. BARLOW. — Les nécessités absolues se bornent à peu de chose, et par conséquent on peut se les procurer dans les lieux même les plus sauvages, avec de la patience, du courage et de l'industrie. Dans une contrée fertile, comme celle-ci, et sous les autres climats aussi tempérés, on peut voir des gens, fiers d'une richesse qu'ils tiennent du hasard, se persuader follement qu'ils sont nés pour vivre du travail des autres ; mais, dans un pays tel qu'on nous peint le Groënland, où il faut se livrer à un exercice continuel, pour se procurer les plus simples besoins de la vie, il ne peut y avoir de ces distinctions si favorables aux fainéans ; et chacun est obligé de travailler avec autant d'activité que ses compatriotes, sous peine de mourir de faim.

TOMMY. — Mais, monsieur, si ces peuples n'ont pas de troupeaux, comment font-ils pour se procurer des habits? Je ne crois pas que les poissons dont ils se nourrissent leur donnent aussi de quoi se vêtir ?

M. BARLOW. — Vous ne connaissez pas toutes les ressources que la nature tient en réserve pour ses enfans. Il y a dans les mers du Groënland une espèce particulière de poisson appelée *Veau-Marin*. Sa longueur est de neuf à dix pieds; il a quatre pattes à peu près comme celles des animaux terrestres ; mais, par une singularité remarquable, celles de devant, armées de griffes, lui servent à marcher sur la terre, à gravir les glaces et les rochers ; et celles de derrière, faites en patte d'oie, se déploient comme un éventail et lui servent de nageoires. Il vient fréquemment à terre, pour se jouer au soleil ; et lorsqu'il est poursuivi, il court des pieds de devant, et s'élance avec ceux de derrière. Quoique son allure soit gauche et cahottée, sa marche est si rapide qu'un homme a de la peine à le suivre. Ce poisson, qui vit sur la terre et dans l'eau, est la véritable richesse des Groënlandais. Ils boivent son sang, et se nourrissent de sa chair. Sa peau ferme et velue leur sert à se faire de bons habits, à tapisser leurs habitations, et à doubler leurs canots. Ses fibres leur valent mieux pour coudre que le fil ou la soie. L'enveloppe de ses intestins, lorsqu'elle est desséchée, tient lieu de vitres aux fenêtres, et laisse entrer la lumière, sans donner passage au vent, ni à la neige. Sa vessie est une excellente bouteille pour renfermer l'huile que l'on retire de son corps. Enfin, cette huile même est une des plus précieuses ressources pour les Groënlandais puisqu'en brûlant dans leurs lampes, elle sert à répandre dans leurs cabanes une douce chaleur, presque aussi nécessaire que la nourriture sous ces climats glacés.

TOMMY. — Oh! monsieur, vous venez de me rendre plus tranquille sur le sort de ces pauvres gens. Graces au Ciel, les voilà fournis de provisions de toute espèce : et c'est à un seul animal qu'ils en sont redevables.

M. BARLOW. — Vous jugez, d'après cela, combien ils doivent être ardens à le poursuivre et à le prendre.

TOMMY. — Contez-nous un peu, je vous prie, de quelle manière ils lui donnent la chasse.

M. BARLOW. — La voici. Un homme se place au milieu d'un canot long et étroit, dont le dessus est couvert de peaux, qui viennent se fermer par des cordons autour de sa ceinture; en sorte que l'eau de la mer ne puisse pas pénétrer dans l'intérieur de la chaloupe. A ses côtés sont deux lances, l'une plus grande que l'autre. Devant lui est un faisceau de corde roulée en cercle. A l'un des bouts de cette corde est attaché un harpon, dont les pointes sont aiguës et recourbées; à l'autre bout tient une grosse vessie pleine d'air. La rame du pêcheur est également plate et large aux deux extrémités. Il la prend des deux mains, et fend l'eau à droite et à gauche, avec un mouvement aussi régulier que s'il battait la mesure. On le voit ainsi courir d'une vitesse incroyable sur les vagues les plus agitées. Dès qu'il aperçoit un veau-marin, il s'en approche doucement, en tournant autour de lui, et tâche de le surprendre à l'improviste, lorsque l'animal, allant contre le vent et le soleil, ne peut ni le voir, ni l'entendre. Il a même l'adresse de s'avancer, caché derrière les plus grosses lames d'eau, jusqu'à ce qu'il se trouve à la juste portée de sa proie. Alors, tenant sa rame de la gauche, il lui lance le harpon de la droite. L'animal blessé plonge aussitôt, emportant avec lui le harpon, la corde et la vessie. Mais il n'est pas long-temps sans être obligé de remonter sur la surface de l'eau, par le besoin de respirer. La vessie qui remonte avant lui, indique au pêcheur l'endroit où il doit l'attendre. Il le voit à peine reparaître, qu'il le harcèle avec sa longue lance, et le force de replonger à plusieurs reprises, jusqu'à ce que ses forces soient épuisées. Il fond alors sur lui, sa petite lance à la main, et achève de le tuer. Puis il l'attache à son canot, et le traîne en triomphe jusqu'au rivage, où sa famille, qui l'attend pour recevoir sa proie, l'emporte avec des cris joyeux, et s'empresse d'aller préparer le festin. Quoique ces pauvres gens ne puissent se procurer leur nourriture qu'avec des travaux infinis, et des périls affreux, ils sont si généreux et si hospitaliers, qu'ils ne rencontrent personne sans les inviter à venir prendre part à leur fête. Un Groënlandais se tiendrait déshonoré pour la vie, si on le croyait capable de n'avoir travaillé que pour lui.

HENRI. — Il semble que ce soient les plus pauvres, qui se piquent d'une plus grande générosité.

M. BARLOW. — Cela arrive en effet assez souvent; et ce devrait bien être une leçon pour les riches, qui croient n'avoir rien de mieux à faire de leur fortune que de la dépenser en vains objets de luxe, tandis qu'il y a tant de milliers d'honnêtes gens qui manquent des premières nécessités.

TOMMY. — Mais, monsieur, je vous prie, n'auriez-vous pas encore d'autres particularités à m'apprendre de ces Groënlandais? C'est le récit le plus curieux que j'aie entendu de ma vie.

M. BARLOW. — Il y a encore une autre chose très-importante à vous rapporter au sujet de ce pays. C'est dans les mers dont il est entouré que l'on trouve la créature la plus considérable de l'univers, un énorme poisson qu'on appelle la *Baleine*.

TOMMY. — Ah, monsieur, j'ai entendu parler confusément de cet animal extraordinaire. Je désirerais bien en savoir quelque chose de plus précis.

M. BARLOW. — La baleine est d'une grandeur si prodigieuse qu'elle parvient à soixante-dix, quatre-vingt, et même quelquefois à plus de cent pieds de longueur, et à plus de vingt pieds de grosseur. Lorsqu'elle nage sur la surface des mers, on la prendrait plutôt pour un navire que pour un poisson. Elle a deux trous au-dessus de la tête, par lesquels elle lance de l'eau à une extrême hauteur. Ses nageoires sont immenses, et sa queue aurait assez de force pour renverser un navire. Quand elle s'agite et bondit sur les ondes, on dirait une tempête, dont le mouvement se fait sentir à près d'une lieue, et dont le bruit porte aussi loin qu'un coup de canon. D'après cette peinture, ne croiriez-vous pas que cet animal est pour l'homme l'être le plus redoutable de toute la nature.

TOMMY. — Oui, sans doute, monsieur, puisqu'il n'a qu'un coup de queue à donner pour culbuter un vaisseau, et dévorer à son aise tout l'équipage.

M. BARLOW. — Malgré sa force incroyable, la baleine est pour l'homme le monstre le moins dangereux que produise l'Océan. Elle ne cherche pas même à lui faire le moindre mal, parce qu'elle n'en a pas besoin. Sa principale nourriture est le menu poisson, et en particulier le hareng. Cette dernière espèce est produite dans une telle abondance, parmi les glaces des climats septentrionaux, que la mer en est entièrement couverte, pendant un certain temps de l'année, dans l'espace de plusieurs milles. C'est alors que la baleine affamée les poursuit, et les engloutit par milliers dans ses vastes entrailles.

HENRI. — Quel nombre, en effet, de ces petits animaux, il faut pour un seul repas d'un poisson si monstrueux?

M. BARLOW. La baleine, à son tour, devient la proie de la cruelle avarice de l'homme. Les Groënlandais ont du moins une excuse suffisante pour la poursuivre, dans la disette où ils sont de végétaux, et de toutes les espèces de fruits que la terre produit libéralement sous des climats plus fortunés. Mais comment justifier les Européens, qui, trop délicats et trop dédaigneux pour manger la chair fastidieuse de ce poisson, envoient chaque année un grand nombre de vaisseaux lui porter la guerre, et le tuent sans pitié, uniquement pour l'huile qu'ils retirent de son corps, et pour ses barbes élastiques, connues sous le nom de *baleines* dont on fait les busques, et qui servent à garnir les corsets des femmes? Lorsqu'un vaisseau destiné à cette malheureuse expédition aperçoit une baleine flottant, il envoie à sa rencontre une grande chaloupe montée de six matelots, et suivie de plusieurs autres, qui portent des cordes au besoin. Le pêcheur le plus hardi et le plus vigoureux se tient debout sur le devant de la première chaloupe; et, quand la baleine se dresse un peu pour respirer, il lui lance un grand harpon de fer, en s'éloignant aussitôt, de peur que l'animal, qui, après avoir été blessé, donne de furieux coups de queue et de nageoires, ne renverse la chaloupe, ou qu'elle ne s'engloutisse dans l'abîme qu'il ouvre autour de lui. La baleine plonge avec une incroyable vi-

tesse, et quelquefois pendant une heure, emportant jusqu'à deux mille brasses de corde, que tous les bateaux s'empressent de lui lâcher à la suite du harpon enfoncé dans son corps. On a grand soin de veiller à ce qu'aucun obstacle n'empêche la corde de filer librement; car telle est la force de la baleine, qu'elle entraînerait la chaloupe avec elle au fond de la mer. Pour prévenir cet accident, un homme se tient debout, une hache à la main, prêt à couper la corde au moindre embarras, tandis qu'un autre est occupé, sans relâche, à jeter de l'eau sur le bord de la chaloupe où glisse la corde, de peur qu'elle ne vienne à s'enflammer par le frottement. Épuisée par ses efforts, et par la perte de son sang, la baleine enfin se relâche de sa vitesse, et remonte sur la surface de l'eau pour respirer. C'est alors que les pêcheurs qui la suivent, l'attaquent avec une nouvelle furie, et achèvent de lui donner la mort. Sa masse inanimée flotte au loin sur les ondes. Le vaisseau, qui s'est tenu constamment à la voile, s'approche en ce moment des chaloupes, qui attachent leur proie à ses côtés avec de grosses chaînes. Aussitôt les charpentiers y descendent avec des bottes armées de crampons de fer aux semelles, de peur de glisser. On commence par lui couper ses barbes, ses nageoires et sa queue; on la dépouille ensuite de sa peau, qui est épaisse d'un doigt, et on enlève par morceaux sa graisse, qui a huit ou dix pouces d'épaisseur. C'est cette graisse, qui, fondue dans une chaudière, donne l'huile de baleine, que l'on renferme dans des tonneaux pour la transporter ici; où elle est employée à un nombre infini d'usages. Les restes de ce vaste corps sont laissés en proie aux poissons, aux ours et aux Groënlandais, qui les ramassent soigneusement pour s'en nourrir. Ils osent quelquefois eux mêmes poursuivre la baleine; mais ils n'y vont qu'en grand nombre, et avec des bateaux plus grands que ceux dont nous avons parlé. Ils l'attaquent à peu près de la même manière que les Européens: seulement comme ils ne sont pas si bien fournis de cordes, ils se contentent d'attacher des peaux de veaux-marins, enflées d'air, à l'autre bout de la corde qui suit le harpon. Ce moyen leur sert également à fatiguer leur ennemi, qui éprouve de la résistance à entraîner avec lui ces peaux sous les ondes, et à le faire découvrir au moment où il remonte sur leur surface.

HENRI. — Je ne puis m'empêcher de plaindre le sort de cette pauvre baleine, que l'on va tourmenter si cruellement pour lui ravir ses tristes dépouilles. Pourquoi ne pas la laisser vivre, sans l'inquiéter, parmi les glaces affreuses où elle est née?

M. BARLOW. — Vous devriez connaître assez les hommes, pour savoir qu'il n'est rien que la soif de l'or ne leur fasse entreprendre.

HENRI. — A la bonne heure; mais qu'ils n'entreprennent donc que des choses où ils n'aient pas besoin d'employer la cruauté. Qu'ils se bornent à déchirer le sein de la terre, personne ne s'en plaindra.

M. BARLOW. — Il serait bien à désirer que ce sentiment fût gravé dans tous les cœurs. Cependant il faut considérer que la baleine elle-même ne subsiste qu'en dévorant des milliers de poissons; en sorte que, si ceux-ci étaient susceptibles de reconnaissance, ils devraient bénir les Européens, comme des bienfaiteurs qui viennent les délivrer de leurs ennemis.

HENRI. S'ils étaient capables des sentimens que vous leur supposez, nous serions bien effrontés d'oser y prétendre; car ce n'est pas pour eux que nous faisons ces entreprises.

TOMMY. — Mais, monsieur, je vous prie, pour en revenir aux Groënlandais, quelle est l'éducation qu'on donne aux enfans dans cette horrible contrée?

M. BARLOW. — Lorsque les hommes arrivent de la pêche, couverts tout à la fois de sueur et de glaçons, et qu'ils viennent s'asseoir tranquillement dans leurs cabanes, pour se régaler de leur proie, la conversation ordinaire roule sur les dangers et les accidens qu'ils ont éprouvés dans leur expédition. Chacun raconte à sa famille comment il a bondi sur les vagues pour surprendre le veau-marin; comment il l'a percé de son harpon, comment il l'a ensuite attaqué la lance à la main; comment l'animal, furieux de ses blessures, s'est élancé sur lui pour le déchirer, comment enfin, par son courage et par son adresse, il a su triompher de son ennemi, et le conduire sur le rivage. Il raconte tous ces détails avec le sentiment et la chaleur dont on est pénétré, en parlant d'une chose qui intéresse également son amour-propre et la curiosité de ceux qui vous écoutent. Les petits garçons, attroupés autour de leur père, s'animent au récit de ses exploits, et brûlent déjà de partager ses travaux et sa gloire. Aussitôt qu'un enfant peut faire usage de ses pieds et de ses mains, son père lui donne un arc et des flèches pour s'exercer à tirer juste au but. Il lui apprend à lancer des pierres contre un panier suspendu, où est renfermé son déjeuner, qu'il est obligé, par ce moyen, d'obtenir de sa propre adresse. A l'âge de dix ans, on le pourvoit d'un petit canot pour s'instruire à ramer et à lutter contre les vagues. On l'exerce à nager tantôt sur un côté, tantôt sur l'autre, avec une rame qui lui sert de balancier, à plonger la tête en bas, et se relever du côté qu'on lui prescrit. Tantôt il passe sa rame entre ses bras et son dos, et l'agite si bien à droite et à gauche, qu'il descend sous les ondes ou remonte à sa volonté. Tantôt il jette sa rame; et, s'élançant hors du bateau pour la reprendre, il la saisit, et l'entraîne avec tant d'adresse au fond de la mer, qu'en frappant perpendiculairement contre le roc ou le sable, elle rebondit, et revient avec lui sur la surface des eaux. Toutes ces manœuvres sont absolument nécessaires pour savoir conduire un canot. Comme il suffit de la moindre chose pour le renverser, et qu'alors son conducteur, qui lui est attaché, comme je vous l'ai dit, par le milieu du corps, ne peut s'en dégager, et tombe la tête en bas sous les vagues, il se noierait infailliblement s'il ne s'était pas instruit à reprendre l'équilibre, par le secours de sa rame, et à se redresser sur son canot. C'est à l'âge de quinze ou seize ans, lorsqu'il est bien formé à tous ces exercices, qu'un jeune homme suit enfin son père à la pêche du veau-marin. Le premier qu'il vient à bout de prendre doit servir à régaler sa famille et ses amis. Pendant le festin, il raconte son expédition, et comment il s'est rendu maître de sa proie. Il a la gloire d'entendre tout le monde applaudir à son adresse et à son courage. Mais, s'il n'avait rien pris, ou s'il n'avait donné aucune preuve de talent, il serait méprisé des hommes, et réduit à subsister de la pêche propre aux femmes, c'est-à-dire de harengs, de moules et de coquillages. Il y a des jeunes gens qui ne parviennent jamais au talent de la grande pêche; et ceux-là sont obligés quelquefois de faire honteusement chez les autres l'office de servante. A vingt ans, un Groënlandais doit savoir faire son canot et son équipage, et voguer de ses propres rames. Il ne tarde pas alors à se marier; mais il reste toujours avec ses parens; et sa mère retient le timon du ménage.

HENRI. — Dites-moi, je vous prie, monsieur, n'est-ce pas dans le Groënland que les hommes voyagent sur des traîneaux, tirés par des chiens?

TOMMY. — Des traîneaux tirés par des chiens? Cela doit être plaisant. Je n'aurais jamais imaginé qu'on employât des chiens à traîner des voitures.

M. BARLOW. — Les Groënlandais en font bien aussi des attelages; mais l'usage n'en est pas si commun que dans l'autre pays dont je vous ai parlé, et qui s'appelle Kamtschatka. C'est un pays horrible, et couvert de glaces, comme le Groënland, mais qui en est fort éloigné. Les habitans y élèvent de grands chiens, qu'ils attèlent au nombre de quatre, six, huit ou dix à un traîneau léger, pour courir dans la saison des neiges et des glaces. Aux approches de l'été, les Kamtschadales donnent la liberté à leurs chiens, qui sont accoutumés à pourvoir d'eux-mêmes à leur subsistance, en courant le long des bords des rivières, où ils trouvent une quantité de débris de poissons, que les pêcheurs y laissent exprès pour eux. Mais dès le mois d'octobre, avertis par les premières rigueurs de l'hiver, ils se rendent d'eux-mêmes dans la demeure de leurs maîtres. Ils y arrivent gras et potelés; mais cet embonpoint ne dure guère. On commence par les attacher pour les faire maigrir, en diminuant, par degrés, leur nourriture; et l'on finit bientôt par ne leur donner à manger que la nuit, de peur qu'ils ne deviennent trop pesans à la course. Dès que la neige a couvert la terre, la saison de leur travail commence, et on les attèle aux traîneaux. Le conducteur, assis de côté, et les jambes pendantes, conduit ses coursiers avec un bâton de trois pieds garni de grelots, qu'il secoue pour les animer. S'il en voit un se négliger dans sa marche, il lui jette son bâton, qu'il a l'adresse de ramasser en passant. Ce n'est point avec des rênes qu'il les gouverne. Il lui suffit de crier *onga*, s'il veut aller à droite, et *kna*, s'il veut aller à gauche. Pour retarder la course, il laisse traîner ses pieds sur la neige: pour s'arrêter, il y enfonce son bâton. Cette manière de voyager l'expose à de grands périls. Lorsqu'il traverse une forêt ou des endroits couverts de broussailles, il risque à chaque instant de se crever les yeux, ou de se rompre les bras et les jambes, parce que les chiens redoublent d'ardeur et de vitesse, à proportion des difficultés qu'ils ont à vaincre. Dans les descentes escarpées, il n'est pas possible de les arrêter. Malgré la précaution que l'on prend d'en dételer la moitié, et de retenir les autres de toute sa force, ils emportent le traîneau, et quelquefois renversent le conducteur. Alors celui-ci n'a d'autre ressource que de courir après ses chiens, qui vont d'autant plus vite que le poids du traîneau est devenu plus léger. Quand le traîneau s'embarrasse un peu dans les broussailles, l'homme le rattrape; et s'il n'a pas le temps d'y remonter, il s'y accroche d'une main, et se laisse emporter, rampant sur son ventre, jusqu'à ce que les chiens soient arrêtés ou par leur lassitude ou par quelque obstacle.

HENRI. — Oh! les pauvres malheureux!

M. BARLOW. — Ce n'est pas tout encore; il leur arrive quelquefois d'être surpris au milieu de leur course par des bourasques affreuses de vent, et par un déluge de neige, qui les enveloppe en tourbillon. Quel serait le désespoir d'un Européen, en se voyant ainsi abandonné à la distance de vingt ou trente lieues de son habitation, et livré seul aux fureurs de la tempête, au milieu de ces plaines désertes! L'intrépide habitant de ces contrées, accoutumé dès son enfance à braver les rigueurs de la nature, et à se rendre, en quelque sorte, supérieur aux élémens, ne laisse point abattre son courage. Il court se réfugier dans les bois avec ses chiens et son traîneau, jusqu'à ce que l'ouragan ait perdu quelque chose de sa violence. Lorsqu'il dure plusieurs jours, comme cela arrive souvent, il est obligé de donner à manger à ses chiens les courroies et les cuirs de son traîneau, heureux de n'être pas réduit à leur disputer cette nourriture, s'il a conservé quelques restes du poisson sec qu'il a pris, en partant, pour son voyage! Plus heureux encore, s'il n'est pas gelé par le souffle perçant du vent du nord! Pour s'en garantir, il se met dans un creux qu'il garnit de branches; et là, s'asseyant les jambes croisées sous lui, et bien enveloppé dans ses fourrures, il se laisse ensevelir tout entier sous les flots de la neige, à l'exception d'une petite ouverture qu'il se ménage, pour avoir la liberté de respirer. C'est dans cet état qu'il passe quelquefois des journées entières, environné de ses chiens, qui aident à le réchauffer, jusqu'à ce que la tempête soit passée, et que la neige affermie par une forte gelée lui donne la liberté de reprendre son voyage.

TOMMY. — Je n'aurais jamais imaginé que des hommes fussent en état de résister à tant de périls, de fatigues et de désagrémens. Mais les pauvres malheureux, qui habitent ces déplorables contrées, ne se font-ils pas une grande joie de les quitter, lorsqu'ils en trouvent l'occasion? Ils doivent, je crois, s'estimer bien heureux d'aller s'établir sous des climats plus favorables?

M. BARLOW. — Ils sont bien éloignés de ces sentimens; au contraire, lorsqu'on leur dit que dans les autres pays on ne prend pas de veaux-marins, ils répondent que ces pays doivent être bien misérables, en comparaison de leur patrie. D'ailleurs, ils ont en général un si profond mépris pour les étrangers, qu'ils ne se sentent pas la moindre inclination à visiter les pays que ceux-ci habitent.

TOMMY. — Que me dites-vous, monsieur? Comment ces stupides et malheureux sauvages s'avisent-ils de mépriser des hommes qui leur sont si supérieurs?

M. BARLOW. — Ils ne sont pas si bien convaincus de cette supériorité que vous pourriez le croire. Les Groënlandais, par exemple, voient que les étrangers qui viennent chez eux ne les égalent point dans l'art de manier un canot, et de prendre les veaux-marins, les deux choses qu'ils ont le droit de regarder comme les plus utiles. C'est sur ce point de comparaison qu'ils nous jugent. Aussi nous considèrent-ils avec un grand dédain; et nous ne devons pas nous étonner de paraître à leurs yeux ce qu'ils paraissent aux nôtres, c'est-à-dire des peuples malheureux et barbares.

TOMMY. — Voyez l'impertinence! J'aimerais bien à leur faire sentir tout le ridicule de leur orgueil.

M. BARLOW. — Ce serait vous charger d'une entreprise assez difficile. Mais dites-moi, ne vous regardez-vous pas comme infiniment supérieur à ce que vous appelez les gens du peuple? et ne vous ai-je pas souvent entendu exprimer pour eux le plus grand mépris?

TOMMY. — Graces à vous, monsieur, je ne les méprise pas autant que je le faisais auparavant. D'ailleurs, si je m'estime un peu plus, c'est que j'ai eu le bonheur d'être élevé en gentilhomme.

M. BARLOW. — Il est bien triste pour moi de n'avoir pu encore réussir à comprendre exactement ce que c'est qu'un gentilhomme.

TOMMY. — Mais, monsieur, c'est lorsqu'on n'est pas élevé à travailler comme des manœuvres, et que l'on a des gens à ses ordres pour se faire servir, ainsi que mon père et ma mère. Voilà comme on est gentilhomme.

M. BARLOW. — Et alors on a le droit de mépriser les autres?

TOMMY. — Ce n'est pas ce que je veux dire. Vous conviendrez cependant qu'on a le droit de se mettre au-dessus d'eux.

M. BARLOW. — En quoi donc? Vous, par exemple, qui avez été élevé en gentilhomme, étiez-vous au-dessus du reste du monde, lorsque vous êtes venu ici.

TOMMY. — Certainement, monsieur, je n'en savais pas alors autant que j'en sais aujourd'hui.

M. BARLOW. — Et que savez-vous encore? N'entendez-vous pas tous les jours parler de mille choses que vous ignorez?

TOMMY. — J'en conviens.

M. BARLOW. — Le plus petit paysan ne sait-il pas mille fois mieux que vous comment il faut travailler la terre, pour en obtenir la première nourriture de l'homme?

TOMMY. — Il est bien vrai.

M. BARLOW. — Le dernier apprenti maçon ne serait-il pas mieux instruit à bâtir une maison solide, pour nous mettre à l'abri des injures de l'air?

TOMMY. — Je l'avoue encore.

M. BARLOW. — Et croyez-vous qu'il y ait des connaissances plus importantes que celles de ces hommes utiles?

TOMMY. — Non, sans doute, monsieur, la première chose est de vivre, et la seconde est de dormir en sûreté.

M. BARLOW. — S'il fallait décider entre eux et vous, sur les véritables services que la société demande, croyez-vous que la balance penchât en votre faveur?

TOMMY. — Hélas! non.

M. BARLOW. — Pourquoi donc vous étonneriez-vous que des hommes, tels que les Groënlandais, qui nous surpassent évidemment dans les arts, qui, chez eux, sont les plus utiles à la vie, aient une meilleure opinion de leur importance que de la nôtre. Si vous étiez porté, tel que vous êtes, au milieu de ce peuple, comment vous y prendriez-vous pour le faire revenir de sa prévention, que vous trouviez tout à l'heure si ridicule?

TOMMY. — Je leur dirais que j'ai reçu une meilleure éducation.

M. BARLOW. — Voilà ce qu'ils ne croiraient point sur votre seule parole. Ils voudraient voir d'abord comment vous excellez à conduire une chaloupe, à plonger dans la mer, et à poursuivre le veau-marin et la baleine. Je pense que vous ne sortiriez pas de ces épreuves avec beaucoup de gloire; et vous seriez bientôt réduit à mourir de faim, s'ils ne vous offraient charitablement une partie de leur pêche. Quant à votre qualité de gentilhomme, ils ne s'arrêteraient guère à cette distinction; et jamais vous ne leur feriez comprendre qu'un homme, qui vaut naturellement son semblable, doive se soumettre à flatter l'orgueil insolent d'un autre, précisément parce qu'il est mille fois plus utile que lui.

TOMMY. — En effet, monsieur, je commence à croire que je pourrais bien n'être pas d'une nature si supérieure que je l'imaginais.

M. BARLOW. — Plus vous en serez convaincu, et plus vous serez en état d'acquérir sur les autres la véritable supériorité, celle des talens et des lumières utiles. Il n'est que des esprits faibles et rétrécis, qui puissent attacher la grandeur réelle à d'autres distinctions.

Tommy fut vivement frappé de ces réflexions judicieuses; mais, ce qui l'occupa bientôt uniquement, ce fut la peinture qu'il se retraçait de la manière de vivre des Groënlandais, et surtout le parti qu'ils savaient tirer des chiens pour voyager sur la neige. Ces traîneaux et leurs attelages ne firent que rouler dans sa tête pendant la moitié de la journée. Hélas! le soir même, ils devaient produire un événement bien fâcheux pour l'orgueil de notre jeune héros.

M. Barlow venait de recevoir de *Terre-Neuve* un beau chien, nommé *César*, également remarquable par la grandeur de sa taille, sa force, sa douceur, et son adresse à nager dans les eaux les plus profondes. Tommy n'avait guère tardé à former avec lui une étroite connaissance. Il en avait fait le compagnon de ses promenades et de ses plaisirs. Toutes les fois qu'ils passaient ensemble sur le bord d'un étang, Tommy s'amusait à y jeter, le plus loin qu'il lui était possible, un gros bâton; et César, sans délibérer, courait le chercher, en plongeant tête baissée, et le rapportait aussitôt dans sa gueule. Nous avons vu combien Tommy avait été frappé de la peinture des chiens du Kamtschatka, et de leur manière de tirer les

traîneaux. La vigueur et l'agilité de César lui firent naître un jour la pensée d'en tirer le même parti. L'instant même où cette idée se présenta à son esprit, fut choisi pour l'exécution. Il se pourvut aussitôt d'une bonne corde, et il alla prendre dans la cuisine la chaise la plus forte qu'il put trouver, pour en faire un traîneau. Chargé de cet attirail, il se rendit sur une grande pièce de gazon, que les petits garçons prenaient pour le théâtre de leurs ébats. Tommy, ayant renversé sa chaise par terre, y attacha les deux bouts de sa corde ; et avec le reste, il sut former adroitement un harnais fort propre, que César laissa mettre, sans résistance, sur son dos et autour de son poitrail. Déjà, un grand fouet à la main, Tommy venait de s'asseoir, d'un air triomphant sur son char, lorsque les petits garçons, attirés par la curiosité de ce spectacle, accoururent tous autour de lui ; et par leur admiration enflammèrent l'ardeur qu'il avait de se signaler. Il commença par employer les complimens ordinaires, qu'il avait souvent entendu les cochers adresser à leurs chevaux, et à faire claquer son fouet avec toute la fierté d'un vainqueur des jeux olympiques. Mais César, qui ne comprenait pas bien ce langage, en prit de l'humeur ; et son impatience s'exprima par des écarts fougueux, et par toutes les caracoles d'un coursier indompté. Tommy, de son côté, qui regardait son honneur comme essentiellement engagé à sortir avec succès de cette entreprise, ne fut pas arrêté par de pareilles boutades, et il déchargea un rude coup de fouet sur les flancs du rebelle César, qui partit aussitôt, emportant avec lui le char, le vainqueur et les acclamations de toute l'assemblée. Quel moment de triomphe pour le jeune Merton ! Il promenait autour de lui ses regards superbes, et se tenait sur son siége avec une fermeté inébranlable. Par malheur il y avait au bout de cette place un abreuvoir où l'on menait boire les chevaux du village, et dont le fond descendait, par une pente douce, jusqu'à la profondeur de trois ou quatre pieds.

César, qui avait fait plus d'une fois ses exercices dans cette pièce d'eau, y courut par un instinct naturel, pour se débarrasser d'un train qui l'importunait. Ce fut alors que Tommy commença à prendre des inquiétudes sur sa gloire. Il voulut apaiser son coursier, et tâcher de le retenir, pour avoir le temps de s'élancer de son char. Tous ses efforts furent inutiles. César avait déjà les pieds dans l'eau ; et un instant après, il se trouva au milieu de ce petit océan, nageant de toute sa force, et toujours suivi de son conducteur, dont la tête paraissait à peine sur la surface. Que ne puis-je vous cacher l'embarras où notre héros infortuné se trouvait sur les suites périlleuses de son aventure ! Hélas ! il n'en attendit pas long-temps la catastrophe. César, d'un vigoureux coup de collier, ayant brusquement renversé le char, Tommy fut enseveli sous les ondes jusque par-dessus les oreilles. Pour comble d'infortune, l'abreuvoir n'avait pas été nettoyé depuis quelques années ; et Tommy, lorsqu'il fut remonté sur ses pieds, parut, non dans l'éclat d'un jeune Triton qui folâtre sur les ondes, mais comme un monstre amphibie, qui traîne pesamment sa masse limoneuse vers le rivage. Je vous laisse à penser quels sentimens fit naître une si étrange apparition dans l'ame des spectateurs. Tout leur respect pour un petit gentilhomme ne put les empêcher de se livrer à des éclats de rire bruyans, qui remplirent au loin la plaine. Tant que Tommy fut occupé à se relever de ses plongeons et de ses glissades, à se débattre contre les eaux, et à secouer sa chevelure humide, il ne parut guère offensé de ces insolentes risées. Mais lorsque enfin, parvenu sur le bord, il put se pénétrer tout entier de la honte de sa disgrace, une rage soudaine s'empara de ses esprits ; et, se précipitant au milieu des railleurs, il leur distribua à droite et à gauche des coups de poing avec tant de furie, qu'il se vit bientôt dans la situation d'un vainqueur qui poursuit une armée en déroute. Malheur à ceux qui se trouvaient devant ses pas. L'âge, ni le sexe, rien n'était distingué. Les faibles et les petits étaient également ses victimes. Dans le ressentiment dont il était transporté, avait-il le temps de consulter la clémence? Tandis qu'il vengeait ainsi ses affronts, et qu'il chassait les vaincus devant lui, M. Barlow parut tout à coup, attiré sur le champ de bataille par le tumulte et les cris plaintifs qui se faisaient entendre de toutes parts. Il resta quelques momens indécis sur le parti qu'il avait à prendre. Si le honteux égarement de Tommy excitait son indignation, sa figure piteuse, le désordre de ses habits, l'eau qui dégouttait encore de tous ses membres, étaient bien propres à le tenir suspendu entre le rire et la pitié. Tommy, à son tour, ne se trouvait guère moins embarrassé à l'aspect imprévu de son maître. Ne soyez donc pas surpris de ce que je ne peux vous rendre avec plus de netteté une scène compliquée de tant de sentimens divers. Tout ce que je puis vous dire de plus précis, c'est que l'arrivée de M. Barlow fit cesser le désordre général. Il conduisit Tommy dans sa chambre, le fit déshabiller et mettre au lit, et prit toutes les précautions que lui suggéra sa prudence, pour empêcher que la disgrace de son élève n'eût des suites funestes pour sa santé.

Bientôt arriva le temps où M. Merton, sollicité par les vives instances de sa femme, avait permis que Tommy vînt passer quelques jours au château. M. Barlow fut extrêmement affligé de cette visite, persuadé, comme il l'était, que son élève allait se trouver au milieu d'une société où il recevrait des impressions bien différentes de celles qu'il avait travaillé avec tant de soin à faire naître dans son esprit. Henri reçut en même temps de M. Merton une invitation très-pressante pour accompagner son ami, avec la permission de son père, qu'on avait obtenue. Quoique la première expérience qu'il avait faite de la vie du grand monde ne lui eût pas inspiré une inclination bien décidée pour cette expédition, il était d'un caractère trop obligeant pour se prévaloir de sa répugnance. D'ailleurs, l'attachement sincère qu'il avait pris pour Tommy lui faisait craindre de le quitter, bien qu'il eût aussi du chagrin de quitter son cher maître. Pour M. Barlow, il ne vit partir les deux enfans qu'avec un extrême regret, et en faisant au moins des vœux pour les voir revenir dans les mêmes sentimens qu'il avait su leur inspirer.

A leur arrivée au château, nos deux amis furent introduits dans un riche salon, où était rassemblée la plus brillante compagnie de toute la contrée. Il y avait aussi une foule de jeunes gens et de jeunes demoiselles que l'on avait invités pour tout le temps des vacances de Tommy. Aussitôt qu'il se présenta, on n'entendit qu'un concert universel de louanges en son honneur. Comme il était grandi! comme il s'était formé! le charmant petit garçon! on ne pouvait rien voir de si gentil! Ses yeux, ses dents, ses cheveux excitaient l'admiration des femmes. Trois fois il fit le tour du salon pour recevoir les complimens de la compagnie, et pour être présenté aux jeunes demoiselles. Et le pauvre Henri? Hélas! il ne fut remarqué de personne, excepté de M. Merton, qui le reçut dans ses bras avec une tendre cordialité. Quelques instans après, une dame, qui était assise auprès de madame Merton, lui demanda d'un air mystérieux à l'oreille, mais assez haut pour être entendue de toute l'assemblée, si c'était là ce petit garçon de charrue que M. Barlow prétendait élever en gentilhomme? Oui, c'est lui-même, répondit madame

Merton. Je l'aurais deviné, reprit la dame, à son air gauche, et à sa physionomie commune. Mais comment pouvez-vous souffrir que votre fils, qui, sans flatterie, est un des enfans les plus accomplis que j'aie vus, soit le compagnon de ce petit rustre? Ne craignez-vous pas qu'il ne contracte insensiblement dans sa société de mauvaises habitudes, qu'il ne prenne de lui des sentimens bas et rampans? Pour moi, qui tiens qu'une bonne éducation est la chose la plus importante de la vie, je n'ai rien épargné pour donner à ma chère Mathilde toutes les perfections qui peuvent la faire paraître avec avantage dans le monde. Je me flatte qu'on peut déjà reconnaître, à son instruction, les soins de ma tendresse. Elle danse à ravir, se présente avec grace, et personne ne se coiffe et ne se pare avec plus de goût.

Pendant le cours de cet entretien, dont le pauvre Henri avait fourni l'occasion et le sujet, une jeune demoiselle, observant que personne ne daignait avoir pitié de son embarras, s'avança vers lui d'un air gracieux, et, l'ayant pris par la main, elle le fit asseoir à son côté. Cette aimable personne, d'un caractère plein de douceur et de bienveillance, s'appelait *miss Simmons*. Henri, graces à l'affabilité de ses manières, se trouva tout de suite à son aise avec elle, comme s'il l'eût connue depuis long-temps. S'il était dépourvu des graces artificielles que donne l'usage du monde, il possédait cette politesse naturelle, que le monde ne peut donner. M. Barlow, en tâchant de préserver son cœur des mauvaises impressions, ne s'était pas moins attaché à entretenir la justesse de ses idées, et à nourrir la force de sa raison. Henri, à la vérité, ne disait aucun de ces mots brillans qui rendent un petit garçon le favori des dames. Il n'avait pas cette vivacité, ou plutôt cette impertinence, qui passe pour de l'esprit devant les gens superficiels, mais il savait écouter ce qu'on lui disait, et répondre avec intelligence aux questions qui étaient à sa portée. Miss Simmons, quoique plus âgée et plus instruite que lui, fut enchantée de sa conversation, et le trouva infiniment plus aimable et plus sensé que tous ces petits gentilshommes qui bourdonnaient autour d'elle et dont le babil importun ne faisait que l'étourdir.

En ce moment on vint appeler la compagnie pour vaquer à la grande affaire du dîner. Henri ne put s'empêcher de frémir à ce mot, lorsqu'il se souvint de tous les embarras que lui avait causés son premier repas au château. Cependant il prit la résolution de faire bonne contenance, par considération pour son ami. En voyant tant de beaux messieurs et de belles dames pressés les uns contre les autres; tant de domestiques bien frisés debout derrière leurs chaises pour les servir, un si grand étalage de sauces et de ragoûts, dont il n'avait jamais goûté, et dont il ne savait pas même le nom, tant de pompe et de difficultés pour ce qui devrait être la chose du monde la plus simple et la plus aisée, il enviait le sort des gens de la campagne, qui vont s'asseoir à leur aise sous l'ombrage, et savent faire un joyeux dîner sans tout cet appareil d'argenterie et de porcelaines, et surtout sans de vains complimens et d'éternelles cérémonies. Pendant qu'il se livrait à ces réflexions, Tommy, placé entre les deux femmes les plus distinguées, ne pouvait suffire à répondre à leurs agaceries. Tout ce qu'il disait au hasard était relevé comme un trait étincelant d'esprit. Henri avait peine à revenir de sa surprise. Son affection pour Tommy était pure et sincère. Loin que le moindre sentiment de jalousie fût jamais entré dans son cœur, il s'était réjoui de tous les progrès qu'il avait vu faire à son camarade encore plus que des siens. Cependant il n'avait jamais découvert en lui aucune trace de ce mérite supérieur dont on lui faisait compliment. Lorsqu'il pouvait attraper, à la volée, quelqu'un de ces traits qui faisaient tant de fortune, il les trouvait au-dessous de sa conversation ordinaire. Cependant comme il voyait tant de grandes dames en penser différemment, il aimait mieux condamner sa pénétration, et croire qu'il se trompait, quoiqu'il n'eût pas un sentiment bien vif de cette erreur. Mais si l'opinion de Henri sur les talens de son camarade ne trouvait guère à s'exalter dans cette représentation, il n'en était pas ainsi de Tommy. Les assurances qui lui venaient de tous côtés qu'il était un petit prodige ne tardèrent pas à lui persuader qu'il était un prodige en effet. En considérant quelles étaient les personnes qui lui rendaient ce témoignage, il trouvait qu'on avait fait jusqu'à présent une grande injustice à son mérite. Il se voyait souvent contredit chez M. Barlow, et il était obligé de donner des raisons pour ce qu'il avançait. Mais ici, pour exciter l'admiration il lui suffisait d'ouvrir la bouche ; et ses auditeurs trouvaient ses moindres paroles pleines de sens et d'esprit. Madame Merton elle-même n'était pas la dernière à lui prodiguer ses suffrages. Les progrès qu'elle avait vu faire à son intelligence par les soins de M. Barlow, et les nobles sentimens qu'il lui avait inspirés, avaient bien flatté sa tendresse ; mais le voir briller avec cet éclat extraordinaire devant des juges si délicats, et dans une compagnie de si bon ton, c'était pour son cœur une source des transports les plus vifs qu'elle eût jamais éprouvés. Ce succès général anima tellement la langue effrénée du jeune gentilhomme, qu'on l'aurait vu s'emparer de toute la conversation avant la fin du dîner, si M. Merton, qui ne goûtait pas les saillies de son fils à beaucoup près autant que sa mère, ne l'eût arrêté dans sa carrière brillante.

Pendant que son camarade occupait ainsi la scène, Henri gardait modestement le silence, livré tout entier à ses observations. M. Merton et miss Simmons étaient presque les seuls qui eussent pris une bonne idée de sa retenue. Les autres ne voyaient en lui qu'un petit paysan sauvage. Les jeunes gentilshommes, qui avaient conçu pour lui le mépris le plus profond, ne se portaient qu'avec peine à lui montrer les égards les plus communs de la civilité. Les instigateurs de cette indigne conduite étaient M. Compton et M. Mash. M. Compton se regardait comme un jeune homme accompli, quoique tout son mérite consistât, aux yeux des autres, dans une figure pâle et décharnée, un maintien effronté, et une paire de boucles si grandes qu'elles auraient pu servir à figurer sur les harnais des chevaux d'un ambassadeur. Il était sur le point d'achever le cours de son éducation à une école publique, où il avait pris tous les vices que l'on y contracte, sans avoir rien ajouté aux lumières de son étroite intelligence. M. Mash était fils d'un gentilhomme voisin, à qui sa passion extraordinaire pour les chevaux, et la fureur de s'intéresser dans les courses, avait coûté une grande partie de sa fortune. Son fils, qui, dès la plus tendre enfance, n'avait entendu parler, dans la maison paternelle, que de courses et de paris, s'était mis dans l'esprit que toutes les sciences humaines roulaient sur ces deux points. Elevé, pour ainsi dire, dans l'écurie de son père, il s'était surtout occupé de la connaissance du cheval, non par une affection réelle pour cette noble créature, mais parce qu'il la regardait comme un instrument utile pour opérer sur la bourse de quelques jeunes lords, à leurs premières campagnes dans les plaines de Newmarket. Il soupirait avec impatience après le moment où son âge lui permettrait de tirer parti de ses profondes études, et d'aller déployer sur ce théâtre la supériorité de son génie. Ces deux jeunes gentilshommes ne perdaient aucune occasion de jouer de mauvais tours à Henri; et de tenir sur son compte tous les propos qu'ils croyaient capables de le mortifier. Ils étaient au contraire fort empressés de se rendre agréables aux yeux de Tommy, et de frapper son imagination en faveur de leurs talens. Ils ne lui parlaient que de chiens, de chevaux, de danses, de parties de plaisir, et d'entreprises violentes contre les fermiers. Tommy sentit bientôt naître en son esprit de nouvelles idées. Il vit une carrière de grandes aventures s'ouvrir à ses regards. En apprenant que de petits garçons, qui n'étaient pas plus hauts que lui-même, s'étaient souvent réunis dans le glorieux projet de se révolter contre leurs maîtres, et de troubler toute une assemblée dans une salle de spectacle, il aspirait à l'honneur de partager la renommée de ces brillans exploits. Il ne tarda guère à perdre insensiblement tout sentiment de respect pour M. Barlow, et d'affection pour Henri. Les premiers jours, à la vérité, il fut choqué d'entendre parler de son maître avec irrévérence; mais devenu sourd, par degrés, à la voix qui s'élevait dans son cœur, il en vint bientôt à prendre plaisir à voir M. Mash tourner en ridicule cet homme respectable, et employer le peu d'esprit et d'imagination qu'il avait, à parodier ses plus touchantes instructions. Ce fut en vain que Henri, déplorant l'ingratitude de son camarade, se hasarda à lui faire quelques remontrances à ce sujet. On ne lui répondit que par un regard fier et dédaigneux; et M. Mash se permit les plus basses injures, pour lui imposer silence.

On venait d'apprendre au château qu'une troupe ambulante de comédiens de campagne passait dans la ville voisine, et se disposait à y donner un certain nombre de représentations. Pour jeter quelque diversion dans les amusemens de la jeune société, M. Merton imagina de lui donner le plaisir de ce spectacle. Elle s'y rendit en effet dès le premier jour, et Henri se trouva de la partie. Tommy, qui ne s'abaissait plus maintenant à lui montrer la moindre attention, alla s'asseoir entre ses deux nouveaux camarades, dont il ne pouvait plus se séparer. Les jeunes gentilshommes, pour montrer à Tommy comment ils savaient mettre en action leurs principes, commencèrent par jeter des noix et des pelures d'oranges sur le théâtre; et Tommy, qui ne voulait pas se montrer indigne de ses modèles, les imita avec une extrême satisfaction. Lorsqu'on leva la toile, et que les acteurs s'avancèrent sur la scène, tout le reste de l'assemblée s'imposa décemment un profond silence; mais Mash et Compton, pour faire éclater leur supériorité, se mirent à parler si haut, et à pousser de si grands éclats de rire, qu'il fut impossible à tous les autres d'entendre un mot de la pièce. Ces prouesses paraissaient merveilleuses à Tommy, qui aurait cru se dégrader en faisant moins de bruit que ses compagnons. Les acteurs et les spectateurs étaient tour-à-tour l'objet de leurs ricanemens. La plus grande partie de l'assemblée était composée d'honnêtes habitans de la ville, et de bons fermiers de la campagne voisine. Ce fut dans l'esprit de nos orgueilleux étourdis une raison suffisante pour les regarder avec le plus fier dédain. Leur manière de se coiffer, et toutes les parties de leur habillement furent soumises à une critique si minutieuse, que Henri, qui était assis derrière eux, et qui ne pouvait s'empêcher d'entendre leurs discours, imagina qu'au lieu d'avoir reçu leur éducation dans quelque université, ils avaient passé leur jeunesse en apprentissage chez des perruquiers et des tailleurs, tant ils déployaient d'érudition sur les boutons, les gilets et les coiffures. Quant aux pauvres acteurs, ils en furent traités avec encore moins de pitié. Ils leur paraissaient si gauches, si mal habillés, et en un mot si détestables, qu'il était impossible à des gens de goût de les supporter un moment. M. Mash, qui se piquait d'être né pour les grandes entreprises, décida qu'il fallait faire cabale contre eux, et jeter la salle à bas, plutôt que de les laisser continuer. Tommy avait une si haute idée du goût et du génie de ses compagnons, qu'il fut forcé de convenir que c'était la chose du monde la plus raisonnable. En conséquence la proposition fut présentée au suffrage des autres jeunes gentilshommes de la société. Mais Henri, qui, jusqu'à ce moment, avait gardé le silence, se leva à la fin du premier acte, et eut le courage de leur représenter combien l'action qu'ils méditaient lui paraissait injuste et cruelle. Ces pauvres gens, leur dit-il, font tout ce qu'ils peuvent pour vous amuser; n'est-il pas affreux de vouloir les traiter avec ignominie? S'ils étaient en état de jouer aussi bien que les acteurs de Londres, dont vous parlez tant, ils ne manqueraient sûrement pas de le faire. Pourquoi donc exiger d'eux ce que la nature ne leur a pas donné, et vouloir les punir comme s'ils étaient coupables? Quel droit avez-vous de mettre en pièces leurs décorations, d'endommager leur salle? Que diriez-vous s'ils en allaient faire autant dans vos maisons? Si leur manière de jouer ne vous plaît pas, ne troublons pas du moins le plaisir de ceux qui s'en contentent. Croyez-moi, restons tranquilles, puisque nous sommes entrés. Demain nous serons libres de n'y pas revenir. Cette manière de raisonner ne fut pas goûtée de ceux à qui elle s'adressait; et je ne sais jusqu'où les choses en seraient allées, si un homme grave et décemment vêtu, qui avait longtemps supporté le bruit qui se faisait autour de lui, n'eût pris enfin le parti de s'en plaindre. Cette liberté, que M. Mash traita d'impertinence, fut relevée par lui avec tant de grossièreté, que l'homme, qui était un gros fermier du voisinage, crut devoir lui répliquer du ton le plus imposant. La querelle devint alors plus vive; et M. Mash, qui regardait comme un affront impardonnable qu'un homme si fort au-dessous de lui s'avisât d'avoir une opinion si différente de la sienne, s'emporta jusqu'à l'injurier et le frapper au visage. Il allait encore redoubler; mais le fermier, qui avait autant de force que de résolution, saisit d'une main robuste le petit insolent qui venait de lui faire cet outrage, et, sans le moindre effort, l'ayant étendu de toute sa longueur sous les bancs, il lui mit un pied sur l'estomac, et lui dit que, puisqu'il ne savait pas rester tranquillement assis au spectacle, il fallait apprendre à s'y tenir couché, et que s'il s'avisait de faire la moindre résistance, il allait être écrasé comme un ver : ce que M. Mash sentit bien qu'il ne serait pas difficile au fermier d'exécuter. Cet incident imprévu répandit un abattement mortel sur les esprits de toute la jeune gentilhommerie, qui ne se souvint plus de son courage. M. Mash lui-même oublia sa dignité au point d'implorer sa grace de l'air le plus humble et le plus soumis. Cette supplication fut soutenue par les prières de tous ses camarades, et en particulier de Henri. Oui-dà, dit le fermier, je n'aurais jamais pensé qu'une bande de petits gentilshommes, ainsi que vous vous en donnez le nom, ne se présentât en public que pour se comporter avec tant de grossièreté. Je suis sûr qu'il n'y a pas dans ma ferme un seul valet de charrue qui n'eût montré plus de décence et plus de respect pour l'assemblée. Cependant, puisque vous semblez vous repentir de vos indignes manières, je veux bien aussi les oublier. Mais rendez-en grace à ce petit garçon que voici. C'est à sa considération que je vous pardonne, puisqu'il a la bonté de s'intéresser en votre faveur. Il vient de se conduire avec tant de raison, que je le tiens meilleur gentilhomme qu'aucun de vous, quoiqu'il n'ait pas de vos habits de petits-maîtres et de baladins. Après ce discours, il retira son pied de dessus l'estomac de M. Mash, qui se releva sans bruit, et quitta son humble posture avec un maintien qui exprimait beaucoup plus de modération qu'il n'en avait eu en la prenant. Cette leçon utile ne fut pas perdue pour ses amis; car il ne sortit plus un seul mot de leur bouche pendant tout le cours de la représentation. Quoi qu'il en soit, le courage de M. Mash commença, par degrés, à se relever; dès qu'il fut sorti de la salle, et qu'il eut perdu de vue le redoutable fermier. Il assura même très-positivement ses camarades que s'il n'avait pas eu affaire à un homme si fort au-dessous de lui, et qu'il regardait comme sans conséquence, il l'aurait appelé sur le champ pour faire le coup de pistolet.

L'événement qui venait de se passer au spectacle, n'avait pas eu des suites assez favorables à l'orgueil de nos jeunes étourdis, pour qu'ils fussent bien empressés d'en faire le récit à leur retour au château. Henri, de son côté, était trop discret pour en trahir le mystère. Mais le lendemain à dîner, les dames qui avaient dédaigné d'aller voir un spectacle de petite ville, voulurent savoir ce que les jeunes gentilshommes en pensaient. Ils s'écrièrent tous d'une voix, que les acteurs leur avaient paru détestables; mais que la pièce était pleine de traits d'esprit et de sentiment, et que c'était une bonne école pour les jeunes gens qui entraient dans le monde. M. Compton ajouta qu'elle venait d'obtenir à Londres le suffrage de tous les gens de goût, en quoi il fut appuyé par les témoignages de toute la compagnie. M. Merton, observant que Henri seul gardait le silence, désira savoir son sentiment particulier. Henri s'en défendit long-temps avec modestie; mais voyant qu'il ne pouvait plus résister : Monsieur, dit-il, je suis un fort mauvais juge sur ces matières. C'est la première fois que j'ai vu jouer une comédie : ainsi je ne puis vous dire si elle a été bien ou mal représentée. Mais quant à la pièce en elle-même, j'aurais tort de vous cacher qu'elle ne m'a paru pleine que de dissimulation et de méchanceté. Tous les personnages ne viennent que pour dire des mensonges, et se tromper lâchement les uns les autres. Si vous, monsieur, vous aviez à votre service des gens aussi corrompus, vous n'auriez sûrement pas de repos que vous ne vous en fussiez débarrassé. Aussi je vous avoue que pendant tout le cours de la pièce, je ne pouvais m'empêcher d'être surpris qu'on vînt perdre son temps à voir des choses qui ne peuvent produire aucun bien. Ce qui m'indignait surtout, c'est qu'on y envoyât des enfans, comme si on voulait leur faire apprendre la fourberie et la trahison. M. Merton applaudit, par un sourire, à cette honnête indignation de Sandford; mais la plupart des dames, qui venaient d'exprimer une admiration extravagante pour la même pièce, furent choquées d'une si vive censure. Cependant comme elles jugèrent qu'il serait difficile de répondre aux justes reproches de Henri, elles prirent le parti de sourire comme M. Merton, quoique ce fût par un sentiment bien opposé, et de garder le silence, jusqu'à ce que la conversation se fût tournée insensiblement sur d'autres matières.

Le soir, l'un des jeunes gens proposa de faire, tous ensemble, une partie; et l'on s'assit autour d'une grande table pour jouer un jeu de société, qu'on appelle le jeu du commerce. Henri, qui n'avait pas été élevé d'une manière assez distinguée pour être bien familier avec les cartes, s'excusa sur son ignorance. Son amie miss Simmons offrit de lui apprendre le jeu, qui était si aisé, lui dit-elle, qu'en trois minutes il serait en état de s'en tirer aussi bien que le reste de la compagnie. Malgré des offres aussi obligeantes, Henri persista dans son refus; et, comme il n'en était que plus vivement pressé, il avoua ingénument à miss Simmons qu'il avait dépensé la veille une partie de l'argent qui lui restait, et qu'il n'en avait pas assez pour fournir sa mise. Si ce n'est que cela, lui répondit miss Simmons, ne vous en mettez pas en peine, je mettrai au jeu pour vous avec grand plaisir. Oh, non, mademoiselle, je vous prie, repartit Henri. Je vous rends bien graces de votre bonté; mais M. Barlow m'a défendu de recevoir de l'argent, ou d'en emprunter même de qui que ce soit au monde, de peur d'être exposé à devenir mercenaire ou malhonnête. Ainsi donc, quoiqu'il n'y ait ici personne que j'estime plus que vous, je suis obligé de refuser vos offres polies. A la bonne heure, répliqua miss Simmons, je ne veux point faire violence à vos principes; mais rien ne vous empêche de jouer pour mon compte. Allons, asseyez-vous. De cette manière, Henri fut contraint, malgré de petites répugnances, de se mettre de la partie. Il ne trouva pas une grande difficulté à apprendre le jeu; mais il ne put s'empêcher de remarquer avec étonnement l'extrême agitation qui régnait sur la physionomie de tous les joueurs, à chaque révolution de fortune. Les jeunes demoiselles elles-mêmes, à la réserve de miss Simmons, semblaient tout aussi dévorées de la fureur du gain que les hommes; et quelques-unes laissèrent éclater des mouvemens de dépit et d'aigreur, qui dérangèrent toutes ses idées sur la modestie convenable à leur sexe. Après la retraite successive de tous les joueurs, il se trouva que miss Simmons et Henri étaient les seuls qui eussent conservé de leurs jetons, en sorte que la poule ne regardait qu'eux seuls : et il ne fallait plus qu'un ou deux coups pour décider à qui des deux elle devait appartenir. Henri se leva poliment et dit à miss Simmons que, n'ayant pas joué pour son propre compte, mais pour le sien, la partie était achevée, et que la poule était à elle. Miss Simmons refusa de la prendre; et, lorsqu'elle vit que Henri ne voulait pas la lui disputer, elle lui proposa de la partager ensemble. Henri tint ferme à son tour dans son refus, alléguant qu'il n'avait aucun droit à prétendre au moindre partage. Enfin miss Simmons, qui commençait à être embarrassée de l'attention qu'un débat aussi extraordinaire attirait sur elle, fit entendre à Henri qu'il l'obligerait beaucoup de prendre la moitié du profit, et d'en faire, pour elle, tel usage qu'il jugerait à propos. Alors Henri, qui, par une pénétration naturelle, comprit à merveille ses intentions, ne résista pas davantage. Eh bien, dit-il, je prendrai, puisque vous le voulez, la moitié de cet argent; et je crois savoir une manière de l'employer que sûrement vous ne condamnerez pas.

Le lendemain, le déjeuner était à peine fini, que Henri disparut. Il n'était pas encore de retour, lorsque la compagnie se rassembla pour le dîner. On le vit enfin arriver, le visage couvert de cette rougeur dont l'exercice et la santé colorent le teint de l'enfance. Son habillement était dans le désordre que produit une longue expédition. Les jeunes demoiselles le regardèrent avec un air de mépris, qui parut altérer un peu sa contenance; mais M. Merton lui ayant adressé la parole du ton de l'amitié, et lui ayant même ménagé une petite place auprès de lui, Henri se remit bientôt de son trouble; et son appétit, aiguisé par la fatigue, l'occupa très-utilement pendant le repas.

Le soir, après une longue conversation des jeunes gens sur les spectacles de Londres, on vint à parler d'un chanteur célèbre, dont la voix, disait-on, faisait tourner la tête à toute la ville. M. Compton, après avoir discouru sur ses talens avec les plus vifs transports d'enthousiasme, ajouta qu'il était du bon ton d'offrir quelques présens à ce virtuose, pour faire preuve de magnificence et de goût. Puisque le hasard, dit-il, rassemble ici toute la fleur des jeunes gentilshommes et des jeunes demoiselles de la province, nous pourrions donner les premiers un exemple qui nous ferait infiniment d'honneur, et qui serait bientôt suivi par tout le royaume. Il ne faut que nous cotiser ensemble pour acheter une boîte d'or, ou quelque autre bijou précieux, dont nous ferons présent, au nom de l'assemblée, au *signor* Frescatelli. Quoique ma bourse ait reçu une rude atteinte par le besoin où je me suis vu d'acheter mes boucles six guinées, pour me mettre à la mode, je contribuerai volontiers d'une guinée pour un dessein si généreux. Cette proposition fut généralement applaudie de l'assemblée; et tous, excepté Henri, s'offrirent à faire des fonds à proportion de leurs finances. M. Mash, ayant observé que Henri ne disait mot, se tourna brusquement vers lui, et lui dit : Et toi, petit fermier, pour combien veux-tu souscrire? Pour rien, répondit Henri, sans s'étonner. Voilà un garçon bien généreux, reprit Mash. Hier au soir nous l'avons vu empocher treize schellings qu'il nous a escroqués au commerce, et maintenant le petit vilain ne veut pas contribuer d'une demi-couronne, lorsque nous donnons des guinées. Laissez-le faire, ajouta miss Mathilde, d'un air plein de malice.

Henri a toujours d'excellentes raisons à donner de sa conduite; et je ne doute pas qu'il ne soit en état de prouver, à la satisfaction de toute l'assemblée, qu'il est beaucoup plus noble de garder son argent dans sa bourse que de le dépenser. Henri se sentit vivement piqué de cette ironie; mais il se contenta de répondre, que quoiqu'il ne se crût pas obligé de rendre compte de ses sentimens à personne, il voulait bien prendre la peine de les défendre. Ma première raison, dit-il avec fermeté, c'est que je ne vois point de générosité à faire une folie. D'après votre propre calcul, ajouta-t-il, cet homme, dont vous parlez, gagne en six mois à Londres plus que cinquante pauvres familles n'en ont ici pour se soutenir pendant tout le cours de l'année. C'est pourquoi, si j'avais de l'argent à donner, je le donnerais de préférence à ceux qui en ont le plus de besoin, et qui le méritent le mieux. A ces mots, il sortit de la chambre, et les petits gentilshommes, après s'être égayés à l'envi sur une manière de penser si commune, s'assirent pour jouer. Mais miss Simmons, soupçonnant qu'il y avait dans la conduite de Henri quelque autre motif qu'il n'avait pas voulu faire connaître à tout le monde, s'excusa de la partie, pour aller s'en instruire avec lui. Après l'avoir abordé avec beaucoup de douceur, elle lui demanda s'il n'aurait pas été plus à propos de contribuer de quelque bagatelle, comme les autres, même quand il n'eût pas entièrement approuvé leur projet, que de les offenser par un aveu si libre de ses sentimens. En vérité, mademoiselle, lui répondit ingénument Henri, ce que vous dites, je l'aurais fait avec joie, mais cela n'était plus en mon pouvoir.

MISS SIMMONS. — Comment cela peut-il être, mon ami? n'avez-vous pas gagné hier au soir près de treize schellings?

HENRI. — Il est bien vrai, mademoiselle; mais cet argent ne m'appartenait pas, et j'en ai déjà disposé en votre nom d'une manière que vous ne condamnerez pas, j'ose l'espérer.

MISS SIMMONS, *avec surprise*. — Et comment l'avez-vous employé, mon petit ami?

HENRI. — Je vous l'aurais déjà dit, mademoiselle, si j'avais eu un moment pour vous entretenir, sans vous déranger. Daignez m'écouter, s'il vous plaît. Il y a une pauvre fille qui a servi long-temps chez mon père, et qui s'est toujours conduite avec honneur. Son père et sa mère, malgré leur grand âge, avaient été jusqu'alors en état de se soutenir par leur industrie. Mais enfin le pauvre vieillard devint trop faible pour un travail journalier, et sa femme eut une attaque de paralysie. Aussitôt que la jeune fille vit que ses parens étaient tombés dans une si grande détresse, elle quitta sa place, et alla vivre auprès d'eux, pour en prendre soin. Elle travaille avec beaucoup d'ardeur, lorsqu'elle peut trouver de l'ouvrage, afin de pouvoir soutenir ses parens. Mais l'ouvrage ne va pas toujours; et, quoique nous leur fassions autant de bien qu'il nous est possible, je sais qu'ils sont quelquefois embarrassés pour avoir du pain et des habits. Ainsi donc, mademoiselle, comme vous aviez eu la bonté de me dire que je pouvais disposer de cet argent pour vous comme je le voudrais, j'ai couru ce matin chez ces pauvres malheureux, et je leur ai donné les treize schellings en votre nom. J'ose croire que vous n'êtes pas fâchée de l'usage que j'en ai fait.

MISS SIMMONS. — Non, sans doute, mon cher Henri, et je vous suis de plus fort obligée de la bonne opinion que vous avez de moi. Je suis seulement fâchée que vous n'ayez pas donné cet argent comme de vous-même.

HENRI. — Je l'aurais bien fait, s'il m'eût appartenu. Mais puisqu'il était à vous, je n'y avais aucun droit; et le donner en mon nom, c'était blesser la vérité. Oh, non, mademoiselle.

C'était en de pareils entretiens avec Miss Simmons que Henri passait la plus agréable partie de son temps, pendant le séjour qu'il fit au château. La douceur et la raison de cette jeune demoiselle avaient entièrement gagné son amitié. Il la voyait toujours simple, affable et modeste, tandis que les autres n'étaient occupées qu'à faire parade de leurs talens, et à se rengorger de leur importance. Mais ce qui lui inspirait encore plus de dégoût, c'était le sot orgueil des jeunes compagnons de Tommy, qui semblaient se regarder, eux et ceux de leur société, comme les seuls personnages de quelque conséquence dans le monde. Il n'avait pas conçu moins de mépris pour leur mollesse et leur égoïsme. Un degré de chaleur de plus ou de moins dans la température de l'air, un retard de quelques minutes dans leurs repas ou leurs plaisirs, le moindre rhume, la plus légère douleur, étaient des infortunes qu'ils déploraient d'une manière si lamentable, que Henri les aurait pris pour les créatures les plus tendres et les plus compatissantes de l'espèce humaine, s'il n'avait observé en même temps qu'ils voyaient avec une indifférence profonde les plus vives souffrances de ceux qu'ils regardaient comme au-dessous d'eux. Il ne les entendait parler que de la bassesse et de l'ingratitude des gens du peuple, pour s'en faire un prétexte de leur refuser tout sentiment de commisération et d'humanité. Cette injustice révoltait son cœur. Sûrement, se disait-il à lui-même, il ne peut y avoir tant de différence entre une classe d'hommes et une autre, pour autoriser ces insolens mépris; ou certes s'il y avait un choix à faire, je penserais que les hommes les plus estimables sont ceux qui cultivent la terre, et qui savent pourvoir aux premiers besoins de tous les autres; et non ceux qui n'entendent rien qu'à s'habiller à la mode, à marcher sur la pointe du pied, et à lâcher à tort et à travers des impertinences qu'ils veulent faire prendre pour de l'esprit.

La plus jeune partie de la société du château était occupée tout entière des préparatifs d'un bal, que madame Merton avait cru devoir donner pour célébrer le retour de son cher fils. On ne voyait sur l'escalier et dans les appartemens que des marchandes de modes, des couturières, des coiffeuses et des maîtres à danser. Les jeunes demoiselles trouvaient les journées trop courtes à méditer des agrémens extraordinaires pour leur parure, à faire friser leur cheveux et à figurer des pas de danse nouveaux. Miss Simmons était la seule qui parût considérer avec froideur les approches de la fête. Henri n'avait pas entendu sortir de sa bouche, un mot qui exprimât la moindre impatience pour voir arriver ce grand jour. Au lieu des soins empressés, que les autres se donnaient pour y figurer avec éclat, il avait observé qu'elle profitait de la dissipation de ses compagnes pour rester seule dans sa chambre, où elle se renfermait plus long-temps qu'à l'ordinaire. Il n'avait osé lui demander quel était le sujet de cette retraite. Il en fut bientôt éclairci. Le matin même du jour où le bal devait se donner, miss Simmons vint à lui d'un air de bienveillance, et lui dit : J'ai été si satisfaite l'autre jour du compte que vous m'avez rendu des soins affectueux de la jeune fille pour ses parens, que je me suis occupée à lui préparer en secret un petit cadeau, que je vous serais obligée de vouloir bien lui porter. Je n'ai jamais été élevée à broder ou à peindre de fleurs artificielles pour me parer : ma mère m'a seulement appris que l'occupation la plus douce était d'assister ceux qui ne sont pas en état de s'assister eux-mêmes. En disant ces mots, elle mit entre les mains de Henri un petit paquet, qui contenait du linge et des habits pour la jeune fille et les vieillards. Tenez, ajouta-t-elle, je sais que vous aurez du plaisir à vous charger de mon message. Allez trouver ces braves gens. Voici mon adresse. Dites-leur de ne pas oublier de venir s'adresser directement à moi, lorsque je serai retournée à la maison. Je me ferai un devoir de les soulager dans leurs peines autant que je le pourrai. Henri reçut le paquet, en le regardant avec des larmes de joie. Puis, relevant les yeux vers miss Simmons, il crut voir sur son visage tous les traits d'une beauté céleste, tant le sentiment de la bienfaisance peut donner d'expression à la physionomie.

Pendant que Henri s'éloigne à grands pas du château, pour remplir sa douce commission, nous avons le temps de revenir à son ancien camarade. Hélas! cependant, que je crains de le présenter maintenant à vos regards! et comment pourrez-vous le reconnaître? Tommy avait déjà repris son caractère naturel, et contracté le goût le plus vif pour les scènes de dissipation que ses nouveaux amis lui présentaient sans cesse. Toutes les distinctions fondées sur les lumières et la vertu, que M. Barlow avait eu tant de peine à graver dans son esprit, semblaient en être entièrement effacées. Il ne voyait personne prendre la peine d'examiner les principes qui devaient régler ses sentimens et sa conduite, tandis qu'on donnait continuellement l'attention la plus minutieuse à ce qui regardait uniquement l'extérieur. Il voyait que la négligence des premiers devoirs envers ses semblables trouvait non-seulement excuse, mais recevait même un certain degré d'approbation, pourvu qu'elle fût réunie à des dehors brillans; tandis que la plus parfaite probité, l'intégrité la plus pure, étaient regardées avec froideur, et quelquefois même avec dérision, lorsqu'elles étaient dépourvues de ces frivoles avantages. Quant aux vertus les plus nécessaires dans l'usage de la vie, telles que l'industrie, l'activité, l'économie, l'amour de ses devoirs et la fidélité à ses engagemens, c'étaient des qualités tristes et communes, qui n'étaient bonnes, tout au plus, que pour le vulgaire. M. Barlow, à son avis, s'était mépris évidemment sur tous les principes qu'il avait prétendu lui faire adopter. Les hommes, disait-il, ne pouvaient trouver à satisfaire leurs besoins que dans une assiduité constante à cultiver la terre, et à remplir d'autres professions utiles. C'est le travail qui les nourrit et leur procure les douceurs de la vie. Sans le travail, ces champs fertiles, parés maintenant de tout le luxe de l'abondance, ne seraient que des bruyères désertes, ou des forêts impénétrables. Ces prairies, qui nourrissent un million de troupeaux, seraient couvertes d'eaux stagnantes, qui non-seulement les rendraient stériles, mais corrompraient l'air par des vapeurs pestilentielles. Les hommes même et les animaux disparaîtraient bientôt avec cette culture, qui seule peut entretenir leur existence. C'est par cette raison, continuait M. Barlow, que le travail est pour toute l'espèce humaine le premier et plus indispensable de tous les devoirs; et personne ne peut s'en exempter, sans se rendre coupable envers les autres. Mais quelque vrais que ces principes fussent dans un sens général, Tommy les trouvait si incompatibles avec la conduite et les opinions de ses nouveaux amis, qu'il ne lui était pas possible de s'en faire l'application à lui-même. Il y avait près d'un mois qu'il se trouvait au milieu d'une foule de jeunes gentilshommes et de jeunes demoiselles de son rang et de son âge; et, loin qu'ils eussent été élevés à produire quelque chose, il voyait au contraire que le grand objet de leur éducation était de leur persuader qu'ils n'étaient au monde que pour dévorer et détruire ce que les autres avaient produit. Il voyait même que cette incapacité d'être utile, soit aux autres, soit à eux-mêmes, semblait être un mérite sur lequel chacun cherchait à se faire valoir; en sorte que celui qui ne pouvait exister sans avoir deux domestiques pour exécuter ses mouvemens, était supérieur à celui qui n'en avait qu'un seul, mais le cédait, en revanche, à celui qui en employait quatre à cet usage. Ce nouveau système lui paraissait beaucoup plus commode que le premier : car au lieu de se donner la moindre peine pour étendre ses connaissances et ennoblir ses sentimens, il pouvait avec sécurité satisfaire sa paresse, donner l'essor à ses passions, être fantasque, hautain, injuste, personnel, ingrat envers ses amis, indocile envers ses parens, et tout cela sans encourir le moindre reproche, pourvu que sa chevelure fût bien poudrée, ses boucles d'une extrême grandeur, et sa politesse bien fade et bien servile auprès des femmes. Un jour, il est vrai, Henri l'avait jeté dans quelque embarras, en lui demandant avec naïveté quelle espèce de figure il pensait que ses nouveaux amis auraient pu faire dans l'armée de Léonidas, et quelles ressources auraient trouvées ces jeunes demoiselles dans une île déserte, où elles auraient été obligées de pourvoir elles-mêmes à leur subsistance : mais Tommy avait eu occasion d'apprendre que rien n'attriste plus la physionomie qu'une réflexion sensée; et comme il ne pouvait autrement répondre à la question, il prit sagement le parti de la mépriser.

Cette importante soirée, si long-temps attendue, était enfin arrivée. On avait superbement illuminé la plus grande salle du château; et toute la compagnie s'y rendit en foule pour recevoir Tommy, qui venait de passer deux heures entières entre les mains d'un coiffeur. Il était habillé ce jour-là avec une élégance extraordinaire. Mais ce qui lui donnait le plus d'orgueil dans toute sa parure, c'était une immense paire de boucles du dernier goût, que madame Merton avait envoyé exprès acheter à Londres, pour décorer le pied mignon de son fils. Il ouvrit le bal par un menuet, qu'il eut l'honneur de danser avec miss Mathilde. Quoiqu'il se fût exercé constamment depuis plusieurs jours, il commença ses premiers pas avec une certaine défiance. Mais il reprit bientôt son assurance naturelle au bruit des applaudissemens qu'il entendait retentir de toutes parts. Quelle charmante petite créature! disait une femme; quelle taille et quelle souplesse! disait une autre; que madame Merton est heureuse, s'écriait une troisième, de posséder un tel fils! il n'a besoin que de se produire un peu dans le monde, pour devenir le gentilhomme le plus accompli de toute l'Angleterre. A la fin du menuet, Tommy reconduisit sa danseuse avec une grace qui fit extasier de nouveau toute la compagnie. Puis, avec la plus grande complaisance, il se laissa passer de mains en mains dans tout le cercle des dames, pour recevoir leurs embrassemens et leurs éloges, comme si c'était l'action la plus glorieuse que de croiser une jambe derrière l'autre, de plier en mesure sur ses jarrets, et de se soutenir sur la pointe du pied.

Pendant le triomphe de son ancien camarade, Henri s'était tapi dans le coin le plus obscur du salon, d'où il observait, en silence, tout ce qui se passait devant ses yeux. Il imaginait sans peine que ses modestes habits n'étaient guère propres à figurer parmi les brillantes parures étalées sur les siéges de devant, et il ne sentait pas la moindre inclination à se faire remarquer en aucune manière de l'assemblée. Il fut pourtant découvert dans sa retraite par M. Compton, qui, dans le même instant, forma le double projet de mortifier miss Simmons, qu'il n'aimait pas, et de livrer Henri à la risée générale. Il courut aussitôt communiquer son projet à M. Mash, qu'on avait choisi pour l'office de maître des cérémonies, et qui lui promit de le seconder de tout le pouvoir de son officieuse malice. M. Mash, en conséquence, alla vers miss Simmons; et, avec toute la gravité d'un compliment respectueux, il l'invita à quitter sa place pour danser. Malgré son indifférence pour ce genre de plaisir, miss Simmons accepta sans se faire presser long-temps. Dans cet intervalle, M. Compton allait chercher Henri avec la même hypocrisie de politesse; et, au nom de miss Simmons, il l'engageait à danser un menuet. Ce fut en vain que Henri l'assura qu'il n'entendait rien à cette danse, son perfide harangueur lui répondit que c'était pour lui un devoir indispensable de se rendre aux ordres de miss Simmons, et qu'elle ne lui pardonnerait jamais de la refuser; que d'ailleurs il suffirait de marquer tant bien que mal la figure, sans s'inquiéter nullement de former les pas. En même temps il lui montra miss Simmons qui s'avançait de l'autre bout de la salle; et, sans lui permettre de revenir de son embarras, il le prit par la main, et le conduisit auprès de la jeune demoiselle. Henri n'était pas formé dans la science sublime d'imposer à la crédule simplicité. Il ne doutait pas que l'invitation ne lui vînt de son amie; et, comme rien n'était plus opposé à son caractère que de manquer de complaisance, il crut qu'il était nécessaire de l'aller trouver pour s'expliquer avec elle. Mais ses persécuteurs ne lui en donnèrent pas le temps. A peine l'eurent-ils placé à côté de la jeune miss, qu'ils ordonnèrent aux violons de commencer. Miss Simmons était un peu surprise du choix du danseur dont on venait de la pourvoir. Elle n'avait jamais imaginé que la danse du menuet fût un des talens de Henri. Elle comprit aussitôt que c'était un plan concerté pour lui faire de la peine. Mais comme son cœur était étranger à tout sentiment d'orgueil, et qu'elle était pénétrée d'estime et d'amitié pour Henri, elle fit semblant de ne pas s'apercevoir du tour qu'on prétendait lui jouer; et, aux premiers sons du violon, elle commença sa révérence. Henri, de son côté, se trouvant pris, et voyant qu'il ne fallait plus songer à l'explication qu'il avait désirée, chercha du moins à se tirer d'affaire le mieux qu'il lui fût possible, mais non sans exciter un chuchotement général dans toute l'assemblée. Ce n'est pas qu'il ne jouât son rôle aussi bien qu'on pouvait l'attendre d'un enfant qui n'avait pas même su, jusqu'à ce jour, ce que c'était qu'un menuet. Soutenu par sa fermeté naturelle, et par sa présence d'esprit, les yeux sans cesse attachés sur sa danseuse, il tâchait d'imiter ses mouvemens, de suivre la cadence, et de conserver tout ce qu'il pouvait de la figure, quoiqu'il fît des fautes assez graves contre la justesse et la régularité des pas. Enfin, miss Simmons, qui n'était guère moins embarrassée que lui-même, et qui souhaitait d'abréger le spectacle qu'elle donnait, après avoir croisé une seule fois, lui présenta la main. Henri, par malheur, n'avait pas étudié cette manœuvre avec assez d'exactitude; c'est pourquoi, imaginant qu'une main était aussi bonne que l'autre avec ses amis, il tendit à la jeune miss la main gauche, au lieu de la droite. A cet incident, un éclat de rire universel, qu'on ne se donnait plus la peine de retenir, partit de tous les coins de la salle, jusqu'à ce que miss Simmons, désirant terminer la scène à quelque prix que ce fût, se hâta de présenter les deux mains à son danseur, et finit ainsi brusquement le menuet. Alors le couple infortuné n'eut rien de plus pressé que de traverser à grands pas le salon, à travers les ris et les brocards de l'assemblée, et surtout de M. Compton et de M. Mash, qui semblaient tirer une importance extraordinaire du succès de leur mauvais complot.

Lorsque miss Simmons fut un peu revenue de son trouble, elle ne put s'empêcher de demander, avec quelque mécontentement, à Henri, pourquoi il l'avait compromise, et comment il avait pu entreprendre une chose qu'il ignorait absolument. Elle ajouta que, quoiqu'il n'y eût pas de mal à ne pas savoir danser un menuet, c'était une extrême folie de l'essayer devant une si grande assemblée, sans avoir appris un seul pas. En vérité, mademoiselle, lui répondit Henri, je vous proteste que je n'aurais jamais eu la pensée de m'y exposer; mais M. Compton est venu me dire que vous désiriez vivement de me voir danser avec vous; et il m'a conduit à l'autre bout de la chambre. J'y allais pour vous parler, de peur de vous paraître impoli; et, lorsque j'ouvrais la bouche pour vous dire que je n'entendais rien au menuet, la musique s'est mise à jouer, et vous avez commencé à vous mettre en danse. Alors j'ai pensé qu'il valait mieux vous suivre aussi bien que je pourrais, que de rester là planté sur mes pieds comme un badaud, ou de vous laisser aller toute seule. Satisfaite de cette explication ingénue, miss Simmons recouvra aussitôt sa bonne humeur, et lui dit : Eh bien! mon cher Henri, nous ne sommes pas les premiers, et nous ne serons pas les derniers sans doute qui auront fait une plaisante figure dans un salon de danse; et je souhaite que les autres aient d'aussi bonnes excuses à donner. Mais je vous avoue que je suis fâchée de voir des inclinations si méchantes à ces jeunes gentilshommes; et je suis surprise que l'habitude de fréquenter la bonne compagnie, ne leur ait pas fait prendre de meilleures manières. Oh! mademoiselle, répondit Henri, puisque vous avez la bonté de vous ouvrir à moi sur ce sujet, je vous avouerai aussi que j'ai été bien choqué de plusieurs choses que j'ai observées depuis que je suis ici. Tous ces jeunes messieurs et ces jeunes demoiselles ne font que m'étourdir la tête de leur bon ton et de leurs gens comme il faut; cependant je leur vois faire du matin au soir mille vilenies, qui me font rougir pour leur front. M. Barlow m'a toujours dit que la politesse consiste en une disposition naturelle à obliger nos semblables, et à ne rien dire ou ne rien faire qui puisse les fâcher. Eh bien, c'est tout le contraire avec eux. Il semble que rien ne peut leur faire plaisir, à moins que cela ne cause de la peine aux autres. Sans aller plus loin que ce qui vient de nous arriver tout à l'heure, quel autre motif peuvent avoir eu M. Mash et M. Compton, en vous donnant un danseur tel que moi, si ce n'est de vous mortifier? Et c'est à vous, mademoiselle, qu'ils ont voulu donner du chagrin, vous qui êtes si douce et si bonne pour tout le monde, que je croyais impossible de ne pas vous aimer!

Miss Simmons allait lui répondre, lorsqu'elle vit les danseurs se réunir par couples pour une danse particulière du pays. Comme elle l'aimait beaucoup, elle demanda à Henri s'il saurait s'en tirer un peu mieux que du menuet. Henri répondit qu'il lui était arrivé plusieurs fois de la danser dans son village, et qu'il croyait se souvenir assez bien des pas et de la figure, pour que rien ne pût l'embarrasser. J'en suis charmée, dit miss Simmons; et, pour montrer à ces messieurs combien je méprise leur malice, je veux que vous soyez encore mon danseur. Elle le prit aussitôt par la main; et ils allèrent se placer tout à la queue de la bande, suivant les lois de la danse, qui assignent cette place à ceux qui se présentent les derniers. Les violons, ayant reçu l'ordre, se mirent à jouer, et furent accompagnés d'un flageolet. La petite troupe, animée par ces sons vifs et joyeux, se trémoussait à ravir. L'exercice répandit bientôt les couleurs de la santé sur les visages les plus pâles et les plus languissans. Henri, doué d'une souplesse extrême, et surtout excité par le désir de faire honneur à miss Simmons, commençait à gagner les suffrages de ceux mêmes qui venaient de le honnir. Déjà, par la révolution de la danse, ceux qui s'étaient d'abord trouvés les premiers, étaient descendus au dernier rang, où, suivant les lois ordinaires, ils devaient attendre patiemment que miss Simmons et Henri, qui se trouvaient alors à la tête, eussent achevé de mener la bande à leur tour. Mais à peine étaient-ils en possession de cet honneur, qu'en tournant la tête derrière eux, ils virent que tous leurs compagnons venaient de les abandonner en haussant les épaules, comme s'ils eussent rougi de figurer sous leur conduite. Henri, se voyant seul avec sa danseuse, la reconduisit à sa place, pénétré de la plus vive indignation. Miss Simmons lui dit avec un sourire qu'elle n'en était point étonnée, que ce n'était qu'une suite de leur première malice. Elle ajouta qu'elle avait souvent été témoin de ces mauvais procédés dans les bals de campagne, où toute la noblesse d'un comté se trouve quelquefois rassemblée. C'est par là surtout, lui dit-elle, que les importans, qui se croient si supérieurs aux autres, prétendent donner une idée de leur dignité. Ce n'est pas à moi, répondit Henri, qu'ils la feraient prendre de cette manière. Je vous avoue que je ne vois dans ces grandeurs-là qu'une fort basse petitesse. J'ai bien peur, répliqua miss Simmons, que votre observation ne soit juste, et que ceux qui veulent tout envahir pour eux-mêmes, sans daigner considérer leurs semblables, ne soient les plus méprisables des hommes par leurs petites prétentions, comme ils en sont les plus insociables par leur sot orgueil.

Lorsqu'on eut encore dansé une demi-douzaine de contredanses, le bal fut suspendu pour faire place aux rafraîchissemens. Le goûter fut servi avec tout le faste que madame Merton savait imaginer dans les occasions d'éclat. Tommy et les autres jeunes gens se distinguaient à l'envi par leurs soins auprès des dames. Ils s'empressaient de prévenir leurs moindres désirs; mais aucun d'eux ne jugea qu'il valût la peine de s'embarrasser de miss Simmons. Henri, voyant cet oubli grossier, courut vers la table, et ayant mis proprement sur une assiette des gâteaux et un verre de limonade, il revint les présenter à son amie, avec moins de graces peut-être que n'auraient fait les jeunes gentilshommes, mais sûrement avec un désir plus sincère d'obliger. Comme il se penchait pour offrir l'assiette à miss Simmons qui était assise, le hasard voulut que M. Mash vînt à passer par malheur de ce côté. Enorgueilli du succès qu'avait obtenu tout à l'heure sa

malice, il imagina d'en faire une seconde plus brutale encore que la première. Au moment où miss Simmons allait prendre l'assiette, Mash, feignant de trébucher, donna une secousse si brusque au pauvre Henri, qu'il fit tomber une partie de la limonade sur le sein de la jeune demoiselle. Elle rougit vivement de cet affront; mais elle eut assez d'empire sur elle-même pour retenir ses plaintes. Henri ne fut pas si modéré. Il saisit le verre qui restait encore à moitié plein, et le déchargea sur la face de l'aggresseur. Les passions de M. Mash étaient d'une extrême violence. Outré d'une si vive riposte, quoiqu'il sentît bien qu'il l'avait méritée, il fit voler son verre à la tête de Henri. Heureusement il ne fit que l'atteindre obliquement à la joue. La blessure fut cependant assez considérable, et le pauvre garçon se vit aussitôt couvert de son sang. Cette vue, au lieu de l'étonner, ne fit que l'animer davantage, en sorte qu'oubliant le lieu où il était, et la compagnie qui s'assemblait autour de lui, il s'élança sur M. Mash avec la fureur d'une juste vengeance, et lui livra un rude combat qui mit toute la salle en rumeur. M. Merton accourut au bruit, et eut beaucoup de peine à séparer les deux champions. Il s'informa du sujet de la querelle, que M. Mash voulait à toute force expliquer comme un accident. Mais Henri soutint avec tant de vigueur que c'était un dessein prémédité, et ses raisons furent si bien appuyées par le témoignage de miss Simmons, que M. Mash se vit enfin obligé d'en convenir. Il s'excusa de la meilleure manière dont il put s'aviser, en disant qu'il n'avait voulu faire qu'une espièglerie à Henri, et que, si elle avait eu des suites si fâcheuses pour Miss Simmons, c'était absolument contre sa pensée. M. Merton sentit bien que cet aveu ne dévoilait qu'une partie de la vérité; mais, dans la crainte d'envenimer les affaires, il borna ses soins à pacifier les combattans, et, ayant fait appeler son valet de chambre, il lui ordonna de prodiguer toute espèce de secours à Henri, de bander sa blessure, et de laver le sang dont il était couvert de la tête aux pieds.

Pendant tout le combat, madame Merton était restée assise à l'autre bout de la salle, occupée à faire avec son fils les honneurs du goûter. Quelques-unes des dames, que la curiosité avait engagées à s'aller informer de la querelle, vinrent lui rapporter qu'elle venait d'un verre de limonade, que Henri avait eu l'insolence de jeter au visage de M. Mash : ce qui fournit à madame Compton un vaste sujet pour s'emporter en belles invectives contre Henri, et lui reprocher sa naissance, son éducation et ses manières. Elle n'avait jamais pu, dit-elle, concevoir rien que de fâcheux de ce petit rustre, et ses pressentimens venaient d'être malheureusement justifiés. Que pouvait-on se promettre d'un enfant de la lie du peuple, nourri au sein de la crapule? C'était bien la peine de le recevoir dans le château d'un gentilhomme, pour qu'il y vînt insulter aux enfans des amis de la maison, comme s'il était dans un de ces cabarets où il avait coutumé d'aller avec son père. Tandis qu'elle se livrait à cette éloquente déclamation, M. Merton arriva fort à propos pour donner un détail plus impartial de l'affaire. Son récit justifia pleinement Henri de tout soupçon de blâme; et il ajouta qu'il eût été impossible, au philosophe même le plus rassis, de ressentir moins vivement une insulte si peu méritée. Cette apologie produisit un effet merveilleux pour la gloire de Henri. Quoique miss Simmons ne fût pas en grande faveur auprès de ses compagnes, cependant le courage et la galanterie que Sandford avait déployés pour sa défense commencèrent à faire impression sur tous les esprits. Une jeune demoiselle observa que, s'il était mis avec plus d'élégance, il serait certainement un fort joli garçon; une autre s'applaudit d'avoir toujours pensé qu'il avait des sentimens au-dessus de son état; et une troisième trouva bien admirable que, n'ayant jamais reçu de leçons de danse, il eût une démarche si dégagée, et un maintien si assuré.

Le calme s'étant ainsi rétabli dans le château, on crut devoir terminer la soirée par divers petits jeux. Mais Henri, qui avait achevé de perdre le peu de goût qui lui restait pour la bonne compagnie, saisit la première occasion qui se présenta de s'esquiver en silence. Il alla se mettre au lit, où il ne tarda guère à oublier, dans un doux sommeil, et ses ressentimens et sa blessure.

La petite société, fatiguée des plaisirs de la veille, se leva le lendemain un peu plus tard qu'à l'ordinaire; et, comme quelques-uns de ceux qui avaient été retenus à coucher par M. Merton ne devaient s'en retourner chez eux qu'après le dîner, on fit la partie d'aller se promener dans les champs. Henri s'aperçut aux froideurs de Tommy, que M. Mash l'avait prévenu contre lui par ses mensonges : mais, soutenu par le sentiment de son innocence, et plein de cette noble fierté dont l'amitié s'arme à regret lorsqu'elle se trouve injustement offensée, il dédaigna de donner une explication de sa conduite, puisque son ami ne semblait pas s'y intéresser assez vivement pour la demander.

A peine se furent-ils un peu avancés dans la campagne, qu'ils aperçurent dans l'éloignement une foule nombreuse de peuple qui marchait à grands pas. L'un d'eux, ayant été expédié pour aller s'informer de la cause de cet attroupement, revint leur dire que c'était un combat de taureau qu'on était sur le point de donner. Aussitôt un vif désir d'assister à ce spectacle s'empara de tous les jeunes gens. Ils furent cependant arrêtés par une petite réflexion; c'était que leurs parens, et madame Merton en particulier, leur avaient fait promettre qu'ils éviteraient soigneusement de s'exposer au moindre péril. Mais cette objection fut bientôt levée par M. Billy Lyddal, qui fit observer qu'il n'y avait pas le moindre péril à être spectateur du combat, attendu que le taureau, étant fortement lié par les cornes, ne pouvait leur faire aucun mal. D'ailleurs, ajouta-t-il, avec un sourire, comment saura-t-on que nous nous sommes procuré ce plaisir ? J'espère que nous ne serons pas assez dupes pour nous accuser nous-mêmes; et je ne vois pas ici d'espion qui puisse aller faire des rapports sur le compte de ses amis. C'est bien dit, allons. Tel fut le cri de toute la troupe, excepté de Henri qui, dans cette occasion, observa un profond silence. Henri ne dit rien, reprit M. Lyddal? Sûrement il ne voudra pas nous trahir. Je ne trahis personne, répondit Henri; mais si l'on me demande où nous sommes allés, comment pourrai-je m'empêcher de le dire?

Quoi donc, répliqua Lyddal, ne pouvez-vous pas dire que nous sommes allés nous promener sur la commune, ou le long du grand chemin, sans ajouter rien de plus? Non, dit Henri, ce ne serait pas dire la vérité. D'ailleurs le combat du taureau est un plaisir cruel et dangereux. Ces deux raisons sont assez bonnes pour vous détourner de l'aller voir, surtout M. Tommy, que madame sa mère aime si tendrement. Cette réponse ne fut pas reçue avec une vive approbation par ceux à qui elle était adressée. Voilà un plaisant docteur, dit l'un d'eux, de se donner de ces airs avec nous, et de se croire plus sage que tous les autres. Comment! s'écria M. Compton, ce petit fermier ose croire qu'il peut gouverner des enfans de gentilhomme, parce que Merton a la patience de le souffrir auprès de lui ! Si j'étais à la place de Tommy, ajouta un troisième, j'aurais bien vite renvoyé cet impertinent dans sa ferme. M. Mash, qui était le plus grand et le plus vigoureux de la troupe, alla droit à Henri; et, lui faisant une moue effroyable, il lui dit : Ainsi donc la reconnaissance que vous marquez à Tommy pour toutes les bontés dont il vous honore, c'est d'être un espion et un rapporteur ? Qu'avez-vous à dire à cela, petit mendiant? Henri, qui depuis longtemps avait aperçu et déploré en secret l'indifférence de Tommy à son égard, fut moins piqué de recevoir ces outrages, que de voir son ancien camarade, non-seulement garder le silence, mais encore témoigner du plaisir à l'entendre insulter. Sa constance n'en fut pourtant pas abattue; et, dès que le tumulte de toutes ces clameurs injurieuses lui permit de parler, il répondit froidement qu'il n'était pas plus un espion et un rapporteur que les autres; et, pour ce qui était du titre de mendiant qu'on lui donnait, que, Dieu merci, il avait encore moins besoin d'eux pour vivre, qu'ils n'auraient besoin de lui. D'ailleurs, ajouta-t-il, si par malheur j'étais réduit à cette extrémité, je saurais mieux connaître mes gens que de m'adresser à aucun de vous; je n'en excepte personne.

Cette vigoureuse apostrophe, et les réflexions qu'elle fit naître, produisirent un tel effet sur le caractère irascible de Tommy, qu'oubliant à la fois et les anciennes obligations qu'il avait à son premier camarade, et l'amitié qui les avait unis si étroitement, il l'entreprit d'un air furieux; et lui présentant le poing levé sur la tête, il lui demanda s'il avait eu l'audace de l'insulter?

HENRI. — Qui, moi, Tommy? Me préserve le ciel d'en avoir jamais la pensée! C'est vous plutôt qui m'insultez, en laissant faire vos amis.

TOMMY. — Comment donc! êtes-vous une personne d'une si grande conséquence que l'on ne puisse vous parler?

Courage, Tommy! s'écria toute la compagnie; tu n'as qu'à le gourmer comme il faut pour son impudence.

TOMMY. — Voilà un gentilhomme bien respectable, en vérité!

HENRI. — Si je ne le suis pas, j'ai cru que vous l'étiez, vous, jusqu'à ce moment.

TOMMY. — Comment, petit drôle, tu oses dire que je ne suis pas gentilhomme? Tiens, voilà pour ton effronterie!

A ces mots, il frappa rudement Henri, à poing fermé, sur le visage.

La constance du pauvre Sandford ne fut pas à l'épreuve de ce traitement. Il détourna la tête en s'écriant d'une voix étouffée: Ah! Tommy, Tommy! je n'aurais jamais cru que vous pussiez me traiter d'une si indigne manière; et, couvrant son visage de ses deux mains, il laissa échapper un torrent de larmes.

Une sensibilité si touchante, au lieu d'attendrir ses persécuteurs, ne fit que leur donner une mauvaise idée de son courage. Ils s'assemblèrent de plus près autour de lui, en l'accablant de nouvelles injures. Lâche! poltron! criaient-ils tout d'une voix à ses oreilles. Quelques-uns même, plus emportés que les autres le saisirent aux cheveux, et lui soulevèrent la tête, pour qu'il montrât, disaient-ils, sa lamentable figure. Mais Henri, qui commençait à revenir de sa douleur, essuya ses larmes du revers de sa main, et, se débattant avec force, il se dégagea, d'un seul coup, de tous ceux qui le tenaient, en leur demandant d'une voix ferme et d'une contenance aguerrie ce qu'ils avaient à démêler avec lui. Cette question était près de rester sans réponse lorsque M. Mash, qui avait encore sur le cœur le verre de limonade dont son visage avait été régalé la veille, s'avança brusquement; et, mesurant Henri d'un coup d'œil dédaigneux, lui dit: C'est la manière dont on doit traiter de petits gueux comme toi. Si tu n'en as pas assez pour te satisfaire, je suis prêt à solder tes comptes. Pour ce qui est de vos injures, répondit Henri, je ne crois pas qu'il vaille la peine de s'en fâcher. Mais, quoique j'aie souffert que M. Tommy me frappât, il n'en est pas un seul autre dans la compagnie de qui je voulusse le supporter. Que quelqu'un s'en avise, il saura bientôt si je suis un poltron. Mash ne répondit à ce défi que par un coup sur la figure de Sandford, auquel celui-ci riposta par une gourmade, qui faillit renverser son adversaire, malgré la supériorité de sa force et de sa taille. M. Mash comptait si peu sur cette vigoureuse défense qu'elle aurait peut-être refroidi son courage, sans la honte de paraître céder à celui qu'il venait de traiter avec tant de mépris. C'est pourquoi, recueillant toute sa résolution, il s'élança et le frappa avec tant de force que, du premier coup, il le fit tomber à terre. Heureusement il n'y avait eu que le corps de Henri terrassé. Son courage était resté debout; et M. Mash en reçut la preuve par une attaque plus vive que la première, au moment où il se croyait sûr de la victoire. Tous les jeunes spectateurs, qui avaient pris la patience de Sandford pour de la poltronnerie, conçurent alors la plus haute idée de sa valeur, et se pressèrent en silence autour des deux athlètes. Le combat devint plus vif et plus terrible. M. Mash trouvait de grandes ressources dans la hauteur de sa taille, et surtout dans une longue habitude de querelles, qui avaient rempli sa vie. Ses coups étaient portés avec autant de force que d'habileté; et chacun d'eux paraissait devoir suffire pour accabler un ennemi qui lui était si inférieur par sa petitesse et son inexpérience. Mais Henri avait un corps endurci à la fatigue et à la douleur. Ses membres étaient plus souples et plus nerveux; et son courage semblait tenir de la froide intrépidité d'un vétéran, que rien ne peut abattre ou troubler. Trois fois il avait été renversé par la masse des forces de son antagoniste, et trois fois il s'était relevé plus fort de sa chute. Tout couvert qu'il était de boue et de sang, et respirant à peine, il était loin de se croire ou de paraître vaincu. Déjà la durée du combat, et la violence des efforts de M. Mash avaient engourdi sa vigueur. Furieux et déconcerté de la résistance opiniâtre qu'on lui opposait, il commença bientôt à perdre la tête, et à frapper à l'aventure. Son haleine devint embarrassée, ses muscles s'amollirent, et ses genoux tremblans soutenaient à peine le poids de son corps. Enfin, dans un transport mêlé de honte et de rage, il se jeta sur Henri, comme pour l'accabler par un dernier effort. Henri battit prudemment en retraite, et se contenta de parer les coups qui lui étaient portés, jusqu'à ce que, voyant son adversaire épuisé de fatigue, il l'assaillit à son tour avec une impétuosité nouvelle; et, par un coup heureux, l'étendit sur le champ de bataille, sans qu'il eût le courage de se relever.

Mille acclamations involontaires de triomphe partirent alors de toute l'assemblée, tant une action de force et de courage a de pouvoir sur l'esprit des hommes! Ces mêmes personnes qui venaient d'accabler Henri de discours outrageans, s'empressaient maintenant de le féliciter sur sa victoire. Henri ne les entendait point. Il n'était sensible qu'à la honte que devait sentir son adversaire. Voyant qu'il n'était pas capable de se mouvoir, il lui tendit généreusement la main, pour l'aider à se relever, en lui disant qu'il était au désespoir des suites de cette aventure. Mais M. Mash, oppressé tout à la fois par la douleur de sa chute, et par la honte de sa défaite, ne lui répondit que par un farouche silence.

L'attention de la jeune troupe fut en ce moment détournée par un spectacle nouveau. Un taureau d'une grandeur majestueuse s'avançait à travers la plaine, la tête parée de rubans de différentes couleurs. Le superbe animal se laissait conduire, comme une victime docile, vers le théâtre qu'il devait rougir de son sang. A peine y fut-il arrivé, qu'on l'attacha par une longue corde à un gros anneau de fer, assez profondément scellé dans la pierre, pour le retenir au milieu de ses plus violentes secousses. Une foule innombrable d'hommes, de femmes et d'enfans environnaient la place, attendant, avec une avide impatience, le spectacle cruel qu'on préparait à leurs regards. Merton et ses amis ne purent résister à la curiosité qui les entraînait. Les tendres conseils de leurs parens, leurs propres devoirs et leurs promesses, tout, au même instant, fut effacé de leur mémoire; et, sans consulter d'autres lois que leurs désirs, ils se mêlèrent à la foule qui les environnait.

Henri, quoiqu'avec répugnance, les suivit de loin. Ni la douleur de ses meurtrissures, ni les mauvais traitemens qu'il avait reçus de Merton, ne purent lui faire oublier son ami, ou le rendre indifférent à sa sûreté. Il connaissait trop bien les dangers qui suivent souvent ces jeux barbares, pour perdre de vue celui qu'il avait toujours dans son cœur. Déjà la scène était près de s'ouvrir. Le noble animal s'était laissé attacher sans résistance. Quoiqu'il sentît en lui-même une force presque indomptable, il semblait dédaigner de s'en servir, et il regardait la foule nombreuse de ses ennemis avec une douceur qui aurait dû désarmer leur froide barbarie. Au même instant, on lâcha dans l'arène un dogue de la plus haute taille et du courage le plus féroce, qui, au premier aspect du taureau, poussa des cris horribles, et courut vers lui animé de toute la rage d'une haine invétérée. Le taureau le laissa approcher avec la froideur d'un courage tranquille; mais, au moment où il le vit s'élancer pour le saisir, il s'avança lui-même; et, baissant sa tête jusqu'à terre, il enleva son ennemi de l'une de ses cornes, et le jeta à trente pas de distance, au milieu de la foule des spectateurs, qui le reçurent les uns sur le dos, les autres sur la tête, au risque d'être écrasés par sa chute. Le même sort fut éprouvé par un second chien et par un troisième, qui furent lâchés successivement. L'un fut tué sur la place; et l'autre, qui s'était cassé le jarret, se retira en boîtant et en poussant des cris affreux. Pendant ces attaques, le taureau se conduisait avec le calme intrépide d'un guerrier expérimenté. Sans violence et sans passions, il attendait l'assaut de ses ennemis; et il les punissait rudement de leur audace.

Tandis que ces événemens cruels se passaient, a la barbare satisfaction non-seulement de la populace grossière, mais encore des jeunes gentilshommes de la société de Tommy, un nègre, à demi nu, vint humblement implorer leur charité. Il avait servi, leur dit-il, sur un vaisseau de guerre anglais; il leur montra même les cicatrices de quelques blessures qu'il avait reçues en divers combats. Mais, à présent que la guerre était finie, on venait de le renvoyer; et, sans amis, sans secours, dépourvu de toute industrie, il avait peine à trouver du pain pour soutenir sa misérable existence, et des habits pour se défendre de la rigueur du froid. La plupart des jeunes gentilshommes, qui, par une mauvaise éducation, n'avaient jamais été accoutumés à réfléchir sur les peines des malheureux, au lieu de se montrer sensibles à la misère de ce pauvre homme, eurent la bassesse de faire entre eux des plaisanteries sur sa couleur noirâtre et sur son accent étranger. Tommy fut le seul qui parut attendri. Malgré le triste changement qui s'était fait dans son caractère depuis qu'il s'était éloigné de M. Barlow, son cœur avait toujours conservé sa générosité naturelle. Il mit aussitôt la main dans sa poche; mais par malheur il n'y trouva rien dont il pût disposer. Le goût des folles dépenses, qu'il avait pris dans sa nouvelle société, lui avait fait épuiser en vaines dissipations tout le fond de ses finances; et il se vit hors d'état de soulager la détresse qui avait ému son cœur. Ainsi, repoussé de toutes parts, sans secours, soit par la dureté, soit par l'impuissance, le malheureux nègre tourna ses pas vers l'endroit où Henri se trouvait seul à l'écart, et, tenant tristement à la main les restes déchirés de son chapeau, il sollicita sa compassion. Henri n'avait que douze sous: c'était toute sa richesse; mais il les prit sans balancer, et, les glissant dans la main du pauvre mendiant: Tenez, mon ami, lui dit-il, voilà tout ce qui me reste. Si j'en avais encore, ce serait à vous, je vous assure. Il n'eut pas le temps d'en dire davantage, car il fut interrompu par les aboiemens bruyans de trois dogues qui, s'étant jetés à la fois sur le taureau, le firent entrer en fureur par leurs attaques réunies. Le courage froid et tranquille qu'il avait montré jusqu'alors se tourna en rage et en désespoir. Il poussait des rugissemens horribles; sa bouche et ses nazeaux étaient couverts de sang et de fumée. Il courait çà et là de toute la longueur de sa corde, poursuivi par les chiens, qui le harcelaient sans cesse, en hurlant et en déchirant ses membres de leurs morsures. Enfin, après avoir foulé sous ses pieds un de ses ennemis, éventré le second de sa corne, et mis le troisième hors de combat, il donna une secousse si terrible au lien qui le retenait, qu'il le rompit, et s'échappa à travers la multitude effrayée. Il serait impossible de vous peindre la surprise et la consternation dont tous les spectateurs furent frappés. Les cris d'horreur et d'effroi succédèrent à leurs acclamations joyeuses. A peine eurent-ils la force de hâter leurs pas tremblans. Cependant le taureau furieux parcourait la plaine, renversant les uns, écrasant les autres, et vengeant ainsi, sur ses persécuteurs, toutes les injures qu'il avait reçues de leur cruauté. Sa fougue égarée l'emporta bientôt du côté où se trouvaient Merton et ses amis. Tout ces braves héros, qui, peu de minutes auparavant, avaient tant méprisé la prudence de Sandford, auraient alors donné l'empire du monde pour être en sûreté dans la maison de leurs parens. Ils s'enfuyaient à perte d'haleine. Mais comment se dérober à la vitesse supérieure de leur ennemi? Dans cette fatale conjoncture, Henri ne perdit rien de sa présence d'esprit. Sans pousser de vaines clameurs, ou chercher un secours inutile dans la fuite, il attendit de pied ferme le terrible animal, qui venait droit à lui; mais au moment où celui-ci était près de l'atteindre, il sauta lestement de côté; et le taureau passa, sans s'embarrasser de son escapade. Tommy ne fut pas si heureux. Il se trouvait le dernier des fuyards; et, pour comble de disgrace, soit par l'effet de sa frayeur, soit par l'inégalité du terrain, le pied lui glissa dans la juste direction du chemin que le taureau venait d'enfiler. Tous ceux qui furent témoins de sa chute, sans oser le secourir, jugèrent sa mort inévitable; et il en était encore plus persuadé que les autres, lorsque Henri, avec un sang-froid et une intrépidité au-dessus de son âge, saisit une fourche qu'un des fuyards avait laissé tomber; et, au moment où le taureau s'arrêtait pour éventrer sa victime, il courut à lui, et le blessa dans le flanc. L'animal furieux se retourna soudain; et il est probable que, malgré son courage, Sandford eût payé de la vie le secours qu'il venait d'apporter à son ami, si un secours imprévu ne lui fût arrivé à lui-même. C'était le nègre reconnaissant qui volait à son aide avec la rapidité de l'éclair. Il assaillit le taureau du bâton noueux qu'il tenait à la main, et le força de tourner sa rage contre un nouvel objet. Accoutumé dans son pays à combattre des animaux plus terribles, il n'eut pas de peine à se défendre de sa furie. Mais, non content de lui avoir échappé, il tourna lestement autour de lui, et le saisissant par la queue, il fit pleuvoir sur son dos une grêle de coups. En vain l'animal furieux redoubla ses beuglemens effroyables, et reprit l'emportement de sa course; le nègre, sans lâcher prise, se laissa traîner sur la plaine, continuant toujours ses vigoureuses décharges, jusqu'à ce que son ennemi eût enfin succombé de lassitude et d'épuisement. Encouragés par ce succès, quelques-uns des paysans les plus hardis vinrent se joindre au vainqueur; et accablant d'une réunion de forces aussi supérieures leur ennemi, ils lui passèrent une corde autour de la tête, et l'attachèrent fortement à un arbre. Dans le même temps il arriva du château deux ou trois domestiques que madame Merton avait envoyés sur les pas de son fils. Ils trouvèrent leur jeune maître sans blessures, mais à demi mort de saisissement et de frayeur. Pour Henri, lorsqu'il vit son ami en sûreté dans les bras de ses gens, il invita le nègre à le suivre; et, au lieu de retourner chez M. Merton, il prit le chemin qui conduisait à la ferme de son père.

FIN DE SANDFORD ET MERTON.

LE PETIT GRANDISSON.

LETTRE PREMIÈRE.

Guillaume D*** à sa mère.

Londres, le 17 avril.

Vous m'avez permis de vous écrire, ma chère maman. Quelle douce consolation pour mon cœur! Ah, j'en avais grand besoin, puisque je me vois obligé d'être si loin de vous.

Me voici arrivé à Londres en bonne santé. Cependant je suis triste, oh! oui, bien triste, je vous assure. Vous allez dire que c'est une enfance; mais je n'ai fait que pleurer pendant tout le voyage, lorsque je pensais au dernier baiser que vous m'avez donné en me séparant de vous. Allons, je ne vous en parlerai pas davantage. Je sais combien vous m'aimez, et je ne veux pas vous affliger.

Que cette ville est belle! et combien elle nourrit d'habitans! Nous n'avons point en Hollande une ville qui soit aussi grande de la moitié. Tout me paraîtrait fort bien ici ; mais je n'y trouve pas maman. Ah ! voilà le mal.

Vous aviez bien raison de me vanter madame Grandisson, votre amie. Elle est si douce et si bonne, qu'il faut commencer à l'aimer dès qu'on la voit. Elle me reçut dans ses bras à mon arrivée, tenez, justement comme vous faisiez vous-même, quand vous étiez contente de moi. Et M. Grandisson! oh, je ne puis vous dire combien il est estimable. Je veux le prendre pour modèle, et je suis bien sûr alors d'être estimé de tout le monde, quand je serai grand. Mon papa devait être comme lui, puisque vous m'avez dit si souvent combien il était honnête homme. Ah, si je le possédais encore, combien je serais heureux! Je ferais comme le petit Grandisson, je lui obéirais en la moindre chose, je mettrais tout mon cœur à l'aimer, sans vous en aimer moins pour cela. Mais le ciel ne l'a pas voulu. Il m'a laissé au moins une mère, et une mère aussi bonne que vous l'êtes. Allons, je ne suis plus si à plaindre. Il n'y a guère d'enfans aussi heureux. Tous les jours je rends grace à Dieu de ce bonheur, et je le supplie de vous conserver pour moi. Mais, adieu, ma chère maman, adieu ma petite sœur. J'enferme pour vous mille baisers et mille vœux bien tendres dans cette lettre. Pensez un peu à moi, qui pense toujours à vous. Oh! quand pourrai-je vous revoir et vous embrasser! Que cette année va me paraître longue! Le temps coulait si vite quand nous étions ensemble!

II. Madame D*** à son fils.

Amsterdam, le 28 avril.

Ta lettre m'a fait le plus grand plaisir, mon cher fils. La tristesse que tu as ressentie de notre séparation me fait voir que tu as un cœur sensible. Un enfant qui peut s'éloigner de sa mère sans chagrin ne sait pas l'aimer. Il faut cependant écouter aussi la raison. Nous ne pouvons pas rester toujours ensemble, et s'abandonner lâchement à sa douleur, c'est une faiblesse dont il n'y a qu'à rougir. Apprends à t'armer de courage contre les événemens de la vie. Celle qui paraît la plus heureuse, est encore mêlée de mille peines qu'il faut s'accoutumer dès l'enfance à savoir supporter. Lorsqu'il te viendra quelque tristesse de ne plus me trouver près de toi, tu n'as qu'à penser avec quel plaisir nous nous reverrons dans un an, et tu trouveras aussitôt de la consolation. En attendant nous nous écrirons le plus souvent qu'il nous sera possible. Écrire, c'est presque se parler. Tu vois à présent comme tu as bien fait de t'instruire avec tant de soin. Qu'en arriverait-il si tu avais été assez malheureux pour négliger tes leçons? Nous serions séparés, et nous ne pourrions nous rien dire l'un à l'autre.

Tu trouves M. Grandisson bien estimable, et tu veux le prendre pour modèle? Tu me ravis, mon cher enfant. Ce choix est déjà un commencement de vertu. Oui, ton père était aussi comme lui, et je suis bien sûre que tu sauras te rendre digne de te nommer son fils. C'est la plus douce consolation qui me reste après l'avoir perdu.

Adieu, mon cher Guillaume, embrasse pour moi madame Grandisson. Rends-moi compte de toutes tes occupations et de tous tes plaisirs. Mais écris-moi toujours comme si tu me parlais. Une lettre doit être simple, naturelle, et sans aucune recherche. Ta petite sœur te regrette beaucoup. Elle me demande cent fois par jour de tes nouvelles; elle me reproche de ne savoir pas jouer avec elle aussi bien que toi.

III. *Guillaume D*** à sa mère.*

Londres, le 8 mai.

Mille et mille graces, ma chère maman, de la bonté que vous avez eue de m'écrire. Je me suis empressé de montrer votre lettre à madame Grandisson. Quelle excellente mère vous avez, m'a-t-elle dit, après l'avoir lue! Oui, madame, lui ai-je répondu, maman est une autre vous-même, et elle m'a embrassé. Écoutez, mon petit ami, a-t-elle ajouté; puisque votre maman vous permet de lui écrire, et qu'elle vous ordonne de lui rendre compte de tout ce qui vous regarde, vous ne devez rien oublier. Parlez-lui de vos études et de vos amusemens, et rapportez-lui vos entretiens avec mes fils et ma fille. Cela pourra lui adoucir le chagrin de votre absence. Mais, madame, lui ai-je dit, maman m'a toujours défendu de parler de ce qui se passe dans la maison des autres, et sûrement elle veut que je ne lui parle que de moi. Eh bien, m'a-t-elle répondu, je vous permets de lui faire part de tout ce qui se passe dans notre maison. Je n'ai point de meilleure amie que votre maman. Je lui confierais moi-même tous mes secrets, et je vous charge de ma confidence. Oh! maman, combien cette permission m'a fait de plaisir! Que j'aurai de choses à vous raconter de mon ami Charles! Oui; c'est de lui que j'aurai le plus souvent à vous parler. Vous ne savez pas combien il a d'esprit et de raison, de sentiment et de bonté. Nous sommes toujours ensemble. Je l'aime tous les jours un peu plus que la veille. Edouard, son frère, qui a deux ans plus que lui, n'est pas à beaucoup près aussi aimable: mais pour la petite Emilie, leur jeune sœur, oh! voilà une charmante demoiselle!

Madame Grandisson vient de vous écrire, maman. Elle me fait demander ma lettre pour la mettre dans la sienne. Je suis bien fâché de ne pouvoir causer plus long-temps avec vous. Il me semble que je ne serais jamais las de vous écrire. J'ai autant de peine à quitter ma plume, que j'ai eu de plaisir à la prendre. Adieu, ma chère maman, ménagez bien votre santé. Continuez-moi toujours vos sages leçons, et peut-être que je deviendrai aussi aimable que mon ami Charles.

J'embrasse tendrement ma petite sœur. J'ai du regret aussi de ne pouvoir jouer avec elle, puisqu'elle trouve que je m'en acquittais si bien.

IV. *Madame D*** à son fils.*

Amsterdam, le 18 mai.

Je te félicite, mon cher fils, d'avoir un ami tel que Charles. Quelques personnes de ma connaissance, qui l'ont vu chez son père, me parlent de lui comme d'un enfant on ne peut pas plus intéressant. Tu vois par-là ce que l'on gagne à se bien conduire et à remplir ses devoirs, on se fait aimer et estimer de tout le monde. Edouard, dès ses premières années, a montré un caractère indocile et sauvage. Mais, mon cher ami, tu ne dois remarquer ses défauts que pour t'en préserver, sans donner dans ton cœur la moindre place à la haine. Edouard est jeune, il peut se corriger; et jusques à cet heureux changement, il n'est digne que d'une tendre compassion.

Il me paraît par la lettre de madame Grandisson, qu'elle a pris de l'amitié pour toi. C'est un encouragement à faire de ton mieux pour mériter ce qu'elle me dit sur ton compte. Tu dois sentir combien les reproches qu'elle aurait à te faire seraient cruels pour mon cœur. Mais non, je te connais, tu ne veux point cesser d'être le bien-aimé de ta maman. Adieu, mon cher fils.

V. Guillaume D*** à sa mère.

Londres, le 27 mai.

Charles vous écrit, maman, Charles vous écrit. Vous trouverez sa lettre dans la mienne. Quelle belle écriture, et quelle jolie manière de s'exprimer ! Mais soyez tranquille, il ne tiendra pas à moi que je ne sois bientôt en état de faire aussi bien que lui. Je n'ai que douze ans, et il en a treize. Voilà un an de différence où je puis bien avancer.

Rien ne manquerait à mon bonheur, maman, si vous étiez ici pour voir combien je suis heureux. Toutes nos études sont autant de plaisirs. Nous apprenons le dessin, la danse, la musique, et nous faisons tous les jours des promenades dans la campagne pour connaître les plantes. M. Bartlet, qui est un homme très-savant, vient nous voir deux ou trois fois par semaine, et nous trouvons beaucoup à profiter dans sa conversation. Je sens mieux tous les jours, combien il est triste de rester dans l'ignorance. Il y a tant d'avantage à cultiver son esprit ! et il n'y a qu'à savoir s'y prendre pour s'amuser en s'instruisant. Oh ! ne craignez pas que je perdre mon temps en cette maison ; j'ai un trop bon exemple dans mon ami Charles. Il règne entre nous une émulation qui ne prend rien sur notre amitié : au contraire, il semble que nous nous en aimions davantage. Mais il faut que je cesse de vous écrire, car on m'appelle pour déjeuner. Va donc, ma lettre, dis à ma chère maman que je l'aime de tout mon cœur, dis-lui que je l'embrasse mille et mille fois.

Je profite du petit coin de papier qui me reste pour faire à ma sœur encore plus d'amitiés qu'il n'en peut tenir.

VI. Charles Grandisson à madame D***

Londres, le 27 mai.

Quelle obligation je vous ai, madame, de nous avoir envoyé votre fils ! C'est un ami que vous m'avez donné pour la vie. Si vous saviez combien il se plaît à s'entretenir de vous, et avec quelle tendresse il en parle ! Il me parle aussi fort souvent de son père. Lorsqu'il décrit sa mort, il me fait pleurer d'attendrissement. Que tu es heureux, me disait-il hier au soir, d'avoir encore ton père ! Un pauvre enfant est bien à plaindre lorsqu'il est privé du sien ! Hélas ! c'est perdre son plus cher protecteur et son meilleur ami. Comment peut-il se faire qu'il y ait des enfans qui désobéissent à leurs parens, et qui les affligent par leurs vices ! Ah ! si j'avais donné à mon papa le moindre sujet de plainte, il n'y aurait plus pour moi un seul jour de bonheur. Mais tu as encore une mère, lui répondis-je. Oui, me répliqua-t-il, j'en ai une qui me chérit aussi tendrement que je l'aime. Ses soins pour moi sont redoublés depuis la mort de mon père, il faut bien que je redouble pour elle de respect et d'amour. Pourquoi ne suis-je pas déjà grand ? Je partagerais ses travaux, je l'aiderais à supporter ses chagrins. Oui, tant que je vivrai, je veux lui prouver par ma tendresse que je ne suis pas indigne de la sienne. Il me fut impossible de lui répondre, tant j'étais attendri. Je ne pus faire autre chose que de l'embrasser. Ah ! madame, celui qui sait si bien honorer ses parens doit être un ami bien fidèle.

Je ne saurais assez vous dire combien il est appliqué à ses devoirs. M. Bartlet s'étonne tous les jours de ses progrès. N'allez pas croire cependant que nous soyons toujours sérieux. Nous savons bien nous divertir ; et le plaisir ne nous paraît jamais si doux qu'après le travail. Nous courons dans la campagne, nous jouons aux boules, nous faisons tous les jeux qui demandent de l'adresse et du mouvement. Nos leçons, nos exercices et nos plaisirs, tout a son heure marquée; et je puis vous répondre que chacune est bien remplie.

Que devez-vous penser, madame, de la liberté que j'ai prise de vous écrire une si longue lettre? Mais non, vous me pardonnez, sans doute. Je vous parle de ce que vous avez de plus cher. Tout ce qui le regarde doit vous faire plaisir. Je ne veux pas cependant abuser de votre complaisance. Daignez, je vous en supplie, excuser mon babil, en considération de mon amitié pour votre fils, et du profond respect avec lequel j'ai l'honneur d'être,

Madame,

Votre très-humble et très-obéissant serviteur,

CHARLES GRANDISSON.

---

*VII. Madame D*** à son fils.*

Amsterdam, le 4 juin.

Je t'envoie dans celle-ci une réponse à la jolie lettre que j'ai reçue de ton ami Charles. Je suis enchantée de ce qu'il me dit de tes sentimens à mon égard. Conserve-les-moi toujours, mon cher fils; et ta mère sera toujours heureuse.

J'ai une triste nouvelle à t'apprendre. Tu connaissais le jeune d'Etampes. Eh bien, il vient d'être mis en prison. Sa passion pour le jeu l'a perdu. Il a presque ruiné ses parens. Il n'y a pas bien long-temps qu'ils avaient payé pour lui une somme assez considérable, sur la promesse qu'il leur avait faite de ne plus jouer. Il a recommencé de nouveau, et ses pertes sont énormes. Il n'y a plus aucun moyen pour ses parens de le tirer d'affaire, à moins de se mettre sans pain. Que ce jeune homme est malheureux! Tu sais combien il serait aimable sans cette terrible passion à laquelle il s'était livré. On le plaignait d'abord, on le méprise aujourd'hui. O mon fils! que cet exemple soit toujours devant tes yeux, et te préserve d'un malheur aussi épouvantable!

Madame Grandisson vient de m'écrire que tu partages les leçons de ses enfans. Avec quelle bonté le ciel supplée à l'impuissance où se trouve ta mère, de te donner des talens selon ta naissance? Sois reconnaissant envers tes bienfaiteurs, et songe sans cesse quel devoir c'est pour toi de profiter de leurs bonnes dispositions. Ton application est le seul moyen d'y répondre. Ne perds aucun moment: l'heure qui passe ne revient plus. Combien je serais satisfaite de voir l'esprit de mon fils orné des connaissances les plus utiles! Quel charme je pourrai trouver dans son entretien! Cet espoir est bien capable d'adoucir pour moi l'amertume de notre séparation; qu'il serve également à soutenir ton courage. Oui, mon fils, je te l'ai déjà dit, le ciel ne nous a pas destinés à vivre toujours ensemble. Mais rien ne nous empêche de nous aimer, quand nous serions encore séparés par une plus grande distance. Adieu, mon cher enfant, remplis tes devoirs, mais sans négliger tes plaisirs, je ne puis être heureuse que de ton bonheur.

---

*VIII. Guillaume D*** à sa mère.*

Londres, le 12 juin.

Nous partons demain pour la campagne, maman. Comme je vais me divertir! Charles vient d'empaqueter beaucoup de livres pour les emporter avec nous. Nos crayons ne sont pas oubliés. Toute la contrée est, dit-on, remplie de paysages charmans. Nous nous exercerons à les rendre sur le papier. La petite Émilie emporte son tambour à broder, pour imiter avec son aiguille les plus jolies fleurs. Quoiqu'elle n'ait pas encore douze ans, elle est d'une adresse qui ravit. C'est elle qui fait la plus grande partie de ses chiffons. Nous sommes tous trois bien joyeux d'aller à la campagne. Edouard seul en est fâché. Je le plains. Il me semble que c'est un mauvais signe, de ne pas aimer l'air des champs. Je me suis trouvé présent à une conversation qu'il a eue avec son frère et sa sœur. Je vais vous l'écrire mot pour mot.

ÉMILIE. — Savez-vous que notre bon ami M. Bartlet vient avec nous à la campagne?

CHARLES. — Oui, ma sœur, et j'en suis charmé.

ÉDOUARD. — Oh! pour moi, je ne le suis pas.

CHARLES. — Et pourquoi donc, mon frère?

ÉDOUARD. — C'est qu'il trouve toujours en moi quelque chose à reprendre.

CHARLES. — Eh bien! ses reproches peuvent t'aider à te corriger. Il me semble que ceux qui ont la bonté de nous avertir de nos défauts sont nos meilleurs amis; et je les estime bien plus que ceux qui nous flattent.

Charles a bien raison, n'est-ce pas maman?

ÉDOUARD. — Je pensais au moins que je serais délivré pour quelque temps de ce maudit latin. Mais non, je vois qu'il nous faudra encore faire tous les jours notre version comme à la ville.

CHARLES. — Je l'espère bien, et je ne vois rien de difficile, lorsque M. Bartlet est avec nous. Et puis il veut nous apprendre à connaître toutes les plantes de la contrée. Oh! ce sera un plaisir!...

ÉDOUARD. — Oui, vraiment, le beau plaisir que d'aller chercher des herbes, le nez en terre comme les moutons!

CHARLES. — Mais, mon cher Édouard, tu n'as pas fait encore ta malle, je crois?

ÉDOUARD. — Je la ferai faire par un domestique.

ÉMILIE. — Les domestiques sont aujourd'hui bien occupés, mon frère.

ÉDOUARD. — Eh bien! ils iront se coucher une heure plus tard.

ÉMILIE. — Les pauvres gens! après avoir travaillé toute la journée, tu veux qu'ils perdent encore une heure de leur sommeil?

ÉDOUARD. — Voyez le grand malheur!

ÉMILIE. — Tu pourrais le leur épargner en faisant les choses toi-même, puisque tu en as le temps. Cela vaudrait peut-être mieux que de t'amuser à tracasser ton chien.

ÉDOUARD. — Mon chien est à moi, j'espère.

ÉMILIE. — Oui, mais les domestiques ne sont pas à toi.

ÉDOUARD. — Écoutez, mademoiselle, je n'ai pas besoin de vos leçons. Gardez-les pour vous-même.

La querelle allait s'échauffer. Charles les a pris tous deux par la main. Allons, mes amis, embrassez-vous, leur a-t-il dit. La dispute entre frères et sœurs est toujours un grand mal. Tiens, Édouard, puisque tu veux rester ici à t'amuser, donne-moi ta clef, je ferai ta malle, tandis que les domestiques seront à dîner.

Que Charles est un bon enfant! a dit Émilie, je l'aime de tout mon cœur.

Oh! maman, quelle différence entre les deux frères! et combien la douceur et la complaisance sont des qualités aimables! Mais, adieu, il faut que je vous quitte. J'aurai soin de vous écrire aussitôt que nous serons arrivés à la campagne.

Que n'êtes-vous de la partie avec ma chère petite sœur !

IX. *Guillaume D*** à sa mère.*

Le 15 juin.

Nous voici arrivés, ma chère maman. Oh ! la jolie maison de campagne ! Il y a de tous côtés des promenades charmantes. Le parc est très-vaste; et de ma fenêtre je découvre un paysage à perte de vue. Les jardins sont entretenus avec une propreté qui ravit dès le premier coup d'œil. Charles en a un pour lui seul, où il peut semer et planter tout ce qu'il lui plaît. Il a couru le visiter à notre arrivée. Et savez-vous ce qu'il a fait, maman? Non, il n'est pas pas possible d'être plus noble et plus généreux. Il a donné une demi-guinée au jardinier qui a pris soin de son jardin pendant son absence. Il pouvait sûrement se dispenser de lui faire ce cadeau. Son père paie largement le jardinier. Mais c'est un homme qui a six enfans encore tout petits. Il est pauvre, et Charles est bienfaisant. Il me semble donc qu'il a bien fait. Cependant Édouard a trouvé qu'il faisait mal. Il faut que je vous raconte leur entretien à ce sujet. Édouard était près de moi. Il a vu la demi-guinée dans la main du jardinier. Il a couru aussitôt vers son frère.

ÉDOUARD. — Es-tu fou, Charles, d'avoir donné tant d'argent à cet homme ? Mon papa lui paie son travail.

CHARLES. — Il est vrai, mon frère. Mais vois comme mon jardin est bien entretenu. Cela vaut une petite récompense. D'ailleurs cet homme n'est pas riche, et il a beaucoup d'enfans, ne faut-il pas avoir pitié des malheureux ?

ÉDOUARD. — A la bonne heure; mais il ne fallait pas au moins lui donner au-delà de ce qui lui revient.

CHARLES. — Ah, mon frère, si notre papa nous donnait tout juste ce qui nous revient à nous-mêmes, ce serait bien peu de chose.

ÉDOUARD. — Est-ce que tu oserais lui dire ce que tu viens de faire?

CHARLES. — Oui, sans doute. J'espère ne faire jamais rien que je ne puisse lui dire.

ÉDOUARD. — Il te gronderait d'une bonne façon, je te le promets.

CHARLES. — Et moi, je te promets qu'il ne me gronderait pas du tout. Je l'ai vu souvent donner quelque chose au même jardinier, lorsqu'il est content de son travail.

ÉDOUARD. — Mon papa donne de son argent, mais celui que tu donnes ne t'appartient pas.

CHARLES. — Je te demande pardon, mon frère. L'argent que j'ai donné au jardinier était bien à moi. C'était le fruit de mes économies, il m'était permis d'en disposer; et je ne pouvais en faire un meilleur usage.

ÉDOUARD. — Comme s'il n'eût pas mieux valu en acheter des fusées et des pétards, et donner un petit feu d'artifice à maman, en l'honneur de notre arrivée !

CHARLES. — Les fusées ne durent qu'un moment. Et qu'est-ce encore? du bruit et de l'éclat, rien de plus. D'ailleurs, elles peuvent causer des accidens. Non, non, mon argent me deviendra plus utile. Le jardinier en achètera des souliers pour ses enfans; et les pauvres petits ne seront pas réduits à courir pieds nus sur les pierres et à travers les ronces.

ÉDOUARD, *avec un ris moqueur.* — Eh, que nous importe que ces enfans aient des souliers, ou non? Je ne vois pas en quoi cela nous touche.

CHARLES. — Mais cela les touche, mon frère, et c'en est bien assez. Que le ciel nous préserve de ne songer qu'à nos besoins, sans nous embarrasser de ceux des autres ! Ah ! mon cher Édouard, prenons pitié des pauvres ; ils sont hommes aussi bien que nous.

Édouard ne trouva pas un mot pour répliquer ; mais il nous quitta brusquement pour aller tourmenter un chat qu'il voyait de loin dormir sur un banc de gazon.

Que dites-vous de cela, maman? J'en suis honteux pour Édouard, et j'aime Charles plus que jamais. Madame Grandisson aura sûrement bien plus de plaisir à apprendre la générosité de son fils, qu'elle n'en aurait eu à voir toutes les fusées du monde. Oh! si je suis jamais riche, je me garderai bien de fermer ma bourse aux nécessités des pauvres. Ce doit être un si grand plaisir que d'assister un homme qui a besoin de vous ! Adieu, ma chère maman, on vient de m'appeler pour aller faire un tour de promenade. Avec quelle impatience j'attends vos lettres ! Ah ! quand m'en viendra-t-il de ma petite sœur ?

X. Madame D*** à son fils.

Amsterdam, le 20 juin.

Je suis enchantée de ta dernière lettre, mon cher fils. Tu as bien raison de préférer la manière de penser de Charles à celle d'Édouard. Combien son bon cœur a dû être satisfait en voyant la joie de l'honnête jardinier ! C'est un plaisir qui se renouvellera toutes les fois qu'il verra des souliers aux pieds des pauvres enfans. Le meilleur moyen de mériter sa richesse, est de faire des heureux.

Madame Grandisson vient de m'envoyer un de tes dessins. Je suis charmée de te voir si bien profiter des leçons que l'on te donne. Si la fortune te refuse ses faveurs, la peinture est une profession honorable que le fils d'un colonel ne doit pas dédaigner : c'est d'ailleurs une occupation amusante, qui, en te préservant de l'oisiveté, te préservera de tous les vices qu'elle entraîne. La pratique des beaux-arts est la plus sûre sauvegarde de la jeunesse contre les passions.

Le désir que tu témoignes de recevoir des lettres de ta petite sœur lui a fait faire beaucoup de réflexions. O maman, me disait-elle hier au soir, que c'est une jolie chose que de savoir écrire ! Quand vous me lisez les lettres de mon frère, c'est comme s'il était avec nous, comme s'il nous parlait. Oh ! je vous en prie, maman, donnez-moi bien vite un maître à écrire, que j'écrive à mon frère ; ce sera aussi comme si je lui parlais, comme si j'étais avec lui. Elle m'a tant pressée que je lui ai promis de lui donner un maître le mois prochain ; elle m'a sauté au cou : ah, maman ! que je vais être sage ! Oui, je veux mériter la grace que vous m'accordez ! Que pourrai-je faire pour que vous soyez toujours contente de moi ? Tu n'as qu'à bien apprendre, ma fille, lui ai-je dit. Mais, maman, bien apprendre, ce n'est pas pour vous, c'est pour moi. Cela me regarde autant que toi-même, lui ai-je répondu, le bonheur de mes enfans n'est-il pas le mien ? Oh, maman ! a-t-elle repris aussitôt, quand pourrai-je faire quelque chose qui soit pour vous toute seule ! Eh bien ! mon fils, cela n'est-il pas joli de la part d'un enfant de six ans ? Je la pris dans mes bras, et je la serrai contre mon cœur. Je t'embrasse avec la même tendresse.

XI. Guillaume D*** à sa mère.

Le 27 juin.

Ah ! maman, il vient d'arriver un grand malheur. Édouard est tombé dans l'eau

Il est très-malade. Madame Grandisson est malade aussi. Nous sommes tous dans le chagrin. Vous allez voir que si Édouard souffre, c'est bien par sa faute. Il est encore fort heureux d'en être réchappé. S'il n'avait pas reçu de secours si à propos, il se noyait certainement.

C'était hier après dîner. Il n'avait pas fait son devoir de la matinée. Monsieur Grandisson lui avait ordonné de rester dans sa chambre pour le finir. Voyez comme il est désobéissant! Il descendit malgré cet ordre, et vint nous trouver. Mais attendez, je vous prie, il faut que je vous raconte la chose exactement comme elle s'est passée.

Nous étions partis depuis un quart d'heure, dans le dessein d'aller boire du lait chaud pour notre goûter, à une petite ferme assez peu éloignée. Nous entendîmes bientôt Édouard, qui accourait vers nous à perte d'haleine. Nous nous arrêtâmes pour l'attendre, croyant qu'il avait obtenu la permission de venir nous joindre. Il arriva. Nous reprîmes alors notre marche; et, après avoir fait quelques pas ensemble, nous rencontrâmes un petit garçon qui poussait une brouette où il y avait un petit tonneau de vinaigre. Il voulut se ranger civilement pour nous laisser passer. La roue tourna dans l'ornière, la brouette versa, et le tonneau tomba à terre. Le pauvre enfant se trouva dans un grand embarras, parce qu'il n'était pas en état de remettre le tonneau sur la brouette, et qu'il n'y avait pas une grande personne pour lui prêter la main. Charles, le bon Charles courut aussitôt vers lui. Allons, Guillaume, allons Édouard, s'écria-t-il, il nous faut aider ce brave petit garçon. Nous aurons bien assez de force, à nous quatre, pour remonter son tonneau. Vraiment oui! dit Édouard, il nous siérait bien de nous occuper de ces choses-là! Pourquoi non? répondit Charles. Il ne messied jamais, ce me semble, de faire une bonne action. Tu n'as qu'à rester tranquille. Voyons, nous trois, si nous serons assez forts. Nous voilà aussitôt à l'ouvrage, et dans un moment la brouette fut relevée, et le tonneau remis par-dessus, tandis qu'Édouard ne faisait que chanter et se moquer de nous. Le petit garçon fut bien joyeux. Il nous remercia, et poursuivit son chemin. Allons, Charles, dit Édouard, voilà qui est à merveille. Je vois avec plaisir que tu serais un fort bon vinaigrier. Eh bien, mon frère, lui répondit Charles en souriant, si je le suis jamais, et que j'aie le malheur de laisser tomber mon tonneau, je serai fort aise de trouver quelqu'un qui ait la bonté de me secourir. Oui, tu n'as qu'à rire, reprit Édouard. Mais que dirait mon papa, s'il était instruit de ce que tu viens de faire? Il en estimerait davantage son fils, dit Émilie. Mon papa est bon, et, à la place de Charles, il en aurait fait tout autant que lui. Fi donc! repartit Édouard, vous me faites rougir pour vous deux. C'est bien à des gens comme nous de nous mêler des affaires du bas peuple! Oh! interrompit Charles, s'il a besoin de nous quelquefois, nous avons plus souvent besoin de lui. Nous avons secouru ce petit garçon. Qui sait si son secours ne sera pas un jour nécessaire à quelqu'un de nous?

Vous verrez bientôt, maman, que Charles avait raison.

A peine étions-nous arrivés à la ferme, qu'Édouard nous proposa de faire une petite navigation sur un batelet qui était là tout près, dans un fossé. Émilie et Charles n'en voulurent rien faire, en disant que leur papa le leur avait expressément défendu. Bon! il n'en saura rien, dit Édouard. Mais, mon frère, répondit Charles, nous ne devons rien faire que notre papa ne doive savoir. A la bonne heure, dit Édouard. En ce cas, je vais faire un tour dans la prairie, car je ne m'amuse pas ici. Nous pensâmes tous que c'était en effet son dessein. Mais, l'auriez-vous cru, maman? au lieu d'aller, comme il le disait, dans la prairie, il tourna autour de la ferme, et il alla se mettre dans le bateau. Environ une demi-heure après, nous entendîmes crier au secours. Nous y courûmes avec le fermier et son fils. Quelle fut notre consternation en voyant le bateau renversé et le malheureux Édouard caché sous les ondes! Un petit garçon était près de lui, et le tirait par le pan de son habit, sans avoir la force de le soulever. C'était lui qui venait de crier au secours. Le fermier se jeta aussitôt dans le fossé, et vint à bout de les tirer de l'eau tous les deux. Mais Édouard était sans connaissance et sans mouvement. Émilie poussait des cris pitoyables. Moi, j'étais si saisi que je ne pouvais rien dire. Charles seul était calme, et avait conservé toute sa présence d'esprit. Il ordonna d'abord que l'on portât son frère dans la maison du fermier, pour le faire revenir de son évanouissement; puis il dit à sa sœur de se tenir tranquille, de peur que ses cris n'allassent jusqu'aux oreilles de son papa. Je vais retourner vers lui, ajouta-t-il, pour le prévenir doucement du malheur qui vient d'arriver. Ayez bien soin de mon frère.

N'admirez-vous pas, ma chère maman, des précautions si sages et si tendres?

Mais quelle fut l'agitation de ses parens en entendant son récit! madame Grandisson tomba évanouie. M. Grandisson, après lui avoir donné des secours, courut aussitôt vers son fils. On venait de le porter dans la maison. Il n'était personne qui ne le crût mort. Malgré sa fermeté, M. Grandisson ne put s'empêcher de répandre des larmes. Oh! combien un bon père aime ses enfans! Il oublie toutes leurs fautes lorsqu'il les voit en danger A force de soins, on fit revenir Édouard à lui-même; mais il est encore au lit, parce qu'il a une grosse fièvre. Le voilà bien puni de sa désobéissance. Il a été sur le point de perdre la vie, et de donner la mort à ses parens. C'est une bonne leçon pour m'apprendre à être toujours soumis et docile. Adieu, ma chère maman, je vous donnerai bientôt des nouvelles. Que j'aurais de choses à dire à ma petite sœur pour la scène touchante qu'elle a eue avec vous! Je l'attends à notre correspondance.

XII. Guillaume D*** à sa mère.

Le 2 juillet.

Madame Grandisson est beaucoup mieux, maman. Édouard sera bientôt rétabli; et j'espère que cette aventure le rendra plus sage. Je vous ai parlé dans ma dernière lettre d'un petit garçon qui a sauvé Édouard en le tenant par son habit. Eh bien! j'avais oublié de vous le dire, c'est le petit vinaigrier que nous avions aidé à remettre son tonneau sur sa brouette. Charles le disait bien, on peut avoir besoin de tout le monde sans pouvoir deviner comment. C'en était sûrement fait d'Édouard, si nous n'avions secouru le petit garçon; car, en restant sur le chemin près de sa brouette renversée, il n'aurait pu se trouver à portée de voir l'accident d'Édouard, de se précipiter dans l'eau pour le soutenir, et d'appeler du secours. Mais il faut que je vous rapporte un entretien que nous eûmes à ce sujet hier après dîner, lorsque nous étions avec M. Grandisson dans la chambre du malade.

Vous avez bien de la bonté, nous dit Édouard, de venir me tenir compagnie.

CHARLES. — Ne viendrais-tu pas près

de nous, mon frère, si nous étions malades?

ÉDOUARD. — Guillaume aurait peut-être plus de plaisir à s'aller promener.

GUILLAUME. — Non, je t'assure, Édouard. C'est un assez grand plaisir pour moi de voir que tu commences à te trouver mieux.

ÉMILIE. — Surtout quand nous pensons au danger que nous avons couru de te perdre.

ÉDOUARD. — Cela est vrai. Sans ce brave petit garçon, c'en était fait absolument de moi.

M. GRANDISSON. — Je suis bien aise, mon fils, que cette réflexion occupe ton esprit. Tu vois à présent, comme te le disait Charles, que l'on ne peut jamais savoir si l'on n'aura pas besoin de telle personne qui se trouve avoir besoin de nous.

ÉDOUARD. — Vous avez raison, mon papa. J'ai bien du regret de n'avoir pas aidé ce petit garçon, qui devait me rendre un si grand service.

M. GRANDISSON. — Je te sais gré, mon fils, de reconnaître que tu as eu tort. Il ne te reste plus qu'à te souvenir sans cesse de ton libérateur, dans la pensée qu'il viendra peut-être un jour où tu pourras lui rendre le change. Jusqu'à ce moment, tu peux, en quelque sorte, t'acquitter envers lui, en secourant, à son intention, tous ceux que tu verras dans la peine. Tu peux encore tirer de ton malheur une leçon fort utile, c'est qu'il ne faut jamais mépriser ceux qui paraissent au-dessous de notre état. A la place du petit vinaigrier, qu'aurait fait un jeune gentilhomme? Il se serait sans doute contenté d'appeler du secours sans te secourir lui-même; et tu aurais eu le temps de périr sous ses yeux, avant qu'il eût osé mettre un pied dans le fossé. Le petit garçon, au contraire, plus courageux et plus compatissant, s'est précipité dans l'eau après toi, au péril de sa propre vie. Tu venais de lui refuser un service qui ne t'aurait coûté qu'un léger effort; et, malgré ta dureté à son égard, il n'a pas craint de hasarder ses jours pour sauver les tiens. As-tu fait jusqu'à présent, et feras-tu peut-être dans toute ta vie une action qui approche de la sienne? De tendres parens, un frère, une sœur, un ami, lui doivent un objet chéri qu'ils allaient perdre. La société lui doit un de ses enfans qui peut un jour travailler utilement pour elle. Gardons-nous donc bien de mépriser aucun de nos semblables, dans quelque rang que le sort l'ait placé, puisque les petits peuvent quelquefois nous être encore plus utiles que les plus grands.

J'avais les larmes aux yeux, ma chère maman, pendant le discours de M. Grandisson. Il me semblait que tous ses sentimens étaient déjà dans le fond de mon cœur. Oh! oui, j'ai observé plus d'une fois que les gens du peuple sont les plus secourables, lorsqu'ils voient quelqu'un dans le besoin; et l'on ne peut pas être méchant, quand on est aussi bien disposé à secourir ses frères.

Adieu, ma chère maman. Nous allons demain dîner chez la sœur de M. Grandisson. C'est à plusieurs milles d'ici. Je suis obligé de vous quitter. Nous devons nous coucher ce soir de bonne heure, pour être levés demain de grand matin. Édouard ne peut pas venir avec nous. Il en est si fâché que cela me fâche pour lui. Voilà encore une autre punition de sa faute. Je vous rendrai compte de notre visite. Écrivez-moi, je vous prie, ma chère maman, jusqu'à ce que ma petite sœur puisse devenir votre secrétaire.

XIII. Guillaume D*** à sa mère.

Le 3 juillet.

Nous avons eu beaucoup de plaisir, ma

chère maman, chez milord et milady Campley. J'aurais voulu que vous eussiez pu voir comment mon ami Charles s'est comporté au milieu d'une nombreuse compagnie. Il y avait un autre jeune garçon à peu près de notre âge. Quelle différence entre Charles et lui! Celui-ci a toujours un maintien raide et affecté. Il ne sait faire autre chose que des complimens et des révérences. Il n'ose regarder personne en face, comme s'il avait honte d'une mauvaise action. Charles, au contraire, est civil avec une noble assurance. Il se présente d'un air aisé tout ensemble et modeste. Il écoute avec attention, et se permet peu de parler; mais ce qu'il dit est plein de grace et de justesse, et tout le monde semble prendre du plaisir à l'entendre. Il distingue à merveille ce qu'il doit à chacun de ceux avec lesquels il se trouve. Respectueux envers ses supérieurs et les personnes plus âgées que lui, il est poli pour ses égaux, et affable pour ses inférieurs. Sans paraître trop empressé dans ses soins, il a les attentions les plus délicates. Je ne vous en donnerai qu'un exemple. Nous étions allés nous promener dans le jardin. Une jeune demoiselle avait oublié son chapeau à la maison. Elle ne tarda pas à se plaindre de l'ardeur du soleil. Charles l'avait déjà deviné; et, lorsqu'elle se disposait à aller chercher son chapeau, elle vit arriver Charles qui le lui apportait. Il lui demanda la permission de le mettre lui-même sur sa tête: ce qu'il fit avec toute la gentillesse dont il est capable. Oui, je vous assure, il est en compagnie comme un homme de trente ans. Après le dîner, il exécuta sur le clavecin une pièce fort difficile, et il reçut des applaudissemens de tout le monde. Oh, si je pouvais devenir aussi aimable que lui, que je serais heureux! quand ce ne serait, maman, que pour vous plaire davantage. Le deux filles de milady sont aussi très-bien élevées. L'aînée, qui s'appelle Charlotte, chante à ravir. Émilie l'aime tendrement. Elles se sont promis de s'écrire l'une à l'autre.

Mais j'allais oublier de vous raconter ce qui nous est arrivé sur la route à notre retour. M. et Mme Grandisson avaient pris les devans avec Émilie et une dame du voisinage qui les avait accompagnés. M. Bartlet, Charles et moi, nous étions dans une seconde voiture. A peine avions-nous fait deux milles, que nous vîmes un pauvre vieillard assis au pied d'un arbre. Charles fit arrêter le cocher, et, se tournant vers M. Bartlet: Tenez, monsieur, lui dit-il, voyez, je vous prie, ce vieillard. Il paraît être aveugle, et il n'a personne auprès de lui. Que peut faire là ce pauvre malheureux? Voulez-vous me permettre de l'aller questionner? Bien volontiers, mon ami, lui répondit le digne M. Bartlet. Charles descendit aussitôt de voiture. Il courut vers le pauvre homme, et lui dit: Qui êtes-vous, mon ami, et que faites-vous tout seul dans cet endroit solitaire? Hélas! répondit l'aveugle, je demeure à plus de deux milles d'ici. J'étais sorti ce matin pour venir demander l'aumône dans ce village, qui est... je ne sais plus de quel côté: et mon conducteur, qui est un mauvais enfant, n'a pas voulu me reconduire, parce que je n'avais pas ramassé assez d'argent pour le payer comme à l'ordinaire. Je n'ai d'autre espérance que dans le Ciel, qui enverra peut-être quelqu'un pour me secourir. Mais, lui dit Charles, le soleil vient de se coucher, il fera bientôt nuit, que deviendrez-vous ici? Il faudra donc que j'y périsse de misère, répondit l'aveugle. Non, repartit Charles, je veux être celui que vous attendez de la part du Ciel pour vous sauver. Oh! M. Bartlet, lui dit-il, en revenant vers nous, me refuserez-vous la douceur de sauver un misérable vieillard, un pauvre aveugle abandonné sans secours, et qui va périr si nous n'avons pitié de lui? La nuit s'avance. Que deviendra ce malheureux, s'il n'a personne pour le guider? Son habitation n'est qu'à deux milles d'ici. Qui nous empêche de l'y conduire dans notre voiture? Oui, Charles, lui répondit M. Bartlet, suivez les mouvemens de votre cœur généreux. Charles n'eut pas plus tôt reçu cette réponse, qu'il alla prendre le vieillard par la main, et le fit monter dans le carrosse. Un autre que mon ami aurait eu peut-être une mauvaise honte d'aller avec un homme qui avait des habits si déchirés; mais lui, au contraire, il semblait s'en faire honneur. Il ne fallut pas nous détourner beaucoup de notre route pour ramener le pauvre vieillard dans sa chaumière. Je vis que Charles, en le faisant descendre de la voiture, lui glissait de l'argent dans la main; et nous nous séparâmes de lui après en avoir reçu mille bénédictions. A notre arrivée, tout le monde donna des louanges à cet acte d'humanité. Mais, dit Émilie, cet homme, avec sa grande barbe et ses haillons, devait faire une singulière figure dans votre calèche. Ah! ma sœur, je ne pensais guère à son accoutrement, répondit Charles, tant j'avais de joie d'avoir pu secourir un malheureux! M. Grandisson ne put y tenir, ses yeux se remplirent de douces larmes. Il tendit les bras à son fils, qui vint s'y précipiter; et il le serra tendrement contre son cœur. O maman, que le mien était plein pendant une scène si touchante! Il me semble que cette calèche est un beau char de triomphe pour mon ami.

XIV. Guillaume D*** à sa mère.

Le 12 juillet.

Je vous remercie, ma chère maman, de votre lettre gracieuse. Il y avait bien long-temps que vous ne m'aviez écrit. Je craignais que vous ne fussiez pas contente de moi. Savez-vous ce que je fais? Je porte toujours dans mon sein la dernière lettre que j'ai reçue de vous, pour être plus souvent à portée de la lire, et de repasser les bonnes leçons que vous m'y donnez. Il me semble que je vais en valoir un peu mieux chaque fois que je l'ai lue.

C'était hier la fête de Mme Grandisson. Charles se leva de très-bonne heure. Sa prière fut beaucoup plus longue qu'à l'ordinaire. Il priait sans doute le Ciel pour sa chère maman, comme je fais pour vous quand c'est votre fête. Il s'habilla ensuite de neuf. Vous auriez été charmée de sa bonne mine. Mais il faut que je vous reprenne les choses d'un peu plus loin.

Il y a près d'un mois qu'Édouard et Charles eurent chacun un habit neuf d'été, qu'ils avaient choisi eux-mêmes. Édouard mit le sien dès le premier jour; mais Charles continua de porter celui de l'année précédente, qui était encore fort propre. Son père lui en ayant demandé la raison, il lui répondit qu'il réservait sa parure pour une visite de cérémonie. Voyez-vous, maman? Cette visite était celle qu'il devait rendre à sa mère le jour de sa fête. Que Charles est aimable! et comme tout ce qu'il fait est bien imaginé! Émilie était déjà venue frapper à notre porte, et nous attendait avec impatience. Nous descendîmes ensemble, et nous trouvâmes monsieur et madame Grandisson qui déjeunaient dans le salon. Charles fut le premier qui souhaita une bonne fête à sa maman. Il mit un genou en terre devant elle, et lui baisa respectueusement la main. Oh! si je pouvais me rappeler tout ce qu'il lui dit! Mais j'étais trop vivement ému pour retenir la suite de ses paroles. Il lui présenta aussi un bouquet de fleurs qu'il avait cultivées de ses propres mains. Émilie le suivit, et donna à sa maman un joli sac à ouvrage qu'elle avait fait elle-même. Ce présent était tout-à-fait inattendu, et il en devint par là plus agréable. Madame Grandisson prit ses deux enfans dans son sein et les baisa tendrement. Ils furent ensuite embrassés de leur papa, tandis que je faisais mon compliment du mieux qu'il m'était possible. Ce fut au moins avec un cœur bien sincère, car j'aime véritablement mes dignes bienfaiteurs. Édouard vint un moment après. Je suis bien sûr qu'il aime sa maman. Eh! qui ne l'aimerait pas? Mais il eut beau faire, ses manières ne me firent pas autant de plaisir que celles de Charles. L'un fait tout plus agréablement que l'autre. Émilie eut une jolie paire de brasselets. Charles et Édouard eurent chacun une montre à répétition. Croiriez-vous que depuis hier celle d'Édouard est déjà dérangée? Et moi, ma chère maman, j'ai eu un beau microscope. Cela vaut mieux pour moi que tous les bijoux. Oh! la bonne madame Grandisson! Comment ai-je mérité ce cadeau?

Le soir il nous vint une grande compagnie de toutes les maisons de campagne d'alentour. Charles fit les honneurs de la table comme un homme fait. Il dépeça les viandes, il versa les liqueurs, il servit les dames; en un mot, il remplit à merveille son petit emploi.

Voilà une bien longue lettre, maman, mais je parle de mon ami, et c'est à vous que j'en parle. Je ne suis plus étonné que de pouvoir si tôt finir. Je ne le ferai pourtant pas sans avoir tendrement embrassé ma petite sœur, pour qu'elle vous le rende.

XV. *Guillaume D*** à sa mère.*

Le 15 juillet.

J'ai tous les jours ici de nouveaux plaisirs, ma chère maman. Votre fils est maintenant devenu jardinier. Veux-tu m'aider, me dit l'autre jour mon ami? Il faudrait donner une autre tournure à mon jardin. La saison des fleurs est passée. Je veux faire venir de la salade pour régaler maman pendant tout le reste de l'été. Si je le veux? lui répondis-je; oh! sûrement. Je te serai toujours obligé lorsque tu me donneras l'occasion de faire quelque chose pour toi. Nous allâmes aussitôt prendre une camisole légère, et nous voilà tous les deux la bèche à la main. Le jardin fut défriché le soir même. Nous recueillîmes avec soin les griffes et les ognons pour les remettre en terre avant notre départ. Hier nous nous sommes levés à cinq heures. On n'a pas long-temps à dormir dans notre métier, parce qu'on ne peut rien transplanter à l'ardeur du soleil. Ce matin, nous sommes retournés de bonne heure à l'ouvrage, et nous avons eu le plaisir de l'achever avant le déjeuner. Nous n'attendons plus que de voir lever nos semailles et prendre racine à nos plantations. Dans cet intervalle nous aurons assez de besogne à extirper les mauvaises herbes. Quel plaisir ce sera pour nous de voir croître nos petites plantes! J'avais fait jusqu'ici comme les autres enfans, qui voient tous les jours les productions de la nature sans y faire attention. Mais Charles m'apprend à réfléchir sur tout ce que je vois. Je puis encore vous en donner un exemple dans un entretien que nous eûmes hier. Je ne sais si je vous ai déjà écrit que Charles avait une jolie volière, peuplée de toutes sortes d'oiseaux, dont il prend soin lui-même. Nous avions fini notre jardinage, et nous faisions un tour de promenade avec Émilie. Attendez un moment, nous dit Charles, il faut que je vous quitte. Je n'ai pas encore pansé mes oiseaux d'aujourd'hui.

ÉMILIE. — Nous irons avec lui, n'est-ce pas, Guillaume?

GUILLAUME. — Avec grand plaisir, Émilie.

CHARLES. — Vous êtes de bons enfans de venir rendre visite à mes petits pensionnaires.

GUILLAUME. — Oh, les jolis oiseaux! Comme ils paraissent joyeux de te voir!

CHARLES. — C'est qu'ils sont accoutumés à manger de ma main.

GUILLAUME. — On dirait qu'ils te reconnaissent.

CHARLES. — Je me flatte d'être un peu de leur connaissance. J'ai observé cependant que lorsque j'ai mon chapeau sur la tête, ils s'enfuient de moi comme s'ils ne me connaissaient plus. L'instinct de mon chien est plus sûr. Il me reconnaîtrait, je crois, sous toute espèce de déguisement.

ÉMILIE. — Édouard devrait bien apprendre de toi à être plus soigneux. N'a-t-il pas laissé mourir l'autre jour sa linotte de faim? Oh! si j'avais un oiseau, je me garderais bien de l'oublier.

CHARLES. — Tu as raison. Il faut bien soigner ces pauvres petits animaux, puisqu'ils ne sont pas en état de pourvoir eux-mêmes à leurs besoins.

ÉMILIE. — Mais ne vaudrait-il pas mieux encore leur donner la volée que de les tenir prisonniers? On ne renferme que ceux qui ont fait du mal aux autres; et sûrement ces pauvres oiseaux n'en ont fait à personne.

CHARLES. — Non, sans doute; mais ils ne sont pas malheureux dans leur cage. S'ils avaient joui auparavant de leur liberté, je me serais bien gardé de les en priver. Mais ils sont nés dans leur prison; et je parie que si je leur ouvrais la volière, ils craindraient d'en sortir.

ÉMILIE. — Ils voient cependant les

autres voler librement dans les airs. Que penserions-nous si nous étions renfermés ?

CHARLES. — Nous penserions qu'il est fort agréable d'être libre, et fort triste d'être prisonnier. Mais les oiseaux n'ont aucune idée de cette différence. Pourvu qu'on leur donne à manger et à boire, ils sont contens. Ils jouissent de ce qu'ils ont, sans penser à ce qui leur manque.

ÉMILIE. — Je suis bien aise de ce que tu m'as tranquillisée là-dessus. Ma tante Campley m'a promis un serin. Je ne pensais à le recevoir que pour lui donner la volée. Tu peux venir à présent, mon petit ami. J'aurai bien soin de toi, et tu auras abondamment du grain dans ta cage, malgré l'hiver, lorsque les autres oiseaux ont tant de peine à en trouver sous la neige.

Vous voyez, maman, combien Émilie est une bonne fille ! je pense que ma petite sœur ne trouvera pas ma lettre trop longue. Voilà un bon modèle que je lui présente pour l'imiter.

XVI. Guillaume D*** à sa mère.

Le 18 juillet.

Charles, Édouard et moi, nous sommes allés dîner hier chez le chevalier Friendly. Il a un fils à peu près de notre âge, avec qui nous nous sommes bien amusés. Je veux vous faire part, ma chère maman, de l'entretien que nous eûmes à ce sujet, à notre retour. Émilie vint à notre rencontre, et nous demanda d'un air gracieux si nous étions contens de notre journée.

Oui, ma chère sœur, lui répondit Charles ; mais j'aurais eu encore plus de plaisir, si tu avais pu être de notre partie.

ÉMILIE. Tu as bien de la bonté, mon frère. Cependant Édouard ne me paraît pas trop satisfait de sa visite.

ÉDOUARD. — Il est vrai. Une autre fois je reste à la maison. Le jeune Friendly ne me convient pas du tout.

CHARLES. — En quoi donc, mon cher Édouard ? Il est si doux et si poli !

ÉDOUARD. — C'est qu'il ressemble plus à un homme de quarante ans qu'à un jeune homme de quatorze.

CHARLES. — Voilà justement ce que j'estime en lui. Ne trouves-tu pas surprenant qu'on puisse avoir tant de sagesse et d'instruction à son âge ?

ÉDOUARD. — Quel besoin avait-il de nous étaler tous ses instrumens de physique ? Que dirais-tu si j'allais parler à une demoiselle des beautés du latin ? Ne serait-ce pas une impolitesse de ma part ?

CHARLES. — Oui, sans doute, parce que tu saurais déjà qu'elle n'a pas été élevée à entendre cette langue. Mais le jeune Friendly pouvait nous supposer aussi bien instruits que lui-même ; et je le crois trop modeste pour avoir eu l'intention de nous humilier. Il ne voulait que nous amuser un moment par quelques expériences curieuses sur sa machine électrique. J'avoue qu'elles m'ont fait d'autant plus de plaisir, qu'il m'a semblé que ces connaissances n'étaient pas au-dessus de notre portée ; et j'y ai pris une nouvelle ardeur pour m'instruire dans toutes les sciences qui ont pour objet l'étude de la nature.

ÉDOUARD. — Et que dis-tu de voir qu'un jeune homme de condition ait un tour à tourner ?

CHARLES. — Je le trouve si bien de mon goût, que je veux prier mon papa de m'en donner un.

ÉMILIE. — Oh ! oui, Charles, je t'en prie. Tu me feras de jolis ouvrages en ivoire.

ÉDOUARD. — Vraiment je ne puis m'empêcher d'en rire. Charles Grandisson se faire tourneur ! C'est une excellente idée. Voilà un bon métier qu'il aura, s'il devient jamais pauvre.

CHARLES. — Ne crois pas badiner, mon frère. Il y a des gens bien au-dessus de nous qui sont tombés dans la pauvreté. Quoique j'espère n'avoir pas besoin de l'art de tourner pour gagner ma vie, c'est une occupation fort amusante, et qui donne de l'adresse à nos mains. Je la prendrai pour délassement quand je serai fatigué de l'étude.

O ma chère maman! si vous étiez assez riche pour me donner aussi un tour! Mais non, que cela ne vous inquiète pas. Je travaillerai sur celui de mon ami Charles. Le jeune Friendly a tourné en notre présence une petite boîte d'ivoire qu'il m'a donnée. Je vous l'envoie pour ma petite sœur, jusqu'à ce que je puisse lui en donner une de ma façon.

XVII. *Guillaume D*** à sa mère.*

Le 22 juillet.

Monsieur et madame Grandisson sont allés passer quelques jours chez un de leurs amis. M. Bartlet vient de partir pour Londres. Ainsi, ma chère maman, nous voilà restés seuls avec une ancienne femme de chambre, et un petit nombre de domestiques. Émilie conduit le ménage en l'absence de sa mère. Oui, en vérité, c'est elle qui donne ses ordres à tout le monde, et avec autant de sagesse que si elle avait dix ans de plus. N'est-ce pas bien joli de la part d'une si jeune demoiselle? Elle n'a pas encore douze ans, et les domestiques la respectent déjà comme leur maîtresse. Savez-vous pourquoi? C'est qu'elle ne leur parle jamais qu'avec douceur sans se familiariser avec eux. Elle suit en cela l'exemple de son frère Charles. Vous ne sauriez croire combien il est aimé et honoré de tous les gens de la maison. Édouard au contraire ne fait que jouer avec eux; et ils ne peuvent le souffrir. Il est vrai qu'il leur fait bien des malices, et qu'il les traite souvent avec une hauteur insupportable. Oh! s'il était allé avec son papa et sa maman! Dès qu'ils ne sont plus là pour le morigéner, il n'y a plus moyen de tenir avec lui. Charles, Émilie et moi, nous n'en remplissons pas moins nos heures d'études que si M. et madame Grandisson étaient ici pour veiller sur nous. Mais Édouard profite de leur absence pour passer sa journée à baguenauder ou à courir les champs. Il ne cherche même qu'à nous détourner de nos exercices, comme si notre application était un sujet de reproche pour sa paresse. Nous étions hier au matin dans un coin de la chambre occupés à dessiner. Édouard s'amusait à faire voler un hanneton au bout d'un fil, et, sous prétexte de le suivre, il venait donner des secousses à nos chaises, pour nous troubler dans notre travail. Émilie, emportée par sa vivacité, allait le tancer vertement. Charles la prévint, et adressant avec douceur la parole à son frère : Mon cher Édouard, lui dit-il, si tu veux jouer, à la bonne heure. Mais pourquoi nous interrompre?

ÉDOUARD. — Ne vois-tu pas que c'est mon hanneton qui m'entraîne?

ÉMILIE. — Voilà qui paraît bien croyable.

CHARLES. — Sans vouloir te fâcher, dis-moi, quel plaisir peut trouver un garçon de ton âge dans un pareil amusement? N'est-ce pas tourmenter une pauvre bête sans nécessité?

ÉDOUARD. — Eh bien! je vais lui donner la volée, pourvu que tu viennes te promener avec moi dans le jardin.

CHARLES. — C'est-à-dire que si je refuse d'y aller, tu continueras de tourmenter le pauvre hanneton. Ce n'est cependant pas sa faute, si je ne veux pas te suivre.

ÉDOUARD. — Te voilà bien ! Jamais il ne te plaît de faire ce que je demande.

CHARLES. — Écoute donc, il vaut encore mieux, à mon avis, faire ce que demande mon papa; et il veut que cette heure soit donnée au travail.

ÉDOUARD. — Comme s'il était ici pour nous y forcer !

ÉMILIE. — Tu ne fais donc rien que par force ?

ÉDOUARD. — Vous êtes toujours tous les deux à vous entendre contre moi.

CHARLES. — Non, mon frère; et, quoique Émilie ait raison, pour te prouver que je suis à ton service, me voilà prêt à te suivre. Je puis achever mon dessin dans un autre moment. Allons dans le jardin. Ce sera toujours un plaisir pour moi de t'obliger.

Ils n'étaient pas au bout de l'allée qu'il survint une grosse averse : ce qui les força de rentrer, au grand regret d'Édouard. Charles, pour le consoler, lui proposa de faire entre nous une petite lecture dans l'histoire ancienne. Va, je n'ai pas besoin de tes livres, lui répondit brusquement Édouard. Je n'ai pas envie d'être un savant, je dois être un officier.

CHARLES. — Eh bien ! crois-tu que la connaissance de l'histoire ne lui soit pas utile ?

ÉMILIE. — Un joli officier, qui ne saura parler que de bombes et de canons !

Edouard fit une grimace à sa sœur, et voulut nous obliger de jouer aux quatre coins, en prenant John pour faire le cinquième. Mais Charles, qui malgré la douceur de son caractère est capable de la plus grande fermeté, lui répondit : Non, mon frère, il n'a pas tenu à moi tout à l'heure que je fisse ce qui pouvait te faire plaisir. La pluie nous a contrariés. Je t'ai proposé un autre amusement qui devait te satisfaire. Tu ne l'acceptes point; mais il convient à ma sœur et à mon ami, et je crois devoir céder à un goût raisonnable plutôt qu'à tes caprices.

Édouard, qui sait que son frère ne revient pas aisément d'un parti qu'il a pris, sortit aussitôt d'un air grognon; et malgré la pluie, il courut jouer dans la cour avec un grand dogue, dont il a fait son ami pour le tarabuster sans cesse. Il n'en revint qu'au bout d'une heure, trempé jusqu'aux os, et tout couvert de crotte de la tête aux pieds. Pour nous, dans cet intervalle, après avoir lu la vie d'Épaminondas, qui nous fit infiniment de plaisir, nous eûmes le temps de reprendre nos dessins et de les achever. Il se présenta l'après-midi une occasion pour les envoyer à M. Grandisson; et nous avons eu ce matin le plaisir d'apprendre qu'il en a été fort satisfait. Mais qu'aura-t-il pu penser d'Édouard qui ne lui a rien envoyé ? Voilà ce qui m'afflige. Je donnerais tout au monde pour qu'il fût aussi bon, aussi aimable, aussi appliqué que son frère. C'est alors qu'il ne manquerait plus rien au bonheur de ses parens. Je vois avec regret combien de peines il leur cause. Oh ! ma chère maman, s'il m'arrivait un jour de vous donner aussi des chagrins ! Non, non, rassurez-vous. Lorsque je pense à votre tendresse pour moi, je sens tout ce que je dois faire pour m'en rendre digne. J'ose vous promettre que je ne vous donnerai jamais que des sujets de satisfaction. J'entends d'ici ma petite sœur qui vous donne la même parole; et je l'embrasse tendrement pour cette bonne résolution. Adieu, ma chère maman.

---

*XVIII. Guillaume D*** à sa mère.*

Le 24 juillet.

Une des servantes de la maison est très-malade. Vous allez voir, maman, s'il est possible d'avoir un cœur plus sensible et plus compatissant que la bonne Émilie. Elle s'est levée ce matin à la pointe du jour, pour porter elle-même une potion à la pauvre malade. Elle n'a pas eu de repos qu'elle ne la lui ait vu prendre tout entière, parce que c'était absolument de l'ordonnance du médecin. On dirait, à la voir, que c'est une sœur chérie à qui elle donne ses soins. Que c'est une chose aimable dans une jeune demoiselle d'avoir tant d'humanité ! Édouard a voulu lui en faire des reproches. Il te sied bien, lui a-t-il dit, de servir toi-même ta servante ! Et pourquoi non, mon frère ? a-t-elle répondu : tu joues bien aux quilles avec les domestiques. S'il est de leur devoir de nous servir lorsqu'ils se portent bien, c'est à nous de les soigner lorsqu'ils sont malades. D'ailleurs la pauvre Peggy ne m'a-t-elle pas veillée plus d'une fois dans les maladies de mon enfance ? C'est bien le moins que je fasse pour elle ce qu'elle a fait pour moi. Je pense combien j'aurais de plaisir à sa place de voir que l'on me témoigne de l'attachement. Édouard s'est trouvé si honteux, qu'il est sorti brusquement de la chambre. Ah ! me suis-je dit à moi-même, Émilie ne fait que ce que j'ai vu faire à ma chère maman. Lorsque notre pauvre Nannette avait la fièvre, c'était maman qui lui donnait ses soins. Mais ce souvenir me fait venir une pensée qui m'attriste. Il y a tant de domestiques dans cette maison ! Et vous, ma chère maman, vous n'avez qu'une servante pour vous servir. Combien vous devez vous trouver malheureuse ! Il faut que vous fassiez vous-même une infinité de choses qui conviennent si peu à la veuve d'un colonel ! Encore si ma sœur était assez grande pour vous soulager ! Mais non, elle ne fait que vous donner plus de peine. Et moi, que fais-je ici, au lieu d'être auprès de vous, pour vous aider de toutes mes forces, et pour vous consoler ? Cette réflexion me serre le cœur. Il n'y a qu'une chose qui puisse adoucir ma tristesse, c'est qu'à force de m'instruire, je puis un jour me mettre en état de finir vos malheurs. Oh ! comme une si douce espérance me donne de courage ! Adieu, ma chère maman, je vous embrasse entre les larmes et la joie.

XIX. *Madame D*** à son fils.*

Amsterdam, le 6 août.

Que j'aime la jeune Émilie ! Oui, mon fils, il n'est point de vertu plus aimable que l'humanité. Il serait bien à souhaiter que toutes les jeunes demoiselles voulussent profiter d'un si bel exemple, et qu'au lieu de tracasser les domestiques, elles apprissent à les traiter avec bonté. Comment peut-on être insensible au plaisir de se faire aimer de ceux qui nous entourent ?

Mais pourquoi t'affliger, mon cher fils, de ce que je n'ai qu'une servante à mes ordres ? La multitude des domestiques ne fait pas le bonheur : elle sert plus au faste qu'à l'utilité. Chaque domestique dans une maison annonce un besoin de plus dans le maître et la maîtresse, et les assujettit à plus de soins et de vigilance. Si j'en avais les moyens, j'aurais sans doute le nombre de gens que demanderait mon état. Je le regarderais comme un devoir, pour assurer les besoins de la vie à de pauvres malheureux, qui seraient peut-être réduits à souffrir, faute d'emploi. Mais, puisque le Ciel n'a pas trouvé bon de m'accorder des richesses, je ne me crois pas à plaindre de n'avoir plus qu'un seul domestique. C'est tout ce qu'il me faut. Je n'ai pas besoin d'autres services que les siens.

Maintenant, mon cher fils, quelles sont

les occupations qui ne conviennent pas, dis-tu, à la veuve d'un colonel? Tu n'as pas assez réfléchi à ce que tu voulais dire. Il n'y a aucune honte à se servir soi-même, lorsqu'on n'est pas en état de payer les services des autres. Ne vaut-il pas mieux pour toi de pouvoir dire après ma mort : Ma mère préparait elle-même ses simples repas. Nos habits étaient l'ouvrage de ses mains. A peine pouvait-elle nous procurer le nécessaire, mais elle ne devait rien à personne; que si l'on te faisait ce reproche : Vos parens ont vécu selon leur rang et leur naissance, ils avaient une superbe habitation, de magnifiques ameublemens, une suite nombreuse de domestiques; mais ils ne vous ont laissé que des dettes?—Qu'est-ce alors que le fils d'un colonel? Un jeune homme méprisé, qui, malgré son innocence, porte la honte de ses pères, tandis qu'un homme d'honneur, de la naissance la plus commune, daigne à peine le reconnaître pour son égal.

Ce que je viens de te dire suffira, je l'espère, pour te guérir de ta tristesse, puisque par-là je suis entièrement satisfaite de mon sort.

Au reste, mon cher fils, la sensibilité de ton cœur, et les témoignages de ta tendresse m'ont fait répandre des larmes de joie. Quand je serais encore plus pauvre que je ne le suis, je me croirais riche dans la possession d'un fils aussi vertueux. Adieu, mon cher enfant, continue à suivre les heureuses dispositions que tu fais paraître, et tu seras la consolation de la plus tendre des mères.

Ta petite sœur a été vivement touchée de ta lettre; et j'ai remarqué en elle, depuis ce moment, encore plus d'application et de docilité. O mes enfans, puissiez-vous toujours vous encourager l'un l'autre dans la pratique de vos devoirs!

XX. *Guillaume D*** à sa mère.*

Le 11 août.

O ma chère maman, de quel malheur affreux je fus témoin l'autre jour! J'en suis encore tout saisi. Non, je n'aurais pas la force de vous le raconter. j'aime mieux vous envoyer une copie des lettres qu'Émilie et Charles ont écrites à leurs parens pour les en instruire, avec les réponses qu'ils en ont reçues. Vous y verrez comme l'humanité règne dans cette généreuse famille. Lisez, je vous prie, lisez.

XXI. *Émilie Grandisson à sa mère.*

Le 7 août.

Nous avons été dans une grande consternation, cette nuit, ma chère maman. La maison de M. Falston, notre voisin, a été entièrement brûlée. Oh, quelles flammes épouvantables! Le ciel était rouge comme du sang. Le cœur me battait. Je pleurais. Il est si triste de voir un père de famille perdre tous ses biens! Quelles précautions on doit prendre contre le feu, puisqu'en un moment il peut produire un malheur si terrible! Ce sont les jeunes demoiselles Falston qui en sont la cause. Hier au soir, sans que personne s'en aperçût, elles allèrent chercher dans la cuisine des charbons allumés, et les portèrent dans une petite chambre où l'on ne va guère, pour y faire cuire en secret une galette. Une demi-heure après elles entendirent leur papa qui les appelait. Elles se hâtèrent de manger leur galette à demi-cuite, et elles descendirent. L'heure de se coucher vint bientôt après; et elles montèrent dans leur appartement, sans penser davantage aux charbons qu'elles avaient portés dans la petite chambre. Le feu aura sans doute pris au tapis, et de là au plancher et aux meubles. Enfin cette nuit à deux heures, lorsque tout le monde était encore dans le sommeil, voilà la maison toute en flammes. Le ciel les a bien punies. Voyez, maman; pour manger une mauvaise galette, réduire en cendres la maison de son père! Maintenant elles se désolent, elles demandent pardon, elles sont à demi-mortes de douleur; mais à quoi cela sert-il? le feu a tout consumé. On n'a pu sauver ni les meubles, ni les papiers, ni l'argent. A peine les jeunes demoiselles ont-elles pu s'échapper en simples camisoles; et M. Falston lui-même a couru le risque de perdre la vie. Il est cruellement brûlé dans plusieurs parties de son corps. Il aurait péri au milieu des flammes, sans le courage de l'un de ses domestiques. Que va devenir l'orgueil de ses jeunes demoiselles? Hier elles étaient riches : elles sont aujourd'hui si pauvres! Elles traitaient les paysans avec mépris, parce qu'ils n'avaient pas de belles maisons : elles sont aujourd'hui trop heureuses que ces paysans aient voulu les recevoir par pitié dans leur chaumière. Comme il faut peu de temps pour être humilié! Oh! certes, il est bien mal de ne pas traiter ses inférieurs avec affabilité, lorsque l'on voit combien on peut avoir besoin de la compassion de tout le monde.

Cette lettre est déjà si longue, que je crains de vous importuner, ma chère maman. Cependant, quoique je n'ose guère vous dire ce que j'ai fait, j'ai encore quelque chose à vous marquer. Le pardonnerez-vous à votre Émilie? Oh! oui, vous êtes si bonne et si compatissante! Les habits des jeunes demoiselles Falston ont tous été brûlés. Elles n'en ont pu sauver aucun. J'ai envoyé à la plus jeune, qui est à peu près de ma taille, une de mes robes et du linge. J'aurais bien voulu lui envoyer davantage; mais tout ce que je possède est à vous, je ne puis en disposer sans votre aveu. Je vous supplie de vouloir bien approuver la liberté que j'ai prise. J'en serai d'autant plus économe à l'avenir pour mes petites affaires. Vous n'aurez pas besoin de me remplacer ce que j'ai donné. Graces à vos bontés, j'en ai de reste. Adieu, ma chère maman. Embrassez pour moi mon papa; et soyez tous deux assurés de mon respect et de ma tendresse.

XXII. Charles Grandisson à son père.

Le 8 août.

Je prends la liberté, mon cher papa, de vous faire une humble prière pour une malheureuse famille. Ce mouvement de mon cœur pourrait-il vous déplaire? Oh! non, sans doute. Le vôtre est trop sensible et trop généreux!

Vous aurez appris par la lettre d'Émilie à maman le cruel malheur qui est arrivé à M. Falston. Mais ce n'est pas tout. Émilie n'a pu vous parler que de sa maison et de ses effets : il est encore sur le point de perdre sa terre. Il a des créanciers qui ne le pressaient pas lorsqu'il était riche. Aujourd'hui que leur créance ne leur paraît pas en sûreté, ils veulent être payés à toute force; et ils l'ont déjà menacé de faire saisir ses biens pour les vendre. Dans une visite que je viens de lui faire, je l'ai entendu dire au procureur Nelson, que toutes ses dettes ne montaient pas à plus de deux cents livres sterling. C'est une petite somme. Faut-il pour cela qu'après avoir essuyé un malheur si cruel, il soit encore privé du seul moyen qui lui reste pour élever ses enfans, et qu'il soit livré au besoin dans sa vieillesse? Que le Ciel nous préserve de le souffrir! Voici, mon papa, ce que j'ai pensé. Le legs que mon oncle m'a laissé en mourant est de cinq mille livres sterling. C'est, je crois, une grosse somme;

elle est entre vos mains, et vous pouvez en disposer. Je puis sûrement me passer de deux cents livres pour tirer un honnête homme d'embarras. Je serai bien assez riche, surtout avec la bonté que vous avez d'ajouter tous les ans pour moi les intérêts à la somme du legs. Je vous en supplie, mon papa, ne me refusez pas ma demande. J'en aurai mille fois plus de plaisir que les deux cents livres ne pourraient jamais m'en donner. Oh ! si je pouvais préserver de l'indigence un malheureux vieillard et ses deux enfans, quel bonheur ce serait pour moi ! Permettez-moi de vous ressembler dans cette occasion, vous qui êtes si bienfaisant. Ne m'instruisez-vous pas tous les jours à l'être ? Si vous étiez ici, je me jetterais à vos pieds, je vous supplierais si ardemment..... Mais en voilà assez. C'est à votre sagesse à décider si ma demande doit être écoutée. Mon devoir est une soumission aveugle à vos volontés, le respect le plus profond pour vos vertus, et l'amour le plus tendre pour votre personne.

Daignez, je vous prie, présenter à maman les plus vifs sentimens de mon respect et de ma tendresse.

XXIII. M. Grandisson à son fils.

Le 9 août.

C'est de moi, dis-tu, mon cher fils, que tu as appris à être bienfaisant. Sans doute, j'ai toujours cherché à rendre ton cœur sensible aux maux de tes semblables. L'amour de nos frères, outre la douceur qu'il nous fait sentir, nous rend encore agréables aux yeux de l'Etre suprême. La prière que tu me fais est un témoignage de la générosité de ton cœur ; et une demande si louable mérite sa récompense. Les sentimens dont je te vois animé sont pour moi d'un prix au-dessus des deux cents livres sterling. Tu trouveras ici un billet de banque de cette somme. Cours adoucir le chagrin du malheureux Falston, et goûte la jouissance d'une ame noble. Mais pour ce qui regarde le legs de ton oncle, nous ne pouvons ni l'un ni l'autre en faire aucun usage jusqu'à ce que tu sois en âge de majorité. Je garde ce dépôt comme ton tuteur et non comme ton père. Adieu, mon cher fils, nous t'embrassons ta maman et moi, et nous t'aimons plus que jamais.

XXIV. Madame Grandisson à sa fille.

Le 9 août.

Oh ! si j'étais près de toi, ma chère Émilie, avec quels transports je te presserais contre mon sein ! Oui, je t'approuve entièrement d'avoir secouru la jeune demoiselle Falston dans son malheur. Je veux te donner pour récompense une nouvelle occasion de goûter le plaisir de faire du bien. Tu trouveras dans ma garde-robe une pièce d'étoffe que je destinais à m'habiller. Tu en auras assez pour faire faire une robe à chacune des deux demoiselles. Si j'en crois le bon cœur de mon Émilie, cette disposition lui causera plus de plaisir que si je la faisais en sa faveur. Adieu, ma chère fille, n'oublie jamais la leçon que tu t'es donnée à toi-même dans ta lettre, de n'être jamais fière de la possession des biens de ce monde, puisqu'une seule nuit peut nous en priver ; ni dédaigneuse envers tes semblables, puisque tu peux avoir besoin de leur secours au moment où tu y penses le moins. Conserve toujours devant tes yeux l'événement terrible dont tu m'as fait la peinture. Songe sans cesse combien il est dangereux de jouer avec le feu, puisque d'une étincelle dépend souvent notre ruine ou même notre mort.

Bien des amitiés de ma part à Guillaume et à tes frères. J'espère avoir bientôt le plaisir de vous embrasser, et de te témoigner particulièrement la satisfaction que j'ai ressentie de ta conduite.

XXV. Charles Grandisson à son père.

Le 10 août.

Je m'empresse, mon cher papa, de répondre à la lettre gracieuse dont vous m'avez honoré. Si vous aviez vu combien M. Falston m'a témoigné de reconnaissance, vous en auriez pleuré d'attendrissement ainsi que moi. Tandis qu'il m'embrassait, je voyais de grosses larmes couler le long de ses joues. Ah! ces larmes devaient être bien douces pour lui, puisque je trouvais tant de douceur dans les miennes. Je dois vous rendre compte de tout ce que j'ai fait. Le voici. M. Falston a, comme vous le savez, de la fierté dans le caractère, et il aurait pu être humilié de recevoir un secours qui dans cette circonstance aurait eu l'air d'une charité. Je ne lui ai présenté le billet de banque que comme un prêt dont il serait libre de s'acquitter à son aise. Il a voulu m'en donner une reconnaissance, je l'ai reçue; mais je l'ai déchirée devant lui, en disant que je n'avais besoin que de sa parole, pour lui faire entendre qu'il n'aurait jamais de tracasserie à essuyer à ce sujet. Si j'avais pu mettre le billet en cachette dans sa tabatière, je l'aurais mieux aimé, parce qu'il n'aurait jamais su d'où lui venait ce secours, mais je n'ai pas trouvé l'occasion de faire mon coup.

O mon cher papa, quel doux plaisir vous m'avez fait goûter! Et combien je désire d'être bientôt à vos genoux pour vous en remercier, comme je le dois!

Dites, je vous prie, à maman, qu'Émilie a déjà rempli ses ordres. Elle s'est privée de toutes ses heures de récréation, pour mettre la main à l'œuvre, et, graces à son activité, les ouvrières ont fini les deux robes en un jour. Émilie vient de les envoyer.

Avec quelle impatience nous attendons l'instant qui nous rendra des parens si dignes de tous nos respects et de toute notre tendresse!

XXVI. Guillaume D*** à sa mère.

Le 12 août.

O ma chère maman! le pauvre Charles a une jambe échaudée. Il ne peut pas marcher. C'est Édouard qui en est cause par sa maladresse. Il a renversé sur lui une théière d'eau bouillante. Jamais, non, jamais on n'a montré autant de patience et de bonté que mon ami. Un autre se serait emporté contre son frère, et l'aurait accablé de reproches. Charles, au contraire, ne cherchait qu'à lui cacher la douleur qu'il ressentait. Ce n'est rien, disait-il, je ne souffre pas beaucoup. Ne t'afflige pas, Édouard, je t'en prie. Cependant nous vîmes bientôt qu'il y avait plus de mal qu'il n'en disait; car sa jambe devint si enflée, qu'on fut obligé de lui couper son bas avec des ciseaux pour le déchausser. Émilie fondait en larmes. Voyez, dit-elle à Édouard, ce que vous avez fait par votre étourderie. Vous avez peut-être estropié votre frère pour le reste de ses jours. Je souhaiterais que ce malheur fût retombé sur vous-même. Il vaudrait mieux qu'il ne fût arrivé à personne, dit Charles, en interrompant sa sœur. Va, ma chère Émilie, cela ne vaut pas la peine de t'inquiéter. Je serai bientôt guéri. Édouard ne l'a pas fait par un mauvais dessein. C'est un malheur; et, quand il serait encore plus grand, il faudrait bien s'en consoler. Non, répondit Émilie, je ne saurais lui pardonner sa maladresse. Voyez-le donc. Il reste là immobile comme une bûche, au lieu d'envoyer tout de suite chercher un chirurgien. Je n'en ai pas besoin, dit Charles. Donnez-moi seulement un linge et de l'eau fraîche pour bassiner ma jambe. Il n'y paraîtra plus dans quelques jours. Mais, reprit-il, en nous adressant la parole à Émilie et à moi, M. Bartlet va venir; ne lui dites pas, je vous prie, qu'Édouard soit pour rien dans cet accident. Et toi, mon frère, donne-moi la main, et embrassons-nous. Ton affliction me ferait plus de peine que cette petite brûlure dont je ne souffre presque plus.

Que l'on est heureux de pouvoir ainsi se rendre maître de soi-même! On a beau voir que Charles a raison, qui pourrait faire comme lui? Cependant je sens à merveille qu'il ne sert à rien de se dépiter. Les emportements n'emportent pas le mal. Mais le plaisir que je goûte à vous écrire me fait oublier que Charles m'a prié de lui tenir compagnie. Adieu, ma chère maman, souffrez que je vous quitte pour retourner auprès de mon ami. J'embrasse ma petite sœur, et je la prie, au nom de son amitié pour moi, de se préserver de la brûlure. Elle se trouvera fort bien de cette marque d'attachement que je lui demande.

XXXVII. Guillaume D... à sa mère.

Le 14 août.

Le pauvre Charles! Il y a maintenant deux jours qu'il a sa jambe étendue sur un coussin. Je crois qu'il souffre beaucoup, quoiqu'il s'obstine toujours à n'en rien faire paraître. Émilie lui demandait hier s'il ne trouvait pas bien triste de ne pouvoir marcher? Que me servirait de m'attrister, lui répondit-il? Je ne ferais que rendre mon mal plus sérieux; j'aime mieux me réjouir de l'espérance d'être bientôt guéri. Et puis ne serait-ce pas une honte, si je ne pouvais me consoler d'un si petit malheur? Il peut m'arriver cent fois pis dans ma vie; et ces légères disgraces m'apprennent de bonne heure à tenir mon courage tout prêt, lorsqu'il m'en viendra de plus grandes. Mais, dit Émilie, c'est pourtant bien fâcheux de souffrir ainsi par la faute d'un autre. Il est vrai, répondit Charles, j'aimerais mieux que ce fût par la mienne : mon frère n'en aurait pas tant de chagrin.

ÉMILIE. — Est-ce que tu ne t'ennuies pas d'être obligé de rester dans la chambre, sans oser remuer?

CHARLES. — Comment veux-tu que je m'ennuie, quand j'ai le plaisir de recevoir des marques si touchantes de ton amitié?

ÉMILIE. — Tu as bien de la bonté, mon frère, d'y faire attention. Mais enfin il a tenu à fort peu de chose que tu n'eusses la jambe entièrement brûlée.

CHARLES. — Voilà qui doit encore me consoler dans mon accident. J'aurais bonne grace à me plaindre lorsque je vois tant de gens condamnés pour la vie à marcher avec des béquilles!

ÉMILIE. — Je crois, en vérité, que tu aurais eu le secret de trouver aussi des consolations, s'il avait fallu te couper la jambe.

CHARLES. — Il n'est pas nécessaire de te dire que j'en aurais été bien affligé. Mais, comme ce malheur ne me serait arrivé que par la volonté du Ciel, j'aurais tâché de lui soumettre la mienne, pour en obtenir la force dont j'aurais eu besoin.

Qu'en dites-vous, maman? Prendre son parti comme Charles, n'est-ce pas l'unique moyen de parer à tous les malheurs? Je me souviens encore de ce triste jour où je perdis mon papa. Vous pleuriez, je me désolais; mais nos gémissement et nos larmes ne pouvaient lui rendre la vie. Vous me prîtes par la main, et vous me dîtes : Viens, mon fils, prions le Tout-Puissant de nous consoler. Je vis bientôt que vous étiez plus tranquille. Je sentis moi-même que mon cœur avait été soulagé par la prière. Voilà un bon moyen que j'ai trouvé pour adoucir la tristesse : je me soumettrai aux ordres du Ciel dans tout ce qui m'arrivera de fâcheux. J'espère que j'aurai alors du courage pour souffrir, en pensant que c'est Dieu qui le veut; Dieu à qui je dis tous les jours : Que votre volonté s'accomplisse.

Mais pourquoi ai-je commencé à vous parler de choses si tristes, ma chère maman, vous à qui je ne voudrais rien dire que pour vous donner de la joie? Je n'y sais qu'un remède, c'est de prendre dans vos bras ma petite sœur, de la caresser, de lui parler de votre tendresse et de la mienne. Je suis sûr que son joli sourire vous rendra la paix et le bonheur.

XXVIII. *Guillaume D... à sa mère.*

Le 18 août.

Monsieur et madame Grandisson viennent d'arriver, ma chère maman. Nous en sommes tous dans une joie que je ne puis vous exprimer. Les domestiques eux-mêmes font éclater mille transports d'allégresse. N'est-ce pas un bon signe, lorsque les domestiques se réjouissent si vivement du retour de leurs maîtres? Je veux, lorsque je serai grand, être aussi humain que M. Grandisson, puisqu'il y a tant de plaisir à se faire aimer. Mais il faut que je vous parle encore de mon ami Charles. M. Bartlet nous a demandé ce matin, après le déjeuner, si nous voulions aller faire un tour de promenade dans le parc : quoique Charles se trouve à présent beaucoup mieux, il nous a priés de le dispenser d'être de la partie. Ma brûlure n'est pas encore entièrement guérie, nous a-t-il dit; et je souhaite que mon papa et maman, à leur retour, ne puissent pas s'en apercevoir. Si j'allais me promener à présent, ma jambe souffrirait peut-être de la fatigue, et mes parens ne manqueraient pas de le remarquer ; cela les affligerait. J'aime mieux me priver du plaisir de la promenade, que de leur causer le moindre chagrin. Vous avez raison, lui a dit M. Bartlet, et j'approuve une si tendre prévoyance; elle fait honneur à votre cœur. Charles est resté dans sa chambre, et M. Bartlet, Édouard, Émilie et moi, nous sommes allés nous promener jusqu'à midi.

A notre retour, nous avons trouvé Charles qui nous attendait dans le salon d'en bas. Nous en avons été surpris, parce qu'il ne nous avait pas dit qu'il voulût sortir de sa chambre. Il avait encore un peu souffert en descendant l'escalier ; mais le plaisir d'aller un peu plus près au-devant de son papa et de sa maman valait bien, nous a-t-il dit, une petite douleur. Il avait fait avancer l'heure du dîner, afin que nous fussions plus tôt libres pour recevoir ses parens. Avec quelle vitesse il a volé sur le perron, lorsque nous avons entendu la voiture entrer dans la cour ! Avec quelle joie il s'est précipité dans les bras de son papa et de sa maman ! il ne pouvait s'en arracher pour nous faire place. Vous auriez été émerveillée de voir avec combien de grace et de respect il a donné la main à sa mère pour la conduire dans le salon. Cela m'a fait penser à la joie que je ressentirai, ma chère maman, lorsque je retournerai auprès de vous. Oh! elle sera bien aussi vive que celle de Charles, je vous en réponds. Mais il faut que je vous rapporte un entretien qu'il vient d'avoir tout à l'heure avec son frère ; vous jugerez s'il est à sa louange, sans que j'aie besoin de vous en prévenir.

M. et madame Grandisson étaient montés dans leur appartement pour quitter leurs habits de voyage; et nous, Édouard, Charles, Émilie et moi, nous étions restés dans le salon. Charles a prié sa sœur de nous jouer une pièce sur son clavecin; Émilie l'a fait de bonne grace : mais à peine a-t-elle eu commencé, que nous avons entendu une porcelaine tomber, et se briser en mille morceaux.

ÉDOUARD. — Ah! voilà encore une porcelaine brisée! Ces domestiques sont de grands lourdauds!

CHARLES. — Ne les accuse pas si vite, mon frère; nous ne savons pas si l'accident est arrivé par leur faute.

ÉDOUARD. — Je sais que la pièce est en morceaux. Ces gens-là traitent les meubles comme s'ils ne coûtaient rien.

CHARLES. — Je vais voir. J'imagine que le mal ne sera peut-être pas si grand.

ÉDOUARD. — Veux-tu parier, Émilie, qu'il trouve encore le secret d'excuser le coupable?

ÉMILIE. — Il fera fort bien, mon frère. N'es-tu pas bien aise, lorsque tu as fait quelque faute, que l'on parle pour toi? Combien de punitions Charles ne nous a-t-il pas sauvées à l'un et à l'autre! Mets-toi à la place du pauvre domestique.

ÉDOUARD. — Tu vas voir : Charles va le soutenir, comme si rien n'était arrivé.

ÉMILIE. — Charles ne ment jamais; il saura s'y prendre d'une autre manière.

ÉDOUARD. — Le voici qui revient. On dirait à sa mine que c'est lui qui a fait le mal.

ÉMILIE. — Cela prouve qu'il a un bon cœur.

ÉDOUARD, à *Charles*. — Eh bien! qu'est-ce donc? Avais-je tort de dire que la pièce est en morceaux?

CHARLES. — Je n'ai jamais dit le contraire : c'est une assiette de porcelaine.

ÉDOUARD. — Tu en parles comme si ce n'était rien.

CHARLES. — Quand le mal serait encore plus considérable, il faudrait toujours prendre son parti.

ÉDOUARD. — Si j'étais à la place de maman, je ferais bien payer le dommage à ce maladroit.

CHARLES. — Ce serait un peu dur pour un domestique, qui n'a que ses gages pour s'entretenir.

ÉDOUARD. — Cela lui apprendrait à être plus attentif.

CHARLES. — Mais, Édouard, n'as-tu jamais fait de maladresse, es-tu bien sûr que tu n'en feras jamais?

ÉMILIE. — Quand ce ne serait que de jeter de l'eau bouillante sur les jambes.

ÉDOUARD, à *Émilie*. — Pourquoi te mêler de ce qui ne te regarde pas? *A Charles*. Si je casse quelque chose, au moins c'est notre bien.

CHARLES. — Je te demande pardon, mon cher Édouard. Le bien de nos parens n'est pas à nous. Nous ne possédons rien encore.

ÉDOUARD. — Si jamais tu deviens maître, je vois que tes domestiques pourront briser tout ce qu'ils voudront.

CHARLES. — Tout ce qu'ils voudront, dis-tu? Je ne crois pas qu'il y ait des domestiques qui brisent quelque chose de gaieté de cœur. C'est toujours par un accident; et à ce titre, il me semble qu'ils doivent trouver grace.

ÉDOUARD. — Voilà une bonté rare, sans contredit. Un valet maladroit ne fera jamais de mal chez toi.

CHARLES. — Je l'espère. J'aurai soin de ne pas prendre de gens maladroits à mon service. Je mettrai tous mes soins à les bien choisir. Cependant, si l'un d'eux venait à casser quelque chose, je le lui pardonnerais, comme si je l'avais fait moi-même.

ÉDOUARD. — Mais il me semble que mon papa et maman doivent être informés lorsqu'il se brise quelque chose chez eux?

CHARLES. — Aussi mon dessein est-il de les en instruire, mais en même temps de demander grace pour le coupable.

ÉDOUARD. — Et qui est-il? Est-ce John? est-ce Arthur?

CHARLES. — Ni l'un, ni l'autre. Si je te disais que c'est toi, mon frère?

ÉDOUARD.—Moi? Oh! voici du nouveau.

CHARLES. — Lorsque tu es allé te promener ce matin, n'as-tu pas donné la pâtée à manger à ton chien dans une assiette de porcelaine? Et n'as-tu pas mis cette assiette dans l'office sur un banc de bois?

ÉDOUARD. — Cela est vrai; mais que s'ensuit-il?

CHARLES. — Le domestique est allé chercher ce banc sans lumière, et en le prenant, il a fait tomber l'assiette qui était dessus.

ÉDOUARD. — Eh bien! est-ce ma faute? Quel besoin avait-il d'aller fureter dans les ténèbres?

ÉMILIE. — C'est ce qu'il fait tous les jours. Va, mon frère, tout le mal vient de toi. L'assiette n'était pas à sa place; et le domestique ne pouvait pas deviner qu'elle fût sur un banc.

ÉDOUARD. —Vous parlez toujours, mademoiselle, de ce qui ne vous regarde pas. Mais écoute, Charles. Papa et maman n'ont rien entendu; ils ne s'aviseront pas de trouver cette assiette à dire.

CHARLES.—Comment donc, Édouard? Tu voulais tout à l'heure que nos parens fussent informés de l'accident; et tu veux à présent leur en faire un mystère, parce que tu en es la cause? Cela n'est pas juste. Tu en obtiendras facilement ton pardon: le cas est bien graciable. Vois maintenant, mon frère, si nous devons vouloir tant de mal à un domestique de quelque légère étourderie, puisque nous en sommes si souvent coupables nous-même.

Charles avait à peine fini, que monsieur et madame Grandisson sont descendus. Il leur a raconté l'aventure de la porcelaine avec tant d'agrément, d'esprit et de gentillesse, qu'il y a eu plus à rire qu'à se fâcher. Édouard a été enchanté de se voir si bien tirer d'affaire. O maman, qu'on est heureux d'avoir un frère tel que mon ami! J'espère bien que je trouverais aussi un bon avocat dans ma petite sœur, si j'avais jamais besoin de son éloquence pour me justifier de quelque faute auprès de vous.

XXIX. Guillaume D*** à sa mère.

Le 22 août.

Je n'ai pas aujourd'hui de nouvelles à vous dire, ma chère maman, mais j'espère avoir demain des choses bien intéressantes à vous apprendre. C'est le jour de naissance de Charles. Édouard m'a dit que nous nous amuserions comme des rois, parce que son frère a coutume de donner, ce jour-là, une fête à tous les jeunes gens de notre âge qui demeurent dans les environs. Émilie prétend au contraire qu'il n'invitera personne cette année, et qu'il a déjà résolu d'employer l'argent que son père lui donnera pour sa fête, à acheter des livres amusans et instructifs. Je voudrais bien qu'il prît ce parti. La compagnie se retire lorsque la soirée est finie, au lieu que les livres restent toujours avec nous.

Je ne crois pas trahir sa confidence, en vous disant qu'il élève en secret un joli serin de Canarie pour le donner à sa sœur, jusqu'à ce qu'elle ait reçu celui que sa tante lui doit envoyer. Il l'accoutume depuis quelques jours à venir manger dans la main, et à voler hors de sa cage. Émilie ne s'attend pas à ce cadeau. Elle sera bien surprise en le recevant. Le serin commence déjà à répéter joliment son nom. Je veux aussi en élever un qui me répète sans cesse le vôtre et celui de ma sœur. Je n'en ai pourtant pas besoin pour penser à vous. C'est le plaisir que je me donne, lorsque je veux me trouver aussi heureux que je puis l'être, étant si éloigné de ce que j'aime le plus dans l'univers.

XXX. Guillaume D*** à sa mère.

Le 24 août.

O ma chère maman, que vous allez être contente de mon ami! Il n'a pas donné de fête à ses jeunes voisins avec l'argent qu'il a reçu de son père. Il ne l'a pas employé non plus à acheter des livres. Il en a fait un tout autre usage. Mais il faut d'abord que je vous rapporte un entretien qu'il a eu avec son papa.

Nous nous étions levés ce matin de fort bonne heure. Notre coutume est de lire tous les jours une ou deux histoires de l'ancien Testament, avant de descendre pour déjeuner. M. Grandisson est entré dans la chambre au milieu de notre lecture. Charles s'est levé aussitôt de sa chaise pour saluer son père, et lui baiser la main.

CHARLES. — Je vous souhaite le bon jour, mon papa. Avez-vous bien reposé cette nuit?

M. GRANDISSON. — Très-bien, mon fils; et toi aussi, à ce que je vois? Mais continue, je te prie; je ne veux pas te troubler dans ta lecture.

CHARLES. — Je craindrais, mon papa, qu'il ne fût pas décent de lire devant vous, lorsque vous me faites l'honneur de me rendre visite.

M. GRANDISSON. — Le devoir doit passer avant tout. J'aurai du plaisir à t'entendre.

CHARLES. — Je suis prêt à vous obéir.

Il est allé chercher un fauteuil pour son père, et il a repris sa lecture à haute voix. Lorsqu'elle a été finie, M. Grandisson lui a témoigné combien il était content de sa manière de lire. C'est un talent beaucoup plus difficile à acquérir qu'on ne pense, a-t-il ajouté. La plupart des lecteurs, sans prendre garde au sens de ce qu'ils lisent, prononcent les mots en nasillant ou en chantant; et cela est fort pénible pour ceux qui les écoutent. On doit lire particulièrement l'histoire d'un ton naturel et sans affectation, comme si l'on faisait soi-même le récit. Mais c'est aujourd'hui ton jour de naissance, et je suis monté pour te faire mon compliment.

CHARLES. — Je vous remercie, mon papa. Permettez que je vous embrasse, et que je vous exprime ma reconnaissance. Ce jour rappelle à mon souvenir tout ce que je dois à vos tendres soins et à ceux de ma chère maman.

M. GRANDISSON. — Nous en sommes déjà récompensés par ta bonne conduite. Continue, mon cher fils, à remplir tes devoirs; et puisse le Ciel mettre le comble aux graces qu'il nous accorde, en nous rendant témoins de ta félicité!

CHARLES. — Je vais travailler avec une nouvelle ardeur à me rendre digne de ce vœu. Daignez toujours m'honorer de vos sages leçons; et je tâcherai de ne rien négliger pour les suivre. Mais, mon papa, avant de commencer une nouvelle année de ma vie, j'ai besoin de votre pardon pour toutes les fautes que j'ai pu commettre dans les précédentes.

M. GRANDISSON. — Je ne me souviens pas d'avoir reçu de ta part aucun sujet de reproche. J'aime à te rendre ce témoignage, non pour t'enorgueillir, mais pour t'encourager dans le bien. Ce jour est un jour de bonheur; je veux que tu le passes dans la joie. Je te donne ce que tu trouveras dans ce papier, pour l'employer, si tu le veux, à donner une fête à tes meilleurs amis. Il est déjà près de neuf heures. Achève de t'habiller, et descends avec Guillaume. Ta mère nous attend. Adieu, je vais vous annoncer.

O maman, qu'il est doux de se rendre digne de l'affection d'un bon père! Comme M. Grandisson paraissait enchanté de son fils! Des larmes de joie et de tendresse nageaient dans ses yeux. Mais aussi qu'il doit être cruel, pour de braves parens, d'avoir des enfans indignes de leur amour! Oh! je veux toujours suivre l'exemple de mon ami. Dieu même doit l'aimer. Que j'aurais encore de choses à vous dire, si ma lettre n'était déjà trop longue! Mais vous n'en perdrez rien : je vous les garde pour en commencer une autre demain en me levant. Que je voudrais être auprès de vous pour vous exprimer combien je vous aime! J'ai toujours peur que mes lettres ne vous le disent pas assez. Oh! si ma petite sœur pouvait vous le dire à ma place, elle qui a le bonheur de vous embrasser! Oui, maman, recevez mes caresses dans les siennes. Nous ne faisons qu'un cœur à nous deux pour vous mieux chérir.

XXXI. *Guillaume D*** à sa mère.*

Le 27 août.

Je vais commencer cette lettre, ma chère maman, à l'endroit où j'ai fini celle d'hier.

Avant de descendre pour déjeuner, Charles ouvrit le papier que venait de lui donner son père. Il y trouva quatre guinées. Jamais il ne s'était vu tant d'argent à la fois. Il réfléchit un peu en lui-même. Guillaume, me dit-il enfin, je voudrais bien savoir ta pensée. Il y a ici aux environs peu de jeunes gens dont la société puisse nous faire plaisir; ils sont la plupart si turbulens que leur commerce en devient insupportable. Le jeune Friendly est le seul dont le caractère soit d'accord avec le mien, et il est parti depuis trois jours pour Londres avec sa mère. Que me conseilles-tu de faire de mon argent? Si j'étais à ta place, lui dis-je, je le garderais pour en acheter quelque chose d'utile. Trois ou quatre heures de jeux ou de danse sont bientôt écoulées, au lieu que des estampes ou des livres nous amuseraient tous les jours. Mais, reprit-il, cela ne te fera-t-il aucune peine que nous passions la soirée à nous amuser tout seuls, comme à l'ordinaire? Non sûrement, lui répondis-je, ta société me suffit pour être heureux. En ce cas-là, répliqua-t-il, en m'embrassant, je pourrai suivre ma première idée ; et à ces mots nous nous trouvâmes à l'entrée du salon. Madame Grandisson embrassa son fils avec toute la tendresse imaginable, et lui souhaita une heureuse fête. Après le déjeuner, nous restâmes seuls avec M. Grandisson. Charles prit la main de son père, et lui dit :

Puis-je vous demander une chose, mon papa?

M. GRANDISSON. — Quoi donc, mon fils?

CHARLES. — Jugez-vous absolument essentiel que je donne une fête à mes jeunes voisins?

M. GRANDISSON. — Cela ne dépend que de toi.

CHARLES. — je puis donc faire ce qu'il me plaira de l'argent que vous avez eu la bonté de me donner?

M. GRANDISSON. — Oui, mon fils.

CHARLES. — Cela étant, je sais bien comment célébrer ma fête.

M. GRANDISSON. — Veux-tu me mettre dans ta confidence?

CHARLES. — Je ne demande pas mieux, mon papa. Je crains cependant

LE PETIT GRANDISSON.

que vous ne désapprouviez mon projet.

M. GRANDISSON. — Non, mon fils, tu peux parler en toute sûreté. Je ne t'ai jamais vu faire un mauvais usage de ton argent. Tu es libre d'en faire telle disposition que tu voudras : je l'approuve d'avance. Voyons, que veux-tu acheter?

CHARLES. — Je vous demande pardon, mon papa, je n'ai besoin de rien. Grace à vos bontés, j'ai de tout en abondance. Je veux seulement que l'on se réjouisse à ma fête. Mais savez-vous qui j'ai choisi pour la célébrer? Ce sont les pauvres de notre voisinage. Je me suis fait donner une liste de toutes les honnêtes familles qui sont dans la nécessité. Combien ces pauvres malheureux se réjouiront du petit festin que je leur prépare! Les fils de nos riches voisins, que j'aurais pu inviter, ont du superflu en tout aussi-bien que moi, et ceux que je veux régaler aujourd'hui sont quelquefois des jours entiers sans pain. Comme ils seront joyeux du bon repas que je leur ferai faire! Leur bonheur me fera plus de plaisir que tous les jeux auxquels j'aurais pu me livrer avec mes camarades. Mais c'est toujours à condition que cela ne vous déplaise point, mon papa.

M. GRANDISSON. — As-tu pensé, mon cher fils, que cela pourrait me déplaire? Non, non, j'approuve en tout ce dessein généreux. Ta quatorzième année, que tu commences si bien, ne peut amener pour toi que des jours pleins de bonheur. La bonté de ton cœur ne restera pas sans récompense.

CHARLES. — Eh! mon papa, je ne fais en cela que remplir mon devoir. Combien de graces n'ai-je pas reçues du Ciel dans l'année qui vient de s'écouler? N'est-il pas juste que j'en rende quelque chose à mes semblables?

M. GRANDISSON. — Embrasse-moi, mon fils, et cours accomplir ton louable dessein. Tu peux donner tes ordres aux domestiques. Je vais leur dire de t'obéir.

Que dites-vous de cela, ma chère maman? Oh! si j'étais aussi riche que M. Grandisson! je vous donnerais tout, maman, à vous et à ma petite sœur. Puis, je vous en demanderais une petite partie pour être bienfaisant comme mon ami.

XXXII. Guillaume D*** à sa mère.

Le 27 août.

C'est hier, ma chère maman, que Charles donna son repas aux pauvres habitans de la paroisse. Ils eurent un bon rôti, du riz et des légumes. Jamais je n'ai eu tant de plaisir que de voir manger ces bonnes gens. La reconnaissance et la joie étaient peintes sur leur physionomie. Ils burent d'excellente bierre à notre santé, toujours avec ce refrain : Vive Charles Grandisson! Charles avait souvent les yeux baignés de larmes de plaisir. Pendant le repas, il s'aperçut qu'un pauvre homme, presque aveugle de vieillesse, n'était pas assez bien servi à sa fantaisie. Il fit venir le fils du fermier qu'il plaça près de lui, en disant : ayez soin de ce bon vieillard : c'est le plus cher de mes convives. Je veux le voir manger de bon appétit. Mon père, lui dit-il, vous avez la première place dans mon repas. Il faut que ces jeunes gens honorent votre vieillesse, pour qu'on les honore à leur tour, quand ils seront comme vous.

Quand le repas fut fini, Charles partagea entre eux le reste de son argent. Oui, maman, il leur donna tout ce qu'il avait reçu de son père. Vous imaginez quelles bénédictions on répandit sur lui. Il en fut si attendri qu'il ne put y tenir plus longtemps. Il me prit par la main, et nous nous en allâmes sans pouvoir prononcer une seule parole. Ce ne fut qu'en rentrant à la maison qu'il me dit : Eh bien! mon ami, peut-il y avoir un plus grand plaisir que de soulager les malheureux? Oh! non, lui répondis-je, en lui sautant au cou, tu ne pouvais me donner une fête plus agréable. Mon cœur était aussi ému que le sien. Hélas! pensais-je en moi-même, que les pauvres sont à plaindre! ils manquent souvent des premiers besoins de la vie, tandis que nous sommes assis tous les jours à une table couverte de friandises, où notre embarras n'est que de choisir ce qu'il y a de plus délicieux. J'en serai d'autant plus reconnaissant envers le ciel, de qui nous tenons ces faveurs; et j'en aurai d'autant plus de pitié pour ceux qui souffrent l'indigence. Oui, mon plus grand plaisir sera de les soulager, à l'exemple de mon ami.

Après le dîner, nous allâmes faire une petite promenade. Nous croyions passer le reste de la soirée entre nous, dans nos amusemens ordinaires. Quelle fut notre surprise, en arrivant à la maison, d'y trouver une nombreuse compagnie! M. Grandisson avait invité les gentilshommes du voisinage, et leurs enfans, à venir célébrer avec lui la fête de son fils. Nous eûmes un joli concert, et ensuite un bal. Charles et sa sœur y firent des merveilles. Que j'aurais désiré savoir comme eux chanter et toucher du clavecin! Mais, vous le savez, maman, ce n'est pas ma faute. Je n'ai pas eu de maîtres: vous n'étiez pas en état de m'en donner. Aujourd'hui que je peux partager les leçons de mes amis, je vais en profiter si bien que je puisse un jour les égaler pour vous plaire.

Je suis obligé de finir ici cette lettre, ma chère maman: on vient de m'appeler pour aller faire un tour dans la campagne. J'espère que cette promenade sera fort agréable; et j'aurai soin de vous en rendre compte. Mais j'allais oublier de vous dire que Charles fit hier présent à sa sœur de son joli serin, pour lui payer le bouquet qu'elle venait de lui donner. Émilie est déjà fort bien avec son oiseau. Il siffle pour elle de jolis airs que Charles lui a appris sur sa serinette. Je n'ai jamais vu de petite bête si drôle. Je voudrais que ma sœur vît tout le soin qu'en prend Émilie. Mais j'aimerais mieux encore être auprès d'elle pour l'embrasser, car je serais aussi auprès de vous, ma chère maman.

XXXIII. *Guillaume D*** à sa mère.*

Le 28 août.

Nous n'avons pas eu hier autant de plaisir que nous l'avions pensé, ma chère maman. Le temps était assez beau lorsque nous sortîmes; mais il commença bientôt à tomber une grosse pluie, en sorte que nous fûmes obligés d'entrer dans une mauvaise auberge pour laisser passer l'orage. Édouard grognait entre ses dents; Émilie était triste; et, s'il faut vous l'avouer, je n'étais pas trop content moi-même. Charles, qui sait toujours prendre son parti, était le seul que ce contre-temps n'eût pas affecté, comme vous allez le voir par notre entretien.

ÉDOUARD. — Il est bien malheureux que cette pluie soit venue. Nous ne pourrons plus avoir de plaisir.

CHARLES. — Nous prendrons ici le thé. La pluie cessera peut-être. Sinon il sera facile d'envoyer chercher la voiture pour que ma sœur n'aille pas dans l'humidité.

ÉMILIE. — Je te remercie, mon frère. Mais j'aimerais bien mieux qu'il fît sec.

CHARLES. — Je le conçois. Ta promenade en serait plus agréable. Mais notre jardinier désirait ce matin la pluie, parce que les plantes et les arbres en ont un grand besoin. De ses vœux ou des tiens, lesquels méritent le plus d'être exaucés?

ÉDOUARD, *avec un sourire moqueur.*
— Ceux du jardinier sans doute ?

CHARLES. — Oui vraiment, car, s'il ne pleuvait pas, les arbres auraient beaucoup à souffrir de la sécheresse. Et ne serais-tu pas bien fâché s'il ne venait pas de fruit ? Que deviendraient les malheureux si la chaleur étouffait le blé sur la terre, et que la disette des moissons fît renchérir le pain ?

ÉMILIE. — Oh! ils seraient bien à plaindre!

CHARLES. — Réjouis-toi donc de la pluie qui détournera d'eux ce malheur. Tu y trouveras d'autres plaisirs toi-même. Tu verras comme la verdure paraîtra demain plus fraîche et plus brillante, comme les fleurs de notre parterre auront repris de nouvelles couleurs.

ÉMILIE. — Allons, voilà qui est fait. Je ne me fâche plus contre la pluie. Elle n'a qu'à tomber, sans craindre que je m'en formalise.

ÉDOUARD. — Un jour de moins ne faisait pas grand'chose. Il aurait mieux valu qu'elle ne fût arrivée que cette nuit ou demain. Nous aurions pu nous promener aujourd'hui.

CHARLES. — Ceux qui se mettront cette nuit ou demain en voyage aiment mieux qu'elle tombe à présent. Pourquoi veux-tu que le temps se gouverne de préférence à ta fantaisie ?

ÉMILIE. — Charles a raison. Nos désirs sont si contraires les uns aux autres, qu'il n'est pas possible que tout le monde soit satisfait.

CHARLES. — Crois-moi, nous serions bien malheureux si toutes nos prières étaient exaucées. Et, pour en revenir au temps qu'il fait, qu'est-ce que c'est que nous priver pour un jour de nos plaisirs, en comparaison du bien que cette pluie va produire pour les autres, et pour nous-mêmes ?

ÉMILIE. — Mais regarde, les pauvres oiseaux ! Je les plains.

CHARLES. — Ils sauront bien se mettre à l'abri, si la pluie leur déplaît. D'ailleurs, à ce que dit mon papa, leurs plumes ont une espèce d'huile qui les empêche de se mouiller.

ÉMILIE. — Ah! j'en suis bien aise. Il me semble que tout est arrangé bien sagement.

La pluie ne fit que devenir plus forte. Heureusement madame Grandisson ne nous avait pas oubliés ; et nous vîmes arriver la voiture qui venait à notre rencontre. Nous fûmes bientôt de retour à la maison. Émilie alla s'amuser avec son serin. Charles et moi nous fîmes une partie de volant, pour remplacer l'exercice de la promenade. Pour Édouard, il fut toujours grognon ; et il ne sut imaginer autre chose, pour se consoler, que de tracasser son chien. C'est une bonne leçon qu'il me donne. Je vois que lorsqu'on prend de l'humeur à la moindre contradiction qu'on éprouve, on court le risque d'être souvent malheureux. Allons, je tâcherai de m'accommoder de mon mieux à tous les contre-temps qui pourront m'arriver. Il en est un pourtant qui me paraît toujours bien sensible, c'est de vous tendre les bras, sans pouvoir vous embrasser, vous, ni ma petite sœur. Je pense mille fois par jour que vous me tendez aussi les vôtres ; mais, hélas ! nous ne pouvons nous atteindre que par nos sentimens. Eh bien, qu'ils soient assez vifs et assez tendres pour nous réunir!

XXXIV. Guillaume D*** à sa mère.
Le 29 août.

Il faut, ma chère maman, que je vous raconte une drôle d'histoire qui nous est arrivée hier au soir.

Il y avait à peine une demi-heure que nous étions couchés, lorsque nous entendîmes un grand bruit. — Qu'est cela? dis-je à mon ami. — Je ne sais, me répondit-il. — Ce sont peut-être des voleurs, repris-je. Et au même instant nous entendîmes Édouard pousser un cri aigu. Charles sauta aussitôt de son lit, prit quelques légers vêtemens, et saisissant son épée. — Suis-moi, Guillaume, me dit-il. C'est dans la chambre d'Édouard. J'allumai un flambeau à notre lampe de nuit, et nous montâmes dans la chambre de son frère pour voir ce que cela pouvait être. Charles ne montrait pas la moindre frayeur; mais moi, pour vous dire la vérité, je tremblais de tout mon corps. En entrant dans la chambre d'Édouard, nous le trouvâmes étendu à terre, couvert d'une table qui était tombée sur lui, avec ses livres et ses papiers. Après l'avoir aidé à se relever, Charles lui dit: Que t'est-il donc arrivé, mon frère?

ÉDOUARD. — Je n'en sais rien. Mais je viens d'avoir une terrible peur.

CHARLES. — Et par quel hasard te trouves-tu à terre?

ÉDOUARD. — Je vais te le dire. Mais laisse-moi un peu revenir à moi.

GUILLAUME. — As-tu vu quelqu'un? Est-ce des voleurs?

ÉDOUARD. — Non, je ne le crois pas.

Mais je ne sais encore ce quec'est.

CHARLES. — Et pourquoi as-tu poussé un cri si affreux?

ÉDOUARD. — Tu en aurais bien fait autant si tu avais été à ma place. Je ne sais comment je suis tombé du lit. C'est un esprit qui m'a poussé.

CHARLES. — Y penses-tu, Édouard?

ÉDOUARD. — Il revient un esprit, te dis-je.

CHARLES. — Je craignais qu'il ne te fût arrivé quelque chose de fâcheux. Je vois à présent que ce n'est plus qu'un sujet de rire. Mais te voilà tout effaré. Guillaume est aussi tout hors de lui-même. Je vais vous chercher un peu d'eau de mélisse. Il est à propos d'en prendre quelques gouttes.

ÉDOUARD. — Ne descends pas tout seul. Appelle un domestique.

CHARLES. — Je n'en ai pas besoin. Gardons-nous de faire du bruit, de peur que mon papa et maman ne se réveillent.

GUILLAUME. — Est-ce que tu oseras parcourir la maison sans avoir personne avec toi?

CHARLES. — Et pourquoi non, mon ami? Que veux-tu que je craigne?

ÉDOUARD. — Je ne suis pas plus poltron que toi, et cependant je n'oserais en faire autant. Écoute donc, Charles.

GUILLAUME. — Bon! Il est déjà loin. Il est sorti d'un air délibéré. Franchement, il a bien du courage. Mais, Édouard, comment la chose est-elle arrivée?

ÉDOUARD. — Je te le dirai quand Charles sera revenu.

GUILLAUME. — Tiens, le voici déjà de retour.

ÉDOUARD. — N'as-tu rien vu, mon frère?

CHARLES, *avec un sourire*. — Je te demande pardon. J'ai vu le corridor, l'escalier, mon armoire et cette bouteille. Allons, prenez un peu de cette eau fortifiante. Elle vous donnera du courage pour attendre l'esprit.

ÉDOUARD. — Je te prie de ne point badiner là-dessus.

CHARLES. — Pourquoi non? C'est justement avec les esprits qu'il faut badiner.

GUILLAUME. — C'est que tu ne crois pas qu'il en revienne.

CHARLES. — Il est vrai. Mais dis-nous un peu, Édouard, par quelle aventure sommes-nous tous les trois hors de notre lit à l'heure qu'il est? Et d'abord, qui t'a fait sortir du tien?

ÉDOUARD. — C'est l'esprit, te dis-je.

CHARLES. — C'est plutôt un rêve que tu auras fait.

ÉDOUARD. — Non certes, j'étais bien éveillé.

CHARLES. — Raconte-moi donc ton histoire.

ÉDOUARD. — La voici. Tu sais que je n'aime pas à dormir avec de la lumière dans ma chambre. Je venais d'éteindre mon flambeau et de me mettre au lit, lorsque j'ai entendu marcher doucement sur le plancher. Je me suis relevé sur mon séant; et, en écartant le rideau, j'ai vu clairement dans ce coin deux lumières qui étaient tantôt grandes et tantôt petites, et qui se remuaient.

CHARLES. — C'est un éblouissement qui t'aura pris, sans doute.

ÉDOUARD. — Vraiment oui, un éblouissement! C'est une chose que j'ai vue, comme je te vois.

CHARLES. — Eh bien! ensuite?

ÉDOUARD. — Je me suis tenu tranquille, sans oser souffler. Alors les lumières se sont éteintes, et j'ai entendu trotter dans la chambre; puis, il s'est fait un bond violent contre la porte.

GUILLAUME. — Le seul récit me rend tout transi.

ÉDOUARD. — Charles a beau se tenir

ferme, il aurait été aussi troublé que moi.

CHARLES. — Mais pourquoi n'as-tu pas appelé pour demander de la lumière ?

ÉDOUARD. — Est-ce que je le pouvais ? L'oppression m'avait fermé la bouche. Tout a demeuré tranquille un moment. Mais bientôt j'ai entendu quelqu'un se glisser contre le mur, et tout de suite après, à la faible lueur de la lune, j'ai vu un grand fantôme blanc contre les rideaux de la fenêtre. Il paraissait, de moment en moment, devenir plus grand et plus gros. J'ai mis la main sur mes yeux, dans la crainte de voir quelque chose d'effroyable ; et j'ai voulu hasarder de descendre doucement du lit, et de m'esquiver hors de la chambre. Le fantôme, à ce qu'il m'a semblé, s'est mis à bondir, et il est venu droit à moi. Alors, dans ma frayeur, je suis tombé contre ma table, et je l'ai renversée sur moi, en poussant un cri qui est allé jusqu'à vous. Mais doucement, je crois l'entendre encore.

GUILLAUME. — Il me semble aussi que j'ai entendu remuer quelque chose près du bureau.

CHARLES. — Je parie que c'est un rat qui s'est caché dessous.

ÉDOUARD. — Mais un rat n'est pas blanc ; et ce que j'ai vu est au moins aussi gros que notre chien de basse-cour.

CHARLES. — Nous n'avons qu'à chercher. S'il est ici, il faut bien qu'il se montre.

Charles se mit alors à fureter dans tous les coins. Il visita la ruelle, et regarda sous la commode, sous le secrétaire, et sous le bureau. Voici l'esprit, s'écria-t-il enfin. Je l'ai trouvé. Et qu'est-ce que c'était que cet esprit ? Oh, devinez, ma chère maman. C'était un gros chat blanc du fermier ; qui sûrement s'était glissé, à la dérobée, dans la maison, et était monté dans la chambre d'Édouard. Il nous échappa alors à tous les trois un grand éclat de rire. Charles plaisanta fort joliment son frère sur sa crédulité ; et le chat se sauva brusquement, aussitôt qu'il vit la porte ouverte. Édouard semblait confus de cette aventure. Je ne puis comprendre, dit-il, comment le chat a pu me paraître d'une grandeur si épouvantable. C'est le propre de la frayeur, répondit Charles, de nous représenter les choses tout autrement qu'elles ne sont en effet, et surtout de les grossir à notre imagination. — Mais les deux flambeaux, je les ai bien vus ? — Je le crois : c'était les yeux du chat, qui te semblaient plus grands, ou plus petits, selon qu'il ouvrait ou fermait les paupières. Crois-moi, il en est de tous les esprits dont les sots se font peur, comme du chat de notre histoire. Lorsqu'on remonte à la cause, on voit qu'elle est toute naturelle.

Après cette conversation, nous retournâmes nous coucher ; et nous avons dormi fort tranquillement le reste de la nuit. Ce matin, à déjeuner, nous avons régalé M. et madame Grandisson de l'histoire de notre revenant. Ils ont donné des louanges à la résolution et au sang-froid de Charles. Il est vrai que je n'ai jamais vu sa présence d'esprit en défaut. Pour Édouard et moi, nous n'avons pas été les derniers à rire de notre faiblesse. Je suis honteux, en vérité, de n'avoir pas eu plus de courage. J'espère que cette historiette amusera ma petite sœur, et qu'elle pourra lui donner, en pareille occasion, un peu plus de hardiesse que n'en a eu son frère.

Adieu, ma chère maman, vous ne m'écrivez pas aussi souvent que je le désire, et que j'en aurais besoin. Émilie me parle souvent de ma sœur ; elle voudrait savoir si vous en êtes toujours aussi contente. Donnez-moi de ses nouvelles, je vous en conjure, pour satisfaire ma tendresse, et l'intérêt que ma jeune amie daigne prendre à une petite personne que j'aime tant. Je l'embrasse par votre bouche, pour lui faire mieux sentir toute l'affection que j'ai pour elle.

XXXV. Madame D*** à son fils.

Le 6 septembre.

Je suis fort sensible, mon cher fils, au tendre reproche que tu me fais de ne te pas écrire assez souvent. Je n'aurais point d'occupation plus agréable si j'étais libre de m'y abandonner. Mais tu dois aisément concevoir combien mon temps est rempli par tous les détails de mon ménage, et surtout par les soins qu'exige de moi ta petite sœur. Je suis obligée de l'instruire moi-même, puisque je ne suis pas assez fortunée pour lui donner les maîtres dont elle aurait besoin. Il est vrai que je me trouve bien dédommagée de mes peines par ses heureuses dispositions. Elle apprend tout avec la plus grande facilité : rien ne rebute son courage, et je suis chaque jour étonnée des progrès que fait son intelligence. Ses sentimens ne me donnent pas moins de satisfaction. Il serait difficile d'avoir un cœur plus droit et plus sensible. Tout ce que tu m'écris de temps en temps sur Emilie lui fait infiniment de plaisir. La jolie lettre que cette charmante demoiselle écrivit à sa mère au sujet des pauvres incendiés, et dont tu m'as envoyé copie, a fait la plus vive impression sur ta sœur; elle ramène chaque jour la conversation sur ce chapitre. O ma chère maman! me disait-elle hier, si j'avais été riche, j'aurais bien fait comme Emilie. Qu'elle doit avoir eu de plaisir à secourir ces pauvres demoiselles Falston! Oui, ma fille, lui répondis-je, elle a dû être bien heureuse; et je le suis aussi de voir que tu sais prendre part aux peines des autres. C'est une preuve que tu as un bon cœur; et tu mérites par ces sentimens que les autres prennent aussi du plaisir à partager tes chagrins. Ces dispositions affectueuses sont nécessaires entre les hommes, pour se soulager mutuellement dans leurs peines. Ce que vous dites là, maman, est bien vrai, me dit-elle. Lorsque j'ai du chagrin, et que mes petites amies en paraissent affligées, il ne m'en coûte pas la moitié tant pour me consoler; et puis encore il y a cela de bon que je les en aime davantage, ce qui fait toujours plaisir. N'est-ce pas là, mon fils, un sentiment bien délicat, et d'une expression charmante par sa naïveté? Elle en a tous les jours de semblables, qui m'attendrissent jusqu'aux larmes.

Je ne suis pas moins touchée de ceux que tu me témoignes dans tes lettres. Je sens qu'ils viennent du fond de ton cœur, et je les recueille avec joie dans le mien. Ils adoucissent ma mélancolie. Je vois que je n'ai pas tout perdu sur la terre en perdant mon époux, puisque mes enfans me restent pour me chérir aussi tendrement que je les aime. Oui, c'est vous deux que je charge du soin de mon bonheur. Ce soin ne vous sera pas pénible, puisqu'il me suffit de vous voir heureux par vos vertus.

Toutes les lettres que je reçois de madame Grandisson sont pleines des témoignages les plus avantageux sur ton compte. L'amitié qui nous unit a sans doute un peu de part à ses éloges. Cependant j'aime à croire que tu sens assez vivement le prix de ses bontés, pour ne rien faire qui puisse t'attirer des reproches sur ta conduite. Il te serait bien honteux de les mériter, ayant continuellement sous les yeux un modèle aussi parfait que Charles. L'attachement qu'il a pris pour toi me flatte infiniment. On ne sent jamais une vive inclination pour ceux qui ne méritent point d'estime. Continue de suivre les bons exemples de ton ami. Un jeune homme doué de qualités si nobles doit t'inspirer une louable émulation; et tu ne peux répondre à sa tendresse qu'en cherchant à devenir digne de l'aimer.

Je vois que ton cœur souffre de ne pouvoir imiter sa bienfaisance. Il me serait bien doux de te mettre en état d'exercer cette touchante vertu. Cultive-la toujours dans ton sein, jusques au moment où la fortune te permettra de suivre des mouvemens aussi généreux. En attendant, mon fils, reçois le peu d'argent que je t'envoie. Je souhaiterais pouvoir t'en offrir davantage. Mais c'est tout ce que l'état de mes affaires laisse en ce moment à ma disposition. J'ai fait remettre à M. Grandisson tout ce qu'il a bien voulu avancer pour tes besoins. Ceci est uniquement destiné à tes plaisirs; et je suis sûre que tu sauras les trouver dans l'emploi le plus digne d'un cœur sensible et généreux. Adieu, mon cher fils, je t'embrasse avec tous les transports d'une mère qui n'attend sa félicité que de la tendresse et des vertus de ses enfans.

---

*XXXVI. Guillaume D*** à sa mère.*

Le 12 septembre.

Je vous remercie mille fois, ma chère maman, du cadeau que vous m'avez envoyé. Comment! vous dites que c'est peu de chose! Oh! non, permettez-moi de vous contredire, je trouve que c'est beaucoup. Vous n'êtes pas riche, il s'en faut, et vous me faites présent de deux guinées pour mes plaisirs. N'est-ce pas bien plus que si vous étiez dans l'opulence, et que vous m'eussiez donné dix fois davantage? Hélas! je crains que vous ne vous soyez mise dans la gêne pour m'enrichir. Cette pensée trouble la joie que j'aurais eue de recevoir des marques de votre bonté. Soyez au moins persuadée que je sens toute la valeur de ce don, et que je saurai en faire un emploi dont vous ayez sujet d'être satisfaite.

Je vous avoue que j'ai senti un peu d'orgueil à instruire Émilie de ce que vous m'apprenez de ma petite sœur. Il me semble que je serais plus fier de ses perfections que de celles que je pourrais acquérir. Émilie m'a paru flattée que sa conduite ait mérité votre approbation. elle devient tous les jours plus sensée et plus aimable. Puisque ma petite sœur fait si bien son profit de ce que je vous écris sur le compte de mon amie, je vais vous rapporter une autre aventure qui lui est arrivée. Franchement, il y a d'abord un peu de sa faute; mais la suite lui en fait trop d'honneur, pour que je n'aie pas du plaisir à vous raconter la chose comme elle s'est passée. La pauvre enfant était hier dans le salon avec Édouard. Ils s'amusaient à jouer tour à tour de petits airs sur le clavecin. Vous saurez qu'il y a dans ce salon une armoire en laque, remplie des porcelaines les plus précieuses. Émilie eut la curiosité de l'ouvrir, pour regarder des figures chinoises, dont on venait de faire présent à M. Grandisson. Elle en prit une dans ses mains afin de la considérer de plus près. Édouard, qui songe toujours à faire des malices, lui dit brusquement, pour l'attraper, qu'il entendait descendre sa mère. Émilie craignant d'être prise sur le fait, n'eut rien de plus pressé que de remettre la porcelaine dans l'armoire. Mais, en retirant son bras avec précipitation, elle fit tomber une tasse qui se brisa en mille morceaux. Elle fut saisie de consternation en voyant ce malheur; elle savait que cette tasse était du plus grand prix, et que sa maman la conservait avec un soin extrême, parce qu'elle faisait partie d'un service de déjeuner qui lui venait de la meilleure de ses amies. Édouard quitta son clavecin au cri de douleur que laissa échapper Émilie; et voici l'entretien qu'ils eurent ensemble.

ÉDOUARD. — Vraiment, tu viens de faire un beau chef-d'œuvre! Je ne voudrais pas être à ta place.

ÉMILIE. — O mon frère, tu vois que je suis assez affligée. Ne m'effraie pas davantage, je t'en supplie. Donne-moi plutôt un bon conseil.

ÉDOUARD. — Quel conseil veux-tu que je te donne? Quand tu irais chez tous les marchands, tu ne trouverais pas une tasse comme celle-là. Il n'y a d'autre moyen que de t'embarquer pour la Chine, afin d'y chercher sa pareille.

ÉMILIE. — Quel plaisir prends-tu à me tourmenter par tes railleries?

ÉDOUARD. — Mais aussi pourquoi fureter dans l'armoire?

ÉMILIE. — Cela ne t'arrive jamais, n'est-ce pas?

ÉDOUARD. — C'est de toi qu'il s'agit. Avais-tu besoin de toucher à cette porcelaine?

ÉMILIE. — Il est vrai. J'ai mal fait. Cependant si tu ne m'avais donné une fausse peur, je n'aurais rien cassé.

ÉDOUARD. — Ce déjeuner de porcelaine, qui faisait tant de plaisir à maman, le voilà décomplété. Autant vaudrait qu'il n'en restât plus une seule pièce.

ÉMILIE. — Je donnerais tout au monde pour que cela ne fût pas arrivé.

ÉDOUARD. — Oh! oui, désole-toi, cela t'avancera de beaucoup.

ÉMILIE. — O mon frère, que tu es cruel! Charles ne me tourmenterait pas ainsi.

ÉDOUARD. — Eh bien! ne pleure pas davantage. Je vais te dire ce qu'il faut faire.

ÉMILIE. — Voyons, dis-moi cela, mon ami.

ÉDOUARD. — Personne au monde n'a entendu ce qui vient d'arriver. Nous n'avons qu'à ramasser les morceaux, et les mettre l'un à côté de l'autre dans l'armoire. Maman n'y regardera pas de ce matin. Pendant le dîner tu pourras dire que tu as entendu des porcelaines tomber dans l'armoire. Je soutiendrai la même chose. Maman ira faire sa visite; et sans doute elle imaginera que la porcelaine est tombée d'elle-même.

ÉMILIE. — Non, mon frère, voilà ce que je ne ferai point.

ÉDOUARD. — Et pourquoi donc? Tu n'accuses personne.

ÉMILIE. — N'importe. C'est un mauvais expédient. Dire un mensonge, c'est pis encore que de casser la porcelaine.

ÉDOUARD. — A la bonne heure. Je te donne un moyen de sortir d'embarras. Tu ne veux pas en profiter : ce sont tes affaires.

ÉMILIE. — Hélas! Que vais-je devenir?

ÉDOUARD. — Je crains pour toi. Mais je suis bien bon de m'en mettre en peine. Tu ne demandes qu'à être punie.

ÉMILIE. — Oui, j'aime mieux être punie que de tromper maman. Je vais la trouver. Je lui dirai la faute que j'ai commise, et le malheur qui m'est arrivé. Je lui demanderai pardon en lui promettant de ne plus toucher de ma vie à la clef de son armoire.

Émilie était prête à sortir, quand elle vit sa mère entrer dans la chambre. Elle s'arrêta toute déconcertée; elle rougit, elle pâlit : son visage devint de toutes les couleurs; et, avant de pouvoir dire un seul mot, il lui échappa un torrent de larmes. Elle s'attendait à recevoir de vifs reproches. Quelle fut sa surprise, lorsque madame Grandisson, qui avait tout entendu, la prit tendrement dans ses bras, et lui dit en la caressant : Tu es une bonne fille, ma chère Émilie. Je ne sais pas ce que tu as brisé; mais, quand ce serait le morceau le plus précieux, je te le pardonne en faveur de ta franchise et de ta confiance. Pour vous, monsieur, continua-t-elle, en s'adressant à Édouard, montez dans votre chambre, pour y méditer sur la leçon que votre jeune sœur vous a donnée. Vous êtes bien heureux que votre père n'en soit pas instruit. Il serait plus sévère que moi. Allez, et rougissez de votre menterie. Je vois que je ne puis plus compter désormais sur vos paroles, et que je puis toujours m'en rapporter à celles de ma fille.

Vous voyez, maman, combien Émilie fut récompensée de n'avoir pas suivi les mauvais conseils d'Édouard, car elle aurait payé cher son mensonge, puisque madame Grandisson avait tout entendu. Le récit de cette aventure ne sera pas, je crois, inutile à ma petite sœur. Ce n'est pas que je la soupçonne d'avoir jamais l'idée de vous tromper. Que le Ciel m'en préserve! Mais c'est un nouvel encouragement pour persister dans les bons principes qu'elle a reçus de vous. Ah! qu'elle est heureuse de pouvoir les recueillir de votre propre bouche! Hélas! Il y a bien long-temps que je ne jouis plus de ce bonheur. La mer, en grondant, me sépare de ce que j'ai de plus cher au monde. Oh! quand pourrai-je vous embrasser! Quand pourrez-vous nous voir, ma petite sœur et moi, tous deux à vos genoux, pour vous témoigner à l'envi notre tendresse!

XXXVII. Guillaume D**** à sa mère.

Le 16 septembre.

O ma chère maman ! tout le monde est ici dans la plus grande consternation. Charles est sorti ce matin de bonne heure, à cheval, suivi d'un domestique, pour aller rendre visite à un de ses amis, à deux lieues du château. Eh bien ! il n'est pas encore de retour. Son père lui avait recommandé d'être revenu avant cinq heures, et il en est déjà plus de neuf. Jamais il n'avait désobéi aux ordres de ses parens. Il faut qu'il lui soit arrivé quelque malheur. La nuit est fort sombre. Il fait un brouillard affreux. M. Grandisson vient de faire partir un valet de chambre pour avoir des nouvelles de son fils. Avec combien d'impatience j'attends son retour !

Onze heures.

Quelle désolation ! le valet de chambre est revenu de la maison où Charles est allé passer la journée. Charles en était parti avant quatre heures, avec son domestique. Que sera-t-il devenu ? S'est-il égaré dans la forêt ? Est-il tombé de son cheval ? Que sais-je ? des voleurs l'auront peut-être assassiné. O ciel ! madame Grandisson en mourra. Émilie ne fait que pleurer. Édouard court à grands pas, comme un fou, sur l'escalier et dans la cour. M. Grandisson cherche à consoler sa femme; mais on voit bien qu'il est lui-même au désespoir. Il vient d'envoyer des hommes à cheval par divers chemins, pour tâcher de retrouver le pauvre Charles. Si ce n'était la crainte d'abandonner son épouse dans la douleur où elle est plongée, il aurait déjà volé à la recherche de son fils. Oh ! si j'étais allé avec mon ami ! j'aurais du moins partagé tous ses périls. Madame Grandisson a voulu que je restasse au château, à cause d'un petit rhume que j'ai. Si je l'en avais bien priée, elle m'aurait peut-être laissé partir avec lui. Je suis bien malheureux. Je ne sais comment je supporte mon chagrin. Je ne puis plus tenir la plume. Je ne vois pas ce que j'écris.

Une heure du matin.

Point de Charles encore. Personne ne s'est mis au lit. Comment pourrait-on reposer ? Les domestiques se tordent les bras de douleur. Édouard et Émilie crient sans cesse : O mon frère, mon frère ! Et cela m'afflige encore davantage. Oh ! s'il était bientôt jour !

Six heures et demie du matin.

Dieu soit loué ! maman, nous avons des nouvelles de Charles. Le domestique qui le suivait vient de rentrer. Il n'est point arrivé d'accident à mon ami. Ce n'est pas sa faute s'il nous a causé tant d'inquiétudes. Il ne s'est point laissé retenir si tard ni par la négligence, ni par le plaisir. Loin de mériter qu'on le blâme, il est bien digne des plus grandes louanges. Oh ! quand vous saurez son aventure ! Mais M. Grandisson veut absolument que nous allions tous nous reposer pendant quelques heures pour nous remettre du trouble et de la fatigue que nous avons ressentis cette nuit. Il faut bien obéir. Adieu, maman, jusqu'à mon réveil. Mon premier soin sera de vous écrire. J'en serai debout deux heures plus tôt !

Neuf heures.

Je vais tout vous raconter, ma chère maman, d'après le récit que nous en a fait le domestique.

Son jeune maître et lui s'étaient mis hier en route avant quatre heures, comme je vous l'ai marqué, pour être de retour au moment que M. Grandisson leur avait prescrit. A peine avaient-ils fait le quart du chemin, que le temps commença tout à coup à s'obscurcir. Il survint un brouillard si épais qu'on ne pouvait rien distinguer à six pieds de distance. Charles, qui est naturellement courageux, ne s'en mit point en peine. Ils continuaient leur route au grand trot, lorsqu'ils aperçurent au-devant de leurs pas un homme étendu sur le chemin. Qu'est ceci? dit Charles, en arrêtant son cheval. C'est apparemment quelqu'un qui a bu plus d'un coup, reprit le domestique. Allons toujours, mon cher maître.

Non, reprit Charles : si c'est un homme pris de vin, il faut au moins le retirer de l'ornière, pour qu'une voiture ne l'écrase pas dans l'obscurité. Il n'avait pas dit ces paroles, qu'il était déjà descendu de cheval. Quelle fut sa surprise, lorsqu'en s'approchant du malheureux il aperçut un vieux officier en habit d'uniforme ! Il avait à la tête une large blessure, dont le sang coulait en abondance. Charles lui adressa la parole; mais il n'en reçut aucune réponse.

C'est un homme mort, s'écria le domestique qui était aussi descendu de cheval. Non, non, il vit encore, dit Charles, c'est qu'il est évanoui. O ciel ! qu'allons-nous faire?

Que ferions-nous en effet, répondit le domestique? Il faut continuer notre chemin. Nous nous arrêterons au premier village, pour envoyer à son secours.

Que vous êtes impitoyable, John, reprit Charles avec vivacité. Avant que les personnes que nous pourrions envoyer fussent rendues ici, le pauvre blessé serait déjà mort ; voyez combien de sang il a perdu. Attachez nos chevaux à ces arbres. Il faut nous-mêmes lui donner tous les secours qui sont en notre pouvoir.

Comment, monsieur ! dit John, y pensez-vous ? La nuit va nous surprendre. Jamais avec ce brouillard il ne nous sera possible de retrouver notre chemin.

CHARLES. — Eh bien, nous resterons ici.

T. IV.

JOHN. — Et vos parents? Vous figurez-vous leur inquiétude?

CHARLES. — Oh ! tu as raison ; je n'y songeais pas.

Charles allait remonter à cheval ; mais, en tournant vers l'officier ses yeux pleins de larmes, il se sentit arrêté par un pouvoir secret. Non, malheureux vieillard, s'écria-t-il, je ne t'abandonnerai pas dans cette cruelle position. Mes parents ne sauraient s'en fâcher. Je ne laisserai pas ainsi périr un de mes semblables, sans avoir fait tous mes efforts pour le secourir.

En disant ces mots, il se dépouilla précipitamment de son habit, et déchira sa veste par la moitié.

JOHN. — Que faites-vous donc là, mon cher maître?

CHARLES. — Il faut lui bander le front pour arrêter le sang.

JOHN. — Mais, monsieur...

CHARLES. — Ne m'en dis pas davantage, et viens m'aider.

Il plia aussitôt son mouchoir en quatre, et l'appliqua sur la tête ensanglantée du vieillard. Puis, d'un côté de sa veste repliée dans sa longueur, il assujettit de son mieux le bandage avec quelques épingles. Ensuite, aidé de John, il tira le malheureux de l'ornière, et le porta sur le gazon.

Que ferons-nous maintenant, monsieur? lui dit John.

CHARLES. — Il faut que vous couriez au galop vers le premier village, pour amener des gens qui transportent le pauvre blessé dans quelque ferme. Je les paierai de leurs peines. Je reste ici en vous attendant.

JOHN. — Que le Ciel me préserve de vous obéir ! Non, je n'en ferai rien, mon cher maître. Moi ! que je vous laisse tout seul dans cet endroit écarté? Monsieur votre père ne me le pardonnerait de sa vie.

CHARLES. — Je prends tout sur moi, et je vous l'ordonne.

JOHN. — Allons, monsieur, puisque vous me l'ordonnez si expressément, je n'ai plus rien à répliquer. Mais souvenez-vous au moins...

CHARLES. — Je me souviendrai de tout. Partez.

John se mit aussitôt à courir de toute la vitesse de son cheval. Il trouva à quelque distance une chaumière, où deux hommes travaillaient à des ouvrages d'osier, au milieu de plusieurs femmes et d'une troupe d'enfans. Il ouvrit la porte; et, s'adressant au chef de famille, il le supplia de venir avec son fils aîné au secours d'un vieux officier qui était tombé sur le chemin, et qui nageait dans son sang. Ils montrèrent d'abord quelque répugnance à sortir dans un temps si sombre, sur la parole d'un inconnu. Mais enfin persuadés par les instances de John, et par l'air de sincérité qui éclatait dans ses protestations, ils allèrent chercher une espèce de brancard, et le suivirent.

Dans cet intervalle, Charles n'avait pas quitté un instant le vieillard, et à force de soins il était parvenu à lui faire reprendre l'usage de ses sens.

Oserai-je vous demander qui vous êtes, monsieur, lui dit-il, aussitôt qu'il lui vit ouvrir la paupière, et par quel accident vous vous trouvez dans cet état?

Mon nom est Arthur, répondit le vieillard, d'une voix faible et tremblante. Je suis major dans le trente-troisième régiment. J'étais sorti de chez moi pour faire un tour de promenade. Mon cheval a fait un faux pas dans cette ornière, et m'a entraîné dans sa chute. Ma tête a porté sur une pierre. J'ai voulu me relever. La douleur que j'ai ressentie, la perte de mon sang et la faiblesse de l'âge, m'ont fait retomber sans connaissance. Je ne sais plus ce qui m'est arrivé depuis ce moment. Mais vous, aimable enfant, qui vous montrez si sensible à mon malheur, est-ce vous qui avez pansé ma tête, et qui me sauvez de la mort?

CHARLES. — Oui, monsieur, c'est moi qui ai eu le bonheur de pouvoir vous servir. J'avais un domestique à ma suite. Je viens de l'envoyer dans le premier village, pour vous procurer un logement et des secours plus nécessaires que les miens.

LE MAJOR. — Quoi! vous avez eu le courage de rester près de moi, malgré la solitude et l'obscurité! Si jeune encore, vous m'avez prodigué les soins les plus bienfaisans! Quelle reconnaissance ne vous dois-je pas!

CHARLES. — Vous ne m'en devez aucune, monsieur. Je n'ai fait que mon devoir; et, si je puis vous être encore utile, je m'estimerai trop heureux.

Cet entretien fut interrompu par l'arrivée de John avec les deux paysans. On étendit le major sur le brancard, qui était garni d'un bon matelas. Quelque soin que l'on pût prendre pour le transporter doucement, les secousses de la marche réveillèrent la douleur de sa blessure; et il tomba de nouveau dans un évanouissement assez profond.

Charles, ayant donné son cheval à conduire à John, marchait en silence à côté du brancard, et rendait toutes sortes de soins au malade, pour tâcher de lui faire reprendre ses esprits. Lorsqu'on fut arrivé à la porte de la chaumière, il fit aussitôt monter l'un des deux paysans sur son cheval, et l'envoya chercher en toute diligence le chirurgien.

Cependant John employait toujours les instances les plus vives pour engager son maître à reprendre la route du château, en lui représentant les transes où ses parens devaient être sur son retard.

Quoi! lui répondit Charles, je laisserais ce vieillard mourant entre des mains étrangères! Vous le voyez, il est encore sans connaissance. Qu'aurais-je fait pour lui, si je l'abandonnais à présent? Non, non, je veux passer la nuit à son côté.

JOHN. — Que dites-vous, mon cher maître?

CHARLES. — Ma résolution est prise. Courez auprès de mon père et de ma mère. Racontez-leur tout ce qui vient de se passer, afin qu'ils se tranquillisent sur mon compte. Dites-leur que j'attendrai ici leurs ordres demain.

JOHN. — Vraiment, monsieur, c'est ce que je ne ferai pas, s'il vous plaît. Monsieur votre père me recevrait bien, je crois, si je rentrais sans vous!

Il faut pourtant que cela soit ainsi, reprit Charles, en prenant un ton de fermeté. Ne perdez pas de temps. Il est déjà nuit.

John eut beau éclater en protestations contre ce qu'il appelait l'imprudence de son jeune maître, il fallut partir.

Charles se trouva plus tranquille, dans la pensée que ses parens allaient recevoir de ses nouvelles. Mais il devait encore arriver un nouveau contre-temps. Le brouillard ne fit que s'épaissir. La nuit devint plus obscure; et John, égaré dans un bois qu'il fallait traverser, ne sachant de quel côté prendre pour en sortir, fut obligé, après bien des courses inutiles, de s'asseoir au pied d'un arbre pour y attendre le jour, et de nous laisser toute la nuit dans les plus cruelles alarmes. Le pauvre garçon n'en pouvait plus de froid et de fatigue lorsqu'il est arrivé ce matin. Malgré son empressement, il tremblait de paraître, craignant d'être chassé. Je ne saurais vous peindre sa surprise, lorsqu'après son récit il a entendu M. Grandisson s'écrier: Que je dois te bénir, ô mon Dieu, de m'avoir donné un tel fils! Et vous, John, vous avez bien fait de remplir tous ses ordres. Voici deux guinées pour vous faire oublier une si mauvaise nuit. Allez vous rafraîchir et prendre un peu de sommeil, pour être en état de retourner vers mon fils. Je ne lui fais aucun reproche de l'inquiétude qu'il nous a causée. Il a fait tout ce qui était en son pouvoir pour nous l'épargner.

Mais combien le cœur de mon ami va souffrir, lorsqu'il apprendra de John ce que nous avons souffert nous-mêmes! John s'est déjà remis en chemin. J'ai vu que M. Grandisson lui avait donné pour son fils une bourse pleine d'or, afin qu'il ait de quoi pourvoir à tout ce qui sera nécessaire. Je brûle à présent d'apprendre si ce pauvre major est mort ou vivant. J'espère vous en donner bientôt des nouvelles. Adieu, ma chère maman. Aimez-moi toujours. Aimez aussi mon ami Charles pour son courage, sa prévoyance et son humanité.

Onze heures.

Charles est enfin de retour, ma chère maman. Avec quel transport je l'ai embrassé! C'est un ange à mes yeux. Graces à ses soins, le major est beaucoup plus tranquille. Il sera bientôt guéri de sa blessure.

Charles est arrivé au moment où nous étions bien loin de l'attendre encore. Émilie l'a vu la première. Un cri de joie lui est échappé: Charles! Charles! et elle a couru avec précipitation à sa rencontre. Ils sont entrés en s'embrassant. Charles l'a quittée à la porte pour voler à son père. Il s'est précipité à ses genoux, et ne s'en est relevé que pour aller se jeter au cou de sa maman qui lui tendait les bras. Je vais vous rapporter mot pour mot tout ce qu'ils se sont dit. Je ne l'oublierai de ma vie.

CHARLES. — Pourrez-vous me pardonner, mes chers parens, de vous avoir causé tant d'inquiétude?

M. GRANDISSON. — Te pardonner, mon fils! Viens plutôt que je t'embrasse mille et mille fois. Tu as rempli ton devoir envers un de tes semblables, sans oublier ce que tu nous dois à nous-mêmes. Je ne croyais pas pouvoir t'aimer davantage. Combien je me trompais!

CHARLES. — Je me sens confondu par votre bonté, mon papa.

M. GRANDISSON. — N'en parlons plus, mon fils. Comment va ton malade?

CHARLES. — Il est beaucoup mieux à présent. Il lui reste un peu de faiblesse: mais le chirurgien m'a assuré que sa blessure n'était pas dangereuse.

Mme GRANDISSON. — Est-il encore dans la cabane de ces pauvres gens? Aura-t-on bien soin de sa personne?

CHARLES. — Oh! maman, n'en soyez pas en peine. Son fils est auprès de lui. Aussitôt qu'il m'eut appris sa demeure, j'y envoyai un exprès, pour instruire sa famille de son accident. L'aîné de ses fils accourut tout de suite. Quelle douceur pour moi d'avoir remis un père souffrant dans les bras de ce qu'il a de plus cher!

M. GRANDISSON. — Et le major, aura-t-il le moyen de se procurer tout ce qui lui est nécessaire?

CHARLES. — Oh! oui, mon cher papa, il est fort riche; et voici votre bourse, telle que vous me l'avez envoyée. Je n'ai pas eu occasion de m'en servir.

M. GRANDISSON. — Eh bien! elle est pour toi, mon fils.

CHARLES. — Pour moi, mon papa?

M. GRANDISSON. — Oui, Charles, je te la donne comme une marque de ma satisfaction. Je suis sûr que tu ne l'ouvriras que pour en faire un bon usage. Continue d'être toute ta vie tel que tu te montres aujourd'hui. Garde-toi bien de laisser jamais endurcir ton cœur pour les maux de tes frères.

CHARLES. — Oh, mon papa! que puis-je vous dire? Je craignais vos reproches; et c'est de vos bontés que vous m'accablez.

Mme GRANDISSON. — Mais comment te trouvais-tu dans cette chaumière?

CHARLES. — Je vous avoue, ma chère maman, que je ne m'occupais guère de l'endroit où j'étais. Je n'avais devant les yeux que ce pauvre vieillard, que je craignais de voir mourir à chaque instant.

Mme GRANDISSON. — Tu n'as donc pas dormi de toute la nuit?

CHARLES. — J'avais fait mettre quelques bottes de paille à côté du lit du major. Mais vos inquiétudes, celles de mon frère, de ma sœur et de mon ami, que je me représentais sans cesse, mes craintes continuelles au sujet de mon pauvre blessé, tout cela éloignait le sommeil de mes yeux. Ah! si j'avais pu penser que vous dussiez être une nuit entière sans savoir ce que j'étais devenu, combien mon cœur aurait souffert! Je serais revenu en tâtonnant dans les ténèbres.

Mme GRANDISSON. — Embrasse-moi, mon fils, embrasse-moi encore. Mais je ne veux plus me livrer au plaisir de t'entendre. Il est bien temps que tu ailles goûter un peu de repos.

Il fallut se séparer, et je l'accompagnai dans sa chambre. Que je suis heureux, me dit-il en me serrant la main, de ce que mes parens sont contens de moi! Malgré le plaisir que j'ai eu de servir ce pauvre major, je n'aurais pu me consoler de les avoir mis en colère.

Aimable et cher ami! m'écriai-je, en me jetant à son cou. C'est tout ce que je pus lui dire, maman. Mes yeux étaient inondés de larmes; mon cœur suffoquait de sanglots, et je ne pouvais m'arracher de ses bras. Oh! combien la sensibilité donne de plaisir! et qu'il est doux d'avoir un ami tendre et vertueux!

---

*XXXVIII. Guillaume D*** à sa mère.*

Le 22 septembre.

Je me félicite, ma chère maman, d'avoir à vous faire connaître un nouveau trait de modération et de générosité de mon ami. Non, je ne puis assez vous le dire, il n'est pas, je crois, dans tout l'univers un jeune homme d'un caractère aussi noble que le sien.

Le comte de *** lui fit présent, il y a quelques jours, d'un beau chien d'une espèce très-rare. Le jeune Falkland, l'un de nos voisins, l'avait déjà demandé plusieurs fois au comte. Mais il n'avait pu l'obtenir, parce que l'on sait dans tout le pays avec quelle dureté il traite les pauvres bêtes qu'il tient à son service. Il n'a d'autre plaisir que de les tourmenter par mille exercices fatigans, ou de les dresser à combattre l'un contre l'autre, et à se déchirer. Ce Falkland a déjà une douzaine de chiens dans sa maison. Vous allez peut-être croire que c'est là toute sa ménagerie? Oh! non, certes. Il nourrit encore de toute espèce d'animaux, surtout des chats, des singes et des perroquets, avec lesquels il passe la moitié de sa journée. Il me semble qu'il faut avoir l'esprit bien étroit pour prodiguer son temps à ces occupations misérables, au lieu de le consacrer à s'instruire dans les sciences et les arts. Quoiqu'il eût déjà un si grand nombre de bêtes autour de lui, il fut outré de voir que le comte, après lui avoir refusé son chien, en eût fait présent à un autre, qui ne le lui avait pas demandé. Qu'est-il arrivé de là? A peine Charles possédait-il ce chien depuis quinze jours, que la pauvre bête fut trouvée morte dans un coin de la maison. Ce n'est que d'hier que l'on a su d'un domestique de Falkland, que c'était lui qui l'avait fait empoisonner par une rage de jalousie. Quels monstres y a-t-il donc parmi les hommes! J'ai dit monstres, et le mot n'est pas trop fort. Oui, ma chère maman, c'est un monstre à mes yeux, celui qui prive un autre de ce qu'il ne peut pas avoir, dans la seule vue de lui causer de la peine. Mais l'entretien suivant, que nous eûmes hier au soir, Édouard, Charles et moi, en nous promenant dans le jardin, va vous apprendre comment mon ami s'est vengé de cette coquinerie.

Je lui témoignais le regret que j'avais de la mort cruelle de la pauvre bête.

Je suis aussi bien affligé, me dit-il. Je n'aurais jamais cru que la perte d'un chien pût m'être si sensible. Mais cet animal était d'une beauté singulière; et il commençait à s'attacher à moi.

ÉDOUARD. — C'est une action affreuse de la part de Falkland de l'avoir empoisonné. Je ne lui pardonnerais de ma vie, si j'étais à ta place.

CHARLES. — Il faut pourtant bien que je lui pardonne, à moins de vouloir être aussi méchant que lui.

ÉDOUARD. — Tu es trop bon, mon frère. Pour moi, je le hais à la mort.

CHARLES. — Je ne le hais point, mais je méprise son caractère. Je le plains surtout d'avoir des passions si violentes et si détestables. Donner une mort cruelle à une bête innocente, uniquement pour en déposséder un autre, c'est une cruauté de sang-froid, qui annonce que l'on peut se porter aux excès les plus affreux.

ÉDOUARD. — Avant-hier encore, le traître osait s'appeler ton ami.

CHARLES. — Je savais déjà qu'il ne faut pas s'en rapporter à de vaines paroles, et que nous devons bien connaître les gens, avant de compter sur leur amitié.

ÉDOUARD. — Est-ce que tu ne rompras pas en face avec un si mauvais sujet?

CHARLES. — Je n'irai point lui faire une insulte publique. Je me contenterai seulement de le voir aussi peu qu'il me sera possible. La société d'un jeune homme qui a une manière de penser aussi basse ne peut me convenir en aucune façon.

ÉDOUARD. — Oh! ce n'est pas assez. Tiens, veux-tu que je lui coupe les oreilles? Tu n'as qu'à dire un mot.

CHARLES. — Ce mot-là, je me garderai

bien de le dire. Ses oreilles ne me rendraient pas mon chien.

ÉDOUARD. — Eh bien, il nous reste un autre parti à prendre. Falkland a une douzaine d'épagneuls et de lévriers. Nous n'avons qu'à les empoisonner à notre tour. C'est une bonne revanche qu'il mérite.

CHARLES. — Et ces pauvres chiens, l'ont-ils mérité?

ÉDOUARD. — Quoi! tu veux donc laisser sa méchanceté impunie?

CHARLES. — Cela ne me regarde point. Je ne suis pas son bourreau. C'est assez pour moi de le livrer à sa conscience.

ÉDOUARD. — Je suis bien curieux de savoir ce que mon papa va penser de cette aventure. Je ne m'étonne plus s'il cherchait toujours à nous détourner d'une liaison trop étroite avec ce lâche garnement.

CHARLES. — C'est une preuve que mon papa savait lire dans son mauvais cœur. J'apprends par-là que je dois consulter mes parens dans le choix de mes amis. Comme ils ont plus d'expérience que nous, ils savent mieux distinguer les bons et les mauvais caractères. Avec leurs sages conseils, j'espère me préserver des liaisons dangereuses qui pourraient me corrompre. Mais, Édouard, je pense qu'il ne faudrait pas dire à mon papa l'indigne action de Falkland.

ÉDOUARD. — Et pourquoi donc le ménager?

CHARLES. — Nous le ferons mieux rougir par un froid mépris que par nos plaintes.

GUILLAUME. — Voilà une noble façon de penser, mon ami.

CHARLES. — C'en est assez, croyez-moi : parlons de quelque chose plus agréable. Nous avons aujourd'hui une belle soirée. N'irons-nous pas faire un tour dans les champs?

ÉDOUARD. — Un moment, s'il te plaît. Regarde, regarde. Ne vois-tu rien là-haut sur cet arbre?

GUILLAUME. — Il me semble que j'aperçois un oiseau d'un plumage extraordinaire. Il s'agite de toutes ses forces.

CHARLES. — Vraiment oui, il est pris par les ailes.

ÉDOUARD. — Oh, quel bonheur! C'est le perroquet de Falkland, qui s'est échappé de sa cage. Je le reconnais. Puisque nous le tenons en notre pouvoir, il paiera pour le chien. Son maître ne l'aurait pas donné pour dix guinées. Il va être bien puni.

CHARLES. — O mon cher Édouard! la pauvre bête souffre. Guillaume, fais-moi le plaisir d'aller demander une échelle. Je veux monter sur l'arbre, et dégager le malheureux oiseau.

ÉDOUARD. — Pour le rendre à Falkland, peut-être?

CHARLES. — Sans doute, puisqu'il est à lui.

ÉDOUARD. — Il a fait périr ton chien, et tu veux lui sauver son perroquet?

CHARLES. — Pourquoi non? Ah! je me fais une joie de pouvoir, dès ce jour, lui rendre un service pour le mal que j'ai reçu de lui.

ÉDOUARD. — Prends-y donc garde, le sort ne pourra jamais te servir d'une manière plus heureuse pour te venger.

CHARLES. — Je regarde bien aussi comme une vengeance de lui montrer que mon cœur vaut mieux que le sien.

ÉDOUARD. — Oui, vraiment; il est bien capable de le sentir!

CHARLES. — En ce cas, je le ferai pour ma propre satisfaction.

J'avais crié au jardinier d'apporter une échelle. Elle arriva en ce moment. Charles monta lui-même sur l'arbre, où le perroquet, en s'abattant, avait embarrassé ses ailes entre deux branches, qui le retenaient. Il parvint à le dégager, et il courut aussitôt charger un domestique de le rapporter au jeune Falkland.

Que penses-tu de mon frère, me dit Édouard, en le voyant s'éloigner à grands pas?

— Peux-tu le blâmer, lui répondis-je, d'être si généreux?

— Non, sans doute. Mais je ne me sens pas encore assez parfait pour l'imiter.

— Il ne tient qu'à nous de le devenir avec un si bon modèle.

Charles vint bientôt nous rejoindre. Son visage brillait d'une douce satisfaction. Je n'ai jamais si vivement senti combien on peut goûter de plaisir à faire le bien. O ma chère maman, conservez, je vous prie, mes lettres, afin que je puisse les relire quand je serai de retour à la maison. Je serais bien indigne de mon ami, si sa conduite ne me donnait le désir et la force de profiter des bons exemples que je reçois de lui chaque jour. Je voudrais qu'ils fussent connus de tous les jeunes gens de notre âge. Si l'on a tant de plaisir à lire les belles actions des autres, combien n'en aurait-on pas davantage à les faire soi-même! Oui, ma chère maman, ce sentiment est au fond de mon cœur; et je le nourris avec joie, pour me rendre un jour plus digne de votre tendresse. J'embrasse ma petite sœur à travers le grand espace qui nous sépare. Elle trouvera bon que j'y revienne à deux fois; car c'est moitié pour le compte d'Émilie, et moitié pour le mien.

XXXIX. *Guillaume D*** à sa mère.*

Le 16 Septembre.

Nous assistâmes hier, ma chère maman, à la récolte des fruits d'automne. L'air était doux, le ciel serein, et l'on entendait retentir toute la campagne de joyeuses chansons, accompagnées du fifre et du flageolet. C'était un charme de voir, à travers la verdure des arbres, les garçons jardiniers en vestes blanches, grimper sur les branches les plus élevées pour en cueillir les fruits, tandis que leurs femmes et leurs filles les recevaient dans leurs tabliers, et les déposaient ensuite dans des corbeilles. Nous aussi nous étions occupés à dépouiller les rameaux qui pendaient à la hauteur de nos bras. Ces travaux avaient un air de fête qui pénétrait le cœur de plaisir.

Quelques petites paysannes, assez mal vêtues, nous regardaient à travers la haie. Une d'elles, lorsque nous eûmes fini, vint appeler le jardinier à la barrière, et lui parla d'un air suppliant en tournant quelquefois ses regards vers mon ami. Charles s'en aperçut; mais il attendit que le jardinier eût achevé la conversation : il lui fit signe alors d'approcher; et voici la suite de leur entretien, qui vous dira mieux la chose que toutes mes paroles.

CHARLES. — Qu'est-ce donc que cette petite fille vous demandait d'un air si touchant?

LE JARDINIER. — Vous le dirai-je, monsieur? Tout le monde sait ici que vous avez un cœur pétri de bonté. Elle me priait de vous demander quelques fruits pour sa mère qui est malade.

CHARLES. — C'est pour sa mère qu'elle demande? C'est une brave enfant. Allez et donnez-lui autant de pommes qu'elle en pourra porter. Je me fais un plaisir de récompenser son amour pour ceux de qui elle tient la vie.

LE JARDINIER. — Je vais donc lui donner des plus petites, de celles qui ne sont pas d'un si bon acabit?

CHARLES. — Comment donc, mon ami! vous voulez choisir, pour une pauvre malade, précisément ce qu'il y a de plus mauvais? Non, non, s'il vous plaît. Donnez-lui au contraire de ce qu'il y a de meilleur.

LE JARDINIER. — Je craignais que cela ne fît tort à votre provision.

CHARLES. — Ne m'avez-vous pas dit que la récolte n'a jamais été plus abondante que cette année?

LE JARDINIER. — Il est vrai, monsieur, nos greniers vont regorger de richesses.

CHARLES. — Eh bien! de cette abondance que le Ciel nous envoie, donnons au moins quelque chose à ceux qui n'ont rien.

LE JARDINIER. — Ah! mon jeune maître, que c'est avec raison que tout le monde vous aime et vous honore! Vous êtes la bonté du Ciel sur la terre. Je ne manquerai point de vous obéir. Je sais trop bien que tout ce que vous faites ne manque jamais de recevoir l'approbation de vos parens.

Le jardinier courut aussitôt exécuter ses ordres. Édouard avait entendu son frère; il s'en approcha et lui dit : Je ne saurais te blâmer de ta bienfaisance, mais je ne puis souffrir que les gens du peuple aient toujours quelque chose à demander.

CHARLES. — Eh, mon ami! s'ils ne demandaient pas ce qui leur manque, aurions-nous l'attention d'y songer pour eux? Nous demandons bien tous les jours mille choses superflues à nos parens. Laissons du moins aux pauvres la liberté de nous exposer leurs pressans besoins.

ÉMILIE. — Charles a bien raison. Ne serait-il pas affreux que nous eussions tant au-delà de ce qu'il nous faut, même pour nos plaisirs, et que les pauvres fussent dépourvus des premières nécessités de la vie? Je dirai ce soir à maman l'état où se trouve la mère de cette petite fille, et je suis bien sûre qu'elle lui enverra des secours.

M. Bartlet, qui, en s'avançant vers nous, venait d'entendre les dernières paroles d'Émilie, lui donna des louanges sur son humanité. Charles lui demanda si les pommes étaient une nourriture saine pour les malades. Oui, sans doute, répondit M. Bartlet, surtout lorsqu'elles sont cuites. Ce fruit, qui convient à presque tous les tempéramens, est d'autant plus précieux, qu'il peut se conserver pendant une grande partie de l'année. Quelle est la sagesse et la bonté du Créateur, qui prend soin de nous pour l'hiver, lorsque la terre épuisée n'est plus en état de produire les fruits délicieux dont elle nous a nourris pendant l'été!

Oh! ma chère maman, je serai toujours plein de reconnaissance pour le maître de la terre, qui pourvoit aux besoins de ses enfans avec une tendresse si généreuse. Hélas! cependant, combien n'y a-t-il pas d'enfans ingrats qui dévorent les provisions de l'hiver sans penser à la main bienfaisante de laquelle ils les ont reçues! Me préserve le Ciel, d'être jamais de ce nombre; moi surtout qui lui dois tant de graces pour avoir eu en partage une si bonne mère! Oui, maman, vous me le feriez aimer quand je ne posséderais que vous sur la terre. Daignez recevoir l'hommage de ces sentimens, et me continuer ceux dont vous voulez bien m'honorer. Je vous le demande pour ma petite sœur et pour moi, et j'en accepte pour gage le premier baiser qu'elle recevra de votre bouche, puisque je ne peux avoir le bonheur de le partager.

P. S. M. Grandisson vient de recevoir en ce moment une lettre du comte de***; premier chambellan du roi, qui mande le jeune Charles à la cour. On ignore pour quelle raison. Mon ami part demain pour Londres avec M. Bartlet. Oh! combien de regrets va me coûter son absence! Moi qui m'étais fait une si douce habitude de le voir à chaque instant, il faudra que je passe des journées entières sans le voir et sans lui parler! Qui sait encore pour combien de temps il s'éloigne de nous! M. Grandisson n'a point d'inquiétude sur le sujet de ce message. La lettre de M. le comte est fort gracieuse, et ne peut annoncer rien de fâcheux. Cependant je perds mon ami. Il n'y a que l'idée de son bonheur qui puisse me consoler de notre séparation. Il m'a promis de m'écrire. Oh! ma chère maman, avec quelle joie je vous enverrai une copie de toutes ses lettres.

XL. *Guillaume D*** à sa mère.*

Le 20 septembre.

Je m'empresse, ma chère maman, de vous envoyer, comme je vous l'ai promis, une copie de la première lettre que je reçois de mon ami Charles. Vous y verrez les aventures de son voyage et son arrivée à Londres. J'attends avec impatience les premières nouvelles qu'il doit me donner. Mon cœur me dit qu'elles seront heureuses. Jugez de l'empressement que j'aurai à vous en faire part. Plein de cette douce espérance, je vous embrasse avec plus de tendresse encore, vous et ma petite sœur.

XL. *Charles Grandisson à Guillaume D***, son ami.*

Le 18 septembre.

Je ne sais encore, mon cher ami, ce que produira notre voyage à Londres. Les commencemens de notre expédition n'ont pas été fort heureux. Des esprits superstitieux pourraient croire que cela ne présage rien de bon pour la suite; mais nous, mon cher Guillaume, qui avons reçu de nos parens des instructions plus sensées, nous nous garderons bien de nous laisser abattre par ces vains pronostics.

A peine avions-nous fait quelques milles, que l'un de nos chevaux s'arrêta, sans vouloir aller plus avant. Le postillon crut vaincre sa résistance en lui donnant de rudes coups de fouet; ce qui me fit de la peine, parce que je ne puis voir traiter durement un animal aussi doux et aussi utile. On ne tarda guère à s'apercevoir que la pauvre bête était enclouée, et qu'ainsi il n'y avait point de sa faute. Il fallut se traîner lentement jusqu'à la poste la plus voisine. Les chevaux frais que l'on nous donna nous menèrent avec plus de vitesse; mais vers le milieu de la route, dans un chemin raboteux, l'essieu de notre voiture vint tout à coup à se rompre. Heureusement, il ne nous en arriva aucun mal. Il n'y avait pas de maison dans le voisinage; et nous ne vîmes d'autre parti à prendre que de descendre de voiture, et d'aller à pied. Je me serais fort aisément consolé pour moi-même de cet accident; mais j'en fus affligé pour notre digne ami M. Bartlet. Le froid et l'humidité de l'air, ainsi que la fatigue de la marche, me donnèrent des inquiétudes pour sa santé. Le soleil était déjà près de se coucher, et nous allions lentement, suivis de notre domestique Henri. La pluie commença bientôt avec une extrême violence. Enfin, après une demi-heure de marche, nous aperçûmes, à notre droite, une petite maison peu éloignée du grand chemin. Nous y fûmes reçus par un honnête laboureur, courbé sous le poids du travail et des années, et par sa femme, qui n'était guère plus jeune que lui. Ces braves vieillards et leurs enfans nous accueillirent avec beaucoup de bonté. Les fils aînés coururent aussitôt chercher un charron dans le voisinage, et ils allèrent ensemble vers la voiture, pour aider le postillon à la raccommoder de son mieux. On n'acheva de la réparer qu'assez avant dans la soirée. Il était trop tard pour nous remettre en route. Il fut donc résolu que nous passerions la nuit dans cette pauvre cabane, qui, dans cette circonstance, me parut aussi bonne pour nous qu'un riche palais. Pendant que la jeune fille nous pré-

parait un simple repas : Messieurs, nous dit le vieillard, n'ayez aucune inquiétude. Nous vous céderons notre lit, dans lequel vous pourrez goûter le repos qui vous est nécessaire pour continuer votre route. M. Bartlet ne voulait pas se rendre à cette proposition ; mais notre hôte et sa femme lui firent tant d'instances, qu'ils vinrent à bout de le persuader. On n'avait mis que deux couverts sur la table. M. Bartlet s'en aperçut, et leur dit : Est-ce que vous avez déjà soupé, mes amis ? — Non, pas encore, monsieur. — Eh bien ! il faut que nous mangions tous ensemble : notre repas en sera plus joyeux. — Nous n'aurions pas osé prendre cette liberté, monsieur, lui répondit le vieillard, mais puisque vous l'ordonnez, vous serez obéi. Le rustique repas fut aussitôt mis sur la table. Un bon morceau de rôti, un plat de légumes ; du beurre, du fromage et quelques fruits, ce fut tout : mais, tu peux m'en croire, je n'ai jamais fait un meilleur souper de ma vie. J'ai dormi toute cette nuit d'un si bon sommeil, que M. Bartlet a eu de la peine à me réveiller.

Je viens de faire un déjeuner excellent ; et je profite, pour t'écrire, d'un moment que M. Bartlet vient de prendre pour aller remercier nos hôtes, et leur témoigner notre reconnaissance. Je suis obligé de te quitter ; mais après notre première visite à M. le comte, je m'empresserai de te donner de mes nouvelles. Mille respects à mon papa et à maman, et mille tendres amitiés à mon frère et à ma sœur.

Je t'embrasse, et suis à toi pour la vie,

CHARLES GRANDISSON.

XLII. *Guillaume D***, à sa mère.*

Le 25 Septembre.

Je vous le disais bien, ma chère maman, que j'aurais de bonnes nouvelles à vous apprendre de mon ami Charles. Voici la copie de la lettre qu'il vient de m'écrire, et de celle que M. Bartlet écrit à M. Grandisson. A peine aurai-je le temps de vous les transcrire pour le départ du courrier. Je voudrais bien cependant pouvoir vous exprimer toute la joie dont mon cœur est plein. Je ne puis que m'écrier : Quel bonheur pour moi de voir mon ami heureux et de l'écrire à ma chère maman !

XLIII. *Charles Grandisson à Guillaume D***, son ami.*

Londres, le 21 Septembre.

Pourrais-tu jamais deviner, mon cher ami, quel a été l'objet de mon voyage en cette ville ? Oh! non, sans doute, puisque moi-même je n'ose encore le croire. Eh bien! c'est par l'ordre du roi, qui vient de me donner le titre de comte, et m'honorer d'une place distinguée auprès de ses enfans. Je ne sais qui peut me valoir ces honneurs. On veut me persuader que j'en suis redevable à ma conduite, mais il me semble que je n'ai fait en cela que remplir mon devoir, et que le devoir seul ne mérite pas de récompense. Ainsi je ne regarde ce qui vient de m'arriver que comme une pure grace du Ciel, qui veut payer les vertus de mes dignes parens. C'est pour eux, bien plus que pour moi, que je m'en réjouis. M. Bartlet écrit à mon papa, tu entendras sans doute lire sa lettre. A peine ai-je le temps de t'assurer que je suis pour la vie ton fidèle et tendre ami,

CHARLES GRANDISSON.

XLIV. *M. Bartlet à M. Grandisson.*

MONSIEUR ET CHER AMI,

Quelle heureuse nouvelle j'ai à vous annoncer ! et combien le cœur de madame Grandisson va tressaillir de joie ! Votre aimable fils.... Oh! vous méritez bien les faveurs dont le Ciel récompense sa conduite. Je vous l'ai toujours dit, qu'il était destiné à remplir votre vie des plus douces jouissances. Si jeune encore, être l'objet des graces de son souverain, et voir tous les honnêtes gens y applaudir ! Oui, certes, il n'est ici personne qui, après l'avoir vu, ne le trouve digne de son bonheur. Mais c'est trop vous tenir en suspens sur sa brillante destinée. Apprenez donc que le roi vient de l'honorer du titre de comte, et de le placer en qualité d'émule auprès de ses enfans. Le comte de ***, dont la femme est sœur du major Arthur, à qui Charles a sauvé la vie, a représenté votre fils à Sa Majesté sous des traits si avantageux, il lui a rendu un si bon témoignage de son esprit, de ses connaissances et de ses sentimens, que le roi a désiré de le voir ; et c'est d'après cette première entrevue qu'il vient de le combler de ses faveurs.

Le comte qui a introduit Charles auprès de Sa Majesté, et qui est resté à cette audience, déclare qu'il n'a jamais vu accueillir personne d'un air si gracieux. Le roi a daigné lui-même le présenter à ses enfans, qu'il avait fait appeler. Votre aimable fils a répondu à toutes les questions qu'on lui a faites, avec une liberté respectueuse, et une noblesse d'expression étonnante à son âge. Les jeunes princes auraient voulu qu'il fût resté dès ce moment auprès d'eux ; mais il leur a représenté qu'il avait besoin de passer encore quelque temps dans la maison de son père pour profiter de ses instructions, et se rendre plus capable de répondre aux vues que l'on a sur lui.

Il m'a avoué, en sortant, qu'il avait eu une autre raison pour demander ce délai : c'est que son ami Guillaume n'ayant plus que trois mois à passer en Angleterre, il aurait eu trop de regret de se séparer de lui avant ce terme. Ainsi, vous le voyez, jamais sa présence d'esprit ne l'abandonne ; et les séductions de la fortune ne lui font point oublier ce qu'il doit à l'amitié.

M. le comte vient de donner aujourd'hui un grand repas en l'honneur de votre fils. Charles a reçu les complimens de la compagnie avec autant de grace que de noblesse. Les louanges qu'il a reçues n'ont pas fait naître en lui le moindre sentiment d'orgueil, et il a laissé tout le monde dans l'enchantement de ses qualités aimables. Ne croyez point, monsieur et cher ami, que mon attachement pour vous et pour votre famille me fasse parler de votre fils avec trop d'enthousiasme ; vous recevrez les mêmes témoignages en sa faveur dans la lettre que M. le comte doit vous écrire.

Nous passerons encore ici cinq à six jours pour remplir quelques devoirs ; et je ramènerai dans vos bras le digne objet de votre tendresse.

BARTLET.

P. S. Monsieur le comte vient de me faire rouvrir ma lettre, pour vous annoncer qu'Édouard a, dès ce moment, une lieutenance dans le régiment dont le major Arthur est colonel.

XLV. Guillaume D***, à sa mère.

Le 26 septembre.

J'étais si empressé, ma chère maman, de vous envoyer l'autre jour une copie de la lettre de Charles et de celle de M. Bartlet, que je n'eus pas le temps de vous faire part des réflexions que la fortune de mon ami a fait naître dans mon esprit. Je sens que je ne finirais pas aujourd'hui, si j'entreprenais de vous dire toutes mes pensées. Il m'est plus facile et plus doux de tâcher de vous peindre combien j'ai été sensible au souvenir qu'il a gardé de notre amitié ! Comment ! dans la crainte de se séparer de moi avant le terme qui m'est prescrit, résister aux désirs de jeunes princes, et sacrifier les agrémens dont il aurait pu jouir dès ce moment à la cour ! Ah ! il n'a point fait ce sacrifice à un ingrat ! Vous saviez, maman, si je l'aimais ! Vous avez vu dans toutes mes lettres, si elles sont pleines de ma tendresse pour lui ! Eh bien ! il m'est encore devenu mille fois plus cher. J'ai trop senti, depuis son absence, combien il est nécessaire à mon bonheur. Malgré toutes les caresses de monsieur et madame Grandisson, malgré les amitiés d'Édouard et d'Émilie, je trouve qu'il me manque à tous les momens du jour. Il me semble que je n'ai plus que la moitié de ma vie. Je n'ai d'autre ressource que de m'occuper sans cesse pour lui. Oui, maman, tous les travaux que nous faisions ensemble, je les fais à présent tout seul, afin que son absence ne s'y fasse pas sentir. J'ai remué tout son jardin, je l'ai orné de fleurs de la saison, pour qu'il voie, à son retour, les soins que j'ai donnés à ce qui l'intéresse. J'ai continué la copie qu'il a commencée d'une suite de dessins d'architecture. Ils ne seront pas aussi bien que s'il les avait faits; mais ils sont mieux que si je les avais faits pour moi. Je suis sûr que son amitié excusera la faiblesse de mes crayons, et qu'il les verra avec plaisir dans son recueil. J'ai aussi transcrit sur ses livres de musique des airs nouveaux qui nous sont venus depuis son départ. J'ai rangé ses livres dans sa bibliothéque, j'ai nourri ses oiseaux, j'ai donné quelque chose à ses pauvres ; enfin j'ai tâché de faire tout ce qu'il aurait fait lui-même. C'est dans ces momens que j'ai senti mieux que jamais ce que vous ne cessiez de me dire, combien le travail nous est nécessaire pour nous distraire de nos chagrins. Ah ! s'il m'avait fallu vivre dans tout cet intervalle sans occupation, que j'aurais été à plaindre ! J'ai tâché de ne me laisser aucun instant de vide dans la journée de peur qu'il ne se remplît de ma tristesse. Je vous en envoie, pour témoignage, une petite pièce sur *les avantages du travail*, que je viens de traduire.

Adieu, ma chère maman : lorsque mon ami est loin de moi, je sens doublement le regret d'être éloigné de vous. Je n'ai pour toute consolation que de savoir que vous m'aimez, et de sentir combien je vous aime.

LES AVANTAGES DU TRAVAIL.

Monsieur Dorville, riche fabricant, était l'ennemi le plus infatigable de l'oisiveté. Non-seulement il consacrait la journée entière au travail; mais encore il avait soin de tenir en exercice tous les gens de sa maison. Bienfaisant envers ceux à qui des infirmités, ou un grand âge ne laissaient plus la force de s'occuper, il était sans pitié pour ces robustes fainéans qui venaient mendier à sa porte. Il leur demandait pourquoi ils ne travaillaient pas; et, lorsqu'ils s'en excusaient sur ce qu'ils ne trouvaient pas d'ouvrage, il leur en offrait dans ses manufactures; mais lorsqu'on l'avait une fois refusé, il ne fallait plus se présenter devant lui.

Il ne laissait ouvrir ni fermer un ballot de marchandises, sans obliger François et Robert, ses enfans, d'y prêter la main. Il avait un jardin assez vaste derrière sa maison. Pendant l'été, il y faisait travailler ses fils sous les yeux du jardinier; et pendant l'hiver, il leur donnait à faire de petits ouvrages en carton ou au tour.

Ses trois filles n'avaient pas plus de temps à donner à l'oisiveté. Elles étaient chargées de tous les détails du ménage, qui convenaient à leur sexe.

Pour mieux exciter et soutenir leur zèle, M. Dorville payait à chacun son ouvrage; et il avait soin d'accorder une récompense particulière à celui qui s'était distingué par son activité. C'était avec ces petits profits, que les enfans trouvaient moyen de fournir aux dépenses de leurs plaisirs et de leur entretien.

On n'entendait jamais parmi eux de mauvais propos et de querelles. Ils jouissaient d'une santé parfaite; et chaque jour amenait de nouveaux plaisirs, en leur faisant goûter le fruit de leurs travaux.

Si les garçons apportaient à leurs sœurs un bouquet d'œillets ou de jacinthes, cueilli dans leur parterre, ils en recevaient, à leur tour, des manchettes brodées, des bourses, des cordons de canne ou de montre, ouvrage de leurs mains industrieuses. S'ils présentaient au dessert des fruits venus sur de jeunes arbres qu'ils avaient plantés et greffés eux-mêmes, ils avaient la satisfaction d'entendre leurs parens en faire l'éloge, en apprenant à leurs amis à qu'ils en avaient obligation. Alors chacun prenait son verre, et les convives en chœur buvaient à la santé des petits jardiniers.

Tous les ans on célébrait dans la famille sept jours de fête extraordinaire, savoir, le jour de naissance de chacun des cinq enfans, et celui de leur père et de leur mère. On y voyait régner, à l'envi, la tendresse et le plaisir. C'était surtout pour la fête de leurs parens, que les enfans, animés d'une louable émulation, cherchaient à se surpasser les uns les autres par la richesse de leurs hommages. Les jeunes garçons venaient offrir des ouvrages de carton bien vernissés, ou des bijoux d'ivoire et d'ébène artistement travaillés au tour. Les jeunes demoiselles présentaient des ouvrages en broderie, qu'elles avaient travaillés en secret. Leur père et leur mère, comme on l'imagine sans peine, n'oubliaient pas de répondre à ces cadeaux. Ils donnaient ordinairement à leurs enfans un joli repas, auquel on invitait tous leurs petits amis. La fête se terminait toujours en un bal, où cette vive jeunesse, excitée par la musique, se trémoussait à ravir; et les parens étaient transportés de joie en voyant leurs graces naturelles et leur folâtre gaieté.

Qui croirait que ces enfans eussent jamais pu se dégoûter d'un genre de vie aussi doux? C'est pourtant ce qui arriva. François, un jour, était allé faire visite à ses petits cousins. Il revint à la maison avec une physionomie chagrine. Son père, qui, sur quelques paroles indirectes, comprit d'abord le sujet de ses soucis, fit semblant de ne pas s'en apercevoir. Cependant comme François avait encore, le lendemain, le même fonds de tristesse, M. Dorville l'ayant engagé après le diner à faire avec lui une visite à ses pépinières, ils eurent ensemble l'entretien suivant.

M. DORVILLE. — Qu'as-tu donc, mon cher François? Je suis inquiet de l'air de langueur que je vois répandu sur ta physionomie.

FRANÇOIS, *affectant une mine riante.* — Ce n'est rien du tout, mon papa.

M. DORVILLE. — Tu as beau vouloir sourire, tu n'as pas la figure aussi gaie qu'à l'ordinaire.

FRANÇOIS. — Je ne saurais en disconvenir.

M. DORVILLE. — Est-ce que tu aurais quelque sujet de tristesse?

FRANÇOIS. — Oh! si j'osais vous le dire!

M. DORVILLE. — Craindrais-tu de m'ouvrir ton cœur? Ne suis-je pas ton ami?

FRANÇOIS. — C'est que vous me gronderiez peut-être.

M. DORVILLE. — Moi, te gronder! Tu sais que ce n'est ni dans mes principes ni dans mon caractère.

FRANÇOIS. — Il est bien vrai: mais, tenez, mon papa, laissez-moi mon secret.

M. DORVILLE. — Pourquoi donc, puisqu'il t'afflige?

FRANÇOIS. — C'est que vous ne voudriez pas remédier à mon chagrin.

M. DORVILLE. — Ainsi tu penses que j'aimerais mieux te voir triste que content? Je croyais t'avoir fait prendre une autre idée de ma tendresse.

FRANÇOIS. — O mon papa, que dites-vous! Non, non, je sais que vous n'avez pas de plus grande joie que de nous voir joyeux.

M. DORVILLE. — Je ne vois donc pas ce qui t'empêche de me faire ta confidence. Tiens, arrangeons-nous. Conte-moi ta peine, et moi, je te promets de faire tout ce qui sera en mon pouvoir pour la dissiper.

FRANÇOIS. — Eh bien! mon papa, puisque vous le voulez, il faut que je vous le dise. Vous nous tenez à la chaîne comme des esclaves, pour nous faire travailler du matin au soir. Voyez mes cousins, comme leur papa leur laisse prendre du bon temps. Est-ce que nous ne pourrions pas en avoir aussi bien qu'eux?

Quoi! mon cher fils, c'est là tout ce qui te chagrine? Il n'est rien de plus facile que de te contenter. A Dieu ne plaise que je veuille te faire travailler malgré toi! tu es le maître de prendre du repos, jusqu'à ce que tu viennes me presser toi-même de te rendre à tes occupations.

François, fort content de jouir de cette liberté de l'aveu de son père, employa le reste de la journée à baguenauder çà et là dans le jardin.

M. Dorville se levait tous les jours de très-bonne heure; et lorsque la matinée était belle, il se plaisait à faire un tour de promenade dans la campagne avec celui de ses enfans qui, la veille, avait été le plus docile et le plus appliqué à son travail.

Le lendemain de cet entretien, l'aurore, en se levant, annonça la plus belle matinée. M. Dorville se disposait à sortir. François l'entendit; et quoiqu'il sentît en lui-même qu'il n'avait guère mérité d'accompagner son père, il se leva précipitamment, et vint lui demander la permission de sortir avec lui. M. Dorville y consentit volontiers. Ils allèrent s'asseoir au sommet d'une colline, d'où l'on découvrait toute la campagne des environs. C'était dans les premiers jours du printemps. Les prairies qui, un mois auparavant, étaient encore ensevelies sous la neige, étalaient la plus riante verdure. Les arbres des bocages se couvraient d'un feuillage tendre, ceux des vergers se paraient de fleurs blanches et pourprées. L'oreille n'était plus déchirée des sifflemens aigus de l'aquilon : on n'entendait retentir les airs que du ramage des oiseaux. On voyait les brebis et les jeunes chevaux bondir sur les gras pâturages. Le laboureur parcourait ses sillons, en faisant résonner les échos de ses chants joyeux. Une foule de voyageurs était répandue sur tous les chemins d'alentour. Les uns conduisaient d'énormes voitures chargées de blé, de vin, ou de marchandises : les autres portaient sur leur dos des corbeilles pleines d'herbes et de fleurs. De jeunes paysannes semblaient marcher en cadence, la tête couronnée de vases de lait. Tous s'avançaient à grands pas vers les portes de la ville, qui venaient de s'ouvrir pour les recevoir. François, ému par ce tableau, sentit son cœur tressaillir d'allégresse. Il se jeta dans les bras de son père en s'écriant : O mon papa, la délicieuse matinée ! Que je vous remercie du plaisir que je goûte en ce moment !

M. DORVILLE. — Si tous nos amis étaient ici pour en jouir avec nous ! Je suis fâché que nous n'ayons pas pris tes cousins, en passant devant leur porte.

FRANÇOIS. — Oh ! ils sont encore au lit pour deux ou trois heures, au moins.

M. DORVILLE. — Est-il possible ? Ils passent donc une partie de la journée à dormir ?

FRANÇOIS. — Je suis allé quelquefois leur faire visite à neuf heures du matin à peine avaient-ils les yeux ouverts.

M. DORVILLE. — Sans doute, en ce moment, leur sort te paraît digne d'envie ?

FRANÇOIS. — Non vraiment, mon papa. Si je dormais comme eux, je ne jouirais pas du plaisir que je sens.

M. DORVILLE. — Voilà un avantage de l'amour du travail. Il nous réveille d'assez bonne heure pour nous faire goûter le charme d'une belle matinée.

FRANÇOIS. — Mais, mon papa, est-ce que je ne pourrais pas me lever de bonne heure sans travailler ?

M. DORVILLE. — Et que ferais-tu ?

FRANÇOIS. — J'irais me promener tantôt d'un côté, tantôt de l'autre. Aujourd'hui je monterais sur le sommet de la colline, demain, je m'enfoncerais dans la forêt. Une autre fois, j'irais m'asseoir au bord de la rivière.

M. DORVILLE. — C'est fort bien, mon ami ; mais nous n'avons que 365 jours dans l'année. Si nous en retranchons toutes les matinées froides et humides, à peine en restera-t-il qui soient aussi belles que celle d'aujourd'hui. Iras-tu te promener le matin, lorsqu'il fait du brouillard, lorsqu'il tombe de la pluie ou de la neige, ou qu'un vent impétueux souffle la gelée et les frimas ?

FRANÇOIS. — Oh ! non certes. Ce vilain temps me ferait bien vite passer le goût de la promenade.

M. DORVILLE. — Que ferais-tu donc les trois cents autres matinées, si tu ne travaillais pas ?

FRANÇOIS. — Je n'en sais trop rien.

M. DORVILLE. Et crois-tu franchement que tu serais fort heureux, de ne savoir jamais ce que tu aurais à faire ?

FRANÇOIS. — Non, je l'avoue. Le temps me paraîtrait bien long.

M. DORVILLE. — Ne vaudrait-il pas mieux travailler de bon courage que de te frotter les yeux, d'étendre tes bras, de bâiller, et de te laisser tomber sur une chaise, comme tu fais lorsque tu t'ennuies?

FRANÇOIS. — Mais, mon papa, si je ne travaillais pas, je pourrais m'amuser à quelque jeu.

M. DORVILLE. — Tu sais bien que je ne t'ai jamais empêché de t'amuser. Mais, voyons si c'est le travail, ou une vaine dissipation, qui te donne les plus vrais plaisirs. Je suis bien loin de vouloir que mes enfans ne soient pas aussi heureux qu'ils peuvent l'être. Tu ne travailleras jamais, et tu joueras toujours, si tu me prouves que tes jeux te donnent plus de satisfaction que tes travaux.

FRANÇOIS. — Prenez-y garde, mon papa, cette preuve ne serait pas difficile.

M. DORVILLE. — Eh bien! voyons. Je veux en courir le risque.

FRANÇOIS. — N'avez-vous pas observé qu'en jouant, je saute, je ris, je danse, je fais mille cabrioles? Il n'en est pas de même lorsque je suis au travail.

M. DORVILLE. — Cependant je t'ai vu plusieurs fois t'amuser et rire avec ton frère tout en travaillant.

FRANÇOIS. — Il est vrai; mais c'est bien mieux encore lorsque je joue tout de bon.

M. DORVILLE. — Tu ne laisses passer aucun jour sans jouer, pourrais-tu me montrer quelque chose d'agréable qui te soit resté de tes jeux?

FRANÇOIS. — Non, mon papa, je n'en ai plus que le souvenir.

M. DORVILLE. — Et n'as-tu rien qui te soit resté de ton travail?

FRANÇOIS. — Je vous demande pardon. Il y a dans mon jardin plus de trois douzaines de jeunes arbres que j'ai plantés et greffés moi-même. Toutes mes couches sont couvertes de bons légumes, et mes plates-bandes de belles fleurs.

M. DORVILLE. — Est-ce là tout, mon ami?

FRANÇOIS. — Non vraiment, mon papa. N'ai-je pas dans ma chambre une grande armoire pleine d'ouvrages en paille et en carton, ainsi que de mille petits bijoux d'ivoire et d'ébène, que j'ai tournés sur mon tour?

M. DORVILLE. — Mais tous ces objets, tu ne les vois sans doute à présent qu'avec regret, en songeant à toutes les gouttes de sueur qu'ils t'ont fait répandre? En voilà, dis-tu, qui m'ont coûté une journée entière de peine.

FRANÇOIS. — Et quand ils m'en auraient coûté encore plus?

M. DORVILLE. — Eh bien?

FRANÇOIS. — Tenez, mon papa, lorsque je vois mon armoire parée des fruits de mon travail, lorsque je cueille un bouquet pour mes sœurs, ou que j'ai de beaux fruits ou de bons légumes à présenter à maman, je me trouve si heureux, que je ne me souviens plus de tous les soins qu'il m'a fallu prendre.

M. DORVILLE. — Et dis-moi, le temps que tu as consacré à cultiver ton jardin, ou à tourner, voudrais-tu maintenant l'avoir passé à te divertir?

FRANÇOIS. — Non certainement; car il ne m'en resterait plus rien aujourd'hui.

M. DORVILLE. — Au moins tu en aurais le souvenir. Est-ce que tu le comptes pour rien?

FRANÇOIS. — Oh! c'est bien peu de chose.

M. DORVILLE. — Je crois entendre dans ta réflexion que les jeux ne peuvent amuser que lorsqu'on les goûte; et tu conviendras qu'ils n'amusent pas toujours autant qu'on l'avait espéré. Le travail, au contraire, après nous avoir occupés agréablement, nous laisse des jouissances utiles. Pendant plus de vingt ans, tu trouveras un nouveau plaisir à cueillir des fruits sur les arbres que tu as plantés de ta propre main, au lieu que tu ne te souviendras pas même de tes jeux frivoles. Tu peux maintenant décider ce qui donne les vrais plaisirs, si c'est un travail utile, ou de vains amusemens.

FRANÇOIS. — Oh, mon papa, de la manière dont vous me faites envisager les choses, il n'y a pas à balancer. C'est le travail, sans contredit, qui me rend plus heureux.

M. DORVILLE. — Tu vois si j'ai raison de te le faire chérir. Si je te disais : Allons, François, ne travaille plus. Je veux que tu passes ton temps à jouer, ne serait-ce pas te rendre malheureux pour le reste de ta vie ?

FRANÇOIS. — Oh oui, je le sens. Tous les jeux me deviendraient bientôt insupportables.

M. DORVILLE. — Ne te semblent-ils pas au contraire plus doux, lorsque tu as travaillé ?

FRANÇOIS. — Oui, mon papa, j'en conviens.

M. DORVILLE. — C'est alors que je te presse moi-même d'en goûter le plaisir. Tu sais que je vais souvent engager tes cousins et quelques autres de tes camarades à venir se divertir avec toi. As-tu oublié vos combats à la lutte, vos courses, vos parties de barre ?

FRANÇOIS. — Non, mon papa, je m'en souviens à merveille. Vous avez la bonté d'y assister presque toujours, et je vous vois sourire lorsque j'y ai l'avantage.

M. DORVILLE. — En effet, cela t'arrive assez souvent.

FRANÇOIS. — C'est que je suis plus fort qu'aucun de mes compagnons. Mes pauvres cousins surtout, je ne les craindrais guère, quand ils se mettraient tous les deux contre moi.

M. DORVILLE. — Ils ne sont peut-être pas si âgés ?

FRANÇOIS. — Oh ! vous le savez bien, je suis plus jeune d'un an que le cadet.

M. DORVILLE. — C'est donc que tu es mieux nourri ?

FRANÇOIS. — Je vous demande pardon, mon papa ; mais ils sont mieux traités les jours ordinaires que nous ne le sommes les jours de fête.

M. DORVILLE. — Je ne vois donc pas d'où cet excès de force pourrait te venir, à moins que ce ne soit du travail.

FRANÇOIS. — Avec votre permission, mon papa, cela n'est guère possible ; car le travail m'affaiblit quelquefois au point que je ne puis remuer mes membres.

M. DORVILLE. — Mais, mon fils, qui sont ceux qui courent le mieux ?

FRANÇOIS. — Ce sont les coureurs.

M. DORVILLE. — Et d'où vient cela, je te prie ?

FRANÇOIS. — C'est qu'ils sont accoutumés à courir.

M. DORVILLE. — Cependant la course les fatigue quelquefois, comme le travail t'affaiblit.

FRANÇOIS. — Sans doute.

M. DORVILLE. — Oui, mais le lendemain, en sont-ils moins lestes, et toi moins frais et moins gaillard ?

FRANÇOIS. — Il est vrai.

M. DORVILLE. — Un mot encore. N'as-tu pas vu des gens qui aient des membres plus nerveux que les autres ?

FRANÇOIS. — Oh oui, notre forgeron, par exemple. Il n'y a qu'à voir ses bras. Tous ses muscles expriment la vigueur.

M. DORVILLE. — Et cette vigueur, comment peut-il l'avoir acquise ?

FRANÇOIS. — Que vous dirai-je ? Cet homme est courbé toute la journée sur son enclume. Il est exercé, dès sa jeunesse, à manier un marteau que j'aurais de la peine à soulever de mes deux mains.

M. DORVILLE. — Comment, tu le crois plus fort que moi?

FRANÇOIS. — O mon papa, je ne voudrais pas vous voir aux prises avec lui, quand je serais là pour vous secourir.

M. DORVILLE. — Cela me persuaderait encore que le travail fortifie les hommes. Voilà un forgeron qui fait des exercices plus violens que moi, et il est aussi plus robuste. Tu fais des exercices plus violens que tes cousins, et tu es plus robuste aussi. Le travail est sûrement pour quelque chose là-dedans.

FRANÇOIS. — En effet, je commence à le croire.

M. DORVILLE. — Tu me disais tout à l'heure que tes cousins étaient servis fort délicatement à leurs repas.

FRANÇOIS. — Et c'est bien vrai aussi.

M. DORVILLE. — Il me semble cependant que leur estomac est souvent malade.

FRANÇOIS. — Oui, presque toujours.

M. DORVILLE. — Et le tien, éprouve-t-il de ces incommodités?

FRANÇOIS. — Jamais, mon papa. Vous savez bien que je suis toujours de bon appétit.

M. DORVILLE. — Oui, mais il y a des jours où tu sembles manger encore avec un nouveau plaisir. Je m'en aperçois surtout, lorsque tu viens de remuer ton jardin.

FRANÇOIS. — Ah, vraiment! je fais une rude guerre à vos provisions, quand j'ai bien travaillé.

M. DORVILLE. — Comment donc? le travail fortifie tes bras et ton estomac; il aiguise ton appétit; et je m'aviserais de te l'interdire? Oh non, certes! Je veux que mon fils fasse honneur à ma table sans avoir d'indigestion comme ses cousins. Je ne veux pas que ses camarades soient plus forts à la lutte ni à la course.

FRANÇOIS. — Mais, mon papa, il y a bien des gens qui me disent que, puisque vous êtes si riche, vous ne devriez pas nous faire travailler.

M. DORVILLE. — Ces gens-là parlent comme des étourdis; et tu serais un plus grand étourdi de les croire. Si tu restes tous les jours au lit jusqu'à neuf heures, pourrai-je avec tout mon argent te faire jouir du charme d'une si belle matinée?

FRANÇOIS. — Non certes.

M. DORVILLE. — Pendant bien des années, tu auras à cueillir du fruit sur les arbres que tu as plantés. Tu peux de temps en temps faire des cadeaux à tes sœurs et à tes amis des jolis ouvrages que tu as faits sur le tour. Voilà ce qui te reste de ton travail, et la source de bien des jouissances qui vont se renouveler mille fois. Mais avec tout mon argent puis-je faire qu'il te reste quelque chose d'aussi doux de tes jeux lorsqu'ils sont finis?

FRANÇOIS. — Hélas! non, papa.

M. DORVILLE. — Puis-je enfin, avec toutes mes richesses, te rendre les membres robustes, et préserver ton estomac des indigestions?

FRANÇOIS. — Oh! encore moins.

M. DORVILLE. — Regarde maintenant combien d'avantages tu dois au travail: avantages précieux, que tout l'or du monde n'aurait pu te procurer.

FRANÇOIS. — J'en conviens.

M. DORVILLE. — Et pourquoi donc ai-je de l'or, moi? Est-ce pour que mes enfans soient heureux ou malheureux?

FRANÇOIS. — Pour qu'ils soient heureux, sans doute.

M. DORVILLE. — Et quel est le plus heureux, celui qui passe une partie de la matinée à rêvasser dans son lit, ou celui qui, se levant avec l'aurore, peut, lorsqu'il fait beau, aller se promener dans la campagne, et contempler les beautés ravissantes de la nature?

FRANÇOIS. — C'est le dernier, sans doute.

M. DORVILLE. — Quel est encore le plus heureux, celui qui consume sa vie en de vains plaisirs qu'il faut quelquefois attendre, qui ne l'amusent pas toujours, et dont il ne lui reste jamais rien ; ou celui qui s'occupe d'un travail agréable, dont il lui reste mille douces jouissances pour le temps qui vient après ?

FRANÇOIS. — C'est toujours celui-ci.

M. DORVILLE. — Je ne te demande pas s'il vaut mieux avoir des bras robustes que des membres énervés, de belles couleurs qu'un teint pâle, une santé vigoureuse que des faiblesses continuelles, et un bon appétit que des indigestions.

FRANÇOIS. — Oh, il n'y a pas à balancer.

M. DORVILLE. — Tu viens de convenir que c'est le travail qui nous donne tous ces avantages ?

FRANÇOIS. — Il est vrai.

M. DORVILLE. — Ne serais-je donc pas bien blâmable, si, m'embarrassant des sots propos de quelques étourdis, je négligeais de faire chérir le travail à mes enfans, sous le vain prétexte que je suis riche ? Et avec toutes mes richesses, ne les rendrais-je pas plus malheureux ?

FRANÇOIS. — Oh oui, je le vois bien. C'est moi qui étais un insensé de vouloir me dégoûter du travail. Allons, mon papa. Voici la matinée qui s'avance. Je brûle d'aller reprendre mes occupations ordinaires. J'espère avoir un joli bouquet à donner à chacune de mes sœurs, et d'excellentes fraises à cueillir sur mes couches pour votre dessert.

M. DORVILLE. — Allons, mon fils, je suis charmé de t'avoir trouvé si raisonnable. Cela m'engage à te consulter sur une grande affaire qui t'intéresse. Nous en parlerons demain.

Le lendemain, François, un peu fier, et encore plus curieux de répondre à la consultation que son père lui avait demandée, s'empressa d'aller lui offrir le secours de ses lumières.

Il y a long-temps, mon fils, lui dit M. Dorville, que je cherche à placer avantageusement une certaine somme pour mes enfans.

FRANÇOIS. — Vous avez bien de la bonté, mon papa.

M. DORVILLE. — Ainsi, je suis bien aise de te consulter sur l'emploi le plus avantageux que j'en puisse faire.

FRANÇOIS. — Mais, mon papa, il n'est rien de plus simple. Vous n'avez qu'à la mettre dans le commerce.

M. DORVILLE. — Elle y est déjà, mon ami. C'est du commerce, au contraire, que je songe à la retirer pour vous l'assurer davantage. Dans notre état, on est exposé à faire bien des pertes. J'en éprouve tous les jours. S'il m'arrivait quelque grand malheur, je voudrais avoir placé si solidement une certaine partie de ma fortune, qu'elle pût vous assurer une subsistance assez honnête pour toute votre vie.

FRANÇOIS. — Il me semble que vous pourriez en acheter des maisons ?

M. DORVILLE. — Oui bien, si elles ne couraient pas le risque de brûler.

FRANÇOIS. — En ce cas, achetez des terres. Elles ne brûlent pas au moins.

M. DORVILLE. — Il est vrai, mais il faut veiller soi-même à leur culture, ou bientôt elles tombent en friche, et ne vous rendent plus leur revenu ordinaire, d'après lequel vous aviez établi votre dépense ; en sorte que vous vous trouvez pauvre avec vos grandes possessions.

FRANÇOIS. — Je ne sais donc plus, mon papa, quel conseil vous donner.

M. DORVILLE. — Tiens, mon ami, je ne vois d'autre moyen pour mettre cette somme à l'abri de tous les hasards, que de la dépenser de manière que vous ne puissiez jamais en perdre l'intérêt.

FRANÇOIS. — Comment donc, mon

papa! la dépenser de peur de la perdre?

M. DORVILLE. — Oui vraiment. Par exemple, si je l'employais à vous donner des talens utiles, pour vous mettre en état de parer aux plus grands revers de la fortune. Alors, en quelque lieu que vous fussiez porté par le sort, vous seriez en état de vous procurer tout ce qui vous serait nécessaire. Tu commences à savoir bien calculer, et tenir les livres de commerce; tu sais planter et greffer des arbres; tu travailles joliment sur le tour; ton frère et tes sœurs ont aussi leurs talens particuliers: il m'en a coûté beaucoup d'argent pour vous donner ces instructions; j'en sacrifierais encore plus pour achever de vous y perfectionner. Ensuite, je vous tiendrais plus riches qu'avec un grand héritage: car on peut perdre ses biens; mais les connaissances utiles restent toujours.

FRANÇOIS. — Mais, mon papa, vous êtes bien à votre aise : vous avez une bonne manufacture. Il me semble qu'avec cela nous ne pouvons jamais manquer.

M. DORVILLE. — Il y a des gens plus riches que nous, dont la fortune a été renversée. Il est bon de se préparer de loin à tous les événemens. Je me souviens, à ce sujet, d'une petite histoire, que tu ne seras pas fâché de savoir.

FRANÇOIS. — Oh, voyons, mon papa, je vous prie. Je suis prêt à vous entendre.

M. DORVILLE. — Un jeune gentilhomme voulut épouser une fort aimable demoiselle. Il fut la demander en mariage à son père. Celui-ci lui dit: — Je vous donnerai volontiers ma fille; mais avez-vous un bon métier pour être en état de la nourrir, elle et les enfans que vous aurez? — Un métier, monsieur, lui répondit le gentilhomme? Ignorez-vous que je possède un grand château dans votre voisinage avec des terres considérables? Ce n'est rien que cela, lui répliqua le père de la demoiselle. Votre château peut brûler; vos terres peuvent être dévastées; il peut encore vous arriver mille accidens ruineux que je ne prévois pas. En un mot, si vous voulez obtenir ma fille, il faut que vous appreniez quelque métier qui me tranquillise. C'est une condition absolument essentielle que je mets à notre alliance. Le jeune gentilhomme voulut en vain combattre cette proposition, il ne put en faire revenir le père de sa maîtresse. Quel parti prendre? Il aimait trop éperdument pour renoncer à son bonheur. Il courut se mettre en apprentissage chez un vannier, parce qu'il jugea son métier le plus facile; et il n'obtint la jeune demoiselle qu'après avoir fait sous les yeux de son père une corbeille fort propre, et divers petits ouvrages d'osier et de jonc.

Pendant les premières années de son mariage, il riait intérieurement de la prévoyance de son beau-père, et de la condition bizarre qu'il lui avait imposée; mais il cessa bientôt de s'en moquer.

La guerre se déclara. Les ennemis entrèrent dans sa province. Ils ravagèrent ses moissons, abattirent ses forêts, démolirent son château, pillèrent sa cassette et ses meubles, et le contraignirent de prendre la fuite avec sa famille. Notre riche gentilhomme se trouva tout à coup dans l'indigence. Il passa quelques jours à déplorer tristement son infortune, vivant avec peine du peu d'argent qu'il avait sauvé. Cette misérable ressource lui manqua bientôt. Il se souvint alors du métier qu'il avait appris. Son courage ne tarda pas à renaître; et il se livra au travail avec d'autant plus d'ardeur qu'il s'était réfugié dans une ville où son premier état n'était point connu. Sa femme, après avoir apprêté la subsistance commune, le soulageait dans ses travaux: ses enfans allaient vendre ses paniers et ses corbeilles. De cette manière il parvint à se soutenir fort honnêtement, lui et sa famille, jusqu'au moment heureux où le retour de la paix le fit rentrer dans la possession de ses biens.

Cette histoire fit une vive impression sur François. Il la raconta le même soir à son frère et à ses sœurs qui en furent également frappés. Elle leur fit faire une foule de réflexions sur les ressources que l'on a besoin de se ménager contre les coups inattendus de la fortune. Hélas! ils ne prévoyaient pas qu'ils dussent sitôt s'en faire l'application à eux-mêmes. Quelque temps après le feu prit, dans la nuit, à l'un des magasins de M. Dorville; et tous les bâtimens de sa manufacture furent consumés avant qu'on pût avoir des secours pour arrêter les fureurs de l'incendie. Un autre se serait laissé lâchement abattre par ce désastre. Mais il ne fit au contraire que fortifier sa constance et redoubler son activité. Tous ses amis s'empressèrent de le soutenir. Il profita heureusement de ces moyens et de son industrie pour chercher à réparer ses pertes. Elles n'empêchèrent point que ses filles ne fussent bientôt recherchées par les hommes les plus riches et les plus sensés, parce qu'ils savaient qu'ils trouveraient en elles des femmes capables de conduire habilement leur maison. Pour ses deux fils, ils mirent une ardeur si infatigable dans leurs travaux, qu'ils parvinrent en peu d'années à rétablir les affaires de leur famille, et à les porter même à un degré de prospérité où elles ne s'étaient jamais élevées, avant l'infortune qui semblait devoir les renverser pour toujours.

XLVI. *Guillaume D*** à sa mère.*

Le 27 septembre.

O ma chère maman, quel danger mon ami Charles vient de courir! Eh quoi! il a tenu à si peu de chose que je ne l'aie perdu! Je frémis encore d'y songer. Que serais-je devenu s'il avait été aussi brutal que son adversaire, s'il en avait reçu la mort, ou s'il la lui avait donnée, et qu'il eût été obligé de fuir de sa patrie? Heureusement tout s'est terminé à sa gloire; et, en se conservant pour ses parens et pour moi, il nous donne encore un nouveau sujet de l'aimer et de l'estimer. Mais c'est trop long-temps tenir votre curiosité dans l'impatience. Lisez, lisez, je vous prie, la lettre que M. Grandisson vient de recevoir de M. Bartlet. Je passe la soirée à la transcrire pour vous l'envoyer. O ma chère maman, combien de fois le cœur m'a battu en vous faisant cette copie! Mais ce n'est plus de moi qu'il s'agit. Oubliez-moi quelques instans pour ne vous occuper que de mon ami Charles.

XLVII. M. Bartlet à M. Grandisson.

Le 26 septembre.

MONSIEUR ET CHER AMI,

Je ne puis assez vous féliciter du bonheur de posséder un fils tel que le vôtre. Je fus hier témoin, sans qu'il s'en doutât, d'une aventure qui lui fait infiniment d'honneur. Mais pourquoi m'étonner de sa conduite, lorsque j'y vois l'effet des bons exemples et des sages leçons qu'il a reçus de vous ?

Il se trouvait hier, dans notre société, un jeune homme nommé Stanley, fils de milord G***. Son caractère est d'une violence brutale. Quoiqu'il n'ait encore que dix-huit ans, l'ambition et l'envie dévorent son cœur. J'avais déjà observé qu'il était jaloux du titre que vient d'obtenir votre fils. Il ne tarda guère à le harceler par de malignes plaisanteries, que Charles laissa passer en silence avec une retenue admirable. Ils étaient à jouer une partie de piquet. Stanley, plat fanfaron, qui voudrait se targuer d'un faux courage, crut pouvoir abuser de la modération de votre fils. Il prit enfin le parti de lui chercher querelle au jeu d'une manière si marquée que Charles ne put s'empêcher de laisser paraître dans ses regards combien il en était indigné. Je vais vous rapporter ici mot pour mot tout leur entretien.

CHARLES. — Il me semble, monsieur,

que vous ne prenez pas beaucoup de plaisir à notre partie. Ne vaudrait-il pas mieux l'interrompre?

STANLEY, *jetant les cartes sur la table.* — Il est vrai. On ne peut guère trouver de plaisir à jouer avec des personnes qui entendent si mal le jeu.

CHARLES. — Il est possible que je ne l'entende pas à beaucoup près aussi bien que vous. Je n'en ai pas une aussi grande habitude.

STANLEY. — Si vous n'en savez pas davantage sur tout le reste, je crains qu'il ne vous soit difficile de soutenir le titre que vous venez d'obtenir.

CHARLES. — Je ne crois pas que la science du jeu soit absolument essentielle pour remplir cet objet. Mais parlons, s'il vous plaît, d'autres choses. Vous avez là une fort belle tabatière.

STANLEY. — Elle ne vous conviendrait peut-être pas mal, dans votre nouvelle dignité.

CHARLES. Elle me serait inutile : je ne prends pas de tabac. Je crois qu'il vaut mieux ne pas s'y accoutumer à mon âge.

STANLEY. — C'est-à-dire que vous trouvez mauvais que j'en prenne.

CHARLES. — En aucune manière. Il ne m'appartient pas de trouver à redire à ce qui vous convient à vous et à vos parens.

STANLEY. — Mes parens n'ont rien à voir dans ces choses-là. Il suffit que cela me plaise.

CHARLES. — A la bonne heure. Chacun a sa manière de penser.

STANLEY. — Certes, voilà un enfant bien docile, qui ne voudrait pas prendre de tabac sans en demander la permission à ses parens.

CHARLES. — Il est vrai. Je ne fais rien sans les consulter.

STANLEY. — J'aurais tort d'en être surpris. Vous n'êtes pas aussi âgé que moi, pour savoir penser et agir d'après vous-même. Il vous faut du temps pour vous former.

CHARLES. — J'espère en effet valoir un peu mieux, lorsque je serai aussi âgé que vous l'êtes.

STANLEY. — Votre dessein est-il de m'insulter? Pourquoi me dire que vous vaudriez mieux que moi?

CHARLES. — Mieux que vous, monsieur? Je suis incapable d'une grossièreté pareille. Il vous est aisé de comprendre que je n'ai voulu dire autre chose, sinon que j'espérais, à votre âge, valoir un peu mieux que je ne vaux à présent.

STANLEY. — Vous n'êtes pas maladroit, ce me semble, à tourner à rebours vos paroles.

CHARLES. — Non, monsieur, je commence d'abord par bien penser à ce que je veux dire; et mes paroles n'ont point de rebours.

STANLEY. — Il suffit. Voulez-vous bien venir faire un tour de promenade dans le jardin?

CHARLES. — Très-volontiers, monsieur. Si cela vous est agréable, je ne vois rien qui m'en empêche.

Stanley aussitôt enfonça fièrement son chapeau sur sa tête, en cherchant de l'œil et de la main si son épée était à son côté. Charles posa la sienne sur un fauteuil, et suivit Stanley d'un pas ferme. J'attendis qu'il fût hors de la chambre pour me mettre doucement sur leurs traces, sachant assez, par ce que je venais d'entendre, combien Stanley est querelleur. Ils marchaient à quelque distance l'un de l'autre, et s'avançaient vers un petit bosquet, qui est à l'extrémité du jardin. Je pris un chemin plus court et plus détourné pour m'y rendre; et, m'étant caché à quelques pas derrière une charmille, je fus à portée d'entendre toute la suite de leur entretien, que je vais vous rapporter.

STANLEY. — Où donc est votre épée? Vous l'aviez tout à l'heure.

CHARLES. — Il est vrai, monsieur, mais je l'ai laissée à la maison.

STANLEY. — Courez la chercher, s'il vous plaît.

CHARLES. — Pourquoi donc, je vous prie? Elle m'est inutile pour me promener.

STANLEY. Oui, mais vous en avez besoin pour réparer l'offense que vous m'avez faite.

CHARLES. — Une offense, dites-vous? Il serait bien étrange pour moi de vous avoir offensé à mon insu.

STANLEY. — Vous l'avez pourtant fait; et je n'aurais pas tardé si long-temps à vous en demander raison, si nous avions été seuls dans la chambre.

CHARLES. — Vous auriez pu me la demander là-haut tout aussi bien qu'ici. Je n'aurais pas craint les témoins pour vous répondre, comme je le fais, que je n'ai pu vous offenser, parce qu'il est dans mes principes de n'offenser personne.

STANLEY. — A quoi servent toutes ces vaines paroles? Allez chercher votre épée, vous dis-je. Je veux avoir satisfaction sous les armes, à moins que vous ne vous soumettiez à me demander pardon.

CHARLES. — Vous demander pardon, monsieur? Si je vous avais offensé, je l'aurais fait de moi-même, sans en attendre la loi de personne. Mais comme je ne vous ai point offensé, cette démarche est parfaitement inutile.

STANLEY. — Mais pourquoi avez-vous quitté votre épée? Vous deviez bien voir que j'avais la mienne.

CHARLES. — Eh! que m'importe, monsieur? Je ne connais point de raison qui m'oblige de régler mes actions sur les vôtres.

STANLEY. — C'est au moins, pour ne rien dire de plus, une fort grande imprudence de votre part.

CHARLES. — En quoi donc, s'il vous plaît? J'aurais gardé mon épée si je vous avais pris pour un assassin; et c'est alors véritablement que je vous aurais fait une offense cruelle.

STANLEY. — Vous me feriez perdre patience. Mon épée est encore dans le fourreau; mais prenez-y garde, je vous en avertis.

CHARLES. — Je suis tranquille, monsieur. Je n'ai rien à craindre.

STANLEY. — Vous n'avez rien à craindre? Ne croyez pas que je souffre sans ressentiment, qu'étant d'une naissance inférieure à la mienne, et plus jeune que moi de quatre ans, vous emportiez un titre qui me convenait, à tous égards, mieux qu'à vous.

CHARLES. — Il me semble, monsieur, que vous avez fait une longue marche pour en venir là. Je me doutais que c'était ce titre qui vous chagrinait. Mais vous êtes bien bon de me l'envier, lorsque je ne vous envie pas l'avantage d'une plus haute naissance.

STANLEY. — Comment donc? Est-ce que vous trouveriez cet avantage si méprisable?

CHARLES. — Non, sans doute. Mais je pense que ce serait une folie à moi d'en être jaloux, et surtout de vous le témoigner les armes à la main.

STANLEY. — Et pourquoi, je vous prie?

CHARLES. — C'est que mon épée ne serait pas plus capable de vous le ravir, que la vôtre ne le serait de me dépouiller du titre dont le roi a bien voulu me revêtir. Après une réflexion aussi simple, croyez-vous encore que ce soit ici l'occasion de nous égorger?

STANLEY. — Mais on ne se tue pas toujours pour éprouver son épée.

CHARLES. — En ce cas, nous pouvons nous mesurer aussi bien avec notre fleuret; et je vous donne rendez-vous à la première salle d'armes, pour vider, à toute outrance, cette grande querelle.

STANLEY. — Vous moquez-vous de moi?

CHARLES. — A Dieu ne plaise! Mais je craindrais, je l'avoue, que l'on ne se moquât de notre combat, et que l'on ne dît que nous sommes deux jeunes poltrons, qui nous sommes fait l'un à l'autre une égratignure pour faire parade d'un courage que nous n'avions pas. Voulez-vous m'en croire, et accepter une satisfaction qui nous convienne également à tous les deux?

STANLEY. — Voyons, quelle est-elle?

CHARLES. — C'est que je suis prêt à vous assurer que dans tout ce qui vous élèvera véritablement au-dessus de moi, je ne rougirai point de vous regarder comme mon supérieur, et que je vous crois dans les mêmes sentimens à mon égard.

STANLEY, *remettant son épée dans le fourreau.* — Eh bien, c'est donc à moi de vous rendre le premier ce juste hommage. Oui, c'en est fait, aimable Grandisson, je me rends. Vous me faites trop bien sentir l'indignité de ma conduite. Oh! si vous pouviez me la pardonner aussi sincèrement que je me la reproche!

CHARLES. — Il suffit, monsieur. Je n'en ai plus aucun ressentiment.

STANLEY. — Que cette scène, je vous en conjure, reste à jamais ensevelie dans le plus profond secret. C'est bien assez d'en porter le regret dans mon cœur, sans en trouver le reproche dans les yeux des autres.

CHARLES. — Soyez tranquille, Stanley. Voici ma main que je vous en donne pour gage.

STANLEY. — Je la reçois avec confiance. Je n'ose encore vous demander votre amitié; mais laissez-moi l'espérance de l'obtenir, pour m'aider à m'en rendre digne.

Après s'être embrassés, les deux jeunes gens revinrent ensemble dans la maison. Personne ne sait rien de cette aventure. Elle fait autant d'honneur à votre fils, qu'elle ferait de honte à son adversaire, s'il ne l'eût un peu réparée par son retour. Dans cette circonstance délicate, Charles a montré du courage sans emportement, et de la modération sans faiblesse. Quoique plus jeune et sans armes, il n'en a pas moins su imposer à son ennemi par la seule vigueur de ses réponses. En un mot, je ne sais ce que je dois le plus estimer en lui, de sa prudence ou de son intrépidité.

XLVIII. Guillaume D*** à sa mère.

Le 2 octobre.

Mon ami Charles est enfin de retour, ma chère maman. Quelle a été notre joie de le revoir! Le moment de son approche fut le signal d'une fête. Les jeunes garçons du village, sans en rien dire à M. Grandisson, avaient élevé un arc de triomphe en verdure, à la première barrière de l'avenue. De jeunes filles, vêtues de blanc, l'attendaient avec des corbeilles pleines de fleurs qu'elles répandirent sur son passage. Ce fut par mille cris de Vive Charles Grandisson! que nous apprîmes de loin son arrivée. Nous courûmes aussitôt à sa rencontre, en laissant marcher sa maman devant nous. Il s'élança de la voiture dans les bras de ses parens. Madame Grandisson le pressait contre son cœur, et le baignait de larmes de tendresse. M. Grandisson, en l'embrassant, tâchait en vain de retenir les siennes. Pour Émilie, elle ne pouvait se détacher de son cou. Edouard avait aussi l'air très-joyeux. Quoiqu'il soit l'aîné, il semblait ne regarder son frère qu'avec une sorte de respect. Et moi, maman, je ne pourrai jamais vous dire tout ce que j'ai senti. Je pleurais, je soupirais, comme si j'avais eu du chagrin; et cependant mon cœur était rempli de la joie la plus vive. Oh, quand mon tour est venu de l'embrasser, comme je l'ai serré étroitement dans mes bras! Je pensais en même temps à vous. Ah! me disais-je à moi-même, si je pouvais, en cet instant, porter mon ami jusque sous les yeux de maman! Les domestiques allaient et venaient autour de lui, en poussant des cris de joie. Ils auraient donné tout au monde pour pouvoir le prendre dans leur sein et le baiser à leur aise. Jamais personne n'a été aimé comme lui; et jamais aussi personne n'a été plus digne de l'être.

Tous les paysans vinrent danser hier au soir sous les fenêtres du château; et il y a eu cette nuit une illumination générale dans le village.

Charles a reçu ce matin les complimens de toute la noblesse des environs. Quel honneur à son âge! Mais cela ne le rend point orgueilleux : au contraire, il est plus modeste qu'auparavant. N'est-ce pas la meilleure preuve qu'il est bien digne de son bonheur?

Au moment où nous allions nous mettre à table, nous avons vu arriver le vieux jardinier Matthews. C'est le père nourricier de madame Grandisson. Il vit, à trois milles d'ici, d'une pension que M. Grandisson lui paie pour l'aider à passer une vieillesse heureuse. Il venait lentement sur ses béquilles, pour faire son compliment. Du plus loin que Charles l'a vu dans l'avenue, il a couru au-devant de ses pas. Il l'a pris par la main et l'a conduit à sa mère. Il a voulu qu'il s'assît à table auprès de lui. Vous voyez, maman, que les honneurs n'ont point changé mon ami. Un jeune comte, faire asseoir un vieux jardinier à son côté, et prendre soin de le servir! Ce n'est pas que cela ne me paraisse tout simple. Mais Édouard s'en étonnait, sans faire pourtant mine de le blâmer. Je ne sais, a-t-il dit à son frère, après le dîner; mais il me semble que la visite de Matthews t'ait fait plus de plaisir que toutes les autres. Il est vrai, lui a répondu Charles. Les paroles de ce brave homme ne sont pas de vains complimens : elles partent du fond de son cœur. A son âge, il n'aurait pas fait plus de trois milles à pied sur ses béquilles pour me féliciter, s'il n'eût été sincèrement touché de mon bonheur. Et puis, ne dois-je pas bien l'aimer, lui qui a nourri ma chère maman? Ah! je suis bien sûr qu'il l'aime comme sa propre fille. Charles avait bien raison, maman. Pendant tout le repas, j'avais eu les regards attachés sur ce bon vieillard; et, quoiqu'il fût en pointe de gaieté, je voyais souvent de grosses larmes suspendues à sa paupière, lorsqu'il regardait madame Grandisson. Le brave Matthews voulait s'en retourner de bonne heure, afin d'arriver chez lui avant la nuit; mais Charles, pour le garder plus long-temps, a obtenu, sans peine, de M. Grandisson, qu'on le remènerait ce soir dans la voiture.

Vous imaginez bien, ma chère maman, que je n'ai pu être témoin de toutes les scènes que je viens de vous décrire, sans me peindre aussi l'heureux jour où je retournerai auprès de vous. Hélas! je n'aurai point à vous apporter l'hommage d'un nouveau titre dont je sois décoré; mais au moins j'aurai fait tout ce qui est en mon pouvoir pour vous offrir un cœur moins indigne de votre tendresse. Il n'y aura point d'illumination pour célébrer mon retour; mais je verrai vos yeux et ceux de ma petite sœur briller, à travers de douces larmes, de tous les rayons de la joie. Je ne recevrai point de complimens flatteurs sur l'avancement de ma fortune; mais je recevrai de votre bouche des paroles d'amour, je recevrai vos baisers et vos caresses. Je n'envie point à mon ami les faveurs qu'il reçoit de la bonté céleste je sens qu'il les mérite mieux que moi. Mais, lorsque je le vois dans les bras de sa mère, je me demande pourquoi je ne suis pas aussi dans les bras de ma chère maman. Je n'ai plus que vous à aimer sur la terre, et j'en suis éloigné. Vous êtes toute ma richesse, et je ne vous possède pas. O maman, ma chère maman, il faut que je m'arrête. Je ne veux point me livrer à ces cruelles pensées. J'aurais peut-être la force de les supporter pour moi seul, mais non pas pour vous. Ce n'est pas ma douleur que je crains, c'est la vôtre. Je ne tremblerais pas tant d'être triste, si je n'avais peur de vous affliger.

---

*XLIX. Guillaume D*** à sa mère.*

Le 6 octobre.

La fortune de mon ami Charles, ma chère maman, a fait une impression si vive sur Édouard, qu'il semble, depuis quelques jours, n'être plus le même. L'étude ne lui fait plus tant de peur; il n'est plus si sauvage dans ses manières; et il cherche avec une ardeur incroyable à se faire aimer de ses parens, et à se concilier l'estime des gens de la maison, et des amis de son père. Si ces bonnes dispositions se soutiennent, comme je n'en doute pas, il ne peut manquer de devenir bientôt un jeune homme accompli. Je vais vous rapporter un entretien qui m'a donné bien de la joie. M. Grandisson était avec ses deux fils dans sa bibliothèque; et moi, j'étais dans un petit cabinet voisin, d'où je pouvais tout entendre. Ne croyez pas, ma chère maman, que je m'y fusse mis en cachette pour écouter leur conversation. Oh, non, je vous assure. Vous m'avez trop bien appris combien il est indigne d'être à l'affût des secrets des autres; et je n'oublierai jamais cette leçon. Ils savaient fort bien que j'étais si près d'eux, et je faisais de temps en temps un peu de bruit pour me faire remarquer. M. Grandisson, après avoir fait sentir à Charles toute la grandeur des bontés du roi, et de quelle importance il était pour lui de les justifier aux yeux de la nation, se tourna vers Édouard, et lui dit : Et toi, mon fils, songe à profiter de cet heureux événement. Tu te destines au service militaire : sois persuadé que tu n'as pas d'avancement plus sûr à attendre que par la voie de la vertu. La manière de vivre de quelques officiers a pu te faire croire que dans cet état on n'avait pas de règles à se prescrire pour sa conduite. Préserve-toi, mon fils, d'une erreur si funeste. Le service militaire est un service d'honneur; et l'on ne peut y bien remplir ses devoirs sans être doué de qualités nobles et généreuses. Ce n'est point par des airs dédaigneux et par des manières turbulentes qu'un officier doit chercher à se faire distinguer : il doit au contraire se montrer modeste, humain et sensible. Il doit penser toujours que son sang ne lui appartient plus; mais qu'il appartient uniquement à sa patrie, qui en a reçu l'hommage. C'est une mère tendre qu'il lui faut respecter et chérir. Mais comment saura-t-il lui rendre ces devoirs sacrés, s'il les a méconnus envers les auteurs de sa vie?

ÉDOUARD, *se précipitant aux genoux de son père.* — O mon papa! je sens combien je mériterais vos reproches. Ah! je vous en conjure, daignez me pardonner mes fautes passées. L'exemple de mon frère a touché mon cœur. Je vois que c'est à sa bonne conduite qu'il est redevable des distinctions flatteuses qu'il a reçues. Quoique plus âgé que lui, je ne rougis point d'avouer sa supériorité sur moi. Je m'efforcerai du moins de marcher sur ses traces. Vous et ma chère maman, vous nous aimez tous les deux : je sens néanmoins qu'il mérite d'être l'objet de vos préférences. Mais à l'avenir, je veux, comme lui, me distinguer par mes sentimens et par ma conduite. Vous en viendrez alors à aimer Édouard autant que Charles. Oui, mon papa, croyez-en l'assurance que je vous donne. Laissez-moi rentrer dans vos bonnes graces, et vous ne recevrez de moi que des sujets de satisfaction.

M. GRANDISSON. — Relève-toi, mon fils. Ce jour est bien heureux pour mon cœur. Rien ne peut donner plus de joie à un père que cette douce promesse d'un fils qu'il aime tendrement. Embrassez-vous, mes bien-aimés, et venez tous les deux, que je vous presse contre mon sein : vous ferez le bonheur de ma vie.

ÉDOUARD. — O mon papa, comment serais-je insensible à tant de bonté! Quoi! vous voulez bien me pardonner toutes les peines que je vous ai causées?

M. GRANDISSON. —Oui, mon cher fils, et c'est du fond de mon cœur. Je me repose sur ta parole; elle ne peut me tromper. Pour te donner la preuve la plus sûre de ma confiance, je vais te faire un cadeau, que je ne t'aurais jamais fait si je n'eusse compté sur ta résolution. Voici le brevet d'une lieutenance dans le régiment du major Arthur, à qui ton frère a sauvé la vie. Je ne puis te le présenter dans un moment plus favorable. Tu dois ce premier grade à la vertu de ton frère; mais songe que c'est à toi de mériter un plus grand avancement par tes propres vertus.

ÉDOUARD. — Oh, quelle joie, mon papa! Je pourrai donc, à mon tour, vous prouver que je ne suis peut-être pas indigne d'être votre fils! Donnez-moi votre bénédiction pour achever ma grace. Je vais me jeter aux pieds de maman. J'implorerai aussi son pardon, et je commencerai une vie nouvelle, qui vous fasse oublier tous les sujets de plainte que vous avez reçus de moi.

M. Grandisson, *ému jusqu'aux larmes*, donna sa bénédiction à son fils, qui courut aussitôt chercher celle de sa maman. Charles resta seul avec son père. Leur entretien roula d'abord sur l'audience que mon ami avait eue de sa majesté, puis sur son séjour chez M. le comte. Charles répondit à tout avec sa sagesse ordinaire. M. Grandisson ne pouvait se lasser de l'entendre. Mais voyant qu'il était une circonstance dont son fils évitait de l'instruire : Tu ne me parles point, lui dit-il, de la querelle que tu as eue avec le jeune Stanley.

CHARLES, *avec surprise*.— Quoi! vous la savez, mon papa?

M. GRANDISSON. — Est-ce que tu voulais m'en faire un mystère?

CHARLES. — Oui, je l'avoue. Cette affaire n'est pas à la gloire de Stanley. Il m'avait fait promettre de la tenir secrète; et j'ai fait moi-même tout ce qui était en mon pouvoir pour l'oublier.

M. GRANDISSON. — Si cela est ainsi, je ne puis te savoir mauvais gré de ta réserve.

CHARLES. — Mais, mon cher papa, ne pourrais-je savoir comment cette aventure vous est parvenue?

M. GRANDISSON. — M. Bartlet, à ton insu, en avait été témoin. Je sais jusqu'au moindre détail de ce qui s'est passé entre Stanley et toi. C'est lui qui t'a cherché querelle; et tu lui as répondu avec la force et la prudence que j'aurais désiré mettre moi-même dans une pareille affaire.

CHARLES. — O mon papa, que je suis heureux de vous voir approuver ma conduite!

M. GRANDISSON.—Mais avais-tu pensé, lorsque tu descendis avec lui dans le jardin, que son dessein était de te voir sous les armes?

CHARLES.—Oui, vraiment, mon papa. Il me regardait avec un air de menace et de fureur, et je lui avais vu porter la main sur la garde de son épée.

M. GRANDISSON. — Pourquoi donc avais-tu quitté la tienne avant de le suivre?

CHARLES. — Je voulais lui montrer que je ne m'effrayais pas de ses rodomontades, et que je me sentais assez de fermeté pour lui en imposer.

M. GRANDISSON. — Mais enfin, dans la fureur dont il se trouvait transporté, ne pouvait-il pas fondre sur toi, quoique tu fusses sans armes?

CHARLES. — Ce n'était pas à moi de craindre cette lâcheté d'un gentilhomme.

M. GRANDISSON. — Et s'il eût attendu une autre occasion où tu aurais eu ton épée?

CHARLES. — Alors, comme ma vie aurait été en danger, j'aurais usé du droit de la défendre. Je me serais tenu en garde, et j'aurais soutenu ses attaques avec tout le sang-froid dont j'aurais été capable. J'espère que ma modération m'aurait donné un grand avantage sur son emportement, et que, dans cet état, j'aurais trouvé le moyen, non-seulement de me garantir de ses atteintes, mais encore de le désarmer, et de lui donner la vie.

M. GRANDISSON. — Embrasse-moi, mon fils. Que je me félicite de te voir ces nobles sentimens! Les transports d'une colère brutale nous rabaissent au-dessous des bêtes féroces; mais c'est presque s'élever au-dessus de l'humanité que de garder toujours l'empire de son ame, et de ne lui permettre que des mouvemens généreux. Sois bien persuadé que la plupart de ceux qui vont ainsi cherchant des querelles, pour faire parade d'un vain courage, n'ont aucune véritable qualité qui puisse les distinguer aux yeux des hommes, et que c'est le plus souvent s'avilir que de descendre jusqu'à eux pour réprimer leurs vaines bravades.

CHARLES. — Mais, mon papa, il est bien fâcheux d'avoir à les souffrir.

M. GRANDISSON. — Il ne dépend que de toi de les éviter, par le choix des bonnes compagnies que tu fréquenteras. Te souviens-tu d'avoir jamais entendu dans ma maison quelques propos dont personne ait eu sujet de s'offenser? Crois que les honnêtes gens ne reçoivent chez eux que des personnes sûres, avec qui leurs amis puissent s'entretenir avec confiance et sûreté. Cependant si tu avais le malheur de te trouver dans le monde en présence de quelques-uns de ces méchans esprits qui croient ne pouvoir briller qu'en offensant les autres, conduis-toi à leur égard avec la plus grande réserve. Les plaisans de profession ne prennent jamais pour objet de leurs sarcasmes, que des personnes qu'ils jugent aussi méprisables qu'eux-mêmes. Ainsi donc, si tu sais t'élever à leurs yeux par un maintien décent et des discours raisonnables, ne crains point qu'ils t'adressent leurs traits. C'est toi-même qui leur feras connaître la crainte. Évite, autant que tu le pourras, d'entrer avec eux en aucune discussion. On peut combattre les idées d'un homme de sens, lorsqu'elles ne s'accordent pas pour cette fois avec les nôtres; mais chercher à faire revenir un sot de ses erreurs, c'est une entreprise aussi vaine que ridicule : on ne fait qu'importuner ceux qui nous écoutent, en leur donnant à supporter la déraison et l'opiniâtreté de son adversaire. Ne dis jamais rien dont tu n'aies bien pesé le sens et la valeur. Un mot échappé de nos lèvres ne se rappelle plus; et l'on se repent d'une indiscrétion sans pouvoir la réparer. Évite surtout de prendre un ton railleur et caustique. D'une plaisanterie innocente naît souvent une querelle sérieuse. Il faut beaucoup d'esprit et d'usage du monde pour savoir badiner avec une juste mesure. Celui qui plaisante toujours peut amuser quelquefois, mais il réussit rarement à se faire aimer. Ne cherche jamais à faire briller ton esprit et tes connaissances aux dépens des autres. Sans flatter bassement leur amour-propre, garde-toi bien de l'humilier. Surtout, que tes expresssions soient toujours pures et décentes devant les femmes. Voilà, mon fils, les plus sûrs moyens d'éviter toute sorte de désagrémens dans le monde, et de t'y faire estimer et chérir.

CHARLES. — O mon papa, que je vous remercie de ces sages instructions !

M. GRANDISSON. — Je te les donne avec d'autant plus de plaisir que tu as toujours su profiter de celles que tu as reçues. Conserve dans tous les temps, mon cher fils, cette noble modération que tu as fait paraître dans ta conduite envers Stanley. Respecte tes semblables autant que toi-même. Songe que tu ne peux hasarder tes jours ni ceux d'un autre, sans offenser l'Être tout-puissant, qui ne nous a donné la vie que pour la consacrer à son service.

CHARLES. — O mon papa, je le jure entre vos mains, mon épée ne sortira jamais du fourreau que dans la plus grande nécessité, soit pour me défendre moi-même, soit pour secourir mon semblable.

M. GRANDISSON. — Oui, mon cher fils, c'est alors que l'on peut montrer toute l'étendue de son courage. Voilà les seules occasions où nous soyons libres de mettre notre vie en danger, puisque nous ne la hasardons uniquement que pour nous sauver nous, ou l'un de nos frères, d'un grand malheur.

O ma chère maman, quelles bonnes leçons ! et que je suis heureux de les avoir entendues ! J'espère qu'elles ne me seront pas moins utiles qu'à mon ami.

Cette lettre est devenue bien longue ; mais je ne crains point qu'elle vous ait ennuyée. Elle renferme les instructions les plus sages sur un point aussi délicat que celui du véritable honneur. Vous ne serez sûrement pas fâchée que votre fils vous ait fait part des principes qu'il vient de recueillir, pour les suivre toute sa vie. Oui, ma chère maman, je mettrai tous mes soins à ne m'en écarter jamais; et je vois d'ici que vous me savez bon gré de de cette résolution.

Nous devons partir pour Londres vers la fin de la semaine. Mais je ne quitterai point ces lieux, où je me suis tant occupé de votre doux souvenir, sans vous offrir encore un nouvel hommage de mon respect et de ma tendresse. Quoique ce ne soit me rapprocher que bien peu de vous, je recevrai un jour plus tôt de vos nouvelles ; vous recevrez un jour plus tôt des miennes. C'est toujours quelque chose, lorsque l'on s'aime bien.

Adieu, ma chère maman, embrassez pour moi, je vous prie, ma petite sœur, et dites-lui sans cesse avec quelle tendresse je la chéris, afin de penser toujours à mon amour pour vous-même.

L. Guillaume D*** à sa mère.

Le 12 octobre.

Puisque vous avez été contente, ma chère maman, de la petite pièce que je vous envoyai dernièrement sur les avantages du travail, en voici une sur un sujet qui n'est pas moins instructif, et dont je désire bien que vous soyez aussi satisfaite. Nous parlions l'autre jour des dangers auxquels on est exposé, malgré les meilleures dispositions, par la seule faiblesse de caractère. Monsieur Grandisson nous dit qu'il venait de paraître à Londres un petit livre où ces malheurs étaient présentés dans l'histoire d'un enfant de notre âge. Je lui demandai la permission de le lire ; et voici comment j'ai arrangé ce conte, pour vous l'offrir.

Les suites dangereuses de la faiblesse de caractère.

WILLIAM SEDLEY se promenait un jour dans l'avenue du château de son père. Il vit venir de loin un petit garçon tout en guenilles, et dont le visage était couvert de suie. Que viens-tu faire ici, lui demanda-t-il, lorsqu'ils furent à portée de s'entendre? Hélas, mon cher monsieur, lui répondit le petit malheureux en s'approchant d'un air craintif, je viens voir s'il y a quelque cheminée à ramonner au château. Je voudrais bien qu'il y en eût, car l'ouvrage ne va guère; et mon maître est de si mauvaise humeur qu'il n'y a pas moyen d'y tenir.

— Et comment t'appelles-tu?

— Tom Climbwell, à vous servir, si j'en suis capable.

— Viens-tu de loin?

— Non, monsieur, je ne viens que de ce village que vous voyez là-bas, un peu après la colline. C'est là que demeure mon maître. Oh, si vous saviez combien il est méchant!

— Il est méchant, dis-tu?

— Vous ne pourriez jamais le croire. Tenez, encore hier il me roua de coups.

— Et pourquoi donc, s'il te plaît?

— Je vais vous le dire. Il y a un de mes camarades qui vient d'entrer chez lui en apprentissage. Le pauvre petit n'a encore que sept ans; et le maître voudrait qu'il sût ramonner comme un habile homme. Hier, on le mit en besogne pour l'essayer. Et parce qu'il ne savait pas bien grimper encore, parce qu'il pleurait au lieu de chanter lorsqu'il fut sur le haut de la cheminée, le maître le battit rudement, en disant qu'il ne serait jamais qu'un vaurien; et, comme je voulais demander sa grace, il me battit à mon tour, jusqu'à me rompre les côtes.

— D'où vient que tu ne le quittes pas pour retourner chez ton père?

— C'est que mon père est mort, et ma mère aussi. Il n'y a personne dans le monde qui prenne soin de moi, si ce n'est la pauvre maîtresse. Oh, voilà ce qui s'appelle une bonne femme. Il n'y en a pas de meilleure sur la terre. Elle me donnerait plus souvent à manger, si elle le pouvait; mais elle ne l'ose pas. Son mari est si dur, qu'il la battrait sans miséricorde. Il nous fait travailler rudement, et nous laisse mourir de faim par-dessus le marché.

— Mais ton maître est obligé de te nourrir comme il faut. Pourquoi ne le fait-il pas? Si j'étais à ta place, j'irais me plaindre.

— Ah! mon cher monsieur, on voit bien que vous n'entendez rien à ces choses-là. A qui voulez-vous que j'aille me plaindre? Le maître ne ferait que me traiter plus durement, s'il le savait. Ah! je suis bien malheureux!

Comme il disait ces derniers mots, ils entendirent tout à coup un carrosse qui venait de leur côté. William n'eut besoin que de jeter un coup d'œil dans la voiture, pour y reconnaître M. Greaves, son grand père. Il poussa un cri de joie; le cocher arrêta ses chevaux; un domestique descendit pour ouvrir la portière; et William, sans prendre congé du petit ramoneur, se précipita dans les bras de son grand-papa, qui alla descendre avec lui dans la cour du château.

M. Greaves était un de ces beaux vieillards, dont les traits, animés encore par la bienveillance et la gaîté, savent faire oublier leur âge, même aux yeux dédaigneux de la jeunesse. Quoiqu'il eût déjà passé quatre-vingts ans, on le voyait s'intéresser aux amusemens enfantins de ses petits-fils; et, tandis que sa sagesse leur imposait le respect, sa douceur, son enjouement et sa complaisance lui conciliaient leurs plus tendres affections.

Son arrivée était une fête pour sa petite famille. C'était à qui lui ferait le plus d'amitiés. William lui prenait les mains dans les siennes. Fanny appuyait la tête sur son épaule, et le petit Robert, après avoir dansé autour de lui, était venu s'asseoir sur ses genoux, et lui passait ses petites mains caressantes sur les joues.

On se mit bientôt à table; et le repas fut égayé par les santés joyeuses qu'on portait au brave vieillard, et par les chansons du bon vieux temps, qu'il chantait encore d'une voix tremblotante.

Après le dîner, il alla faire sa méridienne dans un large fauteuil qu'on avait mis exprès dans un coin de la chambre. Puis, lorsqu'il eut reposé une demi-heure, il se réveilla, frotta ses yeux, secoua ses habits, rajusta sa perruque, enfonça son chapeau, et demanda à William s'il était disposé à faire avec lui un petit tour de promenade.

William ne demandait pas mieux. Monsieur Greaves prit son bâton d'une main, et, s'appuyant de l'autre sur l'épaule de son jeune compagnon, ils se mirent en marche vers les champs.

Après avoir parlé de plusieurs choses intéressantes pour son petit-fils, M. Greaves lui demanda ce qu'il avait eu à démêler avec le petit ramoneur, qu'il avait vu lui parler si vivement le matin, lorsqu'il passait dans l'avenue. William rapporta toute la suite de leur conversation. M. Greaves en fut attendri. Hélas! dit-il, qu'il y a de gens à plaindre dans le monde! En voilà un qui commence de bonne heure a souffrir. Je suis bien aise que tu aies quelquefois occasion de recevoir les plaintes des malheureux, pour t'accoutumer à ouvrir ton cœur à leur misère. J'espère que tu n'auras pas laissé celui-ci sans soulager ses besoins.

Malgré sa dissipation et son étourderie, William avait un cœur naturellement généreux et sensible.

— Le pauvre enfant! s'écria-t-il. Votre arrivée et le plaisir de vous voir me l'ont fait brusquement quitter. — Patience! Je saurai où il demeure, et je tâcherai de le dédommager de ce que mon oubli lui a fait perdre... Mais faisons une chose, mon grand-papa. Nous voici à la vue de son village. Nous n'avons pas beaucoup de chemin à faire pour y arriver. Venez, venez, je vous en prie, avec moi. — Non, mon ami, lui répondit M. Greaves. Ce n'est pas tout que de descendre cette côte, il faudrait la remonter; et la pente en est trop rude pour que je puisse le faire sans fatigue. Va tout seul. En attendant, je me reposerai sous cet arbre, et je jouirai de la perspective du beau paysage qui s'étend autour de cette colline.

William partit aussitôt avec une légèreté qui promettait un prompt retour. Au pied du coteau il rencontra un juif chargé d'une petite boutique de ciseaux, d'aiguilles, de boîtes, de chaînes de montres, d'étuis, et de toute espèce de joujoux. Celui-ci s'empressa d'offrir ses marchandises à William, qui lui répondit qu'il n'en voulait point acheter. Cependant, comme le colporteur lui dit que la vue ne lui en coûterait rien, il consentit à les parcourir d'un coup d'œil. A force de promener ses regards sur ces divers objets, il fut tenté de demander le prix d'un bilboquet garni en ivoire, qu'on lui fit un shelling. En voulant le prendre, sa main se porta sur une lorgnette qui était tout à côté. Une lorgnette, vraiment! C'était un bijou dont il avait eu toujours envie. Comme elle était du même prix, il balança quelques minutes avant de pouvoir se décider sur la préférence. Tantôt il jouait avec le bilboquet, tantôt il regardait dans la lorgnette. Il les prenait et les posait tour à tour, jusqu'à ce que le marchand, qui s'aperçut que l'un et l'autre de ces joujoux captivaient également sa fantaisie, fit si bien par ses belles paroles qu'il lui persuada de les acheter tous les deux.

Il s'en allait joyeux avec sa double emplette. Il vit bientôt venir à lui un jeune garçon, tenant dans sa main un nid de merles, dans lequel il y avait quatre petits qui commençaient à prendre leurs plumes. William les trouva si jolis, qu'il demanda au jeune garçon s'ils étaient à vendre. — Non vraiment, mon cher monsieur, lui répondit celui-ci; cependant s'ils vous font plaisir, je vous les donnerai pour un shelling. — Je crains que ce ne soit trop cher pour mes finances, repartit William; mais attends un peu, je vais voir. Il tira sa bourse, et il vit qu'il n'avait plus que neuf à dix sous, avec une demi-guinée qu'on lui avait donnée pour emporter à l'école, et que pour cette raison il ne voulait pas changer. — Tiens, dit-il, au jeune garçon, en lui offrant sa petite monnaie, voilà tout ce que je puis te donner pour tes oiseaux. Vois si tu veux me les céder à ce prix. — Ce n'est pas trop payé, répondit l'autre; mais puisque vous le voulez, à la bonne heure. Le marché se trouva ainsi conclu; et la petite famille emplumée fut remise entre les mains de William.

Il reprit alors sa marche, et parvint au village où demeurait Tony. On lui indiqua de loin sa maison. Il le vit bientôt lui-même devant la porte, avec un petit enfant qu'il tenait par la lisière pour lui apprendre à marcher. Ils renouvelèrent connaissance; et William commençait à lui dire le dessein qui l'avait amené, lorsqu'il se rappela tout à coup, en rougissant, la situation de sa bourse, à laquelle il n'avait pas songé en faisant ses emplettes. Il ne voulait point avouer son embarras; et il ne savait quel moyen employer pour en sortir. Sa générosité le portait à donner quelque chose à Tony; mais il s'était rempli de l'idée d'avoir dans sa poche une demi-guinée, qu'il pût appeler son or. Sa sensibilité lui représentait la misère du malheureux orphelin; mais l'orgueil d'avoir une pièce d'or entière en sa possession l'emporta sur tout sentiment de pitié. — Tony, lui dit-il enfin, si tu veux venir l'un de ces jours à la maison, je te ferai donner du pain et de la viande, pour faire le meilleur repas de ta vie. Mais, adieu. Je ne puis rester plus long-temps : et il le quitta avec la triste conscience de n'avoir pas fait ce qu'il aurait dû faire.

Comme il s'en retournait vers l'endroit où l'attendait son grand-papa, il rencontra, au détour d'un chemin, Jeffery Squander et sa jeune sœur. Ils s'étaient arrêtés pour acheter des gâteaux d'un vieux invalide à jambe de bois, qui gagnait sa vie à les vendre dans la campagne. Jeffery et William étaient voisins et compagnons d'école. Après les premiers complimens, Jeffery engagea son camarade à se régaler de ces gâteaux dont il lui vanta l'excellence. William s'en excusa vaguement, sans vouloir faire connaître la cause de son refus. Cependant la jeune miss s'étant jointe aux sollicitations de son frère, il dit qu'il n'avait sur lui que de l'or, et qu'il supposait que le pauvre Jonathan ne serait pas en état de le lui changer, qu'autrement il aurait été fort aise de manger de ces gâteaux qu'on lui disait si bons. Jonathan, à ces mots, plongea sa main dans une bourse de cuir qu'il portait à la ceinture, et qui était partagée en deux, moitié pour les shellings, et moitié pour les sous et les demi-sous. Il la retira toute pleine, et d'un ton goguenard :

Oh! s'il ne tient qu'à cela, dit-il, voici votre affaire. J'ai assez de monnaie pour vous rendre le reste de votre or, quand vous en auriez encore davantage. William ne s'attendait pas à cette réponse. Comme il ne pouvait pas faire d'autres objections, il donna sa demi-guinée à changer avec regret, et mangea trois gâteaux qu'il trouva les plus mauvais qu'il eût goûtés de sa vie.

Dans cet intervalle, M. Greaves était descendu au-devant de son petit-fils, dont la longue absence commençait à lui donner de l'inquiétude. Il le trouva justement comme il achevait son dernier morceau. Après l'avoir blâmé avec douceur de s'être fait si long-temps attendre, il invita ses compagnons à venir passer la soirée chez M. Sedley, ce qu'ils auraient bien voulu, s'ils n'eussent été engagés à aller prendre le thé chez un de leurs oncles.

Après qu'ils eurent pris congé les uns des autres, M. Greaves s'informa de William de ce qui s'était passé dans sa visite. — Tu m'as fait un peu impatienter, lui dit-il; mais je te le pardonne. Tu n'es sans doute resté si long-temps que pour faire plus de bien. Voyons, qu'as-tu fait pour Tony? Avais-tu tout l'argent qu'il te fallait pour soulager un peu sa misère? J'ai oublié de te le demander, car tu es parti si brusquement. William, déconcerté par toutes ces questions, baissa la tête, ralentit sa marche, et resta derrière son grand-père dans un silence confus. M. Greaves se retourna, et prenant la main de son petit-fils: — Qu'as-tu donc, lui dit-il? On te croirait coupable de quelque faute. Mais non, je te fais injure. Cet embarras ne vient que de ta modestie, qui souffre en entendant louer ta générosité. Tu fais déjà la consolation de mes vieux jours. Viens, mon cher enfant, que je te presse tendrement contre mon sein. — Oh! non, non, mon cher grand-papa, répondit William, ne m'accablez point de vos caresses. Je suis loin d'en être aussi digne que vous le croyez. Il est bien vrai que, lorsque je suis parti, j'étais plein du désir d'aller secourir le petit malheureux. Mais j'ai rencontré sur le chemin un colporteur; et j'ai été assez faible pour dépenser deux shellings à acheter cette lorgnette et ce bilboquet. Il me restait encore quelques sous de monnaie; et cela aurait été quelque chose pour un pauvre ramoneur, si je n'avais eu fantaisie de ce nid de merles que j'ai acheté d'un jeune garçon pour les élever.

— Mais tu avais encore de l'argent, répliqua M. Greaves? N'as-tu pas payé les gâteaux que je t'ai vu manger?

— Oui, mon grand papa.

— Comment donc n'avais-tu rien pour donner à Tony?

— C'est que je ne voulais pas changer ma demi-guinée.

— Tu l'as pourtant changée pour les gâteaux?

— Il est vrai; mais je ne l'ai fait qu'à regret, parce que Squander avait l'air de se moquer de moi. Je craignais qu'il ne fît des railleries de mon avarice lorsque nous serions retournés à l'école.

— Écoute, William, je ne veux point te gronder. Mais puisque tu ne voulais pas changer ta demi-guinée, n'aurait-il pas mieux valu garder les deux shellings et la petite monnaie pour Tony, que de les employer comme tu as fait?

— Oh! oui, je l'avoue, et j'en suis bien honteux.

— Ce n'est rien encore. Tu sentais qu'il était de ton devoir de faire quelque chose pour Tony, cependant plutôt que de changer ta demi-guinée, tu l'as laissé sans secours, tandis que la crainte frivole de quelques mauvaises plaisanteries a eu plus d'effet sur toi que la pitié que tu devais à ton semblable, à un enfant pressé de mille besoins. Ah! mon cher William, que je crains pour toi cette faiblesse de caractère, qui te fait perdre le fruit de toutes tes bonnes résolutions!

William prit la main de son grand-père, l'arrosa de ses larmes, et lui promit de réparer sa faute dès le jour suivant.

Il se leva en effet le lendemain, avec le projet de retourner au village de Tony. Aussitôt après le déjeuner, il se disposait à se mettre en marche, lorsqu'il reçut une invitation à dîner pour le même jour, de la part du capitaine Beaufort, qui voulait lui faire renouveler connaissance avec Henri, l'aîné de ses enfans, retiré depuis peu de l'école.

Cette invitation et le consentement de M. Sedley comblèrent de joie William. Oh! se disait-il à lui-même, quel plaisir de revoir mon ancien camarade! Comme nous allons nous divertir!..... Mais cependant n'avais-je pas résolu d'aller aujourd'hui voir Tony? Il est bien vrai; mais je puis le faire tout aussi bien demain. La différence d'un jour n'est pas grand' chose; et le fils d'un capitaine doit avoir le pas sur un ramoneur. Allons, allons. Il s'achemina aussitôt vers la maison de M. Beaufort. Elle n'était qu'à la distance d'un mille; et il trouva à moitié chemin le jeune Henri qui venait à sa rencontre.

Comme ce jeune homme va jouer un rôle assez considérable dans les affaires de William, je ne puis me dispenser de vous en dire ici deux mots.

Henri avait une figure pleine de grace et d'esprit. Ses manières étaient engageantes, son maintien décent. La douceur était peinte dans ses regards; et sa voix prenait un son tendre et affectueux qui portait jusqu'au fond des cœurs les sentimens dont il les voulait pénétrer. Quel dommage, hélas, que tous ces avantages ne fussent employés qu'à voiler une profonde hypocrisie!

Je passerai sur les circonstances de leur entrevue et de l'arrivée de quelques autres de leurs camarades, pour en venir tout de suite à l'issue de leur dîner.

Henri proposa à ses amis de faire un tour de promenade dans la campagne. Son père lui défendit d'aller à un village voisin où se tenait une foire, parce qu'il ne voulait point que son fils se mêlât parmi la mauvaise compagnie qui se rend ordinairement en ces lieux. Henri promit d'observer cette défense; et, après avoir embrassé son père, il prit avec ses camarades le chemin opposé.

Ils étaient à peine sortis de l'avenue, lorsque Henri se retourna brusquement, et prenant William par la main: — Allons, lui dit-il, on n'a plus les yeux sur nous: il n'y a qu'à traverser ce champ, et nous irons voir ce qui se passe là-bas. En disant ces mots, il lui montrait du doigt le village où son père lui avait défendu d'aller.

— Tu n'entends sûrement pas aller à la foire? lui répondit William avec surprise. Tu as promis à ton père que tu n'irais pas.

— Bon! répliqua Henri. Qu'importe à mon papa que nous allions d'un côté ou d'un autre? C'est à nous de voir où nous espérons le plus de plaisir. Pourquoi veux-tu que je souffre de ses fantaisies? Je sens bien qu'il ne faut pas le contredire en face; mais je n'en fais pas moins toujours comme il me plaît.

Le cœur honnête de William fut blessé de l'idée d'une si lâche tromperie. Il dégagea sa main de celle de Henri, et lui protesta qu'il ne le suivrait point.

— A la bonne heure, lui répondit Henri. Puisque tu ne veux pas venir, tu en es bien le maître. Mais si je consens à prendre une faute aussi grave sur mon compte, et à courir le risque du châtiment, qu'est-ce que cela te fait? C'est moi qui ai promis et non pas toi.

— Il est bien vrai, répliqua William, que je n'ai rien promis; mais je sens bien que mes parens seraient fâchés, si j'allais en quelque endroit sans leur permission, surtout lorsque ton père a exigé de toi positivement que tu n'irais pas.

— Il n'y a que Henri qui doive en répondre, s'écria l'un des jeunes gens. Ce ne sont point nos affaires. Mais si ce poltron de William a peur d'être battu, c'est une autre chose.

— Je n'ai point de semblable frayeur, répondit William avec indignation. Mes parens n'ont jamais employé de mauvais traitemens à mon égard; mais je ne veux pas les tromper. Ils se reposent sur moi du soin de ma conduite; et ce serait une indignité d'abuser de leur confiance.

Henri et les autres jeunes gens levèrent les épaules à cette déclaration. Ce fut à qui lâcherait les plaisanteries les plus malignes sur ce qu'ils appelaient la pusillanimité du pauvre William. Sa conscience lui disait qu'il était mal de céder; mais bientôt l'exemple de ses camarades, leurs instances et leurs railleries l'emportèrent sur sa résolution; et, malgré les reproches de son cœur, il se laissa entraîner sur leurs pas.

Ils arrivèrent à la foire. En marchant le long des boutiques, ils s'amusaient à regarder les jolies bagatelles qu'on y avait étalées. Peu à peu, séduits par les invitations des marchands, ils commencèrent à demander le prix de ce qui tentait le plus vivement leur fantaisie. William voulut d'abord acheter une trompette pour son petit frère. Il prit ensuite un joli portefeuille dont on lui demanda six shellings. Comme il le trouvait trop cher, il le remit sur la tablette; mais, en se retournant pour aller plus loin, le pan de son habit fit tomber le portefeuille à terre. Arnold, l'un de ses camarades, voyant que personne n'avait les yeux sur lui, le ramassa prestement, et le mit dans son sein. Le marchand ne tarda guère à s'apercevoir que le portefeuille lui manquait. Il courut aussitôt à William, et l'accusa de le lui avoir dérobé. William répondit fièrement à ce reproche; mais le marchand

persistant à haute voix dans son accusation, il se rassembla aussitôt une foule nombreuse autour de William, et il fut décidé qu'on le fouillerait lui et ses camarades.

Arnold, qui n'avait pris le portefeuille que pour badiner, imagina, dans la même intention, de le glisser, à la faveur du tumulte, dans la poche de William. Celui-ci, qui se tenait sûr de son innocence, indigné de la menace que lui faisait le marchand, refusa absolument de se laisser fouiller. Cette résistance ne fit que fortifier les soupçons de la populace, qui se jeta de tous côtés sur lui. Il eut beau tenir les mains sur ses poches, et se laisser couler à terre pour mieux résister à leurs entreprises, toute sa défense fut inutile. Mais que l'on juge de son étonnement, lorsque, vaincu par la force, il vit tirer de sa poche droite le malheureux portefeuille! Ce fut en vain qu'il protesta de son innocence. Le moyen de l'en croire, lorsque le fait parlait si hautement contre lui! Plus d'intérêt en sa faveur. On n'entendit plus tomber sur sa tête que les noms de filou, d'escroc et de voleur. Ils partirent de toutes les bouches. Quelques-uns proposaient de le plonger dans la fontaine publique, d'autres, de l'attacher à la queue d'un âne et de le fustiger; et tous prophétisaient à grands cris qu'il finirait ses jours au gibet.

Arnold, dont l'indigne badinage avait eu des suites si cruelles, commençait à s'en repentir; mais il n'eut pas la force d'en faire l'aveu, craignant d'attirer sur lui la condamnation qu'il voyait prête à tomber sur son camarade. Il laissa le pauvre William se tirer de cette aventure comme il le pourrait, et resta muet spectateur de la scène. La colère du marchand s'était de plus en plus enflammée. Il déclara qu'il voulait traîner son voleur devant le juge de paix. Épouvanté de cette menace, et consterné de l'idée d'aller en prison pour un crime dont il n'était pas coupable, William fut réduit à demander grace à genoux, en offrant tout ce qu'il avait sur lui pour dédommagement. Le marchand consentit à le relâcher moyennant une guinée. Il ne restait à William que neuf shellings; toutes les contributions offertes par ses camarades ne pouvaient compléter la somme; et l'inexorable marchand ne voulait rien rabattre de ce qu'il avait demandé.

Dans cette affreuse situation, William se souvint d'une médaille d'argent que son grand-père lui avait donnée le matin du même jour, en lui recommandant de la garder toute sa vie pour se souvenir de lui. Il la tira lentement de sa poche; mais à peine y eut-il attaché ses regards: — Non, non, s'écria-t-il, je ne te céderai pas, même pour me sauver de la prison. Comme il disait ces mots, on entendit une voix d'enfant enrouée, qui criait: — Attendez, attendez, j'ai un shelling pour lui. Tout le monde tourna la tête. On vit un petit ramoneur, qui, jetant à terre sa longue corde et son balai, se mit à fouiller précipitamment dans sa poche, et en tira un shelling crasseux, qui brillait encore dans ses mains noircies. C'était le brave Tony qui venait d'arriver à la foire. Voyant une foule rassemblée, il s'y était glissé à travers mille rebuffades; et reconnaissant aussitôt les traits de William, sans savoir encore pourquoi on lui demandait de l'argent: — Tenez, monsieur, lui dit-il, je n'ai qu'un shelling, encore appartient-il à mon maître; mais, quoi qu'il m'en puisse arriver, je vous le donne pour vous tirer de peine. La conscience de William s'émut à ce trait. Ah! se dit-il à lui-même, je ne voulais pas hier changer pour toi ma demi-guinée, Tony, et toi, tu viens aujourd'hui... Un torrent de larmes, qu'il avait retenues jusqu'alors, s'échappa de ses yeux.

Le marchand prit le shelling; mais il n'en insista que plus vivement pour avoir la médaille, en déclarant qu'à ce prix il se désisterait de toute poursuite. William n'y pouvait consentir. Mais enfin, voyant que le peuple allait l'entraîner chez le juge, et ses compagnons protestant qu'ils ne pouvaient rester un moment de plus à cause des approches de la nuit, il racheta sa liberté au prix de sa médaille; et, d'un pas triste et silencieux, il se mit en marche avec ses camarades vers la maison du capitaine Beaufort.

Comme ils ne voulaient pas avoir l'air de revenir directement du côté du village, ils furent obligés de prendre un grand détour, en sorte qu'il était nuit close lorsqu'ils arrivèrent. Henri fit un conte plausible à son père pour excuser leur retard. William frémissait de crainte et de honte à chaque mot, il prit bientôt congé du capitaine, et retourna vers ses parens.

Lorsqu'il fut arrivé près de la porte, le cœur lui battit avec violence. Au lieu du plaisir qu'il éprouvait ordinairement en rentrant dans la maison paternelle, au lieu de l'empressement qu'il avait de voler dans les bras de sa maman, il sentit de grosses larmes s'échapper de ses yeux; et il se glissa tristement à la dérobée le long des murs de la cour. Il resta quelque temps dans la première salle livré tout entier à ses cruelles réflexions. Mais il en sortit bientôt avec effroi pour prêter l'oreille à la voix de son grand-père qu'il entendait dans le salon. M. Greaves parlait au petit Robert. — Oui, lui disait-il, j'ai donné à ton frère et à ta sœur une médaille exactement pareille à la tienne. Je veux voir lequel de vous la conservera plus long-temps pour l'amour de moi. Il serait impossible d'exprimer ce que le pauvre William ressentit en entendant ces paroles. Il se hâta de monter dans sa chambre; et se jetant le visage contre son lit: O Ciel! s'écria-t-il, que vais-je faire? et que pourrai-je dire? Après avoir long-temps pleuré, comme il sentait réellement une violente douleur de tête, il résolut de s'en faire une excuse pour avoir la permission de s'aller coucher. Lorsqu'il eut composé son maintien, pour le mettre aussi bien d'accord qu'il était possible avec le personnage qu'il voulait jouer, il descendit dans le salon. Son petit frère courut au devant de lui, et lui présentant le cadeau qu'il avait reçu de son grand-papa : — Tiens, lui dit-il en sautant de joie, regarde, n'est-ce pas une jolie médaille ? Fais-moi voir la tienne, je t'en prie, pour voir si elles sont les mêmes. Le front de William se couvrit de rougeur ; et comme son frère lui faisait encore les mêmes instances, — Laisse-moi tranquille, lui répondit-il, un peu brusquement ; je ne l'ai pas sur moi. Il se plaignit ensuite du mal de tête qu'il ressentait ; et, après avoir souhaité le bonsoir à tout le monde, il se retira pour aller se mettre au lit. Les tendres inquiétudes que ses parens avaient témoignées sur son indisposition ajoutaient encore à ses peines. Combien peu je mérite leur tendresse, s'écriait-il ! Ah, s'ils savaient de quelle manière je me suis conduit cette après-midi, comme ils me mépriseraient ! Comment pourront-ils désormais se reposer sur moi, lorsque je ne puis y compter moi-même ! Je savais que je faisais mal d'aller avec Henri, et cependant j'y suis allé. Tout ce qui m'est arrivé de honteux n'est que la suite de cette première faute. Oh ! j'espère à l'avenir ne me laisser jamais persuader de faire ce que je ne croirai pas bien en toute rigueur. Telles étaient toujours ses résolutions généreuses ; mais, au moment de la tentation, il manquait de force pour les exécuter ; faiblesse fatale, qui peut nous entraîner dans tous les vices ! Après une suite de réflexions plus amères les unes que les autres, il s'endormit enfin ; mais son sommeil fut triste et pénible ; et les premiers mouvemens qu'il sentit à son réveil furent encore les agitations d'une conscience coupable.

Qui pourrait croire qu'après les humiliations qu'il avait endurées, et la violence de ses remords, il fût prêt à tomber aussitôt dans une autre faute plus grande ! Il venait de sortir de sa chambre, le cœur serré de tristesse, et il traversait le salon pour aller faire un tour de jardin, lorsqu'il vit entrer par la porte opposée l'auteur de tous ses maux, le jeune Henri Beaufort. — Comment donc, William ! lui dit Henri, tu as une figure encore plus piteuse qu'hier au soir. Je suis venu savoir comment tu te trouves. Il faut que tes parens t'aient battu, je le vois. — Battu ! répondit William, d'un air offensé. Mes parens ne m'ont battu de leur vie. Je ne reçus hier de leur part que des caresses trop tendres. Ils sont bien loin d'imaginer combien je suis coupable ; et voilà ce qui me donne le plus de chagrin. — Oh ! pour cela reprit son compagnon, je ne t'aurais jamais cru si enfant. Mon père use familièrement avec moi de son fouet à cheval ; et, lorsqu'il s'aperçoit que je lui ai désobéi, il me fait sentir jusqu'au sang ce qu'il appelle la discipline militaire ; mais je ne serais sûrement pas aussi abattu que tu parais l'être, si je n'avais à craindre que les sermons grondeurs d'un vieux grand-papa. — Fi donc ! Henri, répliqua William, qui aimait son grand-père avec une extrême tendresse ; parle avec plus de respect d'un homme vénérable. Si tu savais combien il me chérit ! Mais, hélas ! peut-être va-t-il me retirer son amour. Je l'aurais bien mérité ! Cette médaille qu'il m'avait dit de conserver avec soin pour me souvenir toujours de lui, s'il vient jamais à savoir comment je l'ai perdue ! Je ne puis supporter cette affreuse pensée.

Henri employa vainement toute sorte de moyens pour raffermir le cœur de son camarade. La douleur de William devenait plus forte, à mesure que l'heure du déjeuner approchait. Comment oser paraître aux yeux de ses parens ! comment oser recevoir leurs caresses, lorsqu'il se sentait si criminel ? On vint enfin l'appeler. Déjà il marchait à pas lents pour se rendre au salon. Henri l'arrêta tout à

coup, et lui montrant au bord d'une allée la médaille du petit Robert, que celui-ci avait sans doute laissé tomber étourdiment de sa poche en tirant son mouchoir :
— Tiens, lui dit-il les yeux étincelans de plaisir, j'espère maintenant que tu vas sécher tes larmes; et que tu n'auras plus de crainte d'être découvert. William tendit la main avec un transport de joie. Mais au même instant se recueillant en lui-même. — Ce n'est pas la mienne, s'écria-t-il. Oh! si c'était elle! C'est sûrement mon petit frère qui l'aura perdue. — Eh! qu'importe? lui répondit Henri étonné. Est-ce que tu ne la prendras pas? Quel étrange scrupule t'arrête? Si ton frère l'a perdue, c'est de son âge. On ne lui en fera pas de vifs reproches, et il ne sera taxé que d'un peu d'étourderie. Mais toi, songe de quelle importance il est de n'être pas découvert. Cette heureuse rencontre peut te mettre à l'abri de tout. Personne n'a besoin de savoir que nous avons trouvé cette médaille, et, comme elle est exactement semblable à la tienne, je défie qui que ce soit de pénétrer le mystère. William s'arrêta. Tous les reproches qu'il redoutait se présentèrent sous d'affreuses images à son esprit. Les paroles de Henri augmentaient d'un côté ses frayeurs, et de l'autre, lui présentaient le moyen de s'en délivrer. Le moment était critique pour sa vertu. L'honneur lui défendait de commettre une action si basse ; mais la crainte d'aliéner de lui ses parens le portait à s'exposer aux reproches secrets de sa conscience, plutôt que d'encourir l'indignation déclarée de sa famille. Les combats de son cœur furent violens; mais ils se terminèrent pour ce moment à sa gloire.
— Non, dit-il avec fermeté, je n'ai déjà que trop souffert d'une première faute. Je ne serai pas assez méchant pour faire de la peine à mon frère et tromper mes parens. J'aime mieux m'abandonner à la bonté de mon grand-papa. Je veux lui dire honnêtement toute la vérité. Si j'en ai du chagrin, tant mieux : il expiera du moins en partie le mal que j'ai commis. — Par pitié, lui répondit Henri, ne sois pas si intraitable. Si tu n'as point d'égards pour toi-même, aie du moins quelque considération pour moi. Tu es convenu hier d'être de notre partie, et maintenant tu veux me rendre victime de ta faiblesse. Si tu vas révéler la chose à ton grand-père, il en rejettera la faute sur moi seul. Il dira que je t'ai séduit, et il nous empêchera de nous voir davantage. Je sais combien il est rigide en fait d'obéissance. Il ne manquera point de faire savoir à mon père que j'ai contrevenu à ses ordres ; et mon père est si sévère dans ses châtimens, que la seule pensée m'en fait frémir. Cruel William! Je suis venu te donner des consolations ; et pour seule récompense, tu veux me faire punir. Je puis t'avoir innocemment entraîné dans cette peine ; mais je suis bien sûr que, si j'étais à ta place, je ne voudrais pas en agir comme tu veux le faire envers moi.

Cet argument était habilement porté à la générosité naturelle de William. Henri savait trop bien qu'il était incapable de vouloir causer de la peine à un autre. Précipiter son ami dans l'embarras pour en sortir, ce procédé était aux yeux de William si lâche et si bas, que l'intérêt de la vérité même lui semblait devoir céder à cette puissante considération. Leçon frappante pour les jeunes gens les mieux nés, du danger qu'ils courent à fréquenter de mauvaises compagnies, puisque, par imprudence et par faiblesse, un cœur généreux peut être induit à commettre le mal, en croyant faire le bien ! C'est ainsi que William, en considérant les choses sous un faux point de vue, crut prendre le parti le plus sage et le plus honnête en cédant aux persuasions de Henri. Il mit enfin la médaille dans sa poche, en disant: — Je veux la garder comme un souvenir de la faute que j'ai commise, en me laissant engager contre les mouvemens de ma conscience à te suivre à la foire. C'est la première cause de l'embarras où je me suis plongé. Le mal n'a fait que s'accroître par des degrés rapides; et qui sait où il s'arrêtera? J'en suis déjà puni, quoiqu'il ne soit pas découvert. Je sens que la désobéissance porte avec elle son plus terrible châtiment.

Comme l'on vint encore les appeler pour le déjeuner, ils se hâtèrent de s'y rendre. Henri présenta ses civilités à la compagnie avec cette aisance naturelle qui distinguait ses manières; et il alla s'asseoir, sans la moindre apparence d'embarras, auprès de M. Sedley. Il n'en fut pas de même de William. Il se plaça tristement dans l'embrasure d'une fenêtre; et à peine avait-il la force de répondre aux questions affectueuses qu'on lui faisait sur sa santé. Il avait perdu la sécurité d'une ame innocente; et son esprit était livré au trouble, à la honte et à la confusion. Le déjeuner ne fut pas plus tôt fini, que Henri prit congé de la compagnie; et M. Greaves invita son petit-fils à faire avec lui une promenade dans les champs. William aurait bien voulu en être dispensé; mais, n'ayant aucun motif raisonnable pour s'en défendre, il se disposait à suivre son grand-papa, lorsque le petit Robert, qui était sorti avec sa sœur pendant le déjeuner, accourut du jardin, en criant avec tristesse qu'il avait perdu sa médaille, et qu'il ne savait plus où la trouver. A ces paroles, William sentit son front se couvrir d'une vive rougeur. Il se détourna promptement; et, sans pouvoir rien dire, il pencha la tête vers la terre, comme s'il eût voulu chercher la médaille égarée. — O mon frère, lui dit Robert, tu as bien de la bonté de me la chercher; mais ce n'est pas ici que je crois l'avoir perdue. Je l'avais encore ce matin avant le déjeuner. — Tu ne l'as pas gardée long-temps pour l'amour de moi, lui dit son grand-père. Je suis bien sûr que William et Fanny ont été plus soigneux. Fanny tira aussitôt la sienne de sa poche. William allait en faire autant, mais sa conscience ne lui permit pas de retirer sa main. Il tenait la médaille entre ses doigts, sans oser la faire paraître au jour. Robert soupirait et versait des larmes. — Ne pleure pas, mon ami, lui dit M. Greaves. Je t'excuse sans peine. Tu es un petit enfant, et tu n'es pas accoutumé à tenir de l'argent dans tes mains. Je te donnerai une autre médaille, et ton frère en prendra soin. Il m'aime si tendrement! J'ose répondre qu'il conservera long-temps la sienne après m'avoir perdu. William ne put rien dire; mais un torrent des larmes s'échappa de ses yeux. Son grand-père lui tendit les bras, et lui dit de ne pas se mettre en peine. Je suis bien vieux, mon cher fils, ajouta-t-il, mais ne t'afflige pas. Quoique la médaille que je t'ai donnée soit peu de chose, qu'elle te rappelle sans cesse, lorsque tu la regarderas, combien je t'aimais, et combien je désirais ton bonheur. Souviens-toi bien, mon ami, que tu ne peux être heureux sans une bonne conscience; et que chaque témoignage d'affection que tu recevras de tes parens, soit un nouvel encouragement pour affermir ton ame dans l'honneur, la droiture et la générosité.

Les sanglots de William redoublèrent à ces dernières paroles. Les caresses de son grand-papa le tourmentaient plus cruellement que ne l'auraient fait ses plus vifs reproches. Vingt fois il fut prêt à tout avouer. Mais la crainte d'entraîner Henri dans sa disgrace lui imposa silence. Ils se trouvèrent en ce moment à la porte du jardin, où ils laissèrent Fanny et le petit Robert, pour s'avancer dans la campagne. William marchait d'un air rêveur, et d'un pas irrésolu. En vain M. Greaves, sans soupçonner la cause de son abattement, tâchait de l'égayer par ses propos. William sentait son cœur trop digne de blâme pour pouvoir s'entretenir avec sa liberté d'esprit ordinaire. Enfin, comme ils montaient une colline, d'où l'on découvrait une perspective très-étendue, M. Greaves, montrant du doigt à William le village où celui-ci était allé, il y avait deux jours, à la recherche du Tony, lui demanda s'il l'avait vu depuis, et s'il avait rempli l'intention qu'il avait de lui faire un petit présent. Cette question était trop importante pour recevoir de la part de William une réponse immédiate. S'il disait qu'il l'avait vu, on pouvait lui demander où il l'avait rencontré; et le dire, cela entraînait l'aveu de tout ce qu'il avait pris tant de peine à cacher. Il hésita pendant quelque temps, jusqu'à ce que son grand-père, observant sa confusion, le prit par la main, et, avec un ton plus tendre encore que sérieux, lui adressa ainsi la parole: — J'ai déjà vu avec peine, mon cher enfant, que tu as quelque secret qui pèse sur ton cœur. Cependant je ne désire point ta confidence, si tu ne veux la donner librement à mon affection. Dis-moi ce qui t'embarrasse : peut-être serai-je en état de te secourir de mes avis. Qu'une méfiance déplacée ne t'empêche pas de m'ouvrir ton ame, et de l'épancher dans mon sein. — O mon cher papa, s'écria Sedley d'une voix tremblante, je ne mérite pas que vous me traitiez avec cette bonté. Je ne suis pas le maître de vous dire mon secret : un autre y est trop intéressé. Ah! si ce n'était cela qui m'arrête, quelque coupable que je sois, je vous confesserais tout en ce moment. — C'est à toi, mon ami, répliqua M. Greaves, de savoir si tu as fait quelque promesse que l'honneur t'oblige de garder. Mais prends garde aussi que tu peux être entraîné dans le vice par une mauvaise honte, et par un attachement trop opiniâtre à un faux point d'honneur. Sois sûr que ce n'est pas un véritable ami qui voudrait t'engager à cacher à tes parens une chose dont tu penses toi-même qu'ils devraient être informés. Vivement frappé de ces réflexions, William, après s'être quelque temps débattu en silence avec son secret, allait enfin le laisser échapper, lorsqu'il vint à passer dans le même endroit deux personnes qu'ils reconnurent aussitôt, l'une pour un gentilhomme de leur voisinage, et l'autre pour Jenny sa fille, qu'il avait fait sortir de sa pension, depuis deux jours, pour lui faire voir la foire du village. La petite miss était liée d'amitié avec la sœur de William, et son père la conduisait en ce moment chez son amie. William se réjouit beaucoup de cette rencontre, qui venait heureusement suspendre une conversation dont il était si fort embarrassé. Ils s'acheminèrent tous les quatre ensemble vers la maison. On devine aisément quelle fut la joie de Fanny lorsqu'elle revit sa compagne. Pour le pauvre petit Robert, il était assis tristement dans un coin, mordant le bout de son mouchoir, et rêvant à la perte qu'il avait faite. William sentit son cœur déchiré de la tristesse de son frère, et ne put en soutenir le spectacle. Il sortit précipitamment du salon pour aller faire un tour dans le jardin. Son cœur fut encore plus vivement ému, lorsqu'il passa dans l'endroit où il avait trouvé la médaille. Il la tira de sa poche, et la regardant avec un sentiment d'horreur : Non, tu n'es pas à moi, dit-il, et je vais te rendre à ton maître. Je ne veux pas que mon frère souffre plus long-temps de ma faute. Quoi qu'il puisse m'en arriver, je ne serai pas assez lâche pour agir toujours contre la conscience et l'honneur. Animé par cette noble résolution, il rentra dans la salle, et courant vers son frère: — Tiens, lui dit-il, ne t'afflige plus, voici ta médaille, je l'ai trouvée. Robert s'élança aussitôt pour la recevoir; et, jetant ses bras autour du cou de son frère, il fit éclater sa reconnaissance et sa joie par mille caresses naïves.

La satisfaction de William fut un peu affaiblie par la voix intérieure qui lui reprochait de mériter si peu ces tendres remerciemens. Une mauvaise conscience empoisonne les sources de joie les plus pures, et ne laisse jouir d'aucun plaisir parfait. Il fut obligé de dire où il avait trouvé la médaille; mais il se garda bien de faire connaître le temps qu'elle avait passé dans sa poche, laissant imaginer à tout le monde qu'il ne faisait que de la trouver. Agité de mille mouvemens confus, qui se combattaient au fond de son cœur, il ne put supporter plus long-temps ce trouble aux yeux de tous ceux qui l'environnaient, et il monta dans sa chambre pour y calmer ses esprits dans le repos de la solitude. Pendant cet intervalle, le petit Robert, après avoir sauté et gambadé autour de la chambre avec l'aimable gaieté de l'enfance, vint enfin s'arrêter devant l'amie de sa sœur, et, lui montrant sa chère médaille, la pria de voir combien elle était belle, et protesta bien qu'il la garderait plus soigneusement à l'avenir. La petite miss la considéra quelque temps avec attention, et dit qu'elle en avait une exactement semblable, qu'un ami de son papa venait de lui donner.

M. Greaves demanda avec empressement à la voir, parce que celles qu'il avait données à ses petits enfans étaient fort anciennes, quoique très-bien conservées et qu'il les croyait extrêmement rares. Après l'avoir posée un moment sur la table pour chercher ses lunettes, il la reprit, s'avança vers la fenêtre, la regarda très-attentivement; et, se tournant vers la petite miss, il la pria de lui dire si elle savait comment l'ami de son oncle se l'était procurée. Elle lui répondit qu'il l'avait achetée la veille à la foire, et que le marchand lui avait appris qu'il la tenait en ce moment même d'un petit garçon qu'il avait surpris à dérober un portefeuille dans sa boutique, et c'était tout ce qu'elle en savait. M. Greaves, l'ayant prié de la lui confier pour un moment, sortit aussitôt de la salle, et montant à la chambre de son petit-fils, il le trouva qui écrivait à son bureau. — Mon cher William, lui dit-il, je ne viens pas t'interrompre; mais prête-moi, je te prie, ta médaille, j'ai besoin de la comparer avec celle-ci. A cette demande inopinée, les joues de William se couvrirent de la rougeur de la pourpre. Il était trop honnête pour se défendre par une fausseté; et la confusion tenait sa langue enchaînée. — Je, je, je ne l'ai pas, dit-il enfin en balbutiant, et tout à coup il fondit en larmes. — Mon fils, lui repartit gravement son grand-père, avoue-moi la vérité. William ne put d'abord répondre que par ses sanglots. Mais, bientôt pressé par une nouvelle injonction, il prit la main de M. Greaves, et avec le ton de la consternation la plus profonde: — O mon grand-papa, s'écria-t-il, je ne veux pas vous tromper. Je suis bien digne de blâme; et une première faute m'en a fait commettre une longue suite de nouvelles. Mais si vous avez la bonté de me pardonner, j'ose vous promettre que je ne me rendrai plus coupable de ma vie. Alors il lui raconta ce qui c'était passé sur le chemin entre Beaufort, ses camarades et lui, puis enfin l'aventure de la foire, en protestant toujours qu'il n'avait point dérobé le portefeuille, comme on l'en accusait.

M. Greaves, le voyant assez humilié par cet aveu, ne voulut point achever de le confondre. — Cependant, lui dit-il, ce matin, lorsque vous avez cherché la médaille dans votre poche, vous saviez qu'elle n'y était pas, et qu'elle ne pouvait même pas y être. Pourquoi donc m'avez-vous laissé croire le contraire? Pourquoi avez-vous reçu mes éloges, tandis que vous laissiez recevoir mes reproches à votre petit frère? — Vous m'avez dit souvent, mon cher grand-papa, qu'un aveu prompt et sincère est la première réparation d'une faute : aussi vous l'aurais-je fait dès ce matin avant de déjeuner, si Beaufort ne m'eût persuadé de tenir la chose secrète, afin de lui épargner le châtiment qu'il aurait reçu de son père. Je ne cherche point à rejeter sur lui le blâme pour me faire paraître moins criminel; mais ses mauvais conseils m'ont fait prendre la médaille de mon frère, que nous avons trouvée dans le jardin. Je l'ai gardée jusqu'au moment où vous me l'avez vu rendre, n'ayant pu prendre sur moi de la retenir plus long-temps. Si vous daignez vous en reposer sur mes promesses pour l'avenir, soyez bien sûr que je ne me comporterai plus d'une manière si indigne de votre affection. Oh! que ne pouvez-vous savoir tout ce que j'ai souffert pour ma faute! Cela vous engagerait sans doute à prendre pitié de moi et à me pardonner. Il finit à ces mots, et baissa la tête, sans avoir le courage de regarder son grand-papa.

Attendri par ces touchantes prières, M. Greaves prit son petit-fils par la main, et, d'un ton plein de douceur, il lui dit: — Mon cher ami, puisque je te vois si vivement pénétré, je crois pouvoir m'en fier à ton repentir. Si ton cœur est réellement généreux, un pardon absolu de ta faute te la fera plus détester que des reproches et des châtimens. Mais ce que je dois te dire, c'est que tu ne saurais veiller avec trop de soin sur toi-même. Tu vois qu'il ne suffit pas d'avoir des principes de droiture et d'honnêteté pour te préserver d'une erreur. Quant au caractère de Henri, tu peux juger toi-même s'il est digne de te servir de modèle, et s'il ne faut pas être bien corrompu pour se jouer des défenses de ses parens, et pour engager les autres à se mal conduire. Ses conseils n'étaient fondés que sur des motifs personnels, sur la bassesse et sur la tromperie. C'est ainsi, mon cher enfant, que d'une première faute tu as été conduit précipitamment, et sans pouvoir t'arrêter, dans une foule d'autres, jusqu'à ce que tu aies perdu cette douce paix qui n'appartient qu'à l'innocence, et que ton cœur ait été déchiré par mille sentimens douloureux. Si tu avais ajouté le mensonge à ta faute, je l'aurais eu bientôt découvert, parce que le marchand, à qui tu as été forcé de céder ta médaille, l'a vendue à une personne qui en a fait présent à Jenny, en lui racontant de quelle manière elle était tombée entre ses mains. Elle est à présent dans les miennes. La voici; regarde-la. Vois-tu ce W? J'y avais moi-même gravé cette lettre avant de te la donner, comme j'ai aussi gravé les lettres initiales du nom de ton frère et de ta sœur sur les médailles que je leur ai données, afin qu'elles ne fussent jamais confondues ensemble, et que, si l'une d'elles venait à se perdre, je pusse savoir à qui elle appartenait. Il ne me reste plus qu'à te montrer l'instruction que tu peux tirer de cette aventure. Dans quelque profond secret qu'une mauvaise action semble avoir été commise, il y a toujours quelque circonstance imprévue qui sert à la faire découvrir. Tu ne croyais certainement pas ce matin rencontrer la petite miss qui est en bas. Tu croyais encore moins, lorsque nous l'avons rencontrée, et que tu te félicitais de ce qu'elle venait si à propos pour te tirer d'embarras, que ce serait elle-même qui servirait à te confondre en me rapportant ta médaille. Apprends par-là, mon ami, que si tu fais le mal, tu cours sans cesse le risque d'être découvert par les moyens les plus inattendus, et par conséquent tu es continuellement exposé à la plus affreuse disgrace. La sécurité fut toujours la douce compagne de la vertu. Un cœur honnête n'a jamais de secret honteux à cacher. Libre de ces cruelles inquiétudes, dont tu as été tourmenté ce matin, il n'a besoin d'aucun subterfuge: il frémirait de la seule pensée de descendre à un moyen si honteux. Cultive donc avec soin cette franchise de caractère si pure et si aimable, en évitant tout ce que ta conscience pourrait te reprocher. Cette voix intérieure sera toujours ton guide le plus sûr. Si tu sens ton cœur embarrassé, et que tu penses agir d'une manière qui serait condamnée par tes parens, rentre aussitôt en toi-même, et n'en sois pas détourné par la crainte du ridicule. Tu peux éprouver, pendant quelques instans, qu'il est désagréable d'être en butte aux railleries de gens corrompus; mais ces traits seront bientôt émoussés par ta fermeté: tu jouiras ensuite de l'approbation de tes amis, ainsi que de la satisfaction de ton cœur; et voilà, mon enfant, une noble récompense. Quant à la crainte du châtiment, ou à l'espérance de l'éviter, que nul de ces indignes motifs n'influe jamais sur ta conduite. Un enfant, qui n'est effrayé d'une mauvaise action que par la seule idée d'en être puni, doit avoir déjà perdu tout principe d'honneur. Si tes parens n'ont jamais employé envers toi de corrections violentes, c'est que jusqu'à ce jour tu as été sage et soumis. Ne crois point qu'ils voulussent laisser tes fautes dans l'impunité, si tu venais à changer de conduite. Ne te vante donc point de n'avoir pas de châtimens à craindre, mais forme la noble résolution de ne les pas encourir. Cet objet ne doit te causer aucune terreur, que par l'assurance où tu peux être de ne jamais rien faire qui puisse l'armer contre toi. Je sais que ton cœur est généreux; mais il est facile à surprendre. C'est de sa faiblesse que tu dois travailler à le guérir, si tu ne veux errer pendant ta vie entière au milieu des précipices. La fermeté des principes, mon cher enfant, est absolument nécessaire pour former un honnête homme. Tu aimes tendrement ton frère; cependant, égaré par de lâches séductions, tu as consenti à le tromper, à le dépouiller, à le plonger dans le chagrin. Que ne devais-tu pas souffrir, lorsque, dans sa crédule innocence, il t'a prié de chercher sa médaille; et t'a remercié de la peine que tu feignais de prendre pour lui? Tu as cependant étouffé dans ce moment tout sentiment d'honneur et de tendresse. C'est ainsi qu'une mauvaise action, de quelque genre qu'elle soit, endurcit le cœur et l'avilit. Je me flatte que cet exemple, pris en toi-même, te servira d'éternelle leçon. Veuille en croire ma longue expérience; il est impossible de fixer des bornes au mal, et de dire: J'irai jusque-là dans mon égarement, et je m'arrêterai. Si tu consens une fois à descendre d'un seul degré de ton innocence, tes yeux seront bientôt obscurcis; et tu ne sauras plus à quelle profondeur tu t'enfonceras dans le crime.

Ce discours fit une impression profonde sur William. Il promit, les larmes aux yeux, de se défier à l'avenir de sa faiblesse. M. Greaves, touché de son repentir, lui accorda le pardon qu'il implorait, et, après avoir scellé sa grâce par les embrassemens les plus tendres, il le quitta pour lui donner le temps de se remettre de son agitation. William, un peu soulagé du pesant fardeau qui avait oppressé son cœur, reprit bientôt assez de calme pour être en état de descendre auprès de ses parens; quoique le sentiment pénible qu'il avait conservé de ses fautes eût abattu sa vivacité, et le rendît distrait et silencieux.

Toutes ses pensées et tous ses sentimens avaient été concentrés sur lui-même pendant la matinée. Mais après le dîner il se rappela qu'il devait à Tony le shelling que celui-ci lui avait si généreusement prêté dans sa détresse. Cependant il n'avait plus d'argent; et, en demander à son grand-père, c'était lui rappeler des souvenirs qu'il aurait voulu effacer de sa propre mémoire. Dans cet embarras, il résolut de s'adresser à sa sœur, qu'il savait être toujours disposée à l'obliger, et qui se trouva par bonheur avoir trois shellings à son service.

C'est avec cette petite somme qu'il partit à grands pas pour se rendre au village de Tony. Il était près d'y entrer, lorsqu'il entendit des cris perçans qui partaient du milieu d'une épaisse bruyère à la droite du chemin. Il courut aussitôt de ce côté pour secourir le malheureux qui poussait ces plaintes. Mais à mesure qu'il approchait, elles devenaient plus faibles et plus étouffées; et, avant qu'il fût arrivé, elles avaient déjà cessé de se faire entendre. Un homme qui se releva tout à coup du milieu de la bruyère, et qui s'enfuit en le voyant, lui fit connaître l'endroit où il devait chercher le triste objet de sa pitié. C'était un enfant cou-

vert de haillons, et couché par terre sans mouvement. Il s'avança pour le secourir. Quelle fut sa surprise lorsqu'il crut reconnaître Tony! C'était lui en effet, que son maître cruel avait attaché par une corde à une souche d'arbre, et qu'il venait de déchirer en le frappant d'une sangle de cuir.

Il avait fini par lui donner sur la tête un rude coup de bâton qui l'avait étourdi, et privé de l'usage de ses sens. Peut-être même aurait-il poussé plus loin la barbarie, si l'approche d'un témoin qui aurait pu déposer contre lui ne l'eût obligé de prendre la fuite.

William se précipita sur le corps de Tony. Il rompit ses liens et s'efforça de le faire revenir à lui-même. Hélas! le petit malheureux ne pouvait encore sortir de son évanouissement. William tourna les yeux de tous côtés pour voir s'il ne découvrirait personne qui pût le seconder. Il aperçut à travers la bruyère un jeune enfant, qui lui rappela tout à coup l'idée du petit apprenti dont Tony lui avait parlé à la première entrevue. Après l'avoir inutilement appelé, il courut vers lui, et lui demanda pourquoi il ne venait pas au secours de son camarade. O mon cher monsieur, lui répondit le petit garçon tout tremblant, j'ai peur que le maître ne revienne, et qu'il ne me batte aussi.

— Et pourquoi donc Tony a-t-il été si cruellement traité?

— C'est qu'il n'a pas porté à la maison le shelling qu'il eut hier du chevalier Digby pour avoir ramoné ses cheminées. Il dit au maître, en rentrant, qu'il lui donnerait le shelling aujourd'hui. Le maître a bien voulu attendre toute la matinée; mais voyant que le shelling ne venait pas, il s'est mis si fort en colère qu'il a pris Tony, l'a mené dans cette bruyère, et lui a dit qu'il allait le tuer. Hélas! je crains bien que la chose ne soit faite, car je ne vois point remuer Tony; et sûrement, s'il n'était pas mort, il ne manquerait pas de se relever et de s'enfuir, pour n'être pas encore roué de coups.

O Ciel! s'écria William; quoi! c'est donc moi, mon pauvre Tony, qui suis la cause des mauvais traitemens que tu viens d'essuyer! Oh! comment pourras-tu me le pardonner! Comment pourrai-je me le pardonner moi-même! Que pourrai-je faire pour te dédommager de tes souffrances? En achevant ces mots, il retourna vers lui, et se mit à lui prodiguer les soins les plus tendres. Ils ne furent pas long-temps inutiles. Après un profond soupir, Tony entr'ouvrit un peu les yeux. Juste Ciel! il respire encore! s'écria William. Regarde, mon cher enfant, regarde: c'est moi qui viens te secourir. La voix de la pitié était si étrangère à Tony, qu'il pouvait à peine en distinguer les accens. Il considérait William sans le reconnaître, et se croyait encore plongé dans son évanouissement. Peu à peu cependant il revint entièrement à lui-même. Oh! c'est vous, mon petit monsieur, dit-il à William, en le fixant d'un air ébahi. Je viens d'être rudement battu pour votre compte; mais ne vous en affligez pas. Dieu merci, je suis fait à souffrir. Le mal est passé, et je n'y ai point de regret.

William, sans pouvoir lui répondre, l'aida tristement à se relever. Il le conduisit à la barrière d'un champ voisin que Tony eut beaucoup de peine à franchir; et là, ils s'assirent à l'ombre d'une haie qui les dérobait à tous les regards. William garda quelque temps le silence, puis, essuyant des larmes qui baignaient ses yeux, il pria Tony de lui pardonner d'avoir été la cause de ses tourmens, faute d'avoir plus tôt acquitté une dette aussi sacrée que la sienne. Mais, ajouta-t-il, pourquoi n'es-tu pas venu me trouver? Tu pouvais être bien sûr que je t'aurais payé tout de suite. — Oh! mon cher monsieur, répondit Tony, je pensais bien que c'était votre envie. Aussi ai-je couru ce matin chez vous, là-bas à ce château, vous savez bien? par cette avenue où je vous vis la première fois, lorsque vous me quittâtes pour monter dans un beau carrosse qui passait au grand trot. J'ai demandé le petit monsieur, car je ne savais pas autrement votre nom. Et le cocher, j'imagine au moins que c'était lui, m'a dit que j'étais vraiment un joli garçon pour avoir des affaires avec son jeune maître, et que d'ailleurs vous n'étiez pas en ce moment au château. Alors, comme j'étais pressé, je lui ai dit que vous me deviez un shelling, et je l'ai prié de me le payer pour vous, en l'assurant que vous n'auriez pas de plus grand plaisir que de le lui rendre. Là-dessus il m'a dit que, tout petit que je paraissais, j'étais un grand coquin. Il m'a envoyé je n'ose pas trop vous dire où, mais c'était à tous les diables. Et, après m'avoir donné deux ou trois coups d'un fouet à cheval qu'il avait à la main, il m'a chassé sans pitié de la cour. — Oh! mon pauvre ami, que j'en suis fâché! s'écria William. Il faut que tu sois venu lorsque j'étais à la promenade avec mon grand-papa. Je puis te payer tout de suite, ajouta-t-il, en lui donnant les trois shellings qu'il avait apportés. Je n'en ai pas davantage pour le moment ; mais le premier argent qui me viendra, je le réserverai pour toi, je te le promets. — Je ne vous ai prêté qu'un shelling, lui répondit Tony, ainsi vous m'en donnez deux de trop. Oh! garde-les, garde-les tous, répliqua William. Je voudrais seulement en avoir dix fois plus à te donner.

En ce moment, le petit apprenti, que la peur de son maître avait empêché de suivre William auprès de son camarade, accourut à toutes jambes vers Tony, pour lui dire qu'il pouvait retourner à la maison, parce que le maître venait d'aller au cabaret, où il passerait sûrement, suivant sa coutume, le reste de la journée. Tony se leva aussitôt, et dit à William qu'il voulait profiter de l'absence de son persécuteur pour s'en retourner chez lui, parce que sa maîtresse, qui était la meilleure femme du monde, était sûrement en peine sur son compte, et qu'il brûlait de la tirer d'inquiétude. William lui répondit qu'il ne le quitterait pas ; et ils s'acheminèrent tous les trois vers la chaumière. Ils ne tardèrent pas à y arriver, quoique Tony ne se traînât qu'avec peine ; mais William et son petit camarade le soutenaient sous les bras, pour lui rendre la marche moins douloureuse. William, en entrant, vit la pauvre femme qui tenait une main sur l'un de ses yeux. De l'autre main, elle soutenait un enfant à qui elle donnait à téter. L'innocente créature quittait de temps en temps la mamelle, et regardait sa mère avec un sourire, tandis qu'en se penchant pour lui sourire à son tour, elle laissait tomber des larmes sur ses petites joues vermeilles. Une petite fille d'environ deux ans était debout auprès des genoux de sa mère, et pleurait pour qu'elle la prît sur son sein et qu'elle lui donnât à manger. Un autre enfant, auprès d'une table éclopée, tâchait d'atteindre à un morceau de pain bis, plus noir encore de suie que de sa propre couleur. Telle était la scène qui frappa les regards du jeune Sedley à son entrée dans la chaumière, et qui lui présenta un contraste bien frappant avec la richesse à laquelle il était accoutumé. Tony le suivait, et, oubliant ses meurtrissures, il se précipita dans la chaumière en s'écriant : Me voici, maîtresse, ne pleurez pas davantage, me voici. Elle ne s'était pas aperçue de l'arrivée de William. Au son de la voix de Tony, elle releva soudain la tête, en essuyant ses yeux qui étaient si enflés qu'elle pouvait à peine le voir. Quoi! c'est toi, mon pauvre enfant? lui répondit-elle. Comment te trouves-tu? Je craignais que tu n'eusses été assommé, tant mon mari était en fureur. C'est pour avoir voulu lui demander ta grace, qu'il m'a donné ce coup terrible à la tête. Hélas! en le recevant, j'ai bien cru qu'il finirait à la fois toutes mes peines. Mais n'est-ce pas là ce petit monsieur dont tu m'as parlé? Oh! oui, c'est moi, répondit William. C'est à moi que Tony a prêté le shelling qui vous a causé à tous tant de souffrances, tandis que je devais être seul à souffrir.

Les enfans, qui avaient suspendu pour un moment leurs criailleries, les recommencèrent alors avec plus de force. La mère leur dit de prendre patience, qu'il ne lui restait pas un sou pour leur donner du pain. Tony aussitôt s'empressa de lui montrer l'argent qu'il avait reçu, et il promit aux enfans que s'ils étaient sages, il leur donnerait de quoi manger. En effet, il dépêcha tout de suite le petit apprenti pour aller acheter une galette, dont l'arrivée fit naître la joie dans toute la maison. L'avidité avec laquelle les enfans dévoraient ce pain lourd et à demi cuit, causa à Sedley le plus grand étonnement. Toute la petite famille le remercia de sa générosité, lorsqu'elle apprit que c'était à lui qu'elle avait l'obligation de ce bon repas. William jouissait avec transport de la reconnaissance universelle : mais, comme la nuit s'approchait, il se vit obligé de quitter la chaumière pour retourner au château. En marchant, il fit de profondes réflexions sur tous les événemens qui avaient rempli cette journée et la précédente. Il vit combien la faiblesse qu'il avait eue de céder, contre sa conscience, aux mauvais conseils de Beaufort, lui avait attiré d'humiliations et de chagrins. C'était peu des affronts qu'il avait reçus à la foire, des angoisses qu'il avait senties au retour, enfin de la honteuse découverte de sa dissimulation et de ses mensonges, il avait encore tenu plongé dans la douleur son petit frère qu'il chérissait tendrement ; il était cause que son généreux bienfaiteur avait été déchiré de coups et qu'une malheureuse femme avait failli perdre la vie. Tous ces tableaux, retracés vivement à son esprit, le firent frémir d'horreur. Il sentit combien il était nécessaire de vaincre sa faiblesse, et de ne suivre que les inspirations de l'honneur et de la vertu. Ces principes se fortifièrent de plus en plus dans son ame. Il les suivit fidèlement depuis ce jour ; et ceux que cette petite histoire a pu intéresser en faveur du brave Tony, seront bien aises d'apprendre que William eut la joie de lui procurer bientôt un sort plus heureux.

LI. *Guillaume D*** à sa mère.*

Londres, le 24 octobre.

Nous voici revenus depuis hier dans cette grande ville, ma chère maman. Mais, hélas ! ce voyage a été marqué par un événement bien fâcheux.

M. Bartlet, Charles et moi, nous allions devant dans une berline légère. M. et madame Grandisson nous suivaient avec Émilie et Édouard. Nous étions convenus de les attendre à une grande auberge pour dîner ensemble et laisser reposer nos chevaux. Lorsque nous arrêtâmes, le brave Henri, en voulant descendre précipitamment pour nous ouvrir la portière, eut le malheur de tomber et de se casser la jambe. Vous devez penser quel fut notre chagrin à cet accident. Nous fîmes aussitôt transporter le pauvre malheureux dans la meilleure chambre de l'auberge, et Charles envoya chercher le chirurgien du village. Malgré sa profonde douleur, il eut le courage d'assister à l'opération, et de prêter tous les secours qui furent en son pouvoir. La seconde voiture étant arrivée, mon ami supplia son père, après le dîner, de nous laisser dans l'auberge auprès du malheureux, jusques au lendemain. M. Grandisson y consentit, et continua sa route. Que ne puis-je vous peindre les soins tendres et empressés que Charles rendit au pauvre Henri pendant toute la journée ! Il ne voulut point quitter le chevet de son lit ; et il lui donnait les plus douces consolations. Vers les dix heures du soir, il fit monter le cocher, à qui il ordonna de passer la nuit auprès de Henri, et de venir nous appeler, si notre présence était nécessaire.

Nous nous levâmes le lendemain de bonne heure, et nous eûmes le plaisir de voir que notre malade se trouvait assez bien pour son état. Cependant Charles ne voulut point se remettre en route avant l'arrivée d'une femme que M. Grandisson nous avait promis d'envoyer de Londres, pour rester auprès de Henri. Ce ne fut donc que le soir que nous reprîmes notre voyage, après que mon ami eut recommandé le malade et la garde aux soins du maître de l'auberge, avec la promesse d'une bonne récompense.

Voyez, ma chère maman, s'il est possible d'avoir plus de prudence et d'humanité que mon ami. On a beau le croire doué de toutes les perfections, chaque jour on en découvre en lui de nouvelles. Il en est de même de mon amitié. Je crois ne pouvoir pas l'aimer davantage, et cependant je l'aime tous les jours de plus en plus. Oh! ce n'est pas pour lui seul que mes sentimens prennent une plus vive tendresse. O ma chère maman, ma chère petite sœur, c'est vous qui aurez toujours la meilleure part dans mes affections.

P. S. J'oubliais de vous dire qu'Édouard vient de partir pour aller se faire recevoir à son régiment.

LII. Guillaume D*** à sa mère.

Londres, le 23 novembre.

La santé du brave Henri est entièrement rétablie, ma chère maman; mais il ne marche encore que sur des béquilles. Sa jambe cassée est beaucoup plus courte que l'autre. Ainsi le voilà sans retour estropié pour le reste de sa vie. Son malheur affecte vivement M. et madame Grandisson, parce que c'était un domestique intelligent, fidèle et rempli d'attachement pour ses maîtres. Charles et sa sœur ont eu ce matin, à son sujet, un entretien avec leurs parens, que je m'empresse de vous rapporter.

CHARLES. — Que je suis affligé, mon papa, de l'accident du pauvre Henri! il était si leste et si bien fait!

M. GRANDISSON. — Je n'y suis pas moins sensible que toi, mon cher fils. Tu vois comme l'on n'est jamais sûr un instant de soi-même. On se lève frais et dispos; et un seul malheur, que toute la prévoyance imaginable ne peut nous laisser entrevoir, nous prive, en un moment, ou de notre santé, ou de l'un de nos membres les plus utiles, et souvent même de la vie. La semaine dernière, un homme de ma connaissance invite toute sa famille pour célébrer sa fête, et lui donné un grand repas. Il se voit au milieu de ses enfans et de ses neveux. Il reçoit leurs tendres caresses, et se réjouit de vivre pour être aimé. Après le dîner, il veut descendre. Son pied porte à faux sur une marche de l'escalier; sa tête se brise, et le voilà mort. De pareils accidens arrivent tous les jours.

CHARLES. — L'infortune du pauvre Henri ne lui est arrivée que pour avoir mis trop d'ardeur à remplir nos ordres. Que fera-t-il maintenant? Il n'est plus en état de servir.

ÉMILIE. — Hélas! non. Qui voudrait prendre un domestique boiteux? Par bonheur mon papa et maman sont si bons! Oui, j'ose le croire, je ne crains pas que jamais...

Mme GRANDISSON. — Eh bien! Émilie, poursuis. Que voulais-tu dire?

ÉMILIE. — Ah! ma chère maman, que vous dirai-je? Vous savez bien mieux que moi ce que vous pouvez faire pour lui.

M. GRANDISSON. — Parle librement, ma chère fille, quel parti penses-tu que nous devions prendre en cette occasion?

ÉMILIE. — Puisque vous me l'ordonnez, mon papa, je vais vous obéir. Vous avez la bonté de faire une pension à votre ancien jardinier, parce que vous avez toujours été content de son service?

M. GRANDISSON. — Il est vrai; mais c'est un homme infirme, qui a servi dans la maison pendant plus de quarante ans. Il a éprouvé des malheurs considérables; et il ne peut rien faire aujourd'hui pour gagner son pain, au lieu que Henri peut encore travailler.

ÉMILIE. — Oh! il ne sera jamais en état de faire ce qu'il faisait auparavant. Daignez écouter ma prière, mon cher papa. Tenez, je serai plus ménagère à l'avenir pour mes habits et pour tous mes autres besoins ; et si vous voulez me le permettre, le pauvre Henri profitera de ces économies.

M. GRANDISSON. — J'approuve, ma chère fille, cette manière de penser ; elle te fait plus d'honneur que ne le ferait la plus riche parure. Mais je veux avoir aussi le sentiment de Charles sur cette affaire.

CHARLES. — O mon papa, que me dites-vous ? Ce n'est pas à moi de vous donner des conseils.

Mme GRANDISSON. — C'est fort bien, mon fils ; mais puisque ton père te demande ta pensée, tu peux nous la dire.

CHARLES. — Eh bien ! je l'avouerai, j'aime beaucoup Henri, et je voudrais qu'il fût heureux.

M. GRANDISSON. — Sais-tu quelque moyen de faire son bonheur ?

CHARLES. — Oui, mon papa, je crois en avoir trouvé un.

Mme GRANDISSON. — C'est sans doute le même que celui de ta sœur ?

CHARLES. — Non pas tout-à-fait. Il y a quelque légère différence.

M. GRANDISSON. — Voyons donc, je te prie.

CHARLES. — Son père était un fort honnête tisserand, qui aurait pu vivre à son aise de son travail, s'il n'avait eu un si grand nombre d'enfans à nourrir. Henri, dans sa jeunesse, a commencé par apprendre le même métier. Il ne l'a quitté que par le penchant qu'il avait à s'attacher à votre service. Son père est mort, il y a plus de six ans, et tout ce qu'il possédait a été vendu pour payer ses dettes. Je suis sûr que Henri reprendrait volontiers son ancienne profession, s'il en avait les moyens. Mais comme il s'est chargé du soin d'entretenir sa mère, il n'a pu rien épargner de ses gages. C'est une chose que vous savez.

M. GRANDISSON. — Il est vrai.

CHARLES. — Eh bien ! mon papa, si vous aviez la bonté de lui avancer l'argent dont il a besoin pour acheter un métier, pour se procurer des outils, du fil, de la laine, et monter un peu son ménage, je le connais, il est honnête et laborieux, il saurait aisément se tirer d'affaire. Il pourrait prendre sa pauvre mère avec lui pour en avoir soin : il se mettrait en état d'amasser quelque chose pour ses vieux jours ; et bientôt peut-être il vous rendrait l'argent que vous auriez eu la bonté de lui prêter.

Mme GRANDISSON. — Oui, mais les intérêts qu'il nous devrait de cette somme, le gêneraient sans doute.

CHARLES, *se jetant au cou de sa mère*. — O ma chère maman, permettez que je vous embrasse. Je vois que vous voulez faire pour lui plus que je n'osais désirer.

M. GRANDISSON. — Oui, mon cher fils, et je suis ravi que tes pensées s'accordent si bien avec les nôtres. Émilie ne pouvait pas tout prévoir. Une pension que nous aurions faite au pauvre Henri, n'aurait servi peut-être qu'à lui donner le goût de l'oisiveté, et à lui en faire contracter les vices. Au lieu qu'en reprenant son premier état, il ne dépendra que de lui de se voir dans l'aisance par son industrie et son activité.

ÉMILIE. — Oh ! oui, mon papa, vous avez raison, je le sens à merveille.

M. GRANDISSON. — Puisque nous voilà tous d'accord, il ne te reste plus, Charles, que d'aller en instruire Henri, et de voir avec lui de quelle somme il peut avoir besoin. Tu peux lui dire que nous la lui donnerons avec une joie extrême, pour récompense de sa fidélité, et pour consolation de son malheur.

Mme GRANDISSON. — Oui, mon ami, et nous te laissons le plaisir d'arranger toi-même toute cette affaire.

CHARLES. — O mon digne papa, ma chère maman, que je vous remercie au nom du pauvre malheureux! Permettez que j'aille tout de suite lui en porter la nouvelle.

ÉMILIE. — Attends, mon frère, je veux être avec toi. J'aime tant à voir les braves gens se réjouir!

O ma chère maman, quel bonheur d'avoir le moyen d'exercer la bienfaisance! Je voulus aussi assister à cette scène. Le brave Henri versa d'abord des larmes de joie, lorsque Charles lui dit ce que ses parens voulaient faire en sa faveur. Ses larmes devinrent ensuite de tristesse, lorsqu'il songea qu'il allait quitter de si bons maîtres. Mais non, s'écria-t-il, je ne les quitterai point. Je les aurai toujours devant les yeux au bout de mon métier.

Je ne puis aller plus loin. Mes larmes m'empêchent de voir ce que j'écris. Adieu, ma chère maman. Je serai donc dans deux mois auprès de vous et de ma petite sœur! Nous pourrons nous voir à toutes les heures du jour! Toutes nos promenades, tous nos repas se feront ensemble! Je vous verrai sourire à mes soins, et m'en payer par vos caresses! Je pourrai vous ouvrir mon cœur, vous exposer tous mes sentimens et toutes mes pensées. Je pourrai recevoir vos tendres avis, et vous en faire aussitôt recueillir le fruit dans ma conduite! Je vous entendrai peut-être remercier le Ciel de nous avoir donné le jour! Oh! avec quelle joie je vous embrasse dans cette espérance!

LIII. *Guillaume D*** à sa mère.*

Londres, le 26 novembre.

Édouard est revenu cette après-midi à la maison, ma chère maman. Son habit d'officier lui sied à merveille. Il est aussi bien de taille et de figure que Charles. Ne serait-ce pas dommage que son cœur ne fût pas aussi bon? Il paraît par les lettres qu'il a apportées du major Arthur et du comte de ***, qu'il s'est fort bien conduit à son régiment. Il a été chargé par le major de présenter une superbe tabatière à mon ami Charles. Elle est ornée de son portrait entouré de diamans. Le major a pris une tournure bien noble pour la lui faire accepter. Il lui dit que ne pouvant le remercier assez souvent de lui avoir sauvé la vie, il a chargé son portrait de lui en témoigner tous les jours sa reconnaissance.

Il vient d'arriver en ce pays une funeste aventure, qui montre de quelle imprudence il est toujours de parler mal des autres. Voici, ma chère maman, un entretien que nous avons eu à ce sujet, et dans lequel vous pourrez mieux en apprendre toute l'histoire.

ÉDOUARD. — Avez-vous entendu parler, mon papa, de la scène qui vient de se passer à Tunbridge?

M. GRANDISSON. — Non, mon fils; qu'est-ce donc?

ÉDOUARD. — Vous connaissez le colonel Brown, ce brave officier?

M. GRANDISSON. — Oui, sans doute.

ÉDOUARD. — Eh bien, ce digne homme a été tué la semaine dernière par le capitaine Fierly.

M. GRANDISSON. — Tué, dis-tu? Et comment?

ÉDOUARD. — D'un coup d'épée, en duel.

M. GRANDISSON. — Sais-tu le sujet de leur querelle?

ÉDOUARD. — C'est que le fils du colonel, au milieu d'une grande compagnie, avait mal parlé du capitaine, et que celui-ci s'en est tenu offensé.

ÉMILIE. — O ciel! est-il possible?

ÉDOUARD. — On dit que ce capitaine est un mauvais sujet, qui n'est estimé de personne.

M. GRANDISSON. — Cela peût être; mais il n'appartenait pas à un jeune homme d'en dire du mal, surtout dans une grande assemblée.

GUILLAUME. — Et comment cela est-il revenu aux oreilles du capitaine Fierly?

ÉDOUARD. — Quelqu'un de la compagnie s'est empressé de l'en aller instruire.

ÉMILIE. — C'était une grande imprudence, n'est-il pas vrai, mon papa?

M. GRANDISSON. — Sans doute, ma fille.

CHARLES. — Il me semble qu'il fallait se borner à prendre son parti, s'il y avait quelque moyen de le justifier des reproches qu'on lui faisait; mais les lui rapporter, c'est une chose tout-à-fait indigne.

M. GRANDISSON. — Tu as raison, mon fils; et cela nous montre, par un double exemple, combien il est imprudent de s'abandonner à l'indiscrétion de sa langue.

GUILLAUME. Mais le colonel, comment avait-il à répondre des mauvais propos de son fils? Est-ce qu'il les a soutenus?

ÉDOUARD. — Non, au contraire, il les a désavoués.

GUILLAUME. — Eh bien donc, mon ami, d'où vient qu'il se trouve dans la querelle?

ÉDOUARD. — Le capitaine est l'homme de la terre le plus brutal. Il voulait avoir satisfaction; et comme il ne pouvait la demander à un jeune homme de quatorze ans, il a cru pouvoir s'adresser à son père. Le colonel s'est engagé à punir lui-même son fils; mais le capitaine a répondu que ce n'était pas assez pour sa vengeance, et qu'un père devait expier les fautes de ses enfans. Le colonel, poussé à bout, s'est vu dans la nécessité de se défendre. Il a perdu la vie, et le capitaine a pris la fuite.

M. GRANDISSON. — Le barbare! Quel fruit a-t-il retiré de sa férocité? Il a teint ses mains d'un sang innocent; et il faut qu'il abandonne sa patrie, poursuivi par la honte et par les remords.

ÉMILIE. — Et le jeune Brown, combien il est à plaindre!

CHARLES. — Comment vivra-t-il avec le reproche horrible d'avoir coûté la vie à son père?

ÉDOUARD. — Le malheureux est au désespoir. Il passe la nuit et le jour à déplorer sa funeste imprudence. On veille sur lui, pour l'empêcher d'attenter sur lui-même. On l'a surpris hier prêt à se précipiter de la plus haute fenêtre de sa maison.

CHARLES. — La mort serait certainement préférable pour lui à l'existence. Il ne doit plus avoir un jour de repos.

M. GRANDISSON. — O mes enfans! vous voyez quels malheurs affreux la médisance peut entraîner à sa suite.

ÉDOUARD. — Il y a des personnes qui excusent un peu sa faute. On prétend qu'il n'a dit que la vérité sur le compte d'un homme justement dévoué au plus profond mépris.

M. GRANDISSON. — Qu'importe, mon cher fils? Il n'est permis de dire la vérité que quand elle n'offense personne. On est libre de garder le silence. Il est toujours plus beau de voiler les mauvaises actions de ses frères, que de les découvrir au grand jour. Quel est l'homme sur la terre absolument exempt de défauts? Nous trouverions certainement fort mauvais que l'on publiât les moindres fautes que nous commettons. Pourquoi donc nous permettre envers les autres, ce que nous ne voudrions pas que l'on nous fît à nous-mêmes? Et qu'y a-t-il de plus dangereux que la médisance? Celui qui se permet une fois de mal parler de ses semblables, en prend bientôt l'habitude, au point de publier sur leur compte le mensonge comme la vérité. Et alors de quel attentat on devient coupable! Un calomniateur est mille fois plus à craindre qu'un voleur. Car le bien dont on nous dépouille, nous pouvons le regagner par notre industrie; mais lorsque l'honneur est une fois perdu, c'est le plus souvent pour toujours.

ÉMILIE. — Mais, mon papa, quel plaisir peut-on avoir à dire le mal, faux ou vrai, de qui que ce soit au monde?

M. GRANDISSON. — Ces indiscrétions viennent toujours d'une fausse vanité. On croit paraître plus instruit, ou faire penser que l'on est soi-même à l'abri des reproches que l'on adresse aux autres. Mais on ne fait que s'attirer le mépris et la haine. Ceux même qui s'amusent un moment des traits de la médisance, craignent d'en être, à leur tour, les victimes, et détestent celui qui fonde sa satisfaction sur la jouissance du mal qu'il fait à ses semblables. Mais si l'on est insensible au plaisir de n'inspirer jamais contre soi de si tristes sentimens, comment ne pas frémir des maux qui peuvent résulter d'une parole indiscrète! Combien de ruptures, de vengeances et de meurtres un seul mot peut produire! Et quel repos attendre de sa conscience, lorsqu'on y trouve le reproche d'avoir causé des malheurs que l'on ne peut réparer!

ÉDOUARD. — Mais, mon papa, quel parti dois-je prendre, s'il est question, devant moi, d'un malhonnête homme?

M. GRANDISSON. — Garder le silence sur son compte, comme sur une personne indigne de toute attention. Ce n'est pas à toi de redresser sa conduite, puisque tu n'as aucun droit sur lui. Et si tu parles toujours avec transport d'un homme de bien, ton silence condamne assez le méchant.

CHARLES. — Oui, mon papa, je ne dois que le plaindre, et désirer pour lui qu'il apprenne à connaître la vertu.

O ma chère maman, que ce sentiment est noble et généreux! Si le jeune Brown avait eu la manière de penser de mon ami, il n'aurait pas enfoncé l'épée d'un furieux dans le sein de son père. Hélas! à la fleur de la jeunesse, que le monde doit être horrible pour lui! Donner la mort à celui de qui l'on tient la vie; cette seule pensée me glace d'horreur. C'est une leçon qui ne s'effacera jamais de mon esprit; et l'on ne m'entendra parler d'aucun de mes semblables, que lorsque j'aurai du bien à dire de sa conduite et de ses sentimens.

---

*LIV. Guillaume D*** à sa mère.*

Le 6 décembre.

J'ai vu par votre lettre, ma chère maman, que mon dernier conte a fait quelque plaisir à ma sœur. Cela me faisait penser à vous en envoyer un autre, lorsque Émilie me dit qu'elle voulait s'en charger. Elle monta aussitôt dans sa chambre, et, après avoir travaillé toute la journée, voici le conte qu'elle m'a remis ce matin. Elle vous prie, vous et ma petite sœur, de le lire avec beaucoup d'indulgence, parce que c'est son premier ouvrage, et qu'elle ne l'a entrepris que par le désir de vous plaire. J'espère que cet essai donnera de l'émulation à ma petite sœur, et je m'attends bientôt à trouver dans vos lettres quelque jolie histoire de sa façon.

LE NID DE MERLES.

Marcel et Cyprien étaient les deux plus jolis enfans du monde. Ils avaient pris l'un pour l'autre une si grande amitié, que si Marcel avait des fruits ou des gâteaux, il courait en offrir à Cyprien; et lorsque Cyprien en avait à son tour, il n'y touchait point qu'il n'eût partagé avec Marcel. Tous leurs joujoux semblaient appartenir également à chacun. En un mot, on les eût pris pour deux frères, bien plus que pour deux simples camarades.

Leurs parens étaient fort satisfaits de voir s'établir entre leurs enfans cette douce union, parce qu'ils étaient eux-mêmes étroitement liés ensemble. Cyprien ne manquait jamais, en allant à l'école, d'aller prendre Marcel; et Marcel n'en revenait jamais sans attendre que Cyprien eût fini de jouer pour s'en retourner avec lui. Ils apprenaient ensemble leurs leçons; et toutes leurs disputes étaient à qui se montrerait le meilleur écolier.

Les jours de congé, ils allaient faire tous deux un tour de promenade dans les champs. Ils s'amusaient à cueillir des fleurs sauvages, et à faire des bouquets pour leurs sœurs. Quelquefois ils s'asseyaient sur l'herbe, et se racontaient de petites histoires, ou répétaient quelque jolie chanson qu'ils avaient apprise de leurs mamans.

Marcel étant un jour allé rendre une

visite avec son père, Cyprien, se voyant privé de la compagnie de son ami, alla, pour se désennuyer, se promener tout seul dans la campagne. En marchant le long d'une haie, il découvrit dans l'épaisseur des buissons un nid de merles. Il n'était pas de ces enfans qui se font une maligne joie de ravir à un paure oiseau ses chers petits. Il résolut d'attendre qu'ils n'eussent plus besoin des secours de leur mère, et que leur mère n'eût plus besoin de les aimer. Il ne manqua pas cependant, le lendemain, de faire part de sa bonne fortune à Marcel. Il lui dit qu'il voulait lui montrer le nid, qu'ils iraient chaque jour faire une visite aux oiseaux, jusqu'à ce que leurs ailes fussent venues, et qu'alors ils partageraient ensemble la nichée.

Marcel attendit avec impatience que l'école fût finie. Alors Cyprien l'amena devant le nid, et ils y allèrent ensemble plusieurs jours de suite pour voir comment se portait la petite famille.

Le premier moment que Marcel avait vu le nid, il avait conçu le projet de s'en emparer. Il est difficile de concevoir ce qui avait pu lui inspirer cette vilaine pensée, puisque son ami lui avait offert volontairement de partager avec lui. Le mal se glisse avec tant de facilité dans le cœur des hommes que l'on devrait bien se tenir toujours sur ses gardes pour l'empêcher d'y pénétrer. Les enfans devraient encore y veiller avec plus de soin, puisque leur cœur est plus faible. Cette vigilance leur est d'autant plus facile qu'ils ont toujours leurs parens ou leurs instituteurs pour les aider de leurs sages conseils. Ils ne savent pas assez qu'une faute légère peut bientôt faire naître un vice odieux, qui ne tarde pas à corrompre leur ame, et quelquefois pour le reste de leur vie.

Marcel étant sorti un jour avant l'heure où Cyprien venait ordinairement le chercher, il se rendit seul à l'endroit où était le nid. Il trouva les petits bons à prendre; et, oubliant tout à la fois les doux nœuds qui l'unissaient à son camarade, et la générosité qu'il lui avait montrée, il saisit sa proie, et l'emporta le cœur tout palpitant.

Lorsqu'il eut fait la moitié du chemin, il s'assit sous un arbre pour regarder les petits oiseaux et les entendre gazouiller. Ce fut alors, pour la première fois, qu'il sentit des remords de l'indigne action qu'il venait de commettre. Son esprit était dans un grand embarras. S'il portait en cachette le nid à sa maison, il ne pouvait manquer d'être bientôt découvert; et son père le punirait sévèrement pour avoir trompé son camarade, qui ne manquerait pas aussi de lui retirer son amitié; s'il rapportait le nid pour le remettre à sa place, il craignait de rencontrer Cyprien en y allant. Il lui vint ensuite la pensée d'aller jeter le nid dans un étang voisin, et de le faire couler à fond en le chargeant de pierres. Pendant qu'il flottait entre ces divers partis, il vint à passer un enfant d'un autre village, qui, ayant vu le nid entre ses mains, lui offrit en échange une douzaine de boules de marbre, renfermées dans un sac. Cette proposition venait fort à propos, à ce qu'il lui sembla, pour le tirer de peine. Il se hâta d'y souscrire, et se rendit à l'école, où il affecta de prendre un air aussi tranquille que s'il n'avait eu aucun reproche à se faire.

Il fallut trouver une mauvaise excuse auprès de son ami, pour ne l'avoir pas attendu le matin comme à l'ordinaire. Cyprien, qui n'avait aucun soupçon, se contenta de tout ce que Marcel voulut lui dire. Il lui dit à son tour que l'on avait congé l'après-midi, et qu'ils pourraient en profiter pour aller chercher les oiseaux, et s'en amuser le reste de la journée.

Ils partirent en effet immédiatement

après leur dîner. Cyprien faisait déjà ses arrangemens au sujet de la petite famille. Quel fut son chagrin lorsqu'en arrivant devant le buisson il la trouva dénichée! Marcel fit semblant d'en être aussi surpris et aussi affligé que lui. Après s'être livrés quelque temps à de vaines lamentations, ils s'en retournèrent d'un air confus. Quoi qu'il en soit, Marcel, pour détourner Cyprien de penser plus longtemps à sa mésaventure, lui montra ses boules de marbre, en lui disant qu'il les avait trouvées le matin dans un sac, en allant à l'école, et qu'ils n'avaient qu'à jouer ensemble.

Je vous prie, mes chers amis, de considérer un moment, avec moi, combien les crimes de Marcel s'étaient multipliés dans le cours d'une journée. Le matin, il avait volé son ami, en prenant seul le nid que celui-ci lui avait montré pour le partager ensemble. Ensuite, il avait eu la pensée de faire périr d'une mort cruelle les pauvres petites créatures. Puis, il avait fait l'hypocrite pour détourner les soupçons. Enfin, il venait de faire un mensonge, en disant qu'il avait trouvé les boules de marbre, tandis qu'il les avait reçues en échange des oiseaux. Telle est la rapidité des progrès du vice! Et ne vous y trompez pas: vous aurez beau les couvrir pendant quelque temps; la justice du Ciel saura bien à la fin les dévoiler. Il y aura toujours quelque accident qui mettra vos fautes en lumière. Vous-mêmes, vous servirez les premiers à les faire éclater; car votre imagination n'enfantera pas autant de mensonges que vous seriez obligés d'en dire pour les couvrir les uns les autres. Le premier défaut de mémoire vous jettera dans une confusion qui doit conduire nécessairement à la découverte. Alors viendront la disgrace et la honte, avec les châtimens que vous méritez.

Mais revenons à notre histoire. Cyprien, qui ne s'était fait une si grande joie de sa découverte que parce qu'il en devait partager le fruit avec son ami, ne le vit pas plus tôt se consoler, qu'il se consola lui-même; et ils se mirent à jouer ensemble avec leurs boules. La partie alla fort bien pendant quelque temps; mais d'autres enfans qui passaient s'étant arrêtés pour les voir jouer, l'un d'eux, après avoir attentivement examiné les boules, les réclama comme lui appartenant, et dit qu'il les avait perdues le matin même, avec un sac où elles étaient renfermées. Marcel se moqua de sa prétention, et soutint effrontément qu'il avait acheté les boules. Mais Cyprien, qui venait de lui entendre dire qu'il les avait trouvées, lui dit que c'était mal de mentir, et qu'il fallait les rendre à leur maître. Marcel refusa de le faire, en disant que, s'il les avait trouvées, elles étaient à lui, et qu'il les garderait. Il fut cependant trompé dans son attente; car l'autre petit garçon se jeta brusquement sur lui, lui donna un coup de poing dans le nez, lui prit les boules, et s'en alla, le laissant réfléchir tristement sur les premières suites de sa vilaine action.

Il est maintenant nécessaire de vous apprendre que le petit garçon qui réclamait les boules les avait effectivement perdues, comme il le disait, et que celui qui les avait données à Marcel pour les oiseaux, les avait trouvées. Mais comme il pensait pouvoir tirer un plus grand parti des oiseaux que des boules, il avait fait le troc dont nous avons parlé ci-dessus.

Ce petit garçon était né de parens honnêtes, mais fort pauvres. On l'appelait Lubin; et il était bien connu à plusieurs milles à la ronde, parce qu'il allait vendre dans tout le pays des fagots qu'il faisait lui-même du bois mort qu'on lui laissait prendre dans la forêt. Il en portait aussitôt l'argent à sa mère, pour l'aider à faire vivre toute sa famille. Comme ses parens n'étaient pas en état de l'envoyer à l'école, il avait du temps de reste pour son petit commerce, qu'il faisait avec beaucoup d'industrie et d'activité.

Ce petit Lubin étant devenu maître du nid, examina les oiseaux, et, les trouvant déjà forts, il courut vers le village où demeuraient Marcel et Cyprien, pour tâcher de vendre la nichée dans la maison de quelque gentilhomme. Le hasard voulut que la première personne à laquelle il s'adressa, fût le père même de Marcel, qui le connaissait de réputation, et qui, sachant qu'il était pauvre et honnête, lui donna un petit écu pour le nid. Lubin, qui ne s'était jamais vu tant d'argent à la fois, se hâta de le porter à sa mère, qui le reçut comme un présent du Ciel.

Marcel ne tarda guère à rentrer chez lui, tenant dans son mouchoir son nez encore tout ensanglanté. Lorsqu'on l'interrogea sur sa meurtrissure, il répondit que c'était un grand garçon qui lui avait jeté une pierre, pour avoir voulu l'empêcher de battre un enfant; ce qui était, comme vous le voyez, un nouveau mensonge. Son père, pour le consoler de son malheur, se hâta de lui montrer le nid de merles qu'il venait d'acheter. Jamais étonnement ne fut égal à celui de Marcel, lorsqu'il vit que c'était le même nid qu'il avait si vilainement dérobé à son ami Cyprien, et qu'il avait donné pour les boules qu'on venait de lui ravir, en le battant encore par-dessus le marché. On conviendra sans peine que la justice de la Providence se déclare bien évidemment dans la suite de cette aventure, et qu'elle choisit la voie la plus directe pour punir le coupable. Marcel sentit alors que c'était son premier manque de foi envers son ami qui avait amené toutes les circonstances fâcheuses où il allait se trouver embarrassé. La vue du nid lui fit verser plus de larmes que n'avait fait son mal. Son père ne savait comment s'y prendre pour le calmer. Allons, mon cher fils, lui dit-il, ce n'est rien qu'un nez poché. Tu n'es pas blessé autrement; et je vais te dire une chose qui te fera sûrement plaisir. Tu m'as dit que ton ami Cyprien t'avait promis de partager avec toi le nid qu'il avait découvert? Tu ne seras pas en reste avec lui. Demain, avant d'aller à l'école, tu lui porteras deux de ces oiseaux que je viens d'acheter d'un pauvre enfant; et il sera bien aise de te voir aussi généreux envers lui qu'il voulait l'être envers toi.

Ce discours fut un nouveau coup de foudre pour Marcel. Il voyait que c'était le plus sûr moyen de faire éclater son indignité. Son esprit était douloureusement accablé de cette pensée. Il se livrait au désespoir; il ne pouvait parler; et, à chaque instant, il était prêt à s'évanouir. Son père, le voyant dans cet état, imagina qu'il était blessé plus grièvement qu'il ne paraissait l'être. Il le fit mettre au lit, et lui fit prendre des potions restaurantes. Marcel était malade en effet. Il ne put dormir de toute la nuit. Une fièvre brûlante consumait son sang. Son père et sa mère commencèrent à craindre pour lui. Ils l'interrogeaient à chaque instant sur son mal, mais il était opiniâtrément résolu de n'en jamais découvrir la véritable cause, quand il eût dû lui en coûter la vie.

Le lendemain, Cyprien étant venu, selon sa coutume, chercher Marcel pour aller ensemble à l'école, on lui dit que son ami était retenu au lit par une grosse fièvre. Cette nouvelle remplit son petit cœur de tristesse. Il demanda la permission de monter auprès du malade, ce qui lui fut accordé. Marcel, en le voyant, fut saisi d'un cruel serrement de cœur, parce qu'il imaginait que Cyprien avait déjà vu le nid, et qu'il venait l'accabler de reproches. Voyez ce que c'est qu'une conscience criminelle. Qui oserait hasarder un mensonge, en voyant que tôt ou tard la vérité se découvre pour accabler l'imposteur? Je ne vous demande que de réfléchir un moment sur la honte et le désespoir de Marcel; et je suis bien sûr que vous ne ferez jamais rien dont vous ayez à rougir.

Cyprien, après avoir passé quelque temps à consoler son ami, le quitta pour aller à l'école. En descendant, il trouva dans le salon le père de Marcel, qui lui montra les oiseaux, et lui dit qu'il se faisait un grand plaisir de lui en donner deux, les plus jolis, à son choix. Cyprien reconnut le nid d'un seul coup d'œil; et son premier mouvement fut de s'écrier: Oh! que c'est indigne à Marcel d'avoir enlevé mon nid, et de m'avoir soutenu si vilainement qu'il ne savait ce qu'il était devenu! Fi donc! Cyprien, répondit le père de Marcel: comment oses-tu accuser mon fils d'une si mauvaise action? Il n'en est pas capable, je t'assure. J'achetai hier moi-même ce nid, d'un petit garçon nommé Lubin. Ce fut une grande joie pour Cyprien de s'entendre dire que Marcel était innocent. C'était bien son nid à la vérité : il n'était pas difficile à reconnaître; mais un autre avait bien pu le prendre. Il s'excusa de sa précipitation, et dit qu'il avait tort d'avoir jugé si légèrement son ami. Le père de Marcel lui demanda alors s'il s'était trouvé avec son fils lorsqu'il avait reçu un coup si violent dans le nez?

— Oui, monsieur, nous étions ensemble.

— Et, qu'avait-il fait pour s'attirer ce traitement? Cyprien garda le silence. Il ne voulait pas dire un mensonge; mais il craignait aussi, par un récit fidèle, de compromettre son ami, qu'il savait certainement être coupable sur ce point.

Le père de Marcel, surpris de l'embarras de Cyprien, n'en insista que plus vivement pour avoir une réponse précise à sa question.

Cyprien, voyant qu'il ne pouvait plus reculer, prit le parti de raconter tout ce qu'il savait au sujet des boules de marbre et des coups de poing dans le nez que le petit garçon avait donnés à Marcel.

— Comment! s'écria le père à ce récit, mon fils a été capable de me tromper! Il m'a dit que c'était un grand garçon qui lui avait jeté une pierre, pour avoir voulu l'empêcher de battre un enfant. Viens avec moi, Cyprien, je veux...

Comme il disait ces mots, il entendit frapper à la porte. C'était Lubin, qui, pour lui témoigner sa reconnaissance du petit écu qu'il lui avait donné la veille, venait lui présenter un joli bouquet de fleurs des champs. — Ah! c'est toi, mon ami! s'écria le père de Marcel. Je suis bien aise que tu sois venu si à propos. Tiens, dit-il à Cyprien, voilà le petit garçon à qui j'achetai hier le nid.

— Oui, c'est moi, sans doute, dit Lubin.

— Quand est-ce donc que tu es allé le prendre, lui demanda Cyprien?

— Je ne l'ai pas pris, répondit l'autre. Je l'ai eu en troc d'un petit monsieur, en habit rouge, pour une douzaine de boules de marbre, que j'avais trouvées dans un sac. Cette réponse fut un coup de lumière pour Cyprien. Elle servit aussi à convaincre le père de Marcel de l'indignité de son fils. Il pria les deux enfans de monter avec lui dans la chambre du malade.

Marcel ne les vit pas plus tôt entrer tous les trois ensemble, qu'il comprit que tout le mystère de sa conduite était découvert. Il s'élança précipitamment de son lit, se mit à genoux devant son père, lui raconta toute l'histoire, et lui demanda grace en sanglotant. Il protesta que sa maladie n'était venue que de la violence des remords qu'il sentait de ses fautes, et qu'il n'y avait qu'un généreux pardon qui pût le guérir.

Son père indigné gardait le silence. Cyprien, vivement ému de la douleur de celui qu'il avait tant chéri, se jeta dans ses bras et lui dit : Va, mon ami, je te pardonne. Je vois que tu es assez puni par tous les chagrins que tu as soufferts. — Ah! s'écria Marcel, je ne voudrais pas les souffrir une seconde fois pour l'univers entier. Cyprien se joignit aussitôt à lui pour obtenir sa grace de son père, qui ne put la refuser à leurs vives instances. Il se contenta de donner à son fils de sages instructions pour réparer ses fautes, et pour se garantir d'en commettre de pareilles dans la suite. Elles eurent tout l'effet qu'il s'en était promis. Marcel, après cette mémorable leçon, ne se distingua plus que par des sentimens nobles et généreux, dignes de l'amitié que Cyprien eut pour lui toute sa vie.

LV. *Guillaume D*** à sa mère.*

Le 16 décembre.

Pardonnez-moi, ma chère maman, d'avoir été si long-temps sans vous écrire. Hélas! qu'aurais-je pu vous apprendre? Je n'avais que des nouvelles bien fâcheuses à vous donner. Il règne ici la plus profonde tristesse. Mon cher bienfaiteur, le digne M. Grandisson, est dangereusement malade. Tous les plaisirs, tous les amusemens, sont bannis de cette maison. On n'y entend que des pleurs et des soupirs. La crainte règne dans tous les cœurs; et les médecins même ont perdu l'espérance. On n'attend plus à chaque instant que le coup fatal. Ah! faut-il que je sois ici pour voir les derniers jours d'un homme que j'aime tant, et à qui j'ai de si grandes obligations! Je ne puis m'accoutumer à cette affreuse pensée. Non, non, j'espère que le Ciel détournera ce malheur de dessus nos têtes. Madame Grandisson est inconsolable. La tendre Émilie ne fait que pleurer, et prier à genoux, aux pieds du lit de son père. Oh! je le crains, elle ne pourra pas résister plus long-temps à sa douleur. Édouard est abîmé dans le désespoir. Mais que vous dirai-je de Charles? Je ne sais ce que je dois le plus admirer en lui, de son amour filial, ou de sa patience et de sa fermeté dans le malheur. Il ne quitte presque pas le chevet du lit de son père. Il demeure nuit et jour dans son appartement pour le servir. C'est de sa main que M. Grandisson reçoit toutes les potions et tous les rafraîchissemens. Lorsqu'il commence à s'assoupir, Charles semble retenir son haleine dans la crainte de le réveiller. Il croise ses bras et reste immobile. Il a la force de cacher ses larmes et d'étouffer ses soupirs, surtout devant sa maman qu'il sait consoler et soutenir un peu par ses tendres caresses. Quelle force d'esprit et de caractère! Ah! je le sens, il ne me serait pas possible de surmonter ainsi mon chagrin. Depuis six jours, il n'a pas dormi une heure de suite, et il n'en paraît point abattu. Son courage supplée à ses forces. O ma chère maman, que je suis loin de tant de vertus! Mais je ne puis y tenir plus long-temps. Je vais voir si ma présence est nécessaire à mon ami, je vous écrirai encore demain.

LVI. *Guillaume D*** à sa mère.*

Le 17 décembre.

O ma chère maman, quelles vives émotions je ressentis hier au soir! Au moment où je finis si brusquement ma lettre, j'allai, comme je vous le disais, dans la chambre du malade, pour tenir compagnie à mon ami. J'ouvris doucement la porte, mais au lieu de Charles, je ne vis que madame Grandisson et sa fille, assises en silence au pied du lit. Je ne voulais point les troubler. Je sortis et j'allai voir si Charles pouvait avoir besoin de moi. Je ne le trouvai dans aucun endroit de la maison. Personne ne savait où il était allé. M. Bartlet, Édouard, et quelques autres personnes, se promenaient dans le salon; mais je n'osai pas leur demander des nouvelles de mon ami. Je courus le chercher dans le jardin. C'est là que je l'aperçus de loin sous le berceau. Je m'approchai doucement de lui, sans qu'il m'entendît. O ma chère maman, combien je fus attendri! Il était à genoux. Son chapeau était à terre à son côté. Les larmes roulaient dans ses yeux. Ses mains étaient élevées et son visage tourné vers le ciel. Il priait. Ah, si j'avais pu entendre toute sa prière! mais j'arrivai trop tard; je n'en entendis que la fin, que je me rappellerai toute ma vie. Voici quelles étaient ses paroles:

O mon Dieu, je t'en supplie, daigne sauver mon père, et prends mes jours pour les siens. Il fait le bonheur de maman, de ma sœur et de mon frère : sa vie est essentielle pour eux tous, et la mienne ne l'est pas. Pardonne-moi, ô mon Dieu, ces vœux de mon amour, et daigne les exaucer. Mais si tu en ordonnes autrement, donne-moi la force de me soumettre à tes saintes volontés.

Il se leva aussitôt, laissa échapper un torrent de larmes. Je ne pus rester plus long-temps en silence. Je volai vers lui en lui tendant les bras. Il fut étonné de me voir. — O mon ami! lui dis-je d'une voix étouffée, le Ciel te conservera ton père. La prière d'un fils tel que toi ne peut manquer d'attirer la bénédiction céleste. — J'espère dans le Dieu de bonté, me répondit-il. Mais, faisons un tour dans le jardin pour sécher mes larmes.

Je ne veux pas que maman voie que j'ai pleuré; elle en serait trop affligée.

Notre promenade, comme vous le sentez bien, fut triste et silencieuse. Je lui faisais plus d'amitiés que je ne pouvais lui dire de paroles. Je voulais l'entraîner un moment dans la campagne, pour lui faire respirer un air pur. — Non, me dit-il, je n'ai déjà été que trop long-temps séparé de mon papa. Permets que je retourne auprès de lui. Il faut que je lui rende tous les secours qui sont en mon pouvoir, pour adoucir ses souffrances. J'ai besoin de consoler maman, mon frère et ma sœur.

Nous rentrâmes aussitôt dans la maison. Quoique M. Grandisson n'eût dormi qu'une heure, il se trouvait beaucoup mieux. Dès qu'il entendit entrer Charles, il l'appela d'une voix faible et touchante. Mon ami s'approcha de son lit, et se jeta à genoux. Il prit la main de son père qu'il baisa plusieurs fois. Les larmes coulaient le long de ses joues, et il sanglotait à me fendre le cœur. Je ne saurais vous peindre, ma chère maman, l'expression qui animait sa physionomie. Il semblait être un habitant des cieux descendu sur la terre. — Que voulez-vous de moi, mon cher papa? lui dit-il. — Ce que je veux, mon fils? lui répondit M. Grandisson. Je veux t'exprimer ma satisfaction sur les soins que tu me donnes, et sur le témoignage que ta mère m'a rendu de ta conduite, depuis ma maladie. Quelle consolation j'emporterai au tombeau, s'il faut que je meure, en laissant à mon épouse chérie un fils tel que toi! Tu seras, à ma place, l'ami de ton frère et le protecteur de ta sœur. Ton amour, ton obéissance, ton exactitude à remplir tes devoirs, tout ce qui m'a rendu le plus heureux des pères, me sert de consolation et d'espérance pour le temps où je ne serai plus. Conserve toujours la paix avec Édouard. Il commençait à se rendre digne de toute ma tendresse ; il méritera la tienne. Tu as une mère vertueuse ; suis ses conseils, et tu seras heureux. Tu ne manqueras jamais d'encouragemens pour le bien, si tu choisis la société des honnêtes gens. Je me fie aux sentimens de ton cœur, pour te conduire dans le chemin de l'honneur et de la vertu. D'ailleurs, mon fils, il te reste encore un père dans le ciel, qui ne t'abandonnera jamais, tant que tu resteras fidèle à son service. S'il veut m'appeler à lui, supporte notre séparation avec constance : je ne te précède que de quelques pas. Attache-toi sans cesse à ton créateur ; remplis les devoirs envers tes semblables, et tu attendras, sans crainte, ce dernier moment qui doit nous réunir pour toujours. Mais la faiblesse où je suis m'empêche de poursuivre ; elle me présage peut-être ma fin. Quoi qu'il en arrive, mon fils, soumets-toi sans murmure à l'Être suprême qui dispose, à son gré, de la vie et de la mort.

Charles se leva. Son cœur semblait être déchiré. Il tomba sur un fauteuil, et joignit ses mains sans pouvoir proférer une parole.

Le médecin, qui, depuis six jours, ne s'est guère éloigné de la maison, entra dans ce moment avec M. Bartlet. Il trouva son malade beaucoup mieux et nous donna des espérances. Le bon M. Bartlet, transporté de joie, courut aussitôt prendre Charles par la main, et lui conseilla d'aller goûter quelque repos, d'autant que, depuis trois nuits entières, il n'avait pas seulement quitté ses habits. Mais mon ami le pria de l'excuser : — Non, monsieur, lui dit-il, je ne saurais dormir tandis que mon papa est dans les souffrances. Je sommeille auprès de son lit lorsqu'il repose, et c'est assez pour moi. Un père ne saurait avoir de meilleure garde que son fils. Qui doit l'aimer autant que moi ? et qui peut lui avoir autant d'obligations ? C'est à mon bras de le servir, c'est à mes yeux de veiller sur ses besoins ; c'est moi qui dois le consoler, et ranimer ses forces par mes secours. Il faut que je réchauffe ses mains dans les miennes, lorsqu'elles se refroidissent. C'est mon devoir enfin de sacrifier mes jours pour conserver sa vie.

Le médecin l'assura que pour le moment il n'y avait aucun danger, qu'il pouvait aller reposer pendant deux ou trois heures, et qu'on le ferait appeler aussitôt que sa présence deviendrait nécessaire ; mais toutes ces instances furent inutiles. Charles persista toujours à dire que le peu d'instans où il lui serait peut-être permis de servir encore son papa étaient trop précieux pour en faire un mauvais usage, et qu'il ne s'éloignerait point tant qu'une vie si chère serait dans le moindre danger.

Quel digne fils, ma chère maman ! Et qu'est-ce qu'Édouard en comparaison ? Il se livre à la tristesse et abandonne le lit de son père. Qu'est-ce que la tendre Émilie ? Elle pleure, elle soupire, et ne fait que désoler davantage sa maman. Tous les trois montrent une grande tendresse pour l'auteur de leurs jours. Mais la sensibilité de Charles ne se borne point à de vaines larmes : elle est mêlée de force, de courage et de raison. Oh ! que le Ciel daigne leur rendre ce bon père, et me conserver aussi toujours ma chère maman !

---

*LVII. Guillaume D*** à sa mère.*

Le 22 décembre.

Réjouissez-vous avec nous, ma chère maman. M. Grandisson est absolument hors de péril : il commence même à se lever. Je ne vous ai pas écrit depuis quelques jours, dans l'espérance de vous donner de meilleures nouvelles. Je puis enfin goûter ce plaisir. Les plaintes et les larmes sont maintenant changées en transports de joie. Que de graces nous devons au ciel, d'avoir rendu ce bon père à ses enfans! C'est une bénédiction de la Providence, que les honnêtes gens jouissent d'une longue vie, puisqu'ils servent à répandre le bonheur surtout ce qui les entoure. Hélas! que serait-il arrivé si nous avions eu le malheur de perdre M. Grandisson? Voici le temps de mon départ qui approche. Mais aurais-je pu abandonner mon ami à sa profonde tristesse? Oh! non, je le sens, cet effort m'aurait été impossible. Je me serais mis à la place de Charles. N'est-ce pas lorsqu'on a du chagrin que l'on doit le plus désirer d'avoir auprès de soi son ami? et ne lui devient-on pas plus cher dans la peine? Oh! cela est bien vrai, du moins pour moi, ma chère maman. Oui, je peux le dire, je crois que j'aimais plus tendrement que jamais mon ami Charles, dans le temps où il était si triste. J'aurais voulu être de moitié dans ses peines pour le consoler. J'aurais voulu partager ses larmes, pour qu'il en eût moins à répandre. Je vous aurais suppliée, ma chère maman, de me laisser ici quelque temps de plus; mais les choses ont tourné plus heureusement, Dieu merci; et je n'aurai rien qui trouble le plaisir de vous embrasser, vous et ma petite sœur, après un an d'absence. Que cette année a été longue et courte à la fois! Elle me paraissait éternelle lorsque je songeais au plaisir de vous aller rejoindre; et puis, quand je pensais à tout ce qu'il me fallait faire pour que vous fussiez plus contente de moi, je m'effrayais de sa brièveté. Comment peut-on se plaindre de la longueur du temps, en considérant avec quelle vitesse il s'écoule! Il n'est si lent que pour ceux qui ne savent pas en faire usage. C'est bien autre chose dans cette maison de bénédiction! Des occupations utiles, des entretiens instructifs, des exercices salutaires et d'innocens plaisirs, tout cela fait paraître une journée bien courte. J'ai appris de Charles à donner une destination marquée à toutes mes heures; et, sous votre bon plaisir, ma chère maman, je continuerai d'en faire de même auprès de vous. Je ne serai plus triste, comme je l'étais autrefois, de me trouver seul dans mes heures de récréation. Je saurai bien me les rendre agréables en faisant, avec vous, quelque lecture intéressante, en écoutant vos sages leçons, et surtout, en vous entretenant sans cesse de mon amour, du désir que j'aurais de vous plaire, et de mes projets pour vous rendre heureuse. Adieu, ma chère maman. Je fais déjà mon bonheur de cette douce espérance, en attendant le moment de la réaliser.

LVIII. Guillaume D*** à sa mère.

Le 28 Décembre.

Jeudi prochain, ma chère maman, est le jour marqué pour mon départ. Ainsi, cette lettre sera la dernière que vous recevrez de moi. Je croyais me trouver encore ici pour célébrer la fête d'Émilie, qui arrive dans huit jours; mais comme un ami de la maison part, après demain, pour la Hollande, M. et madame Grandisson veulent que je profite de cette occasion pour faire mon voyage avec plus d'agrément et de sûreté.

Mais comment se fait-il donc, ma chère maman, que je sois si triste? Il semble que je m'éloigne de cette maison avec regret, lorsque je ne la quitte que pour retourner auprès de vous, qui m'êtes plus chère que tout le reste de la terre. J'aime M. et madame Grandisson comme mes tendres bienfaiteurs : j'aime mon ami Charles autant que moi-même : mais vous, je vous aime comme ma mère, c'est-à-dire, au-dessus de tout. Je ne sais ce qui se passe au fond de mon cœur. Je brûle de partir, et je voudrais rester. Lorsque je suis avec Charles, je ne fais que verser des larmes. Je lui prends la main, je la serre dans les miennes, je la presse contre mon cœur, et je m'écrie : O mon cher ami! si je pouvais être toujours avec toi! Alors ses yeux se remplissent de pleurs, et il cherche à me consoler, en me disant qu'il viendra bientôt me faire une visite ; et qu'en attendant, nous nous écrirons l'un à l'autre. Ces douces promesses calment pour un instant ma douleur; mais bientôt elle se réveille avec plus de force. Il est certain que c'est à moi que notre séparation doit le plus coûter. O ma chère maman ! J'étais lié si étroitement avec Charles ! Nos exercices, nos études et nos plaisirs, tout était commun entre nous ; tout réunissait nos pensées et nos sentimens. Et il faut rompre des nœuds si doux : il faut se séparer peut-être pour toujours ! Je ne puis y songer sans frémir. Mais je l'entends qui monte dans ma chambre. Permettez-moi de quitter un moment la plume pour le recevoir.

Une heure après.

Savez-vous, ma chère maman, pourquoi l'aimable Charles est monté auprès de moi? Je vais vous le dire. Il est entré d'un air riant, et il a fait comme s'il était bien joyeux. Mais il m'a semblé qu'il avait encore des larmes mal essuyées à sa paupière. Tu écris, Guillaume? m'a-t-il dit. Je reviendrai ; je serais fâché de t'interrompre. Oh! ne t'en va pas, mon ami, ai-je répondu : je puis reprendre ma lettre quand nous aurons passé quelques momens ensemble. Hélas ! j'ai si peu de temps encore à jouir de ce plaisir ! Nous avons fait plusieurs tours dans la chambre, sans pouvoir nous parler. Enfin, il m'a pris tout à coup la main, et il m'a demandé si je serais toujours son ami, si je lui écrirais souvent, et si je serais bien aise qu'il vînt nous faire une visite en Hollande. Vous jugez bien ce que j'ai répondu à ces tendres questions. Alors il m'a sauté au cou ; et me pressant étroitement dans ses bras : Sois toujours heureux, m'a-t-il dit, et chéris ton ami Charles. Tu ne trouveras jamais personne qui t'aime autant que moi. Continue à présent ta lettre, et ne descends que lorsque tu l'auras achevée. J'ai voulu lui répondre. Il ne m'en a pas donné le temps, il s'est retiré avec une précipitation qui m'a surpris. Mais combien mon étonnement a redoublé, lorsque j'ai aperçu sur la table une bonbonnière montée en or, avec son portrait ! Il lui ressemble si parfaitement, que j'en ai été saisi. Je vais descendre tout de suite pour le remercier. Mais, hélas ! qui sait si je le reverrai encore ? Je me souviens qu'en sortant il a tiré son mouchoir pour essuyer ses yeux. O ciel ! si je ne devais plus le voir avant de partir ! Je ne puis être un moment dans cette incertitude. Il faut que je descende pour m'emparer de lui. Je veux le tenir serré si étroitement sur mon cœur, qu'il ne puisse m'échapper.

Une heure après.

Hélas ! je ne l'avais que trop bien deviné, ma chère maman. C'était le dernier embrassement que je devais recevoir de mon ami Charles. Je suis descendu dans le salon. J'y ai trouvé monsieur et madame Grandisson, Édouard et Émilie ; mais Charles n'y était pas. Je suis devenu pâle et tremblant, et je ne pouvais avancer. Madame Grandisson s'en est aperçue ; elle est venue à moi, m'a fait asseoir auprès d'elle et m'a demandé comment je trouvais le portrait de son fils. Je lui ai baisé la main, sans lui répondre. Elle m'a fait encore la même question. Je lui ai dit, d'une voix étouffée, que je le trouvais d'une grande ressemblance, et que c'était le plus doux présent que je pusse recevoir. Ainsi donc, a-t-elle repris, tu emmènes Charles avec toi dans ta patrie ? J'espère qu'il pourra servir à te consoler. O mon aimable bienfaitrice, lui ai-je répondu, ce Charles que j'emmène ne me parlera pas ! et il m'est échappé un torrent de larmes. Je suis touchée, m'a-t-elle dit, des sentimens que tu montres pour mon fils. Je sens ce qu'il en doit coûter à ton jeune cœur de le quitter; mais, sois tranquille; tu le reverras en Hollande plus tôt que tu ne penses; et, lorsqu'il aura passé quelque temps auprès de toi, je prierai ta mère de te laisser revenir ici avec lui. Votre union est trop belle pour n'être pas cultivée; et je suis charmée que mon fils ait fait choix d'un si bon ami. Cet arrangement doit te satisfaire, m'a dit M. Grandisson, en me prenant par la main. Pourquoi ne sert-il qu'à augmenter ta douleur? Un jeune homme aussi raisonnable que toi doit savoir se soumettre sans murmure aux lois de la nécessité. Tiens, voici un billet de mon fils. Il a voulu te faire voir, par son exemple, que l'on peut exprimer ses sentimens dans une lettre aussi bien que par des paroles. J'ai pris le billet d'une main tremblante. Est-ce que je ne verrai plus mon ami? me suis-je écrié. Il vient de partir tout à l'heure, m'a répondu M. Grandisson, pour aller passer quelques jours chez son oncle Campley. Il craignait que la vue de ton départ ne vous causât trop d'affliction à l'un et à l'autre. A ces mots terribles, j'ai été frappé comme d'un coup de foudre. Édouard, Émilie, monsieur et madame Grandisson ont employé, à l'envi, les consolations les plus tendres pour adoucir ma tristesse; mais je n'en étais que plus affligé. M. Grandisson, pour me distraire de ma peine, s'est fait apporter une cassette. Il l'a ouverte. Mon cher Guillaume, m'a-t-il dit, j'ai vu, avec plaisir, que tu étais fort attaché à l'étude des mathématiques. Voici quelques instrumens qui pourront te servir à les cultiver. Cette science, en occupant ton esprit, adoucira le regret d'une séparation momentanée d'avec ton ami, jusqu'à ce qu'il puisse aller te rejoindre, et se fortifier avec toi dans les mêmes études. Combien j'ai été touché de tant de bonté, ma chère maman! J'ai trouvé dans la cassette non-seulement un assortiment complet d'instrumens de grand prix, mais encore une collection des meilleurs livres sur la géométrie élémentaire, et sur les principes de l'astronomie. Que je vais étudier pour vous plaire! Oh! si je pouvais avoir Charles avec moi? Ma mère et mon ami, l'un près de l'autre! les voir à la fois! les caresser tour à tour! Oh! je le sens, ce serait être trop heureux sur la terre.

Aussitôt que j'ai pu me retirer, j'ai couru lire la lettre de Charles. Je vous en envoie une copie. Je garde celle qui est de son écriture pour la lire, la relire sans cesse dans mon voyage, pour avoir du moins, à chaque instant que je m'éloignerai de lui, de quoi me pénétrer davantage de son amitié.

Adieu, adieu, ma chère maman. Me pardonnerez-vous d'être si triste, lorsque je ne pars que pour aller presser dans mes bras une mère que j'aime tant? Oh! oui, vous me pardonnerez, j'en suis sûr. Vous, maman, vous dont le cœur est si sensible, vous vous mettrez, sans peine, à la place de votre fils, dans la situation touchante où il se trouve. Ne plus voir monsieur et madame Grandisson, qui ont eu des bontés si excessives pour moi! Ne plus entendre la douce voix d'Émilie, cette aimable compagne de mes travaux et de mes plaisirs! Quitter Édouard au moment où je le voyais mériter de plus en plus l'amour de ses tendres parens! M'être déjà arraché des bras de mon ami Charles, qui remplit la moitié de mon cœur, à qui je dois tout ce qui pourra me rendre moins indigne de votre tendresse! Oh! combien il faudra que je vous aime pour me consoler de tant de pertes cruelles!

Cette lettre doit partir avant moi, mais je serai déjà sur la route lorsqu'elle parviendra dans vos mains. Ainsi, à chaque mot, à chaque ligne que vous en lirez, je me rapprocherai de plus en plus de vous. Ah! si je pouvais arriver à la fin pour achever de vous peindre moi-même tout ce qu'elle ne peut vous exprimer! Adieu pour la dernière fois, ma chère maman; avant huit jours je serai dans vos bras, je recevrai vos caresses et celles de ma petite sœur. Je vous dirai à l'une et à l'autre, et vous le sentirez encore mieux à mes transports, que je ne veux respirer que pour vous aimer, pour consacrer à votre bonheur tous mes sentimens, toutes mes pensées et tous les instans de ma vie.

Copie de la lettre de Charles Grandisson, à Guillaume D***.

Tu seras peut-être étonné, mon cher Guillaume, de ce que je n'ai pas profité jusqu'au dernier instant du peu de temps que nous avions encore à passer ensemble; mais si tu savais quelle triste idée je me suis faite du moment de notre séparation, tu ne serais plus surpris du parti que je viens de prendre avec l'agrément de mon papa. Soutenir à la fois ma douleur et celle de mon ami, l'effort eût été trop déchirant pour mon cœur, et, j'ose le croire, aussi pour le tien! J'aurais eu encore à partager les regrets de toutes les personnes de la maison, qui ne te verront partir qu'avec des larmes. Depuis quelques jours, tu as dû remarquer une tristesse générale aux approches de ton départ. Tu en étais toi-même attendri, et je ne savais plus te consoler. Notre absence était, en quelque sorte, commencée, puisque c'était la seule pensée de notre séparation qui nous occupait. C'est pourquoi j'ai prié mon papa de me permettre de partir brusquement pour aller passer quelques jours chez mon oncle. Ne va pas croire cependant que cette résolution ne m'ait coûté aucun effort. Si tu savais quelle violence il a fallu me faire pour la suivre! Mais pourquoi nous entretenir de nos chagrins, quand nous pouvons saisir quelque sujet de consolation? Mon papa doit t'avoir déjà dit qu'il me permettrait, l'année prochaine, d'aller passer quelque temps avec toi, pour te ramener ensuite auprès de nous. D'ici à ce temps nous pourrons nous écrire toutes les semaines, et répandre ainsi dans le cœur l'un de l'autre les tendres sentimens dont nous sommes animés. Qui nous empêche de donner à cette correspondance le même temps que nous donnions à nos entretiens? De cette manière nous imaginerons encore être ensemble; et, crois-moi, cette illusion a bien aussi ses charmes. J'ai souvent éprouvé que, lorsque nous avions été séparés pendant quelques heures, il me semblait que je t'aimais davantage, et que j'allais avoir plus de plaisir à te voir et à t'entendre que je n'en avais jamais goûté. Il est vrai que rien n'altérait cette douceur, parce que la jouissance en était prochaine; mais si nous devons être plus long-temps cette fois sans nous réunir, au moins ne sommes-nous pas séparés pour toujours, ni même pour un intervalle de temps considérable. Pense au malheur de ceux qui sont obligés de quitter un bon ami et de tendres parens, pour aller errer en des contrées inconnues, où ils ne peuvent espérer d'apprendre de leurs nouvelles. Grâce au Ciel, notre séparation ne sera pas aussi fâcheuse. Si tu me quittes, c'est pour voler dans les bras d'une mère qui t'aime, et d'une sœur qui te chérit; tu la consolation de savoir que je reste avec des personnes qui me parleront sans cesse de toi; tu emportes dans ton cœur mon estime et mon amitié, et tu es bien sûr d'avoir laissé les mêmes sentimens dans le mien.

Adieu donc, mon cher Guillaume, aime-moi toujours. Rappelle de temps en temps mon nom dans tes entretiens avec ta petite sœur et ta maman. Faites ensemble quelques amitiés à certain portrait que je te prie d'agréer. Je l'ai chargé de les recevoir pour moi, jusqu'à ce que je puisse vous les aller rendre moi-même.

Adieu encore une fois ; je t'embrasse avec tous les sentimens de la plus tendre amitié, et suis à toi pour la vie,

CHARLES GRANDISSON.

Le jeune Guillaume D*** partit au jour marqué pour la Hollande. Ce ne fut pas sans verser bien des larmes qu'il se sépara de monsieur et de madame Grandisson, d'Édouard et d'Émilie. Il les chargea tous ensemble des caresses les plus tendres pour son ami.

Son voyage fut heureux. Il fut reçu de sa mère avec des transports inexprimables de joie et d'amour. Pour sa jeune sœur, elle fut long-temps comme une petite folle du plaisir qu'elle ressentait de revoir son frère auprès d'elle.

Il s'établit entre Charles et Guillaume une correspondance charmante, qui servit non-seulement à entretenir leur tendre amitié, mais encore à cultiver leur esprit, et à leur donner une manière d'écrire aisée et naturelle.

Charles n'alla point en Hollande, comme il l'avait promis à son ami, parce que dès l'année suivante, il eut le plaisir de le voir revenir en Angleterre avec sa mère, qui, étant Anglaise de naissance, prit le parti de retourner dans sa patrie pour y fixer son séjour.

Peu de temps après le départ de Guillaume, Charles fut installé auprès des jeunes princes. Il sut se rendre digne de leur estime et de leur amitié, ainsi que de la bienveillance de tous les gens de la cour.

Au bout de quelques années, il épousa une demoiselle d'une grande naissance, et d'une fortune considérable. Quoique les charmes de sa personne la rendissent extrêmement intéressante, elle l'était encore plus par ses qualités naturelles et par ses talens. Charles trouva bientôt dans cette union le bonheur le plus parfait qu'un cœur tendre et généreux puisse goûter en ce monde.

Édouard, encouragé par l'exemple de son frère, se comporta d'une manière très-louable, et s'avança rapidement dans le service, en signalant dans plusieurs circonstances une prudence et une intrépidité à toute épreuve.

La douce et sensible Émilie, ornée de toutes les grâces qui parent une jeune demoiselle, fut recherchée en mariage par une foule de jeunes seigneurs. Mais ni le rang, ni la richesse, ni les agrémens de la figure ne furent capables de la séduire. Elle désirait pour époux un jeune homme d'une conduite sage, et distingué par des sentimens nobles et par de belles qualités. Elle eut le bonheur de le trouver dans l'ami de son frère. Ce fut Guillaume D*** qui parvint à gagner son cœur, et qui, par son intelligence, son application et sa droiture, réussit à se procurer un poste assez brillant pour remplir son ambition, et rendre son épouse parfaitement heureuse.

Sa jeune sœur n'est pas encore mariée ; mais elle vit dans la plus douce liaison avec Émilie, qui emploie tous ses soins à lui chercher un parti digne d'elle.

Puisse l'exemple de cette aimable jeunesse exciter une généreuse émulation dans mes jeunes lecteurs, et leur inspirer l'amour de l'honneur et la vertu, en leur persuadant que ce sont les seuls biens qui peuvent fonder le bonheur sur la terre.

FIN DU PETIT GRANDISSON.

IDYLLES.

LES PETITS ENFANS.

MYRTIL ET CHLOÉ.

Le jeune enfant Myrtil, un jour, dans la prairie
Trouva sa jeune sœur. La jonquille et le thym
Se mêlaient, sous ses doigts, à l'épine fleurie,
Et des pleurs cependant s'échappaient sur son sein.
   Ah! te voilà, Chloé! lui dit son frère :
Pour qui viens-tu former ces guirlandes de fleurs?
   Mais qu'as-tu donc? qui fait couler tes pleurs?
Tu penses, je le vois, à notre pauvre père.
       CHLOÉ.
Hélas! Myrtil, son mal le tourmente si fort!
Il s'agite, il se frappe.
       MYRTIL.
    Il appelle la mort.
  Moi, qu'il ne vit jamais sans me sourire,
J'ai voulu l'embrasser; ma sœur, dans son délire,
   Il m'a rejeté de ses bras;
Il ne me connaît plus : et sans ma mère, hélas!
   Je crois qu'il allait me maudire.
       CHLOÉ.
O Ciel! un si bon père! il jouait avec moi
Lorsque ce mal cruel vint attaquer sa vie.
J'étais sur ses genoux. D'une voix affaiblie :
Ma fille, me dit-il, ma fille, lève-toi;
Je me sens mal, très-mal. Une sueur soudaine
   Couvrit son visage, il pâlit;
Il me remit à terre; et faible, sans haleine,
Malgré tous mes secours, il eut bien de la peine
   A traîner ses pas vers son lit.
       MYRTIL.
Mon père, hélas! du mal qui te dévore
Te verrons-nous long-temps souffrir?

A peine ai-je sept ans, je suis bien jeune encore;
Mais si tu meurs, je veux aussi mourir.

CHLOÉ.

Non, il ne mourra point, mon frère, je t'assure.
Nos parens, mille fois, nous ont dit que les dieux
    Aimaient les vœux d'une ame pure.
A Pan, dieu des bergers, je vais porter mes vœux,
Je lui porte ces fleurs. Oui, d'un regard propice,
Il verra son autel embelli par ma main,
    Et vois-tu là mon cher petit serin?
Je veux encore au dieu l'offrir en sacrifice.

MYRTIL.

Attends-moi donc, ma sœur, je reviens à l'instant.
Je vais des plus beaux fruits remplir ma pannetière,
Et le petit lapin que m'a donné ma mère,
    Je veux aussi l'immoler au dieu Pan.
Il courut, et bientôt il revint auprès d'elle.
    Tous deux alors, en se donnant la main,
    Tournent leurs pas vers le coteau prochain.
Ils y trouvent le dieu sous la voûte éternelle
    D'un vaste et ténébreux sapin.
Là, s'étant prosternés aux pieds de la statue,
Ils adressent au dieu leur prière ingénue.

CHLOÉ.

O Pan! nous t'implorons, daigne nous secourir.
    Toi qui sais tout, tu sais que notre père
Est, depuis bien des jours, en danger de mourir.
Je n'ai pas, dieu puissant, de grands dons à te faire,
Ces fleurs sont tout mon bien, je viens te les offrir.
    Vois, à tes pieds, je pose ma guirlande.
    J'aurais voulu, si j'eusse été plus grande,
En couronner ton front, en orner tes cheveux;
Mais je n'y puis atteindre. Accepte cette offrande,
Et rends, dieu des bergers, rends un père à nos vœux.

MYRTIL.

Qu'avons-nous fait, hélas! pour te déplaire!
    Car, en frappant notre malheureux père,
    Je le vois bien, c'est nous que tu punis.
Pour t'apaiser, ó Pan! je t'apporte ces fruits :
    Laisse à nos vœux désarmer ta colère.
Tout ce que nous avons, nous le tenons de toi.
Je t'aurais immolé ma chèvre la plus belle;
    Mais elle est plus forte que moi.
Quand je serai plus grand, je t'en donne ma foi,
Je t'en offrirai deux à la saison nouvelle.

IDYLLES.

CHLOÉ.

Tiens, voici mon oiseau. Vois, pour me consoler,
Les tendres amitiés qu'il s'empresse à me faire.
Sur mon cou, sur mon sein, regarde-le voler.
    Eh bien, je vais.... je vais te l'immoler,
      Pour que tu sauves notre père.

MYRTIL.

Tourne aussi tes regards sur mon petit lapin.
Vois, je l'appelle, il vient. Il croit qu'à l'ordinaire
Je voudrais lui donner à manger dans ma main,
    Mais non, je vais te l'immoler soudain,
      Pour que tu sauves notre père.

Ses petits bras tremblans l'allaient déjà saisir,
      Sa sœur l'imitait en silence;
    Lorsqu'une voix : « Aux vœux de l'innocence,
      Les dieux se laissent attendrir.
Non, ils n'exigent point ces cruels sacrifices;
Gardez, mes chers amis, ce qui fait vos délices :
Votre père n'est plus en danger de mourir. »

La santé, dès ce jour fut rendue à Pélage.
Sauvé par ses enfans, ce jour même, avec eux
Au dieu conservateur il courut rendre hommage.
Il vit ses petits-fils peupler son héritage,
Et de ses petits-fils vit encor les neveux.

LYCAS ET MYRTIL.

    Pour réchauffer les glaces de son âge,
Aux feux naissans du jour, devant son toit assis,
Lycas vit près de lui Myrtil, son petit-fils.
Myrtil comptait déjà le dixième feuillage,
    Et du vieillard les regards attendris,
Parmi ses traits naïfs retrouvaient son image.
Il le prit dans ses bras, et lui parlant des dieux,
De son petit troupeau, des jeux de son enfance,
Des plaisirs qu'aux bons cœurs donne la bienfaisance,
Il vit, à ce discours, des pleurs baigner ses yeux.
Tu pleures? lui dit-il. Ce que tu viens d'entendre,
Jusqu'à ce point, mon fils, n'émeut pas seul ton cœur.
Non, il est agité d'un sentiment plus tendre;
Laisse-m'en avec toi partager la douceur.

Myrtil voulait sécher ses larmes,
Elles coulaient toujours. — Mon père, ah! je sens bien....
  Oui, je le sens, rien n'est si plein de charmes
    Que de pouvoir faire du bien.
Mais pourquoi donc, Myrtil, détournes-tu la vue?
    Tes pleurs redoublent. Autrefois,
Tu m'aurais laissé lire en ton ame ingénue;
    Tu ne m'aimes plus, je le vois.
— Qui, moi, ne plus t'aimer! le croirais-tu, mon père?
Eh bien, tu sauras tout; je vais te l'avouer.
Si je le fais, au moins, ce n'est que pour te plaire.
Tu me l'as dit souvent : du bien qu'on a pu faire
Doit-on être jaloux de s'entendre louer?
Ma plus jeune brebis, hier, pendant l'orage,
    S'était perdue au fond du bois,
J'allais pour la chercher. D'une roche sauvage
J'entends de loin sortir une tremblante voix.
Je m'approche, c'était un vieillard de ton âge.
Il portait sur son dos un fardeau bien pesant;
    Qu'il fit glisser à terre en soupirant.
Quel sort cruel! dit-il après un court silence;
N'aurai-je donc jamais un moment de repos?
Faut-il, quand l'homme oisif nage dans l'abondance,
D'un vil pain de douleur voir payer mes travaux?
Aux ardeurs du midi, sur la terre embrasée,
    Errant, accablé de ce faix,
  Je trouve enfin, je trouve ce lieu frais,
Mais rien pour réparer ma vigueur épuisée.
Mon toit est loin encore, et fût-il proche, hélas!
Mes genoux chancelans sous le poids qui m'accable
    Ne sauraient plus me traîner à cent pas.
Pourtant contre les dieux je ne murmure pas,
Ils m'ont tendu toujours une main secourable.
Il dit, et sur son faix il s'étend. Moi soudain
    Je vole ici. Sans rien dire à ma mère,
Je prends des fruits nouveaux, du lait frais et du pain
    Et cours soulager sa misère.
Il reposait. Sans bruit j'entre sous le rocher.
Je pose auprès de lui ma coupe et ma corbeille,
Et parmi des buissons je m'en vais me cacher.
    Une heure passe, il se réveille.
Que le sommeil, dit-il, est un dieu bienfaisant!
Le soir s'avance, allons, quittons cette retraite.
Et reprenant son faix : Dieux! comme il est pesant!
Mais n'a-t-il pas servi pour reposer ma tête?

Peut-être que les dieux voudront guider mes pas.
Je puis, dans ces déserts, trouver une chaumière.
A ses côtés alors il voit ma pannetière,
 Et son fardeau retombe de ses bras.
Malheureux que je suis! quel est ce vain mensonge
  Qui m'égare dans mon sommeil?
  Je rêve encore. A mon réveil,
Tout va fuir : mais non, non : non, ce n'est point un songe.
Il prend du lait, des fruits. O mortel généreux,
Qui te plais à cacher ta noble bienfaisance,
Reçois le doux transport de ma reconnaissance!
Que ne puis-je te voir et t'embrasser! Grands dieux!
Sur lui, sur tous les siens, répandez l'abondance.
Je suis rassasié, mais j'emporte ces fruits.
Je veux que mes enfans, ma femme s'en nourrissent;
Qu'en une voix, ce soir, tous nos cœurs réunis
Chantent mon bienfaiteur, le chantent, le bénissent.
Il se lève à ces mots. Prompt à le devancer,
A travers les buissons je cours dans la prairie,
Et m'assieds en un lieu qu'il devait traverser.
Il m'aperçoit. Mon fils, viens, dis-moi, je te prie,
  Aurais-tu vu quelqu'un passer?
 —Non, dis-je, bon vieillard.—Mais d'où viens-tu? sans doute
  Tu t'es égaré dans ta route.
— Oui, mon ami, j'allais au village prochain.
Étranger dans ces lieux, je ne les puis connaître.
Je croyais par ce bois abréger mon chemin,
Mais il est si désert, que sans un dieu peut-être,
J'y serais déjà mort et de soif et de faim.
—Eh bien, à ce village allons que je te mène,
Lui dis-je; sur mon bras appuie un peu ta main,
  Pour me suivre avec moins de peine.
Si j'étais assez fort, je prendrais ton fardeau.
Et je le conduisis jusqu'au prochain hameau.
Tu l'as voulu savoir, eh bien, voilà, mon père,
Ce qui de joie encor me fait tout tressaillir.
 Ce que j'ai fait ne coûtait rien à faire,
Si tu savais pourtant combien j'ai de plaisir
D'avoir de ce pauvre homme adouci la misère!
Si je suis si content pour si peu, dieux! combien
Doit être heureux celui qui fait beaucoup de bien!

Le sort peut maintenant me ravir la lumière,
 Dit Lycas, sur son cœur pressant son petit-fils;
  Lorsque mes jours seront finis,
La bienfaisance encor vivra dans ma chaumière.

PLAINTES D'UNE MÈRE

AUPRÈS DU BERCEAU DE SON FILS.

ROMANCE (1).

Dors, mon enfant, clos ta paupière ;
Tes cris me déchirent le cœur :
Dors, mon enfant ; ta pauvre mère
A bien assez de sa douleur.

Lorsque, par de douces tendresses,
Ton père sut gagner ma foi,
Il me semblait, dans ses caresses,
Naïf, innocent comme toi.
Je le crus : où sont ses promesses ?
Il oublie et son fils et moi.

Dors, mon enfant, clos ta paupière ;
Tes cris me déchirent le cœur, etc.

A ton réveil, qu'un doux sourire
Me soulage dans mon tourment !
De ton père, pour me séduire,
Tel fut l'aimable enchantement.
Qu'il connaissait bien son empire,
Et qu'il en use méchamment !

Dors, mon enfant, clos ta paupière ;
Tes cris me déchirent le cœur, etc.

Le cruel, hélas ! il me quitte,
Il me laisse sans nul appui.
Je l'aimais tant avant sa fuite !
Oh ! je l'aime encore aujourd'hui
Dans quelque séjour qu'il habite,
Mon cœur est toujours avec lui.

Dors, mon enfant, clos ta paupière ;
Tes cris me déchirent le cœur, etc.

Oui, le voilà ; c'est son image
Que tu retraces à mes yeux.
Ta bouche aura son doux langage,
Ton front son air vif et joyeux.
Ne prends point son humeur volage,
Mais garde ses traits gracieux.

Dors, mon enfant, clos ta paupière ;
Tes cris me déchirent le cœur, etc.

Tu ne peux concevoir encore
Ce qui m'arrache ces sanglots.
Que le chagrin qui me dévore
N'attaque jamais ton repos !
Se plaindre de ce qu'on adore,
C'est le plus grand de tous les maux.

Dors, mon enfant, clos ta paupière ;
Tes cris me déchirent le cœur, etc.

Sur la terre il n'est plus personne
Qui se plaise à nous secourir.
Lorsque ton père m'abandonne,
A qui pourrais-je recourir !
Ah ! tous les chagrins qu'il me donne,
Toi seul, tu peux les adoucir.

Dors, mon enfant, clos ta paupière ;
Tes cris me déchirent le cœur, etc.

Mêlons nos tristes destinées,
Et vivons ensemble toujours :
Deux victimes infortunées
Se doivent de tendres secours.
J'ai soin de tes jeunes années,
Tu prendras soin de mes vieux jours.

Dors, mon enfant, clos ta paupière ;
Tes cris me déchirent le cœur :
Dors, mon enfant ; ta pauvre mère
A bien assez de sa douleur.

---

(1) Les parens apprécieront les motifs qui nous ont déterminés à ne comprendre, dans un recueil spécialement destiné aux enfans, que quelques-unes des idylles et des romances de Berquin.

TABLE

INTRODUCTION A LA CONNAISSANCE DE LA NATURE.

	Pages.
Préface adressée aux parens	1
Premier entretien	3
La Prairie	4
Le Champ de Blé	5
La Vigne	7
Les Légumes et les Herbages	8
Le Chanvre et le Lin	ib.
Le Coton	ib.
Les Haies	9
Les Arbres de haute futaie	ib.
Les Bois taillis	10
Le Verger	ib.
Les Pépinières et la Greffe	11
Les Fleurs	12
Les Carrières	13
Les Mines de Charbon et de Sel	ib.
Les Mines de Métaux	14
Les Mines de Pierres précieuses	ib.
Deuxième entretien	15
Les Bœufs	15
Les Brebis	16
Le Cheval	17
L'Ane	18
Le Chien	19
Le Cerf	20
Le Chat	ib.
L'Éléphant	21
Le Chameau	22
La Poule	23
Le Paon, le Coq-d'Inde, le Faisan, le Pigeon	25
Le Cygne, l'Oie, le Canard	26
Oiseaux étrangers	27
Le Colibri	28
L'Autruche	29
Les Nids d'Oiseaux	30
Les Papillons, les Chenilles et les Vers à soie	32

TABLE.

	Pages.		Pages.
Les Oiseaux de passage	32	Plantes marines	55
Les Abeilles	35	Le Corail	56
Troisième entretien	38	*Quatrième entretien*	57
La Terre	ib.	Le Soleil	ib.
La Mer	39	La Lune	65
Les Poissons	45	Les Éclipses	67
La Baleine	46	Les Planètes	68
La Morue	47	Les Comètes	71
Le Hareng	ib.	Les Étoiles fixes	73
L'Huître	49		
La Moule	50	Le système du Monde mis a la portée de l'Adolescence	77
Le Nautile	51		
La Tortue	ib.	*Premier entretien*	79
Les Coquillages	54	*Deuxième entretien*	88

LYDIE DE GERSIN.

Chapitre premier	101	Chap. ix. — Le petit Agneau	113
Chap. ii. — L'Heureux Essai	103	Chap. x. — Les Sacs à ouvrage	114
Chap. iii. — La Rechute	104	Chap. xi. — La Visite	116
Chap. iv. — L'Aveu généreux	105	Chap. xii. — La Corbeille renversée	117
Chap. v. — Les Fraises et les Estampes	107	Chap. xiii. — Le Jour de Naissance	119
Chap. vi. — La Bienfaisance encouragée	109	Chap. xiv. — Le Secret dévoilé	122
Chap. vii. — La Guirlande	111	Chap. xv. — La Générosité et la Reconnaissance	124
Chap. viii. — L'École de Village	112		

SANDFORT ET MERTON	129	IDYLLES	405
LE PETIT GRANDISSON	295	ROMANCE	410

FIN DE LA TABLE

www.ingramcontent.com/pod-product-compliance
Lightning Source LLC
Chambersburg PA
CBHW052134230426
43671CB00009B/1239